HISTORIA Y CRÍTICA
DE LA
LITERATURA ESPAÑOLA

1/1
EDAD MEDIA
PRIMER SUPLEMENTO

PÁGINAS
DE
FILOLOGÍA
Director: FRANCISCO RICO

FRANCISCO RICO

HISTORIA Y CRÍTICA DE LA LITERATURA ESPAÑOLA

SUPLEMENTOS

1. EDAD MEDIA
   PRIMER SUPLEMENTO, por Alan Deyermond

2. SIGLOS DE ORO: RENACIMIENTO
   PRIMER SUPLEMENTO, por Francisco López Estrada y otros

En prensa:

3. SIGLOS DE ORO: BARROCO
   PRIMER SUPLEMENTO, por Aurora Egido y otros

4. ILUSTRACIÓN Y NEOCLASICISMO
   PRIMER SUPLEMENTO, por Russell P. Sebold y D. T. Gies

En preparación:

5. ROMANTICISMO Y REALISMO
6. MODERNISMO Y 98
7. ÉPOCA CONTEMPORÁNEA: 1914-1939
8. ÉPOCA CONTEMPORÁNEA: 1939-1980

HISTORIA Y CRÍTICA DE LA LITERATURA ESPAÑOLA

AL CUIDADO DE
FRANCISCO RICO

1/1

EDAD MEDIA

PRIMER SUPLEMENTO

POR
ALAN DEYERMOND

EDITORIAL CRÍTICA
BARCELONA

Coordinación
de
GUILLERMO SERÉS

Secretarios de coordinación:
JAVIER CERCAS, JORGE GARCÍA LÓPEZ
y
RAFAEL RAMOS

Traducciones:
JORDI BELTRAN y EDUARD MÁRQUEZ

Diseño de la cubierta:
ENRIC SATUÉ

© 1991 (enero) de la presente edición para España y América:
Editorial Crítica, S.A., Aragó, 385, 08013 Barcelona
ISBN: 84-7423-487-5
Depósito legal: B. 680-1991
Impreso en España
1991.—HUROPE, S.A., Recaredo, 2, 08005 Barcelona

HISTORIA Y CRÍTICA DE LA LITERATURA ESPAÑOLA

SUPLEMENTOS

INTRODUCCIÓN

Historia y crítica de la literatura española nació «con el compromiso explícito de remozarse cada pocos años, bien por suplementos sueltos, bien en ediciones enteramente rehechas». Un decenio después, parece llegada la hora de cumplir el compromiso, en concreto, con un primer suplemento a cada uno de los ocho volúmenes originales, publicados entre 1980 y 1984. Sin embargo, para ir preparando el camino a las ediciones enteramente rehechas, a esos ocho volúmenes se les ha añadido como noveno una crónica de la esperanzadora etapa en la vida y en la literatura de España que marcan los años de 1975 a 1990. El núcleo del décimo, a corto plazo, será un diccionario que acogerá ya a los nuevos autores y a los nuevos estudiosos presentes en esa crónica y en los suplementos correspondientes a los volúmenes originales.

Como quizá recuerde el lector, la presente obra quería ofrecer «una historia nueva de la literatura española, no compuesta de resúmenes, catálogos y ristras de datos, sino formada por las mejores páginas que la investigación y la crítica más sagaces, desde las perspectivas más originales y reveladoras, han dedicado a los aspectos fundamentales de cerca de mil años de expresión artística en castellano». En resumidas cuentas, la meta era reemplazar los manuales al uso por las indicaciones y los materiales adecuados para que cada cual pudiera alcanzar por sí mismo la visión de conjunto a la medida de sus intereses.

El planteamiento respondía a unas evidencias y a unas necesidades cumplidamente confirmadas después por la acogida más que favorable que *HCLE* ha tenido desde el primer día. Por una parte, para

1980 estaba ya de sobras claro que la nueva bibliografía había ensanchado y ahondado tan decisivamente el conocimiento de la literatura española, que no era de recibo un panorama de amplias dimensiones pensado y escrito por un solo autor. Tampoco cabía ni sombra de duda, por otro lado, sobre la imposibilidad de ofrecer una 'historia de la literatura española' (ni de ninguna otra) a la manera antigua, como una pretendida recapitulación de la información esencial sobre la materia. Porque los trabajos de fechas recientes ponían de manifiesto que la 'información esencial', no simplemente en las interpretaciones, sino en los propios datos, se hallaba (y se halla) en variación continua, en un proceso de ajuste y reelaboración permanente. En nuestro terreno, como probablemente en cualquier otro que quisiera cultivarse a la altura de los tiempos, la 'información esencial', en vez de un repertorio de nociones y noticias supuestamente adquiridas de una vez por todas, había pasado a ser la necesaria para seguir de cerca la dinámica del tal proceso.

A captarla en los últimos años, en efecto, a presentar e ilustrar los nuevos hallazgos, métodos y modos de comprensión, se dedican los suplementos de *HCLE*. La tarea ha estado a cargo de especialistas que se cuentan entre los más distinguidos en cada uno de los dominios. Pero la papeleta que ahora les ha tocado es probablemente más difícil que cuando ellos mismos u otros no menos competentes tuvieron que enfrentarse con los volúmenes originales.

El período contemplado en estos arrancaba normalmente en el segundo tercio del siglo («alrededor de las guerras *plus quam civilia*», apuntaba yo) y solía abarcar entre los treinta y los cincuenta años (el centenario de Góngora es de 1927; *Erasmo y España*, de 1936; la divulgación de las jarchas, de 1948). Con la erudición y la perspicacia de los colaboradores, un horizonte tan vasto permitía determinar bastante cómodamente las aportaciones más iluminadoras y fecundas, para trazar luego en cuatro rasgos las líneas mayores de la historia y de la crítica: el curso posterior de las investigaciones identificaba diáfanamente los aciertos y los pasos en falso, y un simple vistazo a la estela de ciertas publicaciones bastaba a menudo para valorarlas sin disputa posible.

Un período mucho más corto, la década escasa a que se atiende en los suplementos a los volúmenes más madrugadores, hace también harto más comprometido ejercitar la discriminación imprescindible para que los árboles no impidan ver el bosque y la documentación no oculte el tema mismo que debiera aclarar. Desde luego, pocas veces se les habrá escapado a los colaboradores un libro o un artículo de veras fundamental. Pero la virtualidad de muchas otras aportaciones está todavía por ver: las prensas, los *newsletters*, los ordenadores, el telefax... ofrecen todos los días sendas que solo se insinúan, ideas aún en una fase temprana de desarrollo, sugerencias en espera de confirmación... No siempre, ni mucho menos, es factible reconocer la validez o el porvenir de estos tanteos, ni justo descartarlos como insuficientes.

Era inevitable, pues, ser generoso en las introducciones a los capítulos, en no pocos casos hasta alargarlas más que en los volúmenes originales. La cuestión vital consistía ahora en tener la seguridad de que quien recurriera a *HCLE* iba a encontrar en los suplementos las orientaciones precisas para caminar provechosamente, sin vacilaciones ni retrocesos inútiles, por los itinerarios más nuevos y fructíferos en el campo que le interesara. Para lograr ese objetivo, hemos creído que tal vez convenía, ocasionalmente, pecar por carta de más antes que por carta de menos.

Otra cosa es la antología de estudios que en cada capítulo sigue a la correspondiente reseña bibliográfica. Obviamente, las grandes obras, personalidades, épocas y tradiciones que constituyen el núcleo de *HCLE* no podían abordarse en los suplementos desde tantos ángulos y con puntos de vista (relativamente) tan sistemáticos como en los volúmenes originales, porque ahora se dependía de una serie de trabajos menos articulada, más provisional, y justamente se trataba de que también la antología reflejara la variedad y la vivacidad de unas investigaciones con frecuencia todavía *in statu nascendi*.

No obstante, dentro del carácter 'fragmentario' en buena hora motivado por tales circunstancias, se imponía asimismo buscar el pertinente equilibrio de metodologías, tendencias y géneros historiográficos y críticos, no solo entre los diversos capítulos de cada suplemento, ni solo entre cada suplemento y el volumen original, sino en la suma de unas y otras entregas. Era preciso, además, decidir en qué lugar se consideraba tal o cual problema con repercusión en distintos órdenes de cosas, evitar insistencias inútiles y, particularmente, procurar que los enfoques de unos textos se complementaran con los de otros, intentando que el conjunto dibujara un mapa lo más completo posible de los diversos aspectos de la literatura española, tal como hoy se la contempla, y de los múltiples recorridos a través de los cuales es posible explorarla en la hora actual.

De ahí que en los suplementos se haya generalizado el proceder seguido en el grueso de los volúmenes originales y haya sido yo quien ha elegido y extractado la antología de estudios que cierra cada capítulo. Desde luego, todos los colaboradores me han comunicado sus propuestas al respecto, y muchísimas veces las he aceptado sin el menor reparo. Pero, como digo, la coherencia de la empresa ha aconsejado que en última instancia, y no por otra razón sino por poseer una perspectiva más amplia de la totalidad de *HCLE*, fuera siempre sobre mí sobre quien recayera la entera responsabilidad de la parte antológica en los suplementos.

Terminaba yo la introducción a los volúmenes originales con palabras de agradecimiento para los autores de los textos seleccionados, que habían accedido a verlos reproducidos en las condiciones que exigía la índole de la obra; ahora debo extender el reconocimiento, con igual sinceridad, a quienes nos han permitido incorporar trabajos suyos a los suplementos. En nombre de los demás colaboradores, también daba de antemano las gracias a nuestros colegas por los comentarios, noticias y publicaciones que quisieran hacernos llegar para mantener al día *HCLE*. Hoy tengo además la obligación de decir que nuestro trabajo dejaría bastante más que desear si no hubiéramos contado efectivamente con su ayuda desde el mismo 1980; y me atrevo a pedirles que sigan prestándonosla en el horizonte de un segundo suplemento o de la edición enteramente rehecha.

En esa misma introducción recordaba también con especial gratitud el bondadoso entusiasmo con que Dámaso Alonso me animó a acometer un proyecto que se auguraba tan largo y para mí tan peliagudo como *HCLE*. Fue, todavía, don Dámaso quien hizo la presentación pública de los primeros tomos, en términos de elogio y aliento que contribuyeron decisivamente a la próspera fortuna de la obra. Al maestro se lo llevó un mal viento del último invierno. No creo equivocarme si pienso que el recuerdo de aquella menuda y gigantesca figura suya no dejará nunca de ser un ejemplo para quienes andan los caminos avistados en nuestras páginas. Por eso a Dámaso Alonso, *in memoriam*, con profunda modestia, se dedican los suplementos de *Historia y crítica de la literatura española*.

FRANCISCO RICO

Somosaguas, 30 de septiembre de 1990

NOTAS PREVIAS

1. A lo largo de cada capítulo, cuando el nombre de un autor va asociado a un año [entre paréntesis rectangulares], debe entenderse que se trata de un envío a la bibliografía de ese mismo capítulo, donde el trabajo así aludido figura bajo el nombre en cuestión y en la entrada de la cual forma parte el año consignado.* Si al año entre corchetes le acompaña una indicación como *en cap. X* o similar, el envío es a la bibliografía del capítulo así señalado, y no a la de aquel en que figura la referencia.

En este *Suplemento*, nótese en especial que, de no exigir el contexto otro sentido obvio, *cuando el año que sigue a un nombre va* (*entre paréntesis redondos*) *la regla es que remita a una ficha del capítulo correspondiente, no dentro del* Suplemento, *sino en el volumen original.*

En la bibliografía, las publicaciones de cada autor se relacionan cronológicamente; si hay varias que llevan el mismo año, se las identifica, en el resto del capítulo, añadiendo a la mención del año una letra (*a, b, c...*) que las dispone en el mismo orden adoptado en la bibliografía.

Igual valor de remisión a la bibliografía tienen los paréntesis rectangulares cuando encierran referencias

---

* Normalmente ese año es el de la primera edición o versión original (regularmente identificadas, en cualquier caso, en la bibliografía, cuando el dato tiene alguna relevancia); pero a veces convenía remitir más bien a la reimpresión dentro de unas obras completas, a una edición revisada o más accesible, a una traducción notable, etc., y así se ha hecho sin otra advertencia.

como *en prensa* o análogas. El contexto aclara suficientemente algunas minúsculas excepciones o contravenciones a tal sistema de citas. Las abreviaturas o claves empleadas ocasionalmente se resuelven siempre en la bibliografía o en la oportuna lista al final del tomo.

2. En muchas ocasiones, el título de los textos seleccionados se debe al responsable del capítulo; el título primitivo, en su caso, se halla en la ficha que, al pie de la página inicial, consigna la procedencia del fragmento elegido. Si lo registrado en esa ficha es un artículo (o el capítulo de un volumen, etc.), generalmente se señalan las páginas que en el original abarca todo él y a continuación, entre paréntesis, aquellas de donde se toman los pasajes reproducidos.

3. En los textos seleccionados, los puntos suspensivos entre paréntesis rectangulares, [...], denotan que se ha prescindido de una parte del original. Corrientemente no ha parecido necesario, sin embargo, marcar así la omisión de llamadas internas o referencias cruzadas («según hemos visto», «como indicaremos abajo», etc.) que no afecten estrictamente al fragmento reproducido.

4. Entre paréntesis rectangulares van asimismo los cortos sumarios con que los responsables de *HCLE* han suplido a veces párrafos por lo demás omitidos. También de ese modo se indican pequeños complementos, explicaciones o cambios del editor (traducción de una cita o sustitución de esta por solo aquella, glosa de una voz arcaica, aclaración sobre un personaje, etc.). Sin embargo, con frecuencia hemos creído que no hacía falta advertir el retoque, cuando consistía sencillamente en poner bien explícito un elemento indudable en el contexto primitivo (copiar entero un verso allí aducido parcialmente, completar un nombre o introducirlo para desplazar a un pronombre en función anafórica, etc.).

5. Con escasas excepciones, la regla ha sido eliminar las notas de los originales (y también las referencias bibliográficas intercaladas en el cuerpo del trabajo). Las notas añadidas por los responsables de la antología —a menudo para incluir algún pasaje procedente de otro lugar del mismo texto seleccionado (y en tal caso, entonces, puesto entre comillas)—, se insertan entre paréntesis rectangulares.

VOLUMEN 1

EDAD MEDIA

PRIMER SUPLEMENTO

PRÓLOGO AL PRIMER SUPLEMENTO

El discreto lector pronto notará que las bibliografías del presente Suplemento tienden a ser un cincuenta por ciento más amplias que en el volumen original, pese a abarcar un período bastante más corto. Dos causas fundamentales lo explican. En primer lugar, mi convicción de que en HCLE, I, omití indebidamente varias referencias de interés, algunas de las cuales, con criterio más abierto, se recogen ahora. La segunda causa, más importante, es el extraordinario incremento que la investigación y la crítica de la literatura medieval española han cobrado en los últimos años, en especial en la propia España, según subrayo en el capítulo inicial. No sería imposible que la publicación de HCLE, al indicar de manera asequible y al día la tarea ya realizada y la tarea por hacer, hubiera contribuido a ese florecimiento en una cierta medida.

Del mismo modo que en el volumen original, al final incluyo un apéndice bibliográfico con los principales trabajos publicados o llegados a mis manos demasiado tarde para tener cabida en las introducciones correspondientes. Por motivos obvios, en él se recogen más fichas relativas a los primeros capítulos que a los últimos. Algún libro colectivo (por ejemplo, las actas del I Congreso de la AHLM) se menciona en las introducciones de los últimos, pero solo en el apéndice de los primeros, porque rehacer estos para insertar las referencias de última hora habría retrasado el tomo más de lo conveniente.

También se advertirá que en las introducciones atiendo a veces a precisiones excluidas del volumen original, según ocurre con las signaturas de manuscritos; pero me pareció que tratándose de ediciones críticas —género, por cierto, cuyo auge ha sido notable— valía la pena dejar constancia de los códices usados: reflejar ese dato es tan esen-

cial ahí como pueda serlo enumerar los temas desarrollados en un estudio de crítica literaria.

En cuanto a la parte antológica, Francisco Rico ha asumido la entera responsabilidad de seleccionarla y prepararla para los suplementos, y este no podía ser una excepción. Así, una parte considerable de los trabajos que yo me proponía incluir ha acabado incorporada al presente tomo, pero otros estudios de que me hubiera gustado dar buena muestra, cuya reproducción se me había concedido y que había dispuesto para la imprenta, han tenido que quedarse fuera, unas veces por razones de espacio y otras por coherencia con los criterios expuestos en la Introducción general *a estos suplementos. Son, en concreto, los siguientes: M. Alvar [1986, en cap. 4], J. F. Burke [1984-1985, en cap. 1], M. A. Diz [1984, en cap. 5], M. Garcia [1983, en cap. 6], V. García de la Concha [1977, en cap. 11], H. Goldberg [1979, en cap. 1], F. López Estrada [1984, en cap. 10], M. Marciales [1985, en cap. 12], J. S. Miletich [1989, en cap. 3], C. Nepaulsingh [1986, en cap. 1], G. A. Shipley [1982, en cap. 12], C. Smith [1983b, en cap. 3], J. Snow [1984, en cap. 8], R. B. Tate [1983, en cap. 10] y J. Whetnall [1984, en cap. 8].*

De nuevo quiero dar gracias, en fin, a los colegas que me han enviado libros, sobretiros y trabajos inéditos, o me han llamado la atención sobre ciertas lagunas del volumen original. A Francisco Rico, buen amigo y colaborador de muchos proyectos, le agradezco su heroica paciencia (pero creo haber encontrado los medios para evitar retrasos en el Segundo suplemento); a Mrs. Muriel Hudson, secretaria ejemplar, su competente ayuda para mantener al día la proteica lista de abreviaturas; a Guillermo Serés, la lectura vigilante de mis originales; y, como siempre, a mi mujer Ann y a Ruth, nuestra hija, su paciencia y su apoyo. La corrección de pruebas, por otra parte, ha estado a cargo del correspondiente departamento de Editorial Crítica.

ALAN DEYERMOND

Queen Mary and Westfield College,
Londres, 4 de marzo de 1990

1. TEMAS Y PROBLEMAS DE LA LITERATURA MEDIEVAL

Empezaba yo el primer capítulo de *HCLE,* I, con una mirada atrás, al *annus mirabilis* de 1948, en que aparecieron los libros clásicos y aún hoy apasionantes de Américo Castro y Ernst Robert Curtius y los innovadores artículos de Leo Spitzer y Samuel Stern, trabajos que siguen siendo tan importantes hoy como lo eran hace un decenio. No obstante, tanto como la historia del hispanismo medieval, importa su porvenir; conviene por ello centrarnos ahora en otro año decisivo, el de 1985. Del 2 al 6 de diciembre de ese año se celebró en Santiago de Compostela el Primer Congreso de la Asociación Hispánica de Literatura Medieval, en cuyo marco las respectivas comunicaciones de un nutrido grupo de jóvenes estudiosos españoles hicieron patente a los de más edad (tanto españoles como extranjeros) que existen unas generaciones de investigadores que aún no habían nacido cuando aparecieron los trabajos de Castro, Curtius, Spitzer y Stern, que van transformando el estudio de la literatura hispánica medieval («hispánica» porque no se trata únicamente de la literatura castellana, sino también de la catalana, la hispanolatina, y —aunque el número de investigadores es más reducido— la galaicoportuguesa, la hispanoárabe y la hispanohebrea). En realidad, me di cuenta por primera vez de este hecho en 1980, año de la publicación de *HCLE,* I. Conocía ya desde muchos años antes trabajos valiosísimos de colegas españoles, dignos sucesores de los grandes del pasado; sin embargo, lo que realmente me sorprendió en aquella ocasión fue el número de jóvenes investigadores de primer orden y su deseo de ponerse en contacto con los medievalistas extranjeros. Se me hizo patente que el centro de nuestros estudios, que se había desplazado al extranjero (sobre todo, a los países anglófonos) a causa de la *translatio studii* que supuso la guerra civil, con la diáspora de intelectuales y el consiguiente auge del hispanismo norteamericano y británico, volvía a España.

Más incluso que el número y la valía de los jóvenes españoles dedicados total o parcialmente al estudio de las literaturas medievales de su país, me sorprendió el desconocimiento del fenómeno: las nuevas generaciones de medievalistas parecían coexistir en grupos aislados, convencido cada uno de ellos de ser el último representante de dichos estudios. La constitución de la AHLM y el éxito innegable de su Primer Congreso supusieron un paso decisivo, un diagnóstico favorable de la salud y vitalidad de nuestros estudios en España. Nótese a este respecto que muchos estudiosos españoles no mencionados en *HCLE*, I, o mencionados sólo en las adiciones (cuando *HCLE* se publicó, algunos de ellos aún no eran licenciados; otros, incluso, ni siquiera habían entrado en la Universidad), están representados en este Primer suplemento con varias entradas. No cabe duda de que se notará en el Segundo suplemento y en los sucesivos una presencia cada vez más frecuente de estos jóvenes investigadores españoles. Para un hispanista británico de otra generación, es un placer ser testigo de este fenómeno y un honor registrarlo en estas páginas.

Un ejemplo de lo que acabo de decir lo tenemos en los primeros tomos de una nueva historia de la literatura (Alvar y Gómez Moreno [1987, 1988]), en la que las aportaciones y los datos de las últimas investigaciones de los autores se complementan con un conocimiento puesto al día de los trabajos de otros estudiosos, españoles y extranjeros. También es cierto que estas cualidades no son exclusivas de las generaciones más recientes: buena prueba de ello es la quinta edición del manual de López Estrada [1983], constantemente renovado, imprescindible para todo estudioso de la literatura medieval española. Ya en su día proyectó don Ramón Menéndez Pidal una muy extensa historia de la literatura medieval, pero la guerra civil la abortó; pese a todo, se conservaron algunos capítulos de Antonio García Solalinde, que finalmente han sido publicados, con bibliografía actualizada (1987), por una joven investigadora norteamericana. Contamos también con una vasta historia en alemán (Flasche [1977]) y con el fascículo bibliográfico destinado a complementar un tomo colectivo sobre varios géneros poéticos y prosísticos de los siglos XIV y XV (Mettmann [1985]). El mayor mérito de la antología compilada por López Estrada [1985] es una introducción a la métrica medieval castellana; él mismo [1986] investiga también el uso de las palabras «rima» y «rimo», con el significado de 'ritmo', desde principios del siglo XIII hasta finales del XV. Otra historia muy útil es la dirigida por Díez Borque [1980], pues ofrece a los especialistas en literatura española copiosos y autorizados informes sobre las literaturas hispanolatina (José Luis Moralejo), hispanoárabe (María Jesús Rubiera) e hispanohebrea (Fernando Díaz Esteban), sin olvidar las más conocidas (catalana, gallega, etc.).

El conocimiento de la historia ha sido siempre necesario para los estudios literarios; últimamente, los especialistas en literatura medieval se han dado cuenta de que la metodología de los historiadores actuales es un complemento imprescindible para la investigación de muchos aspectos de la literatura. El libro de Ruiz de la Peña [1984] es, en este sentido, un instrumento para tener siempre en cuenta. Otro recurso básico es el ya casi terminado *Dictionary of the Middle Ages* [1982]: el valor de sus artículos es desigual, como parece inevitable en un trabajo colectivo de tales dimensiones; sin embargo, la gran mayoría son autorizados y bastante pormenorizados; otros muchos, excelentes. No se ha anunciado hasta la fecha ningún proyecto para remozarlo con suplementos; es de esperar que se haga, ya que los estudios medievales avanzan muy rápidamente.

Subrayaba también en el tomo original la importancia de las obras perdidas para hacernos una idea certera de la literatura medieval española. Por mi parte, pienso convertir en un libro (o en varios) el catálogo provisional, hoy disponible sólo en pliegos sueltos fotocopiados; por la suya, C. Smith [1984] ha estudiado las diversas causas de la pérdida. Una aproximación muy innovadora a la historia de la literatura es la de Nepaulsingh [1986]: se trata de un libro que investiga diversos principios y conceptos que subyacen a la composición literaria en la España medieval. Algunas de sus hipótesis pueden parecer atrevidas —sostiene, por ejemplo, que algunas obras se estructuran a imitación del rosario, o que la cuaderna vía está en deuda con la configuración física de los códices—, pero las fundamenta en indicios que a primera vista parecen irrefutables. Para mí (por más que no para otros estudiosos; cf., por ejemplo, R. Rohland de Langbehn en *JHP*, XI (1987), pp. 179-181), se trata del libro teórico más importante que ha salido en nuestro campo de estudios en los últimos cuarenta años, desde la primera versión del famoso libro de Américo Castro (1948). Útiles también para los historiadores de la literatura son la reflexión de Rico [1983] y el manual de Jauralde [1981], cuyas páginas 236-266 están dedicadas a la Edad Media.

La bibliografía, base imprescindible para todo estudio serio, se adecua cada vez más. El equipo dirigido por Simón Díaz ha publicado [1986] la primera mitad de la tercera versión de su *Bibliografía* (1963-1965); ¡ojalá salga pronto la otra mitad! En este tomo, que incluye la producción literaria hasta fines del siglo XIV más una parte de la del XV, la división (arbitraria, a veces) en poesía, prosa y teatro ha sido sustituida por el orden alfabético de autores y obras anónimas. Aún quedan errores heredados de las versiones anteriores; sin embargo, la actual, además de poner al día la bibliografía de las obras incluidas anteriormente, añade varios autores y textos que habían sido pasados por alto, con lo que se incrementa notablemente su utilidad. Otro repertorio fundamental, ya en su tercera versión, es el conocido *BOOST* de Faulhaber *et al.* [1984], ahora con 3.378 entradas. En un folleto aparte, Faulhaber y Gómez Moreno [1986] explican cómo será la nueva versión (redactada por primera vez en castellano), ya inminente. Este repertorio de manuscritos medievales, incunables y otros testimonios de las obras de la Edad Media no se confecciona ahora por autores o títulos de obras, sino por bibliotecas y signaturas; cada obra, sin embargo, tiene su entrada correspondiente. El nuevo sistema es más útil para el investigador que quiera saber qué hay en una biblioteca determinada, pero no lo es tanto para la investigación de una obra en concreto; pese a todo, los índices obtenidos por ordenador (once en la tercera versión) facilitan la consulta. En cualquier campo de estudios que se desarrolla con rapidez, muchos trabajos importantes, tesis o tesinas inéditas, comunicaciones de congreso que se distribuyen en forma de fotocopias, o proyectos de investigación aún en curso, difícilmente entran en las bibliografías principales. Son muy valiosos, por ello, los informes sobre el estado actual de los estudios en un país, o sobre una época o un tema. A este respecto, el informe de Roubaud [1985] resulta ejemplar, pues nos proporciona datos sobre muchos trabajos realizados en Francia, pero desconocidos fuera de sus fronteras. Muy útiles son también, para dar cuenta del hispanismo medieval norteamericano de los años setenta y ochenta, Weiss y Snow [1988]; Burke [1982], para la investigación de la literatura del siglo XIV; Snow [1986], por fin, para la del XV. La importancia de la música en la lírica en las cortes medievales (la música de la lírica de tipo tradicional se conoce por el momento sólo razonando por analogía) subraya la necesidad de la esencial guía de Tinnell [1980].

El nombre de Ramón Menéndez Pidal, omnipresente en los trabajos redactados veinte años atrás, aparece con mucha menor frecuencia en los más recientes: la investigación se ocupa preferentemente en obras y en aspectos que interesaron en menor medida al desaparecido maestro, pero todos sabemos que muchas de sus ediciones y estudios siguen siendo fundamentales. Muy oportuno es, pues, el tomo de sus *Obras completas* que reúne ediciones de siete textos, con sus correspondientes estudios [1976]. Una herramienta bien distinta son las series de textos literarios, médicos, jurídicos, etc., transcritos paleográficamente y con concordancias, publicados en microfichas por el Hispanic Seminary of Medieval Studies de Wisconsin. Menudean tanto las ediciones de estas características, que es imposible incluirlas en las bibliografías de este suplemento; Craddock [1985-1986], no obstante, nos ofrece un pormenorizado informe. Blecua [1983] explica y comenta los problemas y métodos de la crítica textual y de la confección de una edición crítica, estudia además los elementos que intervienen en la transmisión de textos de diversas épocas e ilustra, por fin, los aspectos teóricos con ejemplos de textos específicos. Otro factor a tener en cuenta en las ediciones críticas, la puntuación, ha sido estudiado por Morreale [1980] a partir de una Biblia vernácula del siglo XIII.

No se puede estudiar a fondo un texto medieval sin atender despacio a su lengua; en efecto, la historia de la lengua es uno de los útiles más importantes del hispanista medieval. El libro clásico de Lapesa, ahora puesto al día [1981], es un buen punto de partida. Otra de las bases del estudio de la literatura vernácula de la Edad Media, la diferenciación entre textos latinos y vernáculos, se pone en tela de juicio en el libro de Wright [1982]. Sostiene que hasta el reinado de Carlomagno en Francia, en Castilla, el de Alfonso VI, los textos que nosotros consideramos latinos fueron romances para sus autores y lectores, dado que los grafemas se debían pronunciar adaptándolos a la fonética vernácula. El valor de la argumentación de Wright, al igual que las interrogantes que plantea (por ejemplo, ¿cómo conciliar la sintaxis latina de los textos con su hipótesis?), se ha discutido en una serie de reseñas, especialmente en las de Marcos Marín [1984] y Walsh [1986-1987].

Ha sido frecuentemente advertida la carencia de un diccionario autorizado del español medieval, a diferencia, por ejemplo, de las literaturas medievales latina y francesa, cuyos investigadores cuentan con tal instrumento desde hace muchos decenios; Müller [1980] reseña las tentativas parciales de llevarlo a término. El *Dictionary of the Old Spanish Language*, del equipo de Madison (véase *HCLE*, I, p. 4; métodos y criterios se establecen, por otra parte, en Mackenzie y Burrus [1986] y en Burrus [1987]), tiene ya una base de datos tan extensa, que ha retrasado mucho la publicación; sin embargo, el primer paso, un *Dictionary of Alfonsine Prose* en cinco o seis tomos, se prevé como inmediato. Mientras tanto, un equipo alemán, dirigido por Bodo Müller, que trabaja con distintos métodos y criterios, está a punto de publicar un primer y muy breve fascículo; Müller [1980, 1984] describe el proyecto. Aunque el *Diccionario* de Alonso [1986] supere al *Vocabulario medieval castellano* de Julio Cejador, publicado en 1929, decepciona, principalmente, porque Alonso se cansó demasiado pronto, a partir de la letra C, por lo que el tomo II resulta ser más bien un esbozo. Sin embargo, su consulta, a la que hay que añadir la de Corominas y Pascual [1980] y la de los glosarios de varias ediciones recientes de textos, despejará la mayoría de las dudas. Billick y Dworkin [1987], por su parte, nos orientan a la hora de buscar esos glosarios. Pottier [1980-1983] es un proyecto abandonado en los años cincuenta; sus entradas publicadas, hasta *gusanillo*, son muy breves (palabra, fecha, fuente), pero tienen el mérito de haber sido extraídas de textos no literarios. Los artículos de Müller [1980] y Pellen [1986] nos resumen el estado actual de la lexicografía medieval y tratan de varias cuestiones metodológicas. La de Read [1983] es una interesante tentativa de análisis de la posición lingüística de tres obras maestras medievales (*Mio Cid, Libro de Buen Amor, Celestina*).

El gran libro de Américo Castro, ya comentado en estas páginas, ha sido editado de nuevo [1983] en su clásico formato original y con un breve prólogo de Carmen Castro. Por otra parte, para conmemorar el centenario de su nacimiento y testimoniar la pervivencia de sus ideas en las controversias intelectuales de hoy, han aparecido dos trabajos colectivos en España (*Homenaje a Américo Castro* [1987]) y en Estados Unidos (*Américo Castro* [1988]). Entre los artículos más interesantes, se pueden señalar el de Armistead [1988] sobre el punto de partida de la hipótesis de Castro; la sugerencia de Cantarino [1988] de que Castro y Sánchez Albornoz en cierto sentido se complementan; la crítica marxista de Beverley [1988], quien sostiene que hay que atribuir mayor importancia a las clases sociales, respecto a las castas, que la admitida por Castro; y el estudio de Márquez Villanueva [1988] sobre el influjo de Castro en la historiografía. Nuevas investigaciones, partiendo de diversos puntos de vista, coinciden en confirmar las conclusiones de Castro sobre la importancia del elemento islámico en la cultura medieval hispánica y en criticar el rechazo de sus tesis por parte de otros tantos medievalistas: el libro de Monroe [1970] abrió el camino; la aportación más reciente es el polémico tomo de Menocal [1987]. Cantarino [1978, 1980] investiga diversos aspectos del problema; Burshatin [1985-1986] examina la ambivalencia de algunos textos medievales (sobre todo, el *Cantar de Mio Cid* y la *Crónica sarracina*) en relación con el componente arábigo; López-Baralt trata magistralmente [1985] el tema en general y la literatura aljamiada; Glick [1979], por fin, compara la formación de las culturas cristiana e islámica. Relativos al elemento judío y converso en la España medieval, han aparecido importantes estudios sobre otros tantos autores, que se comentarán en los capítulos que siguen, así como dos aportaciones más generales de gran interés. Sáenz Badillos [1985] se centra en las relaciones que median entre la poesía hebrea y la románica, mientras que Cantera Monteagudo [1986] nos ofrece una guía bibliográfica de la cuestión. Finalmente, Vàrvaro [1985] reflexiona desde otra óptica sobre las relaciones de algunas obras medievales españolas con otras árabes y hebreas.

Una cuestión tan discutida como la de los influjos árabe y hebreo, aunque apenas mencionada por los hispanistas de cuarenta años atrás, es la de la oralidad. Aunque sea de lamentar que aún no tengamos una versión española del clásico libro de Albert B. Lord (1960), sí existen valiosas aportaciones de hispanistas al debate, el cual, por otra parte, se inauguró, antes de que se editara el libro de Lord, con la monografía de Ruth House Webber sobre el romancero (1951). El fenómeno y las consecuencias de la transmisión oral habían sido estudiados desde muchos años antes, como es sabido, en los trabajos de Menéndez Pidal y aun de sus predecesores, pero la investigación no había encarado el problema de la composición oral. Lord, que empezó negando la posibilidad de un texto de transición, a medio camino entre el estilo oral y el escrito, reconoce en sus últimos trabajos (por ejemplo [1987]) que muchos textos medievales son efectivamente de transición. La relación entre la cultura oral y la escrita se estudia desde varios puntos de vista, que se complementan, fructíferamente, en los trabajos de Rosenberg [1987], Gallardo [1985-1986], Seniff [1987], Clanchy [1979], Domínguez Caparrós [1980], Rivers [1983] y Deyermond [1988]. Se puede concluir de algunos de dichos trabajos que la transmisión oral influye tanto en la prosa como en el verso. Las obras estrictamente orales (poemas épicos y líricos, romances, cuentos folklóricos —Chevalier [1983]—), tan abundantes en la Edad Media hispánica, se han perdido casi todas; las vislumbramos sólo a través de versiones escritas, más o menos refundidas por autores cultos; lo que no empece para que las obras originales de tales autores (el *Cantar de Mio Cid*, por ejemplo, o parte de la producción lírica de Gil Vicente, o algunas obras de don Juan Manuel) revelen la profunda influencia del estilo, la técnica o el contenido de la literatura oral de su época. La transmisión oral, aun de las obras cultas, conservó su importancia a lo largo de la Edad Media y del Siglo de Oro (Frenk [1982]). Otra cuestión más compleja, la de la relación entre la cultura popular y la sociedad culta, es tema de varios trabajos en el tomo *Culturas populares* [1986]; Deyermond [1981] estudia, en concreto, la influencia mutua de las literaturas culta y popular. Schmitt [1986], por su parte, se plantea estos temas genéricamente, no como hispanista, y nos proporciona una muy útil bibliografía.

Merced a la labor de varios investigadores, conocemos ahora mejor las bibliotecas medievales españolas (para las del siglo xv, véase cap. 10). A la zaga del de Rudolf Beer, *Handschriftenschätze Spaniens* (publicado entre 1891 y 1894) resulta imprescindible el trabajo de Faulhaber [1987]; gracias al ordenador, el libro consta de cinco índices minuciosos que facilitan su consulta. Díaz y Díaz [1979] estudia con esmero las bibliotecas y la cultura literaria riojanas desde el siglo xi hasta el xiii; Escolar Sobrino [1985] incluye muchos datos sobre las bibliotecas medievales. El libro de Santiago-Otero [1987] contiene 16 estudios sobre fondos de manuscritos de autores (principalmente, hispanolatinos) desde el siglo xii al xv. Otra colección importante, aunque no del todo conocida, de manuscritos medievales españoles tiene ahora un catálogo pormenorizado y con todo tipo de índices: se trata de la Hispanic Society of America; es de esperar que la publicación del catálogo (Faulhaber [1983]) se complemente con un acceso más fácil a los fondos de la biblioteca. También se ha ocupado Faulhaber [1984] de un aspecto importante, pero poco utilizado, de los manuscritos medievales: las *dictiones probatoriae*, es decir, las primeras palabras del fol. 2, o de otra hoja del códice, que sirven para identificarlo. Las filigranas, por su parte, se conocen bien en teoría, pero apenas se utilizan en la investigación, pues no existe en España un equivalente del clásico *Les Filigranes*, de Briquet, publicado en 1923; Orduna [1981] no ha hecho sino ofrecer un registro provisional, invitando a otros investigadores a colaborar con él. El estudio de los incunables e impresos de principios del siglo xvi también avanza; con todo, sigue siendo fundamental el libro de Norton [1978], fruto de toda una vida de paciente investigación.

El mecenazgo influyó en gran medida en la producción y recepción de la literatura medieval (Cirlot [1982]); los Mendoza —la familia del Marqués de Santillana—, en concreto, fueron algunos de los más destacados mecenas de su tiempo: los estudia Nader [1979], quien, además, incluye buen número de autores. En lo tocante al influjo de los autores clásicos, hay que decir que el libro de Blüher (1969) ya circula en una ampliada y corregida versión castellana [1983].

Diversos géneros literarios, algunos de los cuales estaban faltos de estudios sólidos, han sido objeto últimamente de la atención de los investigadores. Beutler [1979] y Goldberg [1982-1983] aportan nuevos enfoques al estudio de la adivinanza; Fradejas Rueda [1985, 1986] al de la literatura cinegética, con una extensa bibliografía de ediciones y estudios; Goldberg [1983], al de las narraciones de sueños. La antología de textos de los bestiarios, traducidos por Malexecheverría [1986], incluye un cumplido ensayo. Whinnom [1979], por su parte, reseña la aportación británica al estudio de las colecciones españolas de *exempla*. Tanto los viajes históricos como los *del otro mundo* son estudiados por Kinkade [1980], en lo que parece ser un anticipo de una extensa monografía, y por Hassauer (en Gumbrecht *et al.* [1986-1987], i, pp. 259-283). Battesti-Pelegrin [1978] trata de clasificar las serranillas. En el artículo de Webber [1986], se nos ofrece un más amplio enfoque sobre la narrativa, también constatable en la polémica lanzada por Michael [1985-1986] contra varios investigadores que en su día bosquejaron una clasificación genérica de determinadas obras españolas. El propio Michael, no obstante, adopta a veces la misma terminología genérica cuya validez parece negar; tengo intención, por mi parte, de examinar en un trabajo específico sus métodos y criterios.

Las descripciones personales en los textos medievales españoles han sido estudiadas por Goldberg en una serie de artículos; su aportación se caracteriza por el número de textos utilizados y por la perspicacia de su crítica; se centra, concretamente, en la fealdad [1978-1979], en el retrato infantil [1980] y, en general, en la función de las descripciones [1986]. Últimamente, Hilty [1988] ha complementado dichos estudios, ciñéndose al siglo XIII, con un artículo sobre la descripción de la belleza; Hersch *et al.* [1987] investigan la significación del vestido. Empero, mientras los primeros estudios mencionados se refieren a la trascendencia iconográfica de las descripciones verbales, el de Hersch *et al.* se sirve explícitamente de los métodos de la iconografía. Dos libros versan sobre esta materia en relación con la literatura: Keller y Kinkade [1984] estudian la relación entre miniaturas o grabados y texto en cinco obras (*Cantigas de Santa María, Calila e Dimna, Castigos e documentos, Cavallero Zifar, La vida del Ysopet*); Nichols [1983], a partir de textos medievales franceses, busca en la iconografía de la época las bases para una comprensión estructural, temática e ideológica de los textos. Su método se puede asimilar hasta cierto punto al de Nepaulsingh [1986], y resultará interesante aplicarlo a la literatura española; Burke [1986] ha sido el primero en tomar la iniciativa.

La narración breve se ha estudiado mucho y provechosamente en los últimos años. Es de notar el trabajo de Gier y Keller [1985], quienes, a diferencia de muchos fascículos del *GRLMA*, complementan la descripción con bibliografía adecuada; las obras se clasifican en religiosas y laicas, tanto en verso como en prosa. *Formas breves del relato* [1986], por su parte, es un buen testimonio de la vitalidad y variedad de la investigación y crítica en este campo; en su debido lugar comentamos varios artículos. En lo tocante a la teoría y terminología del género, cabe destacar los trabajos de Paredes Núñez [1984, 1986, 1988], redactados a partir de textos hispánicos y franceses.

Otro género cuya investigación se ha desarrollado considerablemente es el sermón, merced en este caso a un solo investigador, Cátedra [1982, 1985-1986, 1986], que aporta, además de dos autorizados informes del estado de la cuestión, otros tantos estudios sobre el tema. A Deyermond [1979-1980], aparte del de ofrecer una bibliografía provisional, le corresponde el mérito de haber provocado la publicación de Cátedra [1982]. En el campo relacionado con la literatura bíblica de la España medieval, Reinhardt y Santiago-Otero [1986] nos proporcionan dos guías; una, bibliográfica, de las traducciones vernáculas; otra, biobibliográfica, de alrededor de 140 autores de comentarios y obras semejantes. Entre los estudios relativos a la fortuna de los textos y temas bíblicos en la literatura medieval española, destacan los de Perry [1983] y Gimeno Casalduero [1988]. Otros dos libros aportan a este campo recursos que, si no tan fundamentales como una concordancia bíblica, sí son muy valiosos: la reflexión de Frye [1982] y la práctica guía de Alter y Kermode [1987].

Vernet [1979] nos proporciona datos e ideas sobre algunos textos científico-literarios; Fumagalli [1981], por su parte, estudia las enciclopedias, que tanto influyeron en la literatura medieval, y son a veces documentos literarios de primer orden. La investigación de las relaciones entre la literatura y los códigos y estudios jurídicos se ha desarrollado primordialmente en el marco de estos últimos; tanto a propósito de obras concretas, como el *Cantar de Mio Cid*, el *Libro de Buen Amor* y la *Celestina* (comentados en su lugar), como en sus aspectos más generales: Alford y Seniff [1984] incluyen (pp. 227-263) una bibliografía de textos hispánicos, Kirby [1979-1980] se ocupa de cuestiones metodológicas aplicadas a varios ejemplos prácticos, Seniff [1987] estudia el concepto de ley natural en tratados de diversa índole; Dutton [1980], por fin, demuestra cómo se dejan rastrear las fórmulas jurídicas en la literatura. Las siete artes liberales, cuya importancia en la obra de Alfonso el Sabio demuestra Rico [1984 en cap. 5], se estudian desde diversos puntos de vista en Wagner [1983]. No cabe duda de que la afición a la estructura (e incluso al simbolismo) numerológica de muchas obras literarias medievales depende de la formación matemática de sus autores; sin embargo, resulta difícil precisar hasta qué punto influye dicha afición en una obra determinada; de Vries [1984] va más allá que la mayoría de investigadores.

La visión medieval del hombre y del mundo está a todas luces implícita en la literatura. Burke [1986], sirviéndose de datos y conceptos de Nichols [1983], sostiene que el modelo de la *theosis* (reflejo terreno del diseño divino) se aplica a la historia de varias obras del siglo XIII (y, por supuesto, a la de los siglos posteriores). El modelo de los tres estados de la teoría social de la Edad Media tiene también gran influencia en los autores (Ruiz-Domènec [1982]). La nueva edición del libro de Rico [1986], por su parte, agrega muchos datos a su estudio sobre la historia de la idea del hombre como microcosmos. Corti [1978] opone a dichos modelos y a otros tantos, partiendo de una base semiológica, algunos antimodelos de la cultura medieval; hay que decir, no obstante, que tal vez simplifica excesivamente la oposición. Aunque no alcance la condición paradigmática de modelo (¿o antimodelo?), la figura del cuasimítico poeta Macías obtuvo una difusión considerable; lo estudia e incluye un gran número de citas Rodríguez Sánchez [1986].

Los estudios de historiografía medieval, ora teóricos, ora prácticos, han proliferado últimamente. El conjunto de trabajos más extenso y variado es el de Gumbrecht *et al.* [1986-1987]: reflexiones generales a cargo de Gumbrecht (i, pp. 32-39), de Jörn Rusen (i, pp. 40-49; sobre posibles esquemas clasificatorios), o de los tres redactores (iii, pp. 1.133-1.152); ensayos sobre las estructuras mentales que condicionaron la escritura y la lectura de la historia medieval a cargo de Joseph J. Duggan (i, pp. 127-134; sobre el tiempo), R. Howard Bloch (i, pp. 135-156; sobre la genealogía), Gert Melville (i, pp. 157-228; sobre la formación de las escuelas) y Martijn Rus (i, pp. 229-235); para lo tocante al lenguaje y comunicación en la historiografía, Brigitte Schlieben-Lange (iii, pp. 755-796) se apoya en Alfonso X, en otros autores hispánicos y en otros muchos no hispánicos; también se nos ofrecen ensayos sobre la historia universal como historia de la salvación (Gumbrecht, iii, pp. 799-817); sobre la historia como serie de *exempla* (Gumbrecht, iii, pp. 869-950); además de los ensayos de Jean-Louis Kupper (iii, pp. 819-833), Albert Gier (iii, pp. 835-868) y Claude Thiry (iii, pp. 1.025-1.063) sobre la historiografía como legitimación de los grupos e instituciones dominantes, y sobre la interacción de historia y actualidad; por fin, Friederike Hassauer (i, pp. 259-283) se ocupa de la importancia historiográfica de los libros de viajes. El libro de Guénée [1980] pone a nuestro alcance un panorama de la historiografía medieval de la Europa occidental con importantes observaciones teóricas; el de Martin [1985] se limita a la teoría semiótica. El subgénero bastante difundido de las crónicas rimadas ha sido estudiado por Vaquero [1987]. Otros tantos trabajos relevantes sobre la historiografía de un siglo en concreto se comentarán en el capítulo correspondiente.

El amor cortés —todos los investigadores admiten la existencia del fenómeno, aunque los hay que prefieren utilizar otros términos— es un componente fundamental de la cultura medieval. Los libros de Menéndez Peláez [1980] y Parker [1986] lo estudian en textos de varios géneros desde la perspectiva de la teología moral cristiana. El tema del amor cortés se deja enlazar por razones obvias con el de la concepción de la mujer en la literatura, su condición social y la acogida dispensada a las escritoras. A este respecto, los dos trabajos de M. E. Lacarra [1986, 1988] son de gran interés metodológico. El colectivo *La condición de la mujer* [1986] incluye tres artículos sobre literatura (hay que destacar el de Cátedra sobre el sermón) y seis sobre iconografía, pero el volumen trata principalmente de las realidades histórica, socioeconómica y jurídica; para este último aspecto, véase sobre todo Dillard [1984, en cap. 5, *infra*]. Sirviéndose de fuentes literarias e históricas, la monografía de Carlé [1980] sobre el matrimonio revela los cambios de actitud. Cuatro investigadores se ocupan de la misoginia: M. J. Lacarra [1986], en los cuentos de los siglos xiii al xv; Goldberg [1979], en tanto que fenómeno psicológico, a la par que subraya las estrechas semejanzas con el antisemitismo; Cantavella Chiva [1987], en la literatura catalana (la mayoría de sus conclusiones son también válidas para la literatura castellana); Cantarino [1980], por fin, nos ofrece un panorama general. El estudio de las escritoras castellanas de la Edad

Media está en un proceso de constante renovación merced a los trabajos sobre algunas en concreto, que serán comentados en los capítulos 8 y 10 (aunque hay un estudio de conjunto, el de López Estrada [1986]), y a dos libros de muy diversa índole que, a no dudarlo, estimularán a los investigadores de la literatura castellana. El de Dronke [1984] y el de Garulo (véase el cap. 2 [1986]): aquél se ciñe principalmente a la literatura latina; ésta, a la hispanoárabe. Pese a que ambos han partido de *termini ad quos* anteriores a los primeros textos conocidos de escritoras castellanas, sus libros son esenciales para cualquier estudio futuro. Finalmente, hay que subrayar que las cuestiones examinadas por P. J. Smith [1987], relativas a algunas escritoras del Siglo de Oro, son igualmente importantes en el contexto medieval.

La significación de la literatura medieval para el lector contemporáneo es una cuestión que ha inspirado dos colecciones de ensayos: *Edad Media y literatura contemporánea* [1985] y *Medieval Literature and Contemporary Theory* [1978]. La primera, aparte de dos aportaciones de Francisco Rico (un prólogo y «Literatura e historia de la literatura», pp. 109-130), incluye reflexiones de escritores españoles sobre la incidencia de la literatura medieval en la creación literaria de hoy; participan J. Goytisolo [1985], Fernando Fernán-Gómez (pp. 35-58), el llorado Jaime Gil de Biedma (pp. 61-87) y Juan Benet (pp. 91-106). La segunda, complementada con una aproximación teórica, es internacional, pero se echa en falta la presencia de un colaborador español o hispanista. Esta segunda colección consta de cinco ensayos principales: dos de ellos tienen escaso interés para el presente volumen; de los tres restantes, uno trata del teatro (véase el cap. 11), el segundo es el ya comentado de Corti, el tercero (que introduce la colección, pp. 181-229) es una versión inglesa del famoso ensayo de Jauss [1977, pp. 9-47] sobre la alteridad y la modernidad de la literatura medieval. Jauss propone tres etapas en la lectura de una obra medieval: placer estético, reconocimiento de su alteridad y descubrimiento de su carácter modélico (el sentido que nosotros le damos). Al final de la colección, seis medievalistas comentan las cuestiones que les han suscitado los artículos principales; posiblemente, el comentario más interesante para el hispanista sea el de J. A. Burrow (pp. 385-390), quien apunta que la alteridad de la literatura medieval se acusa mucho menos en el lector formado en la literatura inglesa, debido a que las obras de los grandes autores de los siglos XVI y XVII están plagadas de elementos medievales y a la inclusión, en Inglaterra, de obras medievales en los estudios escolares y universitarios. Lo mismo puede decirse, obviamente, de la literatura española; de modo que a un hispanista inglés la lectura de teóricos franceses o alemanes le puede dar mayor impresión de alteridad que la lectura de una obra medieval... Sin embargo, los recientes trabajos teóricos de Paul Zumthor, (1972) y [1980], que proceden de sus anteriores y concretas investigaciones, han animado a dos investigadores españoles, de gran talento y de muy distintas generaciones —López Estrada [1974-1979] y Gómez Redondo [1982]—, a redactar unos muy fructíferos comentarios. Igualmente valioso es el comentario de Huerta Calvo [1982] sobre la significación de las obras de Mijail Bajtín en la teoría literaria española. Interesantes reflexiones, aunque más generales, sobre el valor de la crítica y de la teoría literarias, son las de Jauralde [1984] y Wardropper [1987]. Uno de los métodos de la llamada «Nueva Crítica» de los años treinta y cuarenta, el análisis de la ambigüedad como recurso estilístico, raras veces aparece en las tendencias críticas más recientes y nunca se ha aplicado de manera sistemática a la literatura medieval española, a pesar de que más de un autor español medieval utilizó la ambigüedad con mayor o menor éxito (Deyermond [1982]).

No es nuevo el empleo de algunas teorías y técnicas hermenéuticas medievales en la crítica moderna: sirva recordar el trabajo de Robertson (1962); sin embargo, su aplicación peca de cierta rigidez y automatismo, llegando incluso al extremo de servirse de comentarios bíblicos de la Alta Edad Media para interpretar obras de siglos posteriores. Lo que sí resulta, en cambio, una novedad es el reconocimiento de que los *accessus* (comentarios y glosas de textos bíblicos y clásicos) del siglo XII en adelante puedan ayudarnos a comprender los cambios de actitud respecto de la obra literaria y del autor en los últimos siglos medievales. La novedad, no obstante, no es absoluta: un libro de Rico [1984, en cap. 5] y algunos artículos, en especial el de Nepaulsingh [1974], habían utilizado los *accessus* como punto de partida para el estudio de determinados autores. Una transformación radical se llevó a cabo, pese a todo, con la publicación en sólo tres años de otros tantos libros de especial relevancia. Allen [1982] se apoya en lo expuesto en los comentarios sobre la *forma tractatus* (contenido y estructura) y sobre la *forma tractandi* (estilo) de una obra y en las categorías del saber que enumeran para establecer una «normative array» ('gama normativa') de posibles interpretaciones, confirmando de este modo la función ética de la literatura. Burke [1982-1983] indica cómo se puede aplicar el trabajo de Allen a la literatura medieval española; hay que precisar, sin embargo, que el tipo de interpretación desarrollado por Allen es una posibilidad a tener en cuenta, pero no el único modo posible de leer la literatura española de la época. Minnis [1984], por fin, es más flexible: sostiene que las teorías, expuestas en prólogos y comentarios, acerca de qué son *auctor* y autoría nos predisponen a una valoración más favorable de la literatura seglar, incluida la de los autores paganos. En la segunda edición de su libro, Minnis aplica brevemente su hipótesis al *Libro de Buen Amor* (p. xvi) y compara su propio trabajo —aunque el parangón lo hace más detenidamente Copeland [1987-1988]— con los de Allen [1982] y Olson [1986]. De hecho, el enfoque de Olson es bastante distinto de los de Allen y Minnis: se ocupa de la consideración bajomedieval del placer literario como factor esencial para la salud, tanto del cuerpo como de la mente. Se trata, por tanto, de una defensa, en términos prestados por los comentaristas medievales, del aspecto recreativo, de la «corteza», de muchas obras medievales; para fundamentar su hipótesis, Olson cita a don Juan Manuel (pp. 84-85). No obstante, la validez de estos tres libros dentro del contexto literario hispánico aún no ha sido contrastada por los investigadores. El primer paso, sin duda importante, ya se ha dado con el libro, en prensa, de Julian M. Weiss (véase cap. 10, p. 337).

BIBLIOGRAFÍA

Alford, John A., y Dennis P. Seniff, *Literature and Law in the Middle Ages: A Bibliography of Scholarship,* Garland, Nueva York, 1984.

Alonso, Martín, *Diccionario medieval español, desde las «Glosas emilianenses» y «Silenses» (s. x) hasta el siglo xv,* Universidad Pontificia, Salamanca, 1986, 2 vols.

Alter, Robert, y Frank Kermode, eds., *The Literary Guide to the Bible,* Harvard University Press, Cambridge, Mass.; Collins, Londres, 1987.

Alvar, Carlos, y Ángel Gómez Moreno, *La poesía lírica medieval,* Taurus (HCLH, I), Madrid, 1987.

—, —, *La poesía épica y de clerecía medievales,* Taurus (HCLH, II), Madrid, 1988.

Allen, Judson Boyce, *The Ethical Poetic of the Later Middle Ages: A Decorum of Convenient Distinction,* University Press, Toronto, 1982.

Américo Castro: The Impact of his Thought: Essays to Mark Centenary of his Birth, ed. Ronald E. Surtz *et al.,* HSMS, Madison, 1988.

Armistead, Samuel G., «Américo Castro in Morocco: The origins of a Theory?», en *Américo Castro* (1988), pp. 73-82.

Battesti-Pelegrin, Jeanne, «Tipología del encuentro en la serranilla medieval», en *Mélanges Joucla-Ruau* (1978), I, pp. 405-442.

Beutler, Gisela, «Enigmas y adivinanzas sobre el libro, la pluma y otros utensilios para escribir: estudio sobre su origen, sus metáforas, su estructura», en *Homenaje Martínez* (1979), pp. 244-282.

Beverly, John, «Class or Caste: A Critique of the Castro Thesis», en *Américo Castro* (1988), pp. 141-149.

Billick, David J., y Steven N. Dworkin, *Lexical Studies of Medieval Spanish Texts: A Bibliography of Concordances, Glossaries, Vocabularies and Selected Word Studies,* HSMS (BS, VII), Madison, 1987.

Blecua, Alberto, *Manual de crítica textual,* Castalia (Literatura y Sociedad, XXXIII), Madrid, 1983.

Blüher, Karl Alfred, *Séneca en España: investigaciones sobre la recepción de Séneca en España desde el siglo xiii hasta el siglo xvii,* trad. Juan Conde, Gredos, Madrid, 1983.

Burke, James F., «Spanish Literature», en *The Present State of Scholarship in Fourteenth-Century Literature,* ed. Thomas D. Cooke, University of Missouri Press, Columbia, 1982, pp. 259-304.

—, «A New Critical Approach to the Interpretation of Medieval Spanish Literature», *C,* XI (1982-1983), pp. 273-279.

—, «Alfonso X and the Structuring of Spanish History», *RCEH,* IX (1984-1985) [1986], pp. 464-471.

Burrus, Victoria A., *A Procedural Manual for Entry Establishment in the «Dictionary of the Old Spanish Language»,* 3.ª ed., HSMS, Madison, 1987.

Burshatin, Israel, «The Moor in the Text: Metaphor, Emblem, and Silence», *Critical Inquiry,* XII (1985-1986), pp. 98-118.

Cantarino, Vicente, *Entre monjes y musulmanes: el conflicto que fue España,* Alhambra, Madrid, 1978.

—, «El antifeminismo y sus formas en la literatura medieval castellana», en *Homenaje Rey* (1980), pp. 91-116.

—, «The Spanish Reconquest: A Holy War against Islam», en *Islam and the Medieval West: Aspects of Intercultural Relations,* ed. Khalil I. Semaan, State University of New York Press, Albany, 1980, pp. 82-109.

—, «Américo Castro: un aspecto olvidado de la polémica», en *Américo Castro* (1988), pp. 191-200.

Cantavella Chiva, Rosanna, «El debat pro i antifeminista a la literatura catalana medieval», tesis doctoral inédita, Universidad de Valencia, 1987, 2 vols.

Cantera Monteagudo, Enrique, *Los judíos en la Edad Media hispana,* A-Z Ediciones (Cuadernos de Investigación Medieval, V), Madrid, 1986.

Carlé, María del Carmen, «Apuntes sobre el matrimonio en la Edad Media española», *CHE,* LXIII-LXIV (1980), pp. 115-177.

Castro, Américo, *España en su historia: cristianos, moros y judíos,* 2.ª ed., Crítica, Barcelona, 1983.

Cátedra (García), Pedro M., *Dos estudios sobre el sermón en la España medieval,* Universidad Autónoma de Barcelona (SLMH), Bellaterra, 1982.

—, «Acerca del sermón político en la España medieval: a propósito del discurso de Martín el Humano en las cortes de Zaragoza de 1398», *BRABLB,* XL (1985-1986), pp. 17-47.

—, «La mujer en el sermón medieval», en *La condición de la mujer* (1986), pp. 39-50.

Cirlot, Victoria, «Mecenazgo y literatura medieval», *Medievalia,* III (1982), pp. 107-125.

Clanchy, M. T., *From Memory to Written Record: England, 1066-1307,* Edward Arnold, Londres; Harvard University Press, Cambridge, Mass., 1979.

La condición de la mujer en la Edad Media: Actas del Coloquio celebrado en la Casa de Velázquez, del 5 al 7 de noviembre de 1984, ed. Yves-René Fonquerne y Alfonso Esteban, Casa de Velázquez y Universidad Complutense, Madrid, 1986.

Copeland, Rita, «Literary Theory in the Later Middle Ages», *RPh,* XLI (1987-1988), pp. 58-71.

Corominas, Juan, y José A. Pascual, *Diccionario crítico etimológico castellano e hispánico,* Gredos, Madrid, 1980-1983, 5 vols. (el tomo VI y último aún no ha aparecido).

Corti, Maria, «Models and Antimodels in European Culture», en *Medieval Literature and Contemporary Theory* [1978], pp. 339-366.

Craddock, Jerry R., «A New Medium for Lexical and Textual Research: The HSMS Microfiche», *RPh,* XXXIX (1985-1986), pp. 462-472.

Culturas populares: diferencias, divergencias, conflictos: Actas del Coloquio celebrado en la Casa de Velázquez, los días 30 de noviembre y 1-2 de diciembre de 1983, ed. Yves-René Fonquerne y Alfonso Esteban, Casa de Velázquez y Universidad Complutense, Madrid, 1986.

Chevalier, Maxime, *Cuentos folklóricos españoles del Siglo de Oro,* Crítica, Barcelona, 1983.

Deyermond, Alan, «The Sermon and its Uses in Medieval Castilian Literature», *C,* VIII (1979-1980), pp. 126-145.

—, «The Interaction of Courtly and Popular Elements in Medieval Spanish Literatu-re», en *Court and Poet: Selected Proceedings of the Third Congress of the Inter-national Courtly Literature Society (Liverpool 1980)*, ed. Glyn S. Burgess, Francis Cairns (Arca, 5), Liverpool, 1981, pp. 21-42.

—, «La ambigüedad en la literatura medieval española», en *Actas VII AIH* (1982), I, pp. 363-371.

—, «La literatura oral en la transición de la Edad Media al Renacimiento», *EO*, VII (1988), pp. 21-32.

Díaz y Díaz, Manuel C., *Libros y librerías en la Rioja altomedieval*, Instituto de Estu-dios Riojanos, Logroño, 1979.

Dictionary of the Middle Ages, ed. Joseph R. Strayer, Charles Scribner's Sons para el American Council of Learned Societies, Nueva York, 1982 (11 tomos hasta 1988).

Díez Borque, José María, ed., *Historia de las literaturas hispánicas no castellanas*, Taurus (Persiles, CXI), Madrid, 1980.

Domínguez Caparrós, José, «Literatura, actos de lenguaje y oralidad», *EO*, VII (1980), pp. 5-13.

Dronke, Peter, *Women Writers of the Middle Ages: A Critical Study of Texts from Per-petua (+ 203) to Marguerite Porete (+1310)*, University Press, Cambridge, 1984.

Dutton, Brian, «The Popularization of Legal Formulae in Medieval Spanish Literatu-re», en *Keller Studies* (1980), pp. 13-28.

Edad Media y literatura contemporánea: ensayos sobre tradición y modernidad, ed. Fernando Valls, Trieste, Madrid, 1985.

Escolar Sobrino, Hipólito, *Historia de las bibliotecas*, Fundación Germán Sánchez Rui-pérez y Pirámide, Madrid, 1985.

Faulhaber, Charles B., comp., *Medieval Manuscripts in the Library of the Hispanic Society of America*, Hispanic Society of America, Nueva York, 1983, 2 vols.

—, «Las *Dictiones probatoriae* en los catálogos medievales de bibliotecas», *AFE*, I (1984), pp. 891-904.

—, *Libros y bibliotecas en la España medieval: una bibliografía de fuentes impresas*, RBC, XLVII, Grant and Cutler, Londres, 1987.

—, y Ángel Gómez Moreno, *Normas para 'BOOST' 4 (Bibliography of Old Spanish Texts-4th Edition)*, HSMS, Madison, 1986.

—, Ángel Gómez Moreno, David Mackenzie, John J. Nitti y Brian Dutton, con Jean Lentz, *Bibliography of Old Spanish Texts*, 3.ª ed., HSMS (BS, IV), Madison, 1984.

Flasche, Hans, *Geschichte der spanischen Literatur*, I: *Von den Anfängen bis zum Aus-gang des fünfzehntentes Jahrhundert*, Francke, Berna, 1977.

Formas breves del relato: Coloquio Casa de Velázquez-Departamento de Literatura Es-pañola de la Universidad de Zaragoza, Madrid, febrero de 1985, ed. Yves-René Fonquerne y Aurora Egido, Universidad, Zaragoza; Casa de Velázquez, Madrid, 1986.

Fradejas Rueda, José Manuel, *Ensayo de una bibliografía de los libros españoles de cetrería y montería (ss. XIII-XVIII)*, Caïrel (Colección Alcotán, II [parte 2]), Ma-drid, 1985.

—, «La originalidad en la literatura cinegética», *Epos*, II (1986), pp. 75-88.

Frenk, Margit, «'Lectores y oidores': la difusión oral de la literatura en el Siglo de Oro», *Actas VII AIH* (1982), I, pp. 101-123.

Frye, Northop, *The Great Code: The Bible and Literature*, Routledge and Kegan Paul, Londres, 1982.

Fumagalli, Maria Teresa Beonio-Brocchieri, *Le enciclopedie dell'Occidente medioevale,* Loescher, Turín, 1981.

Gallardo, Antonio, «Alfabetismo en la oralidad: el escritor medieval y la cultura del idioma», *Acta Literaria,* X-XI (1985-1986), pp. 133-143.

Gier, Albert, y John Esten Keller, *Les formes narratives brèves en Espagne et Portugal* [texto en alemán], *GRLMA,* V, tomo 1/2, fasc. 2 (1985).

Gimeno Casalduero, Joaquín, *El misterio de la Redención y la cultura medieval: el «Poema de Mio Cid» y los «Loores» de Berceo,* Academia Alfonso X el Sabio (Biblioteca Murciana de Bolsillo, XCVI), Murcia, 1988.

Glick, Thomas F., *Islamic and Christian Spain in the Early Middle Ages: Comparative Perspectives on Social Cultural Formation,* University Press, Princeton, 1979.

Goldberg, Harriet, «The Several Faces of Ugliness in Medieval Castilian Literature», *C,* VII (1978-1979), pp. 80-92.

—, «Two Parallel·Medieval Commonplaces: Antifeminism and Antisemitism in the Hispanic Literary Tradition», en *Aspects of Jewish Culture in the Middle Ages,* ed. Paul E. Szarmach, State University of New York Press, Albany, 1979, pp. 85-119.

—, «The Literary Portrait of the Child in Castilian Medieval Literature», *KRQ,* XXVII (1980), pp. 11-27.

—, «Riddles and Enigmas in Medieval Castilian Literature», *RPh,* XXXVI (1982-1983), pp. 209-221.

—, «The Dream Report as a Literary Device in Medieval Hispanic Literature», *H,* LXVI (1983), pp. 21-31.

—, «Personal Descriptions in Medieval Texts: Decorative or Functional?», *Hisp.,* 87 (enero de 1986), pp. 1-12.

Gómez Redondo, Fernando, «La teoría medievalista de Paul Zumthor, a la luz de su última obra», *D,* I (1982), pp. 221-226.

Goytisolo, Juan, «El Arcipreste de Hita y nosotros», en *Edad Media y literatura contemporánea* (1985), pp. 19-31.

Guénée, Bernard, *Histoire et culture historique dans l'Occident médiévale,* Aubier, París, 1980.

Gumbrecht, Hans Ulrich, Ursula Link-Heer y Peter-Michel Spangenberg, eds., *La Littérature historiographique des origines à 1500, GRLMA,* XI, 1, *Partie historique,* fasc. i (1986), ii (en prensa), iii (1987).

Hersch, Philip, Angus Mackay y Geraldine McKendrick, «The Semiology of Dress in Late Medieval and Early Modern Spain», *Razó: Cahiers du Centre d'Études Médiévales de Nice,* VII, (1987: *Le Corps paré: ornements et atours),* pp. 95-113.

Hilty, Gerold, «Schönheitsbeshcreibung in spanischen Texten des 13. Jahrhunderts», en *Schöne Frauen-schöne Männer: literarische Schönheitsbeschreibungen: 2. Kolloquium der Forschungsstelle für europäische Literatur des Mittelalters,* ed. Theo Stemmler, Universität, Mannheim, 1988, pp. 77-88.

Homenaje a Américo Castro, ed. José Jesús de Bustos Tovar y Joseph H. Silverman, Universidad Complutense, Madrid, 1987.

Huerta Calvo, Javier, «La teoría literaria de Mijail Bajtín: apuntes y textos para su introducción en España», *D,* I (1982), pp. 143-158.

Jauralde Pou, Pablo, *Manual de investigación literaria: guía bibliográfica para el estudio de la literatura española,* Gredos, Madrid, 1981.

—, «La literatura como ideología y la crítica literaria», *ALE,* III (1984), pp. 305-326.

Jauss, Hans Robert, *Alterität und Modernität der mittelalterlichen Literatur,* Wilhelm Fink, Munich, 1977.

Keller, John E., y Richard P. Kinkade, *Iconography in Medieval Spanish Literature,* University Press of Kentucky, Lexington, 1984.

Kinkade, Richard P., «Mito y realidad en el mundo medieval español», en *Keller Studies* (1980), pp. 215-228.

Kirby, Steven D., «Legal Doctrine and Procedure as Approaches to Medieval Hispanic Literature», *C,* VIII (1979-1980), pp. 164-171.

Lacarra, M(aría) E(ugenia), «Mujer y literatura», en *Mujer y literatura,* Universidad del País Vasco (IV Cursos de Verano en San Sebastián), Vitoria, 1986, pp. 100-131.

—, «Notes on Feminist Analysis of Medieval Spanish Literature and History», *C,* XVII, 1 (otoño de 1988), pp. 14-22.

Lacarra, María Jesús, «Algunos datos para la historia de la misoginia en la Edad Media», en *Studia Riquer* (1986), I, pp. 339-361.

Lapesa, Rafael, *Historia de la lengua española,* 9.ª ed., Gredos, Madrid, 1981.

López-Baralt, Luce, *Huellas del Islam en la literatura española: de Juan Ruiz a Juan Goytisolo,* Hiperión (Libros Hiperión, LXXXVI), Madrid, 1985.

López Estrada, Francisco, «La teoría poética medieval de Paul Zumthor», *AEM,* IX (1974-1979), pp. 733-786.

—, *Introducción a la literatura medieval española,* 5.ª ed., Gredos, Madrid, 1983.

—, ed., *Poesía medieval castellana: antología y comentario,* Taurus (Temas de España, CLIII), Madrid, 1985.

—, «'Rima' y 'rimo' en la literatura castellana primitiva», *AEM,* XIV (1984 [1986]), pp. 467-485.

—, «Las mujeres escritoras en la Edad Media castellana», en *La condición de la mujer* (1986), pp. 9-38.

Lord, Albert B., «Characteristics of Orality», *OT,* II (1987), pp. 54-72.

Mackenzie, David, y Victoria A. Burrus, *A Manual of Manuscript Transmission for the «Dictionary of the Old Spanish Language»,* 4.ª ed., HSMS, Madison, 1986.

Malexecheverría, Ignacio, trad., *Bestiario medieval,* Siruela (Selección de Lecturas Medievales, XVIII), Madrid, 1986.

Marcos Marín, Francisco, «Latín tardío y romance temprano», *RFE,* LXIV (1984), pp. 129-145.

Márquez Villanueva, Francisco, «Américo Castro y la historia», en *Américo Castro* (1988), pp. 127-139.

Martin, Georges, «El hiato referencial: aproximación a la semiótica fundamental de la significación histórica en la Edad Media», en *Teoría semiótica: lenguajes y textos hispánicos: Actas del Congreso Internacional sobre Semiótica e Hispanismo celebrado en Madrid en los días del 20 al 25 de junio de 1983,* ed. Miguel Ángel Garrido Gallardo, I, CSIC, Madrid, 1985, pp. 175-185.

Medieval Literature and Contemporary Theory = *New Literary History,* X, 2 (otoño de 1978).

Menéndez Peláez, Jesús, *Nueva visión del amor cortés: el amor cortés a la luz de la tradición cristiana,* Universidad, Oviedo, 1980.

Menéndez Pidal, Ramón, ed., *Textos medievales españoles: ediciones críticas y estudios,* Espasa-Calpe (Obras Completas, XII), Madrid, 1976.

Menocal, María Rosa, *The Arabic Role in Medieval Literary History: A Forgotten Heritage,* University of Pennsylvania Press, Filadelfia, 1987.

Mettmann, Walter, ed., *La littérature dans la Péninsule Ibérique aux XIVᵉ et XVᵉ siècles, GRLMA,* IX, tomo 2, fasc. 4 (1985).

Michael, Ian, «Epic to Romance to Novel: Problems of Genre Identification», *Bulletin of the John Rylands Library,* LXVIII (1985-1986), pp. 498-527.

Minnis, Alistair J., *Medieval Theory of Autorship: Scholastic Literary Attitudes in the Later Middle Ages,* Scolar Press, Londres, 1984; 2.ª ed., 1987.

Monroe, James T., *Islam and the Arabs in Spanish Scholarship (Sixteenth Century to the Present),* Brill (Medieval Iberian Peninsula Texts & Studies, III), Leiden, 1970.

Morreale, Margherita, «Problemas que plantea la interpunción de textos medievales, ejemplificados en un romanceamiento bíblico del s. XIII (Esc. I-1-6)», en *Homenaje Rey* (1980), pp. 149-175 [«1-1-6» en el título es error de imprenta].

Müller, Bodo, «El proyecto de un Diccionario del español medieval *(DEM)* y el estado de la investigación en el campo del léxico del español antiguo», *CLHM,* 5 (1980), pp. 175-194.

—, «Diccionario del español medieval (DEM)», en *Wörterbücher der deutschen Romanistik: Rundgespräche und Kolloquien,* Acta Humaniora der Verlag Chemie GmbH, Weinheim, 1984, pp. 77-91 [texto en alemán].

Nader, Helen, *The Mendoza Family in the Spanish Renaissance. 1350 to 1550,* Rutgers University Press, New Brunswick, 1979.

Nepaulsingh, Colbert I., «The Rhetorical Structure of the Prologue to the *Libro de Buen Amor* and the *Celestina*», BHS, LI (1974), pp. 325-334.

—, *Towards a History of Literary Composition in Medieval Spain,* Toronto University Press (University of Toronto Romance Series, LIV), Toronto, 1986.

Nichols, Stephen G., *Romanesque Signs: Early Medieval Narrative and Iconography,* Yale University Press, New Haven, 1983.

Norton, F.J., *A Descriptive Catalogue of Printing in Spain and Portugal 1501-1520,* University Press, Cambridge, 1978.

Olson, Glending, *Literature as Recreation in the Later Middle Ages,* Cornell University Press, Ithaca, 1986.

Orduna, Germán, «Registro de filigranas de papel en códices españoles», *Inc,* I (1981), pp. 25-30; II (1982), pp. 55-59; V (1985), pp. 5-10.

Paredes Núñez, Juan, «El término 'cuento' en la literatura románica medieval», *BH,* LXXXVI (1984), pp. 435-451.

—, *Formas narrativas breves en la literatura románica medieval: problemas de terminología,* Universidad de Granada (Colección Propuesta, XI), Granada, 1986.

—, «En torno a la problemática de la narrativa breve románica medieval», en *Narrativa breve medieval románica,* ed. Jesús Montoya Martínez et al., Ediciones TAT (Colección Romania: Biblioteca Universitaria de Estudios Románicos, I), Granada, 1988, pp. 11-29.

Parker, Alexander A., *Filosofía del amor en la literatura española, 1480-1680,* ed. Terence O'Reilly, Cátedra, Madrid, 1986.

Pellen, René, «Analyse informatique des textes et connaissance de l'espagnol médiéval: nouvelles perspectives», en *Homenaje Sainz Rodríguez* (1986), II, pp. 473-490.

Perry, Thedore A., «Bathsheba's Bath: Medieval Spanish Versions of 2 Samuel 11: 1-5», *Hebrew University Studies in Literature and the Arts,* XI (1983), pp. 115-137.

Pottier, Bernard, «Lexique médiéval hispanique», *CLHM,* V (1980), pp. 195-247; VI (1981), pp. 179-217; VII (1982), pp. 135-152; VIII (1983), pp. 197-209.

Read, Malcolm K., *The Birth and Death of Language: Spanish Literature and Linguistics 1300-1700*, Studia Humanitatis, Potomac, Maryland, 1983.

Reinhardt, Klaus, y Horacio Santiago-Otero, *Biblioteca bíblica ibérica medieval*, CSIC (MH, I = Nomenclator de Autores Medievales Hispanos, I), Madrid, 1986.

Rico, Francisco, «Literatura e Historia de la Literatura», *Boletín Informativo Fundación Juan March*, 127 (junio de 1983), pp. 3-16; reimpr. en *Edad Media y literatura contemporánea* (1985), pp. 109-130; enteramente refundido en *Breve biblioteca de autores españoles*, Seix Barral, Barcelona, 1990, pp. 269-300.

—, *El pequeño mundo del hombre: varia fortuna de una idea en la cultura española*, 2.ª ed., Alianza Editorial (Alianza Universidad, CDLXIII), Madrid, 1986.

Rivers, Elias L., *Quixotic Scripture: Essays on the Textuality of Hispanic Literature*, Indiana University Press, Bloomington, 1983.

Rodríguez Sánchez, Tomás, «Macías en la literatura española», en *Homenaje Sainz Rodríguez* (1986), II, pp. 555-572.

Rosenberg, Bruce A., «The Complexity of Oral Tradition», *OT*, II (1987), pp. 73-90.

Roubaud, Sylvia, «España: la Edad Media», en *La investigación sobre temas hispánicos en Francia (1962-1984): España y América Latina: Actas del XX Congreso, Société des Hispanistes Français de l'Enseignement Supérieur (Madrid, 30 de marzo-1.º de abril de 1984)*, ed. Augustin Redondo, Société des Hispanistes Français, París, 1985, pp. 53-74.

Ruiz de la Peña, J. I., *Introducción al estudio de la Edad Media*, Siglo XXI, Madrid, 1984.

Ruiz-Domènec, J. E., «Los tres órdenes y el límite mental», *Medievalia*, III (1982), pp. 127-145.

Sáenz Badillos, Ángel, «Relaciones entre la poesía hebrea y las literaturas romances: estado actual del problema», en *Estudios Soria* (1985), I, pp. 515-530.

Santiago-Otero, Horacio, *Manuscritos de autores medievales hispanos*, I, CSIC (MH, III), Madrid, 1987.

Schmitt, Jean-Claude, «Le Médiéviste et la culture populaire», en *Culturas populares* (1986), pp. 25-36.

Seniff, Dennis P., «Introduction to Natural Law in Didactic, Scientific and Legal Treatises in Medieval Iberia», en *The Medieval Tradition of Natural Law*, ed. Harold L. Johnson, Western Michigan University (Medieval Institute Publications, Studies in Medieval Culture, XXII), Kalamazoo, 1987, pp. 161-178.

—, «Orality and Textuality in Medieval Castilian Prose», *OT*, II (1987), pp. 150-171.

Simón Díaz, José, *Bibliografía de la literatura hispánica*, II: *Literatura castellana, Edad Media*, 3.ª ed., CSIC, Madrid, 1986.

Smith, Colin, «On the 'Lost Literature' of Medieval Spain», en *Guillaume d'Orange and the Chanson de geste: Essays Presented to Duncan McMillan in Celebration of his Seventieth Birthday*, Société Rencesvals, Reading, 1984, pp. 137-150.

Smith, Paul Julian, «Writing Women in Golden Age Spain: Saint Teresa and María de Zayas», *MLN*, CII (1987), pp. 220-240.

Snow, Joseph T., «Spain», en *The Current State of Research in Fifteenth-Century Literature: Germania-Romania*, ed. William C. MacDonald, Kümmerle (Göppinger Arbeiten zur Germanistik, CDXLII), Göppingen, 1986, pp. 153-175.

Solalinde, Antonio G., *Poemas breves medievales*, ed. Ivy A. Corfis, HSMS (SS, XXXIX), Madison, 1987.

Tinnell, Roger D., *An Annotated Discography of Music in Spain before 1650*, HSMS (BS, II), Madison, 1980.

Vaquero, Mercedes, «Contexto literario de las crónicas rimadas medievales», *Dispositio*, 27 (1985 [1987]), pp. 45-63.

Vàrvaro, Alberto, «Forme di intertestualità: la narrativa spagnola medievale tra Oriente e Occidente», *AIONSR*, XXVII (1985), pp. 49-65.

Vernet, Juan, *Estudios sobre historia de la ciencia medieval*, Universidad de Barcelona; Universidad Autónoma de Barcelona, Bellaterra, 1979.

Vries, Henk de, «Zahlenbau in spanischer Dichtung», *Miscellanea Medievalia; Veröffentlichungen des Thomas-Instituts der Universität zu Köln*, XVI, 2 (1984: *Mensura: Mas, Zahl, Zahlensymbolik im Mittelalter*), pp. 407-434.

Wagner, David L., ed., *The Seven Liberal Arts in the Middle Ages*, Indiana University Press, Bloomington, 1983.

Walsh, Thomas J., «Latin and Romance in the Early Middle Ages», *RPh*, XL (1986-1987), pp. 199-214.

Wardropper, Bruce W., «An Apology for Philology», *MLN*, CII (1987), pp. 176-190.

Webber, Ruth House, «La narrativa medieval: consideraciones estructurales», en *Actas VIII AIH* (1986), II, pp. 715-722.

Weiss, Julian, y Joseph T. Snow, «Hispano-medievalismo», *Revista de la Universidad Complutense*, II, 4 (1984 [1988]), pp. 171-194.

Whinnom, Keith, «La littérature exemplaire du Moyen-Âge castillan et l'hispanisme britannique», *MCV*, XV (1979), pp. 594-601.

Wright, Roger, *Late Latin and Early Romance in Spain and Carolingian France*, Francis Cairns, Liverpool, 1982.

Zumthor, Paul, *Parler du Moyen Âge*, Minuit, París, 1980.

PAUL ZUMTHOR

LA POESÍA Y LA VOZ EN LA CIVILIZACIÓN MEDIEVAL

El conjunto de textos que nos han legado los siglos X, XI y XII (y en menor medida los siglos XIII y XIV) tuvo una fase oral transitoria; este postulado supone un importante corolario: ese tránsito vocal no fue aleatorio, sino que constituía una de las finalidades de los textos.

Cualesquiera que sean las circunstancias o los procesos que la precedan, acompañen o sigan, designaré con la palabra *performance* a la acción vocal en virtud de la cual el texto poético se transmite a sus destinatarios. La transmisión de boca a oído *opera* literalmente sobre el texto, lo configura. La *performance* es precisamente la que convierte una comunicación oral en objeto poético, confiriéndole la identidad social que hace que se la perciba y considere como tal. La *performance*, por ello, es constitutiva de la forma. Frente al texto en sí actúa como efecto sonoro; sin embargo, ante este efecto sonoro el texto reacciona y se adapta, se modifica para superar la inhibición que esta situación entraña. Por ello distingo, en toda obra poética medieval, entre su superficie lingüística y su forma: la segunda incluye a la primera, superándola en todo lo que concierne a la respiración, al sonido, a los gestos, a la instrumentación, al decorado. En adelante designaré precisamente como *obra* a la totalidad de factores de la *performance* —todo lo que se comunica poéticamente, *hic et nunc*: palabras y oraciones, sonoridades, ritmos, elementos visuales— y como *texto* a la secuencia lingüística, palabras y oraciones, que constituye uno de estos factores.

Paul Zumthor, *La poésie et la voix dans la civilisation médiévale*, PUF, París, 1985, pp. 37-40, 42-45, 49, 89, donde se presentan cuestiones luego desarrolladas en *La lettre et la voix. De la «littérature» médiévale,* Seuil, París, 1987 (trad. cast. en Castalia, Madrid, 1989).

Desde la perspectiva de *performance*, el texto declamado constituye en primer lugar una señal sonora, como tal activa; sólo en segundo término es mensaje articulado. De ello se deriva una aporía crítica para el medievalista, puesto que no le es dado aprehender *in situ* la *performance*. Sin embargo, esta imposibilidad no justifica en nada la negligencia con la que se tiende a soslayar el problema, cuando no a ignorarlo soberanamente. Con todo, los factores que integran la operación de la *performance* (tiempo, lugar, circunstancias, contexto histórico, actantes) pueden ser reconstruidos (en varios casos particulares que consideraremos ejemplares, con la ayuda prudente de trabajos etnológicos), con lo que resulta posible percibir, cuando menos globalmente, la naturaleza de los valores detectados —entre ellos, los que vehicula o produce el texto. Podría citar los trabajos de Jean-Claude Schmitt sobre la mímica gestual como un buen ejemplo de lo que podemos esperar de tales investigaciones. En óptimas condiciones de información nos llevan hasta el punto máximo al que la imaginación crítica pretende conducirlas: al punto en que me es dado oír repentinamente, sofocado pero audible, *ese* texto; en que percibo, ya con bastante claridad, *esa* obra; yo, individuo singular, a quien una erudición previa (¡sería de desear!) ha despojado de los más opacos prejuicios vinculados a *mi* historicidad, a *mi* arraigo en esta otra cultura, la nuestra... Cierto es que en tal caso la reconstrucción no saldría del ámbito del folklore y, por tanto, no conseguiría realmente fundamentar un conocimiento por más que contribuyera a ello. No obstante, me parece necesario creer que la posibilidad y, si puedo decirlo así, la esperanza de que se lleve a efecto sean interiorizadas, semantizadas, integradas en nuestros juicios y en nuestras opciones metodológicas. [...]

La *performance* tiene lugar en el momento crucial de una serie de cinco operaciones que constituyen la historia de toda obra:

— su producción,
— su transmisión (o comunicación),
— su recepción,
— su conservación,
— su repetición.

La *performance* abarca y funde en un solo acto la transmisión y la recepción; si la obra es improvisada, este acto comporta también, indisociablemente, la producción.

En toda sociedad que posee una escritura, cada una de estas cinco operaciones se realiza

— bien por vía sensoria oral-auditiva;

— bien por medio de una inscripción, ofrecida a la percepción visual;

— más raramente, por el concurso de ambas vías.

El número de combinaciones posibles diversifica la problemática. Mi hipótesis de partida se reduce a excluir una sola de estas combinaciones como atípica en el modelo medieval: aquella en la que cada una de las cinco operaciones pasa exclusivamente por la mediación de la escritura. Por el contrario, no faltan ejemplos de obras (¡aunque necesariamente falten textos!) cuya historia íntegra, desde su producción a su repetición, fue exclusivamente oral. [...]

Hablaré al respecto de *tiempo integrado* de la *performance* (o de la «obra»), distinto de la duración textual propiamente dicha, la cual resulta de la adición de un cierto número de sílabas y de secuencias silábicas encadenadas linealmente según las normas prosódicas de una lengua. El «tiempo integrado» no se corresponde necesariamente con el *tiempo de integración*, es decir, con el momento cronológico en que tiene lugar la *performance*. No obstante, el tiempo de integración nos resulta conocido con mucha frecuencia, lo que reviste gran importancia para nuestra comprensión de la *performance*. Este tiempo, tomado de la duración sociohistórica, no es nunca indiferente, y la relación que mantiene con esta duración resulta, en el seno de la *performance*, generadora de valores. Entiéndase: no me estoy refiriendo (o no necesariamente) al tema de la obra, sino más bien a su ocasión. A veces, el tiempo de integración se sitúa en un punto determinado

— de algún ciclo cósmico; así, las canciones sobre la llegada del verano, que han dejado las huellas que sabemos en la *canso* trovadoresca, a las que Bédier consideró antaño el prototipo del lirismo «popular», mientras Scheludko veía en ellas un género ampliamente difundido;

— del ciclo de la existencia humana; así, los cantos o narraciones vinculados a la muerte de un miembro del grupo, como el *planctus*, el *planh* y otras lamentaciones;

— de un ciclo ritual, como la mayor parte de la poesía litúrgica, tanto en latín como en las lenguas vulgares, incluidas las formas antiguas del «teatro»; así como los villancicos navideños, que asoman en nuestros textos, por toda Europa, entre los siglos XV y XVII, pero cuya tradición debe remontarse mucho más atrás; como acaso las canciones de Pascua, algunas de cuyas huellas descubro por entre los *Romanzen* de Bartsch;

— por último, de la duración social, que mide acontecimientos recurrentes públicos o privados, pero de frecuencia imprevisible: el encuentro amoroso, el combate, la victoria; o, más específicamente, tal celebración, tal coronación o tal acontecimiento político. Los ejemplos son numerosos, aunque poco individualizables, pues esta clase de textos, sin duda poco ritualizada, se distingue mal de la *performance* «libre», o sea, aquella que no puede situarse si no es en relación con la duración personal e íntima del intérprete o de su auditorio. El vínculo por el que el poema se liga a esta duración escapa de nuevo a nuestra percepción, lo que no implica que no se diera menos por ello; eso es algo ya sabido. Esa vida de santo que se escogía para el aniversario de un oyente del mismo nombre; ese *fabliau* que se explicaba por alusión a un suceso reciente; esa canción de cruzada que se cantaba en la partida de un caballero: la ocasión, por más huidiza y discreta que fuera, se integraba en la *performance* y contribuía a llenarla de sentido. Es una regla absolutamente general que se debe a la naturaleza misma de la comunicación oral: el tiempo de integración connota cualquier *performance*. ¿Acaso el *Roland* que se cantó (admitámoslo) a las primeras filas de los combatientes de Hastings era el mismo *Roland* (aun reconociendo los demás factores de cambio) que se cantó ante quién sabe? [...]

Para nosotros, lo que resulta más difícil de percibir es el decorado de la *performance*, las circunstancias concretas que la rodean, su aspecto visual y táctil. Aquí y allá, en verdad, algún texto nos las evoca. [En otra ocasión] mencioné la existencia de documentos narrativos que sacan a escena a intérpretes de textos poéticos. La escena en cuestión, por lo general, no es otra que la misma *performance*, descrita a veces con una precisión que en otro tiempo hubiéramos considerado realista: así, al principio del largo prólogo de *Doon de Nanteuil*, vv. 1-18 y 83-117. La evocación, a base de retazos sucesivos, es impresionante. Se dirá acaso que se trata solamente de una serie de tópicos: un tema literario, sin valor descriptivo. ¿Quién sabe? Podemos admitir, me parece, que en las civilizaciones con tradiciones largas y sólidas la distancia entre el tema literario y la experiencia vivida (salvo si el primero se remonta a una lejana antigüedad) es menos considerable que en nuestras culturas de la moda. El texto del siglo XII, del XIII (a falta de una visión fotográfica de los hechos) propone lo que yo llamaría un *orden de imágenes*, una «idea del tamaño», como suele decirse. En efecto, lo poco que aprehendemos así nos devuelve a un género, mientras que el objeto final de nuestro estudio es un texto. La interpretación, al menos, de la obra de la que este último formó parte se encuentra así orientada hacia un cierto sector de lo imaginario. En otras palabras, la anécdota relatada (y sin duda narrativamente fantasiosa) no puede dejar de comportar, como decía Roland Barthes, unos «efectos de realidad» aptos para lanzar la operación de imaginación crítica: operación que a su vez condicionará la labor filológica. Ésta (en la perspectiva en que me sitúo) integrará el resultado, aunque sólo sea como factor de indecisión, es decir, desde el punto de vista de la obra inmersa en ese profundo pasado, en tanto que factor de libertad. [...]

Sin embargo, no cabe duda de que la práctica totalidad de la poesía medieval depende de otros dos tipos de oralidad, cuyo rasgo común es que coexisten, en el seno del grupo social, con la escritura. Los llamo respectivamente oralidad *mixta*, cuando la influencia del escrito permanece externa, parcial y retardada, y oralidad *segunda*, cuando se recompone a partir de la escritura en un medio en el que ésta tiende a agotar los valores de la voz tanto en el uso como en la imaginación. Invirtiendo el punto de vista, diremos que la oralidad mixta procede de la existencia de una cultura «escrita» (en el sentido de «poseedora de una escritura»), y la oralidad segunda de una cultura «letrada» (en la que toda expresión está marcada en mayor o menor medida por la presencia del escrito).

La vocalidad de nuestros textos medievales resonó antaño, las más de las veces, bajo condiciones de oralidad, ya sea mixta, ya segunda, según las épocas, las regiones, las clases sociales, o incluso los individuos. La repartición no sigue ninguna cronología, aunque en general es verosímil que la importancia relativa de la oralidad segunda se acentuase a partir del siglo XIII. [...]

En la indigencia de nuestra información, reducida a lo que ven nuestros ojos sobre la página en este instante presente, un punto de vista paradójico podría aclarar un poco estas tinieblas. Consistiría en *considerar por principio* a *todo texto* anterior al siglo XIII (e incluso al XIV, aunque con muchos más problemas) *como si fuera una danza*: es decir, admitiendo, hasta que se demuestre lo contrario, que su funcionamiento real reclamaba los mismos juicios de valor y puso en marcha las mismas facultades expresivas que aquellas «canciones de baile» mejor (y excepcionalmente) conocidas en todas partes: texto, melodía y movimientos (podemos reconstruir estos últimos mediante el análisis rítmico o el estudio iconográfico), como la *Santa Fe* del siglo XI, «qu'es bella'n tresca», según dice el texto. Lo que sabemos de estas canciones exige, respecto de otros textos, una traslación en mayor o menor grado.

HANS ROBERT JAUSS

ALTERIDAD Y MODERNIDAD DE LA LITERATURA MEDIEVAL

Ante la actual situación, en que tanto los paradigmas clásicos de la investigación positivista sobre la tradición como los de la interpretación idealista de la obra y del estilo están agotados, y los modernos métodos, tan celebrados, de la lingüística estructural, la semiótica, la teoría fenomenológica o sociológica de la literatura no están consolidados hasta el punto de constituirse en paradigmas, yo propongo justificar el interés científico y didáctico por la literatura de la Edad Media con tres razones claramente diferenciadas: el placer estético, la sorprendente alteridad y el carácter ejemplar de los textos medievales. Como se puede deducir fácilmente, en la base de esta tríada se halla un conocido procedimiento de la hermenéutica literaria. La experiencia de la lectura directa o prerreflexiva, que implícitamente supone siempre una comprobación de la legibilidad, constituye el primer vínculo hermenéutico necesario. La labor de mediación o función hermenéutica del placer estético se realiza en la medida en que, a través del acuerdo progresivo o incluso, *via negationis*, mediante la manifestación de cierta insatisfacción en la lectura, se puede captar la sorprendente o singular alteridad del mundo desvelado por el texto. Para llegar a percibir esta alteridad de un pasado ya lejano, es necesario considerar y destacar sus aspectos singulares, y desde un punto de vista metodológico esto puede ser efectuado como una reconstrucción del horizonte de expectativas de los destinatarios para quienes el texto fue compuesto originariamente. Pero este segundo grado hermenéutico no puede

Hans Robert Jauss, *Alterität und Modernität der mittelalterlichen Literatur,* Wilhelm Fink, Munich, 1977, pp. 10-11, 12-13, 16, 19-22.

ser el objetivo de la comprensión (del texto), pues el reconocimiento así logrado de la alteridad de un lejano mundo de textos no puede quedar tan sólo en una variante de objetivación histórica exacerbada y realizada a través de una diferenciación de horizontes. Pasando por lo que supone de extrañamiento la alteridad, hay que buscar el significado que puede tener para nosotros, hay que plantear la cuestión del significado que persiste a lo largo de la historia y que va más allá de la originaria situación de comunicación. O bien, utilizando la terminología de Gadamer, la diferenciación de horizontes, en el proceso de comprensión activa (del texto), debe ser llevada hasta la fusión del horizonte de la experiencia estética pasada por el del presente. Con todo, no se ha dicho *a priori* que se consiga la fusión de los horizontes. El placer estético experimentado al comienzo de la lectura de un texto puede revelarse al final como un ingenuo prejuicio modernizante, el primer juicio estético sobre la no legibilidad puede presentarse como insuperable incluso al final. Entonces el texto, en cuanto documento que tan sólo conserva ya un interés histórico, queda fuera del canon de la actual experiencia estética.

Desde luego una tal exclusión no es una sentencia definitiva, porque el texto que para nosotros ya no se puede concretar estéticamente, tal vez adquiera de nuevo significado para lectores posteriores. El significado que se revela a través de la experiencia estética nace de la convergencia entre efecto y recepción; no se trata de algo atemporal y que se da para siempre, sino que es el resultado de un proceso, gradual y nunca cerrado, de interpretación continua y productiva que, de manera siempre nueva y diferente, actualiza el potencial semántico inmanente en el texto al cambiar el horizonte de las formas de vida determinadas históricamente. Precisamente la historia de la tradición de la literatura medieval, con su discontinuidad tan característica, muestra de manera ejemplar este proceso de formación y conservación, de transformación y renovación del canon estético: su sustitución por el canon estético del Renacimiento; su supervivencia durante la Ilustración como «subliteratura» (*Bibliothèque bleue, roman gothique*); su redescubrimiento como inicio de un proceso normativo a través de la estética del cristianismo, propuesta de nuevo más tarde en forma secularizada en el Romanticismo; su interpretación culta hecha por el historicismo del siglo XIX; la apropiación de su patrimonio por parte de las ideologías de la literatura nacional; su actual valoración como puente en la continuidad de la tradición latinoeuropea y, finalmente, los intentos aún aislados de C.S. Lewis, Eugène Vinaver, Robert Guiette, Alfred Adler y Paul Zumthor de justificar la modernidad de la literatura medieval con su alteridad. El estudioso o el conocedor de los textos medievales que considere insustituible la experiencia de tal producción literaria puede intentar convencer a las personas cultas que hoy en día no la aprecian, no ya apelando a su cualidad atemporal de obras maestras presuntamente eternas, sino más bien sugiriendo que esta literatura, perteneciente a un pasado extraordinariamente lejano, aunque nuevamente ejemplar, incluso sin el reconocimiento de la condición de *thesaurus* o de *tabula rasa*, de herencia cultural o modernismo, se puede trasladar a nuestra época, si el lector recurre de nuevo a su derecho estético a un conocimiento que proporciona placer, y a un placer que proporciona conocimiento.

La necesidad elemental de un mundo de fantasía que aparece en la aventura y en el encuentro amoroso, un mundo lleno de misterio y en el que actúa la fortuna, puede explicar el éxito de estos *evergreens* de la imaginación medieval. Pero este nivel elemental no agota de ningún modo el placer directo que se experimenta en la lectura de textos medievales. La experiencia estética permite también a otros niveles un acceso que no requiere la mediación del conocimiento histórico. Robert Guiette, que ha caracterizado en la fascinación de lo oscuro y de lo irresoluto («simbolismo sin significación») la disposición primaria implícita en la novela medieval, ha redescubierto también la fascinación estética de la «poesía formal», el placer consciente de la variación. Sus principios para una estética de la recepción de la literatura medieval se pueden recoger en una escala de modalidades de la experiencia estética, que distingue el proceso de recepción según los géneros literarios y revela la disposición requerida para cada uno de ellos:

a)	drama litúrgico	participación litúrgica
b)	drama sacro	necesidad de espectáculo/edificación
c)	leyenda	estupor/conmoción/edificación
d)	*chanson de geste*	admiración/compasión
e)	poesía simbólica	desciframiento del sentido
f)	novela	gusto por lo indescrifrado (oscuro)
g)	*fabliau*	entretenimiento/diversión
h)	lírica cortesana	gusto por la variación formal

Por descontado que el lector moderno no puede tener de inmediato cada una de estas disposiciones. Difícilmente, sin la mediación de la fe católica, puede predisponerse a la participación litúrgica que el drama litúrgico requiere. Además, debe recuperar la peculiar sensibilidad para lo simbólico, lo invisible y lo sobrenatural que se daba por supuesta en el lector medieval por su condición de «lector de símbolos». Pero puede recuperarla aún, al menos hasta cierto punto, si se orienta y sigue las indicaciones del texto. Precisamente en esto consiste el efecto particular de la seducción estética: en adoptar, a modo de prueba, una disposición insólita y ampliar de este modo el propio horizonte de la experiencia. Para el lector moderno, acostumbrado a valorar en una obra la novedad que la distingue de la tradición vigente, se trata, además, de dar un giro a su expectativa estética, si se pretende de él que no abandone por aburrimiento las interminables digresiones doctas: el lector medieval podía hallar extraordinariamente agradables los textos, justamente porque le explicaban cuanto ya sabía, y porque le satisfacía plenamente encontrar que cada cosa estaba en su sitio en el modelo del mundo. El placer estético que se deriva de reconocer esto presupone realmente el horizonte de experiencia del mundo medieval que nosotros ahora únicamente podemos reconstruir. Por este motivo, el lector moderno no se lo puede representar sin una mediación histórica. Si esto le impide el acceso al placer inmediato del texto, el lector consigue en el nivel de la reflexión dos cosas: un puente estético al tipo de vida que le resulta extraño, que vuelve a hablarle a través de las fuentes literarias y le resulta más claramente visible que a través de los documentos históricos, y, por otra parte, el experimentar, por contraste, que también el reconocimiento, y no tan sólo la innovación, puede definir y enriquecer el ámbito de la disposición estética. [...]

El carácter oral de la tradición literaria es, sin duda, un aspecto de la alteridad de la Edad Media que hoy en día ningún esfuerzo hermenéutico puede reconstruir plenamente. La invención de la imprenta es —al decir de Paul Zumthor— el acontecimiento que, más que ningún otro, nos ha delimitado la cultura del Medioevo como «el tiempo que está antes». El que ha crecido como lector a duras penas consigue imaginarse cómo un analfabeto puede haber visto el mundo sin la escritura, haber recibido la poesía sin el texto y haberla fijado en la memoria. Aunque probablemente los modernos *mass media* nos han aproximado a la experiencia medieval de una poesía en la que no medió la obra escrita más de cuanto lo pudiera hacer la visualización aislada y silenciosa de una lectura individual, con todo, el oyente actual difícilmente puede adquirir aquella mentalidad que no tenía otra opción que la recepción de oídas. De todas maneras, habituarse a la literatura medieval puede descubrirnos un placer de los textos (o incluso justificarlo, si no lo hemos perdido) que la estética humanística ha infravalorado, o hasta ha prohibido. La inmersión del lector solitario en un libro en cuanto obra, que resulta tan satisfactoria por sí misma que llega a significar para él «el mundo», puede describir la peculiar experiencia del arte autónomo en la época burguesa. Pero esta relación del individuo con la obra y su «aura» no agota en modo alguno la experiencia estética del texto literario. El placer del lector puede proceder hoy en día, como sucedía también en el oyente medieval, de una disposición que no implica sumergirse en el mundo, único en su género, de cada obra, sino una expectativa que sólo se satisface al pasar de un texto al otro, porque la percepción de la diferencia, de la variación, de un modelo fundamental, siempre repetida y diferente, es lo que proporciona placer. Para esta experiencia estética, que se da igualmente por supuesto en el lector moderno de novelas policíacas y en el oyente medieval de *chansons de geste*, no es, pues, fundamental el carácter de obra que pueda poseer un texto, sino la intertextualidad; en el sentido de que el lector debe negar el carácter de obra de cada texto en particular para experimentar hasta el fondo la fascinación de un juego iniciado ya antes, con reglas conocidas y sorpresas aún desconocidas. [...]

Desde una perspectiva histórica retrospectiva, la situación del hombre medieval se nos presenta a la vez arcaica y cargada de tradición, tan alejada de los mitos y rituales de los modos de vida primitivos como de los sistemas de comportamientos de la sociedad industrial, tan distante de la elemental ignorancia como de la ciencia moderna basada en la observación. A tal propósito se puede recordar antes que nada que la distinción entre ficción y realidad, tan obvia para la inteligencia moderna, no había existido desde siempre en el mundo de la literatura medieval y de su público. La falta de esta distinción entre realidad poética y realidad histórica es en la Edad Media —como en otros estadios arcaicos de la literatura— uno de los aspectos de su alteridad que más nos sorprende. En la tradición griega y en la bíblica —en Jenófanes y en Isaías— la acusación de ser «solamente ficticio» aparece por primera vez en la crítica de la humanización de los dioses y de la adoración de los ídolos, respectivamente. En la Edad Media cristia-

na, a partir del siglo XII, se produce una emancipación de la ficción
a lo largo de dos vías: en la recepción de la *matière de Bretagne*, que
requiere un disfrute consciente de la ficción, el contraste entre lo fabuloso y lo cotidiano y, por otra parte, en la estética teológica de la
escuela de Chartres, que asigna a la imaginación del poeta la elevada
tarea de realizar una poesía de lo invisible que configure la representación simbólica de la realidad ideal. [...]

El descubrimiento más sorprendente de C.S. Lewis (1964) es que
el lugar que ocupa el hombre en el universo está definido de modo
diferente, por un lado, por la doctrina teológica y, por otro, por la
cosmología del modelo del mundo: para la primera, el hombre se si-
tuaba en el centro; para la segunda, ¡en el borde del espacio! Si segui-
mos las indicaciones de Lewis y nos imaginamos por un momento la
mirada precopernicana dirigida al cosmos, entonces la alteridad consiste en esto: el observador medieval dirige de noche la mirada hacia
arriba y hacia adentro del cielo estrellado, como si mirara desde más
allá de los muros exteriores de una ciudad, en cambio nosotros mira-
mos *afuera*; y mientras que a él el universo entero se le aparece como
un sistema de espacios, limitado, bien ordenado en distintos niveles,
habitado por seres angelicales y penetrado por la luz y la música de
las esferas celestiales, nosotros frente al universo infinito, vacío, oscuro y silencioso experimentamos turbación, como Pascal ante el «silencio eterno de estos espacios infinitos». A esto se une también el hecho
de que para el observador medieval el reino de la Naturaleza quedaba
limitado a la esfera de lo mutable que hay por debajo de la Luna, lo
cual dio vía libre a la Naturaleza para su extraordinaria carrera en el
neoplatonismo de Chartres; mientras que para nosotros la ley de la
naturaleza debe efectivamente gobernar el universo entero, pero sin
que la naturaleza misma, tras la renuncia a la *imitatio naturae*, tenga
ya ningún tipo de significado desde el punto de vista poético. A la gradación jerárquica de los seres en la cosmología y al principio triádico
según el cual entre Dios y el hombre, el alma y el cuerpo, como en
general entre todos los extremos, se hace necesaria la presencia de instancias intermedias, corresponde una visión del cambio de las cosas
que es exactamente lo contrario del concepto moderno de evolución:
mientras que para la cosmología medieval era axiomático que las cosas
perfectas preceden siempre a las imperfectas, para la lógica evolucionis-
ta de las ciencias naturales modernas rige el principio de que lo que está
en el origen no puede tener una preeminencia ontológica sobre lo que se
ha derivado de ello (no es casual que el término «primitivo» haya adop-

tado entre nosotros un significado peyorativo). Por esto también el objeto del arte tenía para el autor medieval un significado ya desde siempre «inherente a él»; no tenía, pues, necesidad de buscarlo, y mucho menos de asignarlo a una realidad ajena a él. El autor medieval escribía con la característica *humilitas* del poeta de la época, para honrar y transmitir su materia, no para expresarse o para aumentar su fama personal.

[A tal efecto, quisiera citar la obra de un historiador que ha iluminado, mediante la comparación e interpretación estructural de fuentes y épocas diversas, el aspecto de comunicación de los comportamientos sociales: *Lebensformen im Mittelalter* de Arno Borst (1973).] Todavía pueden darse nuevas confirmaciones de esta tesis desde el ámbito de la literatura y del arte, a condición de que no se limiten al valor documental —a menudo modesto— inherente a su función ilustrativa, sino que más bien se indague sobre la aportación de textos y obras de arte medievales a la formación, transmisión y legitimación de normas sociales. En cuanto la reflexión histórica se libera de la estética reductora del reflejo, que no puede aplicarse a la alteridad de esta época, nace la historia oculta de la experiencia estética. Esta historia, que aún no ha sido escrita, está desde luego mucho más próxima al lento cambio de los comportamientos sociales que a la gran historia de los acontecimientos y acciones. Por esto podría revelar, precisamente en el mundo medieval tan lejano, formas de vida que a nosotros nos resultan extrañas. La experiencia estética adquiere esta función hermenéutica no sólo por el poder de idealización y conservación propio del arte, sino también en cuanto instrumento de anticipación y compensación. Uno de los más bellos ejemplos de la función anticipadora es la anticipación literaria del amor conyugal a partir de Chrétien de Troyes; según el testimonio de Abelardo y Eloísa, éste no era aún en el siglo XII un tipo de comportamiento social sancionado y no fue reconocido como forma de vida hasta la baja Edad Media, cuando la nueva comunidad de la familia constituida por un sólo núcleo hubo sustituido a la basada en los intereses de la estirpe, típica de la alta Edad Media.

Frente a las amenazas de la vida, respondieron no sólo la religión y las convenciones de la vida en sociedad, que garantizan la seguridad, sino también la experiencia del arte. El arte consiguió representar con imágenes el dogma abstracto como modelo del mundo que regula todos sus aspectos; consiguió liberar al hombre de la opresión de las autoridades y satisfacer su necesidad de felicidad de manera muy distinta a como lo hacían los consuelos y las esperanzas puestas en el más allá que le ofrecía la religión. No solamente la *Divina Comme-*

dia de Dante, sino también los textos más modestos de la alegoría religiosa, de la literatura didáctica y de las visiones que se iban obteniendo de la exégesis bíblica, así como, por otro lado, la poesía cortés y mundana en lengua vulgar en concurrencia con aquélla y tras haber adoptado en el siglo XIII la forma alegórica, hicieron comprensible para un vasto público el sistema de símbolos de la interpretación medieval del mundo. La alegoría, que para el lector moderno no consiste más que en operar con conceptos personificados de un modo extremadamente abstracto y que en seguida resulta fatigoso, podía representar para el público medieval las virtudes y los vicios, pero también el mundo interior, recién descubierto, de las pasiones, la invisible gradación de las instancias religiosas, y también el mundo feliz del amor consumado que la poesía trovadoresca prometía y el *Roman de la Rose* representaba por medio de imágenes. Lo que nos resulta extraño por la falta de plasticidad, las prolijas enumeraciones en forma de catálogo y la ausencia de tensión es tan sólo el aspecto de una poesía de lo invisible, que constituye, no obstante, el rasgo más característico de la alteridad de la Edad Media.

Cuán inadecuado, y hasta equivocado, resulta juzgar la literatura y el arte de esta época globalmente, según las modernas categorías crítico-ideológicas de afirmación y negación de lo existente, puede ser demostrado teniendo presente, entre otras cosas, el modelo cosmológico del mundo. La poesía y la alegoría del amor cortés, que como forma de vida poéticamente mediata entró en concurrencia con las formas institucionalizadas, sancionadas por la religión, del matrimonio y del amor sexual, aunque sin negar explícitamente sus normas, desarrolló una topografía propia que se aparta de forma interesante tanto del modelo teológico del mundo como del modelo cosmológico. Entre el final del siglo XII y el comienzo del XIII, la alegoría del amor cortés provoca un cambio total incluso en el modelo de los antiguos epitalamios: ya no son los dioses, Venus y Amor, quienes se aparecen a la pareja viniendo de fuera, sino que es el propio amante el que emprende el camino en busca del dios del amor en su reino. Pero este reino, que desde el punto de vista topográfico y ético resulta ser, con sus tres reinos del más allá y la labor enjuiciadora del dios del amor, una perfecta imitación del ordenamiento cristiano del mundo, tiene su *paradisus amoris* en el círculo más interno, por lo que constituye una contrafigura poético-mitológica del modelo cristiano-tolemaico del mundo, en el cual el paraíso celestial comprendía las esferas más exteriores que contienen todas las cosas.

Cuadro de géneros literarios menores del discurso ejemplar en la Edad Media

	Proverbio	Parábola	Alegoría	Apólogo
1.0 *Situación comunicativa*				
1.1 ¿Quién habla? ¿A quién se dirige?	Autoridad anónima (se, nosotros), habla comunicativa (incluso a uno mismo)	Autoridad de prestigio, a seguidores y a no iniciados aún (Jesús y sus apóstoles)	Exegeta conocedor de las Escrituras, a un público laico	Originariamente el orador dirigido a la asamblea; legitimada por el sabio, que, a su vez, es el autor
1.2 *Modus dicendi*	Citas de una sentencia de una sola proposición en forma figurativa e ingeniosa	Predicación exhortativa (no dogmática) de una doctrina	Interpretar mediante la alegoresis («aliud verbis, aliud sensu ostendit»)	Convencer con un ejemplo inventado
1.3 Mundo de «subsentido»				
1.3.1 Lugar	Generalmente ambiente campesino	Ámbito de la experiencia cotidiana (también del trabajo), lo que está próximo en el espacio y en el tiempo	El mundo como escenario de la historia sagrada, cuyos acontecimientos están referidos a la época actual	Reducción de la contingencia a un mundo que subyace a las meras condiciones del obrar: circunstancias que retornan, caracteres conocidos (a menudo complementarios: por eso se prefieren los animales), comportamientos previsibles
1.3.2 Tiempo	Curso natural de los acontecimientos	A menudo en relación con lo que está más lejano		
1.3.3 Actantes	Seres vivos y cosas (que representan su especie)	Relaciones entre hombres, también acontecimientos naturales	El hombre frente a Dios y a las fuerzas del mundo	
1.3.4 Modelo de la acción	Ingenioso, generalmente de estructura bimembre (representación con imágenes opuestas)	Aparición de lo verosímil	La actuación del hombre en el cuadro propio de la historia sagrada de culpa y de redención	Modelo para reconocer con claridad una regla de comportamiento
1.4 Mensaje (respuesta a...)	¿Qué dice la experiencia cotidiana en este caso?	¿Qué debo hacer para conocer la verdad?	¿Qué debo hacer para sostener el juicio de Dios?	¿Hacia dónde me dirijo si asumo este papel?
Ámbito de sentido	El mundo visto a la luz irónica de la resignación: «Así es el mundo»	Reino de Dios, en tanto que sentido oculto del mundo	El mundo a la luz de la fe entendida de manera dogmática	Mundo del obrar guiado por la razón y dirigido a un objetivo
2.0 *Relación con la tradición*				
2.1 Diacrónica	Amplia difusión en la tradición popular, inserta en la Edad Media incluso en el *fabliau* y en la novela, comentado en los *Proverbes au vilain*	Originariamente función exhortativa; en la Edad Media casi completamente se transforma en enseñanza alegórica (*dit*)	Género medieval autóctono, que mira por la instrucción de los laicos (desde el final del siglo XII)	En la retórica antigua entre las formas inductivas de demostración; difundido en la Edad Media como primer libro de lectura
2.2 Sincrónica	Frente a la sentencia prescriptiva	Frente a proverbio: prefiere la excepción, no la regla; frente a alegoría: no hay que descifrar mediante una clave (o un dogma)	Protesta de poetas religiosos contra las funciones de la literatura mundana (cortés)	Frente a *exemplum*, que requiere un caso histórico ya sucedido
3.0 *Situación en la vida*				
3.1 *Modus recipiendi*	Invitar a comentar una situación determinada	Imitación como unidad de comprensión y de acción	Comprensión y desciframiento de la *duplex sententia* (*parole coverte / parole overte*)	Recepción de una enseñanza *per analogiam*
3.2 Modelo de comportamiento	Resignación o ironía	Requerimiento de conversión («tienes que cambiar de vida»)	Normas para una conducta de vida cristiana (virtud frente a vicios)	Reconocerse en un papel
3.3 Función social (ideológica)	Reserva de experiencia cotidiana compartida por el que habla y el que escucha, valoración del mundo generalmente pesimista	Formación y legitimación de una identidad religiosa de grupo (el discurso encubierto bajo la apariencia del apólogo es una defensa frente a los no elegidos)	Reforzamiento de la fe ortodoxa	Demostración de la astucia del mundo, formulada a menudo desde el punto de vista del más débil

Exemplum	Leyenda	Cuento fantástico	Fabliau	Cuento
Autoridad de un maestro, a quienes quieren aprender	Testimonio anónimo, a la comunidad de creyentes	Narrador anónimo (representante de la sabiduría popular), a un círculo de oyentes ingenuos (vínculo de «viejo» a «joven»)	Narrador generalmente anónimo, a un círculo de oyentes que buscan el entretenimiento	Narrador individualizado y notable, a un público de lectores
Demostrar con un precedente histórico	Testimonio de una vida santa	Narrar como si ningún acontecimiento correspondiese a la realidad	Narración que tiende a una conclusión ingeniosa y efectista	Narración con una tensión abierta (sobre todo dirigida al «sí») y carente de significado fijado de antemano
Un *factum probabile, laudabile, memorabile* localizado en el espacio y en el tiempo	Circunscrita de manera simbólica a acontecimientos que están relacionados entre sí: virtud operante/milagro que confirma	Espacio cerrado y conocido frente a espacio exterior y desconocido Pasado en la imaginación (érase una vez)	Ambiente cotidiano en la multiplicidad de las actividades humanas, pero con una óptica caricaturesca	Concreción histórica de lugar y tiempo, nueva riqueza de detalles y posibilidad de describir también lo que es «inconveniente»
Personaje ilustre, que se ha convertido en ejemplar gracias a una empresa	Persona ilustre canonizada, comunidad en aumento frente a no creyentes, dualismo de fuerzas sobrenaturales	Héroe que sobrepasa los límites; parejas de actantes (según Propp y Greimas)	Personajes tipificados generalmente de clase inferior (diferenciados por astucia y estupidez)	Personajes individualizados en roles y conflictos sociales
Detalles de la acción referidos a un tipo moral atemporal («cuius quod facit ad rem est narrandum»)	Tipificada en: predestinación, crisis (conversión), puesta a prueba (pasión), efecto póstumo	Desarrollo de los acontecimientos a la luz del principio de lo maravilloso (*aventuras* frente al obrar épico)	Detalles de la acción referidos a la divergencia entre expectativa y realización	Circunstancia inaudita que provoca un caso moral
¿Qué me enseña el pasado de cara al porvenir?	¿Cómo puede mostrarse la virtud en una persona?	¿Cómo sería el mundo en el que se realizan nuestros deseos?	¿Dónde puede presentarse la acción por el lado divertido?	¿Cuál es la norma según la cual hay que juzgar este acontecimiento?
Mundo de las historias como tesoro de experiencia	Mundo de lo sagrado que se vuelve manifiesto	Mundo del cumplimiento fantástico de los deseos	Mundo sin verdad superior, objeto de risa	Mundo con la problemática autónoma de la experiencia interpersonal
Antiguamente: paradigma mítico-histórico usado en la retórica; cristiano: instrumento para instruir a los laicos («movere et probare»)	Acuñada de forma específica solo en la era de la fe cristiana; sustrato para la leyenda política de la época moderna	Amplia difusión en la tradición popular; en la Edad Media sólo como sustrato del *lai* y de la novela artúrica	Amplia difusión en la tradición popular; en la Antigüedad: farsa de dioses, *apohthegma*, facecia; forma particular en la Edad Media: los *fabliaux* en la epopeya de los animales	Forma literaria autónoma fijada por Boccaccio mediante la temporalización y problematización de géneros más antiguos (*exemplum*, milagro, *fabliau*, vida)
Autenticidad histórica frente a demostración lógica frente a ejemplo inventado	Frente a milagro (con santos imperfectos) frente a *exemplum* (donde la virtud es un acto de voluntad)	Frente a saga (que tiene sus raíces en la memoria colectiva); frente a leyenda (milagro en el que se cree)	En contraposición al simbolismo de los géneros religiosos y al idealismo de los géneros mundanos	Distinto del idealismo de la poesía heroica y de la moral directa de los géneros didácticos
Reconocimiento de una regla de actuación sobre la base de un caso precedente	Identificación que surge de la admiración (frente a identificación simpatética con el milagro)	Placer por el otro mundo de la ficción	Estupor, placer del efecto final, conocer mediante la sonrisa	Estupor y reflexión
Imitable, exhorta a la virtud o pone en guardia ante el vicio	Imitable, la virtud resulta activa, mesurable, comprensible	Liberación de la constricción y del rigor del vivir cotidiano	Suspensión de las normas y tabús de la vida reglamentaria	Casuística moral que se deja a la discusión de un público culto
Exempla maiorum en una función legitimante; *historia docet* en una función moralizante distinta de la identificación estética	Difusión y confirmación de la fe; en la práctica: posibilidad de invocar santos (santos con un nombre definido, santos que socorren)	Utopía de un mundo de felicidad suscitada mediante la justificación poética	«Realismo» solamente por contraste, que libera de las normas sin cuestionarlas	Conversación como forma de análisis de las «pasiones de la vida terrenal» y de reflexión sobre las normas sociales

2. LAS JARCHAS Y LA LÍRICA TRADICIONAL

La más significativa aportación de los últimos años es el excelente y tan esperado *Corpus de la antigua lírica popular hispánica* (Frenk [1987]). Se trata de una edición de cerca de 2.800 poemas de tipo tradicional, casi todos en castellano; aunque también menudean otras formas métricas, la mayor parte son estribillos (a veces, con una glosa tradicional), agrupados según su tema principal y acompañados de un aparato de variantes; por su parte, las referencias cruzadas y los comentarios facilitan el cotejo y aun la delineación de nuevas categorías. La simultánea reimpresión de la famosa antología de Cejador [1987] da pie a un juicio comparativo: Cejador y M. Frenk se basan en criterios muy distintos, hasta tal punto, que muchos de los 3.544 poemas de la colección de aquél no entran en la de ésta; por otro lado, las muchas y nuevas fuentes de que se ha servido M. Frenk, a lo largo de decenios de espléndida labor, le han proporcionado un alto número de poemas tradicionales desconocidos por Cejador. Por fin disponemos de un *corpus* definitivo de la poesía castellana de tipo tradicional.

En nutridas páginas (refundidas en el cap. 10 de su *Introducción* [1983]; véase arriba, cap. 1), resume López Estrada [1977] algunos datos y categorías de la lírica tradicional. El contexto europeo de la lírica hispánica, tanto popular como culta, ya fue estudiado magistralmente por Dronke (1968) en un libro luego puesto al día [1978]; es de esperar, no obstante, que una tercera edición incluya el fruto de sus lecturas más recientes. Mientras tanto, un artículo y un libro sobre temas no hispánicos atienden a cuestiones fundamentales para el estudio de la relación que media entre las canciones orales y sus versiones escritas. C. Alvar [1986] centra su investigación en las muy diversas versiones de una canción medieval francesa, para acabar preguntándose —y es cuestión muy debatida en relación con las cantigas de amigo— si se trata de redacciones cultas al margen de la tradición oral de la canción o si, por el contrario, es un poeta culto que adapta la versión de su predecesor. Welsh [1978], por su parte, sirviéndose de tradiciones muy primitivas, estudia los recursos poéticos utilizados después por los autores cultos.

La controversia suscitada en su día por las jarchas se mantiene con igual vehemencia, a propósito de su interpretación, su aparente hibridismo lingüístico, su relación con las moaxajas a las que dan remate, el origen de la métrica hispanoárabe de la moaxaja y del zéjel. Algunos arabistas, por su parte, han venido lamentando desde hace años la carencia de una edición que incluya los textos de las jarchas romances con las grafías árabes o hebreas originales. El hueco, al menos para las jarchas de la serie árabe, acaba de llenarlo Jones [1988] con una edición dotada de comentarios paleográficos, lingüísticos y métricos; se trata, por ello, de un libro de lectura difícil, pero fundamental. El aspecto más literario de la relación entre la jarcha y su moaxaja árabe ha sido tratado de maneras distintas, aunque complementarias, por Compton [1976] y Monroe [1985-1986]; por otra parte, Jiménez Benítez [1982] ofrece una visión más general de la relación entre las jarchas y la poesía hispanoárabe y europea. En lo tocante a las jarchas en moaxajas hebreas, Benabu y Yahalom [1986-1987] se sirven de una lectura nueva de los manuscritos ya conocidos (pero en gran parte desatendidos tras los trabajos iniciales de Stern (1948, 1953) y de otros recientemente exhumados por ellos mismos para mejorar la interpretación de los textos.

La polémica en torno a la autenticidad de los textos de las jarchas publicadas e incluso sobre la validez de dichos poemas en tanto representantes de la lírica románica se inauguró con el artículo de Hitchcock (1973), donde abordaba principalmente la primera de esas cuestiones. En un nuevo artículo [1977-1978], nos ofrece una versión ampliada, aun más alejada de la opinión mayoritaria, pues sostiene que algunas jarchas que han sido interpretadas como poesías románicas o bilingües se pueden leer sin dificultad como escritas en árabe vulgar. E incluso parece apuntar que todas las jarchas en moaxajas árabes se podrían interpretar de modo parecido. Nada dice, en cambio, de los textos escritos en caracteres hebreos; con todo, la impresión global que se desprende de sus artículos y comunicaciones en congresos es que sigue desconfiando pertinazmente de la existencia de jarchas auténticamente románicas de tipo tradicional. La opinión del arabista Alan Jones es más matizada, como ya antes de su reciente libro [1988] se advertía en el informe de un coloquio en el que Hitchcock y él formularon sus hipótesis de trabajo como punto de partida de un debate con participación de algunos hispanistas británicos (véase *C*, X (1981-1982), pp. 71-75). En la versión publicada de su comunicación, Jones [1981-1982] subraya sus discrepancias no sólo con la hipótesis de Hitchcock, sino, y con más énfasis, con la de García Gómez (1965) y otros partidarios de las jarchas entendidas como la «primavera temprana de la lírica europea». La réplica corrió a cargo de dos hispanistas norteamericanos, y la polémica continuó, en una serie de artículos, a lo largo de cinco años (los datos bibliográficos se facilitan sumariamente en la entrada de Jones [1981-1982]). La cuestión todavía no se ha resuelto, y es poco probable que se resuelva en un futuro inmediato. No obstante, a partir de la argumentación y de los datos aducidos, sí caben dos conclusiones provisionales, que, creo, serían aceptadas por la gran mayoría de investigadores. En primer lugar, las jarchas escritas en árabe no constituyen, hasta el momento, una base suficientemente segura ni para los críticos ni para establecer hipótesis histórico-literarias; por el contrario, sí nos proveen de tal base las jarchas en hebreo. En segundo término, aunque la métrica de la jarcha y de la moaxaja difiera mucho de las formas clásicas árabes y tenga palpables semejanzas con la métrica románica, ya no se puede negar la posibilidad de conciliar la métrica de la moaxaja con la de otras formas de la poesía árabe fuera de España. Este generalizado cambio de opinión no se ha extendido, por lo demás, hasta el punto de asumir el radical escepticismo de Hitchcock, ni la hipótesis de Abu Haidar [1978], según la cual la jarcha se explica fácilmente como elemento humorístico en el seno de las convenciones poéticas del árabe clásico.

En los manuscritos, toda jarcha está encuadrada en un contexto evidente, la moaxaja que ella misma remata, y, más en general, en el marco de la poesía hispanoárabe. Esto vale, indudablemente, para la forma escrita de la jarcha, que es deudora (no sabemos cuánto) de un poeta culto, árabe o hebreo. Sin embargo, no hay que olvidar la posibilidad de otros contextos, orales y románicos, como se encarga de recordarnos Dronke [1984]; por lo mismo, si aceptamos que las jarchas no son invenciones de poetas cultos, sino poemas o fragmentos que existieron antes de sus respectivas moaxajas, es necesario que nos preguntemos cómo funcionarían y cuál sería su relación con otras formas poéticas europeas. Dronke ofrece algunas analogías sugerentes; otras pueden establecerse para la jarcha en árabe vulgar. Durante treinta años, los no arabistas hemos lamentado la imposibilidad de comparar los textos; ahora, gracias a Monroe [1977], solo o en colaboración con Swiatlo [1977], podemos apreciar las semejanzas y diferencias: el primer artículo contiene, en caracteres latinos y con traducción inglesa (véase también la aportación casi simultánea de Compton [1976]), 44 jarchas árabes, sacadas de sus respectivas moaxajas igualmente árabes; en el segundo, se nos ofrece, con la misma presentación, el *corpus* completo de las jarchas árabes en el marco de otras tantas moaxajas hebreas (en total, 93). Monroe [1977, 1979], además de comparar las jarchas árabes con las romances, apunta que muchas de aquéllas están puestas en boca de varón, lo que marca la posibilidad de una lírica popular en árabe vulgar, inspirada en la lírica romance y que se haría eco del mundo emocional de los galanes árabes de mujeres mozárabes. Amplía Monroe [1979], por otra parte, sus propios hallazgos (1975, 1976) y los de Gangutia Elícegui (1972) sobre el muy antiguo origen y difusión mediterránea de la lírica amatoria femenina y su relación con las jarchas. A Clarke [1978, 1988] se deben dos pormenorizados análisis de la métrica de las jarchas árabes y romances, en tanto que Yahalom [1985] se sirve de su conocimiento de la métrica hebrea para esclarecer algunos problemas planteados por las jarchas. Es notorio, por otra parte, que las jarchas no son en al-Andalus el único tipo de poesía amatoria puesta en boca de mujer: hay que contar también con la lírica de las poetisas de las cortes árabes. Sin embargo, aun teniendo constancia de su existencia, la mayoría de dichos poemas resultaba inabordable, en tanto carecíamos de traducciones autorizadas. La dificultad se ha superado merced a la publicación del libro de Garulo [1986]. Ya se puede ver cómo era la lírica de las cortes en relación con la que parece ser lírica femenina popular de transmisión oral. Se podría establecer otra comparación muy interesante entre las poetisas de las cortes andaluzas y las *trobairitz* provenzales.

La bibliografía de Hitchcock (1977) sigue siendo el recurso fundamental para orientar la investigación sobre las jarchas. Varias reseñas del estado de la cuestión, desde bien diversos puntos de vista, complementan dicho volumen: Armistead [1979-1980, 1987], Hitchcock [1980*a*, 1980*b*, 1985] y López-Morillas [1986]. También han sido estudiadas las jarchas en relación con las cantigas de amigo (Schaffer [1987]) y con los villancicos (Spieker [1984]); el primer artículo se ocupa del sistema de fórmulas de ambos tipos de lírica, el segundo nos acerca, primordialmente, a la métrica.

La investigación de la lírica gallego-portuguesa sigue gozando de muy buena salud; no obstante, la inmensa mayoría de estudios versa sobre un poeta o un poema determinados, por lo que no es del caso tratarlos en el presente volumen. Otros, sin embargo, son de interés general para la lírica medieval hispánica, ya sea porque traten de temas relacionados con la poesía tradicional (se incluyen en este capítulo), ya porque se ocupen de poetas relevantes o del papel que jugaron las cortes (véase el cap. 4). Igualmente útiles para los dos capítulos son la colección de artículos en portugués de Luciana Stegagno Picchio [1979]; el estudio general, con datos muy útiles, de Jensen [1978]; la bibliografía de Pellegrini y Marroni [1981], a pesar de sus errores y omisiones; la antología de Alvar y Beltrán [1985], de ricos y acertados comentarios —complemento imprescindible de la magnífica selección de Reckert y Macedo (1976)—; la más reducida antología, aunque con interesantes prólogo y analogías, de Beltrán [1987]; la colección de estudios sobre métrica de Ferreira da Cunha [1982]; por fin, el artículo de Reckert [1986] acerca de la crítica semiótica aplicada a las cantigas de amigo, complementado además con relevantes observaciones metodológicas y agudos comentarios sobre algunas cantigas. Ashley [1981] estudia las diferencias entre tema y tono en las cantigas de amigo y en las otras modalidades de la lírica amatoria tradicional puestas en boca de mujer: identifica como rasgo distintivo el sentido de la inseguridad, a la par que subraya en las cantigas existentes los cambios debidos al público cortesano.

Al simbolismo de las cantigas paralelísticas, cuyos referentes típicos son siempre elementos de la naturaleza, se han dedicado dos libros (Blouin [1981], Beltrán [1984]) y dos artículos (Deyermond [1979-1980], Battesti-Pelegrin [1985]). Lo sorprendente es que, por pura casualidad (ya que se confeccionaron independientemente), tres de los estudios se centran en la interacción de los símbolos «ciervo» y «fuente», que únicamente se da en las cantigas de

Pero Meogo, aunque sospecho que se difundiría más ampliamente en la tradición oral; el cuarto estudio, sobre el simbolismo del agua, está obviamente relacionado con los otros tres. Cada uno de los trabajos desarrolla el tema a su manera: Beltrán tiene en cuenta otros símbolos; Battesti-Pelegrin propone otros significados simbólicos del agua no sólo en las cantigas de amigo, sino también en otras tradiciones hispánicas; Deyermond, sirviéndose de muchas analogías no hispánicas, estudia también las disculpas de la joven enamorada (Gornall [1988]); Blouin, por fin, ofrece un nutrido elenco de analogías y subraya la presencia de elementos míticos. Una investigación de otro tipo, aunque relacionada frecuentemente con el simbolismo del agua, es la de Sleeman [1981] sobre el valor simbólico de los cabellos. Olinger [1985] parte también en gran medida del análisis de los símbolos, pero en este caso la mayoría de los 335 poemas analizados son villancicos. Éstos, a la par que las cantigas de amigo que analiza, los interpreta como fases de la experiencia de la sexualidad femenina universal y los clasifica en torno a los cuatro elementos: aire, agua, fuego y tierra. Esta clasificación, a la que incorpora poemas de muy diversa procedencia, como si de una sola serie poética se tratara, distorsiona a veces la interpretación; no obstante, también abundan los aciertos. El libro de Olinger se parece, en lo relativo a la interpretación simbólica, al de Edith Randam Rogers [1980, en cap. 7] sobre el romancero. Otra aproximación a las diversas tradiciones líricas hispánicas es el estudio de Empaytar de Croome [1980], que trata de la poesía del amanecer: no sólo los subgéneros formales «alba» y «alborada», poemas de despedida y de encuentro, sino otros muchos que utilizan el amanecer como símbolo o elemento narrativo.

La aportación más valiosa al estudio de los villancicos, el *Corpus* de M. Frenk [1987], ya ha sido comentada. Esta investigadora, por otra parte, complementa su conjunto de artículos (la mayoría reunidos en sus tomos de 1971 y 1978) con otros estudios sobre la estructura sintáctica del villancico [1980] y sobre la convergencia y mezcla genérica del villancico y el romance [1984]. Malkiel y Stern [1984] trazan la evolución semántica del vocablo «villancico», desde la época en que significaba lo que después se llamó «estribillo», hasta el momento en que pasó a designar el poema entero. La monografía de Fradejas Lebrero [1988] investiga la estructura antifónica, muy arraigada en la poesía más primitiva, en diversos tipos de poesía popular castellana, tanto medievales como renacentistas y modernos: dísticos, trísticos, seguidillas, romances, etc.; lo complementa con una antología de 279 poemas. Uno de los motivos más frecuentes del villancico, el de la «morenita», al que ya se acercara en su día Wardropper (1960), ha sido estudiado de nuevo por este investigador [1980] y por Gornall [1985-1986]. Este último [1988], además, demuestra que el elemento narrativo de la disculpa transparente de la joven enamorada aparece en los villancicos más frecuentemente de lo que se creía. Dado que no tenemos todavía comentarios pormenorizados sobre muchos villancicos (Frenk

[1987], sin duda, los fomentará), los cinco reunidos por Alín [1983] siguen siendo fundamentales.

Cabe preguntarse, por fin, ¿cuáles son las tareas más urgentes de los investigadores de la lírica tradicional? Sea cual sea la respuesta, se habrá de utilizar para el análisis y comparación el precioso tesoro que es la colección de Frenk [1987]. El simbolismo de la lírica, aunque ya ha sido pródigamente estudiado y con éxito en los últimos años, tiene todavía mucho que decirnos. La relación entre tradición popular y lírica culta exige una nueva reflexión, complementada con un detenido estudio de la naturaleza de los textos escritos en nuestro haber; contribuirán a la reflexión los recientes trabajos sobre la transmisión oral en los diversos géneros. En lo relativo a las cantigas de amigo, hay que apuntar que merece ser explicada la anómala y oscura presencia de poesías no paralelísticas, que se parecen métrica y estilísticamente a las cantigas de amor. Sin olvidar las siempre apasionantes cuestiones suscitadas por las jarchas, que debieran dar pie a que los romanistas, arabistas y hebraístas trazaran una nueva síntesis. El congreso internacional celebrado en Exeter, en enero de 1988 (véase el informe en *C*, XVII, 2 [otoño de 1988], pp. 116-128), y otro en preparación en Madrid, nos brindan la oportunidad de continuar un diálogo que está tan vivo como en el pasado, pero menos crispado y más fructífero.

BIBLIOGRAFÍA*

Abu Haidar, Jareer, «The *Kharja* of the *Muwashashah* in a New Light», *Journal of Arabic Literature*, IX (1978), pp. 1-13.

Alín, José María, «Poesía de tipo tradicional: cinco canciones comentadas», en *CT*, IV (1983), pp. 339-374.

Alvar, Carlos, «Algunos aspectos de la lírica medieval: el caso de Belle Aëliz», en *Symposium Riquer* (1986), pp. 21-49.

—, y Vicente Beltrán, eds., *Antología de la poesía gallego-portuguesa*, Alhambra (CA, XXVIII), Madrid, 1985.

Armistead, Samuel G., «Some Recent Developments in *Kharja* Scholarship», *C*, VIII (1979-1980), pp. 199-203.

—, «A Brief History of *Kharja* Studies», *H*, LXX (1987), pp. 8-15.

Ashley, Kathleen, «Voice and Audience: The Emotional World of the *Cantigas de amigo*», en *Vox Feminae: Studies in Medieval Woman's Songs*, ed. John F. Plummer, Medieval Institute, Western Michigan University (Studies in Medieval Culture, XV), Kalamazoo, 1981, pp. 35-45.

Battesti-Pelegrin, Jeanne, «Eaux douces, eaux amères dans la lyrique hispanique médiévale traditionelle», en *L'Eau au Moyen Âge*, Univ. de Provence (Sénéfiance, XV), Aix-en-Provence, 1985, pp. 43-60.

---

* La bibliografía sobre la lírica gallego-portuguesa se reparte entre este capítulo (su aspecto popular y tradicional) y el capítulo 4 (estudios sobre poetas, cultura de las cortes, etc.). La distinción es a veces problemática, de modo que es aconsejable consultar las dos bibliografías.

Beltrán, Vicente, «*O cervo do monte a augua volvia*»: *del simbolismo naturalista en la cantiga de amigo*, Sociedad de Cultura Valle-Inclán, El Ferrol, 1984.

—, ed., *Canción de mujer, cantiga de amigo*, PPU (Textos Medievales, VIII), Barcelona, 1987.

Benabu, Isaac, y Josef Yahalom, «The Importance of the Genizah Manuscripts for the Establishment of the Text of the Hispano-Romance *Kharjas* in Hebrew Characters», *RPh*, XL (1986-1987), pp. 139-158.

Blouin, E. Morales, *El ciervo y la fuente: mito y folklore del agua en la lírica tradicional*, Studia Humanitatis, Potomac, Maryland, 1981.

Cejador y Frauca, Julio, ed., *La verdadera poesía castellana: floresta de la antigua lírica popular*, 10 tomos (1921-1930), reimpr. en 9 tomos, Arco Libros, Madrid, 1987.

Clarke, Dorothy Clotelle, «Versification of the *Ḥarǧas* in the Monroe-Swiatlo Collection of the Arabic *Ḥarǧas* in Hebrew *Muwashashas* Compared with that of Early Hispano-Romanic Poetry», *JAOS*, XCVIII (1978), pp. 35-49.

—, «The Prosody of the *Ḥarǧas*», *C*, XVI, 2 (primavera de 1988), pp. 55-75.

Compton, Linda Fish, *Andalusian Lyrical Poetry and Old Spanish Love Songs: The «Muwashashah» and its «Kharja»*, New York University Press (NYU Studies in Near Eastern Civilization, VI), Nueva York, 1976.

Deyermond, Alan, «Pero Meogo's Stags and Fountains: Symbol and Anecdote in the Traditional Lyric», *RPh*, XXXIII (1979-1980), pp. 265-283.

Dronke, Peter, *The Medieval Lyric*, 2.ª ed., Hutchinson, Londres, 1978.

—, «Nuevas observaciones sobre las jarŷas mozárabes», *AFE*, 1 (1984), pp. 99-114.

Empaytar de Croome, Dionisia, *Albor: Medieval and Renaissance Dawn-Songs in the Iberian Peninsula*, University Microfilms International, Ann Arbor, 1980.

Ferreira da Cunha, Celso, *Estudos de versificação portuguesa (séculos XIII a XVI)*, Centro Cultural Portugues (Civilização Portuguesa, VI), París; Fundação Calouste Gulbenkian, Lisboa, 1982.

Fradejas Lebrero, José, *La forma litánica en la poesía popular*, UNED, Madrid, 1988.

Frenk, Margit, «Configuración del villancico popular renacentista», en *Actas VI AIH* (1980), I, pp. 281-284.

—, «Los romances-villancico», en *Ensayos Siebenmann* (1984), pp. 141-156.

—, ed., con la colaboración de John Albert Bickford y Kathryn Kruger-Hickman, *Corpus de la antigua lírica popular hispánica (siglos XV a XVII)*, Castalia (Nueva Biblioteca de Erudición y Crítica, I), Madrid, 1987.

Garulo, Teresa, trad., *Dīwān de las poetisas de al-Andalus*, Hiperión (Poesía Hiperión, 92), Madrid, 1986.

Gornall, John, «'Por el río del amor, madre': An Aspect of the *Morenita*», *JHP*, X (1985-1986), pp. 152-160.

—, «Transparent Excuses in Spanish Traditional Lyric: A Motif Overlooked?», *MLN*, CIII (1988), pp. 436-439.

Hitchcock, Richard, «Sobre la 'mamá' en las jarchas», *JHP*, II (1977-1978), pp. 1-9.

—, «Las jarchas treinta años después», *Awrāq*, III (1980), pp. 19-25.

—, «The *Kharjas* as Early Romance Lyrics: A Review», *MLR*, LXXV (1980), pp. 481-491.

—, «The Fate of the *Kharjas*: A Survey of Recent Publications», *British Society for Middle Eastern Studies Bulletin*, XII (1985), pp. 172-190.

Jensen, Frede, *The Earliest Portuguese Lyrics*, University Press (Études Romanes de l'Université d'Odense, II), Odense, 1978.

Jiménez Benítez, Adolfo E., *La lírica arábigoespañola y las jarchas mozárabes*, Ediciones Zoe, San Juan, Puerto Rico, 1982.

Jones, Alan, «Sunbeams from Cucumbers? An Arabist's Assessment of the State of *Kharja* Studies», *C*, X (1981-1982), pp. 38-53. Este artículo inició una polémica en los siguientes números de la revista, con artículos de James T. Monroe, X, pp. 121-147; Samuel G. Armistead, X, pp. 148-155; Keith Whinnom, XI (1982-1983), pp. 11-17; Armistead y Monroe, XI, pp. 174-207; Jones, XII (1983-1984), pp. 45-70; Armistead y Monroe, XIII (1984-1985), pp. 206-242; Richard Hitchcock, XIII, pp. 243-254; y Armistead, XI (1985-1986), pp. 55-70.

—, *Romance «Kharjas» in Andalusian Arabic «Muwaššaḥ» Poetry*, Ithaca Press, Londres, para la Faculty of Oriental Studies, Oxford University (Oxford Oriental Institute Monographs, IX), 1988.

López Estrada, Francisco, *Lírica medieval española*, UNED, Cádiz, 1977.

López-Morillas, Consuelo, «Las jarchas romances y la crítica árabe moderna», en *Actas VIII AIH* (1986), II, pp. 211-218.

Malkiel, Yakov, y Charlotte Stern, «The Etymology of Spanish Villancico 'Carol': Certain Literary Implications of this Etymology», *BHS*, LXI (1984), pp. 137-150.

Monroe, James T., «Studies on the *Ḫarǧas*: The Arabic and the Romance *Ḫarǧas*», *Viator*, VIII (1977), pp. 95-125.

—, «*Kharjas* in Arabic and Romance: Popular Poetry in Muslim Spain?», en *Islam: Past Influence and Present Challenge*, ed. Alford T. Welch y Pierre Cachai, University Press, Edimburgo, 1979, pp. 168-187.

—, «Poetic Quotation in the *Muwaššaḥs* and its Implications: Andalusian Strophic Poetry as Song», *C*, XIV (1985-1986), pp. 230-250.

—, y David Swiatlo, «Ninety-three Arabic *Ḫarǧas* in Hebrew *Muwaššaḥs:* Their Hispano-Romance Prosody and Thematic Features», *JAOS*, XCVII (1977), pp. 141-163.

Olinger, Paula, *Images of Transformation in Tradicional Hispanic Poetry*, Juan de la Cuesta, Newark, Delaware, 1985.

Pellegrini, Silvio, y Giovanna Marroni, *Nuovo repertorio bibliografico della prima lirica galego-portoghese (1814-1977)*, Japadre (Romanica Vulgaria, III), L'Aquila, 1981.

Reckert, Stephen, «La semiótica de la cantiga: cantigas medievales como significantes poéticos de significado antropológico», en *Crítica semiológica* (1986), pp. 35-42.

Schaffer, Martha E., «The Galician-Portuguese Tradition and the Romance *Kharjas*», *PS*, III (1987), pp. 1-20.

Sleeman, Margaret, «Medieval Hair Tokens», *FMLS*, XVII (1981), pp. 322-336.

Spieker, Joseph B., «Correspondencias métricas y temáticas entre las *ḫarǧas* y la poesía popular castellana», en *Homage Solà-Solé* (1984), I, pp. 127-150.

Stegagno Picchio, Luciana, *A lição do texto: filologia e literatura*, I. *Idade Média*, Edições 70 (Colecção Signos, XX), Lisboa, 1979.

Wardropper, Bruce W., «Meaning in Medieval Spanish Folk Song», en *The Interpretation of Medieval Lyric Poetry*, ed. W. T. H. Jackson, Columbia University Press, Nueva York; Macmillan, Londres, 1980, pp. 176-193.

Welsh, Andrew, *Roots of Lyric: Primitive Poetry and Modern Poetics*, University Press, Princeton, 1978.

Yahalom, Josef, «Aportaciones a la prosodia de la moaxaja a la luz de la literatura hebrea», *Miscelánea de Estudios Árabes y Hebraicos*, XXXIV, 2 (1985), pp. 5-25.

PETER DRONKE

LOS CONTEXTOS DE LAS JARCHAS

Las jarchas mozárabes y bilingües hasta ahora conocidas consisten todas en estrofas muy breves, de entre dos y ocho versos. ¿Son éstas, entonces, fragmentos de canciones más largas? La respuesta tiene que ser: a veces sí, a veces no. Algunas de las más bellas parecen tener una autosuficiencia poética, una autonomía donde parece casi superfluo preguntar si podrían ser sólo fragmentos. Enfrente de una cuarteta tal como «Bay-se mio qorachon de mib» (XXXVIII a), nos acordamos del caso de algunas cuartetas arcaicas griegas: estamos convencidos de que se trata de una *Lyra minima* [véase Stephen Reckert, *HCLE*, I, pp. 73-75], y apenas podemos imaginar una continuación. Pero en el *corpus* más comparable de breves estrofas amorosas —el de los *refrains* franceses de los siglos XII y XIII— sabemos que había también muchas otras posibilidades.

1. En primer lugar, los *refrains* podían ser utilizados en una serie o secuencia —por ejemplo, durante una fiesta—. A menudo en la vida debía ocurrir así, pero además poseemos confirmaciones literarias de este hecho.

Le Roman de la Rose ou de Guillaume de Dole, un poema de unos 5.600 versos, escrito por Jean Renart h. 1228, incluye 46 inserciones líricas: 16 son citas de canciones de amor cortés, 9 se remontan a la lírica narrativa, como las *chansons de toile o pastourelles*, 21 son *refrains* o canciones de baile. Cerca del comienzo del *roman*, en un banquete, las damas cantan: «E non Deu, sire, se ne l'ai, / l'amor de lui, mar l'acointai» ('En el nombre de Dios, señor,

Peter Dronke, «Nuevas observaciones sobre las jaryas mozárabes», *AFE*, I (1984), pp. 99-114 (100-105).

si no lo tengo, / su amor, en mala hora lo encontré'). El texto continúa: «Ainz que ceste fust dite tote, / conmence uns autres en la route: / La jus, desoz la raime, / einsi doit aler qui aime, / clere i sourt la fontaine, ya! / einsi doit aler qui bele amie a.» ('Antes de que eso fuese cantado enteramente, / otro en la compañía comienza: / Más allá, bajo la rama, / tiene que ir el que ama; / allí brota clara la fontana, ¡ya! / allí tiene que ir el que tiene una bella amiga.') Al mismo tiempo, añade el poeta, una muchacha canta: «Se mes amis m'a guerpie, / por ce ne morrai ge mie.» ('Si mi amigo me ha abandonado, / no moriré por eso.') No se necesita subrayar cuánto este *refrain*, como el primero, se acerca a la esfera de las jarchas mozárabes. [...]

2. En segundo lugar, un poeta podía hacer de varios *refrains* breves una construcción lírica más elaborada.

Así lo hace, por ejemplo, el trouvère Baude de la Kakerie, aprovechándose para su preludio de un verso muy difundido:

Coro: *Main se leva la bien faite Aelis.*
Aelis: Vous ne savés que li loursegnols dist?
        Il dist c'amours par faus amans perist.
Coro: Voir se dist li lousegnols,
        mais je di que cils est fols
        qui de boene amor se veut partir. [...]

('*Coro*: Ahora se levantó la hermosa Aelis. *Aelis*: ¿No sabes lo que dice el ruiseñor? Dice que el amor por falsos amantes muere. *Coro*: Dice la verdad el ruiseñor, pero digo yo que es loco él que quiere separarse de buen amor.')

3. Sin embargo, en tercer lugar, hay en la lírica francesa de la época muchos ejemplos más sencillos del uso de *refrains*. Sobre todo, entre los *rondeaux* —aquellas breves composiciones, de origen popular, que desde los comienzos están arraigadas en el baile—. El círculo de los bailadores podía repetir las palabras iniciales del solista a media estrofa, y repetir al fin dos versos como estribillo:

> *Hé, Diex! quant verrai*
> *cheli que j'aim?*
> Certes je ne sai,
> *hé, Dieux! quant verrai.*
> De vir son cors gai
> muir tout de faim;
> *hé, Diex! quant verrai*
> *cheli que j'aim?*

('Ay, Dios, ¿cuándo veré aquel a quien amo? Cierto es, no lo sé —¡Ay, Dios, cuándo veré!: me muero de deseo de ver su cuerpo alegre. ¿Ay, Dios, cuándo veré...?') [...]

Aquí el estribillo incluye expresiones típicas de las jarchas —*cf. ¡ya Rabb!*, y preguntas como *¿kuánd bernad?*, *¿kuánd sanarad?*— y es muy posible que la más arcaica lírica mozárabe haya conocido un desarrollo parecido de versos breves amorosos.

4. En cuarto lugar, podemos imaginar con toda probabilidad que algunas jarchas, como algunos *refrains* franceses, estaban fijadas en un contexto lírico-narrativo. Un ejemplo, notable también por su forma 'zejelesca' (según la expresión de Menéndez Pidal), es el *virelai* que comienza:

> *Au cuer les ai, les jolis malz:*
> *coment en guariroie?*

('Los tengo en el corazón, los gustosos dolores: / ¿cómo sanaré?')

Resultan las tres estrofas una canción de malmaridada, en la que la mujer se queja de su marido, el negociante villano que siempre le espía: «Kant li vilains vaint a marchiet, / il n'i vait pas por berguignier, / mais por sa feme a esgaitier, / que nuns ne li forvoie. / *Au cuer les ai, les jolis malz: / coment en guariroie?*». En las otras estrofas la mujer provoca a su marido, y declara que es su amante quien disfrutará de su amor.

Esta forma 'zejelesca' nos induce a preguntar también: si la moaxaja misma toma su origen en la lírica románica, ¿fueron entonces utilizadas unas jarchas —quizá más antiguas que las que tenemos conservadas— ya en moaxajas *románicas*, antes de la adopción de la forma por los árabes? Podemos imaginar unos versos, que tuvieran la forma de las jarchas actuales, o como estribillos, o bien como preludios, en una forma estrófica románica más larga, un antepasado de la moaxaja.

5. Por fin, tenemos que contar con la posibilidad de que en la poesía primitiva románica —tal como sabemos de la germánica y de la céltica— se cultivase una forma tradicional 'mezclada', en la que, desarrollados en prosa, se encuadrasen los momentos líricos. En el mundo germánico y céltico, el cuadro tradicional de prosa tendía a ser varia-

ble, y no fue escrito hasta una época relativamente tardía, mientras que los pasajes líricos se muestran por su dicción mucho más arcaicos: por su difícil forma, podían conservarse sin cambio durante varios siglos.

En *Líadan y Cuirithir*, una novela con pasajes líricos del siglo IX, prosa y versos están conservados, excepcionalmente, en la misma época. Se trata de una historia de amor fatal y trágico, en un ambiente severamente cristiano. [...]

En el caso de la novela de *Díarmait y Gráinne* —la protohistoria de Tristán e Iseo— tenemos una versión completa, con los puentes narrativos en prosa, que apenas se remonta probablemente al siglo XIV o quizá al siglo XIII. Pero algunas cuartetas arcaicas sobreviven, como la siguiente: Como Gráinne, hija de Cormac, dijo a Finn: «Hay uno / a quien quisiera mirar, / a quien quisiera dar el mundo brillante, / aunque sea un contrato desigual». Sin embargo, en francés antiguo parece que la forma mezclada era rara: el único ejemplo notable que se conserva es *Aucassin et Nicolette*. En Provenza tenemos las *vidas* y *razos* de trovadores, pero éstas podrían constituir un desarrollo bastante tardío, que nace en la lírica trovadoresca misma. Por tanto no quiero insistir en la existencia de una forma mezclada arcaica en la península ibérica, aunque tampoco quisiera excluir esta posibilidad.

Por consiguiente, si preguntamos para qué propósito servían las jarchas antes de su inclusión —o bien la inclusión de sus imitaciones— al fin de moaxajas árabes y hebreas, o cómo era aquella «primitiva lírica europea», los testimonios comparativos nos sugieren que deberíamos tener en cuenta varias de las diversas posibilidades mencionadas, aunque éstas, por supuesto, no puedan conducirnos a soluciones definitivas.

MARGIT FRENK

LA CONFIGURACIÓN DEL VILLANCICO

Antonio Sánchez Romeralo (1969) encontró en la gran mayoría de los villancicos una «estructura básica binaria», que definió como «un cierto movimiento, a la vez conceptual y rítmico... Digo *A* y añado *B*». He aquí algunos de los ejemplos que aduce:

Margit Frenk, «Configuración del villancico popular renacentista», en *Actas VI AIH* (1980), I, pp. 281-284 (aligerado de ejemplos).

> (*A*) Aguardan a mí;
> (*B*) nunca tales guardas vi.

> (*A*) Aquel pastorcito, madre, que no viene
> (*B*) algo tiene en el campo que le duele. [...]

Después de aclarar que «estos dos elementos básicos, que hemos llamado *A* y *B*, desde el punto de vista conceptual y gramatical varían», Sánchez Romeralo analiza las variedades que considera «más importantes, las que más se repiten». Así, *A* suele ser el «sujeto lírico», el elemento en que «se concentra por un momento la atención afectiva» y que gramaticalmente es o el sujeto o el complemento; por ejemplo: «Las ondas de la mar / ¡cuán menudicas van!», «Estos mis cabellicos, madre, / dos a dos me los lleva el aire». Pero *A* es también un vocativo («Ojos morenos, / ¿cuándo nos veremos?»), una exhortación («Abaja los ojos, casada, / no mates a quien te miraba»), una declaración («Solíades venir, amor, / agora non venides, non»); *B*, a su vez, suele consistir en una exclamación, una interrogación, una reiteración, o en una oración coordinada o yuxtapuesta, o bien una subordinada, las más veces causal («No quiero ser monja, no, / que niña namoradica so»); a menudo *B* es introducido por las conjunciones *que* o *y*, usadas con sentidos diversos.

Hasta aquí, Sánchez Romeralo. Al enfrentarme a este planteamiento y reexaminar buen número de textos, encuentro lo siguiente: en muchos villancicos el esquema *A* + *B* es clarísimo; en otros, menos seguro; en otros, francamente dudoso. La cuestión puede formularse de otra manera: pienso que Sánchez Romeralo ha encontrado la clave para comprender la configuración de buen número de villancicos (de hecho, más de la mitad de los que he analizado), pero que al generalizar la fórmula *A* + *B*, aplicándola a fenómenos dispares, la ha extendido demasiado, desfigurándola hasta cierto punto. Sé que la cuestión es discutible; lo que quiero hacer aquí es, precisamente, ponerla a discusión.

Comenzaré por las estructuras bipartitas claras. Muchísimos cantarcillos constan de dos oraciones yuxtapuestas: «Alta estaba la peña, / nace la malva en ella». «A sombra de mis cabellos se adurmió: / ¿si le recordaré yo?». O bien, con unidades más complejas: «Queredme bien, caballero, / casada soy, aunque no quiero». La coordinación, algo menos frecuente, también establece, obviamente, dos elementos:

«No me llaméis "sega la herba," / sino morena», «Lloraba la casada por su marido / y agora la pesa de que es venido». Lo que no debe olvidarse es que hay también villancicos como los siguientes: «A la villa voy, de la villa vengo: / si no son amores, no sé qué me tengo», «Dícenme que tengo amiga, y no lo sé: / por sabello moriré». O sea, villancicos en los cuales uno de los elementos está a su vez integrado por dos oraciones yuxtapuestas o coordinadas, sin que por eso dejen de estructurarse según el esquema $A + B$.

Este se da también en casos de subordinación: «No me toquéis a la aldaba, / que no soy enamorada». La relación causal que aquí se observa es, con mucho, la más frecuente, y, como bien observó Sánchez Romeralo, abunda la fórmula Exhortación + Explicación (precedida de *que*). Otras veces hay relación disyuntiva («Torre de la niña, y date, / si no, darte he yo combate») o relación final («De iglesia en iglesia me quiero yo andar, / por no mal maridar»), o concesiva («Seguir al amor me place, / aunque rabie mi madre»), o condicional («Que no quiero, no, casarme / si el marido ha de mandarme»). En todos estos casos el segundo elemento se percibe como una adición, aunque adición necesaria para el sentido global del texto.

Ahora bien, la subordinación no siempre produce este efecto. En «Si te vas a bañar, Juanica, / dime a cuáles baños vas», el hecho de que la prótasis preceda a la apódosis crea, a mi ver, una relación más estrecha entre los dos elementos: el segundo se espera desde el «Si...» inicial y no se siente, por lo tanto, como algo añadido. Lo mismo ocurre con las oraciones concesivas, consecutivas, causales y comparativas que comienzan con la subordinada: «Aunque me vedes morenica en el agua, / no seré yo fraila», «Porque duerme sola el agua / amanece helada». ¿Podemos hablar todavía, en estos casos, de esquema $A + B$?

Una duda análoga nos la plantean los muchos cantarcillos que comienzan por un complemento circunstancial (o una oración subordinada que cumple esa función): «Esta noche y otra / dormiré sola», «Después que la mar pasé, / vida mía, olvidastesmé». Compárense con estos villancicos aquellos que posponen el complemento circunstancial: «Dejad que me alegre, madre, / antes que me case», «Triste fue y alegre vengo / con amores nuevos que tengo». Aquí el complemento se percibe más claramente como un añadido.

Y paso a los textos en que, según pienso, no puede hablarse ya de estructura $A + B$. Ahí está el nutrido grupo de cancioncitas compuestas por una sola unidad gramatical, dividida por la rima: «Mis ojuelos, madre, / valen una ciudade», «El amor que me bien quiere / agora viene»... O los villancicos, también muy numerosos, que comienzan con un vocativo: «Perricos de mi señora, / no me mordades agora», «Ojos morenos, / ¿cuándo nos veremos?». Comparemos este último con «Ojos de la mi señora, ¿y vos qué habedes? / ¿Por qué vos abajades cuando me veedes?». Hay aquí dos unidades, la primera equivalente a «Ojos morenos, ¿cuándo nos veremos?»; éste constituye, pues, una sola unidad, igual que los otros poemitas que acabo de citar. ¿Es la rima un elemento suficientemente fuerte para crear por sí sola una estructura binaria donde hay nada más una unidad conceptual y gramatical? Si acaso es así, esa estructura binaria es muy distinta de las que surgen cuando hay dos oraciones yuxtapuestas, coordinadas, etc.

Esto nos lleva de la mano a otro grupo abundante de textos que Sánchez Romeralo ha incluido expresamente en su esquema $A + B$: los que consisten en una sola unidad gramatical, seguida de una repetición parcial, a veces con variaciones: «Al alba venid, buen amigo, / al alba venid», «De este mal moriré, madre, / de este mal moriré yo». La reiteración no es un «elemento B» como lo es, digamos, en «No me las amuestres más, / que me matarás»; aquí se añade un nuevo concepto, esencial para el sentido del texto; allá no: la reiteración tiene un valor puramente estilístico y casi diríamos, musical. Es otro tipo de estructura.

Usando letras, podríamos hablar de los villancicos con estructura $A + B$ y de los que tienen estructura A. Dentro de este segundo grupo colocaría yo los casos de reiteración, que podrían simbolizarse con A + a (cuando sólo hay repetición parcial) o A + A^1 (cuando además se introducen variaciones). Faltaría decidir a cuál de los dos conjuntos asociaríamos los tipos que he considerado como dudosos (los que anteponen la oración subordinada o el complemento circunstancial). Si los consideramos dentro del esquema $A + B$, éste se encontraría en el 64 % de los textos que he analizado (que constituyen más o menos la cuarta parte del repertorio total); si los asimilamos a la estructura A, el esquema binario contaría con el 54,6 % y el unitario con el 43,3 %.

El 2,1 % restante está constituido por un tipo de villancicos que no he mencionado y al cual supongo que aludió Sánchez Romeralo cuando habló de «excepciones» (p. 145, n. 13): son los textos que claramente constan de más de dos elementos: las endechas «de Canaria», en trísticos monorrimos, como «Mis penas son como ondas del mar,

/ que unas se vienen y otras se van: / de día y de noche guerra me dan»; o textos como «Toros corren, mi lindo amigo, / no salgáis al coso, no, / que de veros moriré yo». Se trata en estos casos de un esquema binario expandido; en otros, de carácter muy distinto, hay una enumeración, de tres o cuatro elementos: «De las frutas, la manzana, / de las aves, la perdiz, / de las colores, la grana, / de las damas, la Beatriz». En el repertorio conocido estos textos constituyen verdaderas excepciones, que no invalidan la clasificación que he propuesto en el presente trabajo.

Válida o no en sus resultados, la exploración sintáctica de los villancicos puede llevarnos a un conocimiento más cabal de las unidades que los integran y de ahí a una nueva visión de su métrica, tan necesitada de estudio. Quizá no sea iluso pensar que por este camino podríamos llegar a saber también algo más sobre las jarchas mozárabes y sobre toda la lírica de tipo popular de la Edad Media española.

3. EL «CANTAR DE MIO CID» Y LA ÉPICA

Hace ya veintidós años que murió don Ramón Menéndez Pidal y casi cien que publicó su primer libro, y es natural que el estudio de la épica haya variado sensiblemente durante este período; pese a ello, sus trabajos siguen siendo imprescindibles. Ha sido, por tanto, un acierto que la oportuna segunda edición [1980] de sus *Reliquias de la poesía épica española* (1951) se publique junto con los pliegos de *Epopeya y romancero,* I, *Textos referentes a la epopeya española,* que se habían ido imprimiendo hasta julio de 1936, cuando la guerra civil interrumpió el proyecto; Diego Catalán describe en el prólogo la historia de los dos libros. La útil antología estudiantil de textos épicos al cuidado de Manuel Alvar [1981] incluye una buena introducción de Carlos Alvar, cuyos juicios críticos e históricos son actualizados en la primera parte de Alvar y Gómez Moreno [1988 en cap. 1] Otra reciente visión de conjunto es la de Deyermond [1987].

Los poquísimos manuscritos épicos de la España medieval que han llegado hasta nosotros los estudia Duggan [1982], relacionándolos con su contexto románico, en un artículo fundamental que trata del estado de los textos (se ocupa de cuestiones como la de qué es un poema independiente o qué es una variante), de las fechas de los manuscritos y de la cuestión de los manuscritos de juglar. Webber [1987] se propone identificar los rasgos distintivos de la épica románica y llega a conclusiones interesantes; no obstante, algún que otro rasgo parece trascender los límites de la Romania. El tomo preparado por Limentani e Infurna [1986], confeccionado del mismo modo que la *HCLE,* permite que el lector deguste una gran variedad de estudios sobre la épica románica. Michael [1985-1986] se ocupa de manera un tanto discutible de los problemas genérico y terminológico (pp. 506-508; véase el cap. 1). El informe y la valoración de los estudios «individualistas» (categoría establecida, obviamente, por los neotradicionalistas) que esboza Gerli [1986] es una útil contribución al debate y merece una continuación.

La relación entre la épica y las crónicas es desde hace un siglo el punto de mira de muchos investigadores, la gran mayoría, neotradicionalistas. Tal interés se explica porque, de no mediar un detenido estudio de los manuscritos de las crónicas, no sabríamos casi nada, por ejemplo, de los poemas perdidos de los *Siete infantes de Lara*. En los últimos años, este tipo de investigación se ha renovado con dos libros de autores británicos que ponen en tela de juicio algunas presuposiciones relativas a la significación que puedan tener las variantes cronísticas de una historia épica: Pattison [1983] estudia varias tradiciones épicas, mientras Powell [1983] se limita a la prosificación del *Cantar de Mio Cid* en la *Crónica de veinte reyes*; un tercer libro hay que añadir a los dos anteriores, el de una joven investigadora española, M. Vaquero [en prensa], que amplía considerablemente el número de fuentes manuscritas. Pattison y Powell aceptan la mediación de algunas fuentes poéticas para las leyendas heroicas de las crónicas; sin embargo, las diferencias textuales entre las crónicas no se las explican por la utilización en cada caso de poemas distintos, sino por haberlos adaptado los cronistas con diferentes técnicas. En su respuesta a Armistead (1978), Smith [1983a] llega a conclusiones semejantes. No así el propio Armistead [1986-1987], quien, en la reseña del libro de Pattison, demuestra razonada y convincentemente que las diversas versiones cronísticas de una determinada historia épica dependen de poemas distintos. Sin embargo, es imposible que toda variante, por mínima que sea, proceda de un poema distinto: la dificultad de la cuestión estriba en discernir cuál es el nivel de variación que nos permita deducir una fuente nueva. A no dudarlo, el debate continuará. Caso González [1981] enfoca el problema de otra manera; según él, la *Estoria de España* alfonsí nunca prosifica ningún poema épico, sino que se sirve de «estorias» en prosa: algunas basadas en un poema, otras no. Concluye, en suma, que no se ha tenido en cuenta un importante género del siglo XIII que merece ser estudiado, el de las narraciones en prosa. El mismo Caso González, en un artículo posterior [1986], hace que su hipótesis arranque de principios del siglo XI, negando, con toda razón, la existencia de un poema vernáculo sobre Covadonga y atribuyendo a una narración culta, probablemente en prosa, el episodio correspondiente de la crónica latina. Vaquero [en prensa], por su parte, rastrea las historias de *La condesa traidora* y de *Sancho II* en varias obras historiográficas del siglo XV basándose sobre todo en los manuscritos que acaba de sacar a la luz. El único interrogante que se nos plantea ante tan sugerente y prometedor trabajo se refiere a la naturaleza de las fuentes utilizadas por los historiadores: ¿circulaban aún en las últimas décadas del siglo XV nuevas versiones épicas orales (Vaquero cree que es probable), o se trata de narraciones en prosa, como las conjeturadas por Caso González? Es posible discrepar de alguna conclusión de Vaquero, pero no se puede negar que su libro es innovador y que está muy lejos de ser una mera repetición de las tesis neotradicionalistas de antaño.

Las investigaciones sobre la oralidad en diversos géneros (véase arriba, pp. 21-26) se ciñen primordialmente a la épica y al romancero, tal como se desprende del informe de Webber [1986b]. Aunque no se centre en la literatura española, el de Lord [1986] es un informe de gran relevancia para los estudios de la épica hispánica, sobre todo por el énfasis que pone en el concepto de «texto de transición», concepto que había negado rotundamente en su libro de 1960. También es de gran interés para los hispanistas el artículo de Foley [1987], donde, mediante el «Return song» («canto del regreso» del héroe), ejemplifica sus ideas sobre los diseños tradicionales de la epopeya. El concepto de fórmula oral se ha ido modificando al correr de los años (véase, por ejemplo, Miletich [1976-1977]): los investigadores no se ocupan ahora tanto del número de fórmulas de un texto, como de la manera en que se utilizan. Dutton [1986], en concreto, señala que muchas fórmulas épicas son de origen jurídico y sugiere que bien pudiera tratarse de frases popularizadas entre quienes conocían las leyes por vía oral. No obstante, la frecuencia de fórmulas en una obra sigue teniendo interés, tanto como el estudio de las semejanzas entre los sistemas formulares de dos poemas: Geary [1980] concluye que entre el *Cantar de Mio Cid* y el *Poema de Fernán González* existe un parecido mucho más notable que entre cualquiera de los dos y las *Mocedades de Rodrigo*. No se ha resuelto todavía, tal vez nunca se resuelva, la controversia sobre la naturaleza de los textos épicos españoles conservados: ¿son versiones puestas por escrito de poemas orales o hay que atribuirlos a poetas cultos que echaron mano de la tradición oral? Pese a que el debate, centrado en el *Cantar de Mio Cid*, se comentará más abajo, hay que mencionar en seguida el artículo de Montgomery [1986-1987a], según el cual la épica española refleja una imagen siniestra de la escritura. No es así: la escritura es siniestra en manos de personajes malévolos, buena, en cambio, en manos de los buenos.

Las interpretaciones globales de la épica española se basan en métodos muy diversos, pero no necesariamente incompatibles. Según M. L. Meneghetti [1984], en la épica se trasluce (al igual que en las miniaturas del códice silense del Beato de Liébana) una reacción antifrancesa de principios del siglo XII: es reflejo de una visión integral del mundo, en la que los personajes se nos revelan como partícipes de un *continuum* histórico. Meneghetti saca mucho partido de una productiva caracterización de la épica española como metonímica, frente a la francesa, que sería metafórica; con todo, no es uno de los fundamentos de su argumentación, incluso a veces parece entorpecerla. Darbord [1979], en cambio, considera a la metonimia como principio esencial del lenguaje épico medieval; no obstante, nos quedamos sin saber qué diría de la épica francesa, ya que se apoya sólo en el *Cantar de Mio Cid*, del que examina a varios niveles (morfema, palabra, frase, texto) el lenguaje metonímico. En un libro injustamente omitido en *HCLE*, I, García Montoro [1972] estudia ciertos aspectos del simbolismo y de la acción en algunos poemas épicos españoles, relacionándolos con la teoría trifuncional de Georges Dumézil sobre la sociedad primitiva indoeuropea. Al igual que en otro artículo (Montoro, 1974), lo que a primera vista parece atrevido y descabellado resulta luego con frecuencia muy iluminador.

A pesar del famoso dictamen en sentido contrario de Menéndez Pidal, la

Iglesia sí influyó mucho en la épica. Se puede probar a la luz del artículo de Nathan [1984] sobre los clérigos vistos como personajes, y se corrobora tras la lectura del libro de Valladares Reguero [1984], quien aduce numerosísimos paralelos bíblicos en las palabras, los personajes y los temas del *Cantar de Mio Cid* y, en menor medida, de los *Siete infantes*, del *Poema de Fernán González* (cf. Deyermond [en prensa-*b*]) y de tantos otros.

Es moneda corriente afirmar que la mujer y el amor sexual desempeñan un papel muy poco lucido en la épica mundial. Si ello es así, España es una notable excepción: repárese en los datos recogidos por Ratcliffe [1987] y, con una hipótesis que suscitará más controversia, en Deyermond [en prensa-*b*], quien sostiene que el público español de la épica debió de haber sido en buena parte femenino. Bluestine [1986], por su parte, demuestra que el traidor, personaje fundamental de la epopeya española, está a menudo asociado con una mujer tentadora. Otro aspecto que se está estudiando recientemente es la dimensión social: la presentación de la sociedad y de los motivos económicos y políticos en los poemas (se comentarán más abajo los trabajos sobre algunos en concreto), así como la función sociohistórica de la poesía épica. El artículo de Duggan sobre la épica como historiografía popular [1986*a*] abarca, de hecho, más cuestiones de las que indica el título: versa sobre la función social de la épica (tratada más por extenso en [1986*b*]), traza una clasificación esquemática de los personajes épicos y, por fin, estudia la utilización de la historia en los poemas, y la de éstos, a su vez, en las crónicas. Al lado de artículos como los citados, que estudian la épica románica con la debida atención al campo hispánico, la perspectiva del de Lacarra [1982] es específicamente hispánica y no duda en poner reparos a dos motivos diferenciales de la concepción pidalista de la épica castellana, esto es, su talante democrático y su antileonesismo; demuestra, además, la conexión entre teorías sobre la épica e ideologías contemporáneas.

La mayor parte de investigadores está de acuerdo en que el primer ciclo de poemas épicos españoles, inaugurado por los *Siete infantes de Lara,* es el de los condes de Castilla; los hay, sin embargo, que siguen creyendo, a la manera neotradicionalista, en un ciclo sobre la conquista árabe y los comienzos de la Reconquista. En el polo opuesto, Smith [1983*b*] sostiene que la épica española empieza en 1207 con el *Cantar de Mio Cid.* Sendos investigadores nos demuestran que se pueden salvar las diferencias entre métodos críticos, aplicados esta vez a los *Siete infantes de Lara*: Capdeboscq [1984] deduce de los dos episodios que provocan la cadena de venganza y contravenganza, según las dos versiones cronísticas principales, una estructura netamente jurídica; Bluestine, representante de la crítica mítico-arquetípica, señala el valor simbólico y temático de la sangre [1982] y el desdoblamiento de personajes, tanto en este poema como en el *Romanz del infant García* [1984-1985]. Aunque se ha aquilatado últimamente con frecuencia el carácter épico de *La condesa traidora*, Chalon [1977-1978] no está aún convencido de que existiera ningún extenso relato, comoquiera que fuese, que pueda remontarse al siglo XI. No obstante, la leyenda tiene una considerable complejidad literaria, como evidencia el análisis de Acutis [1985], y muchos puntos en común con otros poemas del ciclo de los condes.

Mucho más han menudeado los estudios sobre el *Poema de Fernán González*; no debe sorprendernos lo más mínimo, ya que se trata del único texto poético del ciclo que ha llegado hasta nosotros. Geary [1986] analiza los problemas que comporta la edición del texto y nos proporciona un facsímil del manuscrito con transcripción paleográfica [1987]. La edición de Victorio [1981] enmienda libremente las lecciones del manuscrito a fin de lograr un texto isosilábico, proceder que ha sido severamente criticado por Geary [1986]. Pérez Priego, por su parte, basa su versión modernizada [1986] en la edición crítica de Menéndez Pidal (en *Reliquias*, 1951), aunque con algunas enmiendas; su estudio preliminar es una valiosa aportación a la crítica del *Poema*. Un extraordinario descubrimiento textual es el presentado por Hernando Pérez [1986]: una teja (¿de principios del siglo XIV?) con una inscripción de 15 versos del *Poema*: parecen provenir de un manuscrito distinto y métricamente más regular que el actual, lo que hasta cierto punto puede justificar a Victorio. Habría que retrasar la fecha del *Poema*: la tradicional, hacia 1250, es demasiado temprana, aunque la que propuso Lacarra [1979], hacia 1276, parece en exceso tardía. También se encarga Lacarra de relacionar la actitud del *Poema* en todo lo relativo a León y Navarra con la ideología y la política exterior impulsadas por Alfonso X en un etapa avanzada de su reinado. Otros dos trabajos, aparte el estudio preliminar de Pérez Priego [1986], se enfrentan con las técnicas narrativas y con la estructura del *Poema*: el primer aspecto interesa especialmente a Amorós [1978], el segundo, a Garrido Moraga [1987], cuyo opúsculo nos da una visión bastante distinta de la de Keller (1957). La deuda directa o indirecta del *Poema* con la Biblia la estudia, centrándose en los préstamos léxicos, García de la Fuente [1978]; de los préstamos textuales, las alusiones y los arquetipos se ocupa Deyermond [en prensa-*b*]. Chalon [1974-1979] encuadra en su contexto historiográfico correspondiente un episodio clave de la introducción histórica al *Poema*, en tanto que el episodio decisivo de la parte principal, el del azor, es interpretado por Harvey y Hook [1982] sirviéndose de analogías que hasta la fecha no habían sido advertidas, en especial la de la historia del rey godo Rodrigo. Otra curiosa analogía, esta vez iconográfica, del mismo episodio es la que nos presenta Marcos Marín [1986]. Finalmente, Vaquero [1987] estudia y publica otro poema épico sobre la figura de Fernán González, aunque se trata de una pieza épica categóricamente distinta y de un período muy posterior. La comparación con el *Poema de Fernán González* resulta sugerente.

La mayor parte de trabajos relevantes sobre un poema en concreto también se ocupa, obviamente, del *Cantar de Mio Cid*. Lo que empezó siendo la revolución textual de Michael (1976) y Smith (1976) se ha convertido ya en ortodoxia; como consecuencia, la tradicional edición crítica de Menéndez Pidal, con sus extensas enmiendas, tiene ahora un interés principalmente histórico. Jules Horrent [1982], sin embargo, enmienda el manuscrito con más frecuencia que Smith o Michael (aunque mucho menos que Menéndez Pidal), sobre todo para unificar la asonancia dentro de la tirada. Incluye una traducción francesa, y el tomo de notas se divide en dos partes: las de crítica textual y las explicativas y de comentario. Cátedra y Morros [1985] enmiendan ligeramente las lecciones del manuscrito; Lacarra [1983], por su parte, adopta abiertamente el texto de Smith; las dos introducciones resaltan especialmente el aspecto histórico del *Cantar*; Lacarra se ocupa además y muy por extenso de cuestiones estilísticas y estructurales. En el estudio preliminar de su versión actualizada, Marcos Marín [1985], sin desatender estos aspectos, muestra un interés especial por las cuestiones de tipo lingüístico y, en otro terreno, por la vinculación del *Cantar* con Navarra. Ya disponemos de un magnífico facsímil en tetracromía del manuscrito (Escolar Sobrino [1982]), mucho mejor que el publicado en 1961, no por ello menos útil. El segundo tomo incluye una transcripción paleográfica, una versión moderna, una bibliografía de casi 600 entradas y un conjunto de estudios, de entre los que sobresale el de Fradejas Lebrero. Smith [1986*b*] examina los criterios adoptados por los editores más recientes del *Cantar*, en un artículo que trata también de algunas cuestiones problemáticas, como la de las posibles lagunas del principio y del final del texto.

Han aumentando tanto últimamente los estudios sobre el *Cantar*, que el estudiante requiere necesariamente una guía bibliográfica clasificada por temas; eso es precisamente lo que le proporciona, complementada con una visión de conjunto, el libro de López Estrada [1982]. La investigación y la crítica, no obstante, han seguido su lógica evolución tras el *terminus ad quem* de dicha guía. La novedad más importante es probablemente el libro de Smith [1983*b*], cuya singularidad radica en el escepticismo que muestra el autor acerca de la existencia de una tradición épica española anterior a la composición del *Cantar* hacia 1207. Según Smith, un cierto abogado Per Abad, gran conocedor de la poesía épica francesa y de la literatura latina, fue quien compuso el *Cantar* e inauguró la épica española, sirviéndose para ello de sus lecturas y de las *chansons de geste* que había oído, sin descuidar su formación jurídica. Tanto el sistema formulario del *Cantar* como su métrica (y, por consiguiente, los del resto de poemas épicos españoles) son préstamos franceses. Pero el influjo del *Cantar* no se habría limitado a la épica, sino que se habría extendido (Smith [1980*b*]) durante el siglo XIII a otros géneros. La argumentación de Smith en este libro es más segura que la de sus anteriores artículos; por ejemplo, ha dejado de insistir en la hipótesis de que el poeta trabajaba con manuscritos de buen número de *chansons de geste*. También es innegable que con el libro se ha desplazado el centro de gravedad del debate sobre fecha, autoría e influencias; pese a todo, no logra demostrar que la epopeya española empiece con el *Cantar* ni que el ciclo de los condes de Castilla sea una creación del siglo XV. La deuda del *Cantar* para con las *chansons de geste*, apuntada ya por los investigadores del siglo XIX, es cada vez más evidente a la luz de algunos trabajos: Herslund [1974] señala muchas semejanzas en las fórmulas; Gimeno Casalduero [1988 en cap. 1] reconsidera la oración narrativa de doña Ximena; diversos artículos, en fin, sobre otros tantos episodios del *Cantar*, engrosan la lista de los paralelismos, lista que, por otra parte, también se encarga de aumentar el propio Smith. Es necesario, pese a todo, interpretar las semejanzas con cierta cautela, como demuestra Hook [1982] en un artículo en que establece importantes criterios metodológicos.

Semejantes dificultades se nos presentan al tratar de evaluar la presencia del elemento oral en el *Cantar de Mio Cid*. Desde su perspectiva de oralista convencida, reseña Webber [1986c] este y otros notables escollos. Téngase en cuenta, como veíamos arriba, que se ha desplazado el centro de interés de los estudios: el porcentaje de fórmulas no parece ser ya el aspecto más importante. Si nos referimos a los estudios que se ocupan específicamente del *Cantar*, hemos de señalar que resultó decisivo el de Miletich [1981], que no sólo lo compara con la épica oral yugoslava del siglo XX, sino también con la épica servocroata del siglo XIX, compuesta por autores cultos que se reconocen deudores de la tradición oral. El uso de la repetición en estos textos de transición se parece mucho al del *Cantar*, a la vez que se aleja lo suficiente del de la poesía estrictamente oral. En cambio, ya no es lícito sostener —como Deyermond (1973)— que el estilo y la estructura del *Cantar* tengan una complejidad y madurez impensables en la épica de composición oral, pues Miletich [1986] demuestra que dichas cualidades están presentes en un poema épico oral de la Servia del siglo XIX. Un tercer artículo de Miletich [1986-1987] pone en tela de juicio ciertas conclusiones de Smith sirviéndose de algunos cotejos con otros tantos tipos de literatura popular; concluye sugiriendo que la lengua gótica pudo haber sobrevivido en España mucho más tiempo de lo que comúnmente se supone; tal hipótesis cimentaría la explicación del anisosilabismo de la épica española: sería el resultado de la evolución de la métrica acentual germánica. Para Miletich, el *Cantar*, aun siendo obra de un poeta culto, está más cerca de la tradición popular que de la épica enteramente culta. A semejante conclusión llega Orduna [1985]: el *Cantar* sería una refundición por escrito de algunas tradiciones orales relacionadas con el Cid. El papel que desempeñan los motivos folklóricos y las tradiciones épicas es mucho más importante de lo que parece a primera vista si tenemos en cuenta la particular manera en que el poeta los utiliza (Deyermond [1982]).

No se debe desatender, por lo tanto, el elemento oral y tradicional del *Cantar*, pero tampoco se deben pasar por alto los claros indicios de formación ni los intereses cultos del poeta. Su afición por el monasterio de San Pedro de Cardeña y por las leyendas que allí se fomentaron y recopilaron a mí me parece evidente; este interés puede ser interpretado de diversas maneras. Smith [1980-1981] sugiere que la tentativa de la orden cluniacense, respaldada por los Beni-Gómez, de apoderarse de Cardeña puede explicar la elección de los Infantes de Carrión para el papel de traidores y enemigos del héroe. Tal hipótesis difiere de la de Lacarra [1980], que apunta que el factor clave fue la enemistad entre los Castro, descendientes de los Beni-Gómez, y los Lara, descendientes del Cid, a principios del siglo XIII, siendo éstos leales a Castilla y aquéllos no. La interpretación ha sido duramente impugnada por Rico [1985], p. 207, n. 18. Cabe la posibilidad, con todo, de que los factores apuntados por Smith y Lacarra se sostuvieran mutuamente. En otro estudio, Smith [1985] ofrece buenas razones para suponer cierta relación entre el manuscrito existente del *Cantar* y Cardeña, y también, aunque con menor seguridad, entre el monasterio y la composición del poema. Lacarra [1977] opina, por el contrario, que no hay que relacionar al Cid ni a su poeta con Cardeña, lo que no obsta para que las leyendas cidianas del monasterio influyeran en la composición del *Cantar*. También ha sido centro de innumerables discusiones el *explicit* del manuscrito, que menciona a Per Abad: Magnotta [1986] clasifica y resume la polémica. Sería injusto, por otra parte, que lo dicho diese la impresión de que ha sido aceptada unánimemente la revisión a fondo de las hipótesis de Menéndez Pidal sobre autor, fecha, etc. De hecho, Lapesa [1980, 1982] sigue apostando por ella, contraataca contundentemente y, en efecto, descubre varios puntos débiles en los argumentos de sus adversarios; pese a todo, la mayor parte de dicha argumentación sigue en pie.

La investigación de los últimos años ha puesto de relieve el léxico y los conceptos jurídicos que afloran en el *Cantar*. En efecto, la formación jurídica del poeta, señalada en su día por Russell (1952) y Smith (1977*a*), ha sido ratificada con pormenores en los trabajos de Hook [1980*a*, 1980*b*], mediante el examen de muchos documentos de la época; en el de Lacarra [1980], pp. 1-102, relativo a los principios jurídicos que subyacen a la acción y a la ideología del *Cantar*; y en los de Pavlović y Walker [1982, 1983, 1986], que rastrean en el texto los principios del derecho romano. Smith [1983*b*] confirma su hipótesis al respecto con datos adicionales. Es preciso subrayar que las presuposiciones del poeta —prueba aun más convincente que su léxico (cf. Dutton [1986])— también reflejan cierta formación jurídica; véanse, por ejemplo, las palabras de doña Sol (v. 2.733) o la significativa elección de un litigio civil para el desenlace del poema. El estudio de este aspecto también puede sernos útil para la interpretación del texto: Guardiola [1982-1983] nos recuerda que las leyes y costumbres de la hospitalidad exigen del rey una recepción análoga a la ofrecida al Cid en Cardeña.

La prosificación del *Cantar* en la *Crónica de veinte reyes* (título poco apropiado, dado que el texto no abarca tantos reinados) tiene mucho interés por su fidelidad, en relación con la de otras versiones cronísticas, al texto poético conservado. Todavía no tenemos una edición completa de la *Crónica*, por más que dos están a punto de publicarse al cuidado de Brian Powell y de Joaquín Rubio Tovar. Powell [1983], por un lado, incluye en el apéndice, transcripción de la parte cidiana de uno de los manuscritos; Dyer [1979-1980], por otro, anuncia su edición crítica de esta misma parte. Es curioso notar que Dyer y Powell, de formación muy distinta, coincidan en afirmar que las divergencias entre el *Cantar* y la *Crónica* no se deben a que los cronistas hayan utilizado una redacción poética nueva, sino a la peculiar técnica de cada uno. Sus estudios confirman y amplían las conclusiones de Diego Catalán (1963). Lo que no significa, sin embargo, que esta crónica u otras no pudieran ser utilizadas nunca para suplir las lagunas del texto poético: Armistead [1983-1984] defiende la hipótesis de que la *Crónica de Castilla* prosifica los versos que precedían al primer verso actual; Powell [1988], por su parte, atribuye los versos prosificados a otro poema.

Contamos con varios nuevos estudios generales sobre las características literarias del *Cantar*. Fradejas Lebrero [1982] se ocupa de los motivos de la honra, el dinero y la Reconquista, así como de los influjos estructurales y temáticos del folklore y de la Biblia. Retoma de este modo los problemas tratados en dos opúsculos que bajo el título de *Estudios épicos* publicó en 1962-1963: trabajos innovadores que por imperdonable descuido no se mencionaron en el tomo original de la *HCLE*. Gimeno Casalduero (1988), pp. 149-171, trata de la composición y significado del *Cantar*. Montaner Frutos [1987], que actualmente prepara una edición del *Cantar* exhaustivamente anotada, se centra en la interpretación mítica, en concreto en los paralelismos entre el Cid poético y el mito de Hércules; para ello, se sirve de las técnicas de Vladimir Propp y del estructuralismo literario. El trabajo de Montaner (un libro, de hecho, aunque por razones de tipo económico publicado en forma de larguísimo artículo) hubiera sido notable en cualquier circunstancia, pero lo realmente extraordinario es que lo redactó, y ganó un premio internacional, en 1981, antes de ingresar en la Universidad. Si hubiera necesidad de comprobar lo dicho en el primer capítulo de este Suplemento acerca de las nuevas generaciones de investigadores españoles, el trabajo de Montaner sería una prueba definitiva. Por otro lado, F. Rico [1990] avisa contra el peligro de confundir nuestra noción de la historia con la del siglo XII y, en esa línea, entiende al Cid del *Cantar* como *más* realista que la imagen que de él debía de tener la mayoría de los coetáneos del autor: «la originalidad *poética* del *Cantar* es haber pensado un Cid menos 'poético'» que los héroes habituales de la tradición épica.

Determinados episodios del *Cantar* se estudian en otros tantos buenos artículos. Hook [1979] analiza la primera tirada sirviéndose de pasajes paralelos de dos *chansons de geste*, con lo que consigue, por añadidura, realzar los logros artísticos del poeta castellano. Salvador Miguel [1979] defiende de manera convincente la intención cómica del episodio de los prestamistas, de quienes prueba su identidad judía. En otro artículo [1983], confirma su interpretación a la luz de nuevas analogías; la contraria interpretación de Garci-Gómez [1983] no hace mella en sus argumentos. Hilty [1978] estudia la toma de Alcocer. Por otra parte, el episodio del conde de Barcelona es contemplado desde dos perspectivas: la de West [1981] y la de Gornall [1987]. West, al comparar la caracterización del conde con la de los franceses en la literatura hispanolatina del siglo XII y con la de los héroes de las *chansons de geste*, concluye que la comicidad y el sentimiento antifrancés son los móviles del pasaje. Gornall analiza los casos de doble narración en el *Cantar* y llega a la conclusión de que se trata de una técnica narrativa, no de una mera y libre repetición. Hook [1976] señala en el episodio del león tres grados de humanidad, tres actitudes: el heroísmo plenamente humano de la *mesnada*, que contrasta tanto con la infrahumana cobardía de los Infantes de Carrión como con las cualidades sobrehumanas del Cid. Gargano [1986] comprueba que dos actitudes éticas divergentes mueven a Pero Vermúdez cuando sirve al Cid como alférez: la obediencia feudal y la osadía propia del guerrero; mientras que para Fox [1983] este mismo personaje tipifica al rebelde leal, análogo al Cid. En lo relativo a la afrenta de Corpes, Hodcroft [1985], tras el estudio de algunos documentos contemporáneos, concluye que la misteriosa «Elpha» es probablemente un nombre de mujer. Nepaulsingh [1983] encuadra la afrenta en el contexto genérico de las historias de mártires. Michael [1983] analiza el estilo y la estructura de algunas escenas finales del *Cantar*, en concreto, el episodio de los duelos.

Pellen nos proporciona los fundamentos de un análisis estilístico en dos series de artículos: en la primera [1977-1978], cataloga la frecuencia y el reparto de palabras en los tres cantares; en la segunda [1980-1983], enumera y calcula las palabras que concurren en uno de ellos. Una aproximación más especulativa, lo que no implica necesariamente que tenga menos valor, es la de Smith [1984-1985], donde trata de intuir cuál debía ser el tono apropiado del juglar en la representación de tres episodios en concreto. De cinco se sirve Montgomery [1987] para demostrar cómo las oposiciones estilísticas, parte fundamental del estilo del *Cantar*, contribuyen a dotar de identidad a un grupo, en este caso al formado por los infanzones castellanos y sus partidarios. A pesar de que el *Cantar* es parco en símiles y metáforas, los objetos dotados de valor simbólico, por ejemplo, las puertas y los mantos (Deyermond y Hook [1979]), son bastantes numerosos y ciertamente relevantes. Sin embargo, más que sobre las imágenes, han proliferado los estudios sobre los recursos sonoros. Adams [1980] desarrolla las tesis de Edmund de Chasca (1972), relativas a las asonancias internas del *Cantar* y a sus repeticiones consecutivas o alternantes de palabras, y prueba en varios casos su valor artístico; con todo, no acaba de admitir que en la mayoría de los casos la asonancia interna sea un recurso consciente del poeta. Webber [1983], en cambio, a partir del cotejo de cien versos del *Cantar* (1.085-1.184) con el fragmento del *Roncesvalles*, concluye que sí se trata de un recurso artístico premeditado, típico y abundante, de la épica española. La propia Webber [1986a] se encarga de analizar otro recurso artístico, el de la aliteración consonántica. La interdependencia de asonancia, léxico y contenido se revela en el artículo de Montgomery [1986-1987b]:

a veces, es la asonancia el factor decisivo; otras, uno de los restantes. La función de la asonancia hay que asociarla, evidentemente, con la de la serie o tirada. Disponemos ahora de un trabajo (Johnston [1983-1984]) que intenta explicar el papel estructural de las tiradas: es posible que sea demasiado ambicioso, pero no deja de tener ideas interesantes. Como las tiene el de Orduna [1987], que analiza las tiradas 15-16 y 143-144 para ilustrar las complejas relaciones que median entre el ritmo, la asonancia y la tirada en la métrica y estructuración del relato. Un análisis de la métrica, que coincide en parte con el de Orduna, es el de Pellen [1985-1986], quien plantea como alternativa al supuesto anisosilabismo del *Cantar* un modelo rítmico de dos acentos en cada hemistiquio. Se reafirma al encontrar el mismo diseño en el *Roncesvalles* y exige que se reconsideren las tesis sobre la evolución de la métrica medieval española. Las páginas (24-31) que dedica Nepaulsingh [1983] al *Cantar* apuntan una relación entre la estructura de una serie de tiradas y la del rosario o la del salterio; como ocurre con tantas otras ideas del libro de Nepaulsingh, ésta, al resumirla, parece exagerada, pero resulta más persuasiva cuando se lee por extenso. Las denominadas estructuras de «inversión» (situación desfavorable que se vuelve favorable) las examina Molho [1981] y las relaciona con algunas cuestiones sociopolíticas.

La crítica ideológica y social, que tiene su relevancia en el artículo de Molho, es fundamental en el libro de Lacarra [1980]; no se trata de una crítica marxista radical, sino inteligente y matizada. Demuestra cómo el poeta transforma la realidad histórica conforme a los condicionantes de su época y a la ideología de la clase dominante de principios del siglo XIII: el *Cantar* refleja el triunfo del derecho público sobre la venganza privada y el de la baja nobleza, de acuerdo con el rey y la burguesía, sobre el egoísmo destructor de los *ricos omnes*. A conclusiones semejantes, aunque deducidas de análisis de un matiz distinto, llega Caso González [1979]. Para Catalán [1985], en cambio, el *Cantar* muestra la situación política de hacia mediados del siglo XII, con la reconciliación de Alfonso VII y el nieto navarro del Cid. F. Rico [1982] apunta que el *Linaje del Cid* (anterior a 1194) que circulaba en ambientes de juristas y universitarios, y que parece repetir hasta versos enteros del *Cantar*, difiere de éste diametralmente en cuanto a la genealogía y encumbramiento del héroe. El feudalismo del *Cantar* nos lo describen Gargano [1980] y Barbero [1984]. Por el contrario, el nuevo planteamiento de Harney [1987] le lleva a negar que el poeta piense en las clases sociales y su movilidad: según él, el triunfo del Cid es individual, el propio de un «bandido generoso»; prueba de ello, insiste, es que el poema termina con la reafirmación conservadora de los estamentos sociales existentes. Los trabajos mencionados se refieren a la sociedad cristiana de Castilla y León, pero hay que contar también con el papel de los moros y de los prestamistas Rachel y Vidas. Bender [1980] nos enseña cómo la actitud para con los moros cambia después de la conquista de Valencia: la situación ha variado y no se trata ya de una convivencia de reinos. Garci-Gómez

sostiene de manera convincente que los prestamistas no son judíos, sino, probablemente, franceses; también señala que no hay ni el menor indicio de prejuicios raciales en el *Cantar*. Una nueva e importante aproximación es la de
Duggan [1981 y 1989]: en el artículo, que es un anticipo de su libro, ve en el
episodio de las cortes una clara referencia a la tradición que nos presenta a
un Cid ilegítimo, hijo de Diego Laínez y de una molinera; si realmente fuese
así, habría que dar mucha mayor relevancia al triunfo del Cid. En el libro,
Duggan subraya la importancia del dinero en el *Cantar*, visto como un medio
para adquirir el poder político: ora se sirve del modelo antropológico de la
«economía de regalos», ora analiza la relación entre riqueza, honra y legitimación en la familia del Cid.

La tradición literaria del Cid no se circunscribe únicamente al *Cantar*: el
estudio de otras obras y leyendas nos ayuda a veces a comprenderlo mejor.
Smith [1982] analiza la formación y naturaleza de las leyendas cidianas en torno
a Cardeña; demuestra [1976] que la representación del Cid en dichas leyendas
es en parte deudora de la tradición biográfica de Carlomagno; y agrega [1980a],
en fin, un nuevo documento cidiano a su informe sobre la difusión del culto
al héroe. West [1983] vuelve a examinar el tradicional motivo de la envidia de
Alfonso VI hacia el Cid, y concluye afirmando que tal tradición arranca de
los prejuicios contra el rey Alfonso presentes en la *Historia Roderici* y en el
Carmen Campidoctoris. Wright [1979] data el citado *Carmen* hacia 1093 y sostiene que se compuso para el público monástico de Ripoll, además de afirmar
que no cabe encuadrarlo en la épica, sino que se pueden rastrear en él varios
géneros. Smith, en cambio, hace hincapié en la falta de datos contemporáneos y más bien se inclina a hacerlo depender de la *Historia Roderici*. Rico
[1985] demuestra que algunos versos del *Poema del Almería* (h. 1184) derivan
de la *Eneida* y que tanto las concordancias como las divergencias respecto a
esa fuente se explican con toda precisión en tanto modeladas por la imagen
de Álvar Fañez distintiva del *Cantar del Cid*, y deduce, por otro lado, que
la canción sobre Çorraquín Sancho, de 1158, confirma la existencia de una
versión española de la *Chanson de Roland*.

Una edición asequible de las *Mocedades de Rodrigo*, con extenso prólogo
y abundantes notas, se debe a Victorio [1982]; la hipótesis de que el poeta es
zamorano, y no palentino, es la principal novedad de la introducción. Necesitamos, con todo, y así lo ratifica Funes [1987], una nueva edición crítica, que
él mismo está llevando a término. Gornall [1985-1986] examina la relación,
bastante compleja, entre la representación del héroe en las *Mocedades* y la
de la leyenda anterior del Cid como señor de Valencia. La evolución del texto
se estudia con esmero en tres artículos de dos investigadores norteamericanos, que a su vez corrigen algunas suposiciones erróneas de Deyermond (1969).
Webber [1980] y Montgomery [1984-1985] demuestran que buen número de
versos aparentemente amétricos se deben al poeta, no al dictado de un juglar.
Montgomery [1982-1983] detecta indicios que prueban la existencia de distin-

tos estratos poéticos que pueden revelarnos alguna cosa sobre la formación del texto. No es necesario, sin embargo, aceptar la conclusión de Webber, que apunta que las *Mocedades*, en el texto que nos ha llegado, no se recitaban, sino que se destinaban únicamente a la lectura.

El libro de Jacques Horrent [1979] sobre las mocedades de Carlomagno incluye 70 páginas sobre las versiones castellanas. Llega, por otra parte, a la conclusión de que hubo sólo un *Maynete*, el cual, prosificado, se incorporó a la *Estoria de España*. A Riquer [1983] se debe una nueva edición anotada del *Roncesvalles*. La asombrosa hipótesis de Ian Michael, según la cual con el *Roncesvalles*, compuesto a principios del siglo XIII, se inauguró la épica vernácula en España, nos fue revelada en el II Congreso de la AHLM. Para que pueda proseguir el debate, esperamos con impaciencia su publicación.

También se han investigado últimamente otras dos posibles tradiciones épicas: Pattison [1982] llega a la conclusión de que no hubo ningún poema épico sobre los hijos de Sancho el Mayor; Reilly [1985], por el contrario, acepta la posibilidad de que existiera un poema sobre Alfonso VI, el cual sería la fuente del *De rebus Hispaniae* de Rodrigo Ximénez de Rada.

La crítica literaria de los poemas épicos, sobre todo la del *Cantar de Mio Cid*, ha experimentado considerables avances; no obstante, aún queda bastante por hacer. En cambio, los estudios sociohistóricos e ideológicos se han desarrollado con tanta rapidez, que ya estamos a punto de tener una visión completa de ese aspecto del *Cantar*. Pese a todo, también hay algunas polémicas que están bastante lejos de resolverse: la cronología de la épica, la cuestión métrica (como consecuencia de los recientes trabajos sobre el verso acentual), las relaciones entre los poemas y las crónicas; también sería preciso determinar las respectivas funciones de la oralidad y de la cultura escrita en los textos existentes. En este último caso, es probable que los hallazgos de Miletich sean finalmente considerados como decisivos.

BIBLIOGRAFÍA

Acutis, Cesare, *La leggenda della Contessa traditrice,* Rosa, Turín, 1985.

Adams, Kenneth, «Further Aspects of Sound-Patterning in the *Poema de Mio Cid*», *HR*, XLVIII (1980), pp. 449-467.

Alvar, Manuel, y Carlos Alvar, eds., *Épica española medieval,* Editora Nacional (BLPH, XLIX), Madrid, 1981.

Amorós, Andrés, «El *Poema de Fernán González* como relato», en *Estudios Alarcos Llorach* (1978), II, pp. 311-335.

Armistead, Samuel G., «The Initial Verses of the *Cantar de Mio Cid*», *C*, XII (1983-1984), pp. 178-186.

—, «From Epic to Chronicle: An Individualist Appraisal», *RPh*, XL (1986-1987), pp. 338-359.

Barbero, Alessandro, «Lignaggio, famiglia ed *entourage* signorile nel *Cantar de Mio Cid», Annali della Scuola Normale Superiore di Pisa, Classe di Lettere e Filosofia,* XIV (1984), pp. 95-117.

Bender, Karl-Heinz, «Die christlich-maurischen Beziehungen im *Cantar de Mio Cid», IR,* n.s., XI (1980), pp. 1-30.

Bluestine, Carolyn, «The Power of Blood in the *Siete infantes de Lara», HR,* L (1982), pp. 201-217.

—, «Foreshadows of the *Doppelgänger* in the *Siete infantes de Lara* and the *Romanz del infant García», RPh,* XXXVIII (1984-1985), pp. 463-474.

—, «Traitors, Vows and Temptresses in the Medieval Spanish Epic», *RQ,* XXXIII (1986), pp. 53-61.

Capdeboscq, Anne-Marie, «La trame juridique de la légende des Infants de Lara: incidents des noces et de Barbadillo», *CLHM,* IX (1984), pp. 189-205.

Caso González, José Miguel, «El *Cantar del Cid,* literatura comprometida», en *Estudios Orozco Díaz* (1979), I, pp. 251-267.

—, «La *Primera crónica general* y sus fuentes épicas», en *III Jornadas de Estudios Berceanos* (1981), pp. 33-56.

—, «La fuente del episodio de Covadonga en la *Crónica rotense»,* en *Studia Riquer* (1986), I, pp. 273-287.

Catalán, Diego, «El *Mio Cid*: nueva lectura de su intencionalidad política», en *Symbola Ludovico Mitxelena septuagenario oblata,* II, Univ. del País Vasco, Vitoria, 1985, pp. 807-819.

Cátedra, Pedro M., y Bienvenido Carlos Morros, eds., *Poema de Mio Cid,* Planeta (Clásicos Universales, C), Barcelona, 1985.

Chalon, Louis, «La historicidad de la leyenda de la condesa traidora», *JHP,* II (1977-1978), pp. 153-163.

— ,«L'effondrement de l'Espagne visigothique et l'invasion musulmane selon le *Poema de Fernán González», AEM,* IX (1974-1979), pp. 353-363.

Darbord, Bernard, «Étude du langage de l'épopée castillane: vers une définition de la métonymie», *CLHM,* IV (1979), pp. 137-171.

Deyermond, Alan, «The Close of the *Cantar de Mio Cid*: Epic Tradition and Individual Variation», en *Essays Ross* (1982), pp. 11-18.

—, *El «Cantar de Mio Cid» y la épica medieval española,* Sirmio (Biblioteca General, II), Barcelona, 1987.

—, «La sexualidad en la épica medieval española», *NRFH* (en prensa).

—, «Uses of the Bible in the *Poema de Fernán González», Studies in Honour of L. P. Harvey* (en prensa).

—, y David Hook, «Doors and Cloaks: Two Image-Patterns in the *Cantar de Mio Cid»,* *MLN,* XCIV (1979), pp. 366-377.

Duggan, Joseph J., «Legitimation and the Hero's Exemplary Function in the *Cantar de Mio Cid* and the *Chanson de Roland»,* en *Oral Traditional Literature: A Festschrift for Albert Bates Lord,* ed. John Miles Foley, Slavica Publishers, Columbus, Ohio, 1981, pp. 217-234.

—, «The Manuscript Corpus of the Medieval Romance Epic», en *Essays Ross* (1982), pp. 29-42.

—, «Medieval Epic and Popular Historiography: Appropriation of Historical Knowledge in the Vernacular Epic», en *GRLMA,* I, 1, i (1986), pp. 285-311.

—, «Social Functions of the Medieval Epic in the Romance Literatures», *OT*, I (1986), pp. 728-766.

—, *The «Cantar de Mio Cid»: Poetic Creation in its Economic and Social Contexts,* University Press, Cambridge, 1989.

Dutton, Brian, «Las fórmulas juglarescas: una nueva interpretación», en *La juglaresca* (1986), pp. 139-149.

Dyer, Nancy Joe, «*Crónica de veinte reyes,* Use of the Cid Epic: Perspectives, Method, and Rationale», *RPh*, XXXIII (1979-1980), pp. 534-544.

Escolar Sobrino, Hipólito, ed., *Poema de Mio Cid,* Ayuntamiento, Burgos, 1982, 2 vols.

Foley, John Miles, «Man, Muse, and Story: Psychohistorical Patterns in Oral Epic Poetry», *OT*, II (1987), pp. 91-107.

Fox, Dian, «Pero Vermúez and the Politics of the Cid's Exile», *MLR*, LXXVIII (1983), pp. 319-327.

Fradejas Lebrero, José, «Intento de comprensión del *Poema de Mio Cid*», en Escolar Sobrino [1982], II, pp. 245-289.

Funes, Leonardo, «Gesta, refundición, crónica: deslindes textuales en las *Mocedades de Rodrigo* (razones para una nueva edición crítica)», *Inc,* VII (1987), pp. 69-94.

García de la Fuente, Olegario, «Estudio del léxico bíblico del *Poema de Fernán González», Analecta Malacitana,* I (1978), pp. 5-68.

García Montoro, Adrián, *El león y el azor: simbolismo y estructura trifuncional en la épica medieval española,* Ediciones Erre, Madrid, 1972.

Garci-Gómez, Miguel, *El Burgos de Mio Cid: temas socioeconómicos y escolásticos, con revisión del antisemitismo,* Diputación Provincial, Burgos, 1983.

Gargano, Antonio, «L'universo sociale della Castiglia nella prima parte del *Cantar de Mio Cid*», *MR*, VII (1980), pp. 201-246.

—, «Tra diffetto ed eccesso di prodezza: a proposito dell'episodio di Pero Vermúdez nel *Poema de Mio Cid*», en *Studia Riquer* (1986), I, pp. 311-337.

Garrido Moraga, Antonio Manuel, *La estructura del «Poema de Fernán González»,* Cattedra di Letteratura Ispano-Americana, Univ. degli Studi di Milano (Quaderni della Ricerca, IV), Milán; Bulzoni, Roma, 1987.

Geary, John S., *Formulaic Diction in the «Poema de Fernán González» and the «Mocedades de Rodrigo»: A Computer-Aided Analysis,* Studia Humanitatis, Potomac, Maryland, 1980.

—, «The Fernán González Epic: In Search of a Definitive Text», *Ol*, X, 3 (otoño de 1983-verano de 1984 [1986]), pp. 18-131.

—, ed., *«Historia del conde Fernán González»: A Facsimile and Paleographic Edition,* HSMS (SS, XXXV), Madison, 1987.

Gerli, E. Michael, «Individualism and the Castilian Epic: A Survey, Sinthesis, and Bibliography» *Ol,* IX, 3-4 (primavera-verano de 1982 [1986]), pp. 129-150.

Gornall, John, «'Plus ça change...': Rodrigo's *Mocedades* and the Earlier Legend», *C*, XIV (1985-1986), pp. 23-35.

—, «How Many Times was the Count of Barcelona offered his Freedom? Double Narration in the *Poema de Mio Cid*», *MAe*, LXVI (1987), pp. 65-77.

Guardiola, Conrado, «La *hospitalitas* en la salida del Cid hacia el destierro», *C*, XI (1982-1983), pp. 265-272.

Harney, Michael, «Class Conflict and Primitive Rebellion in the *Poema de Mio Cid*», *Ol*, XII (1987), pp. 171-219.

Harvey, L. P., y David Hook, «The Affair of the Horse and Hawk in the *Poema de Fernán González*», *MLR,* LXXVII (1982), pp. 181-206.

Hernando Pérez, José, «Nuevos datos para el estudio del *Poema de Fernán González*», *BRAE,* LXVI (1986), pp. 135-152.

Herslund, Michael, «Le *Cantar de Mio Cid* et la chanson de geste», *Revue Romane,* IX (1974), pp. 69-121.

Hilty, Gerold, «El Cid en Alcocer», en *Orbis medievalis: mélanges de langue et de littérature médiévale offerts à Reto Rudolf Bezzola à l'occasion de son quatrevingtième anniversaire,* ed. Georges Güntert *et al.,* Francke, Berna, 1978, pp. 173-185.

Hodcroft, F. W., «'Elpha': nombre enigmático del *Cantar de Mio Cid*», *Archivo de Filología Aragonesa,* XXXIV-XXXV (¿1985?), pp. 39-63.

Hook, David, «Some Observations upon the Episode of the Cid's Lion», *MLR,* LXXI (1976), pp. 553-564.

—, «The Opening Laisse of the *Poema de Mio Cid*», *RLC,* LIII (1979), pp. 490-501.

—, «On Certain Correspondences between the *Poema de Mio Cid* and Contemporary Legal Instruments», *IR,* n.s., XI (1980), pp. 31-53.

—, «The Legal Basis of Cid's Agreement with Abbot Sancho», *R,* CI (1980), pp. 517-526.

—, «The *Poema de Mio Cid* and the Old French Epic: Some Reflections», en *Essays Ross* (1982), pp. 107-118.

Horrent, Jacques, *Les Versions françaises et étrangères des Enfances de Charlemagne,* Académie Royale de Belgique, Bruselas, 1979.

Horrent, Jules, ed., *Cantar de Mio Cid / Chanson de Mon Cid,* 2 tomos, Story-Scientia (Ktēmāta, VI), Gante, 1982.

Johnston, Robert M., «The Function of *Laisse* Divisions in the *Poema de Mio Cid*», *JHP,* VIII (1983-1984), pp. 185-208.

Lacarra, María Eugenia, «El *Poema de Mio Cid* y el monasterio de San Pedro de Cardeña», en *Homenaje a don José María Lacarra de Miguel en su jubilación del profesorado,* II, Universidad de Zaragoza, 1977, pp. 89-94.

—, «El significado histórico del *Poema de Fernán González*», *SI* (1979), pp. 9-41.

—, *El «Poema de Mio Cid»: realidad histórica e ideología,* Porrúa Turanzas, Madrid, 1980.

—, «Consecuencias ideológicas de algunas de las teorías en torno a la épica peninsular», en *Actas VII AIH* (1982), II, pp. 657-666.

—, ed., *Poema de Mio Cid,* Taurus (Temas de España, CXXVII), Madrid, 1983.

Lapesa, Rafael, «Sobre el *Cantar de Mio Cid:* crítica de críticas: cuestiones lingüísticas», en *Études Horrent* (1980), pp. 213-231; reimpr. en sus *Estudios de historia lingüística española,* Paraninfo, Madrid, 1985, pp. 11-31.

—, «Sobre el *Cantar de Mio Cid:* crítica de críticas: cuestiones históricas», en *Essays Pierce* (1982), pp. 55-66; reimpr. en sus *Estudios* (1985), pp. 32-42.

Limentani, Alberto, y Marco Infurna, eds., *L'epica,* Il Mulino (Strumenti di Filologia Romanza, III), Bolonia, 1986.

López Estrada, Francisco, *Panorama crítico sobre el «Poema del Cid»,* Castalia (Literatura y Sociedad, XXX), Madrid, 1982.

Lord, Albert B., «Perspectives on recent Work on the Oral Traditional Formula», *OT,* I (1986), pp. 467-503.

Magnotta, Michael, «Sobre el explicit del *Cantar de Mio Cid*», *Ol,* X, 1-2 (otoño de 1982-primavera de 1983 [1986]), pp. 50-70.

Marcos Marín, Francisco, ed., *Cantar de Mio Cid,* Alhambra (CM, IV), Madrid, 1985.

—, «Tejidos árabes e independencia de Castilla», *BHS,* LXIII (1986), pp. 355-361.

Meneghetti, Maria Luisa, «*Chansons de geste* e *cantares de gesta:* i due aspetti del linguaggio epico», *MR,* IX (1984), pp. 321-340. Versión abreviada: «Topología y tropología: para un análisis semiótico y estilístico de la épica castellana», en *Crítica semiológica* (1986), pp. 23-33.

Menéndez Pidal, Ramón, *Reliquias de la poesía épica española, acompañadas de «Epopeya y romancero», I,* ed. Diego Catalán, CSMP y Gredos (Reliquias de la Épica Hispánica, I), Madrid, 1980.

Michael, Ian, «Tres duelos en el *Poema de Mio Cid*», *CT,* IV (1983), pp. 85-104.

Miletich, John S., «The Quest for the 'Formula': A Comparative Reappraisal», *MP,* LXXIV (1976-1977), pp. 111-123.

—, «Repetition and Aesthetic Function in the *Poema de Mio Cid* and South-Slavic Oral Literary Epic», *BHS,* LVIII (1981), pp. 189-196.

—, «Oral Aesthetics and Written Aesthetics: The South Slavic Case and the *Poema de Mio Cid*», en *Hispanic Studies Deyermond* (1986), pp. 183-204.

—, «Folk Literature, Related Forms, and the Making of the *Poema de Mio Cid*», *C,* XV (1986-1987), pp. 186-196.

Molho, Maurice, «Inversión y engaste de inversión: notas sobre la estructura del *Cantar de Mio Cid*», en *Organizaciones textuales (textos hispánicos): Actas del III Simposio del Séminaire d'Études Littéraires de l'Université de Toulouse-Le Mirail (Toulouse, mayo de 1980),* Univ. de Toulouse-Le Mirail (Travaux de l'Univ., XVI), Toulouse; Univ. Complutense y UNED, Madrid, 1981, pp. 193-208.

Montaner Frutos, Alberto, «El Cid: mito y símbolo», *Boletín del Museo e Instituto Camón Aznar,* XXVII (1987), pp. 121-340.

Montgomery, Thomas, «Some Singular Passages in the *Mocedades de Rodrigo*», *JHP,* VII (1982-1983), pp. 121-134.

—, «The Lengthened Lines of the *Mocedades de Rodrigo*», *RPh,* XXXVIII (1984-1985), pp. 1-14.

—, «The Uses of Writing in the Spanish Epic», *C,* XV (1986-1987), pp. 179-185.

—, «Assonance, Word, and Thought in the *Poema del Cid*», *JHP,* XI (1986-1987), pp. 5-22.

—, «The Rhetoric of Solidarity in the *Poema del Cid*», *MLN,* CII (1987), pp. 191-205.

Nathan, Alan, «The Clergy as Characters in the Medieval Spanish Epic», *IR,* n.s., XX (1984), pp. 21-41.

Nepaulsingh, Colbert I., «The Afrenta de Corpes and the Martyrological Tradition», *HR,* LI (1983), pp. 205-221.

Orduna, Germán, «El texto del *Poema de Mio Cid* ante el proceso de la tradicionalidad oral y escrita», *Letras, 14,* Buenos Aires, (diciembre de 1985), pp. 57-66.

—, «Función expresiva de la tirada y de la estructura fónico-rítmica del verso en la creación del *Poema de Mio Cid*», *Inc,* VII (1987), pp. 7-34.

Pattison, D. G., «The Legend of the Sons of Sancho el Mayor», *MAe,* LI (1982), pp. 35-54.

—, *From Legende to chronicle: the Treatment of Epic Material in Alphonsine Historiography,* Society for Study of Mediaeval Language and Literature (*Mae* Monographs, n.s., XIII), Oxford, 1983.

Pavlović, Milija N., y Roger M. Walker, «Money, Marriage and the Law in the *Poema de Mio Cid*», *MAe,* LI (1982), pp. 197-212.

—, «Roman Forensic Procedure in the Cort Scene in the *Poema de Mio Cid*», *BHS*, LX (1983), pp. 95-107.

—, «The Implications of Pero Vermúez's Challenge to Ferrando Gonçález in the *Poema de Mio Cid*», *IR*, n.s., XXIV (1986), pp. 1-15.

Pellen, René, «*Poema de Mio Cid:* vocabulaire réduit (vocables avec leur fréquence globale et leur fréquence par chant): caractères statistiques généraux de ce vocabulaire; contribution de l'informatique à la connaissance du lexique espagnol médiéval», *CLHM*, II (1977), pp. 171-251; III (1978), pp. 155-267.

—, «*Cantares de Mio Cid:* vocabulaires exclusifs (thématique et diachromie)», *CLHM*, V (1980), pp. 249-287; VI (1981), pp. 219-317; VII (1982), pp. 83-133; VIII (1983), pp. 5-155.

—, «Le modèle du vers épique espagnol, à partir de la formule cidienne 'El que en buen hora...': exploitation des concordances pour l'analyse des structures textuelles», *CLHM*, X (1985), pp. 5-37; XI (1986), pp. 5-132.

Pérez Priego, Miguel Ángel, ed., *Poema de Fernán González,* Alhambra (CM, VII), Madrid, 1986.

Powell, Brian, *Epic and Chronicle: The «Poema de Mio Cid» and the «Crónica de veinte reyes»,* MHRA (Texts and Dissertations, XVIII), Londres, 1983.

—, «The Opening Lines of the *Poema de Mio Cid* and the *Crónica de Castilla*», *MLR*, LXXXIII (1988), pp. 342-350.

Ratcliffe, Marjorie, «Women and Marriage in the Medieval Spanish Epic», *Journal of the Rocky Mountain Medieval and Renaissance Association,* VIII (1987), pp. 1-14.

Reilly, Bernard F., «Rodrigo Giménez de Rada's Portrait of Alfonso VI of León-Castile in the *De rebus Hispaniae:* Historical Methodology in the Thirteenth Century», en *Estudios Sánchez Albornoz* (1985), III, pp. 87-97.

Rico, Francisco, «Parentela del Cid», en su libro *Primera cuarentena,* El Festín de Esopo, Barcelona, 1982, pp. 21-24.

—, «Del *Cantar del Cid* a la *Eneida:* tradiciones épicas en torno al *Poema de Almería*», *BRAE*, LXV (1985), pp. 197-211.

—, «La poesía de la historia», en su libro *Breve biblioteca de autores españoles,* Seix Barral, Barcelona, 1990, pp. 15-28.

Riquer, Martín de, ed. y trad., «*Chanson de Roland*», «*Cantar de Roldán*» y el «*Roncesvalles*» navarro, El Festín de Esopo (Biblioteca Filológica, I), Barcelona, 1983.

Salvador Miguel, Nicasio, «Reflexiones sobre el episodio de Rachel y Vidas en el *Cantar de Mio Cid*» *RFE,* LIX (1977 [1979]), pp. 183-224.

—, «Unas glosas más al episodio de Rachel y Vidas en el *Cantar de Mio Cid*», en *Serta Lázaro Carreter* (1983), II, pp. 493-498.

Smith, Colin, «The Cid as Charlemagne in the *Leyenda de Cardeña*», *R*, XCVII (1976), pp. 509-531.

—, «The Diffusion of the Cid Cult: A Survey and a Little-Known Document», *Journal of Medieval History,* VI (1980), pp. 37-60.

—, «Sobre la difusión del *Poema de Mio Cid*», en *Études Horrent* (1980), pp. 417-427.

—, «The Choice of the Infantes de Carrión as Villains in the *Poema de Mio Cid*», *JHP*, IV (1980-1981), pp. 105-118.

—, «Leyendas de Cardeña», *BRAH,* CLXXIX (1982), pp. 485-523.

—, «Epics and Chronicles: A Reply to Armistead», *HR*, LI (1983), pp. 409-428.

—, *The Making of the «Poema de Mio Cid»,* Univ. Press, Cambridge, 1983; traducción castellana, *La creación del «Poema de Mio Cid»,* Crítica, Barcelona, 1985.

—, «Tone of Voice in the *Poema de Mio Cid*», *JHP*, IX (1984-1985), pp. 3-19.

—, «¿Se escribió en Cardeña el *Poema de Mio Cid*?», en *Homenaje Galmés de Fuentes* (1985), II, pp. 463-473.

—, «The Dating and Relationship of the *Historia Roderici* and the *Carmen Campi Doctoris*», *Ol,* IX (1982 [1986]), pp. 99-112.

—, «On Editing the *Poema de Mio Cid*», *IR*, n.s., XXIII (1986), pp. 3-19.

Valladares Reguero, Aurelio, *La Biblia en la épica medieval española,* el autor (impr. Reprografía N. Politécnica), Úbeda, 1984.

Vaquero, Mercedes, ed., Gonzalo de Arredondo, *Vida rimada de Fernán González,* Univ. of Exeter (EHT, XLIV), Exeter, 1987.

—, *Tradiciones orales en la historiografía de fines de la Edad Media,* HSMS, Madison (en prensa).

Victorio, Juan, ed., *Poema de Fernán González,* Cátedra (LH, CLI), Madrid, 1981.

—, ed., *Mocedades de Rodrigo,* Espasa-Calpe (CCs, CCXXVI), Madrid, 1982.

Webber, Ruth House, «Formulaic Language in the *Mocedades de Rodrigo*», *HR*, XLVIII (1980), pp. 195-221.

—, «The Euphony of the *Cantar de Mio Cid*», en *Florilegium Clarke* (1983), pp. 45-60.

—, «Aliteración consonántica en el *Cantar de Mio Cid*», en *Philologica Alvar* (1986), III, pp. 573-583.

—, «Hispanic Oral Literature: Accomplishments and Perspectives», *OT,* I (1986), pp. 344-380.

—, «The *Cantar de Mio Cid:* Problems of Interpretation», en *Oral Tradition in Literature: Interpretation in Context,* ed. John Miles Foley, Univ. of Missouri Press, Columbia, 1986, pp. 65-88.

—, «Towards the Morphology of the Romance Epic», en *Romance Epic: Essays on a Medieval Literary Genre,* Medieval Institute, Western Michigan Univ. (Studies in Medieval Culture, XXIV), Kalamazoo, 1987, pp. 1-9.

West, Geoffrey, «A Proposed Literary Context for the Count of Barcelona Episode of the *Cantar de Mio Cid*», *BHS*, LVIII (1981), pp. 1-12.

—, «Medieval Historiography Misconstrued: The Exile of the Cid, Rodrigo Díaz, and the Supposed *Invidia* of Alfonso VI», *MAe,* LII (1983), pp. 286-299.

Wright, Roger, «The First Poem on the Cid: The *Carmen Campi Doctoris*», en *Papers of the Liverpool Latin Seminar,* II, Francia Cairns (Arca, III), Liverpool, 1979, pp. 213-248.

Maria Luisa Meneghetti

CHANSONS DE GESTE Y CANTARES DE GESTA: LA SINGULARIDAD DE LA ÉPICA ESPAÑOLA

En un ensayo de 1939, dedicado a la actividad artística en Santo Domingo de Silos entre finales del siglo XI y principios del XII, el historiador de arte Meyer Schapiro destacaba un hecho en extremo interesante. Es sabido que, en el segundo tercio del siglo XI, el panorama artístico de España cambia con el paso brusco del estilo local, el mozárabe, al románico, importado de Francia. Precisamente en Silos, en los primeros años del siglo XII, es decir, el pleno florecimiento del románico, se llevaron a término dos grandes empresas: las esculturas de las galerías Este y Norte del claustro inferior y el manuscrito miniado con el comentario del Beato de Liébana al Apocalipsis, que se encuentra en la actualidad en el Museo Británico (MS Additional 11695). Sin embargo, mientras que las esculturas son de estilo románico, todas las miniaturas, salvo un par de excepciones más bien marginales, retoman el desusado estilo mozárabe.

La explicación que da Schapiro de esta recuperación conservadora trasciende el terreno propiamente artístico: los miniaturistas de Silos no habrían vuelto al estilo de sus padres, a las imágenes esquemáticas y abstractas del estilo autóctono por una elección de tipo estético; habrían vuelto, más bien, por un afán de polemizar con la hegemonía no sólo cultural, sino también político-económica, que Francia, especialmente la Francia del Sur, ejercía en aquel momento en tierras ibéricas. El rechazo del románico sería, en definitiva, el reflejo de la intolerancia condicionada por la presencia masiva de mercaderes y artesanos, de frailes cluniacenses y de caballeros feudales, procedentes todos ellos del otro lado de los Pirineos, en los reinos cristianos de España.

Maria Luisa Meneghetti, «*Chansons de geste* e *cantares de gesta*: i due aspetti del linguaggio epico», *Medioevo romanzo,* IX (1984), pp. 321-340 (321, 324-326, 328-331, 333-335, 338, 340).

Motivaciones análogas a las que Schapiro ha puesto en evidencia podrían explicarnos probablemente el acusado espíritu antifrancés que, como muchos han señalado, caracteriza gran parte de la épica española. Este espíritu antifrancés no sólo se vislumbra en detalles menores (como por ejemplo en la atribución de un nacimiento transpirenaico a la «condesa traidora», esposa infiel y asesina del conde Garci Fernández), sino que también determina de forma sustancial la andadura de textos enteros. Así sucede con la *Peregrinación del rey Luis de Francia*, de la que se pueden hallar vestigios indirectos pero evidentes en el *Chronicon mundi* (1236), de don Lucas de Tuy, que retoma el tema central del *Pèlerinage Charlemagne* y lo vuelve caricatura grotesca de las expediciones pías de nobles franceses por el camino de Santiago, y, aun en mayor medida, con la leyenda de Bernardo del Carpio, que aparece como el cabecilla de una revuelta «nacional» de cristianos y musulmanes de España, unidos contra los «invasores» franceses. [...]

A principios del siglo XII, la recuperación del estilo mozárabe se convierte en la bandera de la oposición de amplios sectores de la sociedad española, no tanto al hecho concreto de la invasión francesa, sino, más bien, al nuevo sistema de relaciones originadas por esta invasión: un sistema de relaciones fundado en una imagen del mundo mucho más laica que la mozárabe, en la diferenciación de los roles sociales y en la centralización del poder (el poder político, con la expansión de los nuevos reinos cristianos en detrimento de la autonomía feudal, y el religioso, con la imposición de la reforma cluniacense y de la observancia de la liturgia romana en la vieja Iglesia visigótica). [...]

Mi hipótesis es que la épica española nació de un afán de polemizar con la cultura francesa; fue recuperando y adaptando poco a poco, conforme evolucionaba la realidad histórica, un modelo cultural tradicional, deudor en gran medida del mozárabe. La *mutation brusque* que impulsa el florecimiento de una literatura de características tan acusadamente autónomas puede hacerse coincidir con el paso del siglo XI al XII.

Sabemos con certeza que antes de esta fecha la materia épica francesa se había difundido en la península ibérica siguiendo probablemente las mismas vías y fases por las que se había introducido el arte románico; la celebérrima *Nota emilianense*, compuesta con seguridad antes de 1078, nos da una versión de las gestas del emperador Carlomagno en España, y en especial del episodio de Roncesvalles, totalmente fiel a la vulgata francesa: el largo e inútil intento de que Zaragoza se rindiera y la aceptación posterior de los tributos (*munera*, en el texto de San Millán) de los sarracenos; el nombramiento de Roldán al frente de la retaguardia y el traicionero asalto de los moros al «portum de Sicera»; y por último, la muerte heroica de Roldán, «belligerator fortis».

Sin embargo, unos treinta años más tarde, y coincidiendo la recuperación del estilo morázabe con el manuscrito del comentario del Beato, el autor de la *Historia silense* es testigo —¿o artífice?— de un cambio total de opinión sobre la conducta de Carlomagno y de sus paladines. Los franceses, ávidos del oro sarraceno y únicamente capaces de destruir las fuerzas de los pueblos amigos, como en el caso de Pamplona, sufrieron en los Pirineos el merecido castigo por su indigno comportamiento a manos de los navarros.

A partir de este momento, la literatura ibérica sentirá muy poco la fascinación de la *chanson de geste*. La única huella medieval en español de la temática carolingia original es el fragmento del cantar de *Roncesvalles*. Con todo, es preciso destacar que se trata de un texto procedente de Navarra, región que, como es sabido, se mantuvo política y culturalmente muy próxima a Francia durante toda su historia como reino independiente.

En cambio, la épica propiamente española aparece, incluso en sus testimonios más antiguos e indirectos, caracterizada por una temática original —lo que significa a veces, no siempre, explícitamente antifrancesa— y por una visión del mundo bastante distinta de la de la *chanson de geste*. Lo más importante es que el rechazo de las «historias extranjeras» no lleva sólo a buscar en los anales del propio patrimonio asuntos dignos de convertirse en narraciones épicas, sino sobre todo a estructurar estas narraciones a partir de un modelo cultural autóctono e independiente. [La peculiaridad de la épica española, así, no residiría, o no únicamente, en su pretendida mayor «historicidad» respecto a la francesa.] Una vez puesto en marcha, este mecanismo de selección y de estructuración del material sigue vigente, incluso cuando ya se ha perdido la conciencia del primitivo impulso ideológico que lo había activado: así nace una nueva forma literaria con características originales.

Apenas tres o cuatro décadas después de la composición de *Historia silense,* otra obra historiográfica latina, pero de tono ya nacional, la *Crónica najerense*, atestigua la existencia y la avanzada madurez de buena parte de aquellos temas y episodios de asunto autóctono que más tarde se encontrarán, aglutinados o insertos en una estructura diegética acabada, en las narraciones del siglo siguiente: la *Muerte del último conde de Castilla (Infant García),* la *Prisión de Fernán González en Cirueña,* la *Condesa traidora,* el *Rey Sancho, el de Zamora,* los *Jueces de Castilla,* etc.

[En mi opinión, dos rasgos enlazan en especial la imagen del mundo mozárabe con la de los posteriores cantares.] El primer rasgo consiste en una concepción sintagmática de la existencia humana según la cual todos los acontecimientos son contemplados como íntimamente ligados unos a otros, en tanto que «manifestación histórica del orden divino», y todos sus protagonistas considerados actores de un único drama.

No es por azar que prácticamente todo el *corpus* épico español puede incluirse, y se ha incluido de hecho, en el *continuum* de las narraciones historiográficas. Aquella radical diferencia de planteamiento entre la *chanson de geste,* por un lado, y la literatura cronística (y la novela), por el otro, puesta en evidencia por Paul Zumthor (1972) no se da en el ámbito ibérico: a la paradigmática ejemplaridad de las diversas vicisitudes de los héroes franceses, España contrapone una sola historia, la historia de su dinastía, o mejor, la historia de las historias entretejidas de sus dinastías. Aunque esta unidad se fragmenta en múltiples episodios, pone en escena a uno u otro personaje, no se pierde nunca el sentido del proyecto global, de la idea de que todo forma parte de un plano orgánico que se va ejecutando de forma continuada.

A este respecto, son significativos dos pasajes situados emblemáticamente, uno al principio de las vicisitudes de Fernán González en el *Poema* homónimo y el otro al final del *Cantar de Mio Cid.* [Al leer la copla 165 del *Poema*] se tiene la impresión de que Nuño Rasura y Laín Calvo apenas si existen por sí solos, sino que, más bien, adquieren significado por su descendencia futura. El primero por Alfonso VI, el glorioso «Adelfonsus imperator in Toleto, Legione, Gallecia et Castella», el segundo por Ruy Díaz, el héroe más célebre de Castilla. El famosísimo pasaje del *Cantar de Mio Cid* que sigue a la noticia del matrimonio de las dos hijas de Ruy Díaz con los infantes de Navarra y Aragón proyecta después, en una dimensión en la que se subrayan lo dinástico y lo nacional, la figura de su protagonista: «Veed qual ondra creçe al que en buen ora naçió, / quando señoras son sus fijas de Navarra e de Aragón. / Oy los reyes d'España sos parientes son, / a todos alcança ondra por el que en buena naçió» (vv. 3722-3725).

La certeza de que todos los acontecimientos épicos tienen que estar «fatalmente» encadenados unos a otros conduce a la adopción de procedimientos típicamente intertextuales; así, se multiplican las apariciones de los diversos actores de tales acontecimientos y también sus vínculos recíprocos. A Álvar Fáñez, sobrino del Cid y su brazo derecho en el *Cantar*, probablemente por la celebridad que había alcanzado y en contra de la verosimilitud histórica, se le adjudica el papel de embajador del rey Sancho cerca de su hermano García en la versión del cerco de Zamora narrada en la *Primera Crónica General*.

[Sin embargo, las estructuras metonímicas por excelencia las encontramos en las relaciones familiares.] Muchos cantares narran historias de alianzas, rivalidades, enfrentamientos en ocasiones mortales generados por las pasiones que germinan en el seno de un linaje. Piénsese en los *Infantes de Lara*, en la historia del conde Garci Fernández, pero sobre todo en el *Cerco de Zamora*. La lucha de cuatro príncipes por el poder se convierte en esta gesta, que aflora de la prosa de la *Crónica General* y de la *Crónica particular del Cid,* en el enfrentamiento entre las personalidades opuestas y los sentimientos encontrados de cuatro hermanos. Sancho, el primogénito, con su irreductible voluntad de afirmación; Alfonso, tampoco dispuesto a ceder su privilegiada posición alcanzada oscuramente y unido a su hermana Urraca por un complejo sentimiento afectivo; ésta, implacable hasta el homicidio para defender la causa del hermano predilecto; Garcia, por último, débil y a la vez obstinadamente dedicado a hacer pagar a los otros su inferioridad.

El proceso de transformación del material histórico, o histórico-legendario, es aquí exactamente opuesto al usual en la épica francesa, que tiende, por el contrario, a sublimar todas las relaciones interpersonales (en especial, las familiares) en el esquema fuertemente simbólico de la relación señor-vasallo. Así, en el *Girart de Roussillon*, una rivalidad personal —y en realidad familiar (de hecho, se dice que el rey Carlos se había casado con la prometida de Girart, quien tuvo que conformarse con la hermana de ésta)— se transforma en un feroz conflicto feudal. De igual modo, en la historia de *Gormont et Isembart*, el que Isembart sea sobrino de Loois, rey de Francia, y que reciba de éste un trato poco favorable, pasa a segundo plano respecto a la rebelión y traición del joven vasallo hacia su legítimo soberano. En la *Chanson de Roland,* como es sabido, se lleva esta tendencia al extremo, pues se oculta completamente la auténtica naturaleza del vínculo entre Carlomagno y Roland. El hijo fruto de la relación incestuosa del emperador con su hermana Gisela se transforma en el paladín defensor de la *douce France*, destinado a compensar con un acto de heroísmo de gran relevancia social la privada culpa por la que fue engendrado.

[Hablemos ahora del otro rasgo que caracteriza al modelo de los cantares que puede derivar de la imagen del mundo mozárabe: la «apertura espacial».] Si se comparan el modelo épico francés y el español a la luz de sus respectivas concepciones topológicas, se constatará la gran diferencia que hay entre ellos. El primer modelo se caracteriza por la idea de que el mundo es un espacio dividido rígidamente entre el «lugar» en el que viven y actúan aquellos que se identifican con la cultura francesa y el «lugar» en el que viven los demás pueblos. [En efecto, en la épica francesa el mundo está dividido en un espacio «interno», la *douce France*, cristiana, racional, y un espacio «externo», la *terre paienor*, caótica, poblada por seres monstruosos y temibles. En cambio, el mundo de la épica española es un lugar unitario, perfectamente delimitado como península ibérica.

En este mundo,] el héroe épico puede moverse sin problemas puesto que las distancias prácticamente se han anulado. Un ejemplo típico de esta concepción «abierta» del espacio es la leyenda del sepulcro del rey Rodrigo: según lo que cuentan el *Liber regum*, Rodrigo Jiménez de Rada (más conocido por los estudiosos como el Toledano) y el *Fuero general de Navarra*, la tumba del último rey godo, que desapareció misteriosamente durante la batalla librada cerca de Medina-Sidonia, habría sido descubierta en el norte de Portugal, en Viseu, es decir, en un lugar bastante lejano de donde se produjo la confrontación armada. El proceso de reducción sistemática de las distancias reales —opuesto al de la épica francesa, en que las distancias siempre tienden a ampliarse— se encuentra también en el *Poema de Fernán González*: cuando el héroe es liberado de la prisión por la infanta Sancha y huye con ella a Castilla, el poeta insiste en destacar que esta región «muy cerca era» (c. 665). [Esta imagen literaria del mundo épico español coincide con la visión de España que tenían sus habitantes en la Edad Media.

De esta manera, al no oponerse un mundo «interno» a otro «externo», en la épica española no existe una valoración negativa del enemigo, «los otros», ni de su «lugar».] El muy clerical *Poema de Fernán González* revela, bajo la pátina de fervor religioso, una actitud mucho más «racional» que la de los autores de las *chansons de geste*: se combate a los moros no tanto como enemigos de la fe, sino más bien porque su presencia obstaculiza el proyecto de unificación de Castilla. En este sentido es significativo que, en el *Poema*, se utilice el mismo término *premia* ('opresión') para designar tanto la ocupación mora de cualquier tierra de España (c. 222c) como el vasallaje histórico impuesto por el reino de León al de Castilla (cc. 575d y 613c), vasallaje del que esta intenta liberarse. A mi parecer, análogo punto de vista refleja la opinión del Tudense, quien afirma que la gran capacidad militar del padre de Fernán González, Gonzalo Núñez, se basa en las «multa bella» que este habría librado en el «regno Legionensium et Saracenis». [...]

Así como en las miniaturas del manuscrito silense del Beato cada grupo de figuras —sean ángeles o bestias apocalípticas—, por más que se adapte a las constantes temáticas, tiene un único orden inherente al momento espiritual representado, en los cantares de gesta la heráldica contraposición de moros y cristianos representa la esencia misma de un mundo que se pretende gobernado por una providencial *discordia concors*.

Diego Catalán

ECONOMÍA Y POLÍTICA EN EL *CANTAR DE MIO CID*

El género en que el autor del *Mio Cid* concibe su poema permitía (aunque no obligaba a ello) elegir un personaje heroico y hacer girar alrededor de su figura modélica el relato. Pero la fábula tenía que ser una construcción dramática, no una serie inconexa de hechos notables enlazados por un hilo biográfico. El drama debía tener como nudo un conflicto de honor, resuelto mediante el proceso depurador de la venganza. El poeta del *Mio Cid* acepta el esquema, pero lo subvierte para que el género pueda ponerse al servicio de unos principios de organización social y éticos nuevos. [...] Sorprendentemente, el poeta del *Mio Cid* devuelve el héroe a la realidad cotidiana, intenta aproximarlo a los oyentes, presentándolo como un arquetipo, sí, pero como un arquetipo humano. «Mio Cid», 'mi señor', es presentado como el modelo del *padre*: para su mujer e hijas, para sus sobrinos, para sus vasallos, para los allegadizos que acuden a recibir su sombra, para los moros amigos... El nudo del drama será un conflicto que precisamente hace poner en duda ese modelo que se ha presentado: los yernos que inicialmente proporciona el Cid a sus hijas son indignos, y se divorcian de ellas después de maltratarlas. Junto a una nueva definición del héroe, una profunda alteración de los dos viejos conceptos que mueven la acción épica: el honor y la venganza. El honor se adquiere con

Diego Catalán, «El *Mio Cid*: nueva lectura de su intencionalidad política», en *Symbola Ludovico Mitxelena septuagenario oblata*, II, Univ. del País Vasco, Vitoria, 1985, pp. 807-819 (807, 809-814, 816-819).

las manos (no por venir de condes con la más limpia sangre, ni por tener «gran parte» en la corte regia), la venganza se obtiene por derecho y en juicio (no matando al ofensor).[1]

1. [María Eugenia Lacarra [1980], pp. 96-102, concluye que en el *Mio Cid* «los grupos sociales son clases jurídicas, y la armonía social está basada en el cumplimiento de la ley... El autor, al insistir en el reparto equitativo del botín, subraya la justicia de las disposiciones legales que lo regulan y la del Cid que las acata, y también el beneficio económico que su cumplimiento produce en todos los interesados. El autor plantea un conflicto fundamental entre el derecho privado y el derecho público; ataca el primero y propone su sustitución por el segundo. Se condena la *ira regia* porque esta institución carece de un proceso legal que permita al acusado defenderse de las imputaciones de que es objeto, por lo cual es un procedimiento jurídico arbitrario. La solución positiva que tiene la *ira regia* en el *Poema* no se debe a la justicia de la institución, sino a la circunstancia *casual* de que tanto el rey que impone el castigo como el héroe que lo sufre, son personas excepcionales... Como afirma Luis G. de Valdeavellano, los decretos leoneses de 1188 [que denunciaban la iniquidad de la *ira regia*] no supusieron una limitación del poder real impuesta por la nobleza, sino una limitación a los abusos de ésta. Quienes se beneficiaron fueron los nobles de segunda categoría y los hombres libres, que eran quienes sufrían normalmente los atropellos de los ricos hombres... Frente a la arbitrariedad de esta institución, el *Poema* propone las instituciones de la *Corte* y el *riepto* como las únicas garantías de justicia. Contra la ausencia de procedimiento legal característico de la *ira regia*, la *Corte* y el *riepto* presuponen un complejo proceso jurídico. En ambas instituciones las partes litigantes presentan públicamente el pleito y pueden requerir en su apoyo pruebas y testigos. En la *Corte*, presidida por el rey, los jueces o *alcaldes* del litigio dictan sentencia. El fallo se basa en el derecho, lo que requiere el conocimiento de la ley por parte de los jueces. Además, tienen a su disposición letrados profesionales —que el autor del *Poema* llama *sabidores*—, a quienes recurrir en caso de necesidad. En el *riepto* se presenta el pleito, se oyen las partes y entonces el rey designa los combatientes. La lid se lleva a cabo siguiendo las reglas previstas por la ley. El combate es público y lo preside el rey, quien es asesorado por los fieles de campo. La confrontación fundamental entre el derecho privado y el derecho público es patente en el desarrollo de las Cortes de Toledo... Los esfuerzos de las autoridades municipales por regular y controlar la *venganza de sangre* empiezan a manifestarse en la segunda mitad del siglo XII y son especialmente patentes en el *Fuero de Cuenca* de 1189-1190. El poder real también inicia el proceso de control y limitación de la *venganza de sangre* entre los nobles, manifestada en sus luchas privadas, a partir del *Ordenamiento de Nájera* de 1138... La nueva concepción del derecho como *aequitas, iustitia, ius*, y el acrecentamiento del poder judicial público proviene de la nueva idea de justicia inherente al derecho romano. Su progresiva influencia se advierte en los códigos cristianos peninsulares. Parte de este concepto es la unicidad del derecho, su universalidad, que se manifiesta también en la progresiva uniformidad jurídica a nivel municipal... En las Cortes de Toledo, según el *Poema*, triunfa el derecho público sobre el privado al ser desestimados los argumentos propuestos por el bando de los infantes de Carrión. Se propugna el concepto romano del derecho como vehículo de justicia. El rey constantemente reitera la equivalencia entre derecho y justicia, así como la posición objetiva de la ley».]

Todo lector del *Mio Cid* con conocimiento de los héroes y de las fábulas de la epopeya medieval ha reconocido como la más notable entre las innovaciones del poema, el hecho de haber elevado a virtud heroica la moderación y la humanidad. El Cid poético posee, como piedra angular de todas sus demás virtudes varoniles, la «mesura». [...] Pero la crítica ha pasado por alto la asombrosa contradicción existente, entre esta esencial moderación del héroe y de su poeta, y la violencia con que en el *Mio Cid* se asalta la memoria de un conjunto de personajes históricos que, en su tiempo, brillaron en el reino con extraordinario esplendor [y cuyos descendientes aún tenían «part en la cort» y constituían el estamento social más poderoso en la época del *Cantar*]: el «grand bando» de ricos hombres cortesanos a quienes el poeta atribuye un comportamiento vil incluye a los muy poderosos ricos-hombres de Tierra de Campos «de natura... de los de Vanigómez (onde salíen condes de prez e de valor)», como el conde Pedro Ansúrez, señor de Valladolid, el gran consejero de Alfonso VI, a quien la hija y sucesora de este rey, la reina doña Urraca, trataba de «padre», o su hermano el también conde Gonzalo Ansúrez, con sus tres orgullosos hijos, Asur, Diego y Fernán González (los infantes de Carrión), o el conde Gómez Peláez, y junto a ellos a otros no menos destacados ricos hombres castellanos, como el conde García Ordóñez, señor de La Rioja y de un amplio territorio hasta el alto Duero, brazo derecho de Alfonso VI y ayo de su hijo don Sancho, o el cuñado de este conde. Álvar Díaz, señor de Oca, y otros parientes de estos condes castellanos a quien no se da nombre. El poeta, dispuesto a destruir la imagen de estos grandes personajes, se comporta como el más redomado libelista político que podamos imaginar, achacándoles crímenes que la documentación histórica nos obliga a rechazar como imposibles y abrumándoles con sentencias condenatorias que nunca padecieron. [...]

La disimulada pasión política con que el poeta deforma la historia a su arbitrio debe ponerse en relación con un reproche que suele hacérsele en virtud de consideraciones estrictamente literarias: el haber abandonado la norma épica que exigía conceder a los traidores grandeza heroica, trágica, y haberlos empequeñecido hasta convertirlos en figuras cómicas. Creo, sin embargo, que la reproducción de los modelos tradicionales de la épica habría impedido al cantor del Cid realizar su propósito de descalificar a un estamento «político» socialmente muy prestigiado. Para ofrecer un modelo sustituto de organización social,

tenía que contrastar sistemáticamente la «virtud» del Cid y los suyos,
con la falta de fundamento moral de los ricos-hombres «de natura ...
de los condes más linpios», orgullosos de sus apellidos, solares y títulos. Pero su arma más eficaz de lucha respecto a tan poderoso grupo
fue el ridículo. Diego y Fernando escondiéndose del león; Asur González entrando en la corte «manto armiño, e un brial rrastrando, / ver-
mejo viene, ca era almorzado»; el conde García Ordóñez de cuya barba «non y ovo rrapaz que non messó su pulgada» pierden, gracias a
ello, cara al público, el prestigio de que suelen gozar las altas figuras
cortesanas. [...] Por otra parte, la extensión al conde de Barcelona del
ridículo proyectado sobre los condes y ricos-hombres del «bando» de
Carrión nos muestra que la enemiga del poeta hacia los estamentos
nobiliarios que se sentían más orgullosos de su alta alcurnia puede no
ser debida, únicamente, a fobias banderizas dentro del reino castellano-
leonés y tener un trasfondo social.

    Pero para poder sustanciar esta sospecha es preciso que nos deten-
gamos a reconsiderar otra observación sobre el poema que todo lector
«ingenuo» del *Mio Cid* suele hacer: la sorprendente importancia concedida en una narración «heroica» al dinero (y otras riquezas muebles).

    Desde el comienzo mismo de la acción, el «aver monedado», que
el rey (y los judíos) sospechan ha retenido el Cid al ir a cobrar por
orden del rey las «parias» o tributo que deben los moros, se sitúa en
el centro de interés del relato. Nosotros sabemos que la acusación es
injusta, que el Cid parte al destierro pobre y que sus primeras hazañas
militares como «salido» de la tierra tienen un doble objetivo; en primer lugar, obtener ganancia con que pagar a los de su hueste («Todos
sodes pegados e ninguno por pagar») y por otra parte enviar dineros
para que vivan su mujer e hija mientras él se halla expatriado («Lo
que rromançiere, daldo a mi mugier e a mis fijas»), pues el Cid no
necesita del consejo de un Sancho para saber que en el mundo se vive
con dinero. Pero su actividad crece, y al verse obligado a enfrentarse
en lides campales a los moros y al conde de Barcelona, la riqueza ga-
nada —caballos, sillas, frenos, espadas, guarniciones— no sólo sirven
para pagar, tanto a los que le sirven como a los que se le van allegan-
do («Prendiendo de vos e de otros yr nos hemos pagando, / abremos
esta vida mientras plogiere al Padre Santo como qu[i] yra a de rrey
e de tierra es echado»), sino para negociar con el rey, cuya benevolen-
cia irá comprando poco a poco a fuerza de obsequiarle con el quinto
de lo que en cada batalla a él le correspondía como ganancia. [...]

En contraste con el dinero y objetos preciados que han hecho ricos al «salido» de la tierra y a sus vasallos, el poder de la vieja y orgullosa nobleza cortesana tiene una muy distinta base económica: el solar, las tierras y villas poseídas en heredad.

Cuando los infantes de Carrión deciden abandonar Valencia, llevándose a sus mujeres, ofrecen al Cid: «Levar las hemos a nuestras tierras de Carrión, / meter las hemos en las villas que les diemos por arras e por onores»; y el propio Cid se hace entonces eco del contraste entre las dos economías, diciendo: «vos les diestes villas por arras en tierras de Carrión, / hyo quiero les dar axuvar tres mill marcos de [valor]» (y con los 3.000 marcos, mulas, palafrenes, caballos, vestidos y espadas).

De ahí que, llegado el momento del juicio en las cortes de Toledo, el contraste entre la base monetaria y mueble de la riqueza del Cid y la territorial inmueble de sus ex-yernos sea puesto nuevamente de manifiesto y de una forma muy agresiva. A la demanda hecha por el Cid («¡Den me mis averes, quando myos yernos non son!»), Fernando, uno de los infantes, se ve precisado a contestar confesando una falta de liquidez: «Averes monedados non tenemos nos», por lo que el conde don Ramón, que actúa de juez, exige que paguen «en apreçiadura» (mulas, palafrenes, espadas, guarniciones). Pero los orgullosos ricos-hombres no tienen riquezas suficientes de donde echar mano. Por ello, «enprestan les de lo ageno, que non les cumple lo so», y hasta piensan, por un momento, como única salida, que «pagar le hemos de heredades en tierras de Carrión».

La tensión, que el poema de *Mio Cid* pone tan claramente de manifiesto, entre dos «clases» (¿por qué no llamarlas así?) bien diferenciadas, no sólo social sino económicamente, creo que se explica teniendo presentes las transformaciones sufridas por la España cristiana como consecuencia del colapso de la política imperialista de Alfonso VI en al-Andalus. [En efecto, la interrupción del flujo de «dinero» desde al-Andalus, la escasez de «aver monedado», creó las condiciones básicas para la explosión político-social que se produjo en la España cristiana después de la muerte de Alfonso VI, con la revolución de los «pardos», rústicos y burgueses urbanos (comerciantes y menestrales), a los que suma todo un estamento de *milites* que bien podemos identificar con la baja nobleza o infanzones, con los «caballeros ciudadanos» y «caballeros villanos» carentes de tierras o solares propios.]

El desprecio del poeta por los ricos-hombres de solares conocidos, con propiedades en la Tierra de Campos y en La Rioja, cargados de «onores» pero faltos de «aver monedado», poderosos en la corte y en el interior de Castilla y León, pero ajenos a las exigencias de una vida de acción en la frontera y opuestos a un sistema de derecho, parece responder al punto de vista de los caballeros ciudadanos o caballeros villanos de la Extremadura soriana y segoviana y a sus aliados «ruanos», que aspiraban a introducir un nuevo orden económico y un nuevo sistema de derecho que facilitasen y no impidiesen la redistribución del poder entre los varios estamentos sociales.

El estudio de las luchas que conmueven el imperio toledano durante el segundo decenio del siglo XII, aparte de poner de manifiesto la hostilidad social hacia la nobleza terrateniente de los caballeros de las ciudades y villas, que creemos subsiste en el *Mio Cid*, nos explica, de paso, por qué en el Burgos del poema, mientras los «burgeses e burgesas» se asoman a las ventanas exclamando al paso del Cid «¡Dios qué buen vassallo, si oviesse buen señor!» y un típico «caballero ciudadano», Martín Antolínez «el burgalés de pro», le provee de pan y vino, los judíos Rachel y Vidas dan muestras de su miserable condición al creer que el Cid es capaz de robar y al tratar de sacar ventaja personal de ello. Los contrapuestos intereses de los burgueses y de los judíos de Burgos se habían manifestado claramente al tiempo de la guerra social, pues mientras los burgueses se alzaban en armas contra doña Urraca buscando el amparo aragonés, los judíos del castillo daban acogida a la reina para que pusiera fin al movimiento de los burgueses.

NICASIO SALVADOR MIGUEL

RACHEL Y VIDAS

El ardid de las arcas de arena, en las que se hace suponer la existencia de un tesoro oculto, guarda relación con un motivo folklórico de vieja raigambre: el engaño a prestamistas o banqueros mediante el

Nicasio Salvador Miguel, «Reflexiones sobre el episodio de Rachel y Vidas en el *Cantar de Mio Cid*», *Revista de Filología Española,* LIX (1977), pp. 183-224 (183-188, 190-191, 193-199, 202-209, 211, 213-217, 220); se publicó también, con escasísimas variantes, en *VIII Congreso de la Société Rencesvals*, Pamplona, Institución Príncipe de Viana, 1981, pp. 431-449.

uso de falsos artículos con los que se procura obtener crédito. Probablemente, la versión más antigua corresponde a Heródoto, quien, en su *Historia*, narra cómo el persa Oretes logró engañar a Polícrates de Samos despertando su codicia mediante la estratagema de ocho cofres repletos de piedras y recubiertos de oro [...] En la literatura hispánica peninsular, es Pedro Alonso, en su *Disciplina clericalis*, el primero que acoge el motivo mediante un cuento, de origen árabe, en el que relata la historia de un peregrino a la Meca que, incitando la avaricia de un viejo deudor, consigue resarcirse del pago de una deuda al simular que contenían riquezas diez cofres colmados de piedras.

[De la recreación de ese motivo popular resulta, en el *Cantar de Mio Cid* un episodio impregnado de vida.] El *Cantar* ofrece una sabia caracterización de los personajes, que se dan a conocer no mediante un diseño indirecto, sino a través de sus propias acciones y palabras, con lo que contribuyen al ritmo dramático del pasaje; ha impreso a la narración ligereza y rapidez, apoyadas en los cambios de escenario y en la reiteración del pretérito imperfecto; se ha servido de un sencillo modo expresivo sin renunciar, de vez en cuando, a alguna gala retórica como la intensificación (vv. 97 y 99) o la lítote (v. 108); y, puesto que de un tema tradicional parte, ha echado mano también de varios motivos folklóricos: la actuación conjunta de dos personajes como máximo o la preeminencia del número tres.

[Un examen del pasaje exige volver de nuevo a consideraciones sobre los nombres, ambientación y contexto en general.] Es evidente, y así se ha señalado en alguna ocasión, que en el *Cantar de Mio Cid*, no se designa específicamente como judíos a Rachel y Vidas.

Casi todos los críticos, no obstante, los han tenido por tales, pese a que, si algunos ni siquiera han ofrecido un solo argumento en favor de tal consideración, los más han deducido, al parecer, el presunto judaísmo de sus nombres, como si estos constituyesen irrefregables señas de identidad en que fundamentar semejante aserto. [...] La verdad, sin embargo, es que esos nombres no constituyen razón suficiente para catalogar como judíos a los personajes. El de Vidas, verbigracia, aparece asimismo documentado entre cristianos y moros, mientras que el de Rachel plantea otros problemas muy diversos.

[Cantera fue el primero en plantear la hipótesis de que la pareja era «un matrimonio hebreo a quienes el pariente del Cid sorprende en su domicilio conyugal»; sin embargo, parece más plausible] afirmar que Rachel y Vidas representan dos nombres masculinos. No obstante, al no quedar testimonio del primero como nombre de varón, cabe suponer una deformación introducida por el copista que, no entendiendo el texto que tenía delante, cambió lo que leía (acaso ya una grafía deformada *Rahuel*) por la denominación más aproximada que le sonaba. Los nombres de Rachel y Vidas, en fin, nada nos dicen sobre el presunto judaísmo de los personajes, pues, si el primero es suspecto de irregularidad gráfica, la documentación del segundo, aplicado a personas de las tres castas, es evidente. Pese a ello, en el pasaje aparecen datos suficientes para asegurar tal judaísmo. [...]

El texto ofrece una perfecta ambientación local, dentro de la cual la morada de Rachel y Vidas se nos presenta en una situación precisa y exacta, ya que Martín Antolínez, cuando el Cid le pide ponerse en contacto con los mercaderes, corre a buscarlos sin tardanza a la zona del castillo: «passó por Burgos, al castiello entrava» (v. 98). Ahora bien, allí, como cualquier burgalés de la época sabía, habitaba un grupo específico de personas: los judíos. [...] Nada más lógico y sencillo, por tanto, para un burgalés coetáneo, que determinar la casta a que pertenecían Rachel y Vidas sin necesidad de mayores precisiones, ya que mencionar el «castiello» equivalía a nombrar la aljama; es decir, el lugar habitado por los judíos. [...] De este modo, el episodio, pese a su carácter fabuloso, adquiere una nota típicamente localista y se acomoda a la realidad concreta e histórica del público al que se dirige el relato.

[También parecen confirmarnos la etnia de los protagonistas sus actividades, puesto que era muy propio de los judíos lo relativo al prestamismo.] El texto, así, nos informa de un préstamo recibido por el Cid, pero no sin antes cumplirse un rosario de trámites: dejar una prenda como garantía, comprometerse al pago de un interés y señalar al intermediario como fiador, dentro de una meticulosa especificación que es obligado examinar.

Martín Antolínez, en efecto, solicita un empréstito para el Campeador: «e prestalde de aver lo que sea guisado» (v. 118), para lo cual deja unas arcas, que se suponen «llenas de oro esmerado» (v. 112), como fianza que, aun sabiéndola fraudulenta, considera imprescindible el propio Cid, al decidir la operación: «enpeñar ge lo he por lo que fuere guisado» (v. 92). Poseer las arcas no asegura a los judíos sólo una devolución linda y moronda del préstamo, sino también unos intereses, y no pequeños, por más que no se explicite una cifra concreta. Martín Antolínez les promete expresamente ganancias abundantes que, de aceptar el trato, les enriquecerían para siempre: «por siempre vos faré ricos que non seades menguados» (v. 108); a lo mismo se obliga el

Campeador: «A lo quem' semeia, de lo mío avredes algo, / mientra que viva-des non seades menguados» (vv. 175-178). [...]

Pese a las garantías de las arcas y de los intereses —que señala, bien a las claras, que nos enfrentamos con una operación de puro interés, en la que los judíos no arriesgan nada—, el préstamo no se concierta *ad Kalendas graecas* sino que se fija el tiempo concreto de un año, de acuerdo con el juramento al que Antolínez obliga, a solas, a los judíos: «con grand iura meted í las fe-des amos / que non las catedes en todo aqueste año» (vv. 119-120), y cuyo recuerdo les apremia, más tarde, ante el Cid: «e bien que las guardarién fasta el cabo del año, / ca assíl' dieran la fe e ge lo avién jurado / que si antes las catassen que fuessen periurados, / non les diesse Mio Çid de la ganançia un dinero malo» (vv. 162-165). La insistencia en ese plazo concreto se me antoja de gran interés, pues de él se desprende, indirectamente, que Rachel y Vidas adquieren el derecho a abrir las arcas una vez transcurrido el tiempo marca-do; y, sin duda, los oyentes no olvidarían el detalle. [...]

Cabe agregar, ahora, que ese préstamo se lleva a cabo en contra de la pro-hibición regia de ayuda al Cid, lo que explica la nocturnidad (v. 93) y el secre-to de que se rodea la operación (vv. 104-105, 106-107, 127-128). [...] A Rachel y Vidas, sin embargo, la orden real les importa un ardite; su comportamiento es el típico del judío, para quien —en palabras de Caro Baroja— «la cuestión es hacer las operaciones conservando la propia identidad y obteniendo el be-neficio previsto y no dejarse arrastrar por los acontecimientos que envuelven a otros grupos con los que convive, más comprometidos siempre».

Como lógica consecuencia —y es lo que nos importa—, la dedicación al préstamo y a la usura se convirtió en una de las principales actividades judías en el Occidente cristiano, especialmente porque, a la expresa permisión del *Deuteronomio*, se unió la actitud de la Iglesia Católica que prohibió el présta-mo con interés apoyándose en el *Evangelio* de Lucas (VI, 35). [...] De modo que los prestamistas cristianos, amén de incurrir en penas canónicas, come-tían pecado grave que era causa irremisible de condenación. La prohibición eclesiástica originó que, en la España medieval, «los prestamistas fuesen prin-cipalmente judíos, ya que a estos no se les presentaba el caso de conciencia que impedía a los cristianos la práctica del préstamo con interés». [...]

En suma, puesto que los hombres medievales conocían bien las dis-posiciones de la Iglesia sobre los préstamos usurarios —de uno de los cuales se habla aquí— y les constaba que su práctica se ceñía casi ex-clusivamente a los judíos, lógico es suponer que quienes escuchaban recitar el *Cantar de Mio Cid* dedujeran el judaísmo de Rachel y Vi-das, en el caso de que no les bastara la referencia explícita a su mora-da en el *castiello*. Obsérvese, además, como resultado la técnica alusi-va de que echa mano el poeta, al hacer inferir a su público datos que él no manifiesta expresamente. [...]

Desde luego, el episodio suscita la risa de los oyentes (o lectores); especialmente, porque éstos conocen, desde el comienzo de la narración, la treta que se está llevando a cabo, de modo que se encuentran en la situación del espectador privilegiado que contempla cómo se desarrolla, mediante el conocido recurso del engaño a los ojos, la operación mercantil. [...] No se trata, por tanto, de una comicidad gratuita derivada, de modo indiferente, de la presentación del burlador burlado sino que la risa se fundamenta en el hecho de ser judíos los receptores del engaño. Rachel y Vidas, así, no desempeñan sólo «el papel cómico del prestamista ávido de ganancia», ni son un ejemplo más de «un linaje literario de rancia estirpe en la familia de los tópicos»; representan, por el contrario, y de modo bien concreto, a los prestamistas judíos, cuyas actividades el pueblo estaba más que harto de soportar.

[El *Cantar*], por tanto, explota el antisemitismo, todavía fundamentalmente socioeconómico, en función de su audiencia, cotidianamente lacerada por la usura judía. Su diseño satírico de Rachel y Vidas expresa, así, lo que desea su auditorio de caballeros, infanzones y labradores, que escucha complacido cómo un héroe castellano consigue burlar a quienes, desde su punto de vista, son profesionales del engaño. [...] Los judíos, en consecuencia, aparecen ante el auditorio no sólo burlados, sino como personas poco inteligentes que, por concentrar su pensamiento en las ganancias usurarias, olvidan hasta los engaños cotidianos practicados de forma similar.

Por todo esto, el poeta no ve en la estafa «nada deshonroso para su héroe» y, puesto que no considera vergonzoso el engaño a los judíos, no vacila ni un momento en incluirlo dentro de una extensa obra cuya finalidad primaria es el loor del Cid. Pero, por si acaso a alguien le cupieran dudas, el autor se preocupa de guardar las espaldas al Campeador y, así, pone en su boca palabras de disculpa (vv. 84 y 94-95).

[Sin embargo,] como ocurre con toda obra maestra, cabe sorprender en el *Cantar*, y en este pasaje por lo que ahora nos interesa, una plurivalencia o multisignificación que algunos estudiosos consideran lo específico del lenguaje literario. Por una parte, en un poema entre cuyas finalidades se encuentra la exaltación de la ganancia, del enriquecimiento personal (cf., verbigracia, vv. 898, 1189, 1198, etc.), es lógico que el autor pretenda justificar, e incluso ensalzar, «la necesidad de las mañas»; es decir, la habilidad o astucia para solventar los apuros económicos ante los negativos avatares cotidianos o para tomar una villa como Alcocer. En cuanto que el episodio, por otro lado, adopta la estructura del *exemplum*, cabe pensar que, bajo la capa amena del relato, subyaga una lección moral. Y esta no es otra que la censura de la avaricia, considerada en la Edad Media, a la zaga de san Pablo, como la raíz de todos los pecados.

[El episodio se remata más adelante, con la intervención de Minaya, cuando se le acercan los judíos, donde parece que se deje de lado lo cómico:] «Afévos Rachel e Vidas a los pies le caen: '¡Merçed, Minaya, cavallero de prestar! Desfechos nos ha el Cid, sabet, si no nos val; soltariemos la ganançia, que nos diesse el cabdal'. 'Yo lo veré con el Cid, si Dios me lieva allá; por lo que avedes fecho buen cosiment i avrá'. Dixo Rachel e Vidas: '¡El Criador lo mande! Si non, dexaremos Burgos, ir lo hemos buscar'» (vv. 1431-1438). [Con todo, no cabe] establecer una rígida cesura entre la explicación de esos últimos versos (1431-1438) y el significado global del episodio que, según creo haber mostrado, descansa en una comicidad que tiene muy presente el antisemitismo del auditorio. En este sentido, la falta de pago no representa sino el colofón de la burla planteada por el autor en función del halago de sus oyentes.

4. BERCEO Y LA POESÍA DEL SIGLO XIII

El desarrollo de los estudios sobre la poesía erudita castellana del siglo XIII lo confirman Alvar y Gómez Moreno [1988, en cap. 1]: en la segunda mitad del libro, Gómez Moreno, además de ocuparse de la poesía en cuadernavía y de los debates, hagiografía, etc., en metros cortos, ofrece, con datos e hipótesis nuevos, una notable aportación original y una comparación de la conocidísima estrofa 2 del *Libro de Alexandre* con pasajes análogos en otros idiomas (pp. 157-163). Keller [1987] nos ofrece una visión de conjunto de la narrativa breve en verso, centrada lógicamente en las narraciones marianas de Berceo y de Alfonso el Sabio. Merced a las investigaciones de Díaz y Díaz sobre las bibliotecas [1979, en cap. 1; 1981], conocemos mejor la formación intelectual de los poetas y prosistas del siglo, especialmente la de los de su primera mitad; también se comentarán más adelante los estudios sobre el papel de la Universidad de Palencia en la gestación del mester de clerecía.

Ya hace diez años que dura un crispado debate sobre la naturaleza y origen de la cuadernavía. Según Caso González [1978], se trata de una diferencia meramente formal: los juglares eran sólo los ejecutantes de los poemas ante el gran público, tanto para la cuadernavía como para los poemas en metros cortos; afirma además que ni en los autores ni en el público existía una diferencia fundamental. Parecido juicio sobre el papel de los juglares encontramos en Salvador Miguel [1979]; sin embargo, este investigador (con Prieto [1980], pp. 31-32) se diferencia netamente de los demás al insistir en la idea de que el mester de clerecía constituye un género. La argumentación que ofrece en el artículo citado no basta para justificar tal hipótesis; tal vez lo logre en el libro que anuncia, *El mester de clerecía: teoría e historia de un género*, pero hasta el momento parece que la diferencia es más semántica que real: lo que Salvador Miguel llama «género» es lo que otros investigadores —por ejemplo, Deyermond (1971) o Rico [1985]— denominan «escuela» o «movimiento literario». Hay que insistir, no obstante, en que el artículo de Salvador Miguel incluye gran número de datos e ideas a considerar. Uría Maqua [1981*a*], por su parte, demuestra que los poemas en cuadernavía del siglo XIII —o sea, el mester de clerecía— «no sólo constituyen una *unidad técnica*, sino que suponen, además, una *unidad de escuela* en el sentido riguroso de la palabra» (p. 188); está también dispuesta a aceptar la hipótesis de Dutton (1973), según la cual dicha escuela nació en la recién fundada Universidad de Palencia; vuelve sobre este punto en [1987].

La historia del término «mester de clerecía» ha sido estudiada por López Estrada [1977-1978; 1981]: al comparar el empleo y sentido del término «clerecía» en el prólogo del *Libro de Alexandre*, y el del término «clérigo» en la versión castellana del *Livre dou tresor* de Brunetto Latini, concluye que, para los poetas del siglo XIII, «mester de clerecía» no designa ni un género ni una escuela (lo que implica la negación —agreguemos— de la conciencia de pertenecer a ella). Gómez Moreno [1984], cotejando el prólogo del *Alexandre* con los de otras obras, principalmente francesas, coincide con López Estrada y concluye que «clerecía» significaba, entre los poetas del siglo XIII, 'moralidad', más 'verdad histórica', más 'capacidad de traducción', más 'conocimiento de las *artes métricas*'. Para John K. Walsh [1979-1980, en cap. 6], en cambio, el mester de clerecía sí constituye una escuela con sus tradiciones y fórmulas propias, cuya continuidad se aprecia aun en el siglo XIV. Su reordenación cronológica de los poemas en cuadernavía no ha sido unánimemente aceptada, pero, a la luz de sus investigaciones, es innegable que la conciencia de pertenecer a una escuela poética tuvo una vida más larga de lo que solíamos suponer.

En su extenso e importante artículo, Rico [1985] empieza señalando el parentesco de la cuadernavía con la *Vagantenstrophe* de los goliardos, utilizada en España a partir de 1200, y con el tetrástico francés de alejandrinos. Rico pasa a demostrar, con pruebas abundantes, que los poemas en cuadernavía compuestos entre 1225 y 1250 (aunque esta fecha se podría retrasar), así como la poesía hispanolatina de 1200-1225, representan la rama hispánica de una escuela europea, y que la nueva poesía española es el reflejo de una *translatio studii* de los monasterios a las universidades y a los *clerici* urbanos. No sólo subraya la cultura latina del poeta del *Libro de Alexandre*, sino también la de Berceo, aunque no cree que éste se formara necesariamente en la Universidad de Palencia. Menéndez Peláez [1984], en cambio, además de confirmar lo que dice Lomax (1979) sobre la importancia cultural del IV Concilio de Letrán y la conclusión de Uría [1981*a*] sobre la unidad técnica, da razones convincentes para creer que el nivel de conocimientos teológicos en los poemas de cuadernavía del siglo XIII también apunta hacia la Universidad palentina. Conclusión semejante es la de Uría Maqua [1987]: según ella, la complejidad lingüística, la cultura y la destreza métrica del *Libro de Alexandre* presuponen profundos estudios universitarios: Palencia era el único lugar posible en que se podían cursar; hay que notar, sin embargo, que el poeta del *Alexandre* —no Berceo— es posible que se formara en una universidad francesa.

Diversos trabajos nos informan de otros tantos aspectos del mester de clerecía. El más notable es el de Gómez Moreno [en prensa], basado en un esmerado estudio de códices poco conocidos de bibliotecas españolas en los que encuentra otros poemas y fragmentos en cuadernavía. Kinkade [1986] subraya los aspectos dramáticos de los poemas y los relaciona con la práctica de los predicadores. García [1982] estudia la estrofa como elemento estructural (compárese con Nepaulsingh [1986, en cap. 1], pp. 203-208). Finalmente, Goldberg [1986] propone tres criterios para identificar los refranes en los poemas en cuadernavía: las afirmaciones del autor, las imágenes y el contenido; a partir del estudio del *Alexandre*, cinco poemas de Berceo, el *Apolonio*, el *Poema de Fernán González* y el *Libro de Buen Amor*, enumera alrededor de 140 refranes.

Entre los numerosos trabajos sobre el *Libro de Alexandre*, el más notorio es la edición crítica de Nelson [1979]: véanse los artículos-reseña de Triviños [1983] y Willis [1983], y la reseña de Germán Orduna en *Inc,* I (1981), pp. 91-100; todos ellos se felicitan de que, tras muchos años de trabajo, se haya logrado la que otrora parecía imposible edición crítica del poema. Triviños y Willis están dispuestos a aceptar la argumentación de Nelson a favor de la autoría de Berceo; Orduna disiente, y con razón; Goldberg [1979-1980] llega a la conclusión de que la voz del autor es muy distinta en las obras que seguramente son de Berceo y en el *Alexandre*; Greenia [1989] aprecia una diferencia semejante en el terreno lingüístico. La edición de Nelson, sin embargo, no es la única publicada en los últimos diez años: Cañas Murillo [1988] ha reelaborado, con introducción y notas mucho más amplias, la que publicó en 1978. A diferencia de las notas de Nelson, predominantemente lingüísticas, las de Cañas Murillo comentan más bien los aspectos literarios. Éste afirma, por otra parte, que su edición no pretende ser crítica: se basa, principalmente, en el manuscrito *P*[arís], a no ser que falten estrofas (que suple con *O*[suna]) o que la lección de *P* se demuestre obviamente inferior a la de *O*. Muy distinto es el método de Marcos Marín [1987] y su equipo (los colaboradores se enumeran en una nota de las pp. 76-77), que presenta una innovación interesantísima: una edición crítica elaborada por ordenador. En su introducción, Marcos Marín describe cuidadosamente la técnica informática utilizada, que, a no dudarlo, será de gran valor metodológico. Lo que se llevó a término fue, en esencia, emplear un programa de ordenador para reconstruir el arquetipo de los dos manuscritos existentes, o sea (utilizando la terminología de Lachmann), para la *recensio*. No hubo problemas en este caso para agrupar los manuscritos en un *stemma*, y es de suponer que se podría elaborar un programa a tal efecto; sin embargo, lo que no se puede hacer con el ordenador es la parte más difícil, y nada mecánica, de la crítica textual: la *emendatio*. Otro aspecto de la historia del texto, la autoría, es examinado de nuevo por Michael [1986]: sugiere que los dos nombres rivales de la enigmática estrofa 1.548 provienen de una alusión humorística a Gautier de Châtillon.

En sendos artículos, se subraya la coexistencia de una doble condición en el carácter del héroe: según Brownlee [1983*b*], coexisten en él el cristiano y el pagano; Caraffi [1988], por su parte, afirma que se trata de un caballero que asume a la vez los intereses de la clerecía. Fraker dedica tres artículos al estudio del empleo de las fuentes latinas (*Eneida, Alexandreis*) como modelos para la repetición de elementos narrativos [1985], el autocomentario [1987] y la retórica en la construcción del poema como oración epideíctica (loa y vituperio del héroe) [1988]. Cacho [1977] analiza otro aspecto de la retórica, el empleo de los *topoi*. Rico [1982*b*] señala el valor básicamente formal de «pecado» ('error en la cuenta silábica') en la celebérrima copla 2 del poema. El libro de García de la Fuente [1986] tiene un enfoque bastante más amplio de lo que indica su título: además de dos capítulos sobre el léxico del *Alexandre*, hay otros sobre alusiones y temas bíblicos en el texto; compara además sus elementos bíblicos con los de Berceo, el *Libro de Apolonio* y el *Poema de Fernán González*. Greenia [1986] compara el discurso directo del *Alexandre* con el de su fuente principal, la *Alexandreis*. Dos extensos comentarios sobre sendas secciones del texto nos ofrecen modelos valiosos —aunque muy distintos— de comentario de un texto medieval: Marcos Marín [1983] hace un análisis principalmente lingüístico, aunque la última parte contiene también observaciones literarias, de las estrofas 1.508-1512; Cacho Blecua [1985], por su parte, se extiende en la descripción de la tienda de Alejandro (estrofas 2.539-2.595) desde un punto de vista primordialmente literario. Finalmente, Solomon y Temprano [1984] tratan de los diferentes modos de enfocar la historia que encontramos en el *Alexandre*.

La investigación y la crítica de las obras de Gonzalo de Berceo son, inevitablemente, mucho más copiosas que las dedicadas a ningún otro poeta del mester de clerecía. Dutton [1981] publica, siguiendo los mismos criterios que en los anteriores, el tomo V de las *Obras completas*, con el que da fin a la edición de los textos; únase a ello la edición muy ampliada del tomo I [1984]. Estamos a la espera —con mayor impaciencia conforme pasan los años— del tomo final, que contiene un glosario y los comentarios. Mientras tanto, el propio Dutton [1982] aporta un estudio, con edición parcial, de un manuscrito recién descubierto (el Mecolaeta, del siglo XVIII, importante por haberse perdido sus fuentes). Uría [1981*c*] aclara varios puntos de la historia de los mss. *F*[olio] y *Q*[uarto]. Devoto [1976-1977], en una serie de artículos que son en realidad un libro de 236 páginas, estudia minuciosamente la historia de la recepción de las obras de Berceo hasta 1780. Carecemos de una bibliografía completa y comentada de trabajos sobre Berceo; la primera y muy útil tentativa es la de Saugnieux y Varaschin [1983]; más recientemente, Uría Maqua [1986] reseña las últimas tendencias de la crítica berceana. García de la Fuente [1981] estudia el léxico bíblico de Berceo en el contexto de otras fuentes del siglo XIII, especialmente las Biblias vernáculas. El libro de Saugnieux [1982] reúne seis artículos y ponencias de congresos, todos de gran interés, sobre diversos aspectos de la obra de Berceo. Con la prematura e inesperada muerte de Joël Saugnieux, hemos perdido a uno de los mejores investigadores de Berceo. Así como el ensayo de Prieto [1980] se ocupa de cuestiones genéricas, estructurales y estilísticas, otros estudios se centran en un tema o una tradición en concreto: Menéndez Peláez [1981] relaciona la mariología de Berceo con otras tradiciones mariológicas de la Edad Media; Marchand [1981-1982] estudia las alusiones de la «pia fraus» (la táctica de engañar al diablo); Varaschin [1986] trata del influjo de la religión popular; Devoto [1985-1986], por fin, se dedica al tema de la locura (sorprende que cite según la edición de Tomás Antonio Sánchez).

Entre las varias ediciones de los *Milagros* aparecidas en los últimos diez años, conviene destacar las de Beltrán [1983], García Turza [1984] y Gerli [1985*b*]. Todas se basan en el manuscrito *I*[barreta], corrigiéndolo a la vista de *F* y, en los casos de García Turza y Gerli, del ms. Mecolaeta; su criterio es el de Dutton (1971), que también se basa en *I*, pero corrigiendo a partir de *F*. La introducción de García Turza se ocupa tan sólo de los manuscritos; su principal interés radica en las notas al texto y, sobre todo, en el extenso glosario comentado. Tanto Beltrán como Gerli redactan una extensa introducción que gira en torno al ambiente del texto y sus cualidades literarias; las notas son principalmente léxicas. Uría Maqua [1983*b*] publica las dos hojas otrora perdidas del texto *F* de los *Milagros*. La fuente de los *Milagros* es bien conocida: una colección latina de milagros marianos del tipo representado por el ms. Thott 128; sin embargo, sigue discutiéndose cuál de los dos manuscritos se parece más al utilizado por Berceo. Nascimento [1979] anuncia que uno de los códigos de la antigua biblioteca Alcoçaba de Lisboa contiene una colección latina muy parecida a los *Milagros de Nuestra Señora* y sugiere que pudiera haber sido la fuente misma de Berceo. Lacarra Ducay [1986] anuncia otro descubrimiento afín en un manuscrito de Zaragoza; con todo, sigue creyendo que Thott 128 es, de todos los manuscritos existentes, el más parecido al utilizado por el poeta riojano. Montoya [1988], en cambio, aporta razones para creer que el ms. 110 de la Biblioteca Nacional de Madrid, sobre el que Richard P. Kinkade llamó la atención en 1971, se parece más a los *Milagros*. La discusión aún no ha llegado a su fin.

En un importante artículo, analiza Cacho Blecua [1986] los rasgos estructurales de los *Milagros* como conjunto y los de las historias particulares; señala sus aspectos folklóricos y concluye que los milagros marianos constituyen un subgénero dentro del género de los *exempla*. López Morales [1981] estudia la función de los narradores de los *Milagros*; Heugas [1979], la de las estrofas iniciales y finales de las historias. Girón [1988] analiza, en relación con su fuente, el estilo indirecto libre en los *Milagros* (comp. Greenia [1986]). El libro de J. Albert Galera [1987] abarca desde el análisis lingüístico hasta la estructura de los milagros, basándose en la semiótica y en la narratología (especialmente en los conceptos de Propp). Montoya Martínez [1984] subraya la importancia del vocabulario alegórico. Más relevancia tiene, no obstante, la tipología (véase *HCLE*, I, p. 7), cuya función en el prólogo a los *Milagros* estudia Gerli [1981*a* = 1985*b*, pp. 35-48], y Boreland [1983], en dos milagros

en concreto. Otro aspecto del prólogo es el señalando por Burke [1980]: según
él, no sólo el *locus amoenus*, sino también la casulla del primer milagro y otros
vestidos se asocian metonímicamente con la Virgen y, en general, con la vida
monástica. Otra manera de interpretar la representación visual de la Virgen
en los *Milagros* es la de Chaves y Labarta de Chaves [1978], que estudian el
influjo de la iconografía en la obra (desgraciadamente, sin láminas). Devoto
[1974] comenta tres pasajes breves, en tanto que Kantor [1980, 1983] ofrece
extensos análisis semióticos de los milagros.

Las obras hagiográficas de Berceo en que se ha centrado la investigación
(aparte de Dutton [1981, 1984]) son la *Vida de Santo Domingo* y la *Vida de
Santa Oria*. Resulta irónico que tras dos siglos y medio de ediciones del *Santo
Domingo* (la primera, la de Vergara, apareció en 1736), las dos más importantes se publicaran simultáneamente, de forma tal, que ni Dutton (1978) ni Ruffinatto [1978] pudieron aprovecharse recíprocamente de su trabajo (este último ya había publicado un extenso análisis lingüístico: (1974a)). Parte Ruffinatto
para su edición del clásico método de Lachmann (esto es, establece un *stemma* bipartito, trata de reconstruir el arquetipo y recurre a veces a la *emendatio*). La de Dutton, en cambio, se basa en el manuscrito *S*[ilos], suple las lagunas con otros manuscritos y procede a continuación a las enmiendas. La edición
de Ruffinatto incluye, en el marco de la hagiografía medieval, un análisis proppiano de la estructura narrativa del poema, así como un estudio pormenorizado de la métrica. Este mismo investigador [1985], a partir de su lectura del
verso 223d, comenta el ámbito y la difusión de la obra. Casi tan importante
como las dos ediciones es el riguroso análisis estilístico de Sala [1983]: de ca-
riz primordialmente lingüístico, se centra en las imágenes, la negación, el di-
minutivo, la sinonimia, la técnica del diálogo y otros aspectos. El artículo de
la llorada Frida Weber de Kurlat [1978] analiza el episodio de la visión del
santo (estrofas 224-251); el de Baños Vallejo [1986] estudia globalmente el papel de lo sobrenatural en el poema.

Uría Maqua [1981b] reelabora para un público más amplio su innovadora
edición de 1976 de la *Vida de Santa Oria*, pero sin renunciar a su rigor científico ni a su tendencia a replantearse las cuestiones fundamentales. En [1978],
la investigadora ya había comentado las cuestiones estructurales y genéricas
del poema (cuyo desorden en los mss. puede explicarse, según Rico [1982a],
con la hipótesis de que Berceo, que acometió la redacción «en [su] vejez...,
ya cansado», murió en el curso del quehacer y lo dejó en estado de borrador
inacabado); en [1983a] ofrece un análisis pormenorizado del prólogo del poema. Gimeno Casalduero [1984] comenta la primera visión de la santa e interpreta la obra como un *exemplum* para anacoretas. Dicha interpretación se refuerza a la luz de dos artículos de gran originalidad: Farcasiu [1986] y Walsh
[1986]. Aquélla muestra que utilizó Berceo las fuentes literarias e iconográficas asequibles en San Millán de la Cogolla para levantar la estructura simbólica y las imágenes con que define el valor de la vida contemplativa; éste sos-

tiene que las visiones de la santa no provienen de su fuente latina, aunque el poeta lo pretenda, sino que las construye a partir de sus conocimientos de la literatura de visiones del otro mundo, hipótesis comprobada mediante la comparación de episodios del poema con otros tantos de la Visión de Túngano.

El primer estudio extenso de los *Loores de Nuestra Señora* —que será necesariamente el punto de partida para toda la investigación posterior— se debe a García de la Concha [1978]. Demuestra cómo Berceo sigue el modelo de la historia de la salvación con alusiones constantes al Antiguo y al Nuevo Testamento. Marchand [1984] complementa las observaciones de García de la Concha referidas a la relación entre los *Loores* y el Antiguo Testamento; Deyermond [1981] ofrece una visión más amplia de las técnicas literarias del poema. La importancia fundamental de la tipología para la comprensión del *Sacrificio de la Misa* se hizo patente a partir del libro de T. C. Goode, publicado en 1933 y comentado por Foster (1970); no obstante, se precisaba un estudio más detenido, que es el que presenta Deyermond [1978]. El avance más significativo en la crítica de este poema después del libro de Goode es, sin embargo, el artículo de Andrachuk [1986], en el que se demuestra que aquí Berceo se dirige a los clérigos (probablemente, a los monjes) para tratar de remediar su defectuosa educación, y para frenar los ataques de las órdenes mendicantes y de los herejes contra la liturgia de la misa. Es curioso comprobar que dos de las tres ediciones recientes del *Sacrificio* (la excepción es Dutton [1981]) se hayan limitado al manuscrito 1.533 de la Biblioteca Nacional, transcrito por Antonio García Solalinde antes del descubrimiento del ms. *I*; Alvar [1985], que discrepa de los criterios de Solalinde, publica una transcripción paleográfica que había realizado hace años; García Turza [1979] ofrece otra edición paleográfica del mismo manuscrito, acompañada de algunos estudios codicológicos, lingüísticos y métricos, basados en desiguales criterios. La otra obra de Berceo que ha sido comentada en los últimos años es *De los signos que aparecerán antes del Juicio*: Marchand [1977] estudia la relación del poema con las tradiciones medievales de los *Signa Judicii* y con varios *topoi* y concluye que la obra de Berceo supone un logro indiscutible; por su parte, Capuano [1988] compara el poema estructural y temáticamente con el tímpano de una iglesia, y sugiere que el poema pudo haber sido destinado a la recitación en una iglesia que tuviera dicho tímpano.

Dos útiles ediciones del *Libro de Apolonio*, las de Alvar [1984] y Monedero [1987], ofrecen a los estudiantes (para quienes eran inaséquibles la de De Cesare (1974) y los tres tomos de la de Alvar (1976)) textos cuidados e introducciones serias; atestiguan, además, como tantas otras ediciones recientes, el cambio radical que han experimentado las ediciones estudiantiles publicadas en España. Alvar reproduce su texto crítico de 1976 con una amplia introducción que refleja su consideración actual de la obra; la edición de Monedero es una transcripción bastante conservadora, con una introducción tan amplia como la de Alvar y con notas mucho más extensas. Alvar insiste en que su nueva edición es, no obstante, provisional, pues hace años que trabaja en una edición estudiantil totalmente renovada. Mientras tanto, ha publicado tres artículos que convergen con los de otros investigadores y que nos aportan una visión mucho más clara y sugerente de la obra y de su héroe. En el primero [1981], subraya la originalidad del *Libro de Apolonio* en relación con su fuente latina, la *Historia Apollonii regis Tyri*; en el segundo, en colaboración con Carlos Alvar [1983], demuestra dicha originalidad con más pormenor a partir del comentario de las estrofas 17-29; en el tercero [1986], Alvar retrata a Apolonio como un héroe intelectual (de acuerdo con Surtz [1980]), dado que posee la formación del erudito laico castellano del siglo XIII. El intelectualismo de Apolonio tiene, sin embargo, claros propósitos cristianos: tanto Surtz como Brownlee [1983*a*] subrayan el modo en que los dos modelos del texto —el de la ficción helenística y el hagiográfico subyacente— se fundamentan mutuamente. Lacarra [1988] estudia la transformación de la historia primitiva, motivada por la doble condición, cristiana e intelectual, del héroe; lo hace a partir del análisis de tres episodios en que intervienen el padre, la hija y un pretendiente (Apolonio es protagonista en los tres); su análisis también demuestra la relación del amor y la melancolía con las adivinanzas y la música. En este aspecto, Lacarra coincide con Phipps [1984], para quien el incesto, las adivinanzas y la música, tanto temática como estructuralmente, revelan la ambivalencia del amor sexual en la historia, ambivalencia que, finalmente, se decanta hacia el amor armonioso y virtuoso. Los siete artículos, por lo tanto, forman un conjunto interpretativo muy coherente. Díaz Arenas [1986], en cambio, quiere hacer compatible su algo anticuada posición frente al texto (desconoce la crítica reciente y se basa en la versión modernizada de *Odres Nuevos*) con un afán por la novedad metodológica. Pese a que su enfoque semiótico nos proporciona de vez en cuando alguna observación interesante, el libro decepciona.

Dos textos más de la cuadernavía cuentan ya con ediciones modernas con comentarios. Hay dos ediciones del *Libro de miseria de omne*: Tesauro [1983] transcribe el manuscrito único, regularizando la ortografía con criterios prudentes; Connolly [1987], por su parte, ofrece una edición crítica fundada en la hipótesis de la regularidad métrica. Ambos rechazan la fecha generalmente aceptada, fines del siglo XIV, para la composición del *Libro*: según Tesauro, es una obra de la primera mitad del siglo; Connolly cree que es del XIII. La introducción de Tesauro es breve, pero remata su edición con un glosario que falta en la de Connolly; ésta, en cambio, lleva una introducción monográfica sobre la originalidad del poeta castellano, donde demuestra que su obra no es una mera traducción del *De miseria condicionis humana*, y sobre la relación del *Libro* con otros poemas en cuadernavía. Tesauro [1984] también estudia la relación del *Libro* con la técnica de los predicadores. Surtz [1981-1982] descubre un fragmento de un *Catón glosado* antes desconocido y lo publica con un comentario; sugiere que esta obra hay que relacionarla con la predicación y que muy posiblemente estaba destinada a formar parte de un sermón.

Los poemas en verso de arte menor (con excepción de la lírica gallego-portuguesa) han sido mucho menos estudiados que la cuadernavía; a pesar de todo, la enigmática *Razón* sigue llamando la atención de los investigadores. Franchini [1987] insiste de nuevo en la cuestión del orden de los versos, poco convincente en el manuscrito único, y analiza la tradición manuscrita; la edición crítica que prepara promete ser una aportación fundamental. Van Antwerp [1978-1979] estudia las relaciones —más extensas de lo que se ha supuesto— del poema con la lírica de tipo tradicional. Impey [1979-1980] no sólo sostiene que las dos partes constituyen un solo poema, sino que además está dotado de una rigurosa unidad estructural. Por otra parte, los partidarios de la hipótesis de dos poemas distintos (*Razón* y *Denuestos*) van, justificadamente, perdiendo terreno. Para Goldberg [1984], la unidad puede estribar en el hecho de que el poeta nos narre una experiencia onírica; hipótesis atractiva, aunque es difícil precisar dónde empieza el sueño. Fernández Mosquera [1988] sostiene que el espacio (el plano inferior ocupado por los amantes; el superior, por los vasos enlazados por la paloma) es el principal elemento unificador. Además de los citados estudios sobre determinadas facetas de la obra, Bustos Tovar [1983] presenta un comentario sobre otros tantos aspectos lingüísticos y literarios. Aún no se han resuelto definitivamente los misterios de la *Razón*, pero los artículos que acabo de reseñar enriquecen nuestra lectura del poema y esclarecen muchas dificultades. La monografía que hace años tiene preparada André Michalski sobre la tradición alquímica en el poema supondrá otra posibilidad de interpretación.

La aportación más importante al estudio de la *Vida de Santa María Egipcíaca* es la de Cruz-Sáenz [1979], que ofrece una edición crítica y se remonta a su fuente francesa; gracias a su investigación, se pudo identificar el manuscrito de la fuente que más se aproxima al texto utilizado por el poeta español, más cercano que el que se consideraba la fuente más probable. Alvar [1983] amplía su trabajo anterior (1970-1972) con el estudio de las analogías iconográficas del poema; Swanberg [1979] centra su investigación en las técnicas de que se sirve el autor. El análisis estructural y temático del *Libre dels tres reys*, iniciado por Chaplin (1967) a partir de los materiales recopilados por Alvar (1965), tiene un digno sucesor en Richardson [1984], cuyo artículo no sólo mejora el análisis estructural, sino que demuestra la importancia del concepto agustiniano de la gracia divina para la comprensión del poema. El estudio tipológico de *¡Ay Jherusalem!* de Deyermond (1977) lo amplía Grieve [1986]; se trata de un artículo que aporta una descripción más clara de la estructura del poema. Tato García [1988], además de situarlo en el contexto de la poesía de cruzada francesa, se ocupa de las fuentes bíblicas del poema; Romera Castillo [1984] analiza la lengua.

La investigación y crítica de las *Cantigas de Santa María* (aunque constituyen una parte esencial de la cultura poética castellana del siglo XIII, fueron indebidamente omitidas en *HCLE*, I, por estar en gallego-portugués) tomaron nuevo impulso merced a dos centenarios: el VII de la redacción del códice más extenso de las *Cantigas*, terminado en 1281, y el de la muerte de Alfonso el Sabio, celebrado en 1984. Un grueso volumen de las actas de un congreso (*Studies CSM* [1987]) se dedica al texto poético, su música y la iconografía del manuscrito; otros dos tomos de sendas actas (*Estudios alfonsíes* [1985] y *Actas Alfonso X* [1985]) incluyen diversas comunicaciones sobre las *Cantigas*. Otro logro de los centenarios fue la fundación de una revista, *Cantigueiros*, dedicada a la poesía de Alfonso X. La producción poética del rey se estudia, globalmente, en tres artículos: Alvar [1984], por una parte, estudia las relaciones políticas de su corte poética; Bertolucci Pizzorusso, por la suya, reflexiona en dos artículos sobre la posibilidad de lograr una visión unitaria de su poesía [1985] y sobre el empleo de la analogía. Aunque todos creíamos poseer ya una edición definitiva de las *Cantigas* (publicada por Walter Mettmann entre 1959 y 1972), Parkinson [1987], en un estudio tan inquietante como convincente, sostiene que la estructura poética facilitada por Mettmann no se concilia fácilmente con la música legada por la tradición manuscrita. En otro artículo, Parkinson [1987-1988] subraya el contraste que hay entre la estabilidad de los textos en los manuscritos y las diferencias en la ordenación de los poemas; concluye que las 100 cantigas del ms. *To*[ledo] se reorganizaron en una etapa bastante tardía del proyecto con el fin de incluirlas en una colección más amplia, representada en el ms. *E*[scorial T. I. 1]. Mettmann [1987], que otrora había sostenido que Airas Nunes colaboró en las *Cantigas*, cree ahora que dicho poeta ordenó la colección y compuso la mayor parte de las cantigas: la aportación personal de Alfonso el Sabio se limitaría, así, a unas diez cantigas. En lo referente a la formación de la colección, Mettmann construye un *stemma* más complejo que el de Parkinson. Es una lástima que ambos artículos aparecieran simultáneamente, pues ello imposibilitó el comentario recíproco de las dos hipótesis; sorprende, por otra parte, que ninguno de los dos comente el importante estudio de Bertolucci Pizzorusso [1984], pues, refiriéndose al contexto europeo de las colecciones poéticas individuales, dedica más de la mitad de su estudio a las *Cantigas*. Gier [1980] estudia el procedimiento por el que los poemas, así como el conjunto, aparecen designados en el texto mismo. Mettmann [1984], basándose en su edición de 1959-1971, presenta los textos al público español con nuevas introducción y notas. *Alfonso X* [1979] comprende una edición facsímil del «códice rico» (Escorial T. I. 1), una prosificación de Filgueira Valverde en español moderno, con cronología y clasificación temática (reproducidos por Filgueira Valverde [1985]), un estudio codicológico de Matilde López Serrano, y sendos estudios de la música y de las miniaturas que provienen de los trabajos clásicos de Anglés y de Guerrero Lovillo.

En una serie de artículos, Snow [1979, 1979-1980, 1984 y 1985] da un giro importante al modo habitual de leer las *Cantigas de Santa María*, estudiando la personalidad poética del rey como elemento fundamental de la obra, su empleo de las convenciones del amor cortés de los trovadores provenzales, la estructura de la colección y sus referencias internas, y la serie de poemas relacionados con el Puerto de Santa María. A la luz de las investigaciones de Snow, es difícil aceptar la conclusión de Mettmann [1987] sobre la autoría. Keller [1987b] recopila once artículos sobre las *Cantigas*: reimpresiones de artículos de revistas y homenajes de difícil acceso; en la mayoría, comenta cantigas individuales. Otros temas de las *Cantigas* han sido estudiados recientemente: la justicia (MacDonald [1987]), la muerte en relación con la ideología política (Presilla [1987]), el rezo (Boreland [1989]), el conflicto entre las culturas eclesiástica y popular (Presilla [1986]), el antisemitismo (Hatton y MacKay [1983]); Martins [1983] presenta una miscelánea temática. Kinkade [1987] apunta algunas analogías interesantes entre la filosofía escolástica y la estructura de la colección y de sus miniaturas. El valor de las *Cantigas* como fuente histórica ha sido examinado, a partir de los poemas, por el historiador O'Callaghan [1987]. Corriente Córdoba [1985] estudia las *Cantigas* desde el punto de vista lingüístico con el fin de sopesar el papel de los arabismos. Domínguez Rodríguez aporta una serie de estudios, con su reconocida seriedad de destacada historiadora del arte, sobre varios aspectos iconográficos: además de un estudio general de las miniaturas procedentes del *scriptorium* alfonsí [1985], se centra en la representación del rey en las miniaturas [1982] —compárese con los estudios de Snow ya comentados—, en las imágenes femeninas [1984] y en los elementos de la iconografía evangélica [1987]. Cómez Ramos [1987], por su parte, amplía de forma interesante el estudio del retrato de Alfonso: compara el que aparece en la miniatura de la cantiga 1 con los otros trece que figuran en manuscritos, esculturas y vidrieras de colores, sin olvidar el informe sobre el esqueleto del rey; concluye que el retrato de la miniatura de la cantiga es fisiológicamente correcto y que hubo interés, por parte de la ideología oficial, en presentarle como un hombre joven. Otros trabajos relativos al estudio de las miniaturas son el libro de Keller y Kinkade [1984, en cap. 1], y el artículo de Luis Beltrán [1986], que subraya y comenta las divergencias entre texto y miniaturas de dos cantigas. El otro elemento importante en los manuscritos de las *Cantigas*, la música, ha sido estudiado en sendos artículos de Llorens Cisteró [1987], Fernández de la Cuesta [1987] y Corona-Alcalde [1989], que recogen, respectivamente, las diversas opiniones sobre el ritmo, la poco estudiada cuestión de la melodía y la de la interpretación contemporánea. Las versiones en prosa castellana de 24 cantigas que figuran en el ms. T. I. 1 van despertando un interés cada vez mayor: el libro, con edición incluida, de Mundi Pedret y Sáiz Ripoll [1987] estudia la relación de las prosificaciones con los respectivos textos poéticos y con los *Milagros* de Berceo, analiza detenidamente su lengua y estudia también su estilo; Ayerbe-Chaux [1989] y Chatham [1984], en estudios simultáneos pero independientes a pesar de las fechas de publicación, sugieren que su autor pudo haber sido don Juan Manuel.

La investigación durante los últimos años de la poesía profana de Alfonso el Sabio se debe principalmente a Paredes Núñez: una clasificación y análisis de los temas [1985*a*], un estudio de las cantigas satíricas de finalidad caricaturesca [1985*b*] y una edición [1988] a partir de los textos (lo admite explícitamente) de Rodrigues Lapa y Nunes, que, sin embargo, complementa con una introducción breve pero valiosa por su inteligencia y originalidad, además de una extensa bibliografía. Márquez Villanueva [1987] contribuye con un análisis pormenorizado de la cantiga contra el deán de Cádiz y la sitúa en su contexto intelectual.

Los aspectos tradicionales de la lírica gallego-portuguesa ya se comentaron en el capítulo 2; en el presente, es preciso reseñar algunos trabajos sobre la tradición manuscrita de los *cancioneiros*, la lírica como actividad cortesana y la poesía de algunos de los más importantes poetas. Tavani [1986] recoge en gallego un estudio de conjunto publicado antes en italiano. Este mismo investigador se ocupa [1975] de la relación entre texto y música en la lírica gallego-portuguesa, basándose en los dos casos en que aún disponemos de la música (las *Cantigas de Santa Maria* y las cantigas de amigo de Martin Códax); vuelve, por otra parte [1979], a los problemas de la tradición manuscrita que ya estudiara en (1969). El nuevo artículo es en parte una respuesta a la crítica de d'Heur [1974] y apareció a la par que el análisis codicológico del *Cancioneiro Colocci-Brancuti* (o *da Biblioteca Nacional*) por Ferrari [1979]. Una vez más, hay que lamentar la publicación simultánea, pues de nuevo imposibilitó la reacción recíproca ante las conclusiones de ambos trabajos; y más cuando un tercer trabajo sobre el tema (Livermore [1988]), que llega a conclusiones distintas de las de Tavani, al parecer se redactó unos años antes de su publicación, de modo que no menciona ni a Ferrari ni a Tavani. Rodríguez [1988] comenta las discrepancias en los nombres de los poetas, tanto en los códices como en la investigación actual, y propone posibles soluciones. Stegagno Picchio [1980] ofrece una reseña histórica de la investigación sobre la lírica gallego-portuguesa y aporta apreciaciones fundadas en su propia experiencia en este campo; su artículo complementa útilmente la bibliografía de Pellegrini y Marroni [1981, en cap. 2].

Ashley [1976] subraya la importancia de la cultura cortesana en los textos existentes, incluso en los que claramente se relacionan con la poesía de tipo tradicional. Se ha subrayado a menudo que algunas cantigas de un determinado poeta parecen formar una secuencia narrativa, si bien la ausencia casi total de datos que nos permitan fijar la cronología de las obras hace que sea difícil establecer conclusiones definitivas. Nodar Manso [1985] amplía notablemente el número de secuencias posibles, hasta el punto de apreciarlas en la obra de algunos grupos de poetas; sus conclusiones parecen algo atrevidas, por lo que Weiss [1988] le contesta y plantea de nuevo la cuestión. Brea López *et al.* [1984] comentan la frecuencia con que se utilizan alusiones y metáforas de animales en los *cancioneiros*, sobre todo en las *cantigas d'escárnio* (éstas son estudiadas desde el mismo punto de vista por Rossell i Mayo [1988]); los investigadores analizan la función de dichas alusiones y metáforas. Otro elemento de la herencia cultural de los poetas gallego-portugueses es algo más sorprendente: se trata de un elemento narrativo, la *matière de Bretagne*. Sharrer [1988] demuestra su importancia, ya sea para la comprensión del contexto de las cantigas, ya como testimonio de las fases de la difusión peninsular de la literatura artúrica. Un conocimiento de la poesía de las cortes hispanoárabes nos provee de analogías valiosísimas para la lírica cortesana gallego-portuguesa, así como para la lírica de tipo tradicional, por lo que Garulo [1986, en cap. 2] resulta imprescindible. Los poetas en que se ha centrado últimamente la investigación de más interés para la poesía castellana del siglo XIII son Martin Codax, Nuno Fernandes Torneol y el rey Dinis. Ferreira [1986] estudia minuciosamente la música del manuscrito de Martin Codax (cf. el trabajo de Tavani [1975]) y su relación con el texto. ¡Ojalá tuviéramos otros manuscritos musicales de la lírica profana de la época! Spaggiari [1980] analiza los textos de las siete cantigas de amigo atribuidas al poeta (es probable que, de hecho, sólo seis sean suyas); por su parte, Alonso Montero [1983] reúne tres breves ensayos críticos, traducciones de los textos a ocho idiomas y una bibliografía. La famosa cantiga de amigo de Nuno Fernandes Torneol, «'Levad' amigo, que dormides as manhanas frias», ha inspirado lecturas muy diversas; la más reciente es la de González Rodríguez [1988], que aplica métodos retórico-estructuralistas, pero, lamentablemente, no alude a la crítica reciente. Deyermond [1983] estudia temas y actitudes de las cantigas de amigo y de amor del rey Dinis; V. Beltrán [1984] las lee a la luz de la tradición lírica peninsular. Cohen [1987], en cambio, analiza las primeras 32 cantigas de amigo (su orden es el mismo en ambos manuscritos) como si formaran parte de una secuencia narrativa (cf. Nodar Manso [1985] y Weiss [1988]) y encuentra netos diseños en varios niveles de análisis. Demuestra que la narrativa supone una renuncia y aporta algunas persuasivas razones que permiten creer que la secuencia fue planeada por el poeta mismo. La posible existencia de tales secuencias en la lírica es una cuestión tan apasionante como la del origen y naturaleza del mester de clerecía: esperamos que continúen los debates sobre ambos asuntos.

BIBLIOGRAFÍA

Albert Galera, Josefina, *Estructura funcional de los «Milagros» de Berceo*, Instituto de Estudios Riojanos (CCEGB, XII), Logroño, 1987.

Alfonso X el Sabio, *Cantigas de Santa María*. I: *Edición facsímil del códice T. I. 1 de la Biblioteca de San Lorenzo de El Escorial*. II: *El Códice rico de las «Cantigas» de Alfonso X el Sabio, Ms. T. I. 1 de la Biblioteca de El Escorial*, Edilán, Madrid, 1979.

Alonso Montero, Xesús, ed., *Homenaxe a Martín Codax*, Colexio Universitario, Vigo, 1983.

Alvar, Carlos, «Poesía y política en la corte alfonsí», *Cuadernos Hispanoamericanos*, 410 (agosto de 1984), p. 5-20.

—, y Manuel Alvar, «*Apollonius-Apollonie-Apolonio*: la originalidad en la literatura medieval», en *CT*, IV (1983), pp. 125-147.

Alvar López, Manuel, «La originalidad española del *Libro de Apolonio*», en *III Jornadas de Estudios Berceanos* (1981), pp. 19-32.

—, «De arte y literatura: nuevas apostillas a la *Vida de Santa María Egipciaca*», en *Homenaje Blecua* (1983), pp. 73-85.

—, ed., *Libro de Apolonio,* Planeta (Clásicos Universales, LXXX), Barcelona, 1984.

—, «Transcripción paleográfica del *Sacrificio de la Misa* (BNM, ms. 1.533)», *AFA*, XXXIV-XXXV (¿1985?), pp. 65-101.

—, «Apoloni, clérigo entendido», en *Symposium Riquer* (1986), pp. 51-73.

Andrachuk, Gregory Peter, «Berceo's *Sacrificio de la Misa* and the *clérigos ignorantes*», en *Hispanic Studies Deyermond* (1986), pp. 15-30.

Ashley, Kathleen, «The Role of the Courts and the Thirteenth Century Portuguese Lyric», en *The Thirteenth Century*, ed. Ashley, State University of New York (Acta, III), Binghamton, 1976, pp. 65-78.

Ayerbe-Chaux, Reinaldo, «Las prosificaciones castellanas de Las *Cantigas de Santa María*: ¿una obra perdida de Juan Manuel?», en *Alfonsine Prose and Poetry* (1989).

Baños Vallejo, Fernando, «Lo sobrenatural en la *Vida de Santo Domingo*», *Berceo*, 110-111 (1986), pp. 21-32.

Beltrán, Luis, «Texto verbal y texto pictórico: las cantigas 1 y 10 del *Códice rico*», en *Homenaje a Alfonso X* (1986), pp. 329-343.

Beltrán, Vicente, ed., Gonzalo de Berceo, *Milagros de Nuestra Señora*, Planeta (Clásicos Universales, LII), Barcelona, 1983.

—, «'O vento lh'as levava': Don Denis y la tradición lírica peninsular», *BH*, LXXXVI (1984), pp. 5-25.

Bertolucci Pizzorusso, Valeria, «Libri e canzonieri d'autore nel medioevo: prospettive di ricerca», *SMV*, XXX (1984), pp. 91-116.

—, «Alcuni sondaggi per l'interpretazione del discorso critico su Alfonso X poeta», en *Estudios alfonsíes* (1985), pp. 91-117.

Boreland, Helen, «Tipology in Berceo's *Milagros*: The *Judíezno* and the *Abadesa preñada*», *BHS*, LX (1983), pp. 15-29.

—, «Prayer in the *Cantigas de Santa María*», en *Alfonsine Prose and Poetry* (1989).

Brea López, M., J. M. Díaz de Bustamante e I. González Fernández, «Animales de referencia y animales de significación en la lírica gallego-portuguesa», *Boletim de Filologia*, XXX (1984), pp. 75-100.

Brownlee, Marina Scordilis, «Writing and Scripture in the *Libro de Apolonio*: The Conflation of Hagiography and Romance», *HR*, LI (1983), pp. 159-174.

—, «Pagan and Christian: The Bivalent Hero of the *Libro de Alexandre*», *KRQ*, XXX (1983), pp. 263-270

Burke, James, «The Ideal of Perfection: The Image of the Garden-Monastery in Berceo's *Milagros de Nuestra Señora*», en *Keller Studies* (1980), pp. 29-38.

Bustos Tovar, E. de, «Razón de amor con los denuestos del agua y el vino», en *CT*, IV (1983), pp. 53-83.

Cacho, María Teresa, «'Retórico so fino': sobre los tópicos del *Libro de Alexandre*», en *Homenaje a don José María Lacarra de Miguel en su jubilación del profesorado*, V, Universidad de Zaragoza, 1977, pp. 133-151.

Cacho Blecua, Juan Manuel, «La tienda en el *Libro de Alexandre*», en *Actas Alfonso X* (1985), pp. 109-134.

—, «Género y composición de los *Milagros de Nuestra Señora* de Gonzalo de Berceo», en *Homenaje a José María Lacarra*, Gobierno de Navarra (*Príncipe de Viana*, anejo II), Pamplona, 1986, pp. 49-66.

Cañas Murillo, Jesús, ed., *Libro de Alexandre*, Editora Nacional (BLPH, XXXV), Madrid, 1988.

Capuano, Thomas M., «La correspondencia artística entre *De los signos que aparecerán*... de Berceo y la escultura del siglo XIII», *H*, LXXI (1988), pp. 738-742.

Caraffi, Patrizia, «*Clereçia, alegria, escriptura*: sull'identificazione con l'eroe nel *Libro de Alexandre*», *MR*, XIII (1988), pp. 237-252.

Caso González, José, «Mester de juglaría/mester de clerecía: ¿dos mesteres o dos formas de hacer literatura?», *Berceo*, 94-95 (1978), pp. 255-263.

Cohen, Rip, *Thirty-two «Cantigas d'amigo» of Dom Dinis: Typology of a Portuguese Renunciation*, HSMS (Portuguese Series, I), Madison, 1987.

Cómez Ramos, Rafael, «El retrato de Alfonso X el Sabio en la primera *Cantiga de Santa María*», en *Studies CSM* (1987), pp. 34-52.

Connolly, Jane E., *Translation and Poetization in the «Quaderna vía»: Study and Edition of the «Libro de miseria d'omne»*, HSMS (SS, XXXIII), Madison, 1987.

Corona-Alcalde, Antonio, «The Musical Performance of the *Cantigas de Santa María*», en *Alfonsine Prose and Poetry* (1989).

Corriente Córdoba, Federico, «Los arabismos en las *Cantigas de Santa María*», en *Estudios alfonsíes* (1985), pp. 59-65.

Cruz-Sáenz, Michèle Schiavone de, ed., *The Life of Saint Mary of Egypt: An Edition and Study of the Medieval French and Spanish Verse Redactions*, Puvill, Barcelona, 1979.

Chatham, James R., «Escorial MS T. I. 1 of the *Cantigas de Santa María* and Two MSS of *El Conde Lucanor*», *Revista de Estudios Hispánicos*, XVIII (Alabama, 1984), pp. 441-453.

Chaves, Maite, y Teresa Labarta de Chaves, «Influencia de las artes visuales en la caracterización de la Virgen en los *Milagros de Nuestra Señora*», *Berceo*, 94-95 (1978), pp. 89-96.

Devoto, Daniel, *Textos y contextos: estudios sobre la tradición*, Gredos, Madrid, 1974, pp. 11-61 (versión muy ampliada de tres de sus «Notas al texto de los *Milagros de Nuestra Señora* de Berceo», *BH*, LIX (1957), pp. 5-25).

—, «Berceo antes de 1780», *RABM*, LXXIX (1976), pp. 767-833; LXXX (1977), pp. 21-54, 455-530 y 777-835.

—, «Locos y locura en Berceo», *NRFH*, XXXIV (1985-1986), pp. 599-609.

Deyermond, Alan, «La estructura tipológica del *Sacrificio de la Misa*», *Berceo*, 94-95 (1978), pp. 97-104.

—, «Observaciones sobre las técnicas literarias de los *Loores de Nuestra Señora*», en *III Jornadas de Estudios Berceanos* (1981), pp. 57-62.

—, «The Love Poetry of King Dinis», en *Florilegium Clarke* (1983), pp. 119-130.

Díaz Arenas, Ángel, *Introducción y metodología de la instancia del autor/lector, y del autor/lector abstracto-implícito*, Reichenberger (Problemata Semiotica, IX), Kassel, 1986.

Díaz y Díaz, Manuel C., «Notas de bibliotecas de Castilla en el siglo XIII», en *Livre et lecture* (1981), pp. 7-12.

Domínguez Rodríguez, Ana, «Imágenes de un rey trovador: Alfonso X en las *Cantigas*», en *II Medio Oriente e l'Occidente nell'arte del XIII secolo: Atti del XXIV Congresso Internazionale di Storia dell'Arte (Bologna, 10-18 sett. 1979)*, ed. Hans Belting, Bolonia, 1982, pp. 229-239.

—, «Imágenes de la mujer en las *Cantigas de Santa María*», en *La mujer en el arte español: Actas de las III Jornadas de Investigación Interdisciplinaria*, Univ. Autónoma, Madrid, 1984, pp. 29-42 y 90-97.

—, «La miniatura del *scriptorium* alfonsí», en *Estudios alfonsíes* (1985), pp. 127-161.

—, «Iconografía evangélica de las *Cantigas de Santa María*», en *Studies CSM* (1987), pp. 53-80.

Dutton, Brian, ed., Gonzalo de Berceo, *Obras completas*, V: *El sacrificio de la Misa, La vida de Santa Oria, El martirio de San Lorenzo*, Tamesis, Londres, 1981.

—, ed., *A New Berceo Manuscript: Madrid, Biblioteca Nacional Ms 13149: Description, Study and Partial Edition*, Univ. of Exeter (EHT, XXXII), Exeter, 1982.

—, ed., Gonzalo de Berceo, *La vida de San Millán de la Cogolla*, 2.ª edición, Tamesis, Londres, 1984.

Farcasiu, Simina M., «The Exegesis and Iconography of Vision in Gonzalo de Berceo's *Vida de Santa Oria*», *Sp*, LXI (1986), pp. 305-329.

Fernández de la Cuesta, Ismael, «La interpretación melódica de las *Cantigas de María*», en *Studies CSM* (1987), pp. 155-188.

Fernández Mosquera, Santiago, «Organización del espacio en *Razón de amor*», en *Actas I AHLM* (1988), pp. 289-294.

Ferrari, Anna, «Formazione e struttura del canzoniere portoghese della Biblioteca Nazionale di Lisbona (cod. 10.991: Colocci-Brancuti): premesse codicologiche alla critica del testo (materiali e note problematiche)», *ACCP*, XIV (1979), pp. 25-140.

Ferreira, Manuel Pedro, *O som de Martin Codax: sobre a dimensão musical de lírica galego-portuguesa (séculos XII-XIV)*, Unisys e Imprenta Nacional-Casa de Moeda, Lisboa, 1986.

Filgueira Valverde, José, trad., Alfonso X, el Sabio, *Cantigas de Santa María, códice rico de El Escorial. Ms. escurialense T. I. 1*, Castalia (Odres Nuevos), Madrid, 1985.

Fraker, Charles F., «'Aetiologia' in the *Libro de Alexandre*», *HR*, LV (1987), pp. 277-299.

—, «Repetition, Old and New: The *Libro de Alexandre*», en *Studies in Honor of Sunner M. Greenfield*, Society of Spanish and Spanish-American Studies, Lincoln, Nebraska, 1985, pp. 95-106.

—, «The Role of Rhetoric in the Construction of the *Libro de Alexandre*», *BHS*, LXV (1988), pp. 353-368.

Franchini, Enzo, «Sobre el orden de los versos y la tradición manuscrita de la *Razón de amor*», *Vox Romanica*, XLVI (1987), pp. 128-137.

Garcia, Michel, «La strophe de *cuaderna via* comme élément de structuration du discours», *CLHM*, VII bis (1982), pp. 205-219.

García de la Concha, Víctor, «Los *Loores de Nuestra Señora*, un 'compendium historiae salutis'», *Berceo*, 94-95 (1978), pp. 133-189.

García de la Fuente, Olegario, *El latín bíblico y el español medieval hasta el 1300*, I: *Gonzalo de Berceo*, Instituto de Estudios Riojanos (CCEGB, V), Logroño, 1981.

—, *El latín bíblico...*, II: *El «Libro de Alexandre»*, Instituto de Estudios Riojanos (CCEGB, XI), Logroño, 1986.

García Turza, Claudio, *La tradición manuscrita de Berceo, con un estudio filológico particular del ms. 1533 de la Biblioteca Nacional de Madrid (BN)*, Instituto de Estudios Riojanos (CCEGB, IV), Logroño, 1979.

—, ed., Gonzalo de Berceo, *Los milagros de Nuestra Señora*, Colegio Universitario de la Rioja, Logroño, 1984.

Garulo, Teresa, trad., *Diwan de las poetisas de al-Andalus*, Hiperión (Poesía Hiperión, XCII), Madrid, 1986.

Gerli, E. Michael, «La tipología bíblica y la introducción a los *Milagros de Nuestra Señora*», *BHS*, LXII (1985), pp. 7-14.

—, ed., Gonzalo de Berceo, *Milagros de Nuestra Señora*, Cátedra (LH, CCIV), Madrid, 1985.

Gier, Albert, «Les *Cantigas de Santa María* d'Alphonse le Savant: leur désignation dans le texte», *CLHM*, V (1980), pp. 143-156.

Gimeno Casalduero, Joaquín, «La *Vida de Santa Oria* de Gonzalo de Berceo: nueva interpretación y nuevos datos», *ALE*, III (1984), pp. 235-281.

Girón Alconchel, José Luis, «Sobre la lengua poética de Berceo: el estilo indirecto libre en los *Milagros* y sus fuentes latinas», *Epos*, IV (1988), pp. 145-162.

Goldberg, Harriet, «The Voice of the Author in the Works of Gonzalo de Berceo and in the *Libro de Alexandre* and the *Poema de Fernán González*», *C*, VIII (1979-1980), pp. 100-112.

—, «The *Razón de amor* and *Los denuestos del agua y el vino* as a Unified Dream Report», *KRQ*, XXXI (1984), pp. 41-49.

—, «The Proverb in *Cuaderna vía* Poetry: A Procedure for Identification», en *Hispanic Studies Deyermond* (1986), pp. 119-133.

Gómez Moreno, Ángel, «Notas al prólogo del *Libro de Alexandre*», *RLit*, XLVI (1984), pp. 117-127.

—, «Nuevas reliquias de la cuaderna vía», *AFE*, III (en prensa).

González Rodríguez, Jorge, «Volviendo al alba de Nuno Fernandes Torneol», en *Actas I AHLM* (1988), pp. 329-335.

Greenia, George D., «Los discursos directos en el *Libro de Alexandre*», en *Actas VIII AIH* (1986), I, pp. 653-659.

—, «¿Berceo, autor del Alexandre?: investigaciones lingüísticas», en *Actas IX AIH* (1989), pp. 215-222.

Grieve, Patricia E., «Architectural and Biblical Building: The Poetic Structure of *¡Ay Jherusalem!*», *FMLS*, XXII (1986), pp. 145-156.

Hatton, Vikki, y Angus Mackay, «Anti-Semitian in the *Cantigas de Santa María*», *BHS*, LX (1983), pp. 189-199.

Heugas, Pierre, «Strophes initiales et finales dans *Los milagros de Nuestra Señora*», *MCV*, XV (1979), pp. 582-593.

Heur, Jean-Marie d', «Sur la tradition manuscrite des chansonniers galiciens-portugais: contributions à la Bibliographie générale et au Corpus des troubadours», *ACCP*, VIII (1974), pp. 3-43.

Impey, Olga Tudorica, «La estructura unitaria de *Razón de amor*», *JHP*, IV (1979-1980), pp. 1-24.

Kantor, Sofia, «Un récit à dominante modèle-illocutoire: *El clérigo simple* de Gonzalo de Berceo», *Strumenti Critici*, 41 (febrero de 1980), pp. 60-91.

—, «Semiotic Analysis of a Medieval Miracle: Gonzalo de Berceo's *The Fornicating Sexton*», *Poetics Today*, IV (1983), pp. 723-771.

Keller, John Esten, *Collectanea Hispanica: Folklore and Brief Narrative Studies*, ed. Dennis P. Seniff y María Isabel Montoya Ramírez, Juan de la Cuesta, Newark, Delaware, 1987.

—, *Las narraciones breves piadosas versificadas en el castellano y gallego del Medievo de Berceo a Alfonso X*, trad. A. Fernández-Vázquez, Alcalá (Aula Magna, XXIX), Madrid, 1987 (versión revisada del original de 1978, en inglés).

Kinkade, Richard P., «Sermon in the Round: The *Mester de clerecía* as Dramatic Art», en *Studies Correa* (1986), pp. 127-136.

—, «Scholastic Philosophy and the Art of the *Cantigas de Santa María*», en *Studies CSM* (1987), pp. 95-109.

Lacarra Ducay, María Jesús, «El códice 879 del archivo de la catedral de Zaragoza y los *Milagros de Nuestra Señora* de Gonzalo de Berceo», en *Homenaje a José María Lacarra*, I, Gobierno de Navarra (*Príncipe de Viana*, anejo II), Pamplona, 1986, pp. 387-394.

—, «Amor, música y melancolía en el *Libro de Apolonio*», en *Actas I AHLM* (1988), pp. 369-379.

Livermore, Harold, «The Formation of the *Cancioneiros*», *ACCP*, XXIV (1988), pp. 107-147.

López Estrada, Francisco, «Mester de clerecía: las palabras y el concepto», *JHP*, II (1977-1978), pp. 165-174.

—, «Sobre la repercusión de la palabra 'clerecía' en la literatura vernácula primitiva», en *Actas del I Simposio de Literatura Española, Salamanca, del 7 al 11 de mayo de 1979*, ed. Alberto Navarro González, Universidad (AS, Filosofía y Letras, CXXV), Salamanca, 1981, pp. 251-262.

López Morales, Humberto, «Los narradores de los *Milagros de Nuestra Señora*», en *III Jornadas de Estudios Berceanos* (1981), pp. 101-111.

Llorens Cisteró, José María, «El ritmo musical de las *Cantigas de Santa María*: estado de la cuestión», en *Studies CSM* (1987), pp. 203-221.

MacDonald, Robert A., «Alfonsine Law, the *Cantigas*, and Justice», en *Studies CSM* (1987), pp. 313-327.

Marcos Martín, Francisco, «La confusión de las lenguas: comentario filológico desde un fragmento del *Libro de Alexandre*», en *CT,* IV (1983), pp. 149-184.

—, ed., *Libro de Alexandre,* Alianza (Alianza Universitaria, DIV), Madrid, 1987.

Marchand, James W., «Gonzalo de Berceo's *De los signos que aparesçerán antes del juicio*», *HR*, XLV (1977), pp. 283-295.

—, «'Gloria Dei est celare verbum': Berceo's Use of the *Pia fraus*», *JHP*, VI (1981-1982), pp. 179-191.

—, «Berceo the Learned: The *Ordo prophetarum* in the *Loores de Nuestra Señora*», *KRQ*, XXXI (1984), pp. 291-304.

Márquez Villanueva, Francisco, «Las lecturas del deán de Cádiz en una *cantiga de mal dizer*», en *Studies CSM* (1987), pp. 329-354.

Martins, Mário, *Estudios de cultura medieval*, III, Edições Brotéria, Lisboa, 1983, pp. 11-74.

Menéndez Peláez, Jesús, «La tradición mariológica en Berceo», en *III Jornadas de Estudios Berceanos* (1981), pp. 113-127.

—, «El IV Concilio de Letrán, la Universidad de Palencia y el mester de clerecía», *Studium Ovetense*, XII (1984), pp. 27-39.

Mettmann, Walter, ed., Alfonso el Sabio, *Cantigas de Santa María*, Castalia (Clásicos Castalia, CXXXIV), Madrid, 1984.

—, «Algunas observaciones sobre la génesis de la colección de las *Cantigas de Santa María* y sobre el problema del autor», en *Studies CSM* (1987), pp. 355-366.

Michael, Ian, «The *Alexandre* 'Enigma': A Solution», en *Medieval Studies Tate* (1986), pp. 109-121.

Monedero, Carmen, ed., *Libro de Apolonio*, Castalia (CCa, CLVII), Madrid, 1987.

Montoya Martínez, Jesús, «El alegorismo, premisa necesaria al vocabulario de los *Milagros de Nuestra Señora*», *SMV*, XXX (1984), pp. 167-190.

—, «El ms. 110 de la Biblioteca Nacional de Madrid: ¿un texto más próximo a Berceo?», en *Actas I AHLM* (1988), pp. 445-451.

Mundi Pedret, Francisco, y Anabel Sáiz Ripoll, *Las prosificaciones de las cantigas de Alfonso X el Sabio*, PPU (Colección Ediciones y Estudios, II), Barcelona, 1987.

Nascimento, Augusto Aires, «Um mariale alcobacense», *Didaskalia*, IX (1979), pp. 339-412.

Nelson, Dana A., Gonzalo de Berceo, *El libro de Alexandre, reconstrucción crítica*, Gredos, Madrid, 1979.

Nodar Manso, Francisco, *La narratividad de la poesía lírica galaicoportuguesa: estudio analítico y antología narrativa*, Reichenberger (Problemata Semiotica, VI-VII), Kassel, 1985.

O'Callaghan, Joseph F., «The *Cantigas de Santa María* as a Historical Source: Two Examples (n.ᵒˢ 321 and 386)», en *Studies CSM* (1987), pp. 387-402.

Paredes Núñez, Juan, «Las cantigas profanas de Alfonso X el Sabio: temática y clasificación», en *Actas Alfonso X* (1985), pp. 449-466.

—, «Cantigas de escarnio y maldecir de Alfonso X el Sabio: la caricatura literaria», en *Estudios Soria*, I (1985), pp. 471-485.

—, ed., Alfonso X el Sabio, *Cantigas profanas*, Universidad de Granada, 1988.

Parkinson, Stephen, «False Refrains in the *Cantigas de Santa María*», *PS,* III (1987), pp. 21-55.

—, «The First Reorganization of the *CSM*», *Cant*, I (1987-1988), pp. 91-97.

Phipps, Carolyn Calvert, «El incesto, las adivinanzas y la música: diseños de la geminación en el *Libro de Apolonio*», *AFE*, I (1984), pp. 807-818.

Presilla, Maricel E., «Conflicts between Ecclesiastical and Popular Culture in the *Cantigas de Santa María*», *RQ*, XXXIII (1986), pp. 331-342.

—, «The Image of Death and Political Ideology in the *Cantigas de Santa María*», en *Studies CSM* (1987), pp. 403-457.

Prieto, Antonio, «En el mester fermoso de Berceo», en su libro *Coherencia y relevancia textual (de Berceo a Baroja)*, Alhambra (Estudios, IX), Madrid, 1980, pp. 20-76.

Rico, Francisco, «El purgatorio de Santa Oria», en su libro *Primera cuarentena*, El Festín de Esopo, Barcelona, 1982, pp. 25-28.

—, «El 'pecado' del 'mester'», *ibidem*, pp. 49-51.

Richardson, Vivienne, «Structure and Theme in the *Libre dels tres reys d'Orient*», *BHS,* LXI (1984), pp. 183-188.

—, «La clerecía deł mester», *HR*, LIII (1985), pp. 1-23 y 127-150.

Rodríguez, José Luis, «Os nomes dos trovadores: algunas anotaçons para umha fixaçom possível», en *Actas I AHLM* (1988), pp. 523-538.

Romera Castillo, José, «Análisis del planto *¡Ay, Iherusalem!*: rasgos de lengua y lengua literaria», en *Notas y estudios filológicos*, UNED, Pamplona, 1984, pp. 65-85.

Rossell i Mayo, Antoni, «Las comparaciones animales en las cantigas de escarnio galaico-portuguesas», en *Actas I AHLM* (1988), pp. 551-560.

Ruffinatto, Aldo, ed., *La vida de Santo Domingo de Silos, de Gonzalo de Berceo*, Instituto de Estudios Riojanos (CCEGB, III), Logroño, 1978.

—, *Semiotica ispanica: cinque esercizi*, Edizioni dell'Orso, Turín, 1985.

Sala, Rafael, *La lengua y el estilo de Gonzalo de Berceo: introducción al estudio de la «Vida de Santo Domingo de Silos»*, Instituto de Estudios Riojanos (CCEGB, X), Logroño, 1983.

Salvador Miguel, Nicasio, «'Mester de clerecía', marbete caracterizador de un género literario», *RLit*, XLII (1979), pp. 5-30. Versión un poco abreviada en *Teoría de los géneros literarios*, ed. Miguel A. Garrido Gallardo, Arco Libros, Madrid, 1988, pp. 343-371.

Saugnieux, Joël, *Berceo y las culturas del siglo XIII*, Instituto de Estudios Riojanos (CCEGB, VII), Logroño, 1982.

—, y Alain Varaschin, «Ensayo de bibliografía berceana», *Berceo*, 104 (enero-julio de 1983), pp. 103-119.

Sharrer, Harvey L., «La materia de Bretaña en la poesía gallego-portuguesa», en *Actas I AHLM* (1988), pp. 561-569.

Snow, Joseph T., «The Central Rôle of the Troubadour *Persona* of Alonso X in the *Cantigas de Santa María*», *BHS*, LVI (1979), pp. 305-316.

—, «A Chapter in Alfonso X's Personal Narrative: The Puerto de Santa María Poems in the *Cantigas de Santa María*», *C*, VIII (1979-1980), pp. 10-21.

—, «Self-Conscious References and the Organic Narrative Pattern of the *Cantigas de Santa María* of Alfonso el Sabio», en *Keller Studies* (1980), pp. 53-66.

—, «Alfonso X: sus 'cantigas'...: apuntes para su (auto)biografía literaria», en *Homage Solà-Solé* (1984), I, pp. 79-89.

—, «Alfonso X y/en sus *Cantigas*», en *Estudios alfonsíes* (1985), pp. 71-90.

Solomon, Michael R., y Juan Carlos Temprano, «Modos de percepción histórica en el *Libro de Alexandre*», *Inti*, XV (Providence 1982, [1984]), pp. 1-24.

Spaggiari, Barbara, «Un esempio di struttura poetica medievale: *las cantigas de amigo* di Martin Codax», *ACCP*, XV (1980), pp. 749-839.

Stegagno Picchio, Luciana, «Sulla lirica galego-portoghese: un bilancio», en *Études Horrent* (1980), pp. 333-350.

Surtz, Ronald E., «Fragmento de un *Catón glosado* en cuaderna vía», *JHP*, VI (1981-1982), pp. 103-112.

—, «The Spanish *Libro de Apolonio* and Medieval Hagiography», *MR*, VII (1980), pp. 328-341.

Swanberg, Ellen, «The Singing Bird: A Study of the lyrical Devices of *La vida de Santa María Egipciaca*», *HR*, XLVII (1979), pp. 339-353.

Tato García, M. C., «En torno al poema *¡Ay Iherusalem!* y a sus vinculaciones con la literatura galorrománica», en *Actas I AHLM* (1988), pp. 571-579.

Tavani, Giuseppe, «Rapporti tra testo poetico e testo musicale nella lirica galego-portoghese», *Revista de Letras*, XVII (Assis, 1975), pp. 179-186. Reimpr. en *Atti del 3.º Congresso Internazionale sul tema «La musica al tempo del Boccaccio e i suoi rapporti con la letteratura» (Siena-Certaldo 19-22 Iuglio 1975)*, Certaldo, 1978, pp. 425-433.

—, «A proposito della tradizione manoscritta della lirica galego-portoghese», *MR*, VI (1979), pp. 372-418.

—, *A poesia lírica galego-portoghese*, Galaxia (Ensaio e Investigación, VI), Vigo, 1986.

Tesauro, Pompilio, ed., *Libro de miseria de omne*, Giardini (CTSI, Testi Critici, V), Pisa, 1983.

—, «Il *Libro de miseria de omne*, sermone in verso», *SI* (1984), pp. 9-19.

Triviños, Gilberto, «'Vagar doma las cosas' (sobre la edición del *Libro de Alexandre*)», *NRFH* (1983), pp. 137-155.

Uría Maqua, Isabel, «El *Poema de Santa Oria*: cuestiones referentes a su estructura y género», *Berceo*, 94-95 (1978), pp. 43-55.

—, «Sobre la unidad del mester de clerecía del siglo XIII: hacia un replanteamiento de la cuestión», en *III Jornadas de Estudios Berceanos* (1981), pp. 179-188.

—, ed., *Poema de Santa Oria*, Castalia (CCa, CVII), Madrid, 1981.

—, «Sobre la transmisión manuscrita de las obras de Berceo», *Inc*, I (1981), pp. 13-23.

—, «Gonzalo de Berceo: la Introducción del *Poema de Santa Oria*», en *CT*, IV (1983), pp. 105-123.

—, «Los folios LXXXIII y LXXXIV que faltan en el ms. 4B de la Real Academia Española, códice "in folio" de las obras de Berceo», *BRAE*, LXIII (1983), pp. 49-61.

—, «Gonzalo de Berceo y el mester de clerecía en la nueva perspectiva de la crítica», *Berceo*, 110-111 (1986), pp. 7-20.

—, «El *Libro de Alexandre* y la Universidad de Palencia», en *Actas del I Congreso de Historia de Palencia*, IV, Diputación Provincial, Palencia, 1987, pp. 431-442.

Van Antwerp, Margaret, «*Razón de amor* and the Popular Tradition», *RPh*, XXXII (1978-1979), pp. 1-17.

Varaschin, Alain, «Preliminares a un estudio de la religión popular en Gonzalo de Berceo», en *Homenaje Sainz Rodríguez* (1986), II, pp. 657-666.

Walsh, John K., «The Other World in Berceo's *Vida de Santa Oria*», en *Hispanic Studies Deyermond* (1986), pp. 291-307.

Weber de Kurlat, Frida, «La 'visión' de Santo Domingo de Silos: Berceo, *Vida de Santo Domingo de Silos*, cuartetas 244-251», en *Estudios Alarcos Llorach* (1978), III, pp. 489-505.

Weiss, Julian, «Lyric Sequence in the *Cantigas d'amigo*», *BHS*, LXV (1988), pp. 21-37.

Willis, Raymond S., «In Search of the *Libro de Alexandre* and its Author», *HR*, LI (1983), pp. 63-88.

FRANCISCO RICO

LA CLERECÍA DEL MESTER:
«SÍLABAS CONTADAS» Y NUEVA CULTURA

La composición de los poemas castellanos en cuadernavía se alinea con toda naturalidad entre las manifestaciones propias de la formación, el talante y las circunstancias de los «scolares ... clerici» en la España de la primera mitad del Doscientos. Es un «mester» más —uno entre muchos, pero articulado con los restantes— de la «clerecía» de la época. Cuando en el *Libro de Alexandre* se apunta la etiqueta tan manoseada luego, las palabras «mester ... de clerecía» no designan una escuela poética en romance, por supuesto, ni se agotan en la obra que se nos ofrece: presentan el *Libro* y el estilo de las «sílabas contadas» como concreciones parciales de un espíritu más amplio, como aplicaciones específicas de un planteo más general. [Cuando la cuadernavía castellana se pone en serie con la producción hispanolatina, con obras como el *Poema de Roncesvalles*, el *Verbiginale*, el *Poema de Benevívere* o el *Planeta* de Diego García; cuando se lee a luz de los manuales empleados en las universidades,] de inmediato se aprecian importantes rasgos unitarios, en actitudes y maneras, procedimientos y objetivos; y se comprueba que textos latinos —entre 1200 y 1225— y textos vernáculos —entre 1225 y 1250— convergen en atestiguar la aparición y el auge de un nuevo estamento intelectual.

En torno al 1200, los monjes han perdido o están perdiendo la hegemonía cultural que por tanto tiempo les ha correspondido, y el arquetipo del intelectual pasan a darlo los «scolares ... clerici», abiertos

Francisco Rico, «La clerecía del mester», *HR*, LIII (1985), pp. 1-23, 127-150 (148, 8-11, 21-23).

a la nueva sociedad —progresivamente urbana, con economía de cambio y circulación de pobladores—, curiosos de toda disciplina —y ansiosos de lucirla—, «evagando per scolas.» [...]

Son clérigos muy distintos de los viejos curas «inscii litterarum», de ignorancia tan sin remedio como el «missacantano», «idïota», «pobre de clerecía», de los *Milagros de Nuestra Señora* (220-21). Los «scolares» en cuestión tienen la querencia de aprender y de comunicar lo aprendido, y están dispuestos a aprovechar las exenciones y privilegios que se les conceden para frecuentar los centros de instrucción promovidos por la jerarquía y donde se remansa el estupendo caudal de saberes que ahora fluye *un peu partout*, [gracias a las aportaciones conseguidas en el 'renacimiento' del siglo XII].

Concibámoslo como lo concibamos, siempre habremos de tomar en cuenta que el modelo sobre el cual se reguló, el punto de referencia último para los cultivadores de la cuadernavía, fue en España el *Libro de Alexandre*. Pero no olvidemos el abecé: el *Alexandre* es un libre romanceamiento de la *Alexandreis* (hacia 1182) de Gautier de Châtillon; [y] en las cercanías del 1200 la *Alexandreis* era básicamente un libro de escuela, una respetable lectura de escolar. Entró pronto «in scholis grammaticorum», en los catálogos de *auctores*, y es bien natural que, si la primera universidad española contaba en 1220 con un «auctorista», la epopeya de Gautier figurara entre los textos obligatorios. No hay duda, en efecto, de que los estudiantes de Palencia la frecuentaban antes de 1226. En un epistolario entonces salido de sus manos, cierto conde increpa a unos caballeros reos de «proditio» comparándolos a los dos grandes traidores de la *Alexandreis*: «in dolo Narbazonem, necnon Antiphatem in sevitia imitantes».

No es inevitable pensar que el poeta del *Libro de Alexandre* había aprendido «de cuer ... los auctores» (40c) y «los auctoristas» (1197a) precisamente en las aulas palentinas. Puede ser; pero, si fue, no pasaría de una anécdota, y Palencia me importa ahora en tanto categoría, emblema de la 'institucionalización' en España de la nueva cultura europea. Quienes se educaran en Palencia no podían diferenciarse gran cosa de los salidos de las universidades transpirenaicas, y, por otro lado, no dejarían de diseminar su saber en otros lugares. [En cualquier caso,] la «clerecía» del *Alexandre* ha pasado por la universidad. De ahí llegan la formación en el *trivium*, exhibida a todo propósito, y el entusiasmo por Aristóteles y la filosofía natural: el maestro y la disciplina que vienen a revolucionar en tal medida las facultades de artes, que ya en 1210 hay que ponerles dique en París. Pero si los estudiantes de Palencia copiaban y componían cartas relativas a pleitos entre caballeros, y si en ellas sacaban a relucir a los villanos de la *Alexandreis* junto a menciones de Catilina o Pílades y citas de Ovidio, es porque la educación universitaria les abría el paso a los ambicionados empleos en las secretarías señoriales y reales (tan nutridas de clérigos, que los obispos no cesaban de protestar de que los magnates les mermaban la jurisdicción). El Alejandro del *Libro* era a la par «tesoro de proeza» y «arca de savieza» (1577), con doble caracterización que inspira y conforma toda la obra [cf. *HCLE*, I, pp. 143-144]. No debiera sorprender que el poeta que le prestó tales rasgos —abultando en particular la «clerecía» solo ligeramente esbozada por Gautier— hubiera gustado la «savieza» en el ambiente universitario y tuviera ocasión de reflexionar sobre la «proeza» en la cancillería de algún noble enzarzado en luchas análogas a las del Conde cuyos rivales se equiparaban a Nabárzanes y Antípatro en el epistolario palentino.[1]

1. [«A un "clericus" avispado le cabía entrar al servicio de un noble —y hasta de un monarca— o alcanzar una notaría municipal. Pero (los testimonios indican que los escolares de la época) consideraban principalmente la posibilidad de convertirse en funcionarios de la organización eclesiástica: en las cancillerías catedralicias, en primer término, pero también en las monacales... (Gonzalo de Berceo, al igual que el autor del *Poema de Benevívere*, no se deja entender) sino como uno de los "clerici" de nuevo cuño de quienes los monasterios echaron mano para ir contemporizando, a tuerto o a derecho, con los imperativos de una sociedad en transformación... A Berceo le correspondió airear ciertos materiales de la biblioteca monacal, asimilando, en su caso, el espíritu propagandístico que los animaba. Pero él manejaba unas técnicas aprendidas en una cultura latina superior a la anquilosada de los monjes y tenía un fino sentido de cómo utilizarlas —aun trasvasadas al romance— de suerte que resultaran eficaces lejos del claustro y de los ambientes tan enrarecidos como el claustro... En cualquier caso, Berceo era un clérigo secular y no estaba atado a San Millán. La asociación con el monasterio le convenía espiritual y profesionalmente, pero no agotaba sus horizontes. Al cenobita, ignorante casi por definición, oponía el perito que la jerga universitaria denominaba *legista*, "legista semejades, ca non monge travado" (*Santo Domingo* [146*b*]); dirigía la mirada a la sede por excelencia del saber *à la page*: "sabrán mayores nuevas ... que non renuncian todos los maestros de Francia" (*Duelo* [6]); y, por encima de todo, la cultura que revela es substancialmente la misma de los "scolares ... clerici" con quienes nos venimos topando en latín y en castellano... (El hecho, por ejemplo, de que el hipérbaton sea en él más frecuente incluso que el orden lógico y a cada paso se hallen versos como "Millán me puso nomne la mi buena nodriz" o "quanto hayas el vaso que te darán bebido" es indisociable de las modas estilísticas impuestas por la preceptiva más avanzada en torno al 1200): otro de los ejes estilísticos de Berceo, otra clave de la poética del "mester", el hipérbaton que escande fonética y semánticamente la cuadernavía (véase abajo), se nos presenta en perfecta concordancia con las más recientes tendencias del *ars dictandi*, con el último grito de la *Poetria nova*» (pp. 128, 135, 138, 143, 145).]

[Dicho epistolario se encuentra en un manuscrito (Biblioteca de Cataluña, 776) en que también figuran un *ars dictandi* y un opúsculo en hexámetros sobre la cantidad silábica. Consta que ese códice misceláneo era utilizado por los alumnos de la Universidad de Palencia, como utilizaban la *Alexandreis* y el *Verbiginale*, largo tratado en verso sobre morfología verbal, con el que el *Libro de Alexandre* coincide, a veces literalmente, en el elogio del saber o en la exaltación del deseo de fama. La concentración de todos esos libros de texto en la retórica, la gramática y, dentro de ésta, sobre todo en la prosodia muestra que tales disciplinas ocupaban en la universidad un lugar de honor. Se explica así, por ejemplo, la fidelidad con que el *Libro de Alexandre* reproduce la prosodia latina, descartando toda analogía con la romance, y acentúa, verbigracia, «Narbázones» (142*d*) y «Antípater» (2531*c*), sin ceder a la instigación de las terminaciones vernáculas en -*anes* y -*ones*, ni a la tentación de calcar el paroxítono *pater*.] Incluso aparte de los nombres propios, en terrenos harto más propicios a las interferencias del romance, el *Alexandre*, Berceo y el *Apolonio* nos sorprenden por la osadía con que mantienen la pronunciación de la lengua docta: no sólo imponiendo «cïencia» y «sapïencia», «devocïón» y «visïón», sino introduciendo «conféssor» o «demon» y aun formas verbales como «signífica» o «versífico». [...]

La victoria de la norma latina sobre las tendencias romances en prosodia no es mero fenómeno ocasional o de detalle: llega a afectar al mismo corazón del «mester», a uno de los factores que lo moldean en grado decisivo. Que decisiva es, en verdad, la rigurosa proscripción de la sinalefa que se observa en la cuadernavía desde el *Alexandre* y Berceo al *Apolonio* y el *Poema de Fernán González*. La realización como heptasílabos de «que a esta pregunta», «ya era el venino» o «de entender leyenda» suponía y supone ejercer una irremediable violencia contra el oído castellano. Si el «mester» la practicó de modo tan inmisericorde, ha de tratarse de uno de los ejes de su poética. De hecho, la ausencia de sinalefa, a la vez que condiciona las «sílabas contadas», repercute a las claras «en otros niveles de la estructura del verso»: y, así, en convergencia con recursos como la supresión de partículas relacionantes, como las frases parentéticas o los hipérbatos, contribuye en medida importante a «segmentar la lengua, descomponiéndola en sus distintos elementos o unidades sintácticas, esto es, separando las distintas categorías léxicas y gramaticales», y propicia «la andadura pausada ... o ritmo desligado» del discurso.

Las conclusiones de Isabel Uría (1981*a*) que acabo de transcribir me parecen substancialmente exactas. La dialefa obliga a una lectura despaciosa, deslinda una por una las piezas de la sarta lingüística, subrayándolas y proponiéndolas todas a una percepción más atenta y eficaz. El procedimiento es solidario, por ejemplo, del que fragmenta el «curso rimado» en estampas, viñetas o 'paneles' recuadrados por el marco del tetrámetro. En espera de análisis minuciosos, bastaría esa observación para convencernos de que la prohibición de la sinalefa constituye una de las claves, insisto, de la poética del «mester». Pero ¿de dónde viene tal clave? Creo que podemos contestar sin vacilación: de la prosodia latina más prestigiosa a comienzos del Doscientos, [porque los teóricos del siglo XII habían prescrito tajantemente que se rehuyera la sinalefa, considerándola prueba de rudeza, de *rusticitas*. Según la doctrina más prestigiosa, elisión y sinalefa mutilaban el lenguaje, vaciaban de significado a las palabras y, borrándoles los límites, se prestaban especialmente a la confusión. Los «clericuli» formados de acuerdo con esos preceptos no dudaron en extender la interdicción de la sinalefa a los poemas romances en que vertían la «cïencia» atesorada en las nuevas escuelas.] En vulgar, la dialefa recalcaba prosódicamente la enjundia del mensaje y, por ende, lo presentaba como más provechoso. Sin embargo, el provecho del lector no se buscaba a costa de empequeñecer al autor: bien al revés, la aplicación de la prosodia latina era un alarde de «clerecía». En unos aspectos, el autor ponía sus conocimientos a la altura del lector; en otros, el lector tenía que subir hasta la del autor. Así, la prohibición de la sinalefa se diría un síntoma excelente de la dualidad constitutiva del «mester»: empeño didáctico —«deve de lo que sabe ome largo seer»— y ostentación erudita de «maestría». Pero la «grant maestría» en evitar todo «pecado» en la cuenta de las sílabas era, según el *Apolonio*, una «*nueva* maestria». Nos enfrentamos con la misma conciencia de novedad que expresaba Pablo el Camaldulense a oponer los usos prosódicos de un antaño burdo («nostri predecessores») y el elegante destierro de la sinalefa proclamado por los «moderni». En uno y otro caso, la dialefa separaba, a la vez que sílabas, mentalidades y culturas.

G. P. Andrachuk

LOS «CLÉRIGOS IGNORANTES» DE BERCEO

Los siglos XII y XIII fueron turbulentos para la Iglesia de Occidente. En varias partes de Europa surgieron movimientos heréticos de carácter popular que resultaron dificilísimos de extirpar, debido en parte al descontento general con el clero, tanto en su faceta religiosa como en su comportamiento personal. Al mismo tiempo, en el seno de la Iglesia existía un movimiento reformista que avanzaba gracias a los esfuerzos de nuevas órdenes mendicantes, como los franciscanos y los dominicos. Debido a la importancia que concedían a la difusión del Evangelio, por medio de la predicación y llevando una vida ejemplar, estas órdenes reflejaban las ideas de los albigenses y los valdenses, contra las que estaban obligadas a luchar. Pero también parecían compartir otra de sus características, en la práctica, cuando no de hecho, puesto que su vida itinerante inevitablemente les hacía descuidar la vida sacramental, y la práctica de la adoración regular en público quedaba en manos del clero secular y de las órdenes monásticas. A causa de ello, los sacerdotes seculares y el clero regular parecían competir no sólo con los herejes, sino también con sus correligionarios mendicantes. Uno de los más grandes predicadores perteneciente a las órdenes mendicantes, san Bernardino de Siena (1380-1444), arguyó, según se dice, que, de poder elegir entre las dos cosas, oír un sermón público sería mejor que ir a misa. En 1215, la tendencia a restaurar el culto eucarístico se vio impulsada por el cuarto Concilio de Letrán con su definición de la doctrina de la transubstanciación, definición que santo Tomás de Aquino se encargaría de pulir todavía más. El movimiento promovía un ritual cada vez más complejo que estaba relacionado con la devoción eucarística, que también institucionalizaba la elevación mayor de la hostia y el cáliz durante el canon de la misa.

A partir de estas premisas debe juzgarse el *Sacrificio de la misa*, sin ninguna idea apriorística de Berceo como sacerdote rural, aislado del mundo, escribiendo poemas encantadores pero ingenuos para los peregrinos. Nuestra imagen de Berceo ha cambiado radicalmente en

G. P. Andrachuk, «Berceo's *Sacrificio de la misa* and the *clérigos ignorantes*», en *Hispanic Studies Deyermond*, (1986), pp. 15-30 (15-20, 22, 27-28).

años recientes y el *Sacrificio* es la prueba de su participación en los grandes problemas con que se enfrentaba la Iglesia de su tiempo. Brian Dutton [1981] ha dicho del *Sacrificio*: «En esta obra, como en ninguna, se ve cómo... la imagen del clérigo ingenuo es un error enorme». De hecho, tal como sugiere Dutton, hay motivos para creer en la posibilidad de que Berceo estudiara en el *studium generale* de Palencia, donde con toda seguridad tendría ocasión de ver, no sólo los escritos de los teólogos y los liturgistas, sino también las teorías de las *artes praedicandi*. Allí también se daría cuenta de la influencia de las sectas heréticas y de su efecto en la vida de la Iglesia. En 1236 el papa Gregorio IX envió un documento al obispo de Palencia por el que le permitía absolver a ciertos herejes acusados de ser albigenses. La fecha tiene cierta importancia para nosotros porque, si Dutton no se equivoca en su cronología de las obras de Berceo, el *Sacrificio* fue escrito durante un período de actividad herética en la región donde vivía Berceo. Dutton sitúa el *Sacrificio* en el tercer lugar de los diez poemas existentes y fija su fecha de composición entre 1236 y 1246, esto es, en el mismo decenio en el que compuso los *Milagros de Nuestra Señora*. Fue, además, el decenio inmediatamente después de ordenarse sacerdote. [...] Creo que Berceo, al igual que Tomás de Aquino, vio que la predicación y el culto eucarístico no se excluían mutuamente, sino que se complementaban.

En efecto, el oficio eucarístico ha contenido siempre ambos componentes: enseñanzas basadas en la palabra de las Escrituras y culto a la presencia real de Cristo en los elementos del pan y el vino en la Santa Cena. En la Iglesia primitiva el oficio consistía en dos partes distintas pero relacionadas entre sí. La primera, llamada misa de los catecúmenos, era la liturgia de las Escrituras y llevaba aparejadas tanto la plegaria como la lectura del Antiguo Testamento, el Nuevo Testamento (ya fuera de las epístolas o de las lecciones) y el Evangelio. La segunda parte, la misa de los fieles, estaba destinada únicamente a los que habían profesado la fe y era en la que se celebraba la Eucaristía. Así, pues, el acceso al sacrificio del pan y del vino se convirtió en un privilegio. La comprensión de que los misterios que se celebraban allí eran sagrados y estaban reservados para los que habían entendido la palabra de Dios disminuyó gradualmente a medida que la gente fue conociendo cada vez menos el ritual, que se celebraba en un latín que la gente ya no podía entender. A menudo ni siquiera los sacerdotes podían apreciar plenamente la naturaleza trascendente de la misa, porque también ellos carecían de la cultura necesaria para comprender el significado del ritual. [...] A causa de ello, su fervor por la celebración de la misa disminuyó hasta tal punto, que los concilios de la Iglesia tuvieron que establecer mínimos para la celebración de la Eucaristía [En 1317 el concilio de Tarragona estipuló que el clero tenía que celebrar misa por lo menos tres veces al año.]

En vista de semejante estado de cosas, la historia que Berceo cuenta en los *Milagros* acerca del «clérigo simple» adquiere mayor sentido y justifica un nuevo examen. En esa historia el autor adapta un cuento encontrado en su fuente (MS. Thott 128) y lo altera de forma significativa. El protagonista del relato es un sacerdote tan ignorante, que no puede leer el misal. Conoce una sola misa, la *Salve Sancta Parens*, que está dedicada a santa María; tal incapacidad de leer le obliga a decir esa misa todos los días, lo cual está estrictamente prohibido por la ley canónica. El abuso estaba tan extendido en tiempos de Berceo, que Alfonso el Sabio juzgó necesario incluir su prohibición en las *Siete partidas*. En la primera partida (Título iv, Ley 49), prohíbe el uso de misas votivas, especialmente las de *Trinidat o de Sancti Spiritus o de Santa María*, a menos que el misal lo permita. El sacerdote de Berceo es llevado ante el obispo y acusado de incompetencia. El obispo le releva de su obligación pastoral, actuando estrictamente de acuerdo con lo que se estipula en los códigos de la ley, pues según la primera partida (Título v, Ley 65), el obispo debe mantener el orden entre sus clérigos y castigar a los que sean culpables de irregularidades. Pero la Virgen, enojada al ver que se la priva de esa atención diaria, se aparece al obispo y le amenaza con la muerte si no vuelve a colocar al sacerdote en su parroquia. El obispo obedece y, además, se brinda a proporcionar al sacerdote vestiduras y zapatos con el fin de que la liturgia pueda celebrarse más apropiadamente. [...]

La historia del *clérigo simple* refleja el reconocimiento por parte de Berceo de la importancia de que el clero esté preparado de forma debida para cumplir con sus obligaciones. Eso también se indica en el *Setenario* de Alfonso el Sabio: «Et el ffazedor que ffiziere los sacramentos o diere a otro ssus vezes que los ffaga, deue sser sabidor de los fazer en tres maneras: la una, creencia; la otra, con deuoción; la otra, linpiamente. Et quien assí non faze yerra contra Dios e contra ssí mismo. Otrossí tuelle e arriedra el danno e la uerguença quando es ffecho como deue; que podrié rrecibir tan bien danno el ffazedor como el rrecibidor ssi assí non sse fiziere» (Ley 76). Para Berceo, al igual que para Alfonso, la debida atención a los actos rituales no es sólo deseable en tanto que reflejo de la naturaleza trascendente del sacramento, sino también como cuestión que afecta al estado espiritual del celebrante. Como veremos, los preceptos del *Sacrificio* se dan a veces con la advertencia de que, si no se cumplen, el sacerdote puede incurrir en pecado. [...]

El *Sacrificio*, al igual que sus fuentes, era en verdad un manual para sacerdotes; el hecho de que estuviese escrito en *román paladino* no significa que se escribiera para los laicos, sino más bien para los miembros del clero que no estaban bien versados en latín y para quienes los tratados más eruditos sobre la misa eran inaccesibles. [Dutton (1981) ha reafirmado la teoría de Teresa Goode (expuesta en su libro *Gonzalo de Berceo, «El sacrificio de la misa»: A study of its symbolism and of its sources*, 1933), según la cual Berceo usó un tratado sobre la misa destinado a los clérigos que se halla en el ms. 298 de la Biblioteca Nacional.] En su mayor parte, el tratado procura explicar el simbolismo que hay detrás de la liturgia para que el sacerdote pueda desempeñar con mayor conocimiento su papel de celebrante, pero, en general, no da instrucciones para «rubricar». [Sin embargo,] parece que la intención de Berceo era algo diferente. No sólo proporciona al lector la misma clase de material interpretativo que su fuente, sino que también le da instrucciones de rúbrica bastante precisas que van claramente dirigidas al celebrante y no a los fieles. [...] En una obra destinada a los laicos cabría esperar que hubiera instrucciones para la respuesta de los fieles así como una descripción de lo que hace el sacerdote, como, de hecho, encontramos en los misales más modernos para uso del público. La insistencia de Berceo en los aspectos ceremoniales del oficio, en contraposición a lo estrictamente litúrgico, induce a Goode a afirmar lo siguiente: «De la plegaria propiamente dicha que tan llena está de simbolismo místico no se ofrece ninguna interpretación; pero del rito que la acompaña... y que concuerda de un modo exquisito con el tenor de la plegaria hay una explicación meticulosa». Una lectura atenta del texto revela que Berceo estaba tan interesado por los actos ceremoniales de la misa como por el sentido que había detrás de la liturgia, y que, de hecho, el poema entero está estructurado de forma que justifique el ritual complejo que se había formado alrededor de la Eucaristía.

Era práctica común entre las sectas heréticas hacer mofa de la liturgia establecida [en sus sermones]. Como es natural, tales predicaciones empujaban a los seglares, y en cierta medida al clero, especialmente si no conocía bien el sentido de la liturgia, a poner en entredicho actos rituales aparentemente obscuros. Algunas estrofas del *Sacrificio* indican que Berceo responde a preguntas relativas al sentido o la utilidad del ceremonial, y parece que algunas de ellas proceden del sector sacerdotal. [Además, para contrarrestar los efectos de los predicadores heréticos, Berceo trata de dignificar el ritual de la Misa vinculándolo a los sacrificios del Antiguo Testamento.] Pero la relación entre la misa y los sacrificios del Antiguo Testamento depende del único acto cuyo valor jamás puede cristiano alguno poner en duda: el acto redentor del sacrificio de Cristo. Si bien los sacrificios del Antiguo Testamento prefiguran el de Cristo, la misa, como ha indicado Deyermond [1978], es una representación posterior de ese mismo acto. Así, pues, el valor de la misa queda asegurado por partida doble: en primer lugar, por su continuación de los aspectos rituales de los oficios del templo; en segundo, por su función de anamnesis de la pasión y muerte de Cristo [...].

Las estrofas 29 y 30 son importantes para la comprensión del *Sacrificio*, pues aquí el autor habla de los apóstoles como vicarios de Cristo que fundan una Iglesia ritual y ordenan sacerdotes para que cumplan funciones litúrgicas de carácter específico. Se invita al sacerdote-lector a verse a sí mismo como uno de los nuevos vicarios de Cristo, pues cuando Berceo habla de la compañía de los apóstoles llamándola *buen conviento*, sugiere al lector que también él forma parte de un «buen convento» integrado por aquellos que, como los apóstoles, deberían esforzarse por ser los verdaderos *omnes perfectos de perfecto sentido*. Los preceptos que da para la celebración de la misa y para el estado espiritual en que debe celebrarse forman parte de la educación del hombre «perfecto». Para Berceo, es el monasterio el que proporciona un tipo de vida perfecta; es aquí donde mejor puede el hombre esforzarse en pos de la perfección y donde tiene la mejor oportunidad de alcanzarla. Creo que el *Sacrificio* no sólo fue escrito para sacerdotes, y no para laicos, sino para un determinado grupo de sacerdotes: los de los monasterios. Hay en el texto ciertas indicaciones de que es así.

En primer lugar, el ceremonial de la misa que Berceo describe no es de una clase que sería accesible al sacerdote rural porque se trata de una misa mayor (o solemne) que se celebra con diácono y subdiácono y, según la descripción de Berceo, un coro bien ensayado. Ahora bien, un ritual así cabía encontrarlo en las catedrales, en las iglesias colegiales o en los monasterios, pero no en una parroquia rural, ni siquiera en una iglesia normal de la ciudad. Dado que se dirigió a los que podían presenciar o participar en un oficio de esta índole, todavía debemos tener en cuenta el hecho de que escribió su tratado en lengua vernácula en vez de en latín. La mayor parte —de hecho, la aplastante mayoría— de los sacerdotes adscritos a catedrales o iglesias colegiales eran hombres cultos, pero no podía decirse lo mismo de los sacerdotes de los monasterios. Estos podrían observar una misa solemne con regularidad (de hecho, la misa conventual se celebraba invariablemente de esa manera), a la vez que sus propias celebraciones cotidianas serían más sencillas, misas «dichas» o «bajas». Por consiguiente, las explicaciones que Berceo les da en el *Sacrificio* se basan en el ceremonial de la misa solemne, pero son aplicables en gran parte a todas las celebraciones de la Eucaristía. El sentido de fraternidad que Berceo muestra en sus admoniciones es perfectamente comprensible si aceptamos el hecho de que aquí, como en sus otras obras, escribe principalmente para sus amados monasterios.

OLGA T. IMPEY

EL ENSUEÑO DE LA *RAZÓN DE AMOR*

[La idea de algunos críticos, como Spitzer (véase *HCLE*, I, 161-165), de entender el poema como sueño o visión podría llevar, tal vez, a la comprensión de la insólita *composición* de la *Razón de amor*.] En cambio, una conjetura afín, la del ensueño o de la *rêverie* es más prometedora para iluminar su *unidad*. Además, dicha conjetura se aviene mejor con el texto del poema que no hace mención expresa del dormir propiamente dicho. Como *rêverie* la *Razón de amor* es la actividad consciente de un *yo* que medita y discurre. En consecuencia, el enlace de las partes discrepantes del poema, o sea de las distintas «visiones», ha de buscarse en la presencia constante a través del poema de aquel que las tiene, es decir en la voluntad creadora del narrador protagonista, poeta y escolar, designado en el texto por la primera persona. Este *yo*, que fantasea en un continuo vaivén imaginativo en torno al vino y al agua, a la doncella y a la paloma, es la fuerza activa, motriz, que introduce en la canción narrativa, uno tras uno, a los demás agentes. Lo prueba el hecho de que el *yo* es capaz de «ver» desde lejos no sólo un vaso de plata sino también su contenido, el vino: «estava so un olivar. / Entre çimas d'un mançanar / un vaso de plata vi estar / pleno era d'un claro vino / que era vermeio e fino» (vv. 12-16). Está claro que la postura poética que el *yo* adopta es la del narrador om-

Olga T. Impey, «La estructura unitaria de *Razón de amor*», *Journal of Hispanic Philology*, IV, 1 (1979-1980), pp. 1-24 (4-5, 15-19, 21-24).

nisciente, que determina tanto la salida al escenario de los demás agentes, como su actuación y modalidad de expresión. Por esto, no es casual que la introducción de un nuevo agente en el texto coincida con un cambio de la forma de discurso. Así, la llegada de la doncella preludia los versos líricos y el diálogo amoroso. A su vez, la descripción de la paloma reestablece el tenor narrativo. Finalmente, el agua y el vino, que actúan juntos, llevan a la transformación de la narración en un debate dramático. [...]

En el primer segmento de la *Razón de amor* el *yo* y el vino se prefiguran como agentes principales de la narración; la dueña y el agua se perfilan en el transfondo nebuloso del pasado y del futuro. En el mismo segmento se delimitan también el espacio y el tiempo poéticos de los agentes. A un extremo del espacio (el huerto) se halla el olivo; a cuya sombra está, por la tarde («depués yantar»), un *yo* pensativo. Desde este aquí y este ahora (*hic et nunc*) el *yo* contempla el manzanar que se yergue al otro extremo del espacio visual; el manzanar así como los dos vasos que están en la sombra fresca del follaje se sitúan en un allí y en un indefinido mañana (*illuc et mane*, «maña»), en el cual el *yo* omnisciente proyecta o imagina la posible llegada del amigo, su encuentro con la dueña y el beber del vino: «quan su amigo viniese, / d'aquel vino a bever le diesse.» [...]

En el segundo segmento del poema (vv. 33-147) el *yo* da corporeidad a la dueña y convierte en realidad tangible las posibilidades eróticas apenas vislumbradas. Desde el principio del segmento, con el verso «sobre un prado pus mi tiesta», se nota una alteración en la postura del *yo* (recuérdese que al final del segmento primero el *yo* todavía «estava so un olivar»). Dicha alteración sugiere un cambio todavía más importante: del estado de desvelo al de duermevela o de ensueño. La actividad imaginativa de la *rêverie* del *yo*, una vez desencadenada, adquiere un ritmo y unas modalidades de expresión propias: al principio es contemplativa y narrativa (vv. 34-77), después es predominantemente lírica (vv. 78-97) y en la parte final es narrativo-dramática (vv. 98-147).

[Con la forzosa despedida de los dos amantes] finaliza el segundo segmento de la *Razón de amor*. La efervescencia imaginativa del *yo*, movida por la contemplación de dos vasos en el manzanar, después de haber creado el encuentro amoroso, se relaja. El estado de duerme-vela se desliza hacia el verdadero sueño por un instante: «Por verdat quisieram adormir» (v. 148). En el momento siguiente, el soñoliento *yo* se sobresalta y empieza a recorrer otra vía imaginativa en la que el agente ficticio es una paloma.

La introducción de la paloma que vierte el agua sobre el vino delimita el tercer segmento narrativo del poema (vv. 148-162). El lugar de la acción cambia: ésta se desarrolla en las ramas del manzanar y no debajo del olivo como en el segmento segundo. La narración se repliega sobre sí misma, volviendo a su punto de partida del primer segmento, en el cual se habían descrito los dos vasos milagrosos.

[Igual que en la lírica erótica, la paloma de la *Razón de amor* evoca a la amada.] La asociación entre la doncella y la paloma se comprueba también en la posición que ocupan frente al *yo* y en la función que desempeñan: son a la vez objetos —las dos siendo creadas y «vistas» por el narrador (vv. 56 y 149)— y agentes, ya que ambas participan en un encuentro, amoroso en el caso de la doncella, simple mezcla en el de la paloma. El efecto de los dos encuentros es idéntico: una razón. En la primera razón, contenida en el segundo segmento (vv. 33-147), toda elegancia y finura, se resaltan por vía del relato y de la canción de *fin'amor* las cualidades de los dos agentes: el *prez*, el buen trovar, el linaje y la *bona manera* del *yo*, y la hermosura, los modales, la constancia de la doncella. El diálogo apacible de los dos cubre otra acepción de la voz *razón*: la de «conversación». [La primera razón de amor es una suma poética de los rasgos esenciales del amor perfecto, *purus*, tal como se destacan en la poesía de algunos trovadores y en el tratado de Andreas Capellanus].

La segunda «razón», el diálogo del agua y del vino, que forma la materia del cuarto segmento (vv. 163-259) del poema es todo lo contrario: sólo desamor y discordia. «Razón» ya no significa «conversación» apacible sino encarnada disputa. [...] A diferencia de la doncella y del escolar que en la razón destacan las cualidades que les mueven a amarse, el agua y el vino —verdaderas *dramatis personae*—, insisten en los defectos que les instigan a odiarse. [...] El desdoblamiento de la *Razón de amor* en dos «razones» que se complementan refleja una convención poética de acuerdo con la cual la *fin'amor* en su aspecto de *amor purus* —o sea la separación que une— se define por la oposición con el *amor mixtus*— la mezcla que separa. Desde luego, esta convención que arranca del tratado de Andreas, rige todavía en la poesía trovadoresca del siglo XIII. Por ejemplo, Daude de Pradas le concede generosamente al amante cortés la posibilidad de experimentar ambas maneras de amar, con la condición de que lo haga manteniéndolas bien distintas, amando a una *sidonz* espiritualmente, «para valer más» y a una *piucella* poseyéndola sexualmente. La presencia de las dos copas es imprescindible para ilustrar de manera concreta esta diferencia: el Agua y el Vino, que en un pasaje del tratado de Andreas Capellanus ejemplifican el *amor purus* y el sensual, dramatizan el efecto de la mezcla o sea del *amor mixtus* o *permixtus*. Según Andreas, esta forma de amor que nace de la unión física dura breve rato y acaba en resentimiento, ultraje y separación irrevocables. [...] El mensaje de la paloma y la lección del poema se hace visible y oíble mediante el debate del Agua y el Vino: el *yo* (y con él el oyente/lector) tiene una vívida representación de lo que puede pasar cuando el amor puro desemboca en el amor físico, villano. El mensaje del poeta se expresa en dos versos iniciales, «Qui triste tiene su coraçon / benga oyr esta razon»: los que practican el componente puro de la *fin'amor* hallarán consolación al comparar los efectos de los dos encuentros, porque la idealizada unión cortés, a pesar de la acongojadora separación, resulta más atractiva que la vulgar unión física.

La bifurcación del poema en dos «razones» no debilita su unidad, ya que éstas —partes integrantes de otra «razón» superior— versan sobre el mismo concepto, el amor. La composición de la *Razón de amor* no se basa, como se ha creído, en la yuxtaposición de dos partes dispares, sino en una hábil bimembración conceptual y estructural, conseguida por el desarrollo continuo —pero no rectilíneo— del hilo narrativo. El primer cabo de éste lo saca el narrador del prólogo, quien anuncia a los oyentes la recitación o el canto de la «razón de amor». Un segundo narrador, el *yo* —que podría identificarse, pero no necesariamente, con el del prólogo— empieza a desenvolver dicha «razón» en el segmento primero, enlazando un olivar con un manzanar, con dos vasos y una dueña. El hilo narrativo lleva sin interrupción alguna al segmento segundo, que no es sino el ensanchamiento de ensueño del primero: las imágenes del prado, de la dueña y del amor, antes apenas sospechadas, ahora ricas en detalles, se contemplan en una perspectiva clara y desde todos los ángulos. En este rodeo amplificador, el hilo lírico-narrativo retraza a la inversa su desarrollo de modo que el final del segmento segundo llega a coincidir tanto con el comienzo del primero como con el punto de arranque del tercero: el *yo* solitario, en estado de reposo bajo el olivar, mira de nuevo los vasos del manzanar (transfigurado repentinamente en malgranar). El imprevisto cambio que ocurre en el segmento tercero garantiza el desarrollo del cuarto. El hilo narrativo no se rompe, sino se retuerce dramáticamente hasta el juguetón y pegadizo epílogo (vv. 260-265). [...]

El factor que garantiza la continuidad es, desde luego, el *yo* que narra lo que ve en estado de desvelo y lo que imagina ver y oír en su ensueño creador. Al constante, y a la vez renovado, soñar y ver le corresponde en el texto la introducción de un nuevo agente y el cambio en el asunto narrado: «entre çimas d'un mançanar / un vaso de plata *vi* estar» (vv. 13-14); «e quis cantar de fin'amor; / más *vi*: venir una doncella» (vv. 55-56) (la puntuación es mía); «Por verdat quisieram adormir / mas una palomela *vi*» (vv. 149-150). Esta triple visión del *yo* se subordina a una visión poética superior más amplia, porque el *yo* que sueña el encuentro de *fin'amor* y el debate «es soñado» a su vez, en otro nivel, por el poeta creador de la *Razón de amor*; un poeta magistral que fundió en un *yo* impersonal dos narradores, que dio a uno de ellos el papel de protagonista-trovador y, finalmente, que supo juntar en una «razón» unitaria unas «razones y géneros» contradictorios, para ilustrar dinámicamente, en dos breves escenas sucesivas, los *modi amandi* que los tratados de la época presentaban en unas largas disquisiciones teóricas.

5. LA PROSA EN LOS SIGLOS XIII Y XIV

Como era de esperar, la mayor parte de la investigación y crítica se centra en dos autores, Alfonso el Sabio y don Juan Manuel, aunque también se aprecia un notable aumento del interés por las colecciones de *exempla*, la hagiografía y la literatura cinegética (en los dos últimos casos se debe, respectivamente, a la iniciativa de dos investigadores norteamericanos y de un español, que, además, han logrado avivar el interés de otros). En cambio, pocos (al parecer, menos que antes) son los trabajos sobre las obras castellanas anteriores a Alfonso X y sobre las latinas que constituyen un precedente directo de la literatura vernácula. La *Disciplina clericalis* del judío converso Pedro Alfonso, de la segunda mitad del siglo XI, suele considerarse, a pesar de la lengua en que está escrita, la primera colección castellana de *exempla*. La monografía de Schwarzbaum (1961-1963), en cuatro entregas, es una fuente imprescindible para el estudio de los elementos folklóricos de los cuentos de la *Disciplina* y, por lo tanto, de las colecciones posteriores. Lacarra y Ducay [1980] reimprimen la edición clásica del texto latino, con una traducción castellana, introducción y notas que lo hacen asequible al público español. Lacarra [en prensa] ofrece un estudio bastante amplio, con una antología traducida de varias obras de Pedro Alfonso. La escuela de traductores de Toledo, cuyas versiones latinas de obras científicas árabes a partir de mediados del siglo XII son fundamentales para el renacimiento del siglo XIII, estaba compuesta en gran parte, como nos recuerdan Gil [1985] y Ferreiro Alemparte [1983], por judíos españoles y eruditos extranjeros. A pesar del título, Gómez Redondo [1988], centrándose primordialmente en la historiografía latina, estudia la evolución de las técnicas narrativas y los modos de presentación de personajes, que comporta una difícil búsqueda de formas lingüísticas adecuadas a la nueva visión, desde el siglo IX hasta la primera mitad del XIII; la historiografía vernácula sigue la misma evolución, aunque con un ritmo mucho más rápido.

Los fueros de las ciudades, redactados en su primera etapa en latín, utilizan el castellano cada vez más conforme avanza el siglo XIII. Constituyen una fuente importantísima para el conocimiento de la vida social de la época; Dillard [1984], sin olvidarse de otras fuentes, se basa en ellos para su impresionante estudio sobre la condición de la mujer en los siglos XII y XIII. Igual importancia demuestran tener los fueros para la investigación lingüística: véase, por ejemplo, E. Alvar [1982]. Hay que eliminar, en cambio, una obra que se había supuesto pre-alfonsí: Fradejas Rueda [1988] prueba que *Los paramientos de la caza*, atribuidos al rey Sancho VI de Navarra, con fecha de 1180, son una falsificación decimonónica. Había sido demostrado por otros investigadores, pero la errónea atribución iba repitiéndose; el magistral trabajo de Fradejas Rueda la imposibilita de hoy en adelante.

En 1984, se conmemoró el VII centenario de la muerte de Alfonso el Sabio con la celebración de congresos y exposiciones, y la publicación de algunos libros. Las ponencias de algunos de los congresos se reúnen en *Estudios alfonsíes* [1985] *Actas Alfonso X* [1985] *Homenaje a Alfonso X* [1986], *Alfonso X the Learned* [1985], *Worlds* [1985] y *Alfonsine Prose and Poetry* [1989]; las más importantes se comentan en su debido lugar (un tomo de ponencias, por fin, está en prensa). También se conmemoró el VII centenario con números especiales de la *Revista de Occidente* y de *Romance Quarterly*, y con un magnífico catálogo de exposición (López Ibor *et al.* [1984]). Los artículos incluidos en el catálogo decepcionan por su semejanza con lo ya publicado por los autores; sin embargo, la fotografía de cada objeto (normalmente, en color) constituye un recurso de permanente valor, que, además, nos recuerda la inmensa ventaja que tienen los hispanistas medievales españoles al estar rodeados de edificios, artefactos y manuscritos de la época, que pueden estudiar con más facilidad que los investigadores extranjeros.

La investigación sobre temas alfonsíes comprende gran número de trabajos inéditos o efímeros. Dos repertorios bibliográficos nos permiten controlar la asombrosa cantidad de materiales: Billick [1979-1980] cataloga tesis y tesinas norteamericanas, y *Noticiero Alfonsí* (editado por Anthony J. Cárdenas en Wichita State University) reseña anualmente diversos aspectos de la investigación.

Comentaba en *HCLE*, I, el grave defecto del imprescindible libro de Ballesteros-Beretta (1963), la falta de índices: esa carencia se ha subsanado en la 2.ª edición [1984], por lo que resulta asequible un sinfín de datos que antes habían de buscarse larga y penosamente. Con un estilo familiar, propio de una conferencia, Torres González [1986] complementa la biografía externa de Alfonso con sugerencias interesantes sobre su historia médica y psicológica; aspectos obviamente importantes para el conocimiento de su producción literaria. Burns [1985] bosqueja el ambiente histórico basándose en muchos años de investigación en los archivos; O'Callaghan [1985] describe la política económica del rey. Los problemas de la sucesión al trono, tan importantes en la vida de Alfonso y en sus obras jurídicas, son analizados por Craddock [1986a]. El papel fundamental de las miniaturas para la lectura de las *Cantigas de Santa María* (véanse las pp. 96-99, *supra*) no implica que en ellas se centrara todo el interés alfonsí por las artes gráficas: Cómez Ramos [1979]

nos proporciona un pormenorizado y magistral estudio de todos los aspectos
artísticos y arquitectónicos de la cultura alfonsí. Este mismo investigador [1987,
en cap. 4, *supra*] revela la importancia ideológica de un retrato del rey en las
Cantigas; compárese con lo que del simbolismo regio afirma Ruiz [1985] y
con la investigación de Collar de Cáceres [1983] sobre las estatuas de la Sala
de los Reyes del Alcázar de Segovia: fueron atribuidas a Alfonso X y, aunque
destruidas en un incendio en 1862, ya se conocían merced a un *Libro de retratos de los reyes* fechado en torno al último decenio del siglo XVI.

La edición en microfichas, por Kasten y Nitti [1978], de todos los manuscritos del *scriptorium* alfonsí es valiosísima, no sólo por razones textuales, sino
también porque va acompañada de concordancias que facilitan el estudio lingüístico. Van Scoy [1986] demuestra para qué sirve dicha edición: se trata de
una tesis inédita de 1939 que revisa a fondo Ivy A. Corfis sirviéndose de los
datos suministrados por las microfichas. El libro de Niederehe [1987], traducción ligeramente retocada del original alemán de 1975, merece una revisión
más extensa a la luz de los datos proporcionados por la edición en microfichas; con todo, es el estudio más importantes de la doctrina lingüística alfonsí. Estudios más breves, pero no menos sugerentes, son los de Lapesa [1982]
y Galmés de Fuentes [1985]. El segundo se ocupa principalmente de los aspectos sintático-estilísticos; es una lástima que su análisis de la evolución de
la prosa alfonsí se base parcialmente en la ya desacreditada hipótesis de que
el *Setenario* es una obra temprana (véase Craddock [1981]).

La labor historiográfica del equipo alfonsí ha llegado a ser objeto de intensa investigación. Gómez Redondo [1986-1987] descubre en la *Estoria de España* y en la *Crónica de veinte reyes* varias categorías de fórmulas (descripti-
vas, intensificadoras, etc.), heredadas del estilo épico, que sirven para dotar
a la historiografía de la visión imaginativa de los poetas: las fórmulas alfonsíes pasan a continuación a las crónicas del siglo XIV (*Crónica de 1344, Gran
crónica de Alfonso XI*). Garcia [1984] estudia otro aspecto del decisivo influjo de la *Estoria de España*: el papel de los historiadores en la construcción
y difusión de la ideología del grupo dominante (papel que retoman en el siglo
XIV y principios del XV con la *Crónica de Alfonso XI* y las obras de Pero López de Ayala). La comparación entre la *Estoria de España* y la *General estoria*
es el tema de Fernández-Ordóñez [1988]. Fraker [1987] retoma la cuestión de
las fuentes clásicas de la historiografía alfonsí: reconociendo prudentemente
las dificultades, sugiere que en una sección de la *Estoria de España* hay un
influjo de Tito Livio ampliamente difundido, y el de Cicerón se nota en una
parte de la *General estoria*: no se trata de préstamos textuales, sino de conceptos y actitudes. La transición de la historiografía exclusivamente en latín a la
vernácula (aunque el empleo del latín sigue siendo muy frecuente hasta el siglo XVI) tiene lugar en el siglo XIII, y no sólo en Castilla, sino también en Francia: Uitti [1985] compara el desarrollo en los dos países.

Entre los estudios dedicados a la *Estoria de España*, hay que destacar la aportación de Gómez Redondo. Analiza [1986] las funciones narrativas de los personajes, descubre [1989] una sorprendente conciencia genérica (habida cuenta de que se utilizan 33 términos al respecto) y demuestra la importancia, en los primeros 616 capítulos, de la hagiografía como modelo de organización narrativa y como base ideológica; compárese también con sus otros trabajos [1986-1987 y 1988] ya aludidos. Esperamos con gran ilusión un libro monográfico de este joven investigador sobre estilo, estructura y punto de vista en la *Estoria de España*.

Metzeltin [1984] estudia las fórmulas y la sintaxis utilizadas para describir los acontecimientos. A Ayerbe-Chaux [1978-1979] le sorprende la escasez de *exempla* en la *Estoria*; sin embargo, encuentra una explicación: para Alfonso y su equipo, como para casi todos los historiadores medievales, la historia, en tanto que constituía el desarrollo temporal de los designios de Dios, se utilizaba como si su contenido fuera de suyo una serie de *exempla*. Así, los capítulos 513-525, que narran la rebelión del duque Paulo contra el rey visigodo Wamba, la presentan como un *exemplum* negativo y otro positivo; desde esta perspectiva, Biglieri estudia [1989] la estructura, los personajes y el léxico de esta sección. Los capítulos 548-577 (la conquista árabe y la resistencia de Pelayo) se sirven repetidamente, además de los conceptos de *translatio* y de *flagellum Dei*, de alusiones a la Biblia con el fin de amoldar la narración a un modelo tipológico que apoya la ideología oficial alfonsí (Deyermond [1986]). Otros trabajos complementan mis afirmaciones del artículo citado: Martin [1984] estudia la conquista árabe en la historiografía hispanolatina de los siglos VIII y IX; Burke [1986 en cap. 1] y Gingras [1985] revelan diseños teológico-morales que determinan la narración de los acontecimientos; Smith [1982] compara la formación de mitos históricos en España y en Francia durante la Edad Media. Impey [1986b] analiza el estilo del planto por la España visigoda (cap. 559); otro famoso planto de la *Estoria*, el entonado por la caída de Valencia, es asediado por Harvey [1989], en relación con el texto árabe correspondiente (concluye que es árabe valenciano auténtico) y con el ambiente político valenciano; tal como figura en la *Estoria*, el planto representa, según Harvey, una defensa de las leyendas de Cardeña sobre el Cid. Un episodio posterior de las leyendas cidianas, el del judío convertido en guardián de la tumba, no se basa, según Conde López [1987], en una fuente escrita, sino en las costumbres contemporáneas. Smith [1987] concluye que la prosificación del *Cantar de Mio Cid*, que también formaba parte de la leyenda, se refleja con más fidelidad en la *Estoria* que en la *Crónica de veinte reyes*.

La importancia de Ovidio como fuente, tanto de la *Estoria de España* como de la *General estoria*, ha sido comentada en diversas ocasiones; en los últimos años, la reafirman el breve pero sustancioso análisis estilístico y estructural por Orduna [1984-1985] del episodio de Acteón (*Metamorfosis*, III) en la *General estoria*, II, y el estudio de Martins [1983] sobre la cristianización de la materia ovidiana en dicha obra. La aportación más sustancial, sin embargo, son tres artículos de Impey [1980, 1980-1981 y 1982] en los que estudia las versiones alfonsíes de algunas cartas de las *Heroidas* (bajo el título de *Libro de las dueñas*) en las dos obras. El primer artículo [1980] constituye un estudio global de la adaptación alfonsí (principalmente en la *General estoria*) en comparación con la traducción realizada siglo y medio más tarde por Juan Rodríguez del Padrón: subraya la idealización alfonsí, al descartar los elementos más eróticos de Ovidio, de las heroínas trágicas y demuestra que Alfonso, además de utilizar las cartas para fundamentar la narración histórica, las valora por sí mismas, como narraciones autónomas. Los otros dos artículos se centran en la versión de *Heroidas*, VII (la carta de Dido) en la *Estoria de España* (repetida en la *General estoria*): compara [1982] distintos manuscritos y acaba subrayando la preocupación alfonsí por mejorar su versión, además de analizar [1980-1981] el empleo de la *amplificatio* afectiva (*interpretatio* y apóstrofe). En otro estudio relacionado [1986*a*], demuestra que el equipo alfonsí utilizó muchas veces el léxico del amor cortés al adaptar historias de las *Heroidas* y de las *Metamorfosis* a la prosa de la *General estoria*, aunque no sin cierta ambivalencia, motivada por la desaprobación del elemento adúltero de dicha especie de amor en la corte de Alfonso. Es obvio que los artículos de Impey, como los ya comentados de Gómez Redondo, constituyen el núcleo de un libro importante; confiemos en su pronta publicación. Jonxis-Henkemans [1985] trata otro aspecto de la *General estoria*: la imagen de Alejandro a lo largo de la obra, desde la I parte hasta la VI. Finalmente, hay que indicar que el fundamental libro de Rico (1972) ha aparecido [1984] con leves retoques y con un valioso apéndice donde se reseñan las publicaciones que, aparecidas durante ese período de doce años —y son muchas—, guardan relación con las cuestiones tratadas en él.

Los estudios de las obras jurídicas alfonsíes han avanzado mucho en los últimos años, gracias sobre todo a Jerry R. Craddock y a otros investigadores norteamericanos. Debemos a Craddock [1986*c*] una magnífica bibliografía, en la que, además de recoger los manuscritos y ediciones de las ocho obras, nos proporciona una reseña crítica de casi 700 libros y artículos dedicados al tema. Las investigaciones de García Gallo (1951-1952) fueron el punto de partida de la revisión de la cronología de las obras jurídicas, estableciendo que el *Espéculo* fue el primer borrador de lo que más tarde serían las *Siete partidas*. Sus ulteriores investigaciones [1976] no son tan acertadas: llega a la conclusión de que tanto el *Fuero real* como las *Siete partidas* se redactaron tras la muerte del rey. Craddock [1981] le contesta y fija la cronología siguiente: *Espéculo*, 1255; *Fuero real*, 1255; *Siete partidas* (primera redacción), 1256-1265. Cronología que completa en dos artículos posteriores: cuando sugiere [1986*b*] que la primera redacción de las *Partidas* (de la que nos queda sólo la primera parte) se llamó *Libro del fuero de las leyes* y se dividió en cuatro libros —sus razones convencen—, y cuando demuestra [1986*d*] que el *Setenario* es una refundición alfonsí de la tercera versión de la *Primera partida*.

MacDonald [1977-1978] reseña los proyectos de edición de los textos y estudia [1985] los nexos existentes entre el programa político de Alfonso y sus obras jurídicas. Andrachuk [1986] explica el interés de Alfonso por combinar el derecho civil castellano con el derecho canónico, a la luz de sus ambiciones imperiales, y la necesidad de reconciliarse con el Papa; parece desconocer la cronología de Craddock. La mejor edición del *Espéculo* hasta el momento, aunque algunas partes de la introducción sean discutibles, es la de Martínez Díez y Ruiz Asensio [1985]. Estamos aún a la espera de la edición prometida por MacDonald, que de momento publica [1986] un adelanto donde relaciona dicha obra con el programa legislativo de los últimos años de Fernando III y le adjudica una fecha de composición que gira en torno a los años 1249-1253.

Las secciones de las *Siete partidas* relacionadas con la condición de los judíos y los moros ya hace algunos años que despiertan un especial interés. Carpenter [1986a], además de una excelente edición crítica, incluye un comentario sobre las fuentes y el trasfondo religioso e histórico del título «De los judíos»; en [1986b], hace lo propio con el breve título «De los moros». Craddock [1983] publica una edición crítica de las tres redacciones de la *Primera partida*, 1. 8-9, que trata el problema de si el rey está obligado a obedecer sus propias leyes. Dichas ediciones prestan un modelo para la inmensa labor que supone una edición crítica y comentada de la obra entera, trabajo que tendrá que ser en equipo. Gimeno Casalduero [1988] aporta conclusiones interesantes sobre las fuentes de la sección que trata del matrimonio (*Partida IV*) y sostiene —atractiva hipótesis— que está en el centro de la obra porque para Alfonso el matrimonio representaba la fundación de la sociedad; desgraciadamente, parece que no ha leído ni a Craddock [1981] ni a Dillard [1984], ni siquiera el libro de Esteban Martínez Marcos, *Las causas matrimoniales en las «Partidas»*, de 1966. La creencia de que Fernando III inició la redacción de las *Partidas* parte, según Iglesias Ferreirós [1982], de la *Crónica de Alfonso X*. La reimpresión [1984] de la edición de Vanderford (1945) del *Setenario* incluye como prólogo el artículo de Lapesa [1980] sobre el estilo de la obra. Una obra menor, poco menos que desatendida (el único estudio serio consistía en las diez páginas de un artículo en alemán de 1931), es el *Libro*, u *Ordenamiento, de las tafurerías*: Carpenter [1988] lo describe y analiza; ahora necesitamos una edición moderna. Las obras jurídicas de Alfonso, como casi todas las suyas, fueron indefectiblemente el resultado de un trabajo colectivo: sin embargo, algunos de los colaboradores compusieron también obras propias. Tal es el caso, y muy importante, de Jacobo de Junta, o Jacobo de las Leyes, que, a pesar de la edición publicada en 1924, no es tan conocido como se merece. Roudil tiene en proyecto la edición de las obras completas, en «édition synoptique» (se transcribe cada línea de cada manuscrito, con el fin de facilitar una comparación instantánea: es el método de la edición de Criado del Val y Naylor del *Libro de Buen Amor* (1965) llevado al extremo). El primer tomo [1986], de una obra bastante breve, ocupa más de 500 páginas; las ventajas del método son obvias, pero también hay inconvenientes; se podría aplicar a una obra larga con muchos manuscritos, pero a condición de publicarla en disco duro de ordenador.

Los problemas planteados por la traducción de las obras científicas alfonsíes han llamado últimamente la atención de los investigadores. Bossong [1979a] estudia desde este punto de vista los *Libros del saber de astronomía* y los *Cánones de Albateni*, además de otras obras no científicas, más o menos contemporáneas (los *Bocados de oro*, el *Libro de los buenos proverbios*, el *Calila e Dimna*). Harvey [1977] demuestra cómo los pragmáticos propósitos, unidos a los antiislámicos, de los traductores cristianos ocasionaron algunos errores interpretativos; Roth [1985] esboza la contribución de Yehudá ben Mosé, Samuel ha-Levi y otros traductores judíos; López-Baralt [1985] subraya la difusión europea de las traducciones y su profundo influjo intelectual. Vernet, que dirigió un tomo de estudios sobre la astronomía española del siglo XIII (1981), en cuyo contexto encajan las traducciones alfonsíes, resume [1985] algunos de los problemas que surgieron al traducir los aspectos más técnicos de los tratados árabes. Cárdenas [1986] describe el manuscrito regio del *Libro del saber de astrología* (título que prefiere al generalmente aceptado) y anuncia una edición de esta gran colección de textos que sustituya a la que publicó Rico y Sinobas entre 1863 y 1867. Otro texto, independiente, los *Cánones de Albateni*, ha sido excelentemente editado por Bossong [1978], con un extenso glosario y una breve —demasiado breve— introducción. Otro texto, en este caso fragmentario, el *Picatrix*, fue enteramente traducido al latín en la corte de Alfonso; Pingree [1981] estudia y publica el texto castellano con las correspondientes partes latinas: concluye que la versión española, entre 1256 y 1258, fue probablemente el resultado del trabajo de Yehudá ben Mosé. El *Lapidario* (relacionado con la astrología, y el más impresionante de todos los de su género en la Edad Media) es el texto científico alfonsí más estudiado en los últimos años: una edición (Diman y Winget [1980]), estudio de las fuentes griegas lejanas (Amasuno [1986 y 1987]: el segundo es una monografía ricamente documentada) y otra aportación fundamental, la de Domínguez Rodríguez [1984] sobre las miniaturas del códice del *Primer lapidario* y su relación con otras obras científicas alfonsíes. Esta misma investigadora [1985] relaciona varios retratos de Alfonso en las miniaturas de sus obras con la astrología, las tradiciones herméticas orientales y la ideología regia; este denso y sugerente artículo nos recuerda la imposibilidad de separar las líneas de investigación sobre la vida y la obra del Rey Sabio. Guidubaldi [1978], al tiempo que insiste en su discutida hipótesis sobre la presencia de elementos islámicos en la *Commedia* de Dante (véase *HCLE*, I, p. 173), se ocupa bastante de la *Escala de Mahoma*.

La tradicional lista de las obras de Alfonso y su equipo se va ampliando a la luz de las recientes investigaciones. Es muy probable que la versión castellana de *Li livres dou Tresor* de Brunetto Latini se realizara durante el reinado y aun bajo la dirección de Alfonso; se ha apuntado incluso la posibilidad de que Brunetto Latini, cuyo contacto con la corte del Rey Sabio está comprobado, se hubiera inspirado en una temprana redacción de las *Siete partidas*. La bibliografía de Holloway [1986] aporta muchos datos pertinentes; Baldwin [1989], por su parte, publica una edición del texto castellano a partir del manuscrito BN Madrid 685, escogido de entre los trece manuscritos existentes. Para otro texto que pudiera ser alfonsí, véase González Cuenca [1983], comentado más abajo.

Littlefield publica dos Biblias romanceadas contemporáneas (posiblemente del equipo alfonsí): en [1983], publica el texto completo de E8 (Escorial I.I.8), una traducción del siglo XIII del Antiguo Testamento en la *Vulgata*, que abarca, en concreto, desde el *Levítico* a los *Salmos*; la lengua no es, como se ha dicho en repetidas ocasiones, castellana con aragonesismos, sino, como demuestra Littlefield, riojana. Otra Biblia, E (Escorial I.J.4), también del siglo XIII, contiene el Antiguo Testamento entero y tiene el interés especial de basarse en dos fuentes, la *Vulgata* y el texto hebreo. (Del hebreo también procedía la traducción bíblica, quizá del siglo XII, usada en *La fazienda de Ultramar*, según confirma ahora F. Rico [1982a].) El malogrado O.H. Hauptmann publicó en 1953 una esmerada edición del *Pentateuco* (que, incomprensiblemente, omití en la bibliografía de *HCLE*, I), pero, a causa de su muerte, el proyecto quedó incompleto. Littlefield se encargó de completarlo: en la edición resultante [1987], además del de Littlefield, figura la reimpresión del prólogo de Hauptmann y las notas de ambos investigadores. García de la Fuente [1988] coteja el libro de Tobías en el manuscrito E8 con la *Vulgata* con el fin de identificar la familia de manuscritos utilizada por el traductor (es una lástima que reimprima el texto castellano de la algo descuidada —por más que fuese corregida según los apuntes de Morreale— edición de Llamas, de 1950, en vez de la de Littlefield). Morreale [1978] ofrece una edición crítica de un capítulo de Sabiduría presente en la *General estoria*; adjunta, además, el texto correspondiente de la *Vulgata* y lo comenta minuciosamente.

Las investigaciones de Fradejas Rueda revelan que el origen, parcial o íntegramente, de dos textos cinegéticos hay que buscarlo en la labor de los equipos alfonsíes. Su edición del *Libro de los animales que cazan* [1987] se dirige principalmente a los aficionados al tema, aunque también contiene una introducción y notas destinadas al medievalista; concluye que la traducción, con el visto bueno del entonces príncipe Alfonso, se llevó a término en 1250. El *Libro de la montería*, habitualmente fechado durante el reinado de Alfonso XI, se inició, según un trabajo todavía inédito de Fradejas Rueda, en el de Alfonso X. Seniff [1983] se ha encargado de editar la obra y de revisar [1986] su *stemma* a la luz de un manuscrito recién descubierto. Véase también Martins [1983].

La primera colección vernácula de *exempla*, el *Calila e Dimna*, también se atribuye a Alfonso, pero antes de acceder al trono. Las diferencias entre

los dos manuscritos son tan grandes, que hay que suponer la existencia de dos
versiones distintas del original árabe, aunque la primera pudo haber influido
en la segunda; una edición crítica que tenga en cuenta las dos resulta, por lo
tanto, imposible. Ya en su día, Keller y Linker publicaron (1967) los dos manuscritos, por lo que su edición aún conserva su validez respecto a la nueva
y excelente de Cacho Blecua y Lacarra [1984], que se sirve del trabajo de Lacarra [1979a] sobre los problemas de transmisión textual (es una lástima que
el artículo de Weber de Kurlat [1982] apareciera después de haber sido enviada la edición a la imprenta) y del descubrimiento del manuscrito fragmentario de una tercera versión. La importancia de dicha versión radica en su total
independencia de las demás, pues proviene de un texto hebreo (tal vez utilice
también el árabe); la esmerada edición de Lacarra [1984] incluye un extenso
análisis del fragmento y de los problemas que comporta. Otra aportación de
Lacarra es su estudio literario y folklórico [1989a] de un cuento del *Calila*,
que constituye una ilustración pormenorizada de las afirmaciones de Cacho
Blecua y Lacarra [1984] en el apartado «El arte de narrar». Su trabajo más
importante, sin embargo, sigue siendo su libro [1979b] basado en su tesis doctoral. Pese a que dicho libro se centra principalmente en el *Calila* y en el *Sendebar* (designado a menudo como *Libro de los engaños*), su amplio enfoque
permite estudiar el género de los *exempla* con historia-marco y su relación con
el *speculum principis*. Además de analizar la estructura y la técnica narrativa
de ambas obras, estudia las relaciones humanas y subraya la importancia de
la adquisición del saber y de la cuestión del destino; también incluye frecuentes comparaciones con el *Barlaam y Josafat*. Constituye un punto de partida
imprescindible para cualquier investigación de los *exempla* en España y es probablemente, después del libro clásico de Welter, publicado en 1927, la más importante aportación al estudio de este género en Europa. Lo que no implica
que haya que minimizar otros estudios, ni mucho menos. El libro de Bossong
[1979b], que coincidió con el de Lacarra, sigue otro camino en su análisis semántico y estructural del *Calila*; véanse también sus reflexiones sobre esta obra
en [1979a].

El *Sendebar* (al parecer, su título original fue *Los assayamientos de las
mugeres*) es probablemente contemporáneo del *Calila*, aunque en este caso
no se atribuye a Alfonso X; es una obra que también ha sido muy estudiada
en los últimos años. Además de los trabajos ya citados de Lacarra [1979a y
1979b], ha aparecido por fin su edición [1989b], a la que hay que añadir otras
tres y un par de artículos que abren nuevas perspectivas. Aunque no tiene un
conocimiento directo del manuscrito (se basa en fotocopias de un microfilm),
la edición de Vuolo [1980] supone un serio esfuerzo en aras de constituir un
texto crítico. Sorprende la carencia de introducción, pero consta de 24 páginas de muy útiles notas; en apéndices, reproduce este autor —como González
Palencia (1946)— dos obras posteriores: *Los siete sabios de Roma* y la *Scala
Celi* de Diego de Cañizares. Fradejas Lebrero [1981] ofrece una versión en es-

pañol moderno, cuyo valor para los medievalistas estriba en la introducción y las notas. El orientalista Artola [1978] comenta algunos cuentos incluidos en la colección y, además, añade amplias citas de cuentos análogos; de esta forma, aunque no se centra exclusivamente en la obra española, su artículo resulta muy útil. El trabajo de Chico Rico [1986] es de lectura difícil para los que carezcan de su formación teórica: basándose en la teoría de T. Albadalejo, analiza las relaciones sintácticas, las que establecen los cuentos entre sí y, a su vez, las de los cuentos con la historia-marco.

La importante antología de Lacarra [1986a] no es útil sólo para los lectores habituales de «Odres Nuevos», sino también para los investigadores, ya que escoge los 85 cuentos de 20 colecciones de *exempla* (o de otras obras que contienen *exempla*), incluso de algunas que carecen de edición moderna. Cuenta con una larga introducción; además, cada uno de los cuentos seleccionados lleva su propia bibliografía y en algún aspecto es cotejado con algunos cuentos análogos. Goldberg [1983] duda de la misoginia de muchos *exempla*: según ella, los hombres que son víctimas de los engaños de las mujeres son tan ridículamente necios, que se constituyen, al menos en parte, en el objeto de la sátira. La edición de *Barlaam* y *Josafat*, anunciada en *HCLE*, I, al cuidado de Keller, Linker e Impey, apareció [1979] siguiendo el mismo método que la del *Calila* (1967): los tres manuscritos se publican enteros, pero con la salvedad de que los dos más estrechamente emparentados se imprimen en la misma página y el tercero, que representa una versión muy distinta, al final. A diferencia del *Calila*, sería factible una edición crítica a partir de los dos manuscritos más extensos, pero no hay por qué criticar la decisión de Keller y sus colegas. La introducción es muy útil; es de esperar que sirva de acicate para nuevas investigaciones. En un breve pero sugerente artículo sobre un texto poco estudiado, Dyer [1988] relaciona la posición respecto del decoro femenino en los *Castigos e documentos* con el deseo de Sancho IV de garantizar la sucesión al trono.

El *Libro de los gatos* difiere de las colecciones de *exempla* ya mencionadas por su procedencia occidental y por la carencia de historia-marco. La edición de Darbord [1984] mejora el texto de las anteriores, además tiene la gran ventaja de que en cada capítulo figura el texto correspondiente de las *Fabulae* de Odo de Chériton, para que cada lector pueda sopesar el grado de originalidad (mucho más alto de lo que se suele decir). La introducción no presenta grandes novedades respecto de los artículos ya publicados por Darbord (véase también [1982]), en cambio sí lo es el extenso prólogo bibliográfico de Daniel Devoto; para puntuar el texto, Darbord se ciñe a las normas establecidas por Roudil [1978]. En lo relativo a la crítica literaria del texto, hay que destacar los nombres de Lacarra y Bizarri. Lacarra [1986b] clasifica los *enxienplos* del *Libro* en cinco categorías: *exemplum* (con su sentido estrictamente técnico), *fabula, allegoria, descriptio* y *similitudo*. Bizarri [1987-1988] concluye que, al igual que las *Fabulae* de Odo, el *Libro* trata de corregir las costumbres de clérigos y legos según los decretos del IV Concilio de Letrán de 1215, y que los cambios efectuados por el autor español reflejan el delicado problema del clero inmoral de la España del siglo XIV. Tiene razón, pero hay que insistir más en la originalidad de las moralizaciones del texto español frente a las de su fuente (Deyermond [en prensa]), explicando la coexistencia —que puede sorprender— de una crítica radical contra los ricos y de la preocupación por conservar la estructura de la sociedad. En este sentido, resultará interesante el artículo de Bizzarri [en prensa] sobre las técnicas del sermón en el *Libro*. Otro de sus artículos [1988], a pesar del útil repaso de las hipótesis sobre el título, es menos satisfactorio: sostiene que, teniendo en cuenta el contexto didáctico del *Libro de los gatos*, dicha palabra encerraría diversos sentidos. Esta solución sería aceptable para la obra de Juan Ruiz, por su comprobada afición a la ambigüedad, pero no hay indicios de que el autor del *Libro de los gatos* también la tuviera. Para concluir con las colecciones de *exempla* (de *El conde Lucanor* se hablará luego), hay que apuntar que Lavado Paradinas [1982] estudia el trasfondo iconográfico de algunas partes del *Libro de los gatos*; también conviene recordar la anunciada edición (Mundet [en prensa]) de una colección poco conocida, los *Exemplos muy notables*. La literatura sapiencial, relacionada con la ejemplar, aunque genéricamente distinta, ha sido mucho menos estudiada (a pesar de su popularidad durante la Edad Media, hoy día resulta una lectura poco amena). Tenemos, sin embargo, algunas valiosas aportaciones. Taylor [1985-1986] clasifica los libros sapienciales hispánicos e indica los problemas que esperan solución. Perry [1987] apunta las semejanzas y diferencias entre el *Libro de los buenos proverbios* (para esta obra, véase también Bossong [1979*b*]) y una versión hebrea de la misma fuente árabe con el fin de relacionarlas con ambas comunidades religiosas.

El VII centenario del nacimiento de don Juan Manuel no fue ocasión de tantas publicaciones como el de la muerte de Alfonso X; no obstante, se conmemoró con la publicación de un importante volumen colectivo (*Centenario* [1982]) y con varios artículos sueltos. Un extenso libro (Pretel [1982]) trata de su actividad en Albacete, en tanto que otros tantos artículos estudian su conexión histórica con Cartagena y Murcia (Torres Fontes [1986, 1982]) y Peñafiel (Valdeón Baruque [1982]). Ayerbe-Chaux, además de analizar sus relaciones con la Corona de Aragón [1982], acaba de preparar, a partir de importantes hallazgos documentales, una biografía de don Juan Manuel que sustituirá a la de Giménez Soler (escrita en 1908 y publicada en 1932), aunque su redacción como si de una autobiografía se tratara puede sorprender a más de un lector. Lomax [1982] estudia un aspecto hasta ahora desatendido: el infante don Manuel, padre del autor, fue en realidad un personaje algo gris, por lo que resulta interesante comprobar cómo lo transforma don Juan Manuel en sus libros. En lo tocante a las ediciones de las obras, el acontecimiento más relevante ha sido la publicación de las *Obras completas*, en dos tomos, al cuidado de J. M. Blecua [1982-1983]; así, este investigador culmina espléndidamente el proyecto que se había fijado casi cincuenta años antes. La edición comprende todas las obras existentes, menos las cartas (éstas componen un larguísimo apéndice a la biografía de Giménez Soler, pero es de esperar que algún investigador se proponga hacer una edición completa con comentarios adecuados). Todas las obras se transcriben a partir del ms. BN Madrid 6376, menos la *Crónica abreviada* (BNM 1356); corrige Blecua los errores del copista y, para el *Lucanor*, incluye variantes de los otros manuscritos y de la edición de Argote de Molina. También figura un extenso glosario, pero la edición carece de notas explicativas y en la introducción se limita a describir la historia textual de las obras: decisión muy comprensible, habida cuenta de los muchos y muy extensos comentarios publicados sobre la mayoría de las obras. La otra edición de las obras completas (menos las cartas) está en microfichas (Ayerbe-Chaux [1986*b*]): se trata de una transcripción de los mismos manuscritos utilizados por Blecua, sin variantes, pero con la interesante inclusión de concordancias y de índices de frecuencia. Ayerbe-Chaux [1989] publica también cinco de las obras más breves con distinta finalidad, pues hace una transcripción regularizada para facilitar la lectura y redacta un glosario. Macpherson [1980] ofrece una antología que, aunque va dirigida a los estudiantes anglófonos, es también de utilidad, merced a su introducción y notas, para los medievalistas de otros países. Se anunció como el primer tomo de la serie medieval de Tamesis Texts, pero dicha editorial, lamentablemente, tuvo que abandonar el proyecto porque la editorial española que iba a cooperar en él decidió no hacerlo.

Varios artículos se ocupan de otros tantos aspectos generales de las obras de don Juan Manuel. Orduna [1979] trae a colación algunos fragmentos de los *Bocados de oro* para demostrar que el concepto y la práctica de la expresión conscientemente oscura en don Juan Manuel no provienen de las tradiciones europeas (retórica, trovadores), sino de los libros sapienciales de origen oriental. Seniff [1984] subraya la importancia de las fuentes orales y busca rasgos del estilo oral en tres obras; otro aspecto de la oralidad es el tratado por Hernández Serna [1985], que cita bastantes pruebas documentales de la colaboración de don Juan Manuel con algunos juglares y las relaciona con las alusiones a la música que figuran en sus obras. La omnipresente conciencia de autoría de don Juan Manuel se nos hace aún más clara a la luz de los pasajes citados y comentados por Orduna [1982*b*]: establece una división entre la autobiografía expresa (en el *Libro de los estados*, el *Libro infinido* y el *Libro de las tres razones*) y la ocasional (frases breves, pero reveladoras, en casi todas las obras). Stefano [1982] describe el mundo intelectual de don Juan Manuel (la visión medieval del hombre y del universo, la estimación del saber, etc.) atendiendo a casi toda su producción. Para Cantarino [1984], sus obras resultan demasiado intelectuales, demuestran demasiado dominio de la teología escolástica y la formulan con demasiada destreza técnica como para ser la producción de un noble guerrero y político del siglo XIV. Promete un estudio más amplio; no obstante, las afirmaciones de este artículo se pueden explicar por la tradicional hipótesis del influjo dominico (y franciscano, como se comentará luego) y, por lo tanto, no hay por qué aceptar aún la sugerencia de Cantarino de que el verdadero autor fuera un fraile dominico. Otro estudio general es el breve esbozo de Abad [1982] de lo que será —es de esperar— una monografía sobre la lengua del autor.

La ya comentada edición del *Conde Lucanor* de J.M. Blecua [1982-1983] es una de las más importantes; no lo es tanto, sin embargo, como la de Ayerbe-Chaux [1983], dado que es la única edición realmente crítica de la obra. Explica este investigador que la tradición manuscrita no permite una edición estrictamente neolachmaniana; con todo, construye un *stemma* a partir de los datos que presenta en su introducción y formula criterios para elegir las variantes; una introducción literaria (además de técnica) y un glosario la completan. La otra edición de Ayerbe-Chaux para un público más amplio [1986*a*] parte del texto de su edición crítica, aunque corregido en algunos pormenores. Es una lástima que la edición crítica fuera enviada a la imprenta a fines de 1980, cuando apareció la monografía de A. Blecua [1980], pues de este modo ninguno de los dos pudo aprovecharse del trabajo del otro. El *stemma* de Blecua coincide con el de Ayerbe-Chaux en algunos puntos y difiere en otros; aún no se han resuelto del todo los problemas textuales, pero sabemos mucho más que antes. La argumentación de Blecua se apoya en una esmerada y amplia presentación de los datos; con todo, también hay que tener en cuenta el comentario de Orduna [1981]. El principal interés de dos ediciones escolares (C. Alvar y Palanco [1984] y Gómez Redondo [1987]) y de una tercera edición modernizada (Ayerbe-Chaux y Deyermond [1985]) estriba en las introducciones, donde se tratan algunas cuestiones estructurales, estilísticas e ideológicas de una forma en ocasiones atrevida: *El Conde Lucanor*, otrora nada polémico, ya no se puede presentar al público con una explicación universalmente aceptada. Taylor [1986] aclara la vida y la personalidad del destinatario de las partes II-IV de la obra y sostiene que don Juan Manuel se sirvió de la oscuridad retórica para estimular la inteligencia de su lector. Según Seidenspinner-Núñez [1988-1989], que parte del concepto de la *Rezeptionsästhetik* de la escuela de Jauss, Juan Ruiz obliga al lector a interpretar y formular un sentido, en tanto que el lector del *Conde Lucanor* se ve obligado a reaccionar ante la autoridad del narrador. Juan Ruiz expone humorísticamente la misma dicotomía, Dios/mundo, que don Juan Manuel trata de conciliar; ambos autores, sin embargo, anteponen la experiencia personal a la teoría heredada de los *auctores*. Otra comparación de don Juan Manuel y Juan Ruiz es la de M. Alvar [1988]; afirma que, a pesar de que ambos autores tienen cuatro *exempla* en común, el propósito y, por lo tanto, la lengua, son muy distintos: en don Juan Manuel halla una lengua intelectual, lógica, precisa, apta para encauzar la búsqueda de la validez moral; en Juan Ruiz, una lengua emotiva y concreta, conforme con la actitud abiertamente personal de su autor. Burke [1983-1984] analiza la inversión de los papeles de los personajes en algunos *exempla* (a pesar del título, el artículo no se ocupa demasiado de la historia-marco); en otro trabajo [1989], llega a la conclusión de que don Juan Manuel organiza los cuentos tradicionales de forma que enseñen a un príncipe a entender y a saber utilizar los medios de expresión: los *exemplos* presentan insistentemente problemas de intención, expresión y falsedad, también tema central (el punto de vista, el engaño) del trabajo de Baquero Goyanes [1982]. Darbord [1977] compara las técnicas estructurales y estilísticas de la narrativa ejemplar en *El Conde Lucanor* y en el *Libro de los gatos*. Su método crítico, con muchos diagramas, es tal vez más complejo de lo estrictamente necesario para el tema; con todo, no llega al extremo de su estudio de la sintaxis y el sentido [1982]; por su parte, Gómez Redondo [1983], al analizar los recursos y las funciones del diálogo, subordina su metodología a la claridad de la exposición.

Otros dos libros, uno de ellos muy breve, aplican algunas tendencias recientes de la crítica literaria (semiótica, narratología) a la lectura y comprensión del *Conde Lucanor*. Romera Castillo [1980], tras un comentario de los aspectos generales (temas, modos del relato, etc.), ofrece un análisis semiótico del *exemplo* 13. El difícil, aunque erudito e inteligente, libro de Diz [1984] se centra en aspectos fundamentales —función del diálogo, estructura de los cuentos, ideología, las *sententiae* de las partes II-IV— e ilustra las observaciones generales con análisis de buen número de *exemplos*. Hitchcock [1985], al aportar pruebas de que tres *exemplos* provienen de fuentes árabes escritas, retoma de nuevo la cuestión de las fuentes (¿orales o escritas?). No es posible saber, sin embargo, si don Juan Manuel las leyó (¿en árabe o traducidas?) o si alguien se las leyó en voz alta. Otros importantes artículos estudian detalladamente un solo *exemplo*. Kreis [1985] y Metzeltin [1986] se centran en el *exemplo* 5: aquél relaciona el tema de «la verdad que engaña» con la doctrina tomista; éste demuestra cómo la narración se subordina totalmente a la argumentación de los personajes. El análisis proppiano del *exemplo* 17 por Díaz Arenas [1982] es el resumen de un trabajo más extenso todavía inédito. Ruffinatto [1985 en cap. 4], pp. 33-73, compara el *exemplo* 48 con las versiones del mismo cuento en la *Disciplina clericalis*, los *Castigos y documentos* y el *Libro del cavallero Zifar* desde un punto de vista semiótico; Ayerbe-Chaux también estableció un cotejo (1975), pp. 161-169, pero apoyándose en más textos análogos y utilizando una técnica muy distinta. La enrevesada sintaxis de algunas *sententiae* del *Libro de los proverbios* (*Conde Lucanor*, II-IV), estudiada por Orduna [1979] y Taylor [1986] en los trabajos ya comentados, es analizada en la perspectiva de la retórica medieval por Cherchi [1984], quien concluye que es fruto de la preparación retórica que recibiera el autor (pero ¿hasta qué nivel?).

La atención que le ha dispensado la crítica al *Conde Lucanor* es superior a la del resto de las obras de don Juan Manuel; pese a todo, pocas de estas últimas se han pasado por alto en la investigación reciente. Fradejas Rueda

[1986*b*] demuestra que una de sus primeras obras es el *Libro de la caza*: no sólo fundamenta sus afirmaciones en la experiencia propia y en los consejos de cazadores experimentados, sino también en algunas fuentes escritas; el artículo de Menjot [1982] es un estudio más general de la obra. Se ha sugerido en sendos trabajos simultáneos (Ayerbe-Chaux [1989] —aunque en principio era una ponencia del año 1984— y Chatham [1984], ambas referencias en el cap. 4, *supra*) que las prosificaciones castellanas de las *Cantigas de Santa María* constituyen el *Libro de las cantigas*, que se ha dado por perdido, de don Juan Manuel. Otra obra temprana, el *Libro del cavallero et del escudero*, carece de los capítulos 3-16, pero, según prueba Taylor [1984], es posible reconstruir su contenido a partir de los capítulos existentes; en este mismo artículo, se sirve de alusiones del *Libro de los estados* para concluir que el perdido *Libro de la cavallería* era un resumen o una refundición de las *Partidas* I y II de Alfonso X. Gimeno Casalduero [1982] analiza la estructura del *Libro de los estados* y la relaciona con su tema de muy interesante manera; habrá que matizar sus conclusiones a la luz de la investigación de Funes [1984], pues afirma que la mayor parte de las divisiones entre capítulos entran en conflicto con la estructura del texto de forma tal, que no se pueden atribuir al autor, sino a un copista poco hábil. Sostiene convincentemente [1986] que la división en capítulos no fue el *modus operandi* natural de don Juan Manuel; conclusión que posibilita una nueva visión de la estructura narrativa y temática de la obra; estudia, además [1987-1988], la función del *Barlaam y Josafat* como subtexto de las primeras secciones del *Libro de los estados*. Funes, finalmente, anuncia un estudio global, que, obviamente, será de la máxima importancia, del *Libro de los estados*. Taylor [1983-1984] estudia otros aspectos del texto: se encarga de elucidar los pasajes cifrados y de ver cómo apunta en ellos el estilo de algunas partes del *Conde Lucanor*, II-IV; según Savoye de Ferreras [1984], hay una estrecha relación entre diálogo y visión del mundo en el texto (este artículo también precisa ser revisado a la luz de los de Funes); Cherchi [1984-1985], por fin, identifica una nueva fuente y analiza su inserción en el texto. El artículo de Rico [1986] indica la semejanza existente entre el prólogo de Nicolás de Lira a su *Postilla litteralis* y las afirmaciones de don Juan Manuel, en su *Prólogo general*, sobre los textos estropeados por los copistas. La semejanza es tan extensa y tan estricta, que sólo se puede explicar por la consulta directa de la *Postilla*; de todo lo cual extrae Rico dos conclusiones de suma importancia. Primera: la adhesión de don Juan Manuel a un texto intelectual tan reciente (entre 1322 y 1329) y a la práctica universitaria de la *pecia* nos obliga a revisar la hipótesis de una cultura manuelina principalmente oral (cf. Hitchcock [1985] y Fradejas Rueda [1986*b*], comentados *supra*; otra contribución de Rico [1982*b*] sobre la cultura de don Juan Manuel prueba su familiaridad con la gramática latina.) Segunda: dicha deuda hacia un autor franciscano —que, además, no es la única— imposibilita la hipótesis del influjo casi exclusivo de los dominicos en la obra de don Juan Manuel. (Lo dicho por Rico viene a confir-

mar una de las conclusiones de la importante tesis inédita de Simina M. Farcasiu (Westfield College, 1985), que demuestra, a partir del estudio del *Libro del cavallero et del escudero*, que la mayor parte de lo que se ha atribuido a la influencia de los dominicos lo comparte con la otra orden mendicante, o, incluso, que se explica mejor como influencia específicamente franciscana.)

Ya se empieza a reconocer que el *Libro de las tres razones* (a menudo erróneamente llamado *Libro de las armas*) es una de las obras más importantes de don Juan Manuel. Bourligueux [1980] lo estudia como fuente de información para la psicología del autor —lectura que propicia la presentación que hace el propio autor—; resume, además, en una nota de la p. 45, una parte inédita de su trabajo «De l'utilisation littéraire de l'autobiographie». Orduna [1982*a*] analiza la postura política de la obra y la compara con algunos documentos de archivo y con la versión oficial de los acontecimientos formulada en la *Crónica de Alfonso XI*. Ambos aspectos —versión manuelina de la historia política de Castilla y reflejo de la personalidad del autor— se hallan presentes en el *Libro de las tres razones* mediante una combinación de estructuras formales, anécdotas orales y diseños folklóricos y religiosos (Deyermond [1982]). Un estudio estilístico (Marcos Sánchez [1986]) revela que la estructura tripartita de la obra entera se reproduce a menudo en párrafos y frases; las afirmaciones de la investigadora sobre la frecuencia de cláusulas temporales y causales es muy importante para conocer el fundamento ideológico del libro. En cuanto a las otras obras de don Juan Manuel, sólo hay que citar el trabajo de Lucero [1986] sobre la estructura y el estilo de la argumentación del *Tractado de la Asunción*.

El papel de Juan Fernández de Heredia en la cultura aragonesa del siglo XIV es comparable, aunque en menor escala, al de Alfonso el Sabio en la cultura castellana del XIII. A pesar de que, naturalmente, haya sido menos estudiado, sorprende que exista tanta disparidad. Es posible que la edición completa en microfichas, con concordancias e índices de palabras (Nitti y Kasten [1982]), anime a los investigadores, habida cuenta, además, de que se prevén varias ediciones y estudios en el Hispanic Seminary of Medieval Studies que completarán la edición en microfichas. Hasta la fecha han aparecido dos: una buena edición del *Libro de Marco Polo* (Nitti [1980]) y un léxico (Mackenzie [1984]). Geijerstam [1980] trata uno de los aspectos lingüísticos más importantes en la cultura aragonesa de Fernández de Heredia, su bilingüismo aragonés-catalán. Lomax [1977-1978] sostiene, con toda la razón, que el canon de la prosa medieval castellana es demasiado restrictivo, pues hay autores muy interesantes que han sido desatendidos y que deben ser seriamente estudiados. Un punto débil de su artículo es que uno de los tres autores seleccionados como muestra, San Pedro Pascual, ya no se considera responsable de las obras que se le atribuyen: Riera i Sans [1986] revela, con argumentación lógica y buena documentación, que el Pedro Pascual, autor trilingüe y mártir, de las historias de la literatura no es más que una invención difundida por

los medios propagandísticos mercedarios hacia el 1620. La mayoría de obras
a él atribuidas son medievales (aunque es mucho más probable que sean del
siglo XV, no de finales del XIII); sin embargo, aún no conocemos al autor. Con
todo, todavía se mantienen en pie las afirmaciones de Lomax acerca del converso Alfonso de Valladolid (Abner de Burgos) y de Martín Pérez, autor del
Libro de confesiones (estamos a la espera de que se publique dicha obra, que
Lomax cita a través de una tesis doctoral). También se está preparando una
edición del *Libro de las tres creencias* de Alfonso de Valladolid; el estudio preliminar (Carpenter [1987]) garantiza su alto nivel. Pedro de Luna, el papa o
antipapa Benedicto XIII, incluso sin ser él el autor del *Libro de las consola-
ciones de la vida humana* (a veces se ha dicho que su autoría no es segura),
debía ser una figura culturalmente importante (Hutton [1986]). Estamos aún
a la espera de una buena edición moderna de esa obra, pero ya poseemos un
utilísimo libro sobre su vida y su ambiente (Parrilla, Muñiz y Caride [1987]).
El artículo de Guardiola [1985] sobre la influencia de Juan de Gales en España se centra principalmente en Juan García de Castrojeriz.

El manuscrito h. I. 13 de El Escorial encierra un especial interés, no sólo
porque contiene textos (a menudo, textos únicos) de buen número de obras
en prosa del siglo XIV, sino por el criterio temático-genérico que parece haber decidido la inclusión de las obras: casi todas son vidas de santas o libros
de aventuras cuyo personaje principal es una santa; además, el argumento de
las obras sigue un diseño común y se puede vislumbrar una estructura global
de la colección (Maier y Spaccarelli [1982-1983]). La investigación de la hagiografía medieval española ha avanzado mucho gracias, sobre todo, a John
K. Walsh y B. Bussell Thompson (como se atestigua en un homenaje a Walsh,
en prensa). En un par de opúsculos (Walsh y Thompson [1986, 1987]), se estudian la tradición española de Santa María Magdalena y la leyenda del «arca
de Santo Toribio», con la edición de los textos principales (cf. la edición de
Rees Smith [en prensa]); las notas de ambos constituyen un recurso bibliográfico imprescindible. También han empezado a confeccionar Thompson y Walsh
[1986-1987] una descripción pormenorizada de manuscritos hagiográficos. Sus
investigaciones, además, incluyen las historias de viajes al otro mundo: están
preparando un extenso estudio de la presencia de la historia de Túndalo en
la literatura española, a la que hay que añadir una edición del texto del siglo
XIV, y ofrecen como anticipo (Walsh y Thompson [1985]) una edición de una
versión posterior, impresa en 1526, acompañada de una importante introducción. Los *Milagros romançados* de Pero Martín (uno de los autores a los que
se refiere Lomax [1977-1978] como injustamente desatendidos) tienen finalmente una digna edición (Anton [1988]) con glosario, índice y variantes; la
introducción es buena, aunque algo restringida. Otra edición ejemplar es la
de la versión castellana de los libros I-V y IX-X de las *Etymologiae* de san
Isidoro de Sevilla (González Cuenca [1983]), con amplia introducción y muy
extenso glosario. El manuscrito existente es una refundición de una versión
muy anterior, que, según González Cuenca, puede ser alfonsí.

Russell [1987] no sólo se centra detenidamente en la heráldica del *Libro del conocimiento*, sino que aclara otras cuestiones relacionadas con este enigmático (y probablemente ficticio) libro de viajes; es una lástima que haya abandonado el proyecto de hacer una edición. Tenemos, en cambio, una buena edición de otro libro de viajes de autenticidad dudosa, el de Juan de Mandevilla, en versión aragonesa del siglo XIV (Liria Montañés [1979]); puede compararse con la del *Libro de Marco Polo* (Nitti [1980]). El útil glosario fue elaborado por Liria Montañés a partir de una concordancia hecha con ordenador aún inédita. Aunque al parecer se ha abierto un paréntesis en la edición de crónicas del siglo XIV, vale la pena mencionar un par: una romance y otra latina, ambas de Sahagún (Ubieto Arteta [1987]). Las de libros de cetrería, con sus estudios correspondientes, avanzan con rapidez merced a Fradejas Rueda (cf. lo dicho, *supra*, de otros trabajos suyos [1986b, 1987, 1988]). Además de cinco tratados del siglo XIV, edita Fradejas [1985] uno del XVI, cada uno con una breve introducción. El tomo complementario contienen una muy útil bibliografía, pero ya superada por la que está a punto de terminar para la serie Research Bibliographies and Checkliste; también es muy interesante su valoración del género cinegético en España [1986a].

Es inevitable, aunque de justicia, que la mayoría de los estudios sobre la prosa de los siglos XIII y XIV sigan ocupándose de Alfonso X y de don Juan Manuel (para la prosa de Pero López de Ayala, véase el capítulo 10). Sin embargo, ahora ya tenemos una visión más amplia y adecuada de lo que es la prosa de estos siglos: ya son accesibles en buenas ediciones, muchas veces con estudios históricos y críticos, algunas obras, e incluso géneros enteros, que apenas habían sido estudiados hace veinte años. Sin embargo, la labor de ampliar más el canon aún no ha concluido, por lo que algunas obras ya publicadas aguardan todavía un estudio apropiado.

BIBLIOGRAFÍA

Abad, Francisco, «Lugar de don Juan Manuel en la historia de la lengua», en *Centenario* (1982), pp. 9-15.

Alvar, Carlos, y Pilar Palanco, eds., Don Juan Manuel, *El Conde Lucanor*, Planeta, Barcelona, 1984.

Alvar, Elena, *Vocabulario del «Fuero de Salamanca»*, Universidad de Granada (Colección Filológica, XXXI), Granada, 1982.

Alvar, Manuel, «Dos modelos lingüísticos diferentes: Juan Ruiz y don Juan Manuel», *RFE*, LXVIII (1988), pp. 13-32.

Amasuno, Marcelino V., «En torno a las fuentes de la literatura científica del siglo XIII: presencia del *Lapidario* de Aristóteles en el alfonsí», en *Homenaje a Alfonso X* (1986), pp. 299-328.

—, *La materia médica de Dioscórides en el «Lapidario» de Alfonso X el Sabio: literatura y ciencia en la Castilla del siglo XIII*, CSIC (Cuadernos Galileo de Historia de la Ciencia, IX), Madrid, 1987.

Andrachuk, Gregory Peter, «Alfonso el Sabio: Courtier and Legislator», en *Homenaje a Alfonso X* (1986), pp. 439-450.

Anton, Karl-Heinz, ed., *Los «Milagros romançados» de Pero Marín*, Abadía de Silos (Studia Silencia, 14), 1988.

Artola, George T., «The Nature of the *Book of Sindbad*», en *Studies on the Seven Sages of Rome and Other Essays in Medieval Literature Dedicated to the Memory of Jean Misrahi*, Educational Research Associates, Honolulu, 1978, pp. 7-31.

Ayerbe-Chaux, Reinaldo, «El uso de *exemplum* en la *Estoria de España* de Alfonso X», *C*, VII (1978-1979), pp. 28-33.

—, «Don Juan Manuel y la Corona de Aragón: la realidad política y el ideal de los tratados», en *Centenario* (1982), pp. 17-26.

—, ed., Don Juan Manuel, *Libro del Conde Lucanor*, Alhambra (CA, XXI), Madrid, 1983.

—, ed., *Libro del Conde Lucanor*, Taurus (Temas de España, CXXVIII), Madrid, 1986.

—, ed., *Textos y concordancias de la obra completa de Juan Manuel*, HSMS (SS, XXVIII), Madison, 1986.

—, ed., Don Juan Manuel, *Cinco tratados: Libro del cavallero et del escudero; Libro de las tres razones; Libro enfenido, Tractado de la asunción de la Virgen; Libro de la caça*, HSMS (SS, LI), Madison, 1989.

—, y Alan Deyermond, eds., *Libro del Conde Lucanor*, Alambra (CM, II), Madrid, 1985.

Baldwin, Spurgeon, ed., *«Libro del tesoro»: versión castellana de «Li Livres dou Tresor»*, HSMS (SS, XLVI), Madison, 1989.

Ballesteros-Beretta, Antonio, *Alfonso X el Sabio*, 2.ª ed., El Albir, Barcelona, 1984.

Baquero Goyanes, Mariano, «Perspectivismo en *El Conde Lucanor*», en *Centenario* (1982), pp. 27-50.

Biglieri, Aníbal A., «Hacia una poética del discurso histórico: la rebelión de Paulo en la *Estoria de Espanna*», *IR*, n.s., XXIX (1989), pp. 1-14.

Billick, David J., «Graduate Research on Alfonso X: A Bibliography of Master's Theses and Doctoral Dissertations», *C*, VIII (1979-1980), pp. 67-72.

Bizzarri, Hugo Óscar, «La crítica social en el *Libro de los gatos*», *JHP*, XII (1987-1988), pp. 3-14.

—, «Nuevas reflexiones sobre el enigmático título: *Libro de los gatos*», en *Studia hisp. med.* (1988), pp. 13-20.

—, «Técnicas del sermón medieval en el *Libro de los gatos*», *Letras* (en prensa).

Blecua, Alberto, *La transmisión textual de «El Conde Lucanor»*, Univ. Autónoma de Barcelona (PSLMH), Bellaterra, 1980.

Blecua, José Manuel, ed., Don Juan Manuel, *Obras completas*, Gredos, Madrid, 1982-1983, 2 vols.

Bossong, Georg, ed., *Los canones de Albateni*, Max Niemeyer (Beihefte zur *ZRP*, CLXV), Tubinga, 1978.

—, *Probleme der Ubersetzung wissenschaftliche werke aus dem Arabischen zur Zeit Alfons des Weisen*, Max Niemeyer (Beihefte zur *ZRP*, CLXIX), Tubinga, 1979.

—, «Sémantique et structure textuelles dans le livre de *Calila et Dimna*: essai de théorie textuelle appliquée», *CLHM*, IX (1979), pp. 173-203.

Bourligueux, Jocelyne, «L'Autobiographie reflet d'une 'maladie de l'âme' chez l'infant don Juan Manuel?», en *La Mélancolie dans la erlation de l'âme et du corps*, Univ. de Nantes (Littérature, Médecine, Société, I), Nantes, 1979 [1980], pp. 1-45.

Burke, James F., «Frame and Structure in the *Conde Lucanor*», *RCEH*, VIII (1983-1984), pp. 263-274.

—, «Counterfeit and the Curses of Mediacy in the *Libro de buen amor* and the *Conde Lucanor*», en *Discourses of Authority in Medieval and Renaissance Literature*, ed. Kevin Brownlee y Walter Stephens, Univ. Press of New England, Hanover, NH, 1989, pp. 203-215.

Burns, Robert I., «Castle of Intellect, Castle of Force: The Worlds of Alfonso the Learned and James the Conqueror», en *Worlds* (1985), pp. 3-22.

Cacho Blecua, Juan Manuel, y María Jesús Lacarra, ed., *Calila e Dimna*, Castalia (CCa, CXXXIII), Madrid, 1984.

Cantarino, Vicente, «Más allá de *El Conde Lucanor*: un infante desconocido», en *Homage Solà-Solé* (1984), I, pp. 55-66. (Una versión un poco abreviada, con el título de «Ese autor que llaman don Juan Manuel», está en *Actas VIII AIH* (1986), I, pp. 329-338.)

Cárdenas, Anthony J., «Hacia una edición crítica del *Libro del saber de astrología* de Alfonso X: estudio codicológico actual de la obra regia (mutilaciones, fechas y motivos)», en *Homenaje Sainz Rodríguez* (1986), II, pp. 111-120.

Carpenter, Dwayne E., *Alfonso X and the Jews: An Edition of and Commentary on «Siete partidas» 7.24 «De los judíos»*, Univ. of California Press (UCPMP, CXV), Berkeley, 1986.

—, «Alfonso el Sabio y los moros: algunas precisiones legales, históricas y textuales con respecto a *Siete partidas 7.25*», *Al-Qantara*, VII (1986), pp. 229-252.

—, «*Abner de Burgos, Libro de las tres creencias*: The Spanish Manuscripts», *Manuscripta*, XXXI (1987), pp. 190-197.

—, «Fickle Fortune: Gambling in Medieval Spain», *Studies in Philology*, LXXXV (1988), pp. 267-278.

Collar de Cáceres, Fernando, «En torno al *Libro de retratos de los reyes* de Hernando de Ávila», *Boletín del Museo del Prado*, IV, 10 (enero-abril de 1983), pp. 7-35.

Cómez Ramos, Rafael, *Las empresas artísticas de Alfonso X el Sabio*, Diputación Provincial, Sevilla, 1979.

Conde López, Juan Carlos, «La difusión y las fuentes de un episodio cronístico sobre el Cid», *BRAE*, LXVII (1987), pp. 109-136.

Craddock, Jerry R., «La cronología de las obras legislativas de Alfonso X el Sabio», *AHDE*, LI (1981), pp. 365-418.

—, «Must the King Obey his Laws?», en *Florilegium Clarke* (1983), pp. 71-79.

—, «Dinasty in Dispute: Alfonso X el Sabio and the Succession to the Throne of Castile and Leon in History and Legend», *Viator*, XVII (1986), pp. 197-219.

—, «How Many *Partidas* in the *Siete partidas*?», en *Hispanic Studies Deyermond* (1986), pp. 83-92.

—, *The Legislative Works of Alfonso X, el Sabio: A Critical Bibliography*, Grant & Cutler (RBC, XLV), Londres, 1986.

—, «*El Setenario*: última e inconclusa refundición alfonsina de la primera *Partida*», *AHDE*, LVI (1986), pp. 441-466.

Cherchi, Paolo, «*Brevedad, oscuredad*, synchysis in *El Conde Lucanor* (Parts II-IV)», *MR*, IX (1984), pp. 361-374.

—, «Juan Manuel's *Libro de los estados* (2:6-32) and Godfrey of Viterbo's *Pantheon* (books 13-14)», *RPh*, XXXVIII (1984-1985), pp. 300-309.

Chico Rico, Francisco, «La estructura sintáctica pragmática del texto narrativo compuesto: aproximación al estudio de la comunicación interna del *Sendebar*», *AFH* (1986), II, pp. 91-115.

Darbord, Bernard, «Relations casuelles et étude textuelle (*El Conde Lucanor*)», *CLHM* (1977), II, pp. 49-100.

—, «Acerca de las técnicas de la expresión alegórica en la obra de D. Juan Manuel», en *Centenario* (1982), pp. 51-61.

—, ed., *Libro de los gatos*, Séminaire d'Études Médiévales Hispaniques de l'Univ. de Paris-XIII (Annexes des *CLHM*, III), París, 1984.

Deyermond, Alan, «Cuentos orales y estructura formal en el *Libro de las tres razones* (*Libro de las armas*)», en *Centenario* (1982), pp. 75-87.

—, «The Death and Rebirth of Visigothic Spain in the *Estoria de España*», en *Homenaje a Alfonso X* (1986), pp. 345-367.

—, «The Moralizations of the *Libro de los gatos*», en Actas de la sesión de homenaje a John Esten Keller, Kentucky Foreign Language Conference, abril de 1988 (en prensa).

Díaz Arenas, Ángel, «Intento de análisis estructural del *exemplo* XVII de *El Conde Lucanor* y formulación de una estructura válida para todos los otros: introducción al estudio estructural de *El Conde Lucanor*», en *Centenario* (1982), pp. 89-102.

Dillard, Heath, *Daughters of the Reconquest: Women in Castilian Town Society, 1100-1300*, Univ. Press, Cambridge, 1984.

Diman, Roderick C., y Lynn W. Winget, eds., *«Lapidario» and «Libro de las formas & ymagenes»*, HSMS (SS, III), Madison, 1980.

Diz, Marta Ana, *Patronio y Lucanor: la lectura inteligente «en el tiempo que es turbio»*, Scripta Humanistica, Potomac, Maryland, 1984.

Domínguez Rodríguez, Ana, *Astrología y arte en el «Lapidario» de Alfonso X el Sabio*, 2.ª ed., la autora, Madrid, 1984.

—, «El *Officium Salomonis* de Carlos V en el Monasterio de El Escorial: Alfonso X y el planeta Sol; absolutismo monárquico y hermetismo», *Reales Sitios*, 83 (1985), pp. 11-15 y 21-28.

Dyer, Nancy Joe, «El decoro femenino en *Castigos e documentos del rey don Sancho*», en *Studia hisp. med.* (1988), pp. 21-30.

Fernández-Ordóñez, Inés, «La *Estoria de España*, la *General estoria* y los diferentes criterios compilatorios», *RLit*, L (1988), pp. 15-35.

Ferreiro Alemparte, Jaime, «Hermann el Alemán, traductor del siglo XIII en Toledo», *Hispania Sacra*, XXXV (1983), pp. 9-56.

Fradejas Lebrero, José, ed., *Sendebar: Libro de los engaños de las mujeres*, Editora Nacional (Biblioteca de la Literatura y el Pensamiento Universales, XXXVI), Madrid, 1981.

Fradejas Rueda, José Manuel, ed., *Antiguos tratados de cetrería castellana*, Cairel (Colección Alcotán, II [parte 1]), Madrid, 1985.

—, «La originalidad en la literatura cinegética», *Epos*, II (1986), pp. 75-88.

—, «Las fuentes del *Libro de la caza* de don Juan Manuel», *BAPLE*, XIV, 2 (1986), pp. 35-42.

—, ed., Muhammad Ibn 'Abd Allah Ibn 'Umar al-Bayzar (Moamín), *Libro de los animales que cazan (Kitab al-Yawarih)*, prólogo de Manuel Alvar, Casariego (Biblioteca Cinegética Española, XX), Madrid, 1987.

—, «*Los paramientos de la caza*», *Príncipe de Viana*, XLIX (1988), pp. 741-774.

Fraker, Charles F., «Scipio, and Origins of Culture: The Question of Alfonso's Sources», *Dispositio*, 27 (1985 [1987]), pp. 15-27.

Funes, Leonardo R., «La capitulación del *Libro de los estados*: consecuencias de un problema textual», *Inc*, IV (1984), pp. 71-91.

—, «Sobre la partición original del *Libro de los estados*», *Inc*, VI (1986), pp. 3-26.

—, «El trabajo intertextual de don Juan Manuel y la apertura del relato en el *Libro de los estados*, *JHP*, XII (1987-1988), pp. 103-112.

Galmés de Fuentes, Álvaro, «Alfonso X el Sabio y la creación de la prosa literaria castellana», en *Estudios alfonsíes* (1985), pp. 33-58.

Garcia, Michel, «L'Historiographie et les groupes dominants en Castille: le genre chronistique d'Alphonse X au Chancelier Ayala», en *Les Groupes dominants et leur(s) discours*, ed. Augustin Redondo, Univ. de la Sorbonne Nouvelle-Paris III (Cahiers del l'UER d'Études Ibériques, IV), París, 1984, pp. 61-74.

García de la Fuente, Olegario, «Romanceamiento castellano de Tobías del ms. Escurialense I-1-8 y la *Vulgata latina*», *Anuario* del Centro Asociado de la UNED de Málaga (1988), II, pp. 41-93.

García Gallo, Alfonso, «Nuevas observaciones sobre la obra legislativa de Alfonso X», *AHDE*, XLVI (1976), pp. 609-670.

Geijerstam, Regina af, «Sobre Heredia i el bilingüisme medieval aragonès-català», en *Actes del Cinquè Col·loqui Internacional de Llengua i Literatura Catalanes, Andorra, 1-6 d'octubre de 1978*, Abadía de Montserrat, 1980, pp. 495-510.

Gil, José S., *La escuela de traductores de Toledo y los colaboradores judíos*, Instituto Provincial de Investigaciones y Estudios Toledanos, Toledo, 1985.

Gimeno Casalduero, Joaquín, «El *libro de los estados* de don Juan Manuel: composición y significado», en *Centenario* (1982), pp. 149-161.

—, «Alfonso el Sabio: el matrimonio y la composición de las *Partidas*», *NRFH*, XXXVI (1988), pp. 203-218.

Gingras, Gerald L., «Virtue and Vice: Historical Explanation in Alfonso X's *Primera crónica general*», en *Alfonso X the Learned* (1985), pp. 430-438.

Goldberg, Harriet, «Sexual Humor in Misogynist Medieval Exempla», en *Women in Hispanic Literature: Icons and Fallen Idols*, ed. Beth Miller, Univ. of California Press, Berkeley, 1983, pp. 67-83.

Gómez Redondo, Fernando, «El diálogo en *El Conde Lucanor*», en *Manojuelo de estudios literarios ofrecidos a José Manuel Blecua Teijeiro por los profesores de enseñanza media*, Ministerio de Educación y Ciencia (Publicaciones de la *Nueva Revista de Enseñanza Media*, I), Madrid, 1983, pp. 45-58.

—, «La función del 'personaje' en la *Estoria de España*», *AEM*, XIV (1984 [1986]), pp. 187-210.

—, «Fórmulas juglarescas en la historiografía romance de los siglos XIII y XIV», *C*, XV (1986-1987), pp. 225-239.

—, ed., Don Juan Manuel, *Libro del Conde Lucanor,* Castalia (CD, XVII), Madrid, 1987.

—, «Relaciones literarias entre la historiografía latina y las crónicas romances del siglo XIII», en *Actas I AHLM* (1988), pp. 305-320.

—, «Terminología genérica en la *Estoria de España* alfonsí», *RLM*, 1 (1989), pp. 53-75.

González Cuenca, Joaquín, ed., *Las etimologías de San Isidoro romanceadas*, Univ. de Salamanca (Acta Salmanticensia, Filosofía y Letras, CXXXIX) y CSIC, Salamanca; Diputación Provincial, León, 1983, 2 vols.

Guardiola, Conrado, «La influencia de Juan de Gales en España», *Antonianum*, LX (1985), pp. 99-119.

Guidubaldi, Egidio, *Dal «De Iuce» di R. Grossatesta all'islamico «Libro della scala»: il problema delle fonti arabe una volta accettata la mediazione oxfordiana*, Leo S. Olschki (Testi Medievali di Interese Dantesco, II), Florencia, 1978.

Harvey, L.P., «The Aphonsine School of Translators: Translations from Arabic into Castilian Produced under the Patronage of Alphonso the Wise of Castile (1221-1252-1284)», *Journal of the Royal Asiatic Society*, I (1977), pp. 109-117.

—, «The Lament for the Loss of Valencia: *Estoria de España* caps. 909-12», en *Alfonsine Prose and Poetry* (1989).

—, «Formas hagiográficas en la *Estoria de España*», en *Studies on Medieval Spanish Hagiography in Honor John K. Walsh*, HSMS, Madison, en prensa.

Hauptmann, Oliver H., y Mark G. Littlefield, eds., *Escorial Bible I.J.4*, II, HSMS (SS, XXXIV), Madison, 1987.

Hernández Serna, Joaquín, «Sobre juglaría en la vida y obra de don Juan Manuel», en *Estudios Soria* (1985), I, pp. 373-387.

Hitchcock, Richard, «Don Juan Manuel's Knowledge of Arabic», *MLR*, LXXX (1985), pp. 594-603.

Holloway, Julia Bolton, *Brunetto Latini: An Analytic Bibliography*, Grant & Cutler (RBC, XLIV), Londres, 1986.

Hutton, Lewis J., «Don Pedro de Luna (1328-1423), habilitador del Renacimiento en España», en *Actas VIII AIH* (1986), II, pp. 13-19.

Iglesias Ferreirós, Aquilino, «Alfonso X, su labor legislativa y los historiadores», *HID*, IX (1982), pp. 9-112.

Impey, Olga Tudorica, «Ovid, Alfonso X, and Juan Rodríguez del Padrón: Two Castilian Translations of the *Heroidas* and the Beginnings of Spanish Sentimental Prose», *BHS*, LVII (1980), pp. 238-297.

—, «Un dechado de la prosa literaria alfonsí: el relato cronístico de los amores de Dido», *Rph*, XXXIV (1980-1981), pp. 1-27.

—, «En el crisol de la prosa literaria de Alfonso X: unas huellas de preocupación estilística en las versiones del relato de Dido», *BH*, LXXXIV (1982), pp. 5-23.

—, «La *fin'amors* y sus términos en la prosa histórica de Alfonso X: un caso de reflexión y refracción», en *Homenaje a Alfonso X* (1986), pp. 369-384.

—, «'Del duello de los godos de Espanna': la retórica del llanto y su motivación», *RQ*, XXXIII (1986), pp. 295-307.

Jonxis-Henkemans, Wilhelmina L., «Alexander the Great in *General estoria* I, II, IV, V and VI: A Discussion on his Image», *Revista de Filología Románica*, III (1985), pp. 245-255.

Kasten, Lloyd, y John Nitti, eds., *Concordances and Texts of the Royal Scriptorium Manuscripts of Alfonso X, el Sabio*, HSMS (SS, II), Madison, 1978.

Keller, John Esten, Robert W. Linker, y Olga Tudorica Impey, eds., *Barlaam e Josafat*, CSIC, Madrid, 1979.

Kreis, Karl-Wilhelm, «Don Juan Manuel un die dominikanische Denktradition: zur Struktur und Bedeutung des *Exemplo quinto* aus *El Conde Lucanor o Libro de los enxiemplos del Conde Lucanor et de Patronio* (1335)», *Germanisch-Romanische Monatsschrift*, XXXV (1985), pp. 279-300.

Lacarra Ducay, María Jesús, «Algunos errores en la transmisión del *Calila* y el *Sendebar*», *Cuadernos de Investigación Filológica*, V, 1 (Logroño, mayo-diciembre de 1979), pp. 43-57.

—, *Cuentística medieval en España: los orígenes*, Univ. de Zaragoza (Publicaciones del Departamento de Literatura Española, I), Zaragoza, 1979.

—, ed., «Un fragmento inédito del *Calila e Dimna* (MS. P)», *AFE*, I (1984), pp. 679-706.

—, ed., *Cuentos de la Edad Media*, Castalia (Odres Nuevos), Madrid, 1986.

—, «El *Libro de los gatos*: hacia una tipología de 'enxiemplo'», en *Formas breves del relato* (1986), pp. 19-34.

—, «El cuento de 'La rata transformada en niña' (*Calila e Dimna*, VI, 7)», *Lucanor: Revista del Cuento Literario*, 3 (mayo de 1989), pp. 73-88.

—, ed., *Sendebar*, Cátedra (LH, 304), Madrid, 1989.

—, *Pedro Alfonso*, Diputación General de Aragón (Los Aragoneses, III), Zaragoza, en prensa.

—, y Esperanza Ducay, eds. y trads., Pedro Alfonso, *Disciplina clericalis*, Guara (Nueva Biblioteca de Autores Aragoneses, III), Zaragoza, 1980.

Lapesa, Rafael, «Contienda de normas lingüísticas en el castellano alfonsí», en *Actas del Coloquio Hispano-Alemán Ramón Menéndez Pidal, Madrid, 31 de marzo al 2 de abril de 1978*, ed. Wido Hempel y Dietrich Briesemeister, Max Niemeyer, Tubinga, 1982, pp. 172-190; reimpr. en sus *Estudios de historia lingüística española*, Paraninfo, Madrid, 1985, pp. 209-225.

—, «Símbolos y palabras en el *Setenario* de Alfonso X», *NRFH*, XXIX (1980), pp. 247-261; reimpr. en sus *Estudios* (1984), pp. 226-238, y como «Estudio preliminar» en Vandenford [1984], pp. vii-xxv.

Lavado Paradinas, Pedro J., «Acerca de algunos temas iconográficos medievales: el *Roman de Renard* y el *Libro de los gatos* en España», *RABM*, LXXXII (1979 [1982]), pp. 551-567.

Liria Montañés, Pilar, ed., *«Libro de las maravillas del mundo» de Juan de Mandevilla*, Caja de Ahorros, Zaragoza, 1979.

Littlefield, Mark G., ed., *Biblia romanceada I.I.8: The 13th-Century Spanish Bible Contained in Escorial MS. I.I.8*, HSMS (DS, IV), Madison, 1983.

Lomax, Derek W., «Algunos autores religiosos, 1209-1350», *JHP*, II (1977-1978), pp. 81-90.

—, «El padre de don Juan Manuel», en *Centenario* (1982), pp. 163-176.

López-Baralt, Luce, *San Juan de la Cruz y el Islam: estudio sobre las filiaciones semíticas de su literatura mística*, Colegio de México (Estudios de Lingüística y Literatura, XII), México; Univ. de Puerto Rico, Río Piedras, 1985.

López Ibor, Marta, Lucía Pan de Soraluce y Javier Faci, eds., *Alfonso X: Toledo 1984*, Dirección General de Bellas Artes y Archivos, Madrid, 1984.

Lucero, Dolly María, «Las normas del discurso en el *Tractado de la Asunción de la Virgen*, de don Juan Manuel», *Revista de Literaturas Modernas*, XIX (1986), pp. 83-95.

MacDonald, Robert (A.), «Progress and Problem in Editing Juridical Texts», *C*, VI (1977-1978), pp. 74-81.

—, «Law and Politics: Alfonso's Program of Political Reform», en *The Worlds* (1985), pp. 150-202.

—, «El Espéculo atribuido a Alfonso X, su edición y problemas que plantea», en *España y Europa: un pasado jurídico común: Actas del I Simposio Internacional del Instituto de Derecho Común, Murcia, 26-28 de marzo de 1985*, ed. Antonio Pérez Martín, Universidad de Murcia (Publicaciones del Instituto de Derecho Común, I), Murcia, 1986, pp. 611-633.

Mackenzie, Jean Gilkison, *A Lexicon of the 14th-Century Aragonese Manuscripts of Juan Fernández de Heredia*, HSMS (DS, VIII), Madison, 1984.

Macpherson, Ian, ed., *Juan Manuel: A Selection*, Tamesis, Londres, 1980.

Maier, John R., y Thomas D. Spaccarelli, «MS. Escurialense h-I-13: Approaches to a Medieval Anthology», *C*, XI (1982-1983), pp. 81-84.

Marcos Sánchez, Mercedes, «Notas estilístico-lingüísticas a propósito del *Libro de las armas* de don Juan Manuel», *Studia Zamorensia Philologica*, VII (1986), pp. 163-174.

Martin, Georges, «La chute du royaume visigothique d'Espagne dans l'historiographie chrétienne des VIIIe et IXe siècles: sémiologie socio-historique», *CLHM*, IX (1984), pp. 207-233.

Martínez Díez, Gonzalo, y José Manuel Ruiz Asensio, eds., *Leyes de Alfonso X*, I: *Espéculo*, Fundación Sánchez Albornoz, Ávila, 1985.

Martins, Mário, «A racionalização cristã de Ovídio na *General estoria* e no *Livro da montaria*», en sus *Estudos de cultura medieval*, III, Edições Brotéria, Lisboa, 1983, pp. 119-131.

Menjot, Denis, «Juan Manuel: auteur cynégétique», en *Centenario* (1982), pp. 199-213.

Metzeltin, Michael, «Handlung und Beschreibung in der *Primera crónica general*», en *Non Nova, sed Nove: mélanges de civilisation médiévale dédiés à Willem Noomen*, Bouma (Mediaevalia Groningana, V), Groningen, 1984, pp. 139-146.

—, «El exemplo quinto de *El Conde Lucanor* o el grado cero de la narratividad», en *Crítica semiológica* (1986), pp. 53-67.

Morreale, Margherita, «Una lectura de Sab. 2 en la *General estoria*: la Biblia con su glosa», *Berceo*, 94-95 (1978), pp. 233-254.

Mundet, Pilar, ed., *Exemplos muy notables*, Universidad de Salamanca, en prensa.

Niederehe, Hans-J., *Alfonso el Sabio y la lingüística de su tiempo*, Sociedad General Española de Librería (Historiografía de la Lingüística Española), Madrid, 1987.

Nitti, John J., ed., *Juan Fernández de Heredia's Aragonese Version of the «Libro de Marco Polo»*, HSMS (DS, II), Madison, 1980.

—, Lloyd A. Kasten, y Jean Anderson, eds., *Concordances and Texts of the Fourteenth-Century Aragonese Manuscripts of Juan Fernández de Heredia,* HSMS (DS, II), Madison, 1982.

O'Callaghan, Joseph F., «Paths to Ruin: The Economic and Financial Policies of Alfonso the Learned», en *The Worlds* (1985), pp. 41-67.

Orduna, Germán, «'Fablar complido' y 'fablar breve et oscuro': procedencia oriental de esta disyuntiva en la obra literaria de don Juan Manuel», en *Homenaje Martínez* (1979), pp. 135-146.

—, «Sobre la transmisión textual del *Libro del Conde Lucanor et de Patronio*», *Inc*, I (1981), pp. 45-61.

—, «El *Libro de las armas*: clave de la 'justicia' de don Juan Manuel», *CHE*, LXVII-LXVIII (1982), pp. 230-268.

—, «La autobiografía literaria de don Juan Manuel», en *Centenario* (1982), pp. 245-258.

—, «La 'estoria' de Acteón: Ovidio y la *General estoria* alfonsí», *Letras*, 11-12 (diciembre de 1984-abril de 1985), pp. 134-139.

Parrilla, José Antonio, José Antonio Muñiz, y Camilo Caride, *Benedicto XIII: la vida y el tiempo del Papa Luna*, Caja de Ahorros de la Inmaculada de Aragón, Zaragoza, 1987.

Perry, T.A., «Judeo-Christian Forces and Artistic Tension in Medieval Spanish Letters: The Case of the *Libro de los buenos proverbios*», en *La Chispa '87: Selected Proceedings, the Eighth Louisiana Conference on Hispanic Languages and Literatures, Tulane University, New Orleans, 1987*, ed. Gilbert Paolini, Tulane Univ., Nueva Orleans, 1987, pp. 251-256.

Pingree, David, «Between the *Ghaya* and the *Picatrix*, I: The Spanish Version», *Journal of the Warburg and Courtauld Institutes*, XLIV (1981), pp. 27-56.

Pretel, Aurelio, *Don Juan Manuel, señor de la llanura: repoblación y gobierno de la Mancha albacetense en la primera mitad del siglo XIV*, Instituto de Estudios Albacetense (Ensayos Históricos y Científicos, XIII), Albacete, 1982.

Rees Smith, John, ed., *The Lives of St Mary Magdalen and St Marthe (Ms Esc. h-I-13)*, Univ. of Exeter (EHT), Exeter, en prensa.

Rico, Francisco, «La biblia en verso», en su libro *Primera cuarentena*, El Festín de Esopo, Barcelona, 1982, pp. 119-122.

—, «'Un proverbio de tercera persona': gramática y poética», *ibidem*, pp. 29-32.

—, *Alfonso el Sabio y la «General estoria»: tres lecciones*, 2.ª ed., Ariel, Barcelona, 1984.

—, «Crítica del texto y modelos de cultura en el *Prólogo general* de don Juan Manuel», en *Studia Riquer* (1986), I, pp. 409-423.

Riera i Sans, Jaume, «La invenció literària de sant Pere Pascual», *Caplletra*, I (1986), pp. 45-60.

Romera Castillo, José, *Estudios sobre el «Conde Lucanor»*, Departamento de Filología Hispánica, UNED, Madrid, 1980.

Roth, Norman, «Jewish Translators at the Court of Alfonso X», en *Alfonso X the Learned* (1985), pp. 439-455.

Roudil, Jean, «Édition de texte, analyse textuelle et ponctuation: brèves réflexions sur les écrits en prose», *CLHM*, 3 (1978), pp. 269-299.

—, ed., Jacobo de Junta, el de las Leyes, *Oeuvres*, I: *Summa de los nueve tiempos de los pleitos*, Klincksieck (Annexes des *CLHM*, IV), París, 1986.

Ruiz, Teófilo, «Unsacred Monarchy: The Kings of Castile in the Late Middle Ages», en *Rites of Power: Symbolism, Ritual and Politics since the Middle Ages*, ed. Sean Wilentz, Univ. of Pennsylvania Press, Filadelfia, 1985, pp. 109-144.

Russell, Peter E., «La heráldica en el *Libro del conosçimiento*», en *Studia Riquer* (1987), II, pp. 687-697.

Savoye de Ferreras, Jacqueline, «Forma dialogada y visión del mundo en el *Libro de los estados* de don Juan Manuel», *Criticón*, XXVIII (1984), pp. 97-118.

Seidenspinner-Núñez, Dayle, «On 'Dios y el mundo': Author and Reader Response in Juan Ruiz and Juan Manuel»; *RPh*, XLII (1988-1989), pp. 251-266.

Seniff, Dennis P., ed., Alfonso XI, *«Libro de la montería», Based on Escorial MS. Y.II.19*, HSMS (SS, VIII), Madison, 1983.

—, «'Así fiz de lo que oy': Orality, Authority, and Experience in Juan Manuel's *Libro de la caza, Libro infinido* and *Libro de las armas*», en *Homage Solà-Solé* (1984), I, pp. 91-109.

—, «El *Libro de la montería* de Alfonso XI: nuevos manuscritos, nuevas fuentes», *RFE*, LXVI (1986), pp. 257-272.

Serés, Guillermo, «La *scala* de don Juan Manuel», *Lucanor: Revista del Cuento Literario*, 4 (diciembre de 1989), pp. 115-133.

Smith, C.C., «History as Myth in Medieval Spain and France», en *Proceedings of the Leeds Philosophical and Literary Society, Literary and Historical-Section*, XVIII, parte 1 (1982: *A Medieval Miscellany in Honour of Professor John Le Patourel*), pp. 54-68.

—, «The First Prose Redaction of the *Poema de Mio Cid*», *MLR*, LXXXII (1987), pp. 869-886.

Stefano, Luciana de, «Don Juan Manuel y el pensamiento medieval», en *Centenario* (1982), pp. 337-351.

Taylor, Barry, «Juan Manuel's Cipher in the *Libro de los estados*», *C*, XII (1983-1984), pp. 32-44.

—, «Los capítulos perdidos del *Libro del cavallero et del escudero* y el *Libro de la cavallería*», *Inc*, IV (1984), pp. 51-69.

—, «Old Spanish Wisdom Texts: Some Relationships», *C*, XIV (1985-1986), pp. 71-85.

—, «Don Jaime de Jérica y el público de *El Conde Lucanor*», *RFE*, LXVI (1986), pp. 39-58.

Thompson, Billy Bussell, y John K. Walsh, «Old Spanish Manuscripts of the Saints and their Affiliations, I: Compilation *A* (the *Gran flos sanctorum*)», *C*, XV (1986-1987), pp. 17-28.

Torres Fontes, Juan, «Murcia y don Juan Manuel: tensiones y conflictos», en *Centenario* (1982), IV, pp. 17-26.

—, «Don Juan Manuel, señor de Cartagena», en *Estudios Sánchez Albornoz* (1986), IV, pp. 35-57.

Torres González, Francisco, «Rasgos médico-psicológicos de Alfonso el Sabio», en *Alfonso X y Ciudad Real: conferencias pronunciadas con motivo del VII centenario de la muerte del Rey Sabio (1284-1984)*, ed. Manuel Espadas Burgos, Ayuntamiento de Ciudad Real, 1986, pp. 107-140.

Ubieto Arteta, Antonio, ed., *Crónicas anónimas de Sahagún*, Anubar (Textos Medievales, LXXXV), Zaragoza, 1987.

Uitti, Karl D., «A Note on Historiographical Vernacularization in Thirteenth-Century France and Spain», en *Homenaje Galmés de Fuentes* (1985), I, pp. 573-592.

Valdeón Baruque, Julio, «Don Juan Manuel y Peñafiel», en *Centenario* (1982), pp. 385-395.

Vanderford, Kenneth H., ed., Alfonso el Sabio, *Setenario*, 2.ª ed., Crítica, Barcelona, 1984.

Van Scoy, Herbert Allen, *A Dictionary of Old Spanish Terms Defined in the Works of Alfonso X*, ed. Ivy A. Corfis, HSMS (SS, XXIV), Madison, 1986.

Vernet Ginés, Juan, «Alfonso X y la astronomía árabe», en *Estudios alfonsíes* (1985), pp. 17-31.

Vuolo, Emilio, ed., *Libro de los engaños e los asayamientos de las mugeres*, Liguori (Nuovo Medioevo, IV), Nápoles, 1980.

Walsh, J.K., y B. Bussell Thompson, eds., *Historia del virtuoso cavallero don Túngano (Toledo 1526)*, Lorenzo Clemente (Pliegos Hispánicos, I), Nueva York, 1985.

—, *The Myth of the Magdalen in Early Spanish Literature, with an Edition of the «Vida de Santa María Magdalena» in MS. h-I-13 of the Escorial Library*, Lorenzo Clemente (Pliegos Hispánicos, II), Nueva York, 1986.

—, *La leyenda medieval de Santo Toribio y su «arca sancta», con una edición del texto en el MS. 780 de la Bibl. Nac.*, Lorenzo Clemente (Pliegos Hispánicos, IV), Nueva York, 1987.

Weber de Kurlat, Frida, «Problemas de texto en *Calila e Dimna*», en *Essays Pierce* (1982), pp. 229-242.

Gonzalo Menéndez Pidal

«EL REY FAZE UN LIBRO...»

En códices tan profusamente ilustrados como son los alfonsíes, no podían faltar miniaturas que narrasen aspectos muy diversos de la vida del propio rey. Gráficamente nos ilustran y documentan especialmente sobre la forma en que Alfonso X estaba presente en su obra, y en este aspecto las miniaturas más abundantes son las que nos lo presentan entre sus colaboradores. Pero junto a ellas figuran también las escenas que evocan la vida cotidiana del Rey, así como una serie de pequeños sucesos anecdóticos, todos ellos llenos de inmenso valor documental.

Sobre el valor documental de la miniatura alfonsí, uno de los capítulos más asombrosamente comprobables es el que se refiere a sus ropas. En el texto de las *Partidas* se trata de la importancia que se concedía a las vestiduras reales; había telas, pieles y otra serie de adornos reservados a los vestidos regios. Alfonso aparece representado siempre revestido de telas preciosas, orofresado de aljófar y piedras como corresponde a las ideas que se tenían sobre la distintiva indumentaria real. Pero lo sorprendente de la iconografía de Alfonso es que las ropas con que aparece representado son testimonialmente documentables, no en forma genérica, sino individualizante.

Pero sin duda cuando quedamos más sorprendidos del verismo con que los iluminadores de la Cancillería regia pintaron a Alfonso es al mirar la miniatura del *Libro de los Juegos* en que se representa al Rey dirigiendo la elaboración de esa obra. Alfonso, sentado ante sus colaboradores, lleva capa y piel, cubiertas ambas de círculos bordados en que campean heráldicos casti-

Gonzalo Menéndez Pidal, *La España del siglo XIII leída en imágenes*, Real Academia de la Historia, Madrid, 1986 [1987], pp. 37-39, 44-49, 151.

llos y leones. Y hoy, en su sepulcro sevillano, el Rey está aún envuelto en ese mismo manto; sus dos ropas van decoradas con oro, plata y seda; son círculos de 8,5 cm de diámetro, en que van bordados alternadamente castillos y leones, y entre los círculos unas hojas de traza mudéjar; la *piel* tiene manga ancha que llega hasta poco más abajo del codo y por debajo salen unas mangas más ajustadas, sujetas por botones esféricos de plata. En todo, identidad absoluta con la miniatura. [...]

En el manto con que Alfonso está sepultado en Sevilla, un águila bordada en lo alto rompe la organización general de los círculos; en la cantiga 90 Alfonso lleva una capa cuajada de círculos con águilas; en las orlas de las cantigas 4 y 15, águilas alternan con castillos y leones; en el capiello con que se cubre el Rey en la cantiga 169 *b* parece que escudos acuartelados de castillos y leones alternan con águilas; águilas alternan también con castillos y leones en el cojín tercero que hay en la sepultura de Alfonso. Indudablemente todas estas águilas no pueden ser sino un trasunto de la aspiración imperial. [Para Alfonso la emblemática circular tenía una indudable relación con el Imperio y tal vez el haber sido enterrado con las ropas que hemos visto fue un último tributo a sus aspiraciones, rendido por sus allegados.]

Sin duda la más sintética y sugestiva visión de cómo trabajaron las escuelas alfonsíes nos la dan las miniaturas iniciales de los códices regios.

Conservamos cinco de éstos, que contienen siete miniaturas de especial interés: 1.— *Partida primera*, códice fechado de 1256 a 1265. El Rey en un escaño dictando a tres colaboradores sentados en el suelo, uno con capiello, dos descubiertos. 2.— *Crónica General de España* (miniatura muy borrosa), empezada poco después de 1270. Bajo tres arcos, el Rey y numerosos colaboradores distribuidos en cuatro grupos y en dos planos, caballeros, clérigos, letrados. 3.— *Grande e General Estoria*, manuscrito fechado en 1280. Cinco intercolumnios albergan al Rey en su trono y a ocho colaboradores, caballeros, clérigos y escribas con sus rollos de papel y sus tinteros. 4.— *Cantigas*. El Rey entre sus colaboradores: clérigos, escribas y juglares. 5.— *Lapidario*, códice empezado en 1276, acabado en 1279. El Rey haciendo una observación sobre un libro que le presentan, y el Rey dictando a dos amanuenses. 6.— *Cantigas*, códice posterior a 1279. El Rey entre doce de sus colaboradores: caballeros, clérigos, escribas y juglares. 7.— *Ajedrez, Dados y Tablas*, códice empezado y acabado en Sevilla, año 1283. El Rey y sus colaboradores ajedrecistas; tres copistas en sus pupitres; el Rey y los que intervienen en el *Libro de los Dados*; Alfonso y los colaboradores que tuvo para el *Libro de las Tablas*.

De los siete códices, seis son del segundo período alfonsí, es decir,

que fueron ejecutados a lo largo de los quince últimos años del reinado de Alfonso X, época de más personal colaboración con sus escuelas. Los siete códices se escribieron e ilustraron en la cámara real, y
por eso creo que las representaciones gráficas aludidas tienen indudable valor documental.

Al Rey se le representa siempre presidiendo la reunión; a veces se-
meja estar discutiendo con sus colaboradores, pero en la mayor parte
de los casos aparece dirigiéndose a sus amanuenses. En los dos manuscritos de las *Cantigas* y en el de la *General Estoria*, Alfonso tiene
en la mano un libro de consulta. Los amanuenses, atentos a la palabra
del Rey, se hallan sentados y tienen en las manos tiras de papel o pergamino sin formar cuaderno; escriben sólo valiéndose de la pluma,
la mano izquierda la tienen ocupada en sostener el papel y no usan
de raspador porque sus escritos serán meros instrumentos de trabajo,
no exhibiciones caligráficas.

De entre los amanuenses los hay tonsurados, como algunos de los
que figuran en ambos códices de las *Cantigas* y en el de la *General
Estoria*; los hay también intonsos, como son otros de esos mismos manuscritos y especialmente los representados en los libros de *Ajedrez,
Dados y Tablas*, cosa bien explicable por cierto.

En las miniaturas de *Dados y Tablas* se representa, al lado del respectivo
amanuense, la figura de otro colaborador semejante, que parece intervenir conjuntamente con el Rey en lo que el escriba hace. En el folio 1v del *Libro de
los Juegos* hay una miniatura en que figuran tres copistas trabajando. Por diferencia con los amanuenses ya descritos, estos copistas están sentados en altos escaños, y todos tres tienen sus pies reposando sobre escabeles.

Las hojas de los códices descansan en altos atriles; dos copistas escriben
ayudándose de cuchillos con cuya punta sostienen prensada la rebelde hoja
de pergamino; otras veces el cuchillo lo usarían, naturalmente, de raspador;
el copista del centro, mientras, parece tener un compás en la mano. Uno de
ellos cubre su cabeza con capirote, otro lleva tonsura y al tercero se le representa intonso.

Entre los otros colaboradores que rodean al Rey pueden distinguirse clérigos, letrados, caballeros, músicos y tahúres; de ellos serían traductores, de ellos
compiladores o meros informadores.

Clérigos figuran en la *General Estoria*, y en las *Cantigas* son especialmente numerosos. Uno del manuscrito Escorial b. I. 2, está sentado consultando
un libro; en otro manuscrito de las *Cantigas* podemos ver un grupo de clérigos que en pie discuten en torno a un códice sobre el que todos ponen la mano.
Ningún tonsurado figura entre los colaboradores de *Ajedrez, Dados* ni *Tablas*.

La miniatura correspondiente al *Libro de los Dados* nos presenta a la izquierda del Rey un personaje con capiello y traje talar que se dirige a unos tahures medio desnudos; bien podemos imaginar que éste sea el Maestre Roldán, el que siete años atrás, por encargo de Alfonso, había intentado con su fuero poner en las tafurerías estableciendo sanciones contra las trápalas de semejante gentuza, labor que todavía recuerda, más de medio siglo después, nuestro Arcipreste de Hita.

Caballeros son en su mayoría los que rodean al Rey en la *Crónica General*, cosa bien justificada si pensamos en el valor formativo que Alfonso asigna a la historia en la vida de un caballero. De ellos hay también un grupo compacto bajo uno de los arcos del manuscrito Escorial b. I. 2, y aparecen asimismo caballeros en la *General Estoria* y en los libros del *Ajedrez y Tablas*. Todos ellos llevan capas en cuyas «cuerdas» fijan muchos sus manos, según actitud muy de la época; de ellos van tocados, de ellos no; algunos se sientan en escaños, si bien más bajos que el Rey.

En el *Libro de los Dados* no figura ningún caballero, cosa comprensible dado el mal concepto que el Rey tenía de tal juego; recordemos que Alfonso XI hubo de estatuir que cualquier caballero de la Banda «que los jugare... quel tiren el sueldo de un mes», lo cual no impide que en las miniaturas siguiente del libro, cuando ya no aparecen junto a Alfonso, se represente a diversos caballeros que a los dados juegan sus armas y sus cabalgaduras, hechos para los que el Rey reservaba penas máximas.

Naturalmente en una obra como las *Cantigas* en que la música tiene tanta importancia, no podían dejar de figurar juglares. Parejas de ellos nos ofrece el manuscrito Escorial b. I. 2, mientras en el T. L. 1, todos se agrupan en el mismo intercolumnio.[1]

---

1. [«Muy varias imágenes de los juglares músicos han llegado a nosotros, pero las miniaturas de la cantiga 194 son especialmente interesantes para ilustrar la vida juglaresca. Allí asistimos a la llegada de un juglar a la casa de un caballero catalán: el juglar, en rico traje de camino, se ha bajado de un lujoso caballo y el caballero le conduce a la puerta cogido por una manga mientras el hijo pequeño de la casa juega subido en la cabalgadura del recién llegado; más tarde vemos ya al juglar, acompañado de su vihuela, actuando ante la pequeña corte del caballero; al día siguiente muy de mañana el caballero sale a despedir al juglar, y poco más a la derecha vemos ya a éste adentrándose por el monte; el caballero, que se ha encaprichado con la caballería y las ropas del juglar, manda a *su hombre malo* que lo alcance y saltee en lugar encubierto del monte. Así sucede. Y así sucedió también en otras ocasiones: Giraut de Boneil fue salteado por gentes del Rey de Navarra cuando volvía a Francia colmado de dones por Alfonso VIII de Castilla.

Fuera de esta preciosa y extensa estampa de la vida juglaresca con sus glorias, miserias y peligros, podemos barajar otras en que veremos a un juglar devoto tocando la vihuela de arco ante el altar de la Virgen, a otro amenizando un banquete, un juglar de Alfonso X que, sin soltar de la mano su guitarra latina, está jugando al ajedrez, otro juglar cristiano que toca su guitarra morisca en compañía de un juglar moro, y tantos más como se nos ofrecen en el códice alfonsí de los músicos y en el *Cancionero de Ajuda*» (pp. 235-236).]

[Siempre según las miniaturas, los colaboradores de Alfonso que trabajan en la elaboración de las *Cantigas* toman notas en rollos de pergamino o papel que tienen en la mano; también en rollos escriben un monje, un arcediano poeta, un buen hombre devoto de la Virgen, y en rollos circula la poesía devota de un fraile o de un estudiante salmantino, y de rollos semejantes se valen un trovador de escarnio o un trovador político. Parece ser que en rótulos de esos se coleccionaron efectivamente los materiales de los cancioneros gallego-portugueses, y es posible que se nos haya conservado un resto de uno de esos rollos en los cuales se hacía el borrador del libro. En la miniatura alemana del siglo XIV veremos aún representados a los Minnesänger escribiendo y leyendo rollos de esos.]

En resumen, las miniaturas de los códices regios nos ofrecen una vívida y verosímil imagen de lo que aquella colaboración portentosa entre gentes tan diversas, encaminadas a fines tan distintos y de cuya obra bien puede decirse que Alfonso sea el autor, pues, como en verdad dice el texto que Solalinde sugestivamente desglosó de la *General Estoria*, «El Rey faze un libro, non por quel escriva con sus manos, mas porque compone las razones dél, e las emienda y yegua e endereça, e muestra la manera de cómo se deven facer, e desí escrívelas qui él manda; pero dezimos por esta razón que él faze el libro».

María Jesús Lacarra

LA NARRACIÓN-MARCO EN EL *CALILA E DIMNA*

Una narración-marco puede definirse como un conjunto narrativo compuesto de dos partes distintas pero unidas entre sí. La historia principal se ve interrumpida en su desarrollo por la inserción de relatos contados por los personajes de la narración inicial. Esta última engloba a las anteriores como un marco encierra una pintura. En su forma más perfecta los cuentos insertados lo están en función de la narración que los encuadra, y cuya acción tratan de modificar, aunque no siempre es así. El carácter funcional de los cuentos insertados

María Jesús Lacarra, *Cuentística medieval en España: los orígenes*, Universidad de Zaragoza, Zaragoza, 1979, pp. 50-51, 56-68.

permite su movilidad y sustitución por otros, siempre que se respete la intencionalidad del conjunto. Por el contrario, el marco principal, de mayor o menor importancia narrativa, suele conservarse inalterado. Este procedimiento combinatorio implica una alteración temporal. La historia principal y las subordinadas se mueven en coordenadas temporales distintas; las historias insertadas suelen situarse en tiempo pasado como digresiones de la narración principal. Son hechos que el narrador vivió, escuchó, presenció o leyó, y cuyo desarrollo temático viene condicionado por la historia-marco. [...]

En el *Calila e Dimna* cada capítulo constituye una historia distinta e independiente (a excepción del IV), hasta sumar un total de quince narraciones extensas. A su vez, estas historias pueden servir de «marco» para otros cuentos insertados en ellas, si bien no todas cumplen esta función. Cabría, pues, establecer una distinción: las primeras (III-[IV]-V-VI) encuadran numerosos cuentos, que a su vez pueden incluir otros. Estas cuatro historias de estructura más compleja son las más próximas al original sánscrito del *Panchatantra*. Los restantes capítulos —con paralelos orientales menos claros— siguen unos esquemas organizativos simples. Frente a la sencillez del *Sendebar*, los capítulos-marco del *Calila* suponen una complicación y al mismo tiempo una deturpación del sistema. Comparados, sin embargo, con las *Mil y una noches* resultan elementales. Para poder apreciar mejor la aportación del *Calila* al modelo de novela-marco centraré mi análisis en el capítulo que da título a la colección. La historia (III) está protagonizada por cuatro personajes, Calila, Dimna, Sençeba y el león (rey), de los cuales este último es el único que no cuenta ningún relato. Los restantes alternan su función de personajes con la de narradores y receptores. Los cuentos surgen siempre del diálogo entre dos de ellos, apartados del resto; pueden distinguirse, pues, las siguientes parejas dialogantes: Calila y Dimna, Dimna y el león, Dimna y el buey. Contrastadas sus razones para contar con las que hallábamos en el *Sendebar*, se aprecia un debilitamiento en la inserción. Los cuentos eran en esta última obra una «función» del marco; contar era una forma de salvar la vida (la propia en el caso de la madrastra y la del infante para los privados). La pérdida de un relato (el segundo del privado tercero) era fácilmente apreciable; por el contrario, el número de cuentos insertados en los capítulos del *Calila* puede variar sin que sea perceptible su ausencia. Asimismo, los motivos para narrar son menos trascendentes. Se intenta antes persuadir e instruir que modificar; los cuentos serán un

apoyo más para unos planteamientos expuestos también por medio de
sentencias y comparaciones.

Dimna incluye cuentos al dialogar con el león, el buey y Calila.
Ante los dos primeros trata de brindar la imagen de amigo leal para
ganar la confianza de sus oyentes. Una vez logrados sus fines, utiliza
relatos para enemistar a los antiguos amigos (el león y el buey). En
ambos casos, Dimna se sirve de los cuentos como método *persuasivo*
de mayor efectividad que los argumentos. Por el contrario, en sus conversaciones con Calila muestra claramente sus planes. Ante su compañero debe esforzarse por *justificar* sus propósitos; de ahí el empleo
de cuentos, de escaso eco en Calila, quien le reprochará sus actuaciones.

El primer cuento de Calila responde a una motivación clara: evitar una
acción peligrosa. En él («El mono y la cuña»), pone de manifiesto los riesgos
de la imprudencia. La muerte del mono es una advertencia despreciada por
Dimna. Las restantes historia de Calila no presentan una intención modifica-
dora tan clara. Son invitaciones para que Dimna medite sobre sus errores pasados; por eso se insertan tras dos momentos fundamentales de la narración-
marco. En un caso, Dimna se lamenta de haber tramado su propia desgracia,
al haber sido artífice de la unión entre el león y el buey. Calila aprovechará
la ocasión para extraer su moraleja (cuentos 4, 5, 6 y 7). Tras la muerte de
Sençeba, Calila reprochará a Dimna su conducta sirviéndose de cuentos (17,
18, 19 y 20). Sus palabras son un lamento por la inutilidad de sus pasados
consejos.

Sençeba narra dos cuentos en su conversación con Dimna, tratando de justificar la extraña conducta del león, imputable sólo a un error (cuento 13) o
a una información tergiversada (cuento 14). A través del diálogo se va auto-
convenciendo de la irreversibilidad del enfrentamiento.

Los destinatarios de los cuentos no siempre tienen la reacción deseada por
los narradores. Tanto Calila como Dimna mantienen firmemente sus convicciones sin atender las palabras del contrario. Sólo el león y el buey modifica-
rán su pensamiento tras los persuasivos cuentos de Dimna. En ningún caso
encontramos los rápidos cambios del rey del *Sendebar*, pues los personajes
parecen dotados de una mayor complejidad psicológica. Sin embargo, ninguno de los tres «equivocados», Dimna, el león y el buey, sabe ir más allá de
las palabras del narrador, buscando en los cuentos una interpretación distinta
a la propuesta. De haberlo hecho así, el resultado de la acción principal hubiera sido distinto, pues los cuentos encierran una polivalencia de significados contrarios. En ello reside, a mi juicio, la principal aportación del *Calila*
al modelo de marco-narrativo.

El primer cuento que Dimna dirige al león («La zorra y el tambor») es un aviso para no dejarse engañar por las falsas apariencias. De esta manera pretende Dimna que el rey pierda el miedo a la potente voz del buey. Pero este mismo cuento podría ser una advertencia contra su propio narrador quien, bajo una actitud servicial, encubre una personalidad engañosa. Sin embargo el rey no lo entiende así y sigue confiando en el traidor Dimna. Los cuentos de Calila (4, 5, 6 y 7) constituyen una invitación a Dimna para que reflexione sobre los errores pasados, pero, a su vez, pueden considerarse una advertencia para el futuro. Analizados desde esta perspectiva, la interpretación puede ser muy diferente. El religioso del cuento 4 («El religioso robado») perdió los paños por confiar en un ladrón, error idéntico al del león al atender los consejos de Dimna, quien después le «robará» la amistad del buey. En los cuentos siguientes un personaje pretende alterar las relaciones de una pareja y muere o sufre una mutilación a causa de ello. El fin de la zorra (5: «La zorra aplastada por cabrones monteses»), la mujer (6: «La alcahueta y el amante») y la alcahueta (7: «El carpintero, el barbero y sus mujeres») anuncia el castigo de Dimna. Sin embargo, este último interpreta los cuentos en función de sus acciones pasadas y no rectifica su comportamiento futuro.

El caso más claro de desacomodación entre la teoría y la práctica lo encontramos en los cuentos del buey. El cuento 14 («El camello que se ofreció al león») es un correlato exacto de la situación de su narrador. Un animal herbívoro —un camello— aparece por azar en la corte de un león y llega a ganar su amistad. Las intrigas de los privados y otros carnívoros lograrán convencer al rey de la necesidad de matar al huésped. Sin embargo, el buey Sençeba, tras analizar con tanta lucidez su propio caso, no es capaz de extraer las últimas consecuencias. Describe perfectamente la figura del mesturero y no acierta a identificar a Dimna con un traidor.

En resumen, los relatos subordinados del *Calila* cumplen un papel accesorio, condicionado a la acción principal. En algunos casos, su desaparición, dado el menor grado de motivación en las inserciones, puede resultar inapreciable al lector actual. La principal aportación del *Calila* al modelo de novela-marco reside en la gran importancia concedida al receptor de las historias. Éste se permite rechazarlas o admitirlas según su conveniencia. Las actuaciones equivocadas de los personajes se fundan en una desacomodación entre la teoría (el relato propuesto como paradigma) y la práctica. Los ejemplos presentan modelos de comportamiento contradictorios, pues su validez se juzga en el contexto. En un caso (como el cuervo espía del capítulo VI), el engaño puede ser recomendado, en otro (Dimna), castigado. El destinatario de los cuentos deberá valorar la oportunidad de los consejos, pero con frecuencia los personajes del *Calila* se dejan arrastrar por las «blandas palabras». Este fue el principal error de los búhos (capítulo VI) y por ello murieron. Las historias insertadas cobran, para un lector conocedor de todos los «hilos», un valor irónico que añade nuevas perspectivas al sistema.

FERNANDO GÓMEZ REDONDO

EL PERSONAJE EN LA *ESTORIA DE ESPAÑA* ALFONSÍ

El personaje es un elemento morfofuncional, posibilitador de una sintaxis de comportamientos humanos, que remite a una estructura espacio-temporal de la que surge el argumento y que permite su progresión.

La aplicación de esta teoría del personaje al estudio de los planos de literariedad medieval es básica por cuanto va a mostrar la formación de unos principios compositivos —basados en leyes retóricas— de los que derivarán componentes de los grupos genéricos de las literaturas vernáculas. Puede hablarse de personajes o «tipos» épicos, didácticos, doctrinales, históricos o narrativos porque para su formación se han constituido distintos resortes sígnicos de formalización y de realización textual.

[En el análisis del texto alfonsí,] hay que distinguir dos planos: el de la *estoria*, que corresponde a la materia argumental creada por la aportación de las fuentes, y el del *cuento*, que es el significado histórico desde el que se articulan unos materiales compositivos, y entre ellos el concepto del personaje; puede leerse así por ejemplo: «Mas por que nos [punto de vista de la autoría] fizimos aqui remembrancia de los longobardos [conocimiento de que una nueva materia ha de entrar en un orden preciso de disposición] —de los que dexamos a contar, ca no uuiamos aun por el tiempo en que teniemos de dezir desta estoria en que somos [realidad temporal como línea discursiva], et por esto

Fernando Gómez Redondo, «La función del "personaje" en la *Estoria de España* alfonsí», *AEM*, XIV (1984), pp. 187-210 (191, 195-204, 206-207).

no lo quisiemos meter en oblido— mas daqui adelante queremos el *cuento* [o sea, el significado histórico] dellos traer, et poco et poco punnaremos de demostrar la *estoria* [como manifestación argumental] complidamientre» (ed. R. Menéndez Pidal, 1955, I, 242*b*, 12-20). El 'auctor' ha dejado bien patente que la *estoria* se constituye por los contenidos y formantes canalizados por el *cuento*, conformado como cauce discursivo, independiente de la pretensión de informar de unos hechos y susceptible de recibir distintos tratamientos dispositivos. El análisis de los personajes de la *Estoria de España* es, por lo tanto, el análisis de uno de los constituyentes de ese nivel narrativo llamado *cuento*.

Personaje como distribuidor de contenidos y articulador de secuencias históricas. Es ésta quizá la función esencial que desarrolla esta categoría en la *Estoria* alfonsí: el autor medieval siente que debe construir el plano sígnico «personaje» como un canal que distribuya los hechos informativos vinculados a su personalidad; por ello, el personaje ha de definirse previamente, explicarse después y, por último, alcanzar su desarrollo histórico. Por ejemplo, en el caso de Hércules se indica quién es («fue ell omne que mas fechos [luego se contarán; para ello se le ha elegido] sennalados fizo en Espanna en aquella sazón [asociación de tiempo e intriga narrativa]...»), explicándolo a continuación («lo uno en conquerir las tierras, lo al en poblando las»; I, 7*a*, 13-17). El desarrollo de sus *fechos* cubrirá los capítulos 4-8, que contendrán su caracterización y tres acciones «históricas» [...]

Este sentido de la utilización del personaje predominará en la presentación de los reyes cristianos, mediante la tendencia de contar sus hechos, para que sean ellos los que apoyen su caracterización; así se dice de Alfonso III: «touo oio et coraçon, como auemos dicho, en parar ell estado del regno quanto el mas et meior sopo et pudo, et traer su fazienda con seso et cordura» (II, 368*a*, 34-47); y, a continuación, se cuenta que vence a los moros, casa con doña «Xemena» y tiene cuatro hijos; sólo entonces se produce su descripción, que reúne las conclusiones con las que deben interpretarse las anteriores líneas de historia: «En ese rey don Alffonso auie muchos bienes et sobre todo ouo estos quatro sennaladamientre: fue muy lidiador et muy piadoso, justiciero et buen cristiano» (II, 369*a*, 47-51). Parece como si el autor medieval intuyera que el interior de ese personaje debiera transportar unidades informativas, es decir, constituyera otro plano de visión para construir la imagen de la «estoria».

Esta condición de diseñar el interior del personaje mediante rasgos distintivos permite proyectar los hechos históricos desde las unidades caracteriológicas constituidas para tal fin; este proceso puede presentar las siguientes modalidades:

a) La interiorización de rasgos en el personaje propicia la aparición de líneas formadoras de «estoria», así en la presentación de Aníbal: «desque Annibal ouo complido ueynt annos, *uinol emient* de la muerte de so padre e de cuemol yurara que numqua ouiesse paz con los romanos, *e asmo...*» (I, 16*b*, 55-56; 17*a*, 1-3). Se ha aprovechado, por tanto, la ocasión de definir al personaje para mostrarle como canal de los acontecimientos; el autor medieval une «personaje + realización histórica».

b) Los hechos de «estoria» concluyen en el carácter del personaje que han perfilado: «más con tod aquello, tan grand era el pesar que auie de so hermano Magon quel enuiaran catiuo a Roma e de Asdrubal que fincara en Espanna cuemo sennero e auie perdudo lo mas de la tierra, *que toda la otra bien andança tenie por nada*» (I, 22*b*, 51-54; 23*a*, 1-2). Puede conducir esto a la tendencia de resumir datos históricos para modelar al personaje, predominando la función literaria sobre la histórica: «E otrossi fallauasse el mismo cuemo solo por que ninguno de sos hermanos no auie con el» (I, 23*a*, 2-4). [...]

c) A causa de la primacía cobrada por la descripción de un personaje pueden llegar a relegarse los hechos de «estoria»; así, la presentación de Maximiano unifica carácter psicológico con rasgos físicos y con acciones de vida: «Et era Maximiano muy cruel et descomunal, et la aspereza del so engenno et la braueza del so coraçon mostrauala en la cara que auie muy sanuda et much esquiua; pero con todo aquesto forçaua la natura et su coraçon, et en todos los conseios guiauase por quanto Diocleciano tenie por bien» (I, 175*a*, 10-17).

d) En alguna ocasión se muestra al personaje reflexionando para ofrecer la imagen que él concluye de sí mismo como perspectiva de formulación de la «estoria»: «Este Abderrahmen era omne mui guerrero et mucho esforçado en armas, e con el gran esfuerço de coraçon que auie et por la grand onrra en que se uio puesto, començo de seer mui soberuio et de maltraer a todos» (II, 331*b*, 36-40). Se ofrece, de esta forma, la impresión de que el personaje se constituye en cauce de los contenidos que le delimitaron a él como figura de historia.

Relación entre el personaje y el 'auctor'. Es tanta la fuerza significativa que se confiere al diseño del personaje que, en ocasiones, el autor medieval —es decir, el «compilador» alfonsí o «trasladador» de la «estoria»— se incorpora a la estructura de presentación de ese carácter para explicar motivos de la conducta que va disponiendo y para opinar —él como autor, en calidad de ser independiente— sobre la circunstancia que se ha planteado; por ejemplo, en el «cuento» de Vespasiano, después de informar que era muy codicioso, el autor interpreta esa condición: «Et esto semeia uerdat, por que omne que de las otras cosas malas usaua bien, no es de creer que daquella usasse mal, si no con quexo» (I, 137*b*, 7-10).

Esta presencia del autor puede ser tan obsesiva que, en ocasiones, llegue a imponerse al personaje, descubriendo la verdadera circunstancia desde la que ha de actuar: «Vellid Adolffo besol entonçes la mano, et dixol quel diesse Dios uida et salut con que lo cumpliesse. *Mas como quier que el traydor esto dixiesse, al tenie penssado en su coraçon*» (II, 510*b*, 31-35). La última frase ha supuesto una irrupción en la progresión lineal del argumento, que es violentada para resaltar hechos que la autoría considera importantes. [...]

Personaje como modelo: desviación de la historia. La «estoria» puede desviar sus sentidos a través de la incorporación de personajes secundarios que aporten y expliquen otras líneas informativas distintas a la principal; así, al contar la forma en que Tito destruye Jerusalén se escoge un personaje para presentar la degeneración a la que habían sido capaces de llegar los judíos: María («duenna de gran guisa» I, 134*b*, 46), a quien robaron todo, no podía comer cualquier cosa (explicitación psicológica: «fuel creciendo la fambre muy fuerte, de manera que perdie el sentido», 135*a*, 5-6) ni, por ello, dar de mamar a su hijo (explicación: «perdio el natural amor que madre deuie auer contra fijo, et tornosse contral ninno...», íd., 14-15); a partir de aquí, mediante el estilo directo, se comunica la angustia y locura de la mujer, quien cocina al niño y lo ofrece a los soldados que la sorprenden. Ha habido, pues, una digresión para conseguir reproducir las circunstancias trágicas que concurrieron en ese hecho histórico. [...]

Personaje como componente ficticio: el héroe. La anterior estructura culmina en la constitución de caracteres estereotipados, poseedores de rasgos tópicos caballerescos, con actitudes determinadoras de materia caballeresca. Por ejemplo, del conde Garci Fernández se diseña una presentación general de la que destaca una característica específica que le muestre individualizado y definido con una identidad peculiar: «auie las mas fremosas manos que nunca fallamos que otro omne ouo, en manera que muchas uegadas auie uerguenna de las traer descubiertas por ello, et tomaua y enbargo» (II, 427*a*, 21-28). De esa personalidad y del hecho concreto de la forma de las manos surgirá la línea argumental narrativa que en los capítulos 730-732 protagonizará este conde en calidad de héroe caballeresco. Significa esto que el personaje puede desarrollar acciones independientes a la historia, verdaderas fábulas narrativas con su propio planteamiento y desenlace (nuevo ejemplo: ver capítulo 50). [...]

Personaje como determinador de relaciones genéricas. El que el personaje medieval sea articulado desde los modelos del héroe clásico o épico o caballeresco significa que en la elaboración de su figura interviene una clara voluntad de autoría por hacerle reconocible según unos esquemas de prefiguración literaria (componentes genéricos) que añadan unidades informativas al significado histórico que suponga este personaje.

Tres son los grupos genéricos que pueden reconocerse a través del tratamiento que se hace en la *Estoria de España* de esa categoría caracteriológica:

1. Literatura «exemplar» (o didáctica): su propósito es encauzar la enseñanda al interior del individuo, por lo que el canal del personaje se muestra como línea idónea para ello. Hay una tendencia acusada hacia el detallismo como medio de generar una actitud psicológica peculiar que, constituida en «exemplo», pueda ser asumida por el receptor. La descripción del suicidio de Nerón obedece a este propósito: a) en un principio se le muestra en una total soledad y en un continuo estado de duda: «E quando Nero se uio assi desamparado de todos, ando por sus palacios buscando alguno que lo matasse et no fallo. Et assi cuemo estaua, descalço et en saya, fue corriendo quanto pudo por se echar en el rio de Tibre; mas desque llego alla, repintiosse...» (I, 128*a*, 17-23); b) a continuación, intervenciones dialógicas intensificarán el carácter modelado por el narrador de una manera más directa e inmediata: «E estaua Nero llorando et faziendo llanto de quantos males le contescien, et dizie: "ay que sotil maestro se pierde oy en mi"» (íd., 49-52); c) por último, se crea una escena reforzada por la intriga (mensajeros informan a Nerón de que se le busca) que culmina diseñando al personaje en la actitud negativa propiciadora de la enseñanza: «E quando el oyo aquesto, fue much espantado, et dos cuchillos que troxiera consigo, sacolos et començo a catar qual era mas agudo; et desi tornolos en sus uaynas diziendo que aun no era uenida la ora de la muerte» (128*b*, 9-14). Éste es el esquema más clásico de una narración ofrecida como «exemplo» y sostenida por la conducta del personaje que se ha propuesto. [...]

2. Literatura doctrinal: su objetivo es encauzar la enseñanza al conjunto de la sociedad, que constituida en colectividad debe aprender reglas de comportamiento. La categoría del personaje sirve para resumir esos contenidos que deben ser conocidos por los grupos sociales: «Las estorias antiguas cuentan que por tres cosas fueron los romanos sennores de toda la tierra: la prime-

ra por saber, la segunda por seer bien acabdellada, la tercera por suffrencia» (I, 18*b*, 7-11). A fin de lograr una efectividad comunicativa, esas relaciones sociales centran el carácter del personaje que ha de disponer la «estoria»: «mas por que el iuyzio de Dios uiene a aquellos que fazen las nemigas por que sufran la pena de la uengança por ende aquellos que se non quisieron enmendar nin castigar de sus peccados leuaron doble pena de mano de Nuestro Sennor [planteamiento del conjunto doctrinal]. Otrossi quisieron este rey Vitiza... [mención ya del personaje que asume la línea argumental establecida en la anterior relación]» (I, 306*b*, 30-35).

3. Literatura caballeresca de ficción: sin estar ligado a los propósitos anteriores, este grupo —que cubre los poemas épicos, clericales de tema heroico y «romances» prosísticos— persigue la finalidad de construir una materia argumental que surja de los núcleos significativos del «cuento» o estructura, planteada con una —casi— exclusiva función lúdica. [...]

Personaje como generador de planos estructuradores del «cuento». Si el personaje por su caracterización puede llegar a constituir marcos de ficción, también por las líneas formales manejadas en su diseño puede conformar planos de disposición textual; [entre otros] elementos destaca en la *Estoria de España* la creación de intrigas narrativas, que pueden conducir la construcción del carácter completo, como en el caso de Constantino, donde además esas intrigas se entrecruzan, propiciando el modelo de héroe:

... Constantino, el fijo de Constancio cesar et de Elena [mención de los padre], et leuantauasse entonce mancebo much apuesto et much ensennado et de muy buenas costumbres [rasgos de juventud que adelantan su carácter heroico], et pagauan se las yentes mucho dell [reconocimiento externo que acredita una fama]; et por esta razon ell emperador Diocleciano, por conseio de Galerio Maximiano [especificación de los enemigos], quisolo matar con enuidia et con miedo que perderie ell imperio por ell [intriga 1: circunstancia negativa que refuerza la caracterización extraordinaria del héroe, intensificando sus cualidades personales]. Mas commo querien todos bien a Constantino, sopolo luego, et fuxo a escuso [intriga 2: ayuda externa]. Et el Nuestro Sennor Ihesu Cristo que auie sabor de lo mantener paral so seruiçio, guardolo de mal [intriga 3: intervención del milagro, que predispone su posterior caracterización] (I, 177*b*, 21-32). [...]

[Otro elemento destacado es] el desarrollo de disposiciones textuales, modificadoras de la materia argumental. Por ejemplo, la construcción de Bernardo del Carpio implica una poetización de la historia real hasta el punto de que ésta se difumina, generando líneas ficticias propiciadas por distintos planos de «textualidad»; así, en el capítulo 631 Bernardo es informado de que su padre está prisionero: un narrador expone las circunstancias generales de ese hecho («et fue en esa manera», II, 345*b*, 19), nuevos personajes intervienen (María Meléndez y Urraca Sánchez: personajes geminados, nueva visión de la realidad) y, por medio del estilo directo, se le cuenta la prisión del padre. Se consigue, pues, que la vida de ese personaje vaya haciendo la historia y, por ello, se le conduce a situaciones internas desde las que deberá actuar: «Bernaldo quando sopo las nueuas del padre que era preso pesol muy de coraçon, et boluiosele toda la sangre del cuerpo; et dexo el auer que lo non quiso tomar [rasgo externo que le ha definido], et fuesse para su posada faziendo el mayor duelo del mundo [nuevo rasgo externo] et vestiose luego pannos de duelo, et fuese para la corte [se ha conducido al personaje hasta el pórtico de su intervención]» (II, 354*b*, 40-44; 355*a*, 1-2).

Germán Orduna

LA AUTOBIOGRAFÍA LITERARIA DE DON JUAN MANUEL

El yo personal preside la obra toda de don Juan Manuel (DJM), desde la que puede datarse como primera cronológicamente hasta la madurez creadora que manifiestan el *Libro de los enxemplos del Conde Lucanor et de Patronio* (*CLuc*) y el *Libro de los estados* (*Lest*). En principio —como nos lo muestra el prólogo de la *Crónica Abreviada* (*CrAbrev*) en sus estratos primitivos—, el yo aflora a imitación del mayestático Nos de los prólogos alfonsíes o se declara para avalar la experiencia personal que se aduce como ejemplo. La obra patrocinada o escrita por tan altos personajes no podía quedar en el anonimato,

Germán Orduna, «La autobiografía literaria de don Juan Manuel», en *Don Juan Manuel: VII Centenario*, Universidad de Murcia y Academia Alfonso X el Sabio, Murcia, 1982, pp. 245-258 (245-254, 258); pero todas las citas remiten a la edición de J.M. Blecua [1982-1983].

ni la experiencia personal aducida —dada la alcurnia del expositor— podía diluirse en lo que se ha llamado «yo ejemplar». Pero la etapa literaria primitiva, en que se compendian e imitan las obras alfonsíes (*CrAbrev, LCaza, LCavalleria*), rápidamente es superada para dar paso a la obra de creación, donde el yo personal ha crecido hasta ser motor de la originalidad de DJM y el que determina la creación de la autobiografía literaria que el príncipe castellano va configurando como nervio esencial de su creación literaria.

Aunque en la última década la teoría literaria se ha ocupado especialmente de la autobiografía como género literario, entendemos que los resultados de estos estudios deben trasladarse con gran precaución a obras de un periodo tan particular y de características y condiciones intransferibles como es la llamada Edad Media europea. [...] Debemos adelantar, por convicción lograda a través de los estudios que hemos dedicado a DJM, que lo consideramos como un creador atípico en las letras de su tiempo. No porque no hubiera en Castilla personalidades tan fuertes y tan ricas como la suya —pensamos en el autor del *Libro de buen amor* y en el mismo rey don Alfonso XI—, sino porque ninguna llegó a manifestarse literariamente —por lo que hoy sabemos— con el rotundo gesto de individualidad con que DJM lo ha hecho. [...]

El *Libro de los estados*, compuesto entre 1328 y 1330, es el primero cronológicamente en que el autor presenta organizadamente su biografía en boca de Julio, el filósofo cristiano: «Yo só natural de una tierra que es muy alongada desta vuestra, et aquella tierra á nonbre Castiella. Et seyendo yo ý más mancebo que agora, acaesçió que nasçió un fijo a un infante que avía nonbre don Manuel, et fue su madre donna Beatriz, condesa de Saboya, muger del dicho infante, et le pusieron nombre don Johan.» (*Lest*, I, p. 232) Al tratar de las amas de leche, que deben criar a los hijos de emperador, recuerda cómo don Juan fue amamantado por su madre la condesa muy largo tiempo, y luego por un ama hija de un infanzón muy honrado (*Lest*, I, pp. 122-123). A continuación describe prolijamente el programa de educación de un joven príncipe, en el que alternan la formación física con la del espíritu, y subraya finalmente: «Et dígovos que me dixo don Johan, aquel mío amigo, que en esta guisa le criara su madre en quanto fue viva, et después que ella finó, que así lo fizieron los que lo criaron» (*Lest*, I, p. 323).

Al comenzar el capítulo final del *Lest*, dedicado a los frailes predicadores, y recordando un viaje de Santo Domingo, dice, al mencionar al rey San Fernando: «et fue abuelo de don Johan, aquel mío amigo» (*Lest*, I, p. 494). Sobre su buena crianza y alto linaje insiste especialmente cuando Julio trata del estado de los infantes que no son herederos y recuerda lo que le dijo a DJM el arzobispo de Santiago, en Villa Moriel: «Et dezímosvos que si en alguna cosa non fiziéredes commo los otros, que tenemos por çierto que será por la vondat que nós sabemos que ovo en vuestra madre et por la buena criança que fizo en vos en quanto visco» (*Lest*, I, p. 374). [...]

Con su propia voz, DJM será más rotundo en los consejos a su heredero don Fernando, en el *Libro Infinido* [escrito entre 1334 y 1337]: «E çiertamente, quanto al tienpo de agora, loado sea Dios, non ha omne en Espanna de mayor grado que vos, sinon es rey».

[...] «ca yo en Espanna non uos fallo amigo e egual grado; ca si fuere el rey de Castiella o su fijo eredero, estos son vuestros sennores; mas otro infante, nin otro omne en el sennorio de Castiella, non es amigo en igual grado de uos; ca loado a Dios, de linage non deuedes nada a ninguno» (*Infinido*, I, p. 162). En esta línea de pensamiento y en este orgullo de sangre se enmarca la página más dolorosa —herida abierta aún al escribirla— de su vida política y personal (1328-agosto de 1329). No en vano dice en la Dedicatoria del *Lest* al Infante don Juan de Aragón, su cuñado: «segund el doloroso et triste tienpo en que yo lo fiz... fiz este libro» (*Lest*, I, p. 208).

Las otras intervenciones autobiográficas de DJM en el *Lest* son ocasionales, pero no menos pensadas y significativas. Tratando de la necesidad de defender y mantener la primacía de la sede arzobispal de Toledo, apunta su alto parentesco legal con la casa de Aragón: «Et aun me dixo que quando el infante don Johan, fijo del rrey de Aragón, que era arçobispo de Toledo, seyendo casado con la infanta donna Constança, su hermana, que muchas vegadas le afincara que trabajage por cobrar esta primacía» (*Lest*, I, p. 488). Y también con la casa de Lara, por su tercer matrimonio: «Et dígovos, sennor infante, que me dixo don Johan, aquel mio amigo de qui vos yo fablé, que éste fue el primer consejo et castigo que él dio a don Johan Núnnez, su cunnado, fijo de don Ferrando, saliendo un día de Pennafiel et yendo a Alva de Bretaniello» (*Lest*, I, p. 308). La pincelada es ocasional, pero ayuda a completar el cuadro de su linaje y vinculaciones políticas con los más poderosos de España [...]. El cruce del plano literario y del plano biográfico en el *Lest* constituye un fenómeno literario original en su tiempo, que se entiende parcialmente si lo explicamos partiendo de la intencionalidad que evidentemente motivó su creación.

El *Libro de las Armas* (h. 1340) confirma la intencionalidad que se manifiesta en el *Lest*, pero allí es el autor mismo quien habla de la historia familiar. Contiene tres partes. La primera historia es la del nacimiento y nombre del infante don Manuel, su padre, y la explicación de por qué se dieron armas de alas y leones a los Manueles para exaltación de su alto linaje. La segunda historia se ocupa de la primera mujer de su padre y del odio que por ella tenía su hermana, la reina doña Violante de Castilla; pero, en verdad, va dirigida a destacar que, cuando se concertó el casamiento de doña Constanza con el infante don Juan Manuel, fue con la condición de que sería reina de Murcia, pues por promesa del rey don Jaime no se casaría «si non con rey». No olvidemos que por el Adelantazgo de Murcia pleiteó y luchó toda su vida DJM. La segunda historia le permite también dejar mal parado al rey Alfonso X, pues por sus intrigas, el infante don Juan Manuel recibe finalmente sólo Elche y la comarca de Alhofra, «que fue siempre commo reyno e sennorío apartado, que nunca obedesçió a ningund rey» (*Armas*, I, p. 132). El relato termina con la explicación de cómo DJM logró el mayorazgo por haber muerto su hermanastro don Alfonso, y cómo finalmente heredó a su padre cuando sólo contaba un año y ocho meses. Con los bienes recibió la facultad de armar caballeros no siéndolo él: «cuydo que por guardar esto, que me sería a mí muy grave de tomar cavallería de ninguno sinon en la manera que la toman los reys» (*Armas*, I, p. 134).

La tercera historia toma francamente la forma autobiográfica vinculando al joven DJM a los últimos días del rey don Sancho IV, su primo hermano. A los doce años, frontero en Murcia, regresa a Valladolid para recibir al rey ya muy enfermo: el relato adquiere el tono de un fragmento de crónica. El rey mismo concierta el primer casamiento de DJM con la infanta de Mallorca y acude a visitarlo poco después a Peñafiel, donde le da dinero para la edificación del castillo. DJM no pierde ocasión de destacar su adhesión y lealtad a Sancho IV, a su hijo Fernando IV y a su nieto Alfonso XI, «en quanto este rey me dio lugar para quel sirviese et me non ove a catar de su mal» (*Armas*, I, p. 135). [...]

Cada una de las tres historias lleva su mensaje finamente urdido y, en su conjunto, sirven para transmitir la enseñanza que el autor quiere difundir: «el linaje de los Manueles nació bajo la protección divina para salvación de la cristiandad, los descendientes de Alfonso X no tienen la bendición de su padre; en el descendiente de don Juan Manuel se reúne la alteza de la sangre con la bendición del rey San Fernando y la del mismo Sancho IV en su lecho de muerte. Don Juan

Manuel, par de reyes, inculca a su descendiente la aspiración a los más altos destinos políticos. Contra los sueños de gloria de don Juan, ya sabemos por qué tortuosos caminos la sangre de los Manueles llegó a la casa real de Castilla».

[Hay otras vislumbres autobiográficas esparcidas por varias obras. Por ejemplo,] por las dedicatorias de sus libros sabemos que entretiene sus insomnios leyendo y sus preocupaciones, escribiendo un libro (*Lcab-esc.*, I, p. 39), y que suele traducir algún tratadito latino que le envía su cuñado (*ibid.*, I, p. 40). En el prólogo al *Lcab-esc* declara su personal modo de elaborar una obra (I, p. 40). Del importante lugar que daba a la información oral (*LCaza*, I, p. 521, *Armas*, Dedicatoria, I, p. 121), y a la experiencia personal, hay abundante referencia en el *LCaza*, en el *Lest* y en el *Infinido* (I, pp. 146-147). [...] El enx. XLI del *CLuc* va dirigido a los que se burlan del conde Lucanor porque perfeccionó las pihuelas y los capillos de las aves de caza; para ellos cuenta enseguida Patronio el exemplo de Al-Hakam II, mostrando cómo las grandes hazañas acallarán las voces burlonas, y la fama de la obra cumplida perpetuará el nombre del caballero.

El *CLuc* es la obra artística surgida del mismo estado anímico en el que se escriben *Lest, Infinido* y *Armas*; sobre el *CLuc* asentó DJM el monumento que rescató su memoria para los siglos venideros hasta nuestros días, y sobre la trilogía de intención biográfica, perpetuó la justificación de sus actitudes y de su personalidad histórica. Con la intención con que pidió al rey de Aragón que su carta fuera registrada en la Cancillería «para que la verdat desde fecho pueda seer prouada et paresca cada que menester sea», creó su biografía expresa y transmitió la crónica de su linaje: salvaba así ante la posteridad la imagen que él tenía de sí y de su estirpe. Sin este incentivo personal, sin la indignación que despertó la afrenta que lo llevó a alzarse contra su rey, su obra habría registrado la presión de su poderosa personalidad e individualismo, pero no hubiéramos tenido este primer ejemplo de autobiografía inusitado para su tiempo. La doctrina, el pensamiento y los moldes que imita DJM son medievales; su singular personalidad forja del estilo de la narración secular que cuaja por primera vez en el *CLuc*, pero fue su orgullo herido el que hizo que superara la limitación de los moldes y cánones literarios e irrumpiera en la literatura, con ímpetu original, el primer perfil moderno de las letras medievales.

Lore Terracini

LOS PATRONES DEL ENGAÑO:
DON JUAN MANUEL Y CERVANTES

[Los dos textos de que partimos para el análisis son el *exemplo* XXXII de *El conde Lucanor* («De lo que contestó a un rey con los burladores que fízieron el paño») y el *Retablo de las maravillas*, entremés publicado por Cervantes en su volumen de comedias y entremeses de 1615.] La «historia» (usamos el término en sentido genérico) común es la del engaño consistente en hacer creer a alguien en la necesidad de hacer por él alguna cosa, cosa que se considera valiosa por un doble motivo: *a)* su valor intrínseco; *b)* su valor de indicador social (porque quien declare no verla denunciará así una cualidad propia condenable). Nadie la ve, pero todos declaran verla por temor a la vergüenza y a la condena social. Al final, alguien que no teme la vergüenza social, porque está fuera del juego, rompe el mecanismo del autoengaño desvelando el fraude. El truco consiste —la definición es de Bataillon— en el hecho de que el engañador hace aliados suyos a las víctimas al activar su preocupación por la propia reputación. El engranaje «reputación»-«miedo», añadamos, es aquí un caso particular de la correlación «vergüenza»-«miedo», que, en el plano de la tipología cultural, ha estudiado Lotman. O, mejor, frente a la norma enunciada por Lotman para culturas que se creen poseedoras de una organización superior (roles y valores del duelo, del coraje, de la audacia), es decir, para las cuales *sentir miedo es motivo de vergüenza*, podemos afirmar que en nuestra historia el módulo «tener vergüenza de sentir miedo» se invierte en «sentir miedo de tener (motivo de) vergüenza». [...]

Recordemos brevemente que la historia, en las dos versiones de los vestidos o de las pinturas o escenas invisibles, proviene de cuentos orientales (*Los cuarenta visires*). Circula en el folklore europeo a partir del siglo XIII en el *Pfaffe Amis* y aparece a principios del XV en un *exemplum* latino. En el siglo XVI conoce una muy amplia difusión en toda Europa con el *Till Eulenspiegel*;

Lore Terracini, «Le invarianti e le variabili dell'inganno», *L'immagine riflessa*, V (1982), pp. 187-236 (188-194, 196 y 198-202) [los primeros párrafos están escritos en colaboración con A. Castagnoli Manghi].

aflora además en Italia en una de las *Buffonerie del Gonnella* y en España en una narración del *Buen aviso y portacuentos* de Timoneda. Es probablemente el filón *Eulenspiegel-Gonnella*-Timoneda el que llega al *Retablo* cervantino. Después de Cervantes, la España del siglo XVII conoce otro *Retablo de las maravillas*, el de Quiñones de Benavente, y un tardío *Entremés de los texedores*, de Ambrosio de Cuenca, además de numerosas páginas de Gracián en la *Agudeza* y en el *Criticón*. En Francia, a finales del XVIII, encontramos una fábula de J.-P.C. de Florian. En Italia, la historia, además de difundirse bajo la influencia de Gracián, nutre tradiciones populares de Pistoya y Nápoles. En cuanto a la tradición moderna, [...] en el mundo hispánico, el motivo resurge en una anécdota recogida por Borges y Bioy Casares en *Cuentos breves y extraordinarios*, de 1967, y en un texto teatral de M. Altolaguirre, *Las maravillas*, inédito aún en 1970. [...]

Para establecer el modelo, introduzco las siguientes siglas a fin de unificar los personajes y los elementos de los tres textos: A engañadores, B engañado principal, B' otros engañados, C desengañador, x objeto inexistente, V vergüenza social (en relación de causalidad).

El esquema común es el siguiente:

A engaña a B (o a varios B'), haciéndose pagar por adelantado y facilitando dos informaciones falsas: 1) que existe un x (que en realidad no existe, aquello que A afirma hacer y no hace); 2) que quien no ve x tiene un defecto socialmente vergonzoso. B no ve x, pero, sintiéndose amenazado por la vergüenza social, dice verlo; los otros, los B', hacen lo mismo por el mismo motivo. En una fiesta o en ocasión de una reunión colectiva, x, que no existe, se exhibe; un C, que no teme o ignora la vergüenza social, revela que x no existe.

Este esquema, constituido por funciones (en cuanto acciones fundamentales) o por elementos de funciones, es el modelo organizativo de los contenidos (a un alto nivel de abstracción), el modelo taxonómico en sentido greimasiano, la estructura profunda en sentido lingüístico y narratológico. En otras palabras, es lo que Andersen llama «idea».

Se puede incluso ascender a un nivel más alto de abstracción y pasar de la gramática superficial (con actantes antropomorfizados) a una gramática narrativa fundamental, que se mueva en los niveles de los sistemas de valores (axiología) y de los procesos de creación de valores (ideología). Nuestros textos presentan dos oposiciones; verdadero/falso, ser/parecer. [Pueden verse formalizadas estas dos relaciones en los siguientes esquemas:]

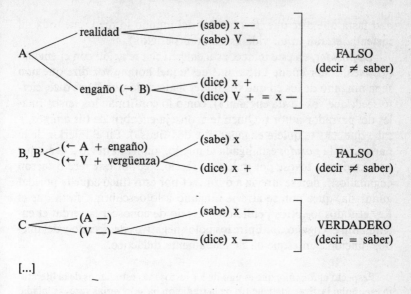

[...]

Don Juan Manuel: A tres burladores, B rey moro, B' siervos, funcionarios, la gente, C palafrenero negro, x tela para vestidos, V ser bastardo.

El timo funciona gracias a un doble resorte: el deseo de enriquecimiento de B, que piensa así confiscar los bienes a los súbditos que sean hijos ilegítimos, y el miedo del mismo B a resultar hijo ilegítimo y perder el reino. Al final, la verdad se restablece para todos. El marco didáctico en que la narración se inserta establece como nivel predominante el del secreto, la *poridat* («Patronio, un homne vino a mí et díxome muy gran fecho... et tanto me encaresce que guarde esta poridad fasta que dize que, si a homne del mundo lo digo, que toda mi fazienda et aun la mi vida es en gran periglo»).

La *poridat*, en este marco, está en estrecha relación con el engaño («Et vos, señor conde Lucanor, pues aquel homne voz dize que non sepa ninguno de los en que vos fiades nada de lo que él vos dize, cierto seed, que vos cuyda engañar»), como lo confirman los versos finales del narrador-autor («Quien te aconseja encobrir de tus amigos, / sabe que más te quiere engañar que dos figos»). En el interior de la narración, la *poridat* está ligada al miedo: «non se atrevió a dezir que non lo viera... tóvose por muerto... receló... et por este recelo fueron engañados... non se atrevia a dezir... et por esto fincó aquella poridat guardada, quee non se atrevie ninguno a lo descubrir... fasta que el Rey et todos los otros perdieron el recelo de conoscer la verdat et entendieron el engaño...». Entre los polos negativos del secreto y del miedo, funciona un esquema marcadamente didáctico.

Respecto al *Retablo*, que es uno de los textos más estudiados de la literatura española, la diversidad dentro de la tradición ha sido varias veces señalada. Aquí, el engaño, nuestro x, no consiste en un fraude, sino —dado que Cervantes, en el doble filón folklórico, escoge, siguiendo la línea del *Eulenspiegel* y de las *Buffonerie*, las pinturas invisibles— en cosas maravillosas, apariciones, escenas de teatro. Esto ha dado lugar por lo menos a dos series de observaciones: por un lado, se habla mucho de teatro dentro del teatro, de pirandellismo precoz; por otro, sobre todo el Molho, se contrapone al engaño consistente en ser vistos (desnudos, etc.) el consistente en ver o no ver, hasta aludir a una ceguera histérica. Se han señalado incluso (siempre Molho) como significativos los nombres de los personajes: al fondo, Tontonelo, a quien viene atribuida la invención del teatrillo; y, en escena, el triángulo de los engañadores, con nombres con connotaciones rufianescas, y la serie de víctimas, en cuyos nombres —Castrado/a, Repollo/a, Capacho, Macha— se han visto insistentes alusiones de carácter sexual y fantasías de castración (relación edípica, toro fálico, agua espermática, etc.).

Aquí me interesan más otros niveles de análisis. Ante todo, obsérvese que los engañadores no son introducidos como truhanes (los burladores de don Juan Manuel) —que es una definición ética—, sino como empresarios, que es una definición profesional. Y que, y es lo que más importa, desde el principio, el punto de vista diegético es el suyo, el de los directores de escena que preparan el truco («esta empresa») y se auguran el éxito: «No se te pasen de la memoria, Chirinos, mis advertimientos...». Al fin, se regocijan con el caso: «El suceso ha sido extraordinario...»; y con una rima nacida de la prosa que equivale a la moral versificada de don Juan Manuel: «nosotros mismos podemos cantar el triunfo de esta batalla diciendo: ¡Viva Chirinos y Chanfalla!».

Los engañados, hecho ya observado por todos, son figuras cómicas: ni rey ni emperador, sino aldeanos. Puede que se dé aquí, como revela Molho, una sátira del fenómeno ambiguo del campesino rico; sin embargo, lo que se da sin duda es una caracterización en clave grotesca, amalgama de vanidades genealógicas y de presunciones culturales con una ignorancia lingüística (como «Antona» por *ante omnia*) que está en línea con las famosas prevaricaciones de Sancho Panza. La función cómica está confiada incluso a las reacciones, que no son sólo verbales, sino abundantemente gestuales («¡Téngase, cuerpo de tal, conmigo!... Échense todos... ¡Échense todos!... ¡Jesús!... ¡Ay de mí!... Téngame, que me arrojaré por aquella ventana. ¡Ratones!»), y culmina, como ya se ha observado, en el «baile con nadie» de un aldeano con la insistente Salomé.

Respecto al alférez que aparece poco antes del final, concentra en sí múltiples funciones. Es, al mismo tiempo, C, desengañador («¡qué diablos de doncella tengo que ver!»); x, identificado con el engaño («yo apostaré que los envía el sabio Tontonelo... como ha enviado las otras sabandijas que yo he visto»); acusado de V («de *ex illis es*... Basta; de ellos es, pues no ve nada»). Estamos aquí en pleno juego de espejos barroco, es un continuo cruce de planos de extrema complejidad.

Si tras considerar el modelo volvemos a los textos en particular, podremos efectuar otra operación disyuntiva. Si las variables conectadas con x resultan funcionales de acuerdo con la diversidad estructural de cada texto (ironía sobre el emperador fatuo que no tiene vestidos, pragmatismo, teatro dentro del teatro), las variables conectadas con V nos conducen, por el contrario, al extratexto como realidad social y universo ideológico. En don Juan Manuel, el nacimiento ilegítimo tiene precisas consecuencias en el plano práctico y económico, con la pena de la confiscación de los bienes; tal y como, incluso en la ambientación extraña que coloca la narración entre moros, se nos indica en el propio texto: «ca los moros [incluso el rey] no heredan cosa de su padre si non son verdaderamente sus fijos».

En Cervantes, la vergüenza social es doble: ser bastardo o descendiente de hebreos. El viejo motivo ligado a la sangre, el del nacimiento ilegítimo, se actualiza en la España del siglo XVII con el añadido de otro motivo, el antisemita, que tanta sangre hizo derramar: la *limpieza de sangre*. La connotación del texto cervantino a este respecto es totalmente irónica: no sólo hacía el miedo de los engañados, como en el caso de las condiciones del bastardo, sino hacia el mismo universo ideológico que, por la *limpieza de sangre*, configura la acusación y la amenaza. Todo esto ocurre en una serie de contradicciones que el texto presenta de modo marcado: el tañedor deforme, desagradable a la vista, que sin embargo «es muy buen cristiano, e hidalgo de solar conocido»; Salomé, a quien todos creen ver bailar, pero que, por ser hebrea —observa un personaje—, no debería ver ni siquiera el baile. Y sobre todo en el aspecto grotesco que adquiere en los aldeanos la vanidad genealógica, hasta tal punto que la obsesión por el propio origen acaba marcando el ritmo de todo el entremés; de suerte que los ratones se consideran descendientes en línea directa de los del arca de Noé, y el agua sacada del manantial del Jordán. [...]

Legitimidad con finalidad de posesión en la España del siglo XIV, legitimidad y descendencia no sospechable en la España postridentina, son, pues, variables históricamente determinadas y conectadas con los valores vigentes en las respectivas sociedades. Respecto al viejo problema de la relación entre realidad histórica y social, y textos literarios, una vez más viene confirmada, por si fuera necesario, la existencia de nexos que no responden a un determinismo mecánico, sino que operan sobre el plano de la ideología y del sistema axiológico.

6. EL «LIBRO DE BUEN AMOR» Y LA POESÍA DEL SIGLO XIV

La investigación y la crítica de la poesía del siglo XIV siguen y seguirán dominadas por el *Libro de Buen Amor*. La bibliografía comentada en el presente capítulo es sólo una parte (muchísimo menos de la mitad) de lo que se ha publicado en los últimos años, aunque es, desde luego, la parte más importante. Puesto que el investigador necesita una bibliografía completa y actualizada, le resultará muy útil el nuevo proyecto de difusión electrónica de la bibliografía de Vetterling [1981]; para más detalles, véase *C*, XVI, 2 (primavera de 1988), p. 118. ¡Ojalá esté siempre al día!

El acontecimiento más significativo en cuanto al texto ha sido la publicación —esperada con mucha ilusión desde hace años— de la edición de Gybbon-Monypenny [1988]. Fruto de toda una vida dedicada al estudio del *Libro*, la edición tiene como base el manuscrito *S*[alamanca], supliendo las estrofas que faltan con el ms. *G*[ayoso]. Demuestra Gybbon-Monypenny un prudente escepticismo ante la posibilidad de una edición crítica neolachmaniana del *Libro*; sin embargo, además de enmendar el ms. base cuando parece necesario, recoge en apéndice todas las variantes no meramente ortográficas. Las notas al texto constituyen un recurso imprescindible; además, la edición cuenta con una amplia y excelente introducción, una bibliografía clasificada y un glosario. Lo dicho no implica que no haya que considerar el resto de ediciones publicadas últimamente, ni mucho menos. La de Blecua [1983], anticipo de una edición crítica, enmienda con bastante frecuencia las lecciones del ms. base (*S*, completado con *G*) y aporta una introducción y notas muy valiosas. Jauralde Pou [1981] también elige *S* (más *G*) como ms. base, pero con muy pocas enmiendas, ortografía regularizada (no modernizada) y una versión literal en castellano moderno con muchas notas útiles. Zahareas [1989], en cambio, ofrece una «edición sinóptica»: la misma elección del ms. base que las otras ediciones con enmiendas cuando parecen necesarias, pero con una indicación al margen de cada estrofa de los manuscritos en que figura y de cualquier variación del orden de los versos. Las variantes más significativas, con el correspondiente comentario textual, se incluyen en apéndice; cuenta también con una amplia bibliografía clasificada. Se anuncian dos tomos más: un estudio del contexto histórico e ideológico y un comentario de las fuentes, estilo, etc. Girón Alconchel [1985] proporciona al alumno una amplia selección del texto (casi la mitad) con interesantes comentarios en las notas, que es donde reside, para el lector más avanzado, el verdadero valor del libro. En el volumen de Rodríguez-Puértolas [1978], por otra parte, lo que realmente importa y resulta de gran interés es la extensa introducción, que se ocupa, principalmente, de las fuentes y del significado ideológico del *Libro* (la selección del texto, relativamente corta, proviene de la bastante singular edición de Corominas, 1967). También radica en la introducción el interés principal de la versión modernizada (aunque menos literal que la de Jauralde Pou) de Salvador Miguel [1985].

Además de las ediciones, hay que tener en cuenta la serie de enmiendas propuestas por Alarcos Llorach [1985, 1986]; la reseña de Blecua [1987] sobre los problemas de transmisión del texto, las ediciones y la lengua; y lo que apunta Joset [1988], cap. 2, sobre los problemas textuales. Según Blecua, la hipótesis de la doble redacción del *Libro de Buen Amor* no es imposible, pero sí muy poco probable, ya que el análisis textual y codicológico indica que no se trata de una versión ampliada, representada por el ms. *S*, sino de una progresiva supresión, a cargo de los copistas, de algunas partes del texto. Gracias a Blecua y a otros investigadores, la hipótesis de la redacción única parece más razonable hoy que en el pasado; no obstante, resulta difícil creer que el texto más extenso lleve, por mera casualidad, la fecha de composición de 1343, o sea, trece años más tarde que la del texto supuestamente reducido. Para Walsh [1979], la constitución del texto se explica por una progresiva ampliación: empezaría con un buen número de poesías cortas, destinadas a la representación oral y, tras toda una serie de fases, se llegaría a la redacción ampliada de 1343. Es realmente lamentable que de esta fundamental aportación —que, aunque alguna que otra sugerencia sea discutible, en líneas generales convence— se haya publicado sólo un breve resumen. Las afirmaciones de Walsh coinciden en parte con la argumentación de Orduna [1988], para quien el *Libro de Buen Amor* ideado por Juan Ruiz empieza con el prólogo en prosa y termina con los «Gozos» 3.º y 4.º, en tanto que las poesías que lo preceden y lo siguen, aunque del mismo autor, no estaban destinadas a formar parte del *Libro*. El texto que nos ha llegado, tanto en la versión más corta (representada por los mss. *G* y *T*[oledo]) como en la más larga (ms. *S*), «no refleja un estado redaccional, sino meramente recepcional de la obra de Juan Ruiz».

A lo largo de muchos decenios, nada hemos sabido de la biografía de Juan Ruiz, incluso se había sugerido a veces que el nombre era un mero seudónimo. Una nueva época se ha inaugurado con dos comunicaciones de congreso (véase *HCLE*, I, p. 216), que ofrecieron sendas atractivas identidades (se pueden conciliar). Una de ellas, la de Juan Rodríguez de Cisneros, nacido en tierra de moros, parece ya fatalmente malograda por la falta de documentos; sin embargo, hay documentos que parecen confirmar la existencia de un Juan Ruiz, Arcipreste de Hita, hacia 1330. El más importante fue publicado por

Hernández [1984-1985], una parte de cuyo contenido se relaciona con el *Libro de Buen Amor*. Si no se trata de una falsificación temprana (lo que sería difícilmente aceptable), parece establecer una identidad casi indiscutible para nuestro poeta. Digo «casi indiscutible» porque Kelly [1984] sostiene que el *Libro* no se compuso ni en 1330 ni en 1343, sino medio siglo más tarde. Su argumentación se apoya principalmente en la función histórica de los arciprestes de aquella época y en la fecha de una fuente jurídica del *Libro*; sin embargo, hay razones en contra, como se ha apuntado en varias reseñas del trabajo y en Hernández [1988] (a quien contesta, a su vez, Kelly [1988]). Véanse también la reseña de Hernández [1987], sobre los problemas históricos, y los comentarios de Joset [1988], cap. 1.

También se ha discutido bastante sobre la estructura del *Libro*: Gericke [1981] ofrece un balance metodológico de la primera fase del debate. Nuevos rumbos se abren con una ponencia aún inédita de Peter Dronke, donde cita cuatro obras (tres latinas y una anglo-normanda) de estructuras análogas a las del *Libro*; con las páginas de Nepaulsingh [1986 en cap. 1, *supra*], pp. 136-142, en las que relaciona la yuxtaposición de elementos contrarios con la tradición filosófica del *Sic et non*; con el libro de Marmo [1983], para quien la estructura del *Libro* se define por la tensión entre la estructura vertical (argumento narrativo) y la horizontal (secciones líricas y didácticas); con la ponencia de Walsh [1979], donde apunta un tipo de estructura que evoluciona paulatinamente; y con el análisis numerológico de De Vries [1989], en parte acertado y revelador, en parte discutible. Sevilla Arroyo [1988], en cambio, niega que haya una estructura global y coherente: se trata para él de una antología, no de un libro con estructura propia. Parr y Zamora [1989] se centran en otro tipo de estructura, la profunda, que dependería de un punto de vista y de una estructura míticos.

La notoria ambigüedad del *Libro* deriva, por una parte, del estilo y de la afición del poeta a la parodia (comentada *infra*), y por otra, del carácter proteico del protagonista-narrador y del empleo igualmente proteico del sintagma clave «buen amor», cuya tradición posterior a Juan Ruiz comenta Joset [1978]. El «yo» del *Libro* ha sido estudiado desde perspectivas críticas modernas por Rey [1979] y De Lope [1984a] —estudios perspicaces y compatibles; véase también Seidenspinner-Núñez [1981]—; Nepaulsingh [1986 en cap. 1, *supra*], pp. 134-137, cree que se trata de un recurso didáctico. Joset [1988], cap. 3, comenta algunos aspectos de la ambigüedad; sin embargo, Gerli [1981-1982] y Brownlee [1985] plantean la cuestión de nuevo y de forma sorprendente, aunque fructífera: la del influjo del pensamiento agustiniano (hay que tener en cuenta, con todo, a Jenaro Maclennan [1979-1980], *infra*). Gerli recuerda que san Agustín, en el *De magistro*, concluye que la enseñanza no supone la imposición de un punto de vista en el alumno, sino que hay que presentarle dos posibilidades e inclinarle a escoger la mejor; según Gerli, esta es la táctica de Juan Ruiz. Brownlee amplía la lectura agustiniana del libro al considerar que las *Confessiones* son un subtexto importante de la obra de Juan Ruiz y al sostener que Ruiz se apoya en la teoría agustiniana de la enseñanza con el fin de crear una obra intencionadamente polisémica, aunque es más escéptico que san Agustín en lo relativo a la posibilidad de influir en el lector (dicha conclusión suscita una dificultad: si Juan Ruiz tiene dudas serias respecto de la eficacia moral de la literatura, ¿por qué se toma la molestia de construir un texto tan largo y tan complejo con finalidad didáctica?). Otro enfoque agustiniano es el de Seidenspinner-Núñez [1981], cap. 2, pues relaciona la presentación de lo narrado desde diversos puntos de vista con el *De doctrina christiana*; para el posterior desarrollo de las ideas de Seidenspinner-Núñez, véase lo dicho en el capítulo 5, *supra*, sobre su comparación entre Juan Ruiz y don Juan Manuel [1988-1989]. Burke [1989 en cap. 5, *supra*] cree que entre 1330 y 1343 Juan Ruiz llegó a dudar de la posibilidad de solucionar los problemas del entendimiento e interpretación. Lo apuntado por los investigadores mencionados sobre la responsabilidad del lector constituye el tema principal del importantísimo libro de Dagenais [de próxima aparición *a*]. Según Dagenais, los conceptos modernos de texto fijo y lectura centrada en el autor no son apropiados para la lectura de una obra medieval; para él, la experiencia del lector frente a un objeto físico (manuscrito glosado o anotado por él mismo) es central. Estudia varios manuscritos de obras latinas y vernáculas para demostrar la importancia del contexto físico (miniaturas, glosas, etc.) y pasa a examinar los manuscritos y fragmentos existentes del *Libro de Buen Amor*, pues suponen actitudes muy distintas de los copistas y de los lectores (compárese con lo que afirma Nepaulsingh [1986 en cap. 1, *supra*], pp. 212-217, sobre el libro como objeto físico). La «glosa mayor» del título es para Dagenais el universo y la experiencia moral del lector medieval, que constituyen el contexto de la obra. Tiene razón en lo referente a la lectura medieval de la obra, pero queda sin resolver el problema de la actitud que adoptamos al leer la obra: el camino apuntado con tanta erudición e inteligencia por Dagenais es el de la historia de la cultura, que puede ser muy distinta de la crítica literaria.

Otros trabajos se ocupan del ambiente histórico y cultural del autor y de su propósito al escribir la obra. Menéndez Peláez [1980], contraponiendo el amor cortés al amor cristiano, sitúa el *Libro de Buen Amor* en el contexto del IV Concilio de Letrán (1215); para él, no hay duda en cuanto al propósito didáctico del poeta. Otras interpretaciones didácticas son la de Prieto [1980], que sostiene que el título del *Libro* indica su finalidad, y la de Guzmán [1980], refundición de su libro de (1963), del que mantiene la argumentación esencial, basada en algunas secciones del texto en las que parece advertir a las mujeres de los peligros de la seducción (por ejemplo, el episodio de doña Endrina y el de la «dueña apuesta»); sin embargo, tanto en la nueva versión como en la original, no toma en consideración otras secciones poco compatibles con su argumentación. Por ejemplo, no trata de conciliar su hipótesis con el gusto del autor por la parodia, estudiado de diversas maneras por Walsh [1979-1980],

Seidenspinner-Núñez [1981], De Lope [1984] y Vasvari [1983-1984], artículo este último en que analiza y a veces quizá exagera el alcance obsceno de la lengua del poeta. La posición de Juan Ruiz frente a la sexualidad y al matrimonio no está nada clara, como demuestra Burke [1986]: varios episodios del *Libro* presentan, a veces ambiguamente (como en el episodio de doña Garoza), otros tantos modelos de la relación hombre-mujer. Para Zahareas [1978-1979], dicha ambigüedad es la táctica adoptada por el poeta para plantear dudas en torno a la prohibición del concubinato clerical (uno de los resultados del IV Concilio de Letrán).

Lawrance [1984] y Rico [1985] estudian las estrofas 71-76 (éste con más amplitud, aquél analizando también las estrofas 1.606-1.617, sobre las «dueñas chicas»). Los investigadores coinciden en que la postura de Juan Ruiz en estas estrofas —la necesidad natural del acto sexual— representa al aristotelismo radical o heterodoxo de las universidades de fines del siglo XIII. Rico demuestra que dicha doctrina constituye la introducción teórica a los fracasos amorosos del protagonista, en tanto que Lawrance revela el frecuente empleo de la terminología escolástica, mal aplicada a propósito; cf. los dos trabajos con el de Dagenais [1989]. Los dos artículos se rematan con una comparación entre la postura de Juan Ruiz y la de Jean de Meun en el *Roman de la Rose*: resulta evidente que hay que pensar de nuevo, a pesar de la conclusión negativa de Frederick Bliss Luquiens (1907), en la posibilidad del influjo del *Roman*. También se desprende que el público del *Libro* —considerando el texto en su totalidad, no necesariamente el público de episodios sueltos— era culto. A la misma conclusión se llega en una serie de trabajos sobre el prólogo del *Libro*. Jenaro Maclennan [1974-1979] identifica en el prólogo las fuentes agustiniana y gregoriana de la teoría de la cognición, y concluye que Juan Ruiz parece rechazar la doctrina agustiniana y preferir la de San Gregorio (de lo que se derivan consecuencias —no consideradas hasta el momento— para los trabajos de Seidenspinner-Núñez, Gerli y Brownlee sobre el agustinianismo del pensamiento del *Libro*). Asocia Jenaro Maclennan la postura y la formación intelectual de Juan Ruiz con las de los averroístas de los siglos XIII y XIV (cf. con las afirmaciones de Lawrance y Rico, comentadas *supra*, sobre el aristotelismo heterodoxo). No acepta este autor la explicación, generalmente admitida, de que la forma del prólogo sea análoga a la del sermón erudito (paródico o no); según él, es más bien una oración meditativa (muy parecida es la opinión de Burke [1980-1981]). Al igual que Rico [1985], p. 169, Dagenais [1986-1987] remite las ideas literarias que se encuentran en el prólogo al *accesus* académico, pues a menudo se ocupaba de la contradicción entre la doctrina cristiana y el estudio de los autores paganos (para otro aspecto del interés de Juan Ruiz por algunas cuestiones literarias, véase Deyermond [1980]). Estos trabajos, en el supuesto de que se acepten la mayor parte de sus conclusiones —y hay que subrayar que las pruebas a su favor son impresionantes—, nos muestran a un Juan Ruiz muy alejado del poeta ajuglarado de la crítica de antaño; con todo, no debemos olvidar que muchas de sus poesías debieron de atraer también al gran público (recuérdese, por ejemplo, lo dicho por Walsh [1979] y véase Joset [1988], cap. 4.1-2).

Aunque ya se han comentado varios trabajos sobre las fuentes del *Libro*, hay que agregar el artículo de Martínez Torrejón [1987], que demuestra una coincidencia estrecha entre los consejos de Don Amor y Trotaconventos y el *Facetus* (no sabemos todavía si se trata de un influjo directo o de una fuente común de la tradición seudoovidiana). Walsh [1979-1980] va más allá de las fuentes particulares para estudiar la relación entre el *Libro* y el mester de clerecía, localizando en la obra de Juan Ruiz el frecuente empleo (a menudo paródico) de fórmulas y otras técnicas y temas del mester. El artículo simultáneo de Prieto [1980] se sirve de un método distinto para llegar a una conclusión parecida a la de Walsh: Juan Ruiz quiere romper con la «monotonía canonizada» del mester de clerecía con una obra de tono muy personal. De Lope [1984b] analiza la presencia de algunas tradiciones populares en varias partes del *Libro*. Otra faceta de la herencia cultural del poeta, el tan discutido influjo islámico, reaparece en dos artículos de López Baralt [1984, 1987], más restrictivos, más exactos y, por lo tanto, más convincentes que la argumentación de Américo Castro. No pretende que el *Libro* sea una obra de inspiración fundamentalmente islámica, sino que «el contacto cotidiano del Arcipreste de Hita con lo musulmán es palmario»; hay que tomarlo muy en cuenta.

Los estudios de algunas secciones o elementos narrativos del *Libro de Buen Amor* son numerosos y a menudo derivados de las recientes tendencias críticas (para una reseña más amplia de la aplicación de dichas tendencias a la lectura del *Libro*, véase Deyermond [1987]). A los trabajos sobre el prólogo en prosa, ya comentados, añádase el de Álvarez [1981]: hace un análisis estructuralista de los prólogos, en prosa y en verso, que complementa su anterior y más tradicional estudio [1980] de las estrofas 1.626-1.630, donde el poeta se despide de sus lectores (Álvarez indica paralelos entre este epílogo y el prólogo en verso). El episodio de doña Cruz, uno de los pocos que contienen versos líricos y cuadernavía, ha despertado el interés de varios críticos a causa de su compleja ambigüedad erótico-religiosa; la más reciente aportación es la de Vasvari [1983], que explora las distintas posibilidades eróticas. Temprano [1985] hace un análisis global, según el método de Propp, de los cuentos populares. Otros dos extensos estudios, de características muy distintas, se centran en sendos cuentos en particular: McGrady [1980] compara la historia de don Pitas Payas con algunas historias análogas en otros idiomas y concluye que, en vez de ser un cuento oral adaptado por Juan Ruiz, tuvo, probablemente, su origen en el *Libro de Buen Amor* y se difundió por medio de textos escritos; Morreale [1987] presenta una edición crítica, con comentario textual y lingüístico, de una de las fábulas esópicas y la compara con la versión latina de Walter el Inglés. Kantor [1977] hace un análisis semiótico del papel de Trotaconventos y de la forma en que nos es presentada (alabanza explícita de su saber y destreza, condena implícita de su comportamiento inmoral); su método difiere mucho del de Walsh [1983], que investiga el alcance cómico de los 41 nombres o apodos de la alcahueta (estrofas 924-927], sugiriendo que gran parte del humor dependería de ciertos contextos intelectuales y de representación que hoy desconocemos. Otro personaje muy influyente en la fortuna del protagonista es Don Amor; Joset [1988], cap. 4.3, estudia un posible origen mitológico de su representación. El episodio de doña Endrina, el más largo del *Libro*, es también uno de los pocos cuya fuente ha sido identificada con seguridad (aunque no hay duda de la tradición utilizada por Juan Ruiz, en muchos casos no ha sido posible localizar su fuente exacta): Seidenspinner-Núñez [1981], cap. 3, y Phillips [1983], cap. 2, lo comparan detenidamente con la fuente, el *Pamphilus*, pero alcanzan conclusiones algo distintas. Los cuatro episodios de las serranas también han atraído mucho la atención; en concreto, dos estudios muy interesantes aplican el concepto carnavalesco de Mijail Bajtín: De Lope [1984*b*] (cf. [1985]) y Kirby [1986*a*]. Aquélla estudia también la batalla entre doña Cuaresma y don Carnal; éste asocia los episodios de las serranas con las romerías y con el calendario litúrgico. Lo dicho por ambos autores sobre estas cuestiones convence, pero no así la asociación que hace De Lope entre episodios de serranas y viajes al otro mundo, ni la hipótesis de Kirby sobre una representación cantada del *Libro* entero (también sorprende que Lawrance [1984] siga creyendo, a pesar de lo que nos enseña acerca del público culto, en la representación oral del *Libro*); véase también Dagenais [de próxima aparición *b*]. Álvarez [1982-1983] estudia el episodio de doña Garoza en tanto que es el único que dramatiza mediante sus protagonistas la oposición entre el buen amor de Dios y el loco amor del mundo. Parecida oposición, aunque en una parte no narrativa, es el tema elegido por Vasvari [1985-1986]: la lujuria y su castigo eterno en la sección sobre los pecados mortales y a lo largo del *Libro*. Morreale dedica a diversas partes líricas, con edición crítica y comentario textual, su conocida pericia en la historia lingüística: los Gozos [1983, 1984], la glosa del *Ave Maria*, los estrofas 1.661-1.667 [1981] y la invectiva contra la Fortuna, estrofas 1.685-1.689 [1980]. Finalmente, Marmo [1983], en el curso de su estudio de la estructura, analiza varias secciones del *Libro*.

Las imágenes, recurso frecuente y fundamental del estilo de Juan Ruiz, casi habían sido pasadas por alto hasta que se les dedicó en 1973 una tesis doctoral, luego reelaborada en forma de libro (Phillips [1983]): concluye que los paralelos y contrastes entre imágenes tienen una finalidad didáctica. Seidenspinner-Núñez [1981], cap. 4, sin embargo, aprecia en ellas otro aspecto del perspectivismo paródico; aunque Holzinger [1980], basándose principalmente en las imágenes de la caza, coincide con Phillips en lo relativo a la función didáctica de las imágenes, Vasvari [1988-1989] interpreta de manera erótico-obscena los nombres de las plantas. De Lope [1985] analiza las imágenes del agua en los episodios de las serranas: unas (de origen folklórico) son eróticas; otras, por el contrario, religiosas. Otro tipo de imagen, la de la música, revela también, según Lanoue [1980-1981], la oposición entre el amor mundano y el de Dios. Kirby [1986*b*] comenta brevemente la importancia fundamental de las imágenes de la caza y del viaje; sin embargo, la mayor parte de su artículo se centra en el empleo de dos palabras diseminadas por casi todos los episodios, *provar* y *servir,* y de sus derivados: «Juan Ruiz utilizó —al nivel de la palabra— la técnica del entrelazamiento para conseguir una unidad eficaz pero sutil». La conclusión de Kirby supone que hubo una revisión cuidadosa de poesías independientes en el momento de su inclusión en el *Libro*.

Muy célebre es la parodia de la épica en la batalla de doña Cuaresma y don Carnal; no obstante, las investigaciones recientes demuestran que la relación del *Libro de Buen Amor* con la épica es mucho más intensa. Cotrait [1978] redacta un largo inventario de fórmulas épicas en el *Libro* y compara algunos de sus elementos narrativos con los del *Libro de Alexandre*, el *Cantar de Mio Cid* y el *Poema de Fernán González*: no es seguro —lo dice el mismo Cotrait— que se trate de una·serie de préstamos directos, pero sí parece que Juan Ruiz tuvo un conocimiento bastante profundo de la épica. Tal conclusión, al igual que la de Walsh [1979-1980], la confirma Girón Alconchel [1984] (aunque, por desgracia, parece desconocer el artículo de Cotrait), subrayando la importancia de la oralidad en la lengua de Juan Ruiz e interpretando el uso de la lengua épica como un aspecto del plurilingüismo del *Libro*. En otra ocasión, Girón estudia la variedad estilística, reflejo (entre otras cosas) de diversos registros sociales, «una exhibición del diasistema estilizado» [1986], y analiza el campo semántico de dos palabras en relación con la práctica literaria de Juan Ruiz [1987]. Sobre la lengua, véanse también Read [1983 en cap. 1, *supra*], cap. 2, y Alvar [1988 en cap. 5, *supra*]. La métrica, aparte de alguna edición, no ha sido muy estudiada, pero conviene señalar dos aportaciones interesantes: Ynduráin [1973] descubre que en un 10 por 100 de las estrofas de cuadernavía del *Libro* el último verso recibe un énfasis especial; Clarke [1984] aprecia en las estrofas 1.508-1.512 un romance temprano.

La *Vida de San Ildefonso* del Beneficiado de Úbeda ha sido una de las obras menos estudiadas de la cuadernavía; no se ha registrado un cambio apreciable: la edición de Alvar Ezquerra [1975], además de la transcripción del único manuscrito entonces conocido (del siglo XIX), incluye un extenso estudio y una edición crítica. En [1980] reproduce ambas formas del texto, sin notas, para facilitar la consulta de las concordancias (establecidas a partir de la edición crítica), los índices de frecuencia, la concordancia lematizada, el índice alfabético inverso y la lista de rimas; sólo echamos de menos, en la concordancia, el contexto de las palabras. El descubrimiento de nuevos textos, después de publicado el trabajo de Alvar Ezquerra, abrió la posibilidad de una edición crítica muy distinta. John K. Walsh tiene preparada dicha edición desde hace años; es una lástima —y un misterio que no me explico—

que aún no se haya publicado. Mientras tanto, Romero Tobar ha publicado dos trabajos muy útiles: una transcripción de un manuscrito del siglo xv, con variantes de otro del siglo XVIII y *stemma* provisional [1979-1980], y una edición de la sección dedicada a San Ildefonso de una versión castellana de la *Legenda aurea* [1984]. Para fechar la *Vida* entre 1303 y 1309, Salvador Miguel [1982] se vale de datos de diversa índole.

Unos decenios más tarde, Rodrigo Yáñez compuso el *Poema de Alfonso XI*, del que esperamos todavía una edición crítica (véase *HCLE*, I, p. 221). Ya poseemos, sin embargo, dos nuevas líneas de investigación de gran interés. Vaquero [1988] retoma la cuestión que relaciona el *Alfonso XI* con el *Poema da batalha do Salado*, del portugués Alfonso Giraldes, y descubre nuevas estrofas del texto fragmentario de este último [1987] comparando los poemas castellano y portugués con himnos latinos a resultas de la batalla; concluye que los dos poemas vernáculos provienen de una tradición común y que representan un nuevo tipo de épica popular. Lanoue [1986] interpreta que la recreación de los hechos históricos en el *Poema* tiene como fin la creación de un mito al servicio de la ideología oficial de Alfonso XI.

Los *Proverbios morales* de Santob de Carrión, a caballo entre los reinados de Alfonso XI y Pedro, no han sido desatendidos (véase *HCLE*, I, p. 222), pero su estudio se ha ido transformando en los últimos años, gracias sobre todo a T.A. Perry. Su edición [1986] se basa en el ms. *M*[adrid], apenas considerado desde mediados del siglo XIX; se trata de una edición regularizada y en su caso enmendada a partir de otros manuscritos. Aun sin restarle importancia al útil glosario, el elemento más notable es el extenso comentario del texto (más de cien páginas), donde se ocupa de cuestiones léxicas, estructura temática e ideología. Su estudio crítico [1988], al que adjunta una traducción inglesa del texto, se centra en las imágenes, la doctrina, el subtexto bíblico, la relación del poeta con la obra y su reelaboración de la tradición filosófico-moral. La base de la edición de Shepard [1986] no está muy clara (afirma basarse en los cuatro manuscritos principales); al igual que González Llubera (1947), incluye las variantes. La introducción trata principalmente de la herencia cultural judía, incluida la relación con una obra en hebreo del propio Santob (que, a su vez, estudia detenidamente Colahan [1979]). García Calvo [1983] revisa el texto de su edición de 1974 y pone al día la introducción. Joset [1980] analiza la presentación del *yo* poético en algunas secciones de los *Proverbios* y, provisionalmente, concluye que no se trata de la convención ejemplarizante de su época, sino, en la mayoría de los casos, de una primera persona auténticamente autobiográfica. Colahan y Rodríguez [1983] estudian tres géneros (dos árabes y uno hebreo) que desarrollan dos elementos opuestos para llegar a un equilibrio. Sostienen que Santob se apoyó en estos géneros para dos de sus obras hebreas y para alcanzar el relativismo de los *Proverbios morales* (contra la hipótesis del relativismo, véase, sin embargo, la argumentación de Perry). Una poesía lírica casi contemporánea de los *Proverbios morales*, «En un tiempo cogí flores», atribuida a Alfonso XI, renueva métrica y estilísticamente las convenciones de las cantigas de amor gallego-portuguesa; Beltrán Pepió [1985] estudia la métrica y el empleo —característicos sólo del siglo XIV— de las imágenes florales referidas a la dama.

La última gran figura poética del siglo XIV es Pero López de Ayala (sus obras en prosa se incluyen en el capítulo 10, *infra*). Aunque ya contábamos con estudios biográficos, Garcia [1983] plantea de nuevo las cuestiones de su vida y ascendencia (subraya la importancia del padre del autor), utilizando fuentes documentales y cronísticas. Tras estudiar las crónicas y las traducciones, pasa a examinar la relación de López de Ayala con la Orden de San Jerónimo y, a continuación, la estructura y la historia de la composición del *Rimado de palacio*. Un tema omnipresente de este libro imprescindible es la relación entre las obras, la vida y la personalidad del autor —tema también del artículo en el que Orduna [1986] asocia las secciones del *Rimado* redactadas en épocas distintas con sus fuentes y con sus propósitos didácticos—. El creciente ritmo de los estudios ayalianos precisa de una bibliografía crítica completa; la ya muy amplia publicada hace unos años (Wilkins [1982-1983]) sigue siendo útil, pero hay que rehacerla. En la *HCLE*, I, p. 222, se comentaron dos ediciones del *Rimado*, las de Garcia (1978) y Joset (1978), que subsanaron, cada uno a su manera, la falta de una edición crítica. Aunque algún aspecto sea discutible, ambas supusieron un progreso muy importante en los estudios textuales del *Rimado*. La aportación de Orduna [1981a] es aún más notable: descripción minuciosa de los manuscritos y constitución, tras una cuidadosa colación, del *stemma*; edición crítica basada en el ms. [Biblioteca] *N*[acional], cuyas lecciones a menudo se enmiendan según los criterios que se explican; variantes, y más de 220 páginas de notas de comentario textual, literario e histórico; sólo se echa de menos un glosario. La edición es el fruto de 17 años de investigación; sin embargo, es una lástima que, aunque terminada en 1977, apareciera tres años después de las de Garcia y Joset, de modo que ninguno de los editores pudo tener en cuenta los logros de los otros. La *editio maior* fue reducida y convertida en una *editio minor* [1987]: texto crítico, aunque sin aparato, amplia introducción biográfica y literaria, y muchas notas explicativas. Habida cuenta de estas tres ediciones críticas, José Luis Coy decidió aplazar, y tal vez renunciar, a la publicación de la suya, anunciada en *HCLE*, I, p. 222; reúne, como contrapartida, sus trabajos [1985a] sobre problemas textuales y agrega [1985b] un ensayo sobre la regularidad métrica del *Rimado*. Otros dos importantes artículos discurren sobre la estructura del *Rimado*: Orduna [1981b] la estudia centrándose en la redacción final y relacionándola con los temas (cf. Orduna [1986]), en tanto que Coy [1986] se ocupa de la primera parte (estrofas 1-704), que se organiza principalmente según los tratados de teología moral y los manuales para confesores; hay que indicar, con todo, que las rúbricas del ms. *N* oscurecen a menudo la estructura básica. Kinkade [1980] rastrea la influencia del libro de Job y del comentario de San Gregorio en el pensamiento de López de Ayala a lo largo del *Rimado*; Morreale [1983] ofrece una muestra de un futuro estudio monográfico de las fuentes bíblicas de la obra. Otros dos artículos, finalmente, tratan de algunas secciones del *Rimado*: Lapesa Melgar [1986] estudia los cuatro poemas penitenciales y Strong [1984] la sátira de los estados (estrofas 191-371); los dos se ocupan de la impronta personal que dio López de Ayala a la tradición heredada.

Queda aún mucho por hacer en la investigación de la poesía del siglo XIV (especialmente, una edición crítica del *Poema de Alfonso XI*), pero en los últimos años hemos apreciado progresos decisivos, tanto en las ediciones como en los estudios literarios.

BIBLIOGRAFÍA

Alarcos Llorach, Emilio, «Minucias sobre el texto de Juan Ruiz», en *Estudios Soria* (1985), I, pp. 259-265.

—, «Notas al texto de Juan Ruiz», en *Studia Riquer* (1986), pp. 187-200.

Alvar Ezquerra, Manuel, ed., Beneficiado de Úbeda, *Vida de San Ildefonso*, Instituto Caro y Cuervo (Publicaciones del Instituto, XXXVI), Bogotá, 1975.

—, ed., *Concordancias e índices léxicos de la «Vida de San Ildefonso»*, Univ. de Málaga, 1980.

Álvarez Nicolás, Emilio, «El epílogo del *Libro de Buen Amor*», en *Keller Studies* (1980), pp. 141-150.

—, «Análisis estructuralista del Prefacio del *Libro de Buen Amor*», *KRQ*, XXVIII (1981), pp. 237-255.

—, «'Loco Amor', goliardismo, amor cortés y 'buen amor': el desenlace amoroso del episodio de doña Garoça en el *Libro de Buen Amor*», *JHP*, VII (1982-1983), pp. 107-119.

Beltrán Pepió, Vicente, «La *cantiga* de Alfonso XI y la ruptura poética del siglo XIV», *AFE*, II (1985), pp. 259-273.

Blecua, Alberto, ed., *Libro de Buen Amor,* Planeta (Clásicos Universales, LVII), Barcelona, 1983.

—, «Los problemas filológicos del *Libro de Buen Amor*», *Ínsula*, 488-489 (julio-agosto de 1987), pp. 38-39.

Brownlee, Marina Scordilis, *The Status of the Reading Subject in the «Libro de Buen Amor»*, Univ. of North Carolina (Univ. of North Carolina Studies in Romance Languages and Literatures, CCIV), Chapel Hill, 1985.

Burke, James F., «The *Libro de Buen Amor* and the Medieval Meditative Sermon Tradition», *C,* IX (1980-1981), pp. 122-127.

—, «La cuestión del matrimonio en el *Libro de Buen Amor*», en *Actas* VIII AIH (1986), I, pp. 285-291.

Clarke, Dorothy Clotelle, «Juan Ruiz: A *Romance viejo* in the *Libro de Buen Amor (la mora)*?», *KRQ*, XXXI (1984), pp. 391-402.

Colahan, Clark, «Santob's Debate: Parody and Political Allegory», *Sefarad*, XXXIX (1979) pp. 265-308.

—, y Alfred Rodríguez, «Traditional Semitic Forms of Reversibility in Sem Tob's *Proverbios morales*», *JMRS,* XIII (1983), pp. 33-50.

Cotrait, René, «Formules et motifs épiques dans le *Libro de Buen Amor*: coincidences formelles ou contacts textuels», en *Mélanges Joucla-Ruau* (1978), II, pp. 595-612.

Coy, José Luis, *El «Rimado de palacio»: tradición manuscrita y texto original*, Paraninfo, Madrid, 1985.

—, Métrica castellana medieval y crítica del texto: las 'sillavas cuntadas'» del Canciller Ayala», *Inc,* V (1985), pp. 11-24.

—, «La estructura del *Rimado de palacio*», en *Hispanic Studies Deyermond* (1986), pp. 71-82.

Dagenais, John, «A Further Source for the Literary Ideas in Juan Ruiz's Prologue», *JHP,* XI (1986-1987), pp. 23-52.

—, «'Se usa e se faz': Naturalist Truth in a *Pamphilus* Explicit and the *Libro de Buen Amor*», *HR,* LVII (1989), pp. 417-436.

—, *The Larger Gloss: the Ethics of Reading the «Libro de Buen Amor»*, de próxima aparición.

—, *Cantigas d'escarnho* and *Serranillas*: The Allegory of Careless Love», de próxima aparición.

De Lope, Monique, «Glissements du personnage/je et problématique d'une instance idéologique en crise dans le *Libro de Buen Amor*», en *Le Personnage en question: IVᵉ Colloque du S.E.L.*, Univ. de Toulouse-le-Mirail (Travaux de l'Université, serie A, XXIX), Toulouse, 1984, pp. 157-164.

—, *Traditions populaires et textualité dans le «Libro de Buen Amor»*, Centre d'Études et de Recherches Sociocritiques, Univ. Paul Valéry, Montpellier, 1984.

—, «Le Gué et l'aquéduc: l'eau et les discours du passage dans le *Libro de Buen Amor*», en *L'eau au Moyen Âge*, Univ. de Provence (Sénéfiance, XV), Aix-en-Provence, 1985, pp. 249-258.

Deyermond, Alan, «Juan Ruiz's Attitude to Literature», en *Keller Studies* (1980), pp. 113-125.

—, «El *Libro de Buen Amor* a la luz de las recientes tendencias críticas», *Ínsula,* 488-489 (julio-agosto de 1987), pp. 39-40.

Garcia, Michel, *Obra y personalidad del Canciller Ayala*, Alhambra (Estudios, XVIII), Madrid, 1983.

García Calvo, Agustín, ed., Don Sem Tob, *«Glosas de sabiduría»* o *«Proverbios morales»* y *otras rimas*, 2.ª ed., Alianza Editorial (El Libro de Bolsillo, DXVI), Madrid, 1983.

Gericke, Philip O., «On the Structure of the *Libro de Buen Amor*: A Question of Method», *KRQ,* XXVIII (1981), pp. 13-21.

Gerli, E. Michael, «'Recta voluntas est bonus amor': St. Augustine and the Didactic Structure of the *Libro de Buen Amor*», *RPh,* XXXV (1981-1982), p. 500-508.

Girón Alconchel, José Luis, «Sobre la lengua de Juan Ruiz: enunciación y estilo épico en el *Libro de Buen Amor*», *Epos,* I (1984), pp. 35-70.

—, ed., *Libro de Buen Amor*, Castalia (CD, VIII), Madrid 1985.

—, «Caracterización lingüística de los personajes y polifonía textual en el *Libro de Buen Amor*», *Epos,* II (1986), pp. 115-123.

—, «'Remendar' y 'centón': notas léxicas al *Libro de BuenAmor*», *RFE,* LXVII (1987), pp. 49-76.

Guzmán, Jorge, *Una constante didáctico-moral del «Libro de Buen Amor»*, 2.ª ed., Univ. de Chile (Ediciones del Departamento de Estudios Humanísticos, X), Santiago de Chile, 1980.

Gybbon-Monypenny, G. B., ed., *Libro de Buen Amor*, Castalia (CCa, CLXI), Madrid, 1988.

Hernández, Francisco J., «The Venerable Juan Ruiz, Archpriest of Hita», *C*, XIII (1984-1985), pp. 10-22.

—, «Juan Ruiz en su mundo», *Ínsula*, 488-489 (julio-agosto de 1987), pp. 37-38.

—, «Juan Ruiz y otros arciprestes, de Hita y aleñados», *C*, XVI, 2 (primavera de 1988) pp. 1-31.

Holzinger, Walter, «Imagery, Iconography and Thematic Exposition in the *Libro de Buen Amor*», *IR*, n.s., VI (1977 [1980]), pp. 1-34.

Jauralde Pou, Pablo, ed., *Libro de Buen Amor*, Ediciones Tarraco (Colección Arbolí, XVI), Tarragona, 1981.

Jenaro Maclennan, Luis, «Los presupuestos intelectuales del prólogo al *Libro de Buen Amor*», *AEM*, IX (1974-1979), pp. 150-186.

Joset, Jacques, «Buen Amor en las literaturas hispánicas posteriores a Juan Ruiz», en *Estudios Alarcos Llorach* (1978), II, pp. 355-371.

—, «Pour une archéologie de l'autobiographie: de quelques modalités du *yo* dans les *Proverbios morales* de Santob de Carrión», en *L'Autobiographie dans le monde hispanique: Actes du Colloque International de la Baume-lès-Aix, 11-12-13 mai 1979*, Univ. de Provence (Études Hispaniques, I), Aix-en-Provence; Honoré Champion, París, 1980, pp. 77-94.

—, *Nuevas investigaciones sobre el «Libro de Buen Amor»*, Cátedra, Madrid, 1988.

Kantor, Sofia, «Trotaconventos como actuante adyuvante», *MR*, IV (1977), pp. 73-109 y 368-403.

Kelly, Henry Ansgar, *Canon Law and the Archpriest of Hita*, Center for Medieval and Early Renaissance Studies (Medieval & Renaissance Texts & Studies, XXVII), Binghamton, Nueva York, 1984.

—, «Juan Ruiz and Archpriests: Novel Reports», *C*, XVI, 2 (primavera de 1988), pp. 32-54.

Kinkade, Richard, «Pero López de Ayala and Gregory's *Magna moralia*», en *Homenaje Rey* (1980), pp. 131-148.

Kirby, Steven D., «Juan Ruiz's Serranas: The Archpriest-Pilgrim and Medieval Wild Women», en *Hispanic Studies Deyermond* (1986), pp. 151-169.

—, «La coherencia semántica del *Libro de Buen Amor*», en *Actas VIII AIH* (1986), II, pp. 83-88.

Lanoue, David G., «Divine and Carnal Music in the *Libro de Buen Amor*», *JHP*, V (1980-1981), pp. 85-100.

—, «Political Myth in the Poema de *Alfonso XI*», *Medievalia*, IX (1983 [1986]), pp. 225-237.

Lapesa Melgar, Rafael, «Las rimas penitenciales del Canciller Ayala: tradición y elemento personal», en *Homenaje Sainz Rodríguez* (1986), II, pp. 391-403; versión revisada en su *De Ayala a Ayala: estudios literarios y estilísticos*, Istmo, Madrid, 1988, pp. 39-54.

Lawrance, Jeremy N. H., «The Audience of the *Libro de Buen Amor*», *Comparative Literature*, XXXVI (1984), pp. 220-237.

López Baralt, Luce, «Sobre el signo astrológico del Arcipreste de Hita», en *Homenaje Gilman* (1984), pp. 157-174; reimpr. en sus *Huellas del Islam* [1985, véase el cap. 1], pp. 43-58 y 220-223.

—, «Juan Ruiz y el Seyj Nefzawi 'elogian' a la dueña chica», *Estudios en honor de Albert A. Sicroff* = *La Torre*, n.s., I, 3-4 (1987), pp. 461-472.

Marmo, Vittorio, *Dalle fonti alle forme: studi sul «Libro de Buen Amor»*, Liguori (Romanica Neapolitana, XIV), Nápoles, 1983.

Martínez Torrejón, José M., «El *Libro de Buen Amor* y un manual de cortesía: el *Facetus* 'moribus et vita'», *Anuario de Letras*, XXV (1987), pp. 65-90.

McGrady, Donald, «The Story of the Painter and his Little Lam», *Thesaurus*, XXXIII (1978 [1980], pp. 357-406.

Menéndez Peláez, Jesús, El «*Libro de Buen Amor*»: *¿ficción literaria o reflejo de una realidad?*, 2.ª ed., Noega, Gijón, 1980.

Morreale, Margherita, «El cantar a la Ventura en el *Libro de Buen Amor*», en *Keller Studies* (1980), pp. 127-140.

—, «La glosa del *Ave María* en el *Libro* de Juan Ruiz (1661-1667)», *BBMP*, LVII (1981), pp. 5-44.

—, «Muestrario de pasajes del *Libro rimado de palacio* yuxtapuestos a su fuente bíblica», en *Homenaje Blecua* (1983), pp. 465-477.

—, «Los "Gozos" de la Virgen en el *Libro* de Juan Ruiz», *RFE*, LXIII (1983), pp. 223-290, y LXIV (1984), pp. 1-69.

—, «La fábula de las liebres en el *Libro* del Arcipreste de Hita», *MR*, XII (1987), pp. 403-442.

Orduna, Germán, ed., Pero López de Ayala, *Rimado de palacio*, Giardini (CTSI, Testi Critici, I) Pisa, 1981, 2 vols.

—, «La redacción última del *Rimado de palacio*: ensayo de intepretación de su estructura referida al plan final y articulación temática», en *Aspetti e problemi delle letterature iberiche: studi offerti a Franco Meregalli*, Bulzoni, Roma, 1981, pp. 273-285.

—, «El *Rimado de palacio*, testamento político-moral y religioso del Canciller Ayala», en *Estudios Sánchez Albornoz* (1986), IV pp. 215-237.

—, ed., Pero López de Ayala, *Rimado de palacio*, Castalia (CCa, CLVI), Madrid, 1987.

—, «El *Libro de Buen Amor* y el libro del arcipreste», *C*, XVII, 1 (otoño de 1988), pp. 1-7.

Parr, James A., y Andrés Zamora, «De la estructura superficial a la profunda en el *Libro de Buen Amor*: focalización, voz y mito», en *Imago Hispaniae* (1989), pp. 346-375.

Perry, Theodore A., ed., Santob de Carrión, *Proverbios morales*, HSMS (SS, XXI), Madison, 1986.

—, *The «Moral Proverbs» of Santob de Carrión: Jewish Wisdom in Christian Spain*, Univ. Press, Princeton, 1987 [1988].

Phillips, Gail, *The Imagery of the «Libro de Buen Amor»*, HSMS (SS, IX), Madison, 1983.

Prieto, Antonio, «Con la titulación del libro del Arcipreste de Hita», en su *Coherencia* [1980, en cap. 4], pp. 77-114.

Rey, Alfonso, «Juan Ruiz, don Melón de la Huerta y el yo poético medieval», *BHS*, LVI (1979), pp. 103-116.

Rico, Francisco, «'Por aver mantenencia': el aristotelismo heterodoxo en el *Libro de Buen Amor*», AFE, II (1985), pp. 169-198; reimpr. en *Homenaje a José Antonio Maravall*, Centro de Investigaciones Sociológicas, Madrid, 1986, pp. 271-297.

Rodríguez Puértolas, Julio, *Juan Ruiz, Arcipreste de Hita*, EDAF (Escritores de Todos los Tiempos, IV), Madrid, 1978.

Romero Tobar, Leonardo, «La *Vida de San Ildefonso* del Beneficiado de Úbeda: dos versiones inéditas», RFE, LX (1978-1980), pp. 285-318.

—, «Una versión medieval de la *Vida de San Ildefonso* (Escorial Ms. h-III-22)», *AFE*, I (1984), pp. 707-716.

Salvador Miguel, Nicasio, «Sobre la datación de la *Vida de San Ildefonso* del Beneficiado de Úbeda», D, I (1982), pp. 109-121.

—, ed., Juan Ruiz, *Libro de Buen Amor*, Alhambra (CM, I), Madrid, 1985.

Seidenspinner-Núñez, Dayle, *The Allegory of Good Love: Parodic Perspectivism in the «Libro de Buen Amor»*, Univ. of California Press (UCPMP, CXII), Berkeley, 1981.

Sevilla Arroyo, Florencio, «El cancionero de Juan Ruiz», *Epos*, IV (1988), p. 163-181.

Shepard, Sanford, ed., Sem Tob, *Proverbios morales*, Castalia (CCa, CXLIX), Madrid, 1986.

Strong, Bryan, «El *Rimado de palacio*: algunas observaciones sobre las fuentes de la sátira de los estados de López de Ayala», en *Estudios Brooks* (1984), pp. 207-222.

Temprano, Juan Carlos, «Hacia una morfología de los cuentos populares del *Libro de Buen Amor*», *Texto Crítico*, XXXIII (1985), pp. 78-99.

Vaquero, Mercedes, «The *Poema da batalha do Salado*: Some New Stanzas and the *Poema's* Relation do Castilian and Latin Texts», *PS*, III (1987), pp. 56-69.

—, Relación entre el *Poema de Alfonso XI* y el *Poema da batalha do Salado*, en *Actas I AHLM* (1988), pp. 581-593.

Vasvari, Louise O., «La semiología de la connotación: lectura polisémica de 'Cruz cruzada panadera'», *NRFH*, XXXII (1983), pp. 299-324.

—, «An Example of 'Parodia sacra' in the *Libro de Buen Amor*: 'Quoniam' 'Pudenda'», *C*, XII (1983-1984), pp. 195-203.

—, «La digresión sobre los pecados mortales y la estructura del *Libro de Buen Amor*», *NRFH*, XXXIV (1985-1986), pp. 156-180.

—, «Vegetal-Genital Onomastics in the *Libro de Buen Amor*», *RPh*, XLII (1988-1989), pp. 1-29.

Vetterling, Mary-Anne, *A Computerized Bibliography for Juan Ruiz's «Libro de Buen Amor»*, Brujeril Press, Boston, 1981.

Vries, Henk de, «*Buen Amor:* apuntes para un estudio estructural del *Libro*», *IR*, n.s., XXIX (1989), pp. 80-124.

Walsh, John K., «The *Libro de Buen Amor* as a Performance-Text», comunicación leída en la Modern Language Association of America, 1979; resumen en *C*, VIII (1979-1980), pp. 5-6.

—, «Juan Ruiz and the *Mester de clerezía*: Lost Context and Lost Parody in the *Libro de Buen Amor*», *RPh*, XXXIII (1979-1980), pp. 62-86.

—, «The Names of the Bawd in the *Libro de Buen Amor*», en *Florilegium Clarke* (1983), pp. 151-164.

Wilkins, Constance L., y Heanon M. Wilkins, «Bibliography of the Works of Pero López de Ayala», *C*, XI (1982-1983), pp. 336-350.

Ynduráin, Francisco, «Un artificio narrativo en Juan Ruiz», en su *De lector a lector*, Escelicer, Madrid, 1973, pp. 5-23.

Zahareas, Anthony N., «Structure an Ideology in the *Libro de Buen Amor*», *C,* VII (1978-1979), pp. 92-104.

—, con Thomas McCallum, eds., Juan Ruiz, «*Libro del Arcipreste*», *también llamado* «*Libro de Buen Amor*», HSMS (SS, XLIV), Madison, 1989.

FRANCISCO J. HERNÁNDEZ

EL «VENERABLE JUAN RUIZ, ARCIPRESTE DE HITA»

El autor del *Libro de Buen Amor* (*LBA*) era un arcipreste de Hita, en el arcedianato de Guadalajara, diócesis de Toledo; su nombre era Juan Ruiz, y vivió durante la primera mitad del siglo XIV. Estas frases resumen lo que sobre él da como seguro la mayoría de los historiadores de la literatura hasta el momento. Nunca se ha encontrado prueba alguna que confirme estas creencias, de ahí las periódicas dudas cuando se suponía que el nombre de Juan Ruiz era un seudónimo, o cuando se afirmaba que el carácter literario del narrador-protagonista era el único aspecto de la autoría de la obra digno de consideración. [...] La mención de un «venerabilis Johannes Roderici archipresbiter de Fita» entre los testigos relacionados al final de un documento judicial pronunciado por un tribunal eclesiástico hacia 1330 nos permite finalmente tener seguridad acerca de la auténtica identidad de Juan Ruiz.

[No poseemos el documento original, pero sí una copia que aparece al verso del primer folio de un cartulario de la catedral de Toledo, llamado *Liber priuilegiorum ecclesie Toletane*, conservado en la actualidad en el Archivo Histórico Nacional, en Madrid.] El documento reproduce el fallo dictado por el *magister* Lorenzo, canónigo de Segovia, que actuaba como árbitro en una disputa entre el arzobispo de Toledo y la cofradía (o cabildo) de los párrocos de Madrid sobre sus respectivas jurisdicciones en materia de penitencia eclesiástica. [Más

Francisco J. Hernández, «Juan Ruiz y otros arciprestes, de Hita y aledaños», *La Corónica*, XVI, 2 (1987-1988), pp. 1-31 (5-7, 9-10, 15-17); pero los párrafos inicial y final están tomados de «The Venerable Juan Ruiz, Archpriest of Hita», *La Corónica*, XIII, 1 (1984-1985), pp. 10-22 (10, 14-15).

adelante volveremos a encontrar esta disputa.] Es en las filas de los *arciprestes rurales*, el escalafón administrativo más bajo de la diócesis —arzobispo, arcediano, arcipreste— en donde hay que encuadrar la figura de Juan Ruiz. La *Primera Partida (PP)* nos dice que debían obedecer a su arcediano y a su obispo, y que estaban encargados de realizar una *visita* pastoral cada año para supervisar a los clérigos y legos del distrito (*PP,* VI, 9)

[En diócesis grandes,] como la de Toledo, los arcedianos podían encargarse de tales visitas o delegarlas en los arciprestes, como sugiere la *PP.* En el caso concreto del arciprestazgo de Hita, dado el absentismo endémico del arcediano de Guadalajara en la primera treintena del siglo XIV, tal situación debía ser normal. El arcipreste, por lo tanto, debía mantenerse en contacto con su prelado, fuente de instrucción manifestada por escrito a través de constituciones sinodales o conciliares, o por medio de mandatos *ad hoc.* [...] Como intermediarios entre sede metropolitana y distrito rural, los arciprestes rurales adquirieron ese carácter de clérigos itinerantes que, en contextos distintos, nos pintan las fuentes literarias, desde el *Poema de Fernán González* hasta el *LBA.*

[Además, se les responsabilizaba de la recaudación del diezmo, aunque no siempre fuesen los colectores materiales del mismo. Por si fuera poco, los arciprestes debían emitir ciertos documentos legales, como testamentos, y, al mismo tiempo, mantener registros sobre esa documentación y sobre las nóminas parroquiales, visitas pastorales, pago del diezmo, limosnas para la *cruzada* y otros asuntos.]

El sínodo de 1323 da atribuciones a los arciprestes para encarcelar malhechores, y la descripción de 1379 indica el coste de los procesos de encarcelación, entrega al brazo secular o liberación. Para mantenerse a flote entre todo ese papeleo, los arciprestes solían contar con su propio escribano. [...] Todo lo anterior refleja una actividad de los arciprestes que presupone una cierta pericia legal, tanto en el campo del derecho canónico como en el del derecho civil, dentro del cual convenía que también tuviesen validez testamentos y contratos. A veces la realidad no estaba a la altura del ideal. No son raras las condenas de la ignorancia y extralimitaciones de los arciprestes, desde las constituciones del cardenal Gil Torres, a mediados del siglo XIII, hasta los sínodos toledanos de la primera mitad del XIV. En los de 1323 y 1326 se les prohibió que interviniesen en causas matrimoniales graves, porque, *ut iam factum nouimus,* ignoraban los cánones y el derecho; también se les excluyó de causas criminales que podían caer en la esfera del derecho canónico. La pirotécnica exhibición de erudición legal que representa el juicio de don Simio en el *LBA,* es, entre otras cosas, una réplica de Juan Ruiz contra el sambenito de ignorantes endosado a los de su gremio por la opinión pública. Lo mismo podría decirse de las citas eruditas de libros de derecho canónico en la digresión sobre la penitencia que sigue a la prisión de don Amor.

[Además de sus tareas legales y administrativas, los arciprestes tenían otras obligaciones, de corte inquisitorial, respecto a los clérigos y fieles de su territorio. Éstas les obligaban a desplazarse a cada lugar para actuar como prescriben los *manuales de visitadores*.]

En cada parroquia, el visitador debía observar el estado físico y económico de la iglesia, la moralidad e instrucción de los clérigos y la situación de los parroquianos. En cuanto a los clérigos, debía averiguar si tenían concubinas públicas, así como el número y edad de sus hijos, o si bebían en tabernas, jugaban a los dados, llevaban armas, practicaban la magia, eran blasfemos o usureros, y, finalmente, si residían en la parroquia (como era su obligación) y cumplían su oficio celebrando las horas canónicas, diurnas y nocturnas, en la iglesia. El visitador debía también leer a sus clérigos las constituciones canónicas mas recientes, enterarse de si obedecían las anteriores e inspeccionar los estatutos locales. Si descubría clérigos concubinarios debía condenarlos y denunciarlos por escrito, dando pelos y señales de los amancebados.

[En todo caso, debía reflejar los resultados de su visita en un informe escrito en el que constase todo lo que había averiguado. La visita debía tener, por lo tanto, un doble carácter: pastoral e inquisitorial.]

En cierto modo, el *LBA* es precisamente una parodia de un tratado sobre la *visita* pastoral, desde la oración y sermón introductorios hasta el «informe» final sobre los concubinarios de Talavera. Entre medias, formando el cuerpo del libro, destacan las secciones sobre vicios, virtudes, horas canónicas..., temas recomendados en los tratados de *visita* para predicar a los visitados, y, por encima de todo, la confesión seudoautobiográfica de los amores del Arcipreste, similar a las confesiones y relatos que Juan Ruiz debía oír en el desempeño de sus funciones eclesiásticas. El *LBA* es una gran *visita* y mucho más.

[Como vemos, el problema de los sacerdotes amancebados era uno de los que atañían más directamente la labor de los arciprestes. Durante toda la Edad Media, concilios y decretos atacaron con mayor o menor intensidad esta práctica. En 1292, el arzobispo Gonzalo Pérez («Gudiel») volvió a convocar un concilio provincial en Valladolid, donde citó a sus obispos sufragáneos para que compareciesen en el mes de abril.] En la primera de dos partes se exigía a todos los beneficiados que no tuviesen órdenes que se presentasen en Toledo para ser ordenados el lunes antes del sábado anterior a Navidad, día llamado «Sábado de las Órdenes»; la segunda parte era una amonestación a los clérigos concubinarios ordenándoles que abandonasen inmediatamente a sus mancebas. [Los informes] nos sugieren que, durante los casi cuarenta años que pasaron entre los perdones del arzobispo Sancho aprobados por Alejandro IV en 1254 y la inquisición de 1292, la legislación reformista del temido *legado* no debió hacer más que acumular polvo. Después de cuatro décadas de tranquilidad, la visita inquisitorial de los arciprestes debió causar un revuelo considerable en la archidiócesis. ¿Suficiente como para que un joven Juan Ruiz u otro que conociese la *Consultatio sacerdotum* escribiese la *Cántica* de Talavera? Esa posibilidad, u otras variantes, son más que probables, y no se opone a ello que el arzobispo de la *Cántica* sea llamado don Gil y no don Gonzalo, pues el disfraz del nombre verdadero de un alto personaje en una obra satírica sería lo normal, y no al revés. [...] Hubo quizá otras ocasiones en que la clerecía de la provincia toledana que «tovies mançeba, casada nin soltera, / qualquier que la toviese descomulgado era» (*LBA*, 1693). Pero, si aceptamos literalmente lo que dice la *Cántica*, debió ser escrita antes de 1322, cuando el legado papal declaró que «contra clericos concubinarios ac concubinas eorum [...] suspensionis et excomunicationis poenas non ligent de cetero».

[Uno de los ejemplos más interesantes sobre la actitud y la tarea de los arciprestes, divididos entre sus obligaciones para con los arzobispos y las necesidades más elementales del clero más bajo, es precisamente el conflicto que estalló entre el arzobispo de Toledo y los clérigos de Madrid.]

La rebelión se inició en 1317, cuando el arzobispo Gutierre Gómez no quiso reconocer a la clerecía madrileña la personalidad jurídica de *cabildo*, derecho del que hacía tiempo gozaban lugares como Talavera, Guadalajara e Hita y que probablemente reclamaban con justicia. [...] En un primer momento don Gutierre creyó poder someter a los madrileños por una carta que les envió exigiendo obediencia total. El mensajero portador de la carta, llamado, por cierto, Ferran García (igual que el famoso mensajero del *LBA*, v. 117b), llegó a Madrid el 28 de enero de 1317 y tuvo un día muy movido. Intentó primero leer la carta a la clerecía madrileña, reunida en la iglesia de San Nicolás, cerca del Alcázar (donde sigue hoy); pero los clérigos se marcharon sin hacerle ningún caso. Fue luego «a las casas [do] mora en Madrit Gonçalo Fernandez, arçipreste desse mesmo logar, e fallolo y, e fizo leer [...] la carta». Éste prometió obedecerla y fue testigo del acto su escribano. [...]

Finalmente, el mensajero Ferrán García llegó a casa del vicario, quien no sólo prometió obedecer el mandato, sino que llegó a decir que su propio «cuerpo e todo lo que auie era a merçed e seruiçio del dicho sennor arçobispo».

La diferencia entre la tibieza del arcipreste y el ardor del vicario no es casual; estaba así expresada para que lo viese el arzobispo, y refleja la adhesión incondicional que un vicario debía a su prelado, en contraste con la posición más ambigua del arcipreste, también ligado, y quizá apoyando, a sus clérigos rurales. [...]

La posición contradictoria en que le colocan sus lealtades, hacia su superior y hacia sus subordinados, es semejante a la que muestra el arcipreste literario de la *cántica* de Talavera, cuando lleva el mandato arzobispal a sus clérigos «más con midos que de grado» (1.691b); el punto de vista del propio Juan Ruiz en el *LBA* también oscila, desde una aparente simpatía hasta una clara condena, al describir las debilidades de los clérigos. Y la condena menos ambigua ocurre en la digresión sobre la confesión (estr. 1.144-1.161), cuando el arcipreste ridiculiza transgresiones de los clérigos parroquiales en el campo penitencial, similares a las que, desde 1317, habían intentado los clérigos de Madrid so la capa de su *cabildo*. Esto es lo que desencadenó el largo conflicto con el primado que terminó, hacia principios de 1330.

[La vista se celebró en Alcalá de Henares, cuyo arcipreste, Álvaro Ruiz, representaba los intereses del arzobispo y donde Gimeno Pérez y Gonzalo Pérez actuaban como abogados por la cofradía. El fallo puede dividirse en distintas secciones: la primera reconoce el estatus legal de la cofradía y, en consecuencia, su derecho a utilizar un sello y a tener sus propios fondos (*archam comunem*); la segunda describe los límites jurisdiccionales de la cofradía, asegurando, por encima de todo, la supremacía del arzobispo.] Así acabó, en 1330, el conflicto entre Madrid y el arzobispo de Toledo. Los encuentros de los jueces eclesiásticos de Madrid continuaron hasta el siglo XVI, cuando se dieron nuevos pasos para reforzar la independencia del clero local. Pero esa es otra historia. Debemos concentrar ahora nuestra atención en el arcipreste de Hita que fue espectador y testigo de este juicio. El «venerable Juan Ruiz, arcipreste de Hita», es el primero de los ocho testigos nombrados al final del fallo judicial dictado en Alcalá de Henares. Esta es la primera y la única vez que su nombre y su cargo aparecen juntos en un documento histórico, lo que confirma el parcial carácter autobiográfico del *LBA*. Los episodios del libro en que se retrata a sí mismo como protagonista pueden muy bien ser completamente ficticios, o basados en modelos literarios más antiguos, pero el uso de su nombre y de su rango eclesiástico auténticos indica que deseaba que se le considerara protagonista de carne y hueso. El *LBA* parece hacerse eco de algunos de los datos históricos sobre el Arcipreste que se han descrito aquí. [...] Siempre se ha reconocido que el tono autobiográfico del *LBA* era evidente por sí mismo. Lo que ahora se pone de manifiesto es la deliberada fusión entre actos y ficción que se propuso Juan Ruiz. Al proporcionarnos una serie de pistas consistente en su auténtico nombre, su rango y sus actividades, confiaba claramente en que se le identificara con el protagonista del *LBA*, en la misma manera en que el *accessus ad auctores* consideró a Ovidio el personaje principal de sus propios poemas.

John K. Walsh

JUAN RUIZ Y EL «MESTER DE CLEREZÍA»

Cronológicamente, el *Libro de Buen Amor* se sitúa en las postrimerías de un período en que el *mester de clerezía* se imponía decididamente como forma poética preferida. Había cumplido muchas funciones y contenía la suficiente ligereza con que aliviar los mensajes instructivos o propagandísticos que parecen haber motivado gran parte del mismo. Sin embargo, el *mester de clerezía* siempre había aparecido limitado —casi regulado— en lo relativo al estilo y al tono. Por otro lado, la ortodoxia de los cultivadores del género era tal, que menudean los problemas de autoría y relación, pues una vez que se está ligeramente familiarizado con el *mester,* las palabras rimadas e incluso hemistiquios enteros resultan predecibles. Había adquirido tantos recursos y fórmulas indispensables —epítetos para los buenos y los malos, para santos, héroes y demonios; rituales fijos para los saludos, las apariciones, las plegarias, las partidas, las exclamaciones, los lamentos y las maldiciones; frases fijas para introducir parlamentos y respuestas, invocaciones y conclusiones; e incluso estrofas fijas—, que buena parte del trabajo del poeta ya estaba hecha antes de que empezara un poema.

Esta idea de lo limitado o de lo excesivamente conocido es lo que induciría a pensar que puede extraerse una dosis considerable de parodia de las múltiples referencias que al *mester de clerezía* hace Juan Ruiz. Si cuando se escribió el *Libro* una parte del público había oído hablar demasiado del *mester* —había disfrutado con él y, probablemente, se había aprendido de memoria o por rutina varias partes del mismo, a la vez que reconocía en él algo atrofiado, tendencioso o curiosamente repetitivo—, entonces cabe encontrar fundamento para el argumento de que se expresaba una nota de parodia cuando se hacían alusiones a él. Si a comienzos del siglo XIV, momento en que algunas partes del *Libro* se recitaron por primera vez, el *mester* todavía era conocido, o al menos alguna representación tradicional seguía activa, en-

John K. Walsh, «Juan Ruiz and the *Mester de clerezía*: Lost Context and Lost Parody in the *Libro de Buen Amor*», *Romance Philology*, XXXIII (1979-1980), pp. 62-86 (62-69, 71-74, 76-77, 79-80, 85-86).

tonces podría reconocerse sin error una serie irresistible de parodias tan sutiles como escandalosas. Es bastante obvio que los principales recursos métricos y estilísticos del *Libro de Buen Amor*, así como los temas o, cuando menos, el marco que se ha colocado alrededor de estos temas, proceden del *mester de clerezía*: ¿cuántos recursos de Juan Ruiz pueden haber sido referencias alegres o paródicas en lugar de una simple reliquia cronológica de un modo poético inmensamente popular? [...]

Entre los poemas de *clerezía* hay, en primer lugar, el gran núcleo de escritos que cabría datar en el tercio central del siglo XIII. Este agrupamiento incluiría las obras de Berceo, el *Libro de Alexandre*, el *Libro de Apolonio* y el *Poema de Fernán González*. En estos casos, la cronología es enteramente fiable y algunos estudiosos incluso han propuesto una formación común de los poetas, lo cual explicaría lazos tan evidentes como los que se advierten en el tono, el tema y la técnica. Que Ruiz conocía algunos de estos textos y los imitó libremente es bastante obvio. La mayoría de las relaciones visibles han sido identificadas; citaremos unas cuantas de las más obvias.

Del *Poema de Fernán González* puede que Juan Ruiz adoptase la invocación. [No sólo capta el espíritu del *Poema*, sino que también tiene en cuenta las fórmulas y algunos pasajes específicos, verbigracia:]

LBA (invocación) 1:	*Fernán González* (plegaria antes de la batalla) 106:
Señor Dios, que a los judiós,	Sennor, tú que libreste
pueblo de perdición,	a Davyt del león,
saqueste de cabtivo,	matest al Filisteo
de poder de Faraón;	un sobervio varón,
a Daniel saqueste	quitest a los jodíos
del pozo de Babilón:	del rrey de Babilón,
saca a mí, coitado,	saqua nos e libra nos,
d'esta mala presión.	de tan cruel pressyón.

Del *Alexandre*, otrora considerado como la única fuente vernácula «culta» de Juan Ruiz, es posible que se adoptaran varios fragmentos. Ejemplos claros de tal filiación son los de los meses y las estaciones en la tienda de Alejandro y en la de Don Amor (*Alex*. O 2375-2402, *LBA* 1270-1297), y —mera posibilidad— de los pecados mortales (*Alex*. O 2182-233, *LBA* 217-230). [También fue el *Alexandre* el probable modelo de algunos retratos del *Libro de Buen Amor*:]

LBA
434:
la nariz afilada;
  los dientes menudillos;
eguales e blanquillos,
  poquillo apartadillos;
las enzías bermejas,
  los dientes agudillos;
los labros de su boca
  bermejos, angostillos;

Alexandre
1715:
Era tan a rrazón
  la nariz levantada,
que non podría Alelles
  deprender la posada;
los beços avenidos,
  la boca mesurada,
los dientes por iguales
  brancos cuemo quajada.

El parecido no es tan cumplido como el reflejo en un espejo, pero cabe suponer que Juan Ruiz examinara detenidamente la sugerente imagen que recordaba del *Alexandre*. En esta relación con el retrato estilizado, sin embargo, cabe detectar una desviación apropiada, que sería reconocida como humorística o paródica en la época en que se recitó por primera vez: aunque Juan Ruiz recoge la totalidad de los rasgos positivos, idiosincráticos, al mismo tiempo sus oyentes reciben todos los equivalentes negativos. El cabello de la mujer perfecta ha de ser rubio, pero (433b) «non... de alheña» (es decir, ni «castaño rojizo teñido» ni «rubio aclarado»). [...]

La mayoría de las restantes obras en *quaderna vía* ofrecen espinosos problemas textuales que dificultan cualquier intento de establecer una cronología exacta. Como creo que el principal contexto poético en el que debería leerse el *Libro* es el de una específica tradición o ciclo de poemas morales en *quaderna vía*, probablemente recitados en la misma clase de funciones en que se ofrecía el *Libro*, y que parte de la parodia elemental y ya perdida hacía referencia a ellos, tiendo a suponer que fueron escritos en algún momento anterior a Juan Ruiz. [Tal es el caso de los *Castigos de Catón*, los *Proverbios de Salamón*, el *Libro de miseria de omne* y los *Gozos de la Virgen*, que forman un ciclo de poemas morales en *quaderna vía*.] Al mismo tiempo, constituyen un puente entre la gran serie de poemas de *clerezía* del siglo XIII y la obra maestra de Juan Ruiz. En este contexto, el *Libro de Buen Amor* no sería menos innovador ni ingenioso. Sin embargo, en lugar de aparecer como una obra individualista, aislada y curiosa, sería un paso pequeño y no menos magistral desde la posición intermedia que proponemos.

Los *Castigos de Catón*, que, según se supone, fueron escritos a finales del siglo XIII, son precisamente el tipo de poema en *quaderna vía* que hubiera podido servir como parte de una tradición de puente. Hubiese podido espolear el talento de Juan Ruiz y estimular su recurso a lo paródico y alegre. En los *Castigos*, los juegos de palabras y el talento son patentes; en las anteriores piezas de *clerezía*, los efectos de esta índole nunca iban mucho más allá de lo curioso. A decir verdad, los *Castigos* podrían leerse como un proto-*Libro de Buen Amor*, o podrían dividirse y meterse en el *Libro* sin que se notaran mucho las costuras. Sigue habiendo, no obstante, una importante diferencia de propósito: los *Castigos* es un libro de inteligencia moral sincera, de los consejos éticos y prácticos que el Seudo-Catón da a su hijo, mientras que el *Libro* proporciona consejos prácticos y serios que no es tan fácil ofrecer como éticos. Pese a ello, hay sólo una distancia brevísima desde los proverbios de animada expresión de Catón hasta la apropiación indebida, vacilante o paródica de los mismos por parte de Ruiz.

Los *Castigos*, al igual que el *LBA*, utilizan las fórmulas de *clerezía* con extensión de hemistiquio o el *remplissage* estándar como recurso estilístico más constante, pero dan a sus proverbios la forma de repeticiones alegres del tipo que más adelante parecerán tan conocidos en el *LBA*. Así, el consejo que da Catón para ajustar el comportamiento a una situación (*Castigos* 73) dice:

> Sey sabido do devieres, e faz toda mesura,
> con locos faz locura, e con cuerdos cordura.
> Esfuérça.t* quánt pudieres d'aver esta natura:
> adó jugaren juega, adó burlaren burla.

Un eco de esto —¿se trata de una mala aplicación directa?— se advierte en la descripción embellecida de Don Melón que la intermediaria le hace a Doña Endrina (*LBA* 728 y sigs.):

> Todos quantos en su tiempo en esta tierra nacieron
> en costumbres e en riquezas tanto como él non crecieron;
> *con los locos se faze loco*, los cuerdos d'él bien dixeron;
> *manso más que cordero*, pelear nunca lo vieron.

[Análogas coincidencias se dan en algunos giros y fórmulas retóricas, en la visión y tratamiento de la mujer, etc., incluso parecen calcadas algunas referencias a Ovidio: *LBA*, 429 = *Castigos*, 31.]

Sospecho que otra obra en *quaderna vía* que el Arcipreste conocía eran los *Proverbios de Salamón*; lo más probable es que formara parte de un repertorio estándar de poesía de *clerezía* o en *quaderna vía* que se ofrecía dentro de una representación tradicional a comienzos del siglo XIV. Hay rastros dispersos de los *Proverbios* en toda la obra de Juan Ruiz. [...] En el *LBA*, la monodia empieza con la afirmación (tras la mención específica de la muerte de Trotaconventos, 1518-1520):

LBA 1521 Muerte, al que tú fieres, liévaslo de belmez;
al bueno e al malo, al noble e al rehez,
a todos los egualas e lievas por un prez;
por papas e por reys non das una vil nuez.

Puede que este introito del *planctus* fuera revuelto con los *Proverbios* en la memoria creativa de Ruiz. La rima (una rima complicada) es casi idéntica y se comunican sentimientos parecidos:

Prov. 61-64 La muert* es cosa fuerte, [e] non tiene belmez;
a todos faz* eguales, cada uno [a] su vez.
Echa mala çelada, más nigra que la pez;
el que cueyda bevir, ése muere * rrefez.

[Semejantes consideraciones cabe hacer con el *Libro de miseria de omne*: no sólo se dan coincidencias formularias (entre las que hay que citar las declaraciones de regularidad métrica), sino también paralelos temáticos y concordancias rítmicas, incluso similitudes literales; verbigracia:]

LBA, 547:	*Lib. de miseria* («De ebrietate»), 336:
Adó más puja el vino	Demás en el embriago
que el seso dos meajas,	es denuesto e varaja,
fazen roído los beudos	ca non preçia a ninguno
como puercos e grajas;	quanto vale una paja:
por ende vienen muertes,	venir vos há a cochillo
contiendas e barajas;	por una mala meaja.
el mucho vino es bueno	Onde guardad vos de comer
en cubas e en tinajas	con él a una tavaja [...]

Así, pues, en medio del flujo de fórmulas de *clerezía* en el *LBA*, puede que algunas de ellas incrementasen el humor de un momento narrativo. Un público condicionado a un contenido fijo de *clerezía* para una fórmula hubiera advertido una mala aplicación: quizá la frase que se reserva para un santo exultante la pronuncia un amante jubiloso. El humor de esta apropiación indebida se parecería al de aplicar un proverbio vulgar después de contar un hecho escabroso. Es posible que esta corriente de parodia formulaica impregnase el *LBA* y fuera obvia para los oyentes del siglo XIV. ¿Tuvo su máxima eficacia en la serie de referencias de Juan Ruiz a sus propias manifestaciones: a la técnica de su arte, a la exactitud de sus declaraciones o a sus propias emociones al proclamar acontecimientos? Aquí la parodia habría sido accesible, pues el *mester* estaba repleto de semejantes confesiones. [...] Después de todo, Ruiz estaba en deuda con una precisa búsqueda vernácula de forma: el metro principal, la rima, las fórmulas estaban ahí para fundamentarla. Y a menudo lo que llamamos su arte no es la creación de un idioma enteramente nuevo para una fatigada pauta estrófica, sino peculiaridades de rima y contexto de tal modo que lo que era tendencioso en la *quaderna vía* anterior se vuelve retozón y salaz por medio de la reproducción tanto como de la originalidad. Con frecuencia el texto del *LBA* parece un palimpsesto, con la base de *clerezía* aún muy evidente. El contacto con una tradición poética activa, aunque levemente deslustrada —de hecho, la creación del *LBA* como una obra que debe recitarse al lado de las posteriores piezas en *quaderna vía*— identificaría como parodia a un cierto número de fragmentos donde Juan Ruiz podría parecer, de no ser por ello, muy intencionadamente ambiguo.

JACQUES JOSET

AMOR LOCO, AMOR LOBO

[Entre los múltiples reproches que el desgraciado protagonista le echa en cara al Amor, figura el siguiente:

> De la loçana fazes muy loca e muy boba;
> fazes con tu grand fuego como faze la loba:
> al más astroso lobo, al enatío ajoba,
> aquél da de la mano e de aquél se encoba (copla 402).

Enatío es lo mismo que *astroso*, 'feo', y *ajobar* vale 'cargarse con (un peso)', de donde 'acoplarse, juntarse con el peor'. El significado del verso *d* podría ser: 'favorece al más feo y de él queda preñada', de acuerdo con los textos testigos de la anécdota folklórica cuya forma canónica sería: «Siempre la loba escoge el lobo más feo», sin alusión explícita al más hermoso. La idea está largamente documentada bajo forma de historieta o refrán escueto. La exten-

Jacques Joset, *Nuevas investigaciones sobre el «Libro de Buen Amor»*, Cátedra, Madrid, 1988, pp. 91-102.

sión y variedad de los testimonios garantizan la índole folklórica de la anécdota y su difusión europea sin que sea posible, a mi modo de ver, reconstruir una filiación tipo culta. Pero lo importante para nuestro propósito es que la alusión a la loba, de procedencia escrita u oral, funciona en el *Libro* de Juan Ruiz dentro de un sistema referencial tradicional sin conexión con la alegoría elaborada de los bestiarios medievales.]

El comentario literario de un microtexto, como la copla 402 del *Libro de Buen Amor*, no tiene sentido si no se relaciona estrechamente con las capas profundas de donde surgió su escritura. Por eso tenemos que ir a pasos contados retomando en primer lugar los nexos significativos del microtexto, verificando luego su presencia en contextos de la obra cada vez más amplios.

1. La forma del símil, que es la de la copla 402, proporciona unas identificaciones inmediatas: la mujer es loba y el Amor, lobo feo. El discurso callado del *yo* protagonista completa el esquema de asimilaciones y oposiciones. Al lobo feo se opone implícitamente un lobo hermoso que no puede ser sino el contrincante del Amor. En la raíz de la querella están las decepciones amorosas sufridas por el *yo* en sus empresas de conquista. Amor viene a ser representante de todos los amantes, también lobos feos, de las queridas del arcipreste, todas lobas.

2. Los filólogos llamaron la atención sobre las similitudes léxicas entre las coplas 402 y 420:

> So la piel ovejuna traes dientes de lobo,
> al que una vez travas liévastelo en robo;
> matas al que más quieres, del bien eres encobo,
> echas en flacas cuestas grand peso e gran ajobo (c. 420).

Las aproximaciones son un poquito más que formales (*loba - lobo; encoba - encobo; ajoba - ajobo,* con aliteraciones, repeticiones y paralelismos similares a los de la c. 402; palabras en rima). Reaparece la figura del Amor lobo ahora con nuevos atributos: se disfraza de cordero, roba, mata con crueldad e hipocresía, es enemigo del bien.

El mecanismo de producción textual parece ser el siguiente:

— la integración del material folklórico (la elección del lobo feo por la loba) en la argumentación del protagonista contra el Amor implica seguidamente la identificación de éste con el lobo;

— el reempleo de la metáfora a poca distancia induce la repetición de signos lingüísticos y la polarización de rasgos tópicos sacados del repertorio folklórico sobre el lobo.

3. Los dos microtextos orgánicamente vinculados por la semántica y, probablemente, por el tiempo de la escritura se insertan en un círculo contextual más amplio: la primera parte de la «pelea» del arcipreste y del Amor, es decir la petición fiscal del *yo* protagonista (cc. 181-442). La etapa siguiente del análisis consiste en verificar la presencia de los nexos significativos anteriormente definidos en la totalidad del discurso contra el Amor.

La figura del Amor lobo se registra cuatro veces a lo largo de la diatriba bajo las formas retóricas de la comparación y metáfora: [1] «fazes como el lobo doliente en el vallejo» (251d), [2] «por cobrar la tu fuerça, eres lobo carniçero» (291d), [3] «quieres lo que el lobo quiere de la raposa» (320c), [4] «Tal eres como el lobo, retraes lo que fazes» (372a). Tres casos anuncian o concluyen fábulas ilustrativas de pecados mortales cuya responsabilidad se reprocha al Amor: [1] el Amor es avaro (*enxienplo del lobo e de la cabra e de la grulla*) y [3, 4] hipócrita (*el pleito qu'el lobo e la raposa ovieron ante Don Ximio, alcalde de Bugía*). La metáfora del lobo carnicero [2] introduce la digresión sobre la gula.

Todas las imágenes del Amor lobo, incluidas las de los microtextos de patida, remiten a un material folklórico *lato sensu*, cuentos populares en el caso de las fábulas, frases hechas y refranes en los demás. La homogeneidad semántica de la figura se sobrepone a —y probablemente se explica por— la homogeneidad de su material genético: el discurso folklórico en torno al lobo. Más allá de la función ilustrativa de las fábulas donde interviene el lobo como actante, nos interesa el hecho de que en virtud de la identificación Amor = lobo, todos los atributos de la fiera en los cuentos populares también lo son del Amor. Cuanto hace el lobo, lo hace el Amor. Roban y matan, son crueles hipócritas. Amor, sujeto de las citas siguientes, podría cambiarse por el lobo: «Eres tan enconado que, do fieres de golpe / non lo sana mengía, enplasto ni xarope» (187ab); «de día e de noche eres fino ladrón: / quando omne está seguro, fúrtasle el coraçón» (209cd). Recíprocamente el lobo de los *enxienplos* es desagradecido (cc. 252-254), hipócrita (c. 322), artero (c. 333), ladrón (c. 335), lujurioso (c. 337), como el Amor.

El estudio particular del rasgo narrativo /*disfraz del lobo*/ realza el proceso mediante el cual el *corpus* folklórico emerge a la superficie textual. La treta del lobo disfrazado para engañar a su víctima es un cuento de los más conocidos todavía hoy. [Piénsese en el cuento de Caperucita roja.] Como vimos, el Arcipreste echa mano de la variante «lobo disfrazado de cordero» sólo al final de la argumentación contra el Amor (420a). Sin embargo ya estaba presente, según creo, en otros lugares del discurso, no referido directamente al lobo sino al Amor, su doble. Los predicados del Amor en *Viénesme manso e quedo* (213b) podrían serlo del lobo vestido con la piel ovejuna. Asimismo las continuas acusaciones contra las falsas apariencias del Amor para seducir y luego matar a los humanos evocan la técnica del lobo enmascarado: [«eres mal enemigo, fázeste amador» (416d); «dezir palabras dulces que traen abenençia / e fazer malas obras e tener malquerençia» (417cd).]

El proceso de escritura puede ahora reconstruirse hipotéticamente. Al elaborar la diatriba contra el Amor, el Arcipreste se vale del *corpus* folklórico sobre el lobo, quizá ya en parte mediatizado y recuperado por la cultura «oficial». La operación previa a su inserción en esta parte del *Libro de Buen Amor* identificó Amor con el lobo de los cuentos y dichos. A veces la adaptación del material no pasa de la sencilla integración funcional en la argumentación (los *enxienplos*). Otras veces la inscripción textual es mediatizada por una instancia que llamamos el no consciente antes de formularse en términos marcadamente folklóricos. Así la anécdota del lobo disfrazado que formaba parte del *corpus* folklórico latente, no se declara directamente sino después de un proceso de reescritura que oculta el término «lobo» de la metáfora dejando sólo paso al término «Amor».

Otras combinaciones pueden darse en el nivel de la mediatización por el no consciente. El material folklórico puede permanecer oculto, en estado latente. La inscripción textual recorre un camino indirecto mediante la equivalencia de los dos términos de la metáfora con un tercero. Así la naturaleza diabólica del Amor pertenece al código antierótico tradicional que no podía faltar en el discurso del arcipreste: *Natura as de diablo* (405a) le dice sin más rodeos. La no menos tradicional metáfora del Amor fuego (véase, por ejemplo, c. 197) es perturbada por la imagen del fuego infernal [cf. 232 cd, 275cd]. El discurso folklórico sobre el lobo registra la aparición del diablo bajo las especies del animal. Sin embargo, en el texto del Arcipreste la figura del diablo-lobo está ausente. Este dato del *corpus* folklórico permanece latente y sólo alcanza la superficie textual a través de la identificación «Amor lobo».

4. La inserción de la figura folklórica del lobo y su asimilación al Amor no salen del sector textual del *Libro de Buen Amor* cubierto por el discurso del *yo* protagonista. La estrategia argumentativa de la respuesta del Amor (cc. 423 y ss.) consiste precisamente en aniquilar la identificación de un animal cruel e hipócrita sustituyéndolo por el modelo del letrado ovidiano. Los elementos que estructuran la segunda parte de la querella forman un sistema semántico-ideológico radi-

calmente opuesto al de la primera parte. El nuevo sistema elimina cualquier referencia a la identificación rechazada por lo menos en el nivel del enunciado y de sus fuentes. Pero en el de la enunciación global de la disputa —y teniendo en cuenta la ambigüedad generalizada del *Libro*—, observamos que al negar la argumentación del protagonista, el discurso del Amor la confirma: para contestar al arcipreste, Amor ha vestido «la piel ovejuna».

Partiendo de la copla 402, hemos ido ampliando nuestro campo de investigación hasta los límites de la sección del *Libro* que la abarca: la pelea del arcipreste y del Amor. Nos quedan por examinar las articulaciones del discurso folklórico sobre el lobo y sus transformaciones con la capa más profunda —el *genotexto* la llaman algunos— de donde, hipotéticamente, surgió.

El episodio es un «calco discursivo» de la *contentio* escolástica o «debate» ya literaturizado en el *partimen, tenso* y otras *disputas* de las letras europeas medievales. El modelo discursivo teórico podría ser un debate sobre los maleficios y beneficios del Amor. El juego ambiguo de Juan Ruiz orienta la pelea al desviar oposiciones de orden exclusivamente moral hacia consideraciones estratégicas: el debate se instaura entre el fracaso y el éxito amoroso.

El enfrentamiento de argumentos —ley estructural del género— implica el empleo de sistemas referenciales opuestos. Del material folklórico, mediatizado o no por la literatura, toma Juan Ruiz la representación animal que más conviene a la figura del Amor maléfico, diabólico. Luego al microsistema del Amor lobo, opone la enorme herencia del Amor Ovidio. El genotexto de la pelea convoca dos modelos discursivos correspondientes a las instancias opuestas, tradición «popular» y tradición «letrada», lo que no quiere decir, por supuesto, que superficialmente ambas partes del debate no ofrezcan, mezclados, textos de procedencia folklórica y culta, ni que los modelos fuesen percibidos como tajantemente diferenciados por el Arcipreste y su público. Sencillamente queremos decir que la pista del Amor lobo lleva al concepto del amor torpe, instintivo, no cortés, que siempre fracasa. El camino del éxito lo toma el amor fino del letrado.

Huelga decir que sería atrevido generalizar estas observaciones al conjunto del *Libro*. No se podría decir, por ejemplo, que la relación establecida entre material folklórico y situación de fracaso corre a lo largo de la obra ni tampoco que la presencia del mismo *corpus* en el genotexto siempre infiere valores negativos en la organización textual.

Hay que tener en cuenta los conceptos que estructuran fundamentalmente el *Libro de Buen Amor*: la ambigüedad y lo que he llamado
transformismo. Vimos, por ejemplo, que *in fine*, el Amor Ovidio podría ser una máscara del Amor lobo. Asimismo, en vista de la salvación eterna del hombre y de su «buen amor» —que es el de Dios en
este caso—, el fracaso del Amor lobo es un éxito mientras, por rever-
sión de valores, las conquistas del Amor Ovidio llevan al infierno.

7. EL ROMANCERO

Merced a un encomiable trabajo en equipo, más intenso que en cualquier otro campo de investigación, los resultados obtenidos en el estudio del romancero son notables. Sobresalen el equipo dirigido por Diego Catalán, a caballo entre Madrid y California, y el norteamericano de Samuel G. Armistead —y sus discípulos— y el llorado Joseph H. Silverman.

El *Catálogo general del romancero* [1982-], de Catalán *et al.*, «aspira a describir la totalidad de los romances conservados en época moderna (siglos XIX y XX) por la tradición oral de los pueblos hispánicos de lenguas iberorrománicas en todas las versiones conocidas». Excluye textos de tradiciones escritas anteriores al siglo XIX, con el fin de que «los materiales estudiados sean coherentes». El primer tomo describe el proyecto y proporciona un extenso tratado teórico sobre la estructura y el estilo de los romances: constituye la aportación más importante e innovadora al respecto desde los trabajos clásicos de Menéndez Pidal; únicamente hay que lamentar el uso de la palabra «fórmula» de manera muy distinta a la generalmente aceptada en los estudios sobre literatura oral, pues puede dar pie a confusiones bastante serias. El catálogo se abre en los tomos II-III con la descripción, muy pormenorizada, de 82 romances «de contexto histórico nacional», algunos conocidos en una sola versión oral, otros, en múltiples; varios índices facilitan su consulta. Desgraciadamente, la decisión de presentar también el catálogo procesado electrónicamente ha influido en el formato tipográfico del libro, por lo que se dificulta la lectura para los no avezados a los ordenadores.

Varias bibliografías, debidas principalmente a Armistead y sus colaboradores, orientan al investigador y al estudiante. La de Sánchez Romeralo *et al.* [1980], que coincide aproximadamente con el campo del *Catálogo general*, se ocupa de la tradición oral desde 1700. La de Armistead [1979a] recoge con anotaciones críticas las aportaciones de un campo más amplio entre 1971 y 1979, al tiempo que da cuenta [1979c] de la recopilación de romances en los mismos años y analiza [1984-1985, 1985, 1986-1987b] las tendencias actuales en el estudio del romancero. De otro tipo es la que debemos a Piacentini [1981-1982], que recoge los textos de los siglos XV y XVI conservados en pliegos sueltos.

La serie del *Romancero Tradicional*, iniciada por Menéndez Pidal, avanza más lentamente: Mariscal de Rhett [1985] se retrasó siete años; aun así, mantiene el alto nivel. La nueva serie, *Fuentes para el Estudio del Romancero*, iniciada por Diego Catalán, sale a un ritmo más rápido: de la subserie sefardí ya se han publicado siete tomos, cuatro de la ultramarina (sirvan como ejemplo, respectivamente, las excelentes colecciones de Benmayor [1979] y de Trapero *et al*. [1985, 1987]); la subserie lusobrasileña no nos atañe en el presente capítulo. La serie más reciente, *Archivo Internacional Electrónico del Romancero*, empieza felizmente con los dos tomos de Petersen [1982]: 154 romances, la mayoría en varias versiones, recogidos en Castilla y León en 1977, y acompañados de índices. Anima comprobar que dichos romances no provienen únicamente de las ancianas: algunos fueron recogidos de boca de niñas de corta edad. Otra reciente recolección castellana, en concreto de Soria, es la de Díaz Viana y Díaz [1983]. También prosigue la recolección de romances sefardíes: además del ya comentado tomo de Benmayor, tenemos los de Armistead, Silverman y Anahory Librowicz [1977], con romances de Tánger; Armistead y Silverman [1981], con los recogidos en Nueva York por Benardete; Anahory-Librowicz [1980], con los de Málaga; y Armistead, Silverman y Katz [1986], con los de tema épico, pero a partir de un presupuesto temático, no geográfico. En otros campos, hay que destacar el ejemplar trabajo de Cruz-Sáenz [1986], con introducción de Armistead: los 25 romances, normalmente en varias versiones, a menudo fueron recogidos a partir de testimonios infantiles (cf. lo dicho *supra* de Petersen [1982]).

También son de gran interés dos tomos de estudios: Alvar [1974] (la nueva edición contiene tres estudios más) y Díaz Roig [1986]; también se espera con impaciencia la guía crítica de Wright, en prensa desde hace unos años. La historia temprana de los romances ha vuelto a suscitar controversias: Wright [1985-1986] sostiene que los romances nacieron unos siglos antes del XVI, y que las frases en las crónicas y en otras fuentes que parecen aludir a la épica remiten, de hecho, a los romances, de forma que no hay indicios de una fase de épica oral en España. La primera hipótesis es muy posible (coincide con la conclusión de Dronke [1976] sobre la antigüedad de la balada fuera de España), pero sus afirmaciones sobre los romances y la épica son refutadas por Armistead [1986-1987*a*]. Otra aportación fundamental de Armistead [1979-1980] es un análisis de varios artículos sobre el romancero, incluidos los de Aguirre (1972) y Smith (1972): se sirve de su dominio incomparable de los textos y de la bibliografía moderna para demostrar que la crítica de un romance, impreso o manuscrito, de los siglos XV y XVI, resulta incompleta si no se tiene en cuenta la tradición en su totalidad, incluidas las versiones orales modernas. La historia de los romances durante los primeros siglos de los que conservamos textos ha sido estudiada por Clarke [1984 en cap. 6, *supra*]; por Aubrun [1987], recopilación de una serie de trabajos sobre el romancero viejo; y por Livermore [1986], que se ocupa de la creciente popularidad del género entre los lectores del siglo XV. M. Alvar y C. Alvar [1985] explican clara y convincentemente la evolución de la palabra «romance»: desde la acepción estrictamente lingüística hasta su significación poética en el siglo χVI. Devoto [1979] ofrece un extenso estudio métrico; Katz [1988] parte de la música para demostrar que el *contrafactum*, tan importante en la poesía de fines de los siglos XV y XVI, se da todavía en los romances sefardíes. Muy fructíferos son los estudios comparativos de romances hispánicos y de sus análogos en otras tradiciones europeas —ya lo demostró Entwistle en su libro clásico (1939) y en varios artículos—; estudios que cada vez son más frecuentes, especialmente en los Estados Unidos (Armistead, sus discípulos y Miletich). Armistead [1979] compara el romancero sefardí con el contexto europeo; también hay comparaciones más específicas con las baladas italianas (Graves [1985]) y rumanas (Rechnitz [1979]). Miletich, reconocida autoridad tanto en la literatura tradicional yugoslava como en la hispánica, analiza [1975] en las dos tradiciones las categorías cuyo recurso básico es la repetición, apuntando las consecuencias que se derivan para los estudios de la épica; estudia también [1985-1986] la figura de la sirena a partir de analogías negativas («no es A, es B») en 35 textos hispánicos, más de la mitad de los cuales son versiones de *El conde Olinos*.

La transmisión de los romances durante los siglos XV-XVII fue manuscrita, impresa y cantada. García de Enterría [1988] ilustra la simbiosis de los modos de difusión y promete (según parece y es de esperar) un estudio más extenso. Orduna [1989] estudia la incorporación del romancero tradicional al canon de la poesía cortesana; a Di Stefano se deben dos largos artículos [1971, 1977] que replantean con fundamento y erudición la historia de los romances impresos durante el siglo XVI, además de establecer la estadística editorial de cada romance. El trabajo de Botrel [1974] sirve de complemento a los de Di Stefano, pues demuestra la importancia de los ciegos como difusores de romances en pliegos de cordel. Los pastores también tuvieron un destacado papel en la difusión: Sánchez Romeralo [1979*b*] desvela la extraordinaria riqueza de la tradición en el Valle de Alcudia, al sur de la provincia de Ciudad Real, donde los rebaños trashumantes solían pasar la invernada; este mismo investigador [1987] presenta el tema desde otra perspectiva al rastrear la diseminación de *La loba parda* a lo largo de las principales rutas de la trashumancia. Gracias a las investigaciones del equipo de Catalán, se explica —entre otros muchos logros de gran interés— la modificación de estructuras, funciones y motivos en relación con las condiciones sociales de distintas regiones: Mariscal de Rhett [1987] lo demuestra a partir del estudio de las variantes de *Las quejas de doña Lambra* y de *Tamar*, en tanto que Petersen describe la técnica de elaborar mapas de afinidades narrativas por ordenador [1979] y, a partir del estudio específico de 612 textos de *La condesita* [1987], reivindica, frente a las de Daniel Devoto, las conclusiones de Menéndez Pidal sobre la geografía de los romances; véase también Catalán [1986].

Contamos además con interesantes estudios de los temas del romancero: los de Falk [1985-1986], sobre el nacimiento del héroe; de Battesti-Pelegrin [1986], sobre la justicia; de Anahory-Librowicz [1989], sobre la honra femenina y la actitud ante las mujeres deshonradas en los romances sefardíes; y de McGrady [1989], que plantea de nuevo el tema del mal cazador (romances que empiezan con «A caza va el caballero», etc.) a la par que duda de las conclusiones de Devoto (1960) (cf. el capítulo 2 de Rogers [1980]). Débax estudia [1977] la relación del narrador con la tradición y [1978] la evolución de la ideología de los romances tradicionales. Di Stefano [1979] establece una distinción entre exordios paranarrativos, que enlazan con la narración del romance, y los prenarrativos, que, aunque preparan la escena, son prácticamente autónomos. El exordio se analiza, teniendo en cuenta su carácter complementario, en Webber [1979] (morfología y función en el romance hispánico) y [1987] (comparación con otras tradiciones europeas). Igualmente importante es el contexto europeo en el análisis de algunos símbolos (la caza, el vestido, los juegos, el peinado, la música) de Rogers [1980]: aunque se trata de un libro a veces discutible en sus pormenores, resulta innovador y fundamental para la lectura crítica de cualquier romance tradicional; lo concluye con un estudio de *El conde Olinos*. Una de la imágenes que no estudia Rogers, la de la luz, es el tema del artículo de Pogal [1977], a partir de tres versiones de *La adúltera*.

Otros aspectos estilísticos de los romances son los analizados, desde diversas perspectivas críticas, en los trabajos de Acutis [1974], sobre la técnica de la fragmentación; Szertics [1980], que proporciona las pruebas estadísticas que faltaban en su libro (1967) para demostrar el influjo de la asonancia en la elección de tiempos verbales; Mirrer [1987], que estudia la alternancia de los tiempos como recurso narrativo que permite al poeta atraer la atención del público (por desgracia, desconoce a Szertics [1980]); y Di Stefano [1976], que se centra en las distintas perspectivas temporales en la narración de un romance. Beatie [1976] aplica la técnica del análisis proppiano a los romances. Catalán [1986] estudia siete romances en las respectivas versiones peninsulares y sefardíes para constatar cómo varía la realización del diseño básico según el tiempo, el lugar y la clase social. Según él, el romance, hoy, es una forma esencialmente proletaria; concluye, por otra parte, que el predominio de cantoras en los últimos siglos refleja la creciente representación en los textos del punto de vista femenino.

Mirrer-Singer [1986] analiza seis romances trastámaras sobre el rey Pedro I, centrándose principalmente en los recursos estilísticos de intensificación, comparación, correlación y explicación utilizados para valorar a los personajes e influir en la opinión del público. Sus inteligentes y coherentes análisis deben menos a la sociolingüística de lo que indica el título del libro; aporta también algunos comentarios más breves de otros tantos romances y una comparación entre la representación de los mismos personajes y acontecimientos en los romances y en la crónica de Pero López de Ayala. A este estudio de un grupo de romances viejos hay que añadir un buen número de trabajos sobre algunos romances en particular. Gilman [1972] y Torres Fontes [1974] estudian el de *Abenámar*: el segundo establece de nuevo la base histórica (un incidente de junio de 1431) y sostiene que el poeta fue un moro castellanohablante; el primero lo utiliza como prueba para demostrar que las invocaciones abruptas y las apóstrofes son características de la especial sintaxis del romancero, con la que usualmente entraban en contacto con el público. En un ensayo sobre otro asunto, Rico [1990a] demuestra que el motivo más célebre de ese romance, el del conquistador enamorado de la tierra que pretende conseguir, no es de inspiración árabe, como suele repetirse, sino de origen bíblico y tradición latina. Para los romances fronterizos, contamos con los trabajos de Mancini [1976], una lectura crítica de *La pérdida de Alhama*, y de Mirrer-Singer [1984-1985], donde, con una interesante argumentación (que, sin embargo, no convence totalmente), quiere demostrar que *La morilla burlada* condena implícitamente a Moraima y aprueba los actos del seductor cristiano. Martin [1978] interpreta *Cabalga Diego Laínez* como un reflejo de la ideología de la baja nobleza, rebelde a la par que tradicional. Di Stefano [1976] y Marcilly [1972] ofrecen sendos excelentes análisis de la estructura y el estilo, respectivamente, de *Gaiferos libertador de Melisenda* y *La muerte de don Beltrán*. En su análisis semiótico de *Herido está don Tristán*, Pelegrín [1975] apunta algunos elementos de la técnica del poeta; por su parte, Di Stefano [1988] describe las trece versiones, construye un *stemma*, hace una esmerada edición crítica (con la edición de dos versiones cortas) y concluye con un comentario. Baranda [1985] muestra cómo adapta su fuente *El infante Turián* (la *Historia del rey Canamor*), describe las tempranas ediciones de los dos textos y hace una edición. También tiene su edición *Gritando va el caballero*; la prepara Botta [1985], junto con un estudio detenido de la tradición textual, la técnica poética y la relación del romance con la historia de Inés de Castro. El artículo de Caravaca [1971] es, de hecho, un libro: trata de las tradiciones literarias y folklóricas que parecen haber concurrido en el texto del *Conde Arnaldos*; además, lo analiza en el contexto de algunas baladas hispánicas y extranjeras. Gornall [1983], en cambio, se limita al origen de la versión corta del romance, que relaciona con otra de *El conde Olinos*. Martínez Yanes [1979], basándose en las conclusiones de su tesis doctoral, compara y analiza el desenlace de las versiones de *Blancañina*. Aunque la base de Cid [1979] para su estudio de versiones impresas y orales de *El traidor Marquillos* es parecida a la del anterior, el enfoque de su trabajo es distinto, pues le interesan sobre todo algunas cuestiones relacionadas con la transmisión. Tales cuestiones son también fundamentales en el trabajo de Seeger [1987-1988], aunque en un contexto sorprendente: apunta la existencia de cuatro versiones muy distintas de *El conde Claros* en el siglo XVI («Media noche era por filo» y «A caza va el emperador», más dos versiones que resultan de combinar las anteriores) y explica tal diversidad, equiparable a la originada por siglos de transmisión, mediante la hipótesis de sendas versiones: popular-oral, culta-escrita, culta-oral y popular-escrita (cf. García de Enterría [1988], comentado *supra*). Alonso Hernández [1989] estudia algunas versiones de *Gerineldo* en varias tradiciones y en ocasiones encuentra indicios de contaminación con *El conde Olinos*; aunque su análisis de la estructura y de varios símbolos convence, no así las sugerencias sobre la motivación de algunos personajes. Rico [1990*b*], en el marco de un estudio detenido y bien documentado de antecedentes y análogos medievales de *Fontefrida*, señala tres estadios en el desarrollo del tema y concluye que fue compuesto en un ambiente en el que convivían las culturas italiana, castellana y catalana (¿la corte de Alfonso el Magnánimo?, ¿la Universidad de Bolonia hacia el 1400?), ambiente, en todo caso, al que atribuye un papel fundamental en el nacimiento y desarrollo del romancero trovadoresco. Finalmente, Delpech [1986] compara la representación de la doncella guerrera en romances, canciones, cuentos y prácticas folklóricas.

Ya hace casi treinta años que los magníficos trabajos de Armistead y Silverman dominan y guían la investigación del romancero sefardí (su colaboración se truncó reciente y trágicamente con la muerte de Silverman). Además de traducidos al castellano y recopilados en un volumen [1982], sus artículos también han sido puestos al día: tal como se comenta en las reseñas, forman un conjunto coherente donde se expone el fundamento teórico y metodológico de sus numerosas colecciones de textos. En uno de los últimos artículos que publicaron juntos [1987], se encargan de describir la tradición sefardí para un público no especializado, pero lo hacen de forma tan sintética, que es igualmente útil para los especialistas. También estudia Armistead [1988] la -*d*- arcaica en los romances sefardíes. Catarella [1988] describe otra tradición hasta ahora desatendida: la ecléctica de algunas familias gitanas de las provincias de Sevilla y Cádiz, tradición aislada respecto de los romances orales modernos del resto de Andalucía; estos romances gitanos combinan fuentes muy diversas, con tendencia, simultáneamente, al arcaísmo y a la innovación. En cuanto a los romances de América, hay que destacar dos trabajos: el fundamental libro de Beutler [1977] sobre el romancero colombiano y el artículo de Díaz Roig [1987], que resume sus investigaciones sobre los romances de México; cf. lo dicho, *supra*, del libro de Cruz-Sáenz [1986].

Desde varias perspectivas han sido descritas la metodología y la práctica del equipo dirigido por Diego Catalán. Sánchez Romeralo [1979*a*] aporta un preámbulo histórico que resume el desarrollo de la colección de romances orales a partir de 1782. La expedición de 1977 (cuyo logro fue la rica recolección incluida en Petersen [1982]) es descrita por Salazar y Valenciano [1979]; Trapero [1987], por su parte, ofrece una descripción más breve de la colección de romances de las Canarias. Dos informes generales sobre los métodos de recogida, dirigidos a públicos diversos, pero de igual interés, son el de la llorada Joanne Purcell [1979] y el de Valenciano [1987]. El informe de Catalán *et al.* [1975] sobre el empleo del ordenador en el proyecto sigue siendo de interés aun después de quince años. Quizá sea éste el lugar apropiado para confesar que las inquietudes que expresé sobre la posibilidad de combinar la recogida de miles de versiones con el análisis por ordenador (*HCLE*, I, p. 261) fueron, en efecto, demasiado pesimistas. El uso del ordenador puede resultar incómodo para el lector cuando influye excesivamente en la forma gráfica de la página impresa; sin embargo, el peligro de paralización ante un exceso de datos parece haberse despejado gracias al empeño y destreza técnica del equipo; Petersen [1985] da un reciente informe de la metodología. Tenga Catalán la última palabra: en dos artículos [1979, 1987], destinados a públicos muy distintos, describe los romances orales actuales, selecciona sus rasgos esenciales y esboza las técnicas de que se sirve, junto a sus colaboradores, para recogerlos y estudiarlos.

BIBLIOGRAFÍA

Acutis, Cesare, «*Romancero* ambiguo: prenotorietà e frammentismo nei *romances* dei secc. XV e XVI», en *MSI 1974*, ILSIA, Univ. di Pisa (Collana di Studi, XXVIII), 1974, pp. 43-80.

Alonso Hernández, José Luis, «Análisis psicocrítico del *Romance de Gerineldos*», *Actas IX AIH* (1989), I, pp. 291-300.

Alvar, Manuel, *El romancero: tradicionalidad y pervivencia,* 2.ª ed., Planeta, Barcelona, 1974.

—, y Carlos Alvar, «La palabra *romance* en español», *Estudios Soria* (1985), I, pp. 17-25.

Anahory-Librowicz, Ana, «Las mujeres no-castas en el romancero: un caso de honra», en *Actas IX AIH* (1989), I, pp. 321-330.

Anahory Librowicz, Oro, ed., *Florilegio de romances sefardíes de la diáspora: una colección malagueña,* CSMP, Madrid, 1980.

Armistead, Samuel G., «A Critical Bibliography of the Hispanic Ballad in Oral Tradition (1971-1979)», en *El romancero hoy: historia* [1979], pp. 199-310.

—, «Judeo-Spanish and Pan-European Balladry», *Jahrbuch für Volksliedforschung*, XXIV (1979), pp. 127-138.

—, «Recent Field Work on the Hispanic Ballad in Oral Tradition», en *El romancero hoy: nuevas fronteras* [1979], pp. 53-60.

—, «Neo-Individualism and the *Romancero*», *RPh*, XXXIII (1979-1980), p. 172-181.

—, «Current Trends in *Romancero* Research», *C*, XIII (1984-1985), pp. 23-36.

—, «Hispanic Ballad Studies: Recent Trends in Criticism», en *Narrative Folksong: New Directions: Essays in Appreciation of W. Edson Richmond*, Westview Press, Boulder, Colorado, 1985, pp. 106-130.

—, «Encore les cantilènes!: Prof. Roger Wright's *Proto-romances*», *C*, XV (1986-1987), pp. 52-66.

—, «Trabajos actuales sobre el romancero», *C*, XV (1986-1987), pp. 240-246.

—, «The 'Paragogic' -*d*- in Judeo-Spanish *Romances*», en *Hispanic Studies Silverman* (1988), pp. 57-75.

—, y Joseph H. Silverman, eds., *Judeo-Spanish Ballads from New York, Collected by Mair José Benardete*, Univ. of California Press, Berkeley, 1981.

—, y —, *En torno al romancero sefardí: hispanismo y balcanismo de la tradición judeoespañola*, Seminario Menéndez Pidal (FER, Serie Sefardí, VII), Madrid, 1982.

—, y —, «The Judeo-Spanish Ballad Tradition», *OT*, II (1987), pp. 633-644.

—, — y Oro Anahory Librowicz, eds., *Romances judeo-españoles de Tánger*, CSMP, Madrid, 1977.

—, — e Israel J. Katz, eds., *Judeo-Spanish Ballads from Oral Tradition*, I: *Epic Ballads,* Univ. of California Press (Folk Literature of the Sephardic Jews, II), Berkeley, 1986.

Aubrun, Charles V., *Les vieux «Romances» espagnols 1440-1550*, Éditions Hispaniques, París, 1987.

Baranda, Nieves, «Historia caballeresca y trama romanceril: la *Historia del rey Canamor* y el *Romance del infante Turián*», *SI* (1985), pp. 9-31.

Battesti-Pelegrin, Jeanne, «Le rituel de la plainte en justice dans le *Romancero viejo*», en *La justice au Moyen Âge: sanction ou impunité*, Univ. de Provence (Sénéfiance, XVI), Aix-en-Provence, 1986, pp. 65-78.

Beatie, Bruce A., «*Romances tradicionales* and Spanish Traditional Ballads: Menéndez Pidal *vs* Vladimir Propp», *Journal of the Folklore Institute*, XIII (1976), pp. 37-55.

Benmayor, Rina, ed., *Romances judeo-españoles de Oriente: nueva recolección*, CSMP y Gredos (FER, Serie Sefardí, V), Madrid, 1979.

Beutler, Gisela, *Estudios sobre el romancero español en Colombia*, Inst. Caro y Cuervo, Bogotá, 1977.

Botrel, Jean-François, «Des aveugles considérés comme mass-media», *MCV*, X (1974), pp. 233-271.

Botta, Patrizia, «Una tomba emblematica per una morta incoronata: lettura del *romance* 'Gritando va el caballero'», *CN*, XLV (1985), pp. 201-295.

Caravaca, Francisco, «Hermenéutica del *Romance del Conde Arnaldos*: ensayo de interpretación», *BBMP*, XLVII (1971), pp. 191-319.

Catalán, Diego, «El romancero de tradición oral en el último cuarto del siglo XX», en *El romancero hoy: nuevas fronteras* [1979], pp. 217-256.

—, «La conflictiva descodificación de las fábulas romancísticas», en *Culturas populares* [1986 en cap. 1], pp. 93-113.

—, «The Artisan Poetry of the *Romancero*», *OT*, II (1987), pp. 399-423.

—, Suzanne Petersen, Teresa Catarella y Thérèse Meléndez Hayes, «Análisis electrónico de la creación poética oral: el programa Romancero en el Computer Center de UCSD», en *Homenaje a la memoria de don Antonio Rodríguez-Moñino 1910-1970*, Castalia, Madrid, 1975, pp. 157-194.

Catálogo general del romancero, ed. Diego Catalán, J. Antonio Cid, Beatriz Mariscal de Rhett, Flor Salazar, Ana Valenciano y Sandra Robertson, SMP, Madrid, 1982-. I: *Teoría general y metodología del romancero pan-hispánico: catálogo general descriptivo*, 1984. II y III: *El romancero pan-hispánico: catálogo general descriptivo: romances de contexto histórico nacional*, 1982-1983.

Catarella, Teresa, «A New Branch of the Hispanic *Romancero*», *C,* XVII, 1 (otoño de 1988), pp. 23-31.

Cid, Jesús Antonio, «Recolección moderna y teoría de la transmisión oral: *El traidor*

Marquillos, cuatro siglos de vida latente», en *El romancero hoy: nuevas fronteras* [1979], pp. 281-359.

Cruz-Sáenz, Michèle S. de, ed., *El romancero tradicional de Costa Rica*, Juan de la Cuesta, Newark, Delaware, 1986.

Débax, Michelle, «La problématique du narrateur dans le *Romancero tradicional*», en *Sujet et sujet parlant dans le texte (textes hispaniques): Actes du Colloque du Séminaire d'Études Littéraires de l'Université de Toulouse-le-Mirail (Toulouse, février 1977)*, Toulouse, 1977, pp. 43-53.

—, «Problèmes idéologiques dans le *romancero* traditionnel» en *L'Idéologique dans le texte (textes hispaniques): Actes du IIe Colloque du Séminaire... (février 1978)*, Univ., Toulouse, 1978, pp. 141-163.

Delpech, François, «La 'Doncella guerrera': chansons, contes, rituelles», en *Formas breves del relato* (1986), pp. 57-86.

Devoto, Daniel, «Sobre la métrica de los romances según el *Romancero hispánico*», *CLHM*, IV (1979), pp. 5-50.

Di Stefano, Giuseppe, «Il *pliego suelto* cinquecentesco e il *romancero*», en *Studi di filologia romanza offerti a Silvio Pellegrini*, Liviana, Padua, 1971, pp. 111-143.

—, «Discorso retrospettivo e schemi narrativi nel *Romancero*», *Linguistica e Letteratura*, I (1976), pp. 35-55.

—, «La difusión impresa del romancero antiguo en el siglo XVI», *Revista de Dialectología y Tradiciones Populares*, XXXIII (1977), pp. 373-411.

—, «Un exordio de romances», en *El romancero hoy: poética* [1979], pp. 41-54.

—, «Gaiferos o los avatares de un héroe», en *Estudios Soria* (1985), I, pp. 301-311.

—, «El *Romance de don Tristán*: edición 'crítica' y comentarios», en *Studia Riquer* (1988), III, pp. 271-303.

Díaz Roig, Mercedes, *Estudios y notas sobre el romancero*, El Colegio de México, México, 1986.

—, «The Traditional *Romancero* in México: Panorama», *OT*, II (1987), pp. 616-632.

Díaz Viana, Luis, y Joaquín Díaz, eds., *Romancero tradicional soriano*, Diputación Provincial, Soria, 1983, 2 vols.

Dronke, Peter, «Learned Lyric and Popular Ballad in the Early Middle Ages», *Studi Medievali*, 3.ª serie, XVII (1976), pp. 1-40; reimpr. en su *The Medieval Poet and his World*, Edizioni di Storia e Letteratura (Raccolta di Studi e Testi, CLXIV), Roma, 1984, pp. 167-207.

Falk, Janet L., «The Birth of the Hero in the *Romancero*», *C*, XIV (1985-1986), pp. 220-229.

García de Enterría, María Cruz, «Romancero: ¿cantado-recitado-leído?», *EO*, VII (1988), pp. 89-104.

Gilman, Stephen, «On *Romancero* as a Poetic Language», en *Homenaje a Casalduero: crítica y poesía*, Gredos, Madrid, 1972, pp. 151-160.

Gornall, J. F. G., «*Conde Arnaldos*: Another Look at its History», *KRQ*, XXX (1983), pp. 141-147.

Graves, Alessandra Bonamora, *Italo-Hispanic Ballad Relationship: The Common Poetic Heritage*, Tamesis, Londres, 1985.

Katz, Israel J., «Contrafacta and the Judeo-Spanish *Romancero*: A Musicological View», en *Hispanic Studies Silverman* (1988), pp. 169-187.

Livermore, H. V., «The 15th Century Evolution of the *Romance*», *IR*, n.s., XXIII (1986), pp. 20-39.

Mancini, Guido, «Proposta di lettura di un *romance fronterizo*», *LL*, I (1976), pp. 57-73.

Marcilly, Charles, «Romance de la muerte de don Beltrán», en *Introduction à l'étude critique: textes espagnols*, ed. Simone Saillard *et al.*, Armand Colin, París, 1972, pp. 76-87.

Mariscal de Rhett, Beatriz, ed., *La muerte ocultada*, Gredos (Romancero Tradicional de las Lenguas Hispánicas, XII), Madrid, 1985.

—, «The Structure and Changing Functions of Oral Tradition», *OT*, 2 (1987), pp. 645-666.

Martin, Georges, «Idéologie chevauchée: approche intertextuelle de la structure idéologique d'un *romance* historique traditionnel», en *L'idéologique dans le texte* (véase Débax [1978]), pp. 165-195.

Martínez Yanes, Francisco, «Los desenlaces en el romance de Blancaniña: tradición y originalidad», en *El romancero hoy: poética* [1979], pp. 132-153.

McGrady, Donald, «Otra vez el 'mal cazador' en el romancero hispánico», en *Actas IX AIH* (1989), pp. 543-551.

Miletich, John S., «The South Slavic *Bugarstica* and the Spanish *Romance*: A New Approach to Tipology», *International Journal of Slavic Linguistics & Poetics*, XXI, 4 (1975), pp. 51-69.

—, «The Mermaid and Related Motifs in the *Romancero*: The Slavic Analogy and Fertility Myths», *RPh*, XXXIX (1985-1986), pp. 151-169.

Mirrer-Singer, Louise, «Reevaluating the *Fronterizo* Ballad: The *Romance de la morilla burlada* as a Pro-Christian Text», *C*, XIII (1984-1985), pp. 157-167.

—, *The Language of Evaluation: A Sociolinguistic Approach to the Story of Pedro el Cruel and Chronicle*, John Benjamins (Purdue University Monographs in Romance Languages, XX), Amsterdam, 1986.

—, «The Characteristic Patterning of *Romancero* Language: Some Notes on Tense and Aspect in the *Romances viejos*», *HR*, LV (1987), pp. 441-461.

Orduna, Germán, «La sección de romances en el *Cancionero general* (Valencia, 1511): recepción cortesana del romancero tradicional», en *Whinnom Studies* (1989), pp. 113-122.

Pelegrín, B., «Flechazo y lanzada, Eros y Tánatos: ensayo de aproximación al *Romance de don Tristán de Leonís y de la reina Iseo, que tanto amor se guardaron*», *Prohemio*, VI (1975), pp. 83-115.

Petersen, Suzanne H., «Computer-Generated Maps of Narrative Affinity», en *El romancero hoy: poética* [1979], pp. 167-228.

—, ed., *Voces nuevas del romancero castellano-leonés*, Gredos y SMP (AIER, I-II), Madrid, 1982, 2, vols.

—, «A Computer-Based Research Project on the *Romancero*», en *Narrative Folksong* (véase Armistead [1985]), pp. 195-238.

—, «In defense of *Romancero* Geography», *OT*, II (1987), pp. 472-513.

Piacentini, Giuliana, *Ensayo de una bibliografía analítica del romancero antiguo: los textos (siglos XV y XVI)*, Giardini (CTSI, Ricerche Bibliografiche, II), Pisa, 1981. *Anejo*, 1982.

Pogal, Patricia, «The Poetic Function of Light Imagery in the *Romance*», en *Essays in Honor of Jorge Guillén on the Occasion of his 85th Year*, Abedul Press, Cambridge, Massachusetts, 1977, pp. 133-140.

Purcell, Joanne B., «Ballad Collecting Procedures in the Hispanic World», en *El romancero hoy: nuevas fronteras* [1979], pp. 61-73.

Rechnitz, Florette M., «Hispano-Romanian Ballad Correspondences», en *El romancero hoy: historia* [1979], pp. 141-149.

Rico, Francisco, «El amor perdido de Guillén Peraza», *Syntaxis*, 22 (1990), pp. 27-34; reimpr. en su libro *Texto y contextos. Estudios sobre la poesía española del siglo XV*, Crítica, Barcelona, 1990.

—, «Sobre los orígenes de *Fontefrida* y el primer romancero trovadoresco», en *Texto y contextos*, 1990.

Rogers, Edith Randam, *The Perilous Hunt: Symbols in Hispanic and European Balladry*, Univ. Press of Kentucky (Studies in Romance Language, XXII), Lexington, 1980.

El romancero hoy: historia, comparatismo, bibliografía crítica, ed. Samuel G. Armistead, Antonio Sánchez Romeralo y Diego Catalán, CSMP, Univ. of California San Diego y Univ. of California Davis, Madrid, 1979.

El romancero hoy: nuevas fronteras, ed. Sánchez Romeralo, Catalán y Armistead, 1979.

El romancero hoy: poética, ed. Catalán, Armistead y Sánchez Romeralo, 1979.

Salazar, Flor, y Ana Valenciano, «El romancero aún vive: trabajo de campo de la CSMP: 'Encuesta Norte-77'», en *El romancero hoy: nuevas fronteras* [1979], pp. 361-421.

Sánchez Romeralo, Antonio, «El romancero oral ayer y hoy: breve historia de la recolección moderna (1782-1970)», en *El romancero hoy: nuevas fronteras* [1979], pp. 15-51.

—, «El Valle de Alcudia, encrucijada del romancero», en *ibid.* [1979], pp. 267-279.

—, «Migratory Shepherds and Ballad Diffusion», *OT*, II (1987), pp. 451-471.

—, Samuel G. Armistead y Suzanne H. Petersen, *Bibliografía del romancero oral*, I, CSMP, Madrid, 1980.

Seeger, Judith, «The Curious Case of *Conde Claros*: A Ballad in Four Traditions», *JHP*, XII (1987-1988), pp. 221-237.

Szertics, Joseph, «Tiempo verbal y asonancia en el romancero viejo», en *Homenaje Rey* (1980), pp. 177-194.

Torres Fontes, Juan, «La historicidad del romance *Abénamar, Abenámar*», *AEM*, VIII (1972-1973 [1974]), pp. 225-256.

Trapero, Maximiano, «Hunting for Rare *Romances* in the Canary Islands», *OT*, II (1987), pp. 514-546.

—, Elena Hernández Casañas y Lothar Siemens Hernández, eds., *Romancero de la isla de Hierro*, SMP y Cabildo Insular de Hierro (FER, Ultramarina, III), Madrid, 1985.

—, — y —, eds., *Romancero de la isla de la Gomera*, SMP y Cabildo Insular de la Gomera (FER, Ultramarina, IV), Madrid, 1987.

Valenciano, Ana, «Survival of the Traditional *Romancero*: Field Expeditions», *OT*, II (1987), pp. 424-450.

Webber, Ruth House, «Ballad Openings: Narrative and Formal Function», en *El Romancero hoy: poética* [1979], pp. 55-64.

—, «Ballad Openings in the European Ballad», en *Comparative Research on Oral Traditions: A Memorial for Milman Parry*, Slavica, Columbus, Ohio, 1987, pp. 581-597.

Wright, Roger, «How Old is the Spanish Ballad Genre?», *C*, XIV (1985-1986), pp. 251-257.

—, *Spanish Ballads: A Critical Guide*, Grant & Cutler (Critical Guides to Spanish Texts), Londres, en prensa.

CESARE SEGRE

ÉPICA Y LÍRICA EN EL ROMANCE DE DOÑA ALDA

Se puede considerar acertada, en particular gracias a los estudios de Horrent y Menéndez Pidal, la cadena *Chanson de Roland* rimada → *Ronsasvals* → *Roncevalles* → *romance* «*Sueño de Doña Alda*». En torno a este esquema aletean variaciones dignas de consideración. Menéndez Pidal opera una pequeña modificación [y postula un intermediario X como antecedente común del *Ronsasvals* y el *Roncevalles*, por lo demás independientes entre sí.] Puesto que no se ha conservado el fragmento del *Roncevalles* que aquí nos interesa, la hipótesis de Menéndez Pidal puede ser considerada *a)* como una manera de explicar, para el contenido del sueño, la mayor proximidad del *romance* a la *ChR* rimada que al *Ronsasvals*; *b)* como un esfuerzo por atribuir a X, en lugar de a *Roncevalles*, iniciativas presentes en el *romance*. Horrent apunta en cierto momento la hipótesis, que descarta a continuación, de una relación inversa: el *Ronsasvals* habría estado influido por el *romance*. En este caso, se podría ver también en el intermediario X hipotetizado por Menéndez Pidal no ya una fuente completa, sino una composición relativa al episodio de Alda: en suma, si no nuestro *romance*, al menos un Ur-*romance* o un texto afín.

Tengo por inútiles las discusiones sobre la superioridad estética del episodio en una u otra de las fuentes conservadas; se tocan aquí códigos y géneros literarios tan heterogéneos, que no pueden ser comparados. Quisiera en cambio valorar precisamente cuanto concierne al ámbito de los géneros. Apreciemos entre tanto las siguientes diferencias:

Cesare Segre, «Il sogno di Alda», *Medioevo Romanzo*, VIII (1981-1983), pp. 3-9.

ChR rimada	*Ronsasvals*	*romance*
Alda acompañada de caballeros	Alda acompañada de damas	= *Ronsasvals*
ambiente público	ambiente privado	= *Ronsasvals*
actividades masculinas: cabalgar	actividades femeninas: peinar	actividades femeninas: hilar, tejer, tañer
consejo pedido a un clérigo, Amaugis	consejo pedido a las damas y obtenido de Aybelina	consejo pedido a las damas y obtenido de la camarera
interpretación: otros amores de Roldán	interpretación: retorno de Roldán	interpretación: matrimonio con Roldán

Puede decirse que el *Ronsasvals* empieza a desarrollar una temática de *chanson de femme*, llevada luego a su plenitud en el *romance*. ¿Desarrollar una temática o usar una fuente? Ciertamente, en el *Ronsasvals*, el episodio está claramente encuadrado entre el exordio primaveral tan estimado por los poetas provenzales («So fon en may cant florisson jardin / E l'auzelletz cantan en lur latin») y las disposiciones finales (que es también el final del poema) para el sepulcro común de los dos prometidos. Puede verse bien, sin embargo, la escasa rentabilidad de la eventual hipótesis:

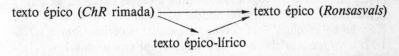

texto épico (*ChR* rimada) ⟶ texto épico (*Ronsasvals*)

texto épico-lírico

Además, rasgos de *chanson de femme* se difundieron ampliamente en el género romance, [por ejemplo en *Yo me levantara, madre:* «Mar abaxo mar arriba / diziendo iva un cantar, / peine de oro en las sus manos / y sus cabellos peinar».]

El discurso, sin embargo, quedaría incompleto si no se tuviesen en cuenta, además del texto publicado en el *Cancionero de romances* de 1550 [así como en sus reediciones y en todas las antologías de hoy], las redacciones sefardíes, las únicas, modernas, que han llegado hasta nuestros días. [Una de ellas, de Marruecos, reza así]:

En París está doña Alda   la esposica de Rondale,
trecientas damas con ella,   todas de alto y buen linaje,
Las ciento eran de Francia,   las ciento de Portogale,
las ciento eran de París,   de París la naturale.
5 Las ciento hilaban oro,   las ciento texen cedale,
las ciento tañen torneos   para doña Alda folgare.
Al son de los estrumentos   doña Alda dormida cae;
recordó despavorida   con un pavor y atán grande:
— Un sueño soñí, mis dueñas,
10 la que bien me le soltare,   buen marido la he de dare,
la que no me le soltare,   matarla con mi puñale.—

Todas responden a una: —Bien será y bien se harale.—
—En aquel xaral de arriba,   un ave vidi volare:
de sus alas caen plumas,   de su pico corre sangre;
15 un gavilán detrás de ella   que la quería matare.—
— Las plumas, la mi señora,   aves que vais a matare;
vendrá Rondal de la guerra,   bodas son que vais a armare;
la sangre, la mi señora,   será vuestro caronale.—
Ella en essas palabras,   un paje a la puerta bate.
20 —¿Qué albricias me traes, paje,   de mi esposo don Rondale?—
—las albricias que te traigo,   no te las quijera dare;
que en las guerras de León   mataron a don Rondale.— [...]

Sin embargo, se puede afirmar desde ahora la antigüedad de la versión marroquí por lo que respecta a los versos 19-22, dado que se corresponden estrechamente, salvo la transformación del peregrino en paje, con el texto del *Ronsasvals*: «Ellas en essas palabras, un paje a la puerta bate» // «Mentre las donnas parlavan enayssi / E la Balauda esgardet pel camin, / Tost vi venir un palmier pellerin» (*Rons.*, 1.726-1.728); «¿Qué albricias me traes, paje, de mi esposo don Rondale?» // «Digas nos novas dels .xij. bars que fan, / Aujam novellas del palayn Rollan» (*Rons.*, 1.733-1.734). En el *romance* antiguo hay en cambio una carta escrita con sangre (vv. 27-29), tema romancístico bien conocido; cf., por ejemplo, «Llévesme aquesta carta, de sangre la tengo escrita» (*Rosaflorida*). Uno de los motivos que deben haber provocado la sustitución de la carta por el mensajero de funestas noticias es el intento de eliminar de la escena al único personaje masculino. De esta manera, en la tabla que he trazado al principio, las tres columnas (*ChR* rimada; *Ronsasvals*; *romance*) podrían convertirse en cuatro (*Chr* rimada; *Ronsasvals*; versión sefardí; *romance*), y a los elementos enumerados se podría añadir otro: «noticia de la muerte de

Roldán», dada por un mensajero en los tres primeros textos y por una carta en el *romance* antiguo. En este caso, la feminización del texto se lleva a cabo durante la elaboración del *romance*. La pesquisa será entonces útilmente extendida a las redacciones tradicionales, sefardíes, del *romance*, que en la redacción antigua presenta particulares dependencias respecto de los *romances* cultos, de argumento griego (los de Paris, en particular). Es en la redacción antigua donde el modelo de las *chansons de femme* produce un efecto más profundo.

Pero volvamos al *Ronsasvals*. Que desarrolle en apenas un centenar de versos un episodio que en la *ChR* rimada ocupa muchos centenares (más de 800 en C, por ejemplo) no es debido a simples recortes. Ciertamente, el autor del *Ronsasvals* simplifica, y a menudo acertadamente, como cuando elimina las extravagantes mentiras con las cuales se intenta esconder la verdad a Alda. Sin embargo, lo que caracteriza al episodio en el *Ronsasvals* es la autonomía que llega a tener, al contrario de la *ChR* rimada, en la que aparece diluido dentro de la confusa narración de las repercusiones de la derrota de Roncesvalles. Las conexiones narrativas ajenas al episodio superan, en la *ChR* rimada, a los nexos internos del episodio. Relación que fue invertida por el autor del *Ronsasvals*. Cuanto, positivamente, podría ser interpretado como el recurso a otra fuente, es, por tanto, una conquista neta de autonomía estructural, lo que coincide con el tono escasamente épico del *Ronsasvals*. En este caso, la utilización de los esquemas de la *chanson de femme* puede ser entendida de manera inmanente: como el influjo de un modelo de conformación narrativa y de estructuración, un modelo abstracto deducido obviamente de la poesía de tipo tradicional y, en particular, de sus manifestaciones del tipo «femenino». Es el autor del *Ronsasvals* quien ha hecho del episodio de Alda un pequeña poema con rasgos de *chanson de femme*; el *romance* ha recogido brillantemente lo apuntado, añadiendo el tono fabulador de las mujeres (hileras de mujeres) divididas por su nacionalidad (sefardí) o por el tipo de trabajo, de la música con la cual Alda se adormece, de la próxima boda con el esposo que está en la guerra (sefardí), más bien que «de allén la mar» (antiguo). Los funestos presentimientos del sueño se hacen de improviso realidad con las palabras del paje (sefardí), con la carta escrita con sangre (antiguo). El sepulcro de Alda se abre entre la interpretación del sueño y su dilucidación final, la de los hechos.

Michelle Débax y Emilio Martínez Mata

LECTURAS DEL «CONDE ARNALDOS»

1.   [La versión más antigua del romance del conde o infante Arnaldos se halla en un manuscrito de Londres, donde está atribuida a Juan Rodríguez del Padrón.]

> Quien tuviese atal ventura   con sus amores folgare
> commo el ynfante Arnaldos   la mañana de San Juane,
> andando a matar la garça   por rriberas de la mare,
> vido venir un navio   navegando por la mare.
> 5   Marinero que dentro viene   diziendo viene este cantare:
> —Galea, la mi galea,   Dios te me guarde de male,
> de los peligros del mundo,   de las ondas de la mare,
> del rregolfo de Leone,   del puerto de Gibraltare,
> de tres castillos de moros   que conbaten con la mare.
> 10   Oydolo a la prinçesa   en los P[a]laçios do estae:
> —Si sallesedes, mi madre,   sallesedes a mirare,
> y veredes como canta   la serena de la mare,
> —Que non era la serena,   la serena de la mare,
> que non era sino Arnaldos,   Arnaldos era el ynfante,
> 15   que por mi muere de amores,   que se queria finare.
> ¡Quien lo pudiese valere   que tal pena no pasase!

Entre los estudiosos del romancero, suele ser más criticada que elogiada, hablando por eufemismo, y se comprende esta opinión de los eruditos, ya que siempre se la compara con la famosísima y tan ensalzada versión del *Cancionero sin año*, [la incluida en todas las antologías y ediciones modernas, y se concluye que es notablemente inferior. Entre las llamadas «incongruencias» del texto que dan pábulo a las críticas se considera que el parlamento de los vv. 11 a 16 está todo en boca de la princesa de modo que ésta reconocería primero un canto de sirena antes de contradecirse a sí misma, atribuyendo

---

1.   Michelle Débax, «Relectura del romance del *Infante Arnaldos* atribuido a Juan Rodríguez del Padrón: intratextualidad e intertextualidad», en *Literatura y folklore: problemas de intertextualidad*, Universidad de Salamanca, 1983, pp. 201-216 (201-202, 204-205, 208, 209-212).

2.   Emilio Martínez Mata, «El *Romance del Conde Arnaldos* y el más allá», en *Actas del III Congreso de la Asociación Hispánica de Literatura Medieval*, Universidad de Salamanca, en prensa.

el canto a Arnaldos. Es seguro que aquí hay un problema de lectura del texto: como no hay puntuación en el manuscrito, cada uno de los editores introduce la que concuerda con su interpretación. Se presentan dos soluciones: bien poner un guión al principio del verso 11 y dejar el texto hasta el final a cargo de la princesa, o bien señalar el cambio de interlocutor con otro guión en el verso 13. Teresa Meléndez Hayes es la primera que yo sepa que, al enfrentarse con el problema de la identificación de los interlocutores de los versos finales, sigue la lógica del texto y pone la refutación «que non era la serena...» a cargo de la madre.]

Al principio se nos presenta la conjunción de un actor Arnaldos con una «ventura» precisada en seguida en ventura de amor («con sus amores folgare»). El problema es saber cuál es el contenido de esa ventura presentada como objeto de deseo por el enunciador que se oculta y se desvela a la vez bajo la forma «quién». Aparece así un programa narrativo básico de orden cognoscitivo que es la búsqueda por parte del enunciatario del contenido de esa «ventura», dada como indudablemente existente ya que el enunciador anhela la misma sin tenerla. Este deseo de querer saber del enunciatario se asimila así en cierto modo con el deseo de querer tener esa ventura del enunciador. [...]

El texto manifiesta repetidamente el sema /peligro de muerte/. Quizá pueda pues estructurarse alrededor de la oposición Vida/Muerte, siendo la muerte el polo de referencia. La muerte no aparece sino como amenaza y, más que /vida/, lo que califica a los sujetos (Arnaldos, la «galera») es /no muerte/, ya que se definen como muertos en suspenso. Y la «pena» viene a ser este trance de muerte, no la muerte efectiva sino un continuo estar a punto de morirse («que se quería finare»). En esta situación de desequilibrio, de lo que se trata para el sujeto es de no dar el paso de no muerte a muerte, para lo cual necesita una ayuda o sea el actuar de otro sujeto. Pero para que sea posible este actuar, es esencial que el otro sujeto tenga la competencia necesaria, o sea, que quiera y que pueda. De ahí la importancia de las modalidades, ya subrayada, con esta particular alianza de querer y no poder. Así lo que se llama «ventura» no es la situación azarosa del sujeto, sino el pasar, a causa de ella, a ser objeto del querer actuar de otro sujeto.

La caza, en nuestras sociedades, está relacionada muchas veces con el amor, sobre todo cuando se alía a otros indicios como son aquí «la mañana de San Juan», «la garza» (símbolo del amor esquivo o difícil de alcanzar) sin hablar del indicio explícito del primer verso «con sus amores folgare». He aquí pues que sólo mentar la actividad de Arnaldos y la garza equivale a dar a entender que lo que busca Arnaldos es el encuentro amoroso imposible.

Otro motivo indudablemente presente aquí es el del poder del canto. Primero tenemos el contenido del canto que, siendo un canto de marinero, alude a los peligros del mar. Y estos peligros refieren a la vez a una tradición geográfica de lugares peligrosos y a una situación histórica precisa («tres castillos de moros»). [...] Bien se sabe por los textos posteriores que el canto del marinero no es fijo y presenta variantes discursivas que se pueden ampliar y que aluden a los peligros del Mediterráneo. Pero el segundo punto que más interesa en este texto, a mi modo de ver, es la utilización de estos versos (probablemente ya tradicionales y no inventados). En la descodificación final del canto, estos peligros se transforman en peligros de amor. La situación peligrosa de la «galea» en el mar viene a ser la misma que la del enamorado. La mención, pues, de los peligros del mar no es fortuita ni absurda, sino que está ligada al tema subyacente de la muerte, y el amor como el mar es factor de muerte. [...]. Lo que refuerza la alianza *mar/amor* es la interpretación del canto hecha por la princesa. Introducir a la sirena como origen del canto es desvirtuar una sola lectura seudorreferencial de estos versos para indicar que, en este caso, se trata de un canto de amor. La tradición odiseica del canto de seducción de la sirena parece tomarse aquí como indicio connotativo de amor. Y la estructura de refutación repetida en muchos textos que utilizan este motivo del canto («que non era la serena...») permite, al negar el origen maravilloso del canto, asentar la existencia de un enamorado preciso. Con este motivo del canto no estamos en el plano de la verosimilitud sino en el de los valores connotativos que adquiere y, al mezclarse en él varias influencias culturales, éstas se aprovechan para hacer de él, en un sincretismo audaz, la representación del «canto de amor dolorido» de Arnaldos. Es de notar que en este texto para nada intervienen el carácter maravilloso ni el poder sobrenatural del canto, presentes en otros textos. [A estos motivos tradicionales] se suma la huella de otra tradición, culta ésta, la de la poesía cancioneril. A ella pertenece sin duda alguna el verso 15: la coincidencia textual, casi la cita («morir de amores» es un tópico cancioneril), es una señal inequívoca que apunta a esta tradición. Pero más allá de estas similitudes discursivas, si volvemos al análisis intratextual, quizá podamos aclarar un poco más ahora el contenido de «ventura». Si el texto establece una relación entre Arnaldos y su dama, si ésta lo reconoce como su galán y quisiera ayudarle si pudiera, al fin y al cabo se trata de amor correspondido, y es innegable que el amor correspondido es la suma «ventura» en la poesía cancioneril. En este momento es quizá cuando tenemos que volver al problema de la atribución a Rodríguez del Padrón. Es seguro que presunciones no son pruebas y que nadie puede afirmar que él sea el autor de este texto: pero no extraña que tome como ejemplo de la ventura de amor esta particular ilustración de las aventuras de Arnaldos quien escribió en los *Siete gozos de amor*, al definir el «seteno gozo», el más alto para él: «El final gozo nombrado / solo fin de mis dolores / es amar y ser amado / el amante en igual grado / que es la gloria de amadores».

Ya podemos volver al conjunto del texto considerando una de sus lecturas posibles: la ventura de amor es ser correspondido y no es lograr la realización efectiva del amor, ya que el querer se basta a sí mismo. Y quizá no quedemos ahora tan insatisfechos. Más aún: me parece que esta lectura le quita a este texto su carácter de objeto arqueológico y permite que lo miremos con los ojos de nuestra modernidad. En efecto, parece asomar aquí la negatividad intrínseca de todo deseo, concepto tan trillado en nuestros días.

2. La versión del *Cancionero de Amberes sin año*, la llamada versión *vulgata*, ha sido considerada (especialmente en la opinión de los poetas románticos y de los numerosos traductores) como una de las cimas de la poesía tradicional española. Su superioridad poética sobre las otras versiones se basa en que, frente al carácter novelesco que refleja la tradición judeo-española, la enigmática naturaleza de la «ventura» indicada en el primer verso, la galera fantástica, la canción mágica y el misterioso final proporcionado por la esquiva respuesta del marinero a la petición de Arnaldos («Yo no digo esta canción / sino a quien conmigo va») han seducido desde siempre el ánimo del oyente o lector. Es esa poética ambigüedad la que ha propiciado distintas interpretaciones simbólicas. Desde la de Thomas R. Hart (1957), según la cual el romance es una alegoría de la salvación del hombre que, fiel a la llamada de Cristo, muere en el seno de la Iglesia (simbolizada por la barca), o la amorosa de Hauf y Aguirre (1969), poniendo de manifiesto las posibles connotaciones eróticas de los distintos motivos (en paralelo a diversos textos medievales), a la vinculación, pretendida por Spitzer (1955), respecto a un vasto conjunto internacional de baladas cuyo tema es la atracción de personajes sobrenaturales.

Pero las interpretaciones simbólicas del romance no se agotan con las efectuadas, hay un contenido al que no se ha hecho alusión y con el cual, creemos, el «Romance del conde Arnaldos» se relaciona simbólicamente: el ámbito del otro mundo, del más allá de la muerte.

[El análisis de la versión *vulgata* del romance pone de relieve el entrecruzamiento de motivos folklóricos y literarios que, en buena parte, conllevan esta significación de transmundo.] Las mitologías persa, egipcia, clásica y germánica sitúan el mundo de los muertos al otro lado del mar o de una barrera fluvial. De éstas la más conocida es la laguna Estigia que las almas de los muertos debían atravesar en la barca del feroz Carón para ser juzgadas. En

nuestro romance la circunstancia espacial referida a la «ventura» del protagonista, «sobre las aguas del mar», condiciona la interpretación del mismo en
mucha mayor medida que la circunstancia temporal («la mañana de San
Juan»). Esta última, frecuente en el romancero, puede no ser más que un motivo que sirve para resaltar un acontecimiento, desprovisto de significaciones
simbólicas.

Los testimonios literarios medievales nos muestran semejanzas no desdeñables con nuestro romance. [Así ocurre, verbigracia, en algunos *Lais* de María de Francia.] Las narraciones de tema artúrico presentan un buen número
de motivos relacionados con el mundo de los muertos, desde la propia *Historia regum Britanniae* de Godofredo de Monmouth, en la cual el rey Arturo,
al final de sus días, es llevado a la isla de Avalon para curar sus heridas. Algunos de estos motivos guardan una relativa semejanza con los del «Romance
del conde Arnaldos». El que aparece con más frecuencia es el de la nave ma-
ravillosa. En la *Demanda del Santo Graal* los tres caballeros —Galaz, Boores
y Perceval— observan una nave (construida por el rey Salomón con árboles
del paraíso terrenal) en la que, encima de una mesa de plata y recubierto de
una rica tela de seda, se encuentra el Santo Graal. Cuando entran en ella, el
viento (que estaba calmado) impulsa con fuerza la nave llevándola a alta mar.
En *La muerte del rey Arturo*, Girflete contempla cómo, estando herido de muerte el rey Arturo, se acerca por el mar un barco con unas damas dentro y, entre
ellas, Morgana, hermana de Arturo, que llama al rey para que entre en él.
Poco después de haberlo hecho seguido de su caballo, la nave se aleja de la
orilla ante el dolor de Girflete que comprende que ha perdido a su rey. [...]

El motivo de la caza en el comienzo del romance («Con un falcón en la
mano / la caça iva caçar»), que está presente en todas las versiones antiguas
del Arnaldos (y que aparece también en *Guigemar, Guingamor* y *Partono-
peus*), tiene el valor de premonición de un encuentro. Así ocurre en el romance de Rico Franco, en el de la infantina, en el de la venganza de Mudarra y
en el de la muerte ocultada. Las semejanzas de este último romance con el
del conde Arnaldos son especialmente significativas. En primer lugar, el motivo inicial —ya indicado— de la caza de los dos protagonistas, Arnaldos y
don Bueso: «Levantóse Bueso lunes de mañana; / tomara sus armas y a la
caça iría». P. Benichou (1968) refiere cómo este motivo es el más frecuente
en las canciones europeas del tema de la muerte ocultada. En segundo lugar,
el suceso ocurre en un día especialmente señalado en la poesía tradicional:
«lunes de mañana» (don Bueso), «en la mañana de San Juan» (Arnaldos).
En tercer lugar, el escenario en el que se produce el encuentro tiene una evidente simbología (aunque sean distintos en cada romance: «en un prado ver-
de» —don Bueso—, a orillas de la mar —Arnaldos—). [...]

Por otra parte, si en este «Romance de la muerte ocultada», el protagonista tiene un encuentro con la muerte, personificada por el Huerco (el Orcus
latino, uno de los sobrenombres de Plutón, aplicado también genéricamente

a los infiernos), en el misterioso encuentro de Arnaldos con el marinero podríamos quizás interpretar a éste como un introductor en el mundo de los muertos, a la manera del Caronte clásico. O como un intermediario que anuncia la muerte, al igual que el «palmero» que informa al protagonista de la muerte de su enamorada en el «Romance del palmero», y en el que el anhelante requerimiento que efectúa el caballero al misterioso «palmero» («¡ay!, dígasme tú, el palmero, / (...) / nuevas de mi enamorada») se asemeja en la forma al de Arnaldos («Por Dios te ruego, marinero, / dígasme ora ese cantar»). [...]

Cabe preguntarse por qué la voz narradora exalta en el primer verso la «ventura» del conde Arnaldos si, en cambio, interpretamos el tema del romance como un encuentro seductor (o, incluso, rapto) con connotaciones de trasmundo. Desde luego que resulta comprensible la «ventura» si, como pretende Menéndez Pidal, en «el desenlace auténtico y primitivo» se esclarece su sentido en el reconocimiento final, perdiéndose ese significado al producirse la feliz supresión. Pero no es obligada esta explicación. No sólo porque el razonamiento de Menéndez Pidal (ese desenlace es el primitivo porque resuelve los interrogantes) resulta endeble al no solucionar todos los problemas (como puso de manifiesto Spitzer), sino también porque podría entenderse ese primer verso como una forma de ponderación de algo que va a tener un carácter extraordinario, de naturaleza muy distinta a la simple anagnórisis o rescate del protagonista en las versiones marroquíes. Incluso podríamos considerarlo, siguiendo la opinión de P. Bénichou, como un extraordinario formulario.

En el contexto de esta interpretación del *Arnaldo* desde la perspectiva del más allá, la ambigua respuesta del marinero («Yo no digo esta canción / sino a quien conmigo va») habría que entenderla como una forma más de seducción o de atracción, al igual que la propia canción mágica. Además, esa respuesta parece llevar implícita la diferenciación entre la vida terrenal y la vida del más allá, entre una y otra orilla. Los efectos sobrenaturales de ese canto corresponden, claro está, al más allá. [La suspensión del decurso vital que produce la canción se sitúa en la atemporalidad propia del otro mundo.] En cambio, el conde Arnaldos se encuentra a este lado de la ribera, de ahí que no participe de esos efectos extraordinarios hasta no atravesar la barrera, hasta no efectuar el tránsito al otro mundo.

GIUSEPPE DI STEFANO

LA TRADICIÓN IMPRESA DEL ROMANCERO:
EL PLIEGO SUELTO

Transmisión escrita del romancero significa transmisión casi exclusivamente impresa. Los inicios de su transcripción, de hecho, coinciden con el inicio en España de la actividad tipográfica, que rápidamente se puso a disposición de este género poético popular. [...] La transmisión impresa del romancero utiliza dos vehículos: el pliego suelto y el Cancionero o Romancero en forma de libro. Dentro de este segundo tipo requiere una mención especial el primer Cancionero impreso [el *Cancionero general*, recopilado por Hernando del Castillo e impreso en Valencia en 1511.]

El pliego suelto, cuaderno de cuatro hojas, de ínfimo precio y, por ello, con un amplio mercado, presente en plazas y ferias, es el producto tipográfico que mejor garantizó, durante cerca de un siglo —entre finales del XV y finales del XVI—, la circulación escrita, impresa, del romancero entre amplios sectores de público, una parte lectores y otra oyentes de lecturas colectivas. [...]

Como fórmula editorial, el pliego se opone claramente al gran Cancionero; se distingue de él por su apertura a toda la variedad temática del romancero, como es obvio en un instrumento de difusión popular dirigido a un público culturalmente muy diverso. El pliego, sin embargo, se convierte en vehículo también de una literatura más elaborada, encauzando hasta el último tercio del siglo XVI la poesía cortés tardía de formas más ágiles y accesibles, en una operación sustancialmente conservadora y tradicionalista, vinculada a los hábitos persistentes en el canto profano. De hecho, y esto vale para muchos romances, el ágil y económico pliego suelto era una ayuda para la memoria, para el canto. Sin embargo, es inevitable que una memoria que dispone de tales apoyos se debilite y falle cuando estos falten; situación que se da a finales del siglo XVI, en particular en los centros urbanos, cuando el pliego cambia de contenidos. Fijado sobre el papel, objetivado y distanciado, aunque siempre disponible, el texto impreso libera

Giuseppe Di Stefano, «La tradizione orale e scritta dei *romances*. Situazioni e problemi», *Oralità e Scrittura nel sistema letterario*, Roma, Bulzoni, pp. 205-225 (210-215, 218-223).

de responsabilidad a la memoria al ganarse una vida efímera fuera de ella, pagada entre otras cosas con la invariabilidad de su propia configuración.

No es este el único precio impuesto al texto oral en su paso a la imprenta. En las ocho páginas del pliego suelto, se recogen en general algunos de los procedimientos que alejan al romance de los presumibles códigos de consumo oral para insertarlo en los más típicos de la escritura. Fenómeno que no afecta, por ejemplo, a los pliegos que contienen un único romance, de algunos centenares de versos, o a algunos irreductiblemente desordenados.

En la gran mayoría de los casos, el pliego acoge más de un romance, hasta siete, ocho o incluso más, junto a la poesía variada de tipo cancioneril. Conviene recordar que la longitud media de un romance es de setenta-noventa octosílabos, excluyendo los textos juglarescos, que pueden alcanzar los mil. El contorno cancioneril a menudo resulta semánticamente autónomo respecto a los romances, incluso, en ocasiones, contrapuesto, exaltando en tales casos su función de *variatio*. Al contrario, en muchas ocasiones, la proximidad de los romances entre sí está lejos de ser casual. Un pliego con varios componentes constituye un macrotexto que orienta la lectura de las diferentes piezas de manera diversa, más o menos limitada y explícita. Los textos en condiciones de oralidad pueden ser disfrutados dentro de un marco supratextual o en una red de relaciones intertextuales; sin embargo, son hechos episódicos y, sobre todo, efímeros, vinculados a un momento o a una sesión de las cientos, miles, que componen la vida tradicional. La supra y la intertextualidad de la imprenta, en cambio, en tanto que mensaje que se estandariza y se repite, marcan al romance independientemente de la predisposición del lector mediante la semántica de las asociaciones estables. El encuentro de textos se convierte en clave de lectura y, al mismo tiempo, en signo de un modelo de cultura y de gusto: en nuestro caso, el de la escuela poética trovadoresca entre los dos siglos, cuyos mitos y ritos se vulgarizan y popularizan, unas veces limpiamente miniaturizados, otras recompuestos, de cualquier modo siempre bajo el signo de la estereotipia y la serialización. Puede parecer una paradoja que esto ocurra en un vehículo popular de difusión como el pliego suelto, de manera más insistente y marcada que en los Cancioneros de romances de la mitad del siglo XVI. Tengamos en cuenta, sin embargo, que un nutrido número de estos cuadernos nació a la sombra del *Cancionero general* y que de este recogió todas las tra-

zas, como, por ejemplo, las siguientes: la neta frontera que se da entre
pliegos con romances sobre temas de tradición no ilustre —los épico-
históricos nacionales— y pliegos con romances sobre temas de antigua impronta cortés —los pseudocarolingios, bretones, artúricos, gre-
corromanos, etc.

Veamos de cerca algún cuaderno. Un pliego del que se conservan dos ejemplares, uno en Praga y otro en Madrid, reúne un romance sobre el rey Pedro
el Cruel y la profecía de su muerte violenta; otro sobre Paris, que lamenta
sus propias desventuras; otro sobre el rey Juan de Navarra, que dialoga triste-
mente con la Fortuna adversa; otro sobre Eneas y la evocación de la caída
de Troya; dos sobre la desgraciada muerte de los príncipes troyanos Polidoro
y Policena. En un pliego así compuesto, cada romance es un *exemplum* de
la decadencia de personajes ilustres, de la admonitoria caída de príncipes de
la tradición moral medieval, que aquí se propone de nuevo con eficacia mediante un puro y simple acercamiento de textos.

La función orientadora del contexto funciona incluso con una mayor decisión en los casos en que el romance está disponible en lecturas diferentes:
uno sobre los amores del rey Rodrigo, el legendario godo derrotado por los
árabes invasores de España, se compone, junto a otros del mismo ciclo, para
subrayar la fatalidad del hundimiento de la monarquía visigótica en un pliego
que vuelve a proponer el tema de la caída de príncipes. En otros cuadernos,
el mismo texto se inscribe en una guirnalda de casos de amor y de lances
eróticos.

Está claro que algunos romances, que algunos ciclos —y el del rey Rodrigo es uno de los más destacados por su antigua matriz documental—, nacen
ya con una orientación semántica definida y por ello se adaptan al sentido
que está impreso en el pliego como si fuera su marco natural. Se forman así
cuadernos monográficos sobre temas como la agresividad de la nobleza contra el poder real, el abuso del monarca en detrimento de los sentimientos privados del súbdito, la infelicidad femenina ejemplar, el amor-sufrimiento; o
sobre personajes, como el moro granadino, la madre de Gaiferos, Carlos V, etc.

Hay líneas temáticas más sinuosas, que dibujan curvas e inversiones de
sentido: son los pliegos cuya organización se podría definir «de reclamo». Un
par de ejemplos. Un cuaderno se abre con dos romances sobre la violencia
sufrida por mujeres, la casta Lucrecia y las hijas del Cid Campeador; el tercer
texto se hace eco por oposición, cantando la virtud del rey Alfonso, llamado
el Casto; en este punto el rey se convierte en tema, del cual se elogian otras
cualidades y se narra el acceso al trono. Más complejo es otro cuaderno: el
primer romance refiere el engaño que María de Aragón tramó para pasar una
noche con el marido sustrayéndolo a la amante; el segundo alude a las glorias
militares del príncipe concebido aquella noche; el tercero reemprende el moti-

vo del monarca libertino con los amores del rey Rodrigo; el cuarto y quinto
se añaden a esta dimensión erótica y narran las noches de amor de Galiarda,
y de Ginebra y Lanzarote; el sexto romance vuelve a Galiarda y a la indiscreta
jactancia de su compañero de lecho, poco confiado por demasiado joven; a
continuación, la reflexión sobre la ligereza de la adolescencia condiciona la
anexión del séptimo y último texto sobre la funesta salida contra los moros
granadinos del imberbe Hernandarias Saavedra. Los siete romances están vinculados entre sí por hilos diversos y ninguna presencia es casual; la variedad
superficial del pliego viene incluso acentuada por algunas estrofas cantables
de Juan del Encina puestas a modo de conclusión habitual. [...]

El discurso sobre el pliego suelto de lectura orientada no puede ce-
rrarse sin un párrafo sobre la glosa, forma poética gracias a la cual
algunos romances antiguos de tradición oral llegaron a penetrar en el
Cancionero General de 1511 y a alcanzar por consiguiente la imprenta, recorriendo aun buena parte del siglo XVI entre los papeles de los
pliegos. En la glosa, la cultura hegemónica opera sobre los materiales
tradicionales, no tanto a través de la elección o la combinación de los
textos, sino mediante una intervención explícita de amplificación exe-
gética o de resemantización del romance, el cual puede sufrir incluso
recortes o modificaciones internas. Todo ello es pretexto para un acto
poético que se erige como propuesta desarrollada sobre un registro
lingüístico-conceptual diverso y superior respecto del de base tradicional y popular. [...]

Visto desde este ángulo, el pliego suelto no es más que uno de tantos episodios de la estrategia de reproducción y consumo del texto que
el nuevo arte de la imprenta propone, aunque no siempre con el conocimiento de la originalidad y de la eficacia del propio modelo. [...] Añadamos rápidamente que los nuevos procedimientos de consumo no im-
plicaban un simple cambio de hábitos mecánicos, es decir, la sustitución
de la percepción auditiva por la visual; por el contrario, esta sustitución no fue ni inmediata ni radical: ya avanzado el siglo XVI persis-
tían hábitos medievales de lectura en voz más o menos alta; además,
eran corrientes las lecturas hechas para un grupo de oyentes, sobre todo
en el ámbito de un público popular. En esta última circunstancia, aquello que podemos llamar el metalenguaje de la imprenta llegaba muy
atenuado o no llegaba en absoluto. Este metalenguaje llegaba entero
al lector en sentido estricto, que es lo que ahora nos interesa. Al no
existir, por lo que se sabe, una tradición escrita del romancero anterior a la impresa mínimamente comparable con esta en riqueza, com-

plejidad y difusión, el instrumento impreso constituía para el lector del romancero —como es de suponer— el primer contacto con un entero género literario ahora colocado en un espacio diferente del acostumbrado, esto es, de la memoria y el canto. La propuesta inmediata que del pliego o del *Romancero* llegaba al lector era la de un contacto ya no por muestras individuales, como presumiblemente ocurría en la espontaneidad del consumo oral, sino por conjuntos, donde el contexto tendía inevitablemente, y a menudo de manera determinante, a influir sobre el texto y la semántica de las agregaciones apuntaba a superponerse a los mensajes individuales.

Nada mejor que estas impresiones de textos de tradición oral facilita la oportunidad de repetir la llamada insistente de Elizabeth Eisenstein al «nuevo *esprit de système*» como elemento distintivo y definitorio de la reproducción y difusión de la cultura mediante la imprenta. *Esprit de système* que se aúna con las dos características de la era tipográfica de la definición de McLuhan: «homogeneidad y linealidad», que fundan un universo de secuencias circunscritas e invariables dotado de un metalenguaje propio. Un universo que, especialmente en este caso, teniendo como contrapartida el proliferante, desarticulado e individualizante de la oralidad, se califica ante todo como selectivo y regularizante, y por consiguiente, instaurador de una inmovilidad del texto y del género: la versión recogida entre tantas circulares y transcrita se convierte en el texto del romance para toda la tradición escrita sucesiva, con escasas excepciones —como Lord señaló con particular énfasis—; el conjunto de estos textos se convierte en el romancero oficial, institucional.

La oralidad, sin embargo, no sólo es marginada en lo que constituye su vital peculiaridad, la constante variabilidad textual, sino también en sus apremiantes necesidades y efectos de consumo. Frente o junto a un disfrute oral, que es fácil suponer como eminentemente emotivo, concentrado en un único texto estructurado de manera que estimule su identificación afectiva entre el cantor y el protagonista de la narración, la imprenta provoca una identificación reflexiva, coadyuvada por sus espacios estables, concatenados y repetibles. Espacios donde el itinerario inmediato no tiene los mil posibles recorridos de la oralidad, sino un trazado diversamente motivado, pero único y definitivo; todo esto no es tan relevante en cada uno de los documentos como advertible como tendencia más o menos neta en la mayor parte de nuestra producción.

8. LA POESÍA DEL SIGLO XV

La lírica castellana más característica del siglo XV se extiende a lo largo de un período excepcionalmente largo, unos 150 años: desde los primeros poemas del *Cancionero de Baena*, compuestos hacia 1370, hasta la segunda edición (1514) del *Cancionero general* de Hernando del Castillo y los poemas en castellano del *Cancioneiro geral* (1516) de Garcia de Resende. Se trata, así, de la más impresionante muestra de poesía cortesana de toda la Europa medieval. Los numerosos manuscritos (y, en las últimas décadas, cancioneros impresos y pliegos sueltos) y poetas, la mayoría de ellos de biografía desconocida, desanimaron a los investigadores. De hecho, la crítica y la investigación solían centrarse en unos pocos representantes del total de 700 poetas: Santillana, Mena, Jorge Manrique y media docena más, por lo que muchísimos poemas líricos no sólo dejaron de estudiarse, sino que ni tan sólo se leyeron. La paciente y perspicaz labor de algunos eruditos —sobre todo, Antonio Rodríguez-Moñino, Alberto Vàrvaro y Keith Whinnom— empezó a restituir su valor a la poesía del *Cancionero general*; con todo, la falta de una guía bibliográfica fidedigna que abarcara a la época en su totalidad siguió representando un desalentador obstáculo. El proyecto de Steunou y Knapp (1975) supuso un notable adelanto, pero se limitó a un reducido número de cancioneros y adoptó un formato que no facilita la consulta; se publicó un segundo tomo [1978], pero no así el final, sin duda porque no hubiera podido competir con Dutton *et al.* [1982]. Dutton no sólo incluye los cancioneros colectivos, sino también los manuscritos e impresos que recogen la obra de un solo poeta; además, es mucho más útil, pues cada poema tiene su número de identificación, por lo que cada vez más, a la hora de estudiar algún poema, se suele citar el «Dutton ID»; introduce, por otra parte, un coherente sistema de clasificación de los cancioneros, un sistema que permite incorporar los nuevos descubrimientos. Diversos tipos de índices facilitan la lectura de la que ya es, así lo reconocen todos, obra de consulta básica para los investigadores. Con todo, según advierten Dutton y su equipo, tiene carácter provisional; la segunda versión, que en estos momentos ya forma parte de la *Biblioteca del Siglo XV,* dirigida por Pedro Cátedra, será mucho más extensa e irá acompañada de textos de casi todas las poesías de cancionero (se han excluido, por razones prácticas, los poemas largos que tengan ya buenas ediciones modernas). Los artículos de González Cuenca [1978] y Dutton [1979], trabajos preliminares para el *Catálogo-índice*, siguen teniendo su valor descriptivo. Sin embargo, aún falta analizar muchos poemas en particular, así como todo lo que se refiere a la relación entre los cancioneros y el gusto poético que los originó. Investigación ejemplar en este sentido es la de Whetnall [en prensa], que se ocupa de la época de los cancioneros manuscritos, o sea, hasta 1465 (entre esa época y la de los cancioneros impresos hay un paréntesis de unos quince años: se trata de un período en el que se dan, desde luego, muchos cancioneros manuscritos, pero en que domina la imprenta). Whetnall, basándose en la frecuencia con que se incluye en cancioneros posteriores y en su aparición citado en otros poemas, investiga la fortuna de un poeta o de un poema de la primera época a lo largo del siglo XV. Igual importancia tiene Beltrán [1989]: divide a los poetas cancioneriles en ocho generaciones (desde los nacidos entre 1340-1355 hasta los de 1461-1475) y estudia la evolución métrica y léxica de la canción.

Dos antologías permiten iniciarse en la lectura de la poesía cancioneril (cf. la de Aguirre (1971), que se limita al *Cancionero general*). Aunque la de Azáceta [1984] sigue siendo útil, ha sido superada por la mucho más amplia de Alonso [1986], pues la introducción, de 45 páginas, tiene en cuenta la investigación reciente en varios idiomas, cuenta con una bibliografía muy al día y las notas biográficas y explicativas no sólo orientan al estudiante, sino también al lector más especializado. Con distinto propósito ha aparecido la colección de Caravaggi *et al.* [1986]: recoge la obra de siete poetas, la mayoría poco conocidos (Francisco y Luis Bocanegra; Suero, Pedro y Diego de Quiñones; Alfonso Pérez de Vivero, vizconde de Altamira, y Luis de Vivero). Se trata, pues, de un volumen utilísimo por sus ediciones críticas e introducciones a los poetas; sólo hay que lamentar que el «Inventario dei testimoni» se ordene siguiendo a Steunou y Knapp, y no según Dutton. Dos trabajos estudian diversos aspectos de la métrica: Lázaro Carreter [1983] se ocupa del arte real en seis poetas; Duffell [1985] plantea de nuevo la muy discutida cuestión del origen del arte mayor, concluyendo que, aunque no se ha podido comprobar ninguna hipótesis, las del origen gallego y latino son las más probables. En un *ars praedicandi* aragonés de mediados del siglo XV, encuentra Faulhaber [1979-1980] unos importantes datos para explicar la evolución de la terminología métrica castellana. Relacionadas con las de la métrica, las cuestiones musicales: Fallows [de próxima aparición] rastrea la evolución de la canción polifónica en el tercer cuarto del siglo; Valcárcel [1988] se ocupa de la lírica cantada de fines del XV y principios del XVI.

Otros tantos aspectos de la poesía cancioneril se aclaran merced a recientes estudios. Dutton [1989] muestra la frecuencia con que se intercalan refranes y frases proverbiales en la lírica y esboza un método para identificarlos.

Las letras e invenciones (poemitas que, bordados en los vestidos, hacían las veces de motes) han sido estudiados detenidamente por González Cuenca [de próxima aparición], con un análisis riguroso y una extensa antología; es de esperar que encuentre pronto una editorial para este imprescindible libro, terminado hace ya algunos años. Crosbie [1989] somete de nuevo a examen el género del *contrafactum* —la poesía lírica a lo divino— y ofrece una valoración bastante distinta de la generalmente admitida; subraya su origen oral durante la Edad Media y la continuidad de los elementos medievales a lo largo del Siglo de Oro. Whetnall [1984] analiza la lírica puesta en boca de mujer en la obra de poetas masculinos desde el *Cancionero de Baena* hasta el de *Herberay des Essarts* y los cancioneros napolitanos, concluyendo que son reflejo de una tradición de poesía femenina cortesana que precedió a la formación de los cancioneros; incluye además un estudio crítico de la única muestra existente de dicha tradición, el poema de despedida dirigido por Mayor Arias a su marido, Ruy González de Clavijo. La descripción femenina es otro aspecto de la presencia de la mujer en los cancioneros: Irastortza [1986-1987] descubre que alcanza mayores grados de abstracción conforme se asciende por la escala social. Distinta es la dicotomía entre la misoginia y la religión de amor (Gerli [1981]).

Keith Whinnom hizo que cambiara radicalmente la forma en que leemos la lírica de los cancioneros. Todo lo que dijo en su día (1968-1969) sobre las canciones del *Cancionero general* ha sido desarrollado con mayores perspectivas [1981]. Demuestra cómo algunos poemas no son tan abstractos ni tan inocentes como se solía creer; estudia el uso del eufemismo en el léxico de los poetas y la concentración semántica que implica el uso del término «conceptismo» (tanto en las letras e invenciones como en géneros líricos más extensos); define la técnica del fraude al lector; y concluye analizando una canción de Diego de San Pedro. Inspirado en el trabajo de Whinnom, Macpherson [1985] interpreta unos cuantos poemas desde la perspectiva sexual. Aguirre [1981] se opone a dicha tendencia: según él, la mayor parte de la lírica cancioneril trata del amor no consumado; no logra desacreditar la interpretación inspirada en Whinnom, pero (al igual que Parker [1986], en cap. 1, *supra*) nos recuerda que hay que proceder con suma cautela y que una interpretación posible no es necesariamente la más probable. El artículo de Tillier [1985] es prudente en su análisis de la ambigüedad religiosa/erótica en algunos poemas que emplean la palabra «pasión». Battesti-Pelegrin [1985] enjuicia algunas maneras de interpretar la lírica cancioneril; Ciceri [1981], por su parte, subraya que muchos poemas de cancionero no se pueden leer desde un punto de vista idealista, pues son parodias, sátiras o poemas abiertamente obscenos. Otros tipos de investigación parecen apoyar la hipótesis de Whinnom: Mackay [1989] exhuma algunos documentos de archivo en los que se puede constatar el empleo del lenguaje más idealista del amor cortés para referirse a actividades sexuales del tipo más descarado y escandaloso.

Un nuevo y fructífero camino se abre con el artículo de Márquez Villanueva [1982] sobre algunos poetas de origen converso que asumen el papel de bufón: Villasandino, Baena, Montoro y Juan Poeta; sugiere que el concepto se puede aplicar, en parte, a otros poetas; no es cierto, sin embargo, que todos los poetas estudiados sean conversos. Arbós [1983] estudia los datos que sobre judíos y conversos del siglo XV proporcionan los cancioneros. La presencia de la cultura clásica en la poesía cancioneril ha sido desatendida; el trabajo de Lapesa [1988] sobre Narciso nos recuerda la importancia de este aspecto.

No obran en nuestro poder demasiados datos sobre la época de transición del dominio gallego-portugués en la lírica cortesana peninsular (véase el cap. 4, *supra*), ni del dominio de la lengua castellana, confirmado por el *Cancionero de Baena*. Es posible, sin embargo, encontrar algunos indicios (alusiones a cancioneros y a poetas), además de una lírica portuguesa (influida por modelos castellanos) anterior a las generaciones representadas en el *Cancionero general* (Deyermond [1982]). Para la formación del *Cancionero de Baena*, véase A. Blecua (1974-1979) (comentado en *HCLE*, I, p. 298). Las ideas sobre poesía, formuladas en el prólogo de Juan Alfonso de Baena y en algunas rúbricas de los poemas, han sido estudiadas por Kohut [1982] y Potvin [1979]. En un par de trabajos, Nieto Cumplido [1979, 1982] nos informa del trasfondo histórico del *Cancionero*; Potvin [1986], por su parte, estudia un aspecto de su ideología: según se desprende de su estudio, en buen número de poetas, el *contemptus mundi* es una amonestación dirigida a los ricos y poderosos. Puigvert Ocal [1987] clasifica, según la fecha y el tipo, los tejidos en el *Cancionero* y redacta un glosario de vestidos. A partir de seis de sus decires, Potvin [1980] analiza la práctica poética del propio Baena; se centra, en concreto, en la métrica, el estilo y las funciones de los personajes. El *Dezir que fizo Juan Alfonso de Baena* (que se conserva en el *Cancionero de San Román*) incluye una lista de lecturas del poeta; sin embargo, Lawrance [1980-1981] desconfía de que sea un indicativo de su auténtica cultura, más bien cree que se trata de una lista convencional; no estamos, pues, ante una muestra de cultura humanística. Los otros poetas del *Cancionero* no han sido demasiado estudiados en los últimos años, con la excepción de Fernán Sánchez Calavera: Díez Garretas [1989], además de corregir los errores evidentes, publica una edición regularizada e incluye una breve aunque útil introducción. Sorprende, por otra parte, que aún carezcamos de una edición crítica y un estudio monográfico de un poeta tan importante como Álvarez de Villasandino, pero la laguna sin duda quedará colmada por la tesis doctoral de Carlos Mota.

Tras los poetas del *Cancionero de Baena*, hay que hablar del Marqués de Santillana, que, con Juan de Mena, domina la poesía castellana a lo largo de un cuarto de siglo. Hace diez años todavía carecíamos de una edición fidedigna de las obras de Santillana (la publicada por Durán (1975), cuyo segundo tomo salió en 1980, resultó ser aún más inquietante de lo previsto en *HCLE*, I, pp. 299-300). Ahora ya disponemos de dos excelentes: la de las obras completas, al cuidado de Gómez Moreno y Kerkhof [1988], y el primer tomo (el segundo saldrá pronto) de las poesías completas, a cargo de Pérez Priego [1983a]. Ambas ediciones se basan, para la mayoría de poemas y por razones muy convincentes, en el ms. 2.655 de la Universidad de Salamanca (SA8), aunque completan las lagunas con otro manuscrito. La edición estudiantil de Gómez Moreno y Kerkhof, aunque no incluye variantes, sí cuenta con notas explicativas y un extenso y excelente prólogo (es de esperar que la segunda edición incluya el índice de poemas). La de Pérez Priego está provista de variantes, notas y un prólogo muy valioso, aunque de menor extensión. El lector dispone, así, de dos ediciones asequibles y fiables, lujo con el que hasta hace bien poco apenas si podíamos soñar. Y por si fuera poco, Kerkhof también nos proporciona excelentes ediciones de sendas obras sueltas que se comentan abajo. Los poemas de Santillana han sido trasmitidos por muchos cancioneros; incluso hay varios enteramente dedicados a sus obras: gracias a Pérez López [1989], contamos, por primera vez, con una edición de un cancionero de este tipo (TP1), donde, además del texto, hay una detenida introducción que aporta datos biográficos, una descripción del manuscrito y un estudio de las variantes. El aspecto más interesante de la tradición textual es que hubo doble redacción, de autor, de algunos poemas, por lo que nos es posible comparar la primera tentativa de Santillana con su posterior revisión a fondo: véanse los prólogos de Pérez Priego [1983a] y Kerkhof [en prensa]. La antología preparada por Rohland de Langbehn [1978] toma los textos de otras ediciones, y así lo admite puntualmente; su valor estriba en la introducción. La misma investigadora [1979] estudia algunos problemas textuales de la *Visión*, el *Sueño* y el *Infierno de los enamorados*. Por una extraordinaria casualidad, salieron al mismo tiempo dos colecciones de documentos relacionados con Santillana: la de Rubio García [1983] recoge, sin comentario, los textos de 35 documentos; la de Pérez Bustamente y Calderón Ortega [1983] la supera con mucho: se recogen textos o, en los casos menos interesantes, resúmenes de 215 documentos, una biografía del Marqués e índices de personas y lugares.

Las tres alegorías amatorias de Santillana —la mal llamada trilogía— constituyen el asunto de dos trabajos críticos: un estudio de las fuentes y de la estructura del *Triunphete de Amor* (Gimeno Casalduero [1979]) y otro del grupo entero (Deyermond [1989b]), donde se demuestra que el grupo formado por el *Triunphete* y el *Infierno* (y más tarde el *Sueño* y el *Infierno*) posee un hilo argumental y una estructura coherente. La edición de la *Comedieta de Ponça* preparada por Kerkhof [1987] no acaba de suplir a su anterior edición (1976), pues, aunque enmienda el *stemma*, la descripción de los manuscritos es más somera; sin embargo, la introducción sobre cuestiones literarias (agregada en la nueva edición) y las notas son ejemplares. Los problemas textuales y la metodología de una edición de la *Comedieta* constituyen el tema de dos artículos (De Nigris y Servillo [1978] y Funes [1987]). También han aparecido, además de la introducción de Kerkhof, dos trabajos de crítica literaria: Chafee

[1981-1982] compara la técnica descriptiva en el poema con la de la *Coronación* de Juan de Mena; Carrasco [1983], además de comentar la ideología, analiza sintáctica, semántica y estructuralmente las estrofas 16-18. Kerkhof también publica sendas ediciones críticas de la *Pregunta de nobles* [1984] y del *Bías contra Fortuna* [1983]. La *Pregunta*, según concluye, es de fecha incierta, aunque anterior a 1436; además, analiza sus variantes, establece un *stemma* y demuestra que para hacer la edición crítica se han de considerar seis manuscritos, ninguno de los cuales tiene más valor que el resto; de esta forma, no hay un texto único del que partir. La edición crítica del *Bías*, en cambio, se basa en SA8: incluye una descripción esmerada de los numerosos testimonios y la constitución de un *stemma*; la introducción literaria es breve, pero buena; las notas y variantes, extensas; también hay índices de palabras; el tomo, en fin, se cierra con un facsímil de la edición de Sevilla, 1545. Alonso [1985] vuelve a insistir en la utilización que del estoicismo hace Santillana en la dialéctica del poema. Tres artículos tratan otros tantos aspectos de las serranillas: Swan *et al.* [1979] se replantean la cuestión del género; Lapesa [1983] revisa la sección correspondiente de su libro (1957) y agrega una edición crítica, basándose en SA8, de las ocho serranillas exclusivas de Santillana, a las que les devuelve el orden original de acuerdo con dicho manuscrito; Kantor [1983], por fin, redacta un extenso análisis semiótico (cronología y estructura de la serie de ocho, más el estilo y estructura de cada poema). Kerkhof y Tuin [1985] transcriben los sonetos 1-36 según SA8 con las variantes de otros manuscritos; el resto de sonetos, a partir de su manuscrito único (MN8), y a continuación establecen la edición crítica. Se suele decir que la métrica de los sonetos refleja la no lograda tentativa de trasladar el endecasílabo italiano al castellano; sin embargo, Duffell [1987] la vindica: Santillana, tanto en sus endecasílabos como en sus versos de arte mayor, tiene como criterios fundamentales la regularidad silábica y rítmica, de lo que se deduce que el modelo para su endecasílabo no es sólo el italiano, sino también el *vers de dix* de los poetas franceses. Round [1979], finalmente, descubre en los *Proverbios* diseños estructurales que no habían sido considerados por otros críticos; con todo, concluye que la unidad del poema estriba principalmente en su coherencia intelectual, de lo que se deduce (al igual que en la *Comedieta de Ponça* y en la *Defunsión de don Enrique de Villena*, pero con estrategia poética muy distinta) que la formación cultural debió influir en la conducta moral.

De Fernán Pérez de Guzmán, contemporáneo de Santillana, se había estudiado principalmente su prosa, ahora ya poseemos un artículo sobre su obra poética: De Menaca [1983] se ocupa de la ideología y del concepto de historia en los *Loores de los claros varones de España* (cuya edición crítica prepara Mercedes López); hay también otros tantos trabajos en gestación (véase además Brodey [1986], comentado *infra*). Juan de Mena, en cambio, ha sido objeto de intensa investigación. Apareció la segunda edición del libro clásico de Lida de Malkiel [1984], donde se agregan apuntes de la autora y la correspondencia que mantuvo en torno al libro. El otro clásico de la investigación sobre Mena es el libro de Vàrvaro (1964) —mucho menos leído que el de Lida de Malkiel porque su autor lo pensó, como proclama A.E. Housman en la portada de su edición de Juvenal, «editorum in usum», o sea, para quienes quisieran hacer una edición de las poesías menores de Mena. Vàrvaro abandonó finalmente el proyecto (véase *HCLE*, I, p. 300) y cedió a Carla de Nigris sus transcripciones y apuntes; el resultado es un volumen de 600 páginas (De Nigris [1989]). Es la segunda edición que hay que tomar en serio: diez años antes, Pérez Priego había publicado la suya [1979]. A pesar de la disparidad de los títulos (*Poesie minori/Obra lírica*), ambas ediciones abarcan un campo casi idéntico: canciones, coplas, y preguntas y respuestas, además de un apéndice de poemas de atribución dudosa. Semejanza que se refleja incluso en el método, en parte porque Pérez Priego también se apoya (¿cómo no?), y lo reconoce con toda honradez, en Vàrvaro. Ambas ediciones incluyen un estudio literario, un análisis de cuestiones textuales, notas explicativas y variantes; las dos, por fin, coinciden en elegir un manuscrito base para cada poema en lugar de plantearse una elección global del poemario. Sin embargo, las diferencias también son grandes: distinta es a menudo la elección de un texto de partida; en tanto que la de Pérez Priego está destinada principalmente a los lectores de poesía medieval (hay que añadir [1983*b*] el comentario de una de las coplas, el *Claro escuro*), De Nigris la dota de un enfoque más ecdótico, pues una gran parte de la introducción la dedica a los testimonios y a los *stemmata*; cada poema, además, cuenta con una introducción propia (a veces de varias páginas) sobre problemas textuales. De Nigris también incluye un extenso glosario (Pérez Priego, en su lugar, aporta un índice de palabras comentadas). Hasta la fecha, el trabajo de la malograda Florence Street (véase *HCLE*, I, p. 300) ha influido tanto en las ediciones del *Laberinto* como el de Vàrvaro en las de las poesías menores: en este sentido, tanto L. V. Fainberg [1976] como Cummins (1968) —hay una edición revisada de 1979— escogen como texto base el ms. esp. 229 de la Bibliothèque Nationale de París (PN7), enmendándolo a la vista de otros textos cuando lo creen necesario. La investigación de Kerkhof abre una nueva época: en un par de artículos [1982-1983, 1989] replantea la cuestión de la tradición textual y de las bases de una edición crítica; actualmente, prepara la edición teniendo en cuenta los papeles de Street, pero siguiendo otro rumbo. Sigue muy viva la controversia en torno a la crítica literaria e ideológica del *Laberinto*. Sturm [1980] estudia las imágenes, de tradición homérica, cuyo elemento central es el tiempo (figuran al principio de la narración y en la descripción del trono de Juan II); imágenes que, según él, son el fundamento del elogio del rey. Parece, sin embargo, que Mena no quiere elogiar al rey, sino animarle a apoyar la política de Álvaro de Luna (Deyermond [1983*a*]): la estructura afectiva no es la alegoría compleja de las ruedas de la Fortuna y las esferas, sino un diseño de paralelos y contrastes. Webber [1986], por el contrario, lee el poema como si de una amonestación contra

Luna se tratara. Burke [1989] defiende la hipótesis del *Laberinto* como apoyo de Luna, pero contempla las tradiciones de la *ars memorativa* y del viaje interior como armazón de las imágenes y las ideas del poema. A no dudarlo, el debate continuará. El primero de los poemas largos de Mena es la *Coronación*, de 1438. Delgado León [1978] basa su edición crítica en los dos manuscritos que incluyen la glosa redactada por el poeta mismo, de la que publica una selección; en la introducción, se ocupa de la vida de Mena y hace una valoración del poema, pero nada dice de los problemas textuales. En uno de los preámbulos, Mena afirma que la *Coronación* es una sátira; Weiss [1981-1982] aclara el sentido del término (obra didáctico-moral): el poema es una alegoría de la vida moral en la que se subraya la necesidad de buscar la sabiduría (véase también Chafee [1981-1982], ya comentado). La última obra de Mena, las *Coplas de los siete pecados mortales*, en cuya redacción le sobrevino la muerte, despertó tanto interés entre otros poetas como entre los lectores: hay dos continuaciones del siglo XV y una del XVI; la primera comparte con las *Coplas* de Mena 23 manuscritos e incunables. Rivera [1982] hace una edición de las *Coplas* y de la primera continuación (de Gómez Manrique) basándose en el *Cancionero de Gómez Manrique* (MP3), aunque enmendado con otros textos en los pocos casos de error evidente. Cuenta, además, con un extenso aparato de variantes y con un breve glosario; la introducción trata del tema, género y fuentes; más detenidamente, de los testimonios y del *stemma*. Es de esperar que Rivera no tarde en publicar el segundo tomo, en el que figurarán las otras continuaciones.

Los poetas de la corte aragonesa de Nápoles, así como el importante conjunto de cancioneros de allí procedentes, han despertado últimamente el interés de varios investigadores. Contamos con dos ediciones del *Cancionero de Estúñiga*, la de M. y E. Alvar [1981] y la de Salvador Miguel [1987]. Ambas siguen muy parecidos (aunque no idénticos) criterios: transcriben el manuscrito, lo enmiendan de vez en cuando, si hay algún error obvio, y lo regularizan ligeramente (criterios, dicho sea de paso, que van más allá de una edición paleográfica, a pesar del subtítulo elegido por los Alvar). La de Salvador Miguel es, de hecho, el segundo tomo de su magnífica monografía (1977), que fue concebida como una introducción al texto; por dicho motivo, la introducción de [1987] se centra casi enteramente —y nos queda por ello una impresión no demasiado feliz— en una crítica de las dos ediciones anteriores, sobre todo de la de los Alvar. Ambas ediciones, con todo, aportan algo de particular interés: un estudio de las grafías del manuscrito en relación con la fonética (Alvar); muy útiles notas métricas y léxicas, con las variantes más importantes de otros cancioneros (Salvador Miguel). Por esto, y también porque regulariza más ampliamente, facilitando así la lectura, la edición de Salvador Miguel es la más adecuada para un grupo mayoritario de lectores; para los investigadores, sin embargo, las dos son precisas, además, desde luego, de la anterior obra de Salvador Miguel (1977). Otro importante aspecto de la corte aragonesa de Nápoles —y sorprende que no haya sido más estudiado— es que su cultura poética fue cuatrilingüe, por lo que se puede comparar con la corte poética de Alfonso el Sabio (véanse pp. 96-99, *supra*, y cf. el *Cancionero de la Catedral de Segovia*, comentado *infra*). Benedetto Croce publicó algunos trabajos sobre la cuestión hace ya casi cien años y Riquer la volvió a sacar a la luz (1960); aunque aún queda mucho por hacer, un par de trabajos recientes nos indican el camino. M. Alvar [1984] hace una edición crítica de los cuatro poemas de Carvajal escritos total o parcialmente en italiano (cf. Scoles (1967)). El interés del artículo es principalmente lingüístico y metodológico: ¿cómo reconstruir un texto en un idioma que no es el del poeta? Rovira [1987] estudia los muchos poemas inspirados en el amor adúltero de Alfonso el Magnánimo y Lucrezia d'Alagno; todos ellos ofrecen una visión idealizada de dicha relación. Además de poetas como Carvajal y Suero de Ribera, los hay italianos que escriben en latín, y otros tantos en italiano; sin olvidar a los catalanes, entre los que figura el propio Ausias March. ¡Ojalá publique Rovira una edición de los poemas y de sus correspondientes textos en prosa! No parece, sin embargo, que el cuatrilingüismo influyera en el gusto poético de los españoles de la corte: como demuestra Black [1983], dicho gusto no es humanístico, sinò hispánico, y harto conservador (Carvajal es un caso típico). Como sea, a un cruce de tradiciones lingüísticas y poéticas similar al de la Nápoles del Magnánimo atribuye F. Rico [1990*b*, en cap. 7] un papel decisivo en la génesis del romancero trovadoresco.

De entre todos los poetas representados en los cancioneros del grupo napolitano, el que ha despertado mayor interés es Lope de Estúñiga (aunque cabría imaginar lo contrario, no está estrechamente ligado al cancionero homónimo). La tesis doctoral, en cuatro tomos, de Battesti-Pelegrin es demasiado larga (tanto en Francia como en España, la falta de límite en la extensión de las tesis puede perjudicar a los doctorandos y, a veces, mermar la eficacia de los trabajos). Con todo, sus tres tomos monográficos [1982*a*] incluyen gran cantidad de datos valiosos e interesantes ideas; el cuarto [1982*b*] contiene la edición, a la que ahora hace la competencia la de Mendia [1989]. Ambas ediciones difieren bastante: por ejemplo, Mendia elige como manuscrito base el *Cancionero de San Román* (MH1), mientras que Battesti-Pelegrin prefiere el *Cancionero de Roma* (RC1), recurriendo a MH1 sólo cuando la poesía falta en RC1 (o sea, en la mayoría de los casos). Battesti-Pelegrin sigue el criterio de Bédier de atenerse a un manuscrito si no hay errores obvios; Mendia, tras inventariar los testimonios y construir un *stemma*, hace una edición crítica, según el método neolachmaniano con las modificaciones de Vàrvaro (1964). Los lectores pueden, por lo tanto, comparar los logros de ambos métodos. Las dos ediciones registran las variantes, aunque Mendia también ofrece muchas notas explicativas. Otra ventaja de la edición de Mendia es la inclusión de un glosario (en la de Battesti-Pelegrin hay, en cambio, un índice de palabras) y un inventario de rimas. Salvador Miguel [1983] aporta un extenso comentario crítico y explicativo de un poema alegórico de Juan de Andújar, poeta hasta aquel momento desatendido; servirá de modelo para comentar otros poemas de la corte napolitana. Nada se sabe de la vida de Juan de Andújar, pero cabe la posibilidad de exhumar algunos documentos, como demuestra Rovira [1986-1987] con la publicación de seis que enriquecen y modifican la biografía de Juan de Tapia. Pese a todo, no hay que deducir que todos los poetas representados en cancioneros de este grupo estuvieran relacionados con la corte napolitana: Fernando de la Torre es un ejemplo de lo que decimos. Díez Garretas [1983] hace una edición de su obra poética y de su prosa, incluye una biografía y un buen estudio literario. Para la mayor parte de las obras, se basa (como hizo Paz y Melia en 1907) en el manuscrito 18.031 de la Biblioteca Nacional (MN44), añadiendo seis poemas y otras tantas cartas de diversa procedencia; transcribe el manuscrito (regularizándolo ligeramente) y reserva para las notas la corrección de errores.

El poeta más importante de la generación, después de Santillana, Mena y Ausias March, es Gómez Manrique. Estamos aún a la espera de una edición que reemplace, siguiendo los criterios modernos, a la que elaboró Paz y Melia en 1885; no obstante, sí se han estudiado algunos aspectos de su obra poética (para su teatro, véase el cap. 11, *infra*). El genérico libro de Scholberg [1984] no aporta demasiadas novedades y decepciona su presentación (incluso carece de índice general). Tenemos, en cambio, sendos análisis de dos poemas consolatorios dirigidos, respectivamente, a su hermana y a su mujer (Lapesa [1979]) —cf. Deyermond [1990]—, y de dos poemas amorosos (Fradejas Lebrero [1987]); véase también Rivera [1982], comentado *supra*. Un interesante poeta menor, casi contemporáneo, es Diego de Burgos, secretario del Marqués de Santillana, cuyo *Triunfo del Marqués* ya ha sido, por fin, fiablemente editado (Cossutta [1980]), aunque, eso sí, con un parco estudio. También hay un buen número de cancioneros entre los del grupo napolitano y el *Cancionero general*; de algunos se han publicado ediciones muy útiles, aunque parciales. Ramírez de Arellano y Lynch, cuya tesis doctoral fue la edición completa del *Cancionero de Vindel*, publica [1976] los poemas que al parecer no constan en ningún otro cancionero. La proporción de textos únicos es muy alta (50 de 87). Algunos están en catalán, pues casi todos los poetas parecen haber tenido relaciones con la Corona de Aragón; no se olvide que el cancionero fue recopilado en Cataluña entre 1475 y 1480. Se parece, por lo mismo, a cinco cancioneros bilingües conservados en Barcelona, de los que Cátedra [1983*a*] publica, en esmerada edición crítica, 60 poemas en castellano (en dichos cancioneros, a diferencia de *Vindel*, la mayor parte de poemas están en catalán). Sólo unos pocos, relativamente, de los 60 poemas figuran en otros cancioneros, de modo que las dos ediciones comentadas suponen una importante ampliación —cuantitativa y cualitativa— de la poesía lírica asequible del siglo XV. Ramírez de Arellano y Cátedra han llevado a término la labor más urgente, la de publicar los textos únicos; sin embargo, el contexto poético es asimismo importante, por lo que es de esperar que salgan ediciones completas de todos los cancioneros (sobre todo de *Vindel*, ya que la edición se difundió poco, mal y tarde). Esperamos también estudios de algunos poetas bilingües, como Avinyó; Salvador Miguel [1985] nos provee de un estudio pormenorizado de las imágenes de animales aplicadas a las mujeres en un poema de Pere Torrellas, uno de los poetas de este grupo.

La extraordinaria popularidad de las *Coplas que fizo por la muerte de su padre* de Jorge Manrique —populares tanto entre el público de aquel tiempo como entre los lectores de poesía de nuestros días— explica que la mayor parte de los investigadores y críticos de Manrique se centre en dicho poema. Disponemos, sin embargo, de útiles ediciones de sus obras completas, o de algunas selecciones; útiles porque adjuntan un texto modernizado en mayor o menor grado (tomado explícitamente de la edición preparada hace más de cincuenta años por Augusto Cortina) y una introducción que oscila entre las 30 y las 130 páginas: Santiago [1978], Suñén [1980], Aguirre [1980]; la brevedad de la última se ve compensada por su sensibilidad crítica. Cada una de las introducciones citadas ha sido concebida desde un punto de vista distinto. También son diferentes entre sí las de Beltrán Pepió [1981, 1988] y Caravaggi [1984], que forman, a su vez, un grupo aparte: Caravaggi corrige los textos de Cortina a la vista de manuscritos e impresos tempranos, en tanto que Beltrán, en ambas ediciones, se basa en el ms. K-III-7 de El Escorial (EM6) para las *Coplas* (en una primera etapa de su proyecto de edición crítica) y en el *Cancionero general* de 1511 para casi todos los demás textos. La introducción de Beltrán [1981] es dos veces más larga que la de [1988]; ésta, en cambio, aporta más novedades, por lo que es preciso consultar las dos. Se supone a menudo que las *Coplas* poseen un texto estable de 40 estrofas en un orden fijo; sin embargo, el estudio de la tradición textual revela algunos problemas serios que han sido objeto de varios trabajos recientes (cf. *HCLE*, I, p. 302). Palumbo [1983] y Senabre [1983] vuelven a plantear, simultáneamente, la cuestión del orden; Labrador *et al.* [1985] aducen razones nada desdeñables para incluir en el poema las dos estrofas normalmente rechazadas; en otro par de artículos simultáneos, Beltrán [1987] estudia la transmisión del poema a lo largo de sus primeros sesenta años y concluye con un *stemma* de extraordinaria complejidad; Hook [1987] incrementa la complejidad al demostrar que un manuscrito derivado de una edición glosada revela que para los primeros lectores no hubo *textus receptus*, sino variedad de formas. Un chocante descubrimiento es que el cabildo de la catedral de Palencia propuso, sin éxito, a Jorge Manrique para una canonjía (Francia [1988]). En cuanto a la crítica literaria, una aportación aún más importante que las largas introducciones a las ediciones mencionadas es el libro de Domínguez [1988]. Resulta difícil que un libro sobre Manrique pueda competir con el clásico de Salinas (1947); sin embargo, el de Domínguez, con su útil introducción, un sustancioso capítulo sobre la lírica menor y otros dos sobre la estructura y el estilo de las *Coplas*, abre una nueva época en la crítica manriqueña. No por ello hay que restar valor, desde luego, a los artículos comentados en *HCLE*, I, ni a otros tres artículos recientes: Round [1985], además de contrastar el carácter del Rodrigo Manrique histórico con su retrato en las *Coplas*, demuestra cómo la métrica, la estructura narrativa, la sintaxis y los conceptos se refuerzan mutuamente; Romera Castillo [1986] analiza detenidamente el empleo de la sinonimia; y Swietlicki [1979] se centra en la imagen del tablero y en sus implicaciones para el pensamiento del poeta. La crítica ideológica, otra de las secciones del artículo de Round, se erige en la preocupación central de los de Monleón [1983] y Rodríguez Puértolas [1986]: aquél interpreta las *Coplas* como la defensa de una sociedad moribunda frente al nuevo mundo capitalista; éste coincide en parte: explica las contradicciones que encuentra en el texto como reflejo de la discrepancia entre el mundo imaginado por Manrique y la realidad sociohistórica de su época. Sólo hay un trabajo que comentar sobre la poesía amatoria de Manrique: Chevalier [1986] —traducción de un artículo publicado en francés en 1973— ofrece un pormenorizado análisis semiótico de «Es amor fuerça tan fuerte». Finalmente, López Morales [1986], en una reseña crítica de la investigación manriqueña que complementa valiosamente la de Carrión (1979), incluye referencias de varios trabajos muy poco conocidos.

Los cancioneros de fines del siglo XV no han sido excesivamente estudiados; no obstante, contamos con tres artículos utilísimos. Garcia [1978-1980] describe el manuscrito del *Cancionero de Oñate-Castañeda* (HH1), da una lista completa de sus poemas, lo relaciona con los otros cancioneros de la época y analiza las variantes textuales; pronto aparecerá una edición al cuidado del propio Garcia y de Dorothy S. Severin. Dutton y Faulhaber [1983] identifican tres manuscritos conservados como fragmentos del *Cancionero de Barrantes*, que se creía perdido (faltan todavía cuatro fragmentos, pero tenemos un inventario completo). En un manuscrito de Salamanca (SA9) figuran, según demuestra García de la Concha [1983], un cancionero de poetas religiosos de fines de siglo (Íñigo López de Mendoza, el Comendador Román) con otro de Fernán Pérez de Guzmán; transcribe unos cuantos textos.

Algunos de los trabajos ya comentados (por ejemplo, Whinnom [1981]) se ocupan principalmente del *Cancionero general* de 1511. Un aspecto muy importante es el nuevo concepto de canción: Whetnall [1989] demuestra que sólo unas pocas de las canciones incluidas en la antología de Hernando del Castillo estaban destinadas al canto: concluye que la evolución de la canción hacia la lírica intelectual y técnicamente compleja hay que relacionarla con un cambio de rumbo en los cancioneros musicales —la canción es todavía la forma preferida por los músicos del *Cancionero musical de la Colombina* (h. 1495), pero en el de *Palacio* (h. 1520) se ve desplazada por el villancico. (Para otro género importante del *Cancionero general*, el romance, véase Orduna [1989 en cap. 7, *supra*].) La biografía de muchísimos poetas del *Cancionero general* aún nos es desconocida: de Costana, por ejemplo, solo tenemos un par de datos (exhumados por F. Rico [1982]); sin embargo, hay algunos cuya vida y ambiente están ampliamente documentados, sobre todo, Juan Álvarez Gato. El libro de Márquez Villanueva (1960, 1974) aporta un rico acopio de datos sobre este poeta; lo complementa el artículo de Pescador del Hoyo [1974]. La investigación sobre Rodrigo Cota, en cambio, se ha centrado —tras la biografía de Cantera Burgos (1970)— en dos poemas, el *Diálogo entre el Amor y un Viejo* y el *Epitalamio*. C. Alvar [1978] aclara algunas alusiones oscuras del *Diálogo*, proporcionándonos así una nueva visión de las imágenes de Cota (cf. Deyermond [1980]). El *Epitalamio*, una sátira de un poeta converso contra una familia conversa, ha sido relacionado con una tradición de epitalamios judíos y ciertos ataques contra judaizantes que figuran en documentos de la Inquisición (Gutwirth [1985]; es una lástima que se mandase su artículo a la imprenta antes de la publicación de la excelente edición crítica de Ciceri [1982]). Aunque hay varias mujeres representadas en los cancioneros con una estrofa o dos, Florencia Pinar es la única de quien tenemos los suficientes poemas como para establecer un juicio crítico adecuado; por fin, se ha empezado a valorar su lírica (Deyermond [1983*b*], Snow [1984]). También supone un progreso el estudio, tanto biográfico como literario, de algunos poetas del *General* y de sus contemporáneos. En este terreno, estamos en deuda con Macpherson, en concreto, con sus artículos sobre Antonio de Velasco y su primo Fadrique Enríquez, Almirante de Castilla [1984, 1986], y sobre Juan de Mendoza [1989], además de su edición de los poemas de Juan Manuel II y João Manuel [1979]. La obra poética de Diego de San Pedro nos es asequible finalmente gracias a una edición completa y esmerada que incluye, además de una amplia introducción y notas, diversos textos base según las distintas tradiciones textuales de los poemas (Severin y Whinnom [1979]). Cátedra [1989*a*] investiga los complejos nexos existentes entre la *Pasión trobada* de este poeta, la predicación y el teatro religioso. Un problema frecuente a la hora de estudiar a los poetas del *Cancionero general* y otros cancioneros de la misma época radica en la disparidad de las atribuciones de una poesía determinada, al que hay que añadir el que deriva del uso del apellido únicamente en unos casos y, en otros, de nombre y apellido, por lo que es difícil saber si se trata de un poeta o de dos. Antes de empezar una valoración estética, conviene resolver estos problemas y establecer el canon de la obra de cada poeta; véase, por ejemplo, Deyermond [1989*a*].

Cuando las obras de un poeta se publican en volumen aparte, o cuando se trata de un poema largo, no suelen darse problemas de atribución; entonces es posible hacer crítica literaria sin la labor previa de establecer el canon. Boase [1980], por ejemplo, hace un análisis muy interesante de las imágenes de Pedro Manuel Ximénez de Urrea, poeta demasiado joven para ser incluido en el *Cancionero general* de 1511; Mazzocchi [1988] compara dos poemas, los de Juan del Encina y el Comendador Román, sobre la muerte del heredero de los Reyes Católicos en 1497, y también examina las tradiciones en que se apoyan y las técnicas poéticas. Entre los plantos del siglo XV, sin embargo, aparte de las *Coplas* manriqueñas, la joya más preciosa son sin duda las endechas por Guillén Peraza: en un largo estudio, F. Rico [1990] reconstruye con detalle el contexto histórico en que se gestaron (hacia 1446 y no en 1443, como solía creerse) y las fuentes de su inspiración (de la Biblia a Juan de Mena), al tiempo que analiza minuciosamente sus excepcionales logros poéticos.

La más importante aportación al estudio de los cancioneros musicales es la edición crítica del de la catedral de Segovia (González Cuenca [1980]); cada uno de los 38 poemas castellanos del manuscrito lleva notas textuales y comentario crítico; también figura una introducción que describe el códice y analiza los temas y las formas literarias. Es de esperar que le siga una edición del cancionero entero, ya que los textos castellanos constituyen menos del 25 por 100 de una colección cuatrilingüe (hay muchos en latín, francés y neerlandés) que nos revela la dimensión internacional de la cultura poético-musical de la corte (cf. lo dicho *supra* del *Cancionero de Vindel*). Aunque ya contemos con una edición, con estudio, del *Cancionero de Uppsala,* no por ello es menos útil la nueva de Riosalido [1983], que, además de transcribir los textos, incluye un facsímil de la edición de Venecia, 1556, y un estudio de la historia del cancionero (con una biografía de su descubridor, Rafael Mitjana), donde se sostiene que existe una relación entre las canciones y villancicos que figuran y la tradición poética árabe, hipótesis tan interesante como discutible. Otro tipo de relación, el influjo mutuo de elementos populares y cultos en el *Cancionero musical de Palacio*, ha sido estudiado por Cano Ballesta [1986]. Para los cancioneros musicales, véase también Whetnall [1989], ya comentado.

Además de los musicales, la tradición del *General* de 1511 pervive en otros cancioneros posteriores, pues incluyen un gran número de poemas de las últimas décadas de la Edad Media. El *Cancioneiro geral* de Garcia de Resende, de 1516, contiene, además de los portugueses, muchos poemas castellanos. De ahí el gran interés del libro de Dias [1978], que describe el contenido del cancionero y estudia la relación que se da entre sus poemas y los de otros tantos cancioneros castellanos; también cuenta con un apéndice de versos citados por sus poetas. En el ms. 617 de la Biblioteca de Palacio no sólo figuran muchos poetas del XVI, sino también bastantes del XV, desde Villasandino hasta Juan de Mendoza; disponemos por fin de una edición (Labrador *et al.* [1987]). También ha sido editado otro cancionero tardío, el ms. Borbón Lorenzana 506 de la Biblioteca Provincial de Toledo (J.M. Blecua [1980]), y casi todos cuyos poemas son de fines del XV y principios del XVI. Los pliegos sueltos del XVI constituyen una fuente tan importante como los cancioneros de la época para el conocimiento de la lírica del XV. En este sentido, las investigaciones bibliográficas de Antonio Rodríguez-Moñino y F.J. Norton son el punto de partida de todo estudio de los pliegos sueltos; ahora también hay que contar con las contribuciones bibliográficas y literarias de Pedro Cátedra y Víctor Infantes (Cátedra e Infantes [1983]; Infantes [1987, 1988 y en prensa]), pues inauguran una nueva época.

La gran mayoría de trabajos sobre la poesía del siglo XV, incluidos los de los poemas en concreto, tiene que ver con la lírica y la poesía alegórica; no obstante, también hay poemas importantes de otro tipo, por ejemplo, los historiográficos. Aunque no se puede defender desde el punto de vista genérico que exista una tajante división entre éstos y la historiografía en prosa (de la que tratamos en el cap. 10, *infra*), sí tiene un cierto valor práctico agrupar en un mismo capítulo toda la poesía del siglo (a excepción de la dramática). Un caso notable de principios de siglo es la historia universal que figura en *Las siete edades del mundo* del obispo converso Pablo de Santa María. En su día, estudié la relación existente entre su visión de la historia y la ideología de la dinastía trastámara (Deyermond [1985]), comparándola con la historiografía ideológica de Alfonso el Sabio. Al tener que basarme en una edición decimonónica poco satisfactoria, cometí varios errores de detalle, que ahora han sido corregidos en el marco de sendos estudios de la tradición textual por obra de dos investigadores que preparan otras tantas ediciones críticas (Sconza [1987], Conde López [en prensa]). Krieger [en prensa] estudia el poema considerando el contexto y el punto de vista judíos de Pablo de Santa María. Con todo, es a Pedro Cátedra a quien debemos los dos trabajos decisivos sobre la poesía historiográfica: se trata de las ediciones de la *Conmemoración breve de los reyes de Portugal*, compuesta en 1461 o 1462 por Alonso de Córdoba, y de la mucho más larga *Consolatoria de Castilla* (509 estrofas de arte mayor), que no pudo acabar Juan Barba a causa de su muerte en 1488. Ambas ediciones ofrecen una transcripción regularizada y ligeramente enmendada del manuscrito único. Cátedra [1983a] estudia brevemente la *Conmemoración* y a su autor, y sus conclusiones tienen gran interés para la evolución de la ficción sentimental; la edición de la *Consolatoria* [1989b] va precedida de una monografía de 150 páginas sobre la historia del género en el siglo XV, la ideología, estructura y técnica narrativa del poema, y la vida del poeta: un trabajo ejemplar, tanto en la edición como en la introducción monográfica.

La *Dança general de la Muerte*, como demuestran Hook y Williamson [1979], tiene un complejo diseño de imágenes relacionadas con el *topos* del mundo al revés. El estudio del texto se ha hecho mucho más expedito gracias a la edición de Solà-Solé [1981]; no tanto por la edición en sí (pues es una transcripción poco enmendada del manuscrito único y, por lo tanto, no muy diferente de otras), sino por las concordancias, la lista de frecuencias léxicas y la de terminaciones. También incluye una reimpresión de la edición publicada por Amador de los Ríos de la *Danza* impresa en 1520, o sea, una refundición de la *Dança general*; no lleva concordancias, pero sí una lista de frecuencias. De las investigaciones de McKendrick [1978-1979, 1979] se deduce que dicha refundición, fiel reflejo de los problemas sociales, se compuso en Sevilla poco después de 1460.

Los poemas político-satíricos del siglo XV (*Coplas de Mingo Revulgo, Coplas de la Panadera, Coplas del Provincial*) han sido objeto de intensa investigación. Brodey [1986] transcribe el texto de *Mingo Revulgo* del manuscrito de la biblioteca Rodríguez-Moñino, con variantes manuscritas e impresas, y explica convincentemente que la tradición textual implica que la edición crítica es poco menos que imposible; los textos completos de cuatro glosas en prosa son una base excelente para futuros trabajos; explica, además, el a veces difícil contenido de la obra por medio de paráfrasis y notas adicionales y sostiene que el autor es Fernán Pérez de Guzmán. El trasfondo histórico de *Mingo Revulgo* ha sido estudiado por Mackay [1985], quien relaciona el poema con la deposición simbólica de Enrique IV en Ávila en 1465; este importante artículo se ha visto enriquecido y matizado por el comentario de Kristin Sorensen Zapalac y la respuesta del propio Mackay, publicados en la revista *Past & Present*, 113 (1986). Las *Coplas de la Panadera* también cuentan con una nueva edición con estudio de la tradición textual (Elia [1982]). Rodríguez Puértolas [1983], que envió su trabajo a la imprenta sin llegar a conocer la edición de Elia, comenta el aspecto político, proporciona explicaciones sobre los personajes y redacta un glosario. Más sorprendente aún es el caso de López Álvarez y Torrecilla del Olmo [1981], pues al parecer conocieron la edición de Ciceri (1975) tras haber concluido el trabajo. Proponen como autor a Juan Hurtado de Mendoza y sitúan la composición entre fines de 1465 y principios de 1466; comentan la técnica literaria y la ideología del poema. Hay, por descontado, otros poemas políticos en esta época: Ferrer-Chivite [1986] sostiene que las *Coplas del Tabefe* («Abre, abre las orejas»), compuestas en Jerez poco antes de 1490, constituyen un ataque a los Reyes Católicos; su argumentación convence; Lomax [1987] publica (a partir del ms. de la Biblioteca Real de Copenhague) y comenta un poema hasta ahora desconocido sobre la guerra civil de 1462 entre la ciudad de Barcelona y Juan II de Aragón.

Los extensos poemas religiosos de fines del siglo XV y primeros años del XVI también han inspirado algunos trabajos muy interesantes. Sirviéndose de los fondos del Vaticano, Gotor [1979] exhuma otro manuscrito de la *Vita Christi* de fray Íñigo de Mendoza y publica algunos poemas con él relacionados. Otro poema, el *Tresenario de contenplaciones,* relacionado tanto con la *Vita Christi* como con las *Coplas de Mingo Revulgo* (pues no en balde estas últimas combinan asuntos religiosos con otros de crítica social) ha sido esmeradamente editado por Kerkhof [1984] a partir del ms. 1.865 de Salamanca (SA1). Boreland [1979] estudia las tradiciones que originaron las *Coplas de Infante y el Pecado*, de Ambrosio de Montesino, y analiza su técnica poética. Norti Gualdani [1983] completa su edición de *Los doce triunfos* de Juan de Padilla (1975, 1978) con un grueso volumen de comentarios en que explica la obra a la luz de las fuentes literarias y tradiciones teológicas en las que se apoyó el poeta. Una obra religiosa de distinto tipo, el *Cancionero* de Pero Marcuello, también llamado *Devocionario de la reyna doña Juana*, que se creía perdido (por más que figura en el Musée Condé de Chantilly), ha sido editada con una breve introducción por J. M. Blecua [1988]: se trata de una serie de poemas, muchos de los cuales glosan textos bíblicos y litúrgicos, compuestos entre 1482 y 1502. Finalmente, la *Alhotba arrimada* o *Sermón de Rabadán*, un poema aljamiado, casi todo en cuadernavía, es fiel testigo de que la poesía religiosa de la España medieval no fue siempre cristiana; Thompson [1986] estudia su dependencia de las tradiciones islámicas y cristianas.

Queda aún mucho trabajo por hacer: ediciones de cancioneros, biografías y ediciones de poetas, análisis literarios de muchos textos desatendidos, solución de problemas de autoría. Sin embargo, las líneas principales de la poesía del siglo XV se han aclarado bastante; otros tantos proyectos en curso las aclararán mucho más.

BIBLIOGRAFÍA

Aguirre, J.M., ed., Jorge Manrique, *Coplas de amor y de muerte*, Olifante, Zaragoza [1980].

—, «Reflexiones para la construcción de un modelo de la poesía castellana del amor cortés», *RF*, XCIII (1981), pp. 55-81.

Alonso, Álvaro, «El estoicismo y el debate de *Bías contra Fortuna*», *D*, IV (1985), pp. 107-115.

—, ed., *Poesía de cancionero*, Cátedra (LH, CCXLVII), Madrid, 1986.

Alvar, Carlos, «La 'vaquilla', el 'solimán' y otras cuestiones del *Diálogo entre el Amor y un viejo*», *RFE*, LVIII (1976 [1978]), pp. 69-79.

Alvar, Manuel, «Las poesías de Carvajales en italiano: *Cancionero de Estúñiga* números 143-145», en *Estudios sobre el Siglo de Oro: homenaje a Francisco Ynduráin*, Editora Nacional, Madrid, 1984, pp. 15-30.

—, y Elena Alvar, eds., *Cancionero de Estúñiga: edición paleográfica*, CSIC (Publicaciones de la Institución Fernando el Católico, DCCCXXI), Zaragoza, 1981.

Arbós, Cristina, «Los cancioneros castellanos del siglo XV como fuente para la historia de los judíos españoles», en *Jews and Conversos: Studies in Society and the Inquisition: Proceedings of the Eighth World Congress of Jewish Studies held at the Hebrew University of Jerusalem. August 16-21, 1981*, ed. Yosef Kaplan, World Union of Jewish Studies y the Magnes Press, Hebrew Univ., Jerusalén, 1983.

Azáceta, José María, ed., *Poesía cancioneril*, Plaza y Janés, Barcelona, 1984.

Battesti-Pelegrin, Jeanne, *Lope de Stúñiga: recherches sur la poésie espagnole au XVe siècle*, Univ. de Provence, Aix-en-Provence, 1982, 3 vols.

—, ed., Lope de Stúñiga, *Poesías: édition critique*, Univ. de Provence (Études Hispaniques, IV), Aix-en-Provence, 1982.

—, «Lire autrement la poésie médiévale: codes amoureux, codes poétiques dans la lyrique du XVe siècle», *Les Langues Néo-Latines*, 252 (1985), pp. 59-79.

Beltrán Pepió, Vicente, ed., Jorge Manrique, *Cancionero* y *Coplas a la muerte de su padre*, Bruguera, Barcelona, 1981.

—, «La transmisión textual de las *Coplas* manriqueñas (1480-1540)», *Inc.*, VII (1987), pp. 95-117.

—, ed., Jorge Manrique, *Poesía completa*, Planeta (Clásicos Universales, CLIV), Barcelona, 1988.

252   EDAD MEDIA

—, *La canción de amor en el otoño de la Edad Media*, PPU (Estudios Literarios, I), Barcelona, 1988 [1989].

Black, Robert G., «Poetic Taste at the Aragonese Court in Naples», en *Florilegium Clarke* (1983), pp. 165-178.

Blecua, Alberto, «'Perdióse un quaderno': sobre los *Cancioneros de Baena*», *AEM*, IX (1974-1979), pp. 229-266.

Blecua, José Manuel, «Un cancionerillo casi burlesco», en *Homenaje Rey* (1980), pp. 219-245.

—, ed., Pedro Marcuello, *Cancionero*, Institución Fernando el Católico (Publicaciones, MCIII), Zaragoza, 1987 [1988].

Boase, Roger, «Imagery of Love, Death and Fortune in the Poetry of Pedro Manuel Ximénez de Urrea (1486- c. 1530)», *BHS*, LVII (1980), pp. 17-32.

Boreland, Helen, «El diablo en Belén: un estudio de las *Coplas del Infante y el Pecado* de Fray Ambrosio Montesino», *RFE*, LIX (1977 [1979], pp. 225-256.

Brodey, Vivana, ed., *Las Coplas de Mingo Revulgo*, HSMS (SS, XXX), Madison, 1986.

Burke, James F., «The Interior Journey and the Structure of Juan de Mena's *Laberinto de Fortuna*», *Revista de Estudios Hispánicos*, XXIII (EE.UU., 1989), pp. 27-45.

Cano Ballesta, Juan, «Cultura popular y diálogo intertextual en el *Cancionero musical de Palacio*», en *Actas VIII AIH* (1986), I, pp. 317-328.

Caravaggi, Giovanni, ed., Jorge Manrique, *Poesía*, Taurus (Temas de España, CXL), Madrid, 1984.

—, Monika von Wunster, Giuseppe Mazzocchi y Sara Tonelli, eds., *Poeti «cancioneriles» del sec. XV*, Jadapre (Romanica Vulgaria, VII), L'Aquila, 1986.

Carrasco, Félix, «Aproximación semiótica al 'Bendito aquellos...' del Marqués de Santillana», *RLit*, XLV (1983), pp. 5-20.

Cátedra, Pedro M., ed., *Poemas castellanos de cancioneros bilingües y otros manuscritos barceloneses*, Univ. of Exeter (EHT, XXIV), Exeter, 1983.

—, ed., Alonso de Córdoba, *Conmemoración breve de los reyes de Portugal...*, Humanitas (Biblioteca Humanitas de Textos Inéditos, I), Barcelona, 1983.

—, «De sermón y teatro, con el enclave de Diego de San Pedro», en *Whinnom Studies* (1989), pp. 7-18.

—, *La historiografía en verso de la época de los Reyes Católicos: Juan Barba y su «Consolatoria de Castilla»*, Universidad (AS, Textos Medievales, XIII), Salamanca, 1989.

—, y Victor Infantes, «Estudio», en *Los pliegos sueltos de Sir Thomas Croft (siglo XVI)*, I, Albatros, Valencia, 1983, pp. 9-48.

Ciceri, Marcella, «Livelli di trasgressione (dal riso all'insulto) nei canzonieri spagnoli», en *I codici della trasgressività in area ispanica: Atti del Convegno di Verona, 12-13-14 giugno 1980*, Univ. degli Studi, Padua; Istituto di Lingue e Letterature Straniere, Verona, 1981, pp. 19-35.

—, «Un epitalamio satirico di Rodrigo Cota», *CN*, XLII (1982), pp. 239-263.

Conde López, Juan Carlos, «Sobre el texto de las *Siete edades del mundo* de Pablo de Santa María», en *Actas del II Congreso de la AHLM*, en prensa.

Cossutta, Anna Maria, ed., «Il *Triunfo del Marqués* di Diego de Burgos secondo la redazione del *Cancionero de Oñate-Castañeda*», *SI* (1980), pp. 277-284.

Crosbie, John, «*A lo divino» Lyric Poetry: An Alternative View*, Univ. of Durham (Durham Modern Language Series, Hispanic Monographs, V), Durham, 1989.

Chaffee, Diane, «Ekphrasis in Juan de Mena and the Marqués de Santillana», *RPh*, XXXV (1981-1982), pp. 609-616.

Chevalier, Jean-Claude, «Poema, poeta y lector: nota lingüística sobre un poema de Jorge Manrique», *BAPLE*, X, 1 (1982) [1986]), pp. 15-35.

Delgado León, Feliciano, ed., *«La coronación» de Juan de Mena: edición, estudio, comentario*, Monte de Piedad y Caja de Ahorros (Colección Medina y Corella, II), Córdoba, 1978.

De Menaca, Marie, «Passé national et projet politique dans les *Loores de los claros varones de España* de Fernán Pérez de Guzmán», *Textes et Langages*, IV (1983), pp. 111-161.

De Nigris, Carla, ed., Juan de Mena, *Poesie minori*, Liguori (Romanica Neapolitana, XXIII), Nápoles, 1988 [1989].

—, y Emilia Servillo, «Note sulla tradizione manoscritta della *Comedieta de Ponça*», *MR*, V (1978), pp. 100-128.

Deyermond, Alan, «The Use of Animal Imagery in Cota's *Diálogo* and in Two Imitations», en *Études Horrent* (1980), pp. 133-140.

—, «Baena, Santillana, Resende and the Silent Century of Portuguese Court Poetry», *BHS*, LIX (1982), pp. 198-210.

—, «Structure and Style as Instruments of Propaganda in Juan de Mena's *Laberinto de Fortuna*», *Proceedings of the Patristic, Medieval and Renaissance Conference*, V (1980 [1983]), pp. 159-167.

—, «Spain's First Women Writers», en *Women in Hispanic Literature: Icons and Fallen Idols*, ed. Beth Miller, Univ. of California Press, Berkeley, 1983, pp. 27-52.

—, «Historia universal e ideología nacional en Pablo de Santa María», en *Homenaje Galmés de Fuentes* (1985), II, pp. 313-324.

—, «The Poetry of Nicolás Núñez», en *Whinnom Studies* (1989), pp. 25-36.

—, «Santillana's Love-Allegories: Structure, Relation, and Message», en *Studies Wardropper* (1989), pp. 75-90.

—, «La *Defunzión del noble cavallero Garci Laso de la Vega*, de Gómez Manrique», *D*, VI (1987 [1990]), pp. 93-112.

Dias, Aida Fernanda, *O «Cancioneiro geral» e a poesia peninsular de quatrocentos: contactos e sobrevivência*, Almedina, Coimbra, 1978.

Díez Garretas, María Jesús, ed., *La obra literaria de Fernando de la Torre*, Universidad, Valladolid, 1983.

—, ed., *La poesía de Ferrán Sánchez Calavera*, Universidad (Literatura, XII), Valladolid, 1989.

Domínguez, Frank A., *Love and Remembrance: The Poetry of Jorge Manrique*, University Press of Kentucky (Studies in Romance Languages, XXXIII), Lexington, 1988.

Duffell, Martin J., «The Origins of *Arte mayor*», *CN*, XLV (1985), pp. 105-123.

—, «The Metre of Santillana's Sonnets», *MAe*, LVI (1987), pp. 276-303.

Dutton, Brian, «Spanish Fifteenth-Century *Cancioneros*: A General Survey to 1465», *KRQ* (1979), pp. 445-460.

—, «Proverbs in Fifteenht-Century *Cancioneros*», en *Whinnom Studies* (1989), pp. 37-47.

—, y Charles B. Faulhaber, «The 'Lost' Barrantes *Cancionero* of Fifteenth-Century Spanish Poetry», en *Florilegium Clarke* (1983), pp. 179-202.

—, Stephen Fleming, Jineen Krogstad, Francisco Santoyo Vázquez y Joaquín González Cuenca, *Catálogo-índice de la poesía cancioneril del siglo XV*, HSMS (BS, III), Madison, 1982, 2 tomos en 1.

Elia, Paola, ed., *Coplas hechas sobre la batalla de Olmedo que llaman las de la Panadera,* Istituto di Lingue e Letterature Straniere, Università degli Studi, Verona, 1982.

Fainberg, Louise Vasvari, ed., Juan de Mena, *Laberinto de Fortuna*, Alhambra (CA, II), Madrid, 1976.

Fallows, David, «A Glimpse of the Lost Years: Spanish Polyphonic Song, 1450-1470», de próxima aparición.

Faulhaber, Charles B, «Medieval Spanish Metrical Terminology and Ms. 9589 of the Biblioteca Nacional, Madrid», *RPh*, XXXIII (1979-1980), pp. 43-61.

Ferrer-Chivite, Manuel, «Sobre las *Coplas del Tabefe* y su fecha», en *Actas VIII AIH* (1986), I, pp. 519-526.

Fradejas Lebrero, José, «Dos poemas amorosos de don Gómez Manrique», en *Actas del I Congreso de Historia de Palencia*, IV, Diputación Provincial, Palencia, 1987, pp. 245-255.

Francia, Santiago, «Jorge Manrique y el cabildo palentino», *Castilla,* XIII (1988), pp. 43-55.

Funes, Leonardo, «*Comedieta de Ponça*: el método neolachmaniano en la praxis de una experiencia ecdótica», *Inc*, VII (1987), pp. 139-152.

Garcia, Michel, «Le *Chansonnier d'Oñate y Castañeda*», *MCV,* XIV (1978), pp. 107-142; XV (1979), pp. 207-239; y XVI (1980), pp. 141-149.

García de la Concha, Víctor, «Un cancionero salmantino del siglo XV: el ms. 2762», en *Homenaje Blecua* (1983), pp. 217-235.

Gerli, E. Michael, «La "religión del amor" y el antifeminismo en las letras castellanas del siglo xv», *HR*, XLIX (1981), p. 65-86.

Gimeno Casalduero, Joaquín, «El *Triunphete de Amor* del Marqués de Santillana: fuentes, composición y significado», *NRFH,* XXVIII (1979), pp. 318-327.

Gómez Moreno, Ángel, y Maximiliaan P. A. M. Kerkhof, eds., Íñigo López de Mendoza, Marqués de Santillana, *Obras completas*, Planeta (Clásicos Universales, CXLVI), Barcelona, 1988.

González Cuenca, Joaquín, «Cancioneros manuscritos del Prerrenacimiento», *RLit*, XL (1978), pp. 177-215.

—, ed., *Cancionero de la Catedral de Segovia: textos poéticos castellanos*, Museo, Ciudad Real, 1980.

—, *Ceremonial de galanes: primera rebusca de invenciones y letras de justadores*, de próxima aparición.

Gotor, José Luis, «A propósito de las *Coplas de Vita Christi* de Fray Iñigo de Mendoza», *SI* (1979), pp. 173-214.

Gutwirth, Eleazar, «On the Background to Cota's *Epitalamio burlesco*», *RF,* XCVII (1985), pp. 1-14.

Hook, David, «An Idiosyncratic Manuscript Copy of Jorge Manrique's *Coplas por la muerte de su padre* (Lisbon, Bibl. Nac., Cod 11353)», *Scriptorium*, XLI (1987), pp. 237-254.

—, y J. R. Williamson, «'Pensastes el mundo por vós trastornar': The World Upside-Down in the *Dança general de la Muerte*», *MAe*, XLVIII (1979), pp. 90-101.

Infantes, Víctor, «Balance bibliográfico y perspectivas críticas de los pliegos sueltos poéticos del siglo XVI», en *Varia Simón Díaz* (1987), pp. 375-385.

—, «Los pliegos sueltos poéticos: constitución tipográfica y contenido literario (1482-1600)», en *El libro antiguo español: Actas del primer Coloquio Internacional (Madrid, 18 al 20 de diciembre de 1986),* ed. María Luis López-Vidriero y Pedro María Cátedra, Universidad de Salamanca y Sociedad Española de Historia del Libro, Salamanca; Biblioteca Nacional, Madrid, 1988, pp. 237-248.

—, «Edición, literatura y realeza: apuntes sobre los pliegos poéticos incunables», en *Reyes Católicos,* en prensa.

Irastortza, Teresa, «La caracterización de la mujer a través de su descripción física en cuatro cancioneros del siglo XV», *ALE,* V (1986-1987), pp. 189-218.

Kantor, Sofía, «Ocho máscaras para el requerimiento de amores: las "serranillas" del Marqués de Santillana», *BRAE,* LXIII (1983), pp. 393-411.

Kerkhof, Maxim P.A.M., ed., Marqués de Santillana, *Bías contra Fortuna,* RAE (Anejos del *BRAE,* XXXIX), Madrid, 1983.

—, «Le *Tresenario de contenplaçiones por estilo rrimado,* texte espagnol anonyme du XVe siècle: introduction, édition et vocabulaire», *Gesammelte Aufsätze zur Kulturgeschichte Spaniens,* XXXI (1984), pp. 286-370.

—, «Hacia una nueva edición crítica del *Laberinto de Fortuna* de Juan de Mena», *JHP,* VII (1982-1983), pp. 179-189.

—, «La *Pregunta de nobles* del Marqués de Santillana: edición crítica», *AFE,* I (1984), pp. 331-357.

—, ed., Marqués de Santillana, *Comedieta de Ponça,* Espasa-Calpe (CCs, n.s., IV), Madrid, 1987.

—, «Sobre la transmisión textual de algunas obras del Marqués de Santillana: doble redacción y variantes del autor», en homenaje a Francisco López Estrada, en prensa.

—, y Dirk Tuin, eds., *Los sonetos «Al itálico modo» de Íñigo López de Mendoza, Marqués de Santillana,* HSMS (SS, XVII), Madison, 1985.

Kohut, Karl, «La teoría de la poesía cortesana en el *Prólogo* de Juan Alfonso de Baena», en *Actas del Coloquio Hispano-alemán Ramón Menéndez Pidal, Madrid, 31 de marzo a 2 de abril de 1978,* ed. Wido Hempel y Dietrich Briesemeister, Max Niemeyer, Tubinga, 1982, pp. 120-137.

Krieger, Judith, «Pablo de Santa María, the Purim Letter, and *Siete edades del mundo*», *Mester* (Los Ángeles), en prensa.

Labrador, José J., C. Ángel Zorita y Ralph A. Di Franco, «Cuarenta y dos, no cuarenta coplas en la famosa elegía manriqueña», *BBMP,* LXI (1985), pp. 37-95.

—, — y —, eds., *Cancionero de poesías varias: manuscrito n°. 617 de la Biblioteca Real de Madrid,* El Crotalón [los autores], Madrid, 1986 [1987].

Lapesa, Rafael, «Poesía docta y afectividad en las 'consolatorias' de Gómez Manrique», en *Estudios Orozco Díaz* (1979), II; revisado en su *De Ayala a Ayala: estudios literarios y estilísticos,* Istmo, Madrid, 1988, pp. 55-64.

—, «'Las serranillas' del Marqués de Santillana», en *CT,* IV (1983), pp. 243-276.

—, «Sobre el mito de Narciso en la lírica medieval y renacentista», *Epos,* IV (1988), pp. 9-20.

Lawrance, Jeremy N.H., «Juan Alfonso de Baena's Versified Reading List: A Note on the Aspirations and the Reality of Fifteenth-Century Castilian Culture», *JHP,* V (1980-1981), pp. 101-122.

Lázaro Carreter, Fernando, «La estrofa en el arte real», en *Homenaje Blecua* (1983), pp. 325-336.

Lida de Malkiel, María Rosa, *Juan de Mena, poeta del prerrenacimiento español,* 2.ª ed., El Colegio de México, México, 1984.

Lomax, Derek W., «Un poema político de 1462», en *Homenaje al Profesor Juan Torres Fontes*, Univ. y Academia Alfonso X el Sabio, Murcia, 1987, pp. 892-899.

López Álvarez, Celestino, «El autor, sus pretensiones y otros aspectos de las *Coplas del Provincial*», *BH*, LXXXIII (1981), pp. 237-262.

López Morales, Humberto, «Jorge Manrique, en el V centenario de su muerte», *BAPLE*, X, 1 (1982 [1986]), pp. 5-12.

Mackay, Angus, «Ritual and Propaganda in Fifteenth-Century Castile», *Past & Present*, 107 (mayo de 1985), pp. 3-43.

—, «Courtly Love and Lust in Loja», en *Whinnom Studies* (1989), pp. 83-94.

MacKendrick, Geraldine, «The *Dança de la Muerte* of 1520 and Social Unrest in Seville», *JHP*, III (1978-1979), pp. 239-259.

—, «Sevilla y la *Dança de la Muerte* (1520)», *HID*, VI (1979), pp. 187-195.

Macpherson, Ian, ed., *The Manueline Succession: The Poetry of Don Juan Manuel II and Dom João Manuel*, Univ. of Exeter (EHT, XXIV), Exeter, 1979.

—, «Conceptos e indirectas en la poesía cancioneril: el Almirante de Castilla y Antonio de Velasco», en *Estudios Brooks* (1984), pp. 91-105.

—, «Secret Language in the *Cancioneros*: Some Courtly codes», *BHS*, LXII (1985), pp. 51-63.

—, «The Admiral of Castile and Antonio de Velasco: *Cancionero* Cousins», en *Medieval Studies Tate* (1986), pp. 95-107.

—, «Juan de Mendoza: *el bello malmaridado*», en *Whinnom Studies* (1989), pp. 95-102.

Márquez Villanueva, Francisco, «Jewish 'Fools' of the Spanish Fifteenth Century», *HR*, L (1982), pp. 385-409.

Mazzocchi, Giuseppe, «La *Tragedia trobada* de Juan del Encina y las *Décimas sobre el fallecimiento del Príncipe nuestro señor* del Comendador Román: dos textos frente a frente», *Il Confronto Letterario*, V (1988), pp. 93-123.

Mendia Vozzo, Lia, ed., Lope de Stúñiga, *Poesie*, Liguori (Romanica Neapolitana, XXV), Nápoles, 1989.

Monleón, José B., «Las *Coplas* de Manrique: un discurso político», *Ideologies & Literature*, 17 (septiembre-octubre de 1983), pp. 116-132.

Nieto Cumplido, Manuel, «Aportación histórica al *Cancionero de Baena*», *HID*, VI (1979), pp. 197-218.

—, «Juan Alfonso de Baena y su Cancionero: nueva aportación histórica», *Boletín de la Real Academia de Ciencias, Bellas Artes y Nobles Artes de Córdoba*, LII (1982), pp. 35-57.

Norti Gualdani, Enzo, ed., Juan de Padilla, *Los doce triunfos de los doce apóstoles III: Commento*, Cursi, Pisa, 1983.

Palumbo, Pietro, «L'ordine delle strofe nelle *Coplas por la muerte de su padre* di Jorge Manrique», *MR*, VIII (1983), pp. 193-215.

Pérez Bustamante, Rogelio, y José Manuel Calderón Ortega, *El Marqués de Santillana: biografía y documentación*, Fundación Santillana y Taurus (Fuentes Documentales para la Historia de Santillana, I) Santillana del Mar, 1983.

Pérez López, José Luis, ed., *El cancionero de Toledo del Marqués de Santillana*, Caja de Toledo, Toledo, 1989.

Pérez Priego, Miguel Ángel, ed., Juan de Mena, *Obra lírica*, Alhambra (CA, XIV), Madrid, 1979.

—, ed., Marqués de Santillana, *Poesías completas*, I, Alhambra (CA, XXV), Madrid, 1983.

—, «El *Claro escuro* de Juan de Mena», en *CT*, IV (1983), pp. 427-449.

Pescador del Hoyo, María del Carmen, «Aportaciones al estudio de Juan Álvarez Gato», *AEM*, IV (1972-1973 [1974]), pp. 305-347.

Potvin, Claudine, «Les Rubriques du *Cancionero de Baena*: étude pour une 'gaie science'», *Fifteenth Century Studies*, II (1979), pp. 173-185.

—, «La Poétique de Juan Alfonso de Baena: analyse de six poèmes», *SI* (1980), pp. 27-37.

—, «La vanidad del mundo: ¿discurso religioso o político?: a propósito del *contemptus mundi* en el *Cancionero de Baena*», en *Actas VIII AIH* (1986), II, pp. 467-476.

Puigvert Ocal, Alicia, «El léxico de la indumentaria en el *Cancionero de Baena*», *BRAE*, LXVII (1987), pp. 171-206.

Ramírez de Arellano y Lynch, Rafael W., ed., *La poesía cortesana y el «Cancionero de Vindel»: contribución al estudio de la temprana lírica española: estudio y edición crítica de los textos únicos del cancionero*, Vosgos, Barcelona, 1976.

Rico, Francisco, «*Costana*», en su libro *Primera cuarentena*, El Festín de Esopo, Barcelona, 1982, pp. 117-118.

—, «Texto y contextos. Las endechas a la muerte de Guillén Peraza», en su libro *Texto y contextos. Estudios sobre la poesía española del siglo XV*, Crítica, Barcelona, 1990.

Ríosalido, Jesús, ed., *El cancionero de Uppsala*, Instituto Hispano-árabe de Cultura y Emiliano Escobar, Madrid, 1983.

Rivera, Gladys M., ed., Juan de Mena, «*Coplas de los siete pecados mortales*» and *First Continuation*, Studia Humanitatis, Potomac, Maryland, 1982.

Rodríguez Puértolas, Julio, «Poesía satírica medieval: *Coplas de la Panadera*», en *CT*, IV (1983), pp. 375-404.

—, «Jorge Manrique y la manipulación de la historia», en *Medieval Studies Tate* (1986), pp. 123-133.

Rohland de Langbehn, Régula, ed., Marqués de Santillana, *Obras escogidas*, Kapelusz (Grandes Obras de la Literatura Universal, XXVI), Buenos Aires, 1978.

—, «Problemas de texto y problemas constructivos en algunos poemas de Santillana: la *Visión*, el *Infierno de los enamorados*, el *Sueño*», *F*, XVII-XVIII (1976-1977 [1979]), pp. 414-431.

Romera Castillo, José, «La sinonimia, recurso de estilo de las *Coplas* de Jorge Manrique», *BAPLE*, X, 1 (1982 [1986]), pp. 125-153.

Round, Nicholas, «Exemplary Ethics: Towards a Reassessment of Santillana's *Proverbios*», en *Belfast Papers* (1979), pp. 217-236.

—, «Formal Integration in Jorge Manrique's *Coplas por la muerte de su padre*», en *Readings in Spanish and Portuguese Poetry for Geoffrey Connell*, Department of Hispanic Studies, Univ., Glasgow, 1985, pp. 205-221.

Rovira, Juan Carlos, «Nuevos documentos para la biografía de Juan de Tapia», *ALE*, V (1986-1987), pp. 437-460.

—, «Los poemas al amor de Lucrezia d'Alagno y Alfonso V de Aragón», *BRAE*, LXVII (1987), pp. 77-107.

Rubio García, Luis, *Documentos sobre el Marqués de Santillana*, Dpto. de Filología Románica, Univ., Murcia, 1983.

Salvador Miguel, Nicasio, «La *Visión de Amor*, de Juan de Andújar», en *CT*, IV (1983), pp. 303-337.

—, «La tradición animalística en las *Coplas de las calidades de las donas*, de Pere Torrellas», *AFE*, II (1985), pp. 215-224.

—, ed., *Cancionero de Estúñiga*, Alhambra (CA, XXXIII), Madrid, 1987.

Santiago, Miguel de, ed., Jorge Manrique, *Obra completa*, Ediciones 29, Barcelona, 1978.

Sconza, M. Jean, «A Reevaluation of the *Siete edades del mundo*», *C*, XVI, 1 (otoño de 1987), pp. 94-112.

Scholberg, Kenneth R., *Introducción a la poesía de Gómez Manrique*, HSMS (SS, XIV), Madison, 1984.

Senabre, Ricardo, «La primera edición de las *Coplas* de Jorge Manrique», en *Serta Lázaro Carreter* (1983), II, pp. 509-517.

Severin, Dorothy S., y Keith Whinnom, eds., Diego de San Pedro, *Obras completas*, III: *Poesías,* Castalia (CCa, XCVIII), Madrid, 1979.

Sieber, Harry, «Narrative and Elegiac Structure in Gómez Manrique's *Defunzión del noble cavallero Garci Laso de la Vega*», en *Studies Wardropper* (1989), pp. 279-290.

Snow, Joseph, «The Spanish Love Poet, Florencia Pinar», en *Medieval Women Writers*, ed. Katharina M. Wilson, Univ. of Georgia Press, Athens, 1984, pp. 320-332.

Solà-Solé, Josep M., ed., *La dança general de la Muerte*, Puvill, Barcelona, 1981.

Steunou, Jacqueline, y Lothar Knapp, *Bibliografía de los cancioneros castellanos del siglo* XV *y repertorio de sus géneros poéticos,* II, Centre National de la Recherche Scientifique, París, 1978.

Sturm, Harlan, «Epic Imagery in the *Laberinto de Fortuna*: Some Notes on Juan de Mena and Homer», en *Keller Studies* (1980), pp. 159-169.

Suñén, Luis, *Jorge Manrique*, EDAF (Escritores de Todos los Tiempos, VII), Madrid, 1980.

Swan, A., A. Gronow, y J. M. Aguirre, «Santillana's *Serranillas*: A Poetic Genre of their Own», *Neophilologus*, LXIII (1979), pp. 530-542.

Swietlicki, Catherine, «Life as a Game: The *Tablero* Image in Jorge Manrique's *Coplas por la muerte de su padre*», *KRQ*, XXVI (1979), pp. 433-444.

Thompson, B. Russell, «La *Alhotba arrimada* (o el *Sermón de Rabadán*) y el mester de clerecía», en *Hispanic Studies Deyermond* (1986), pp. 279-289.

Tillier, Jane Yvonne, «Passion Poetry in the *Cancioneros*», *BHS*, LXII (1985), pp. 65-78.

Valcárcel, Carmen, «La realización musical de la poesía renacentista», *EO*, VIII (1988), pp. 143-159.

Webber, Edwin J., «El enigma del *Laberinto de Fortuna*», en *Philologica Alvar* (1986), III, pp. 563-571.

Weiss, Julian M., «Juan de Mena's *Coronación*: Satire or *Sátira*?», *JHP*, VI (1981-1982), pp. 113-138.

Whetnall, Jane, «'Lírica femenina' in the Early Manuscript *Cancioneros*», en *What's Past Is Prologue: A Collection of Essays Presented to L.J. Woodward*, Scottish Academic Press, Edimburgo, 1984, pp. 138-150 y 171-175.

—, «Song and *Canciones* in the *Cancionero general* of 1511», en *Whinnom Studies* (1989), pp. 197-207.

—, «Cancionero» Love Poetry in Fifteenth-Century Manuscripts: Developing Standards and Continuing Traditions, MHRA, Londres, en prensa.

Whinnom, Keith, La poesía amatoria de la época de los Reyes Católicos, Univ. of Durham (Durham Modern Language Series, Hispanic Monographs, II), Durham, 1981.

VICENTE BELTRÁN

LA CANCIÓN DE AMOR EN EL OTOÑO DE LA EDAD MEDIA

A primera vista, no parece pertinente recordar unas conocidísimas palabras del Marqués de Santillana en su *Prohemio e carta*: «Non ha mucho tiempo qualesquier dezidores e trobadores destas partes, agora fuessen castellanos, andaluzes o de la Estremadura, todas sus obras conponían en lengua gallega o portuguesa». Sin embargo, el escaso interés que despierta la literatura en lengua distinta de la castellana, el vacío de la lírica escrita en Castilla desde fines del siglo XIII hasta el *Cancionero de Baena* y la dificultad de vincular globalmente la escuela que éste refleja con la lírica galaico-portuguesa, ha dificultado el estudio de la tradición poética inmediatamente anterior a la eclosión de los cancioneros cuatrocentistas.

Recientes investigaciones han intentado perforar este vacío a partir de diversas fuentes de información: los propios cancioneros, tanto galaico-portugueses como castellanos, las interpolaciones tardías a los primeros y el sondeo de la producción literaria castellana del siglo XIV. De la tradición galaica depende una riquísima terminología métrica, en parte recordada por Santillana (*lexa-pren, manzobre* [de *mozdobre*], *encadenado*), pero en su mayoría recogida por J. A. de Baena: *cantiga, finida, palabra perdida* (de *palavra perduda*), *seguida, rima de macho e femea*...

De allí procede también la concepción del amor cortés en la poesía del siglo XV: la pérdida de los personajes secundarios y situaciones características de la tradición provenzal (el *gilos*, los *lauzengiers*, los

Vicente Beltrán, *La canción de amor en el otoño de la Edad Media,* PPU, Barcelona, 1988 [1989], pp. 27-40 y 47 ss., extracto preparado por el autor, tomando en cuenta otros trabajos suyos [1984, 1985, 1988].

grados del amor, el adulterio) y, lo que resulta más radical, la descarnalización total del amor y su propia esencia, que pasa de basarse en el *goig* o alegría del amor, a hacerlo sobre el concepto de la *coita* o pena. Allí se produjo también la transformación radical del modelo literario: desaparece el preludio primaveral y el vocabulario concreto, pasan a primer plano las figuras de la expresión y, en conjunto, los recursos del *ornatus facilis*, se reducen las dimensiones del poema, pasan a segundo plano recursos como la descripción femenina y del propio amor, y el poema se centra en los motivos del sufrimiento (*coita, sandece, morte*) y la petición de correspondencia. Las características más sobresalientes de la escuela castellana son, pues, herencia de la galaico-portuguesa.

Pero el estudio de los testimonios trecentistas (la *cantiga* de Alfonso XI y *Leonoreta / fin roseta*, que parece dedicada a Leonor de Guzmán) parece indicar la existencia de una escuela poética en la corte de este rey que habría alternado el uso del gallego y de un castellano notablemente influido por aquél, y donde habría que situar el paso de las convenciones trovadorescas a las cuatrocentistas.[1] Propias de este período parecen algunas innovaciones que perviven todavía en la

1. Mucho se ha hablado sobre las causas de la desaparición de la lírica trovadoresca tras la muerte de don Dinis. El apogeo simultáneo de la prosa, el desarrollo de la poesía didáctica y sapiencial, la escasez de códices regios con obras poéticas, son otros tantos indicios de un desplazamiento que, si no presupone la desaparición de la lírica cortesana, debió debilitarla considerablemente. Entre D. Dinis y Villasandino sólo encuentro cuatro testimonios de canción. Por su forma y autor, el más arcaico debe ser la *cantiga de amor de* Alfonso XI, «En un tiempo cogí flores», escrita hacia 1329. De ella se desprende, por una parte, la ruptura de las limitaciones temáticas de la cantiga de amor; por otra, la ampliación de los recursos descriptivos al ámbito sensorial y concreto, especialmente mediante la *descriptio puellae* con imágenes de tipo floral, vivas aún en la obra de Villasandino, y, por fin, la adopción de la estrofa zejelesca y la inclusión de la canción en el ámbito de las formas fijas. También los otros textos tienen formas semejantes a las que predominarían hacia 1420. De todos estos datos podemos inferir la existencia de una tradición cortesana consolidada, de formas muy semejantes a las que se abren el siglo XV, que se habría formado quizá ya durante el reinado de D. Denis y que discurrió al margen de los *cancioneiros,* probablemente apartada de ellos por su propia renovación formal y temática, que se dirigía hacia el cultivo de los géneros de forma fija y, entre ellos, de la *canción*. El hibridismo lingüístico de la *cantiga* de Alfonso XI autoriza a pensar que este proceso fue paralelo al desarrollo del castellano como lengua poética; las coincidencias formales y expresivas con los testimonios indirectos de Pero López de Ayala y Juan Ruiz permiten suponer que esta escuela gozaba de unidad y pleno desarrollo a mediados del siglo XIV y que, por sus formas estróficas, sus canciones debieron de aproximarse a las que se componían a comienzos de la siguiente centuria.

época de Villasandino: nuevas formas estróficas (formas simétricas, del tipo **abbacddc** en lugar de la caudata, tipo **abbaccd**), uso de los quebrados, éxito de la fórmula zejelesca y sus afines y asimilación del símil floral en la *descriptio puellae*, heredada sin duda de las *Cantigas de Santa María:* el *fin roseta de Senhor genta* o el *senhora, nobre rossa* o *yo soy la flor d[e l]as* frores de Alfonso XI. Es un recurso que reaparece en el *Poema de Alfonso XI*, junto a otros recursos literarios frecuentes en la prosa del siglo XIV.

Ciñéndonos ya a la canción amorosa del Cuatrocientos, la investigación permite marcar claramente tres períodos: el primero comprende los autores nacidos antes de 1401 (de Villasandino a Santillana); el segundo, entre 1401 y 1430 (Montoro, Estúñiga, Juan de Valladolid, Mena, Diego de Valera, Gómez Manrique y Fernando de la Torre entre otros muchos poetas ocasionales); y el tercero, a los que nacieron entre 1431 y 1475 (Manrique, Álvarez Gato, Portocarrero, Cartagena, Altamira, Garci Sánchez de Badajoz, Juan del Encina y otros).

La primera época crea el modelo estructural del género, perfectamente definido en poetas de escasas aspiraciones literarias como el condestable Álvaro de Luna:

> Mal me venga et mucho daño
> con pesar et amargura
> si *vos fablo con enganyo.*
> *Dixe* vos bien las verdades
> con toda lealtat pura
> *dixistes* que neçedades
> vos dezia et gran locura;
> Senyora, no acabe'st'anyo
> sino con mucha tristura
> *si con vos tal arte apanyo.*

Forma con estribillo de tres o cuatro versos y vuelta de cuatro, *retronx* o repetición del fin del estribillo como cierre del poema, estructura paralelística de las estrofas, con importantísimo recurso a la repetición y derivación léxica (véase la mudanza, que tiene como eje la repetición del verbo *dezir*), vocabulario abstracto y tema en torno al motivo de la petición de amores son la base sobre la que girará la canción hasta su desaparición en el siglo XVI.

Los autores principales del primer período (como Villasandino y el Marqués de Santillana) intentaron dar mayor alcance literario a este género, modificando sus características. Sin embargo, los grandes poetas del siguiente (Mena y Gómez Manrique principalmente) las aceptaron y potenciaron, a la vez que dieron a este género un lugar de primer orden en su producción. Fueron, con todo, los coetáneos de Jorge Manrique los que lo potenciaron definitivamente. En primer lugar, ampliaron el estribillo a cinco versos, rechazando el de tres y abandonaron el modelo de vuelta múltiple. Pero la novedad más importante fue su redefinición a partir de una estructura del contenido de raíz conceptista y el exacerbamiento del paralelismo léxico-sintáctico y las figuras de la expresión.

Veamos esta canción de Jorge Manrique:

> No tardes, muerte, que muero;
> ven, porque biva contigo;
> quiéreme, pues que te quiero,
> que con tu venida espero
> no tener guerra comigo.
>
> Remedio de alegre vida
> no lo ay por ningún medio,
> porque mi grave herida
> es de tal parte venida
> que eres tú sola remedio.
> Ven aquí, pues, ya que muero;
> búscame, pues que te sigo;
> quiéreme, pues que te quiero,
> y con tu venida espero
> no tener vida comigo.

Nótese el desarrollo del estribillo, la importancia de la repetición léxica en su verso tercero y su estricto paralelismo con la vuelta, la distinta construcción sintáctica de la mudanza, a modo de variación, la repetición de los últimos tres versos del estribillo, con ligeras variaciones al final *(retronx)* y la importancia que adquiere en la construcción del poema, así como la de la palabra en la rima del primer verso *(muero)*. Pero hemos de destacar, sobre todo, la paradoja del estribillo, racional y razonablemente resuelta en mudanza y vuelta.

Es sobre este esquema donde actuaron los poetas del *Cancionero general* de 1511 que, según Gracián, «todo lo echaban en concepto, y así [sus canciones] están llenas de alma y viveza ingeniosa». Su técnica puede observarse en la famosísima canción del comendador Escrivá, imitada de la anterior:

> Ven, muerte, tan escondida
> que no te sienta comigo,
> porque el gozo de contigo
> no me torne a dar la vida.
>
> Ven como rayo que hiere,
> que, hasta que ha herido,
> no se siente su ruido
> por mejor herir do quiere.
> Así sea tu venida;
> si no, desde aquí me obligo
> que el gozo que habré contigo
> me dará de nuevo vida.

Si atendemos en primer lugar al estribillo, veremos cómo ha tomado el motivo central de la canción, con su misma construcción paradójica, la invocación *ven* y el destinatario *muerte*, con las rimas desusadas *comigo* y *contigo*. Sin embargo, es más conciso —el uso del estribillo de cinco versos decae de nuevo a fin de siglo— y sustituye la explicación lógica de la paradoja (*que con tu venida espero / no tener guerra comigo*) por una nueva paradoja: *que el gozo que habré contigo / me dará de nuevo vida*. De este recurso juzgaba Gracián que «en entrambas [la paradoja inicial y la final] se halla la disonancia, y se dobla entonces la paradoja».

La vuelta del Comendador es más notable todavía: en lugar de razonar la afirmación inicial, la remacha con un símil, recurso no corriente, pero tampoco ajeno a la poesía de hacia 1500, y que tan fuertemente toca nuestra sensibilidad. En la vuelta sigue el planteamiento de Manrique en la repetición de las paradojas iniciales mediante el *retronx* de los últimos versos, pero las explicaciones desiderativas de don Jorge (*con tu venida espero / no tener vida comigo*) y el subjuntivo del estribillo del Comendador (*no me torne a dar la vida*) son sustituidos por el futuro (*me dará de nuevo vida*), que refuerza su capacidad expresiva.

La canción cortesana es, pues, un género largamente elaborado a lo largo de más de un siglo de trabajo de sucesivas generaciones sobre una forma poética inicial, que fue ampliando progresivamente la complejidad de su construcción y de su capacidad expresiva hasta hacer de él el más representativo y apreciado de la estética de cancionero, pero también el que, a través de un refinado conceptismo, satisfacía mejor las aspiraciones de los escritores del siglo XVII. De ahí el aprecio que alcanzó en la pluma de escritores tan característicos como Lope de Vega o Gracián en una época en que había ya desaparecido sustituida por el soneto, de concepción semejante y objetivos equivalentes, pero mejor adaptado a la estética del petarquismo.

EDWIN J. WEBBER

EL CONDESTABLE EN SU *LABERINTO*

El *Laberinto* es una obra ambigua. Se opina, correctamente, que la obra pretende ser una celebración del rey y de España; y a la vez es un examen de conciencia por las vicisitudes en que los españoles han caído. Siendo el país regido por el rey con los nobles, son ellos de quienes se trata. Con el debido respeto al rey, son las «virtudes e vicios de potentes» (6d) lo que el poeta quería cantar, con propósito evidentemente moralizador si no satírico. Visto desde otra perspectiva, el poeta se propuso crear una epopeya, la epopeya, la epopeya de España que no había sido escrita todavía, «por falta de auctores, (4h). Al emprender un poema de tal categoría, dirigido al rey mismo —a quien además presume catequizar—, Mena, en efecto, anunciaba a todos que él se veía a sí mismo no sólo como trovador sino como vate. Hay que comprender esto para alcanzar a ver todas las contingencias, para captar la visión que el poeta tenía de sí, tanto en el real mundo como en el mundo selecto al que aspiraba con su arte. Esta cuestión fundamental no se desprende solamente de la lectura del *Laberinto*. Se levanta irresistiblemente al tratar de compaginar el contenido del poema con las circunstancias de su entrega al rey y la situación histórica de aquel momento.

Es muy notable que la fecha concreta y circunstancial dada para

Edwin J. Webber, «El enigma del *Laberinto de Fortuna*», en *Philologica Hispaniensia in Honorem Manuel Alvar*, III, *Literatura*, Gredos, Madrid, 1986, pp. 563-571.

la presentación de la obra corresponda a un momento que no podía ser peor para gloriarse de la fortuna, ni de Juan ni del condestable. Uno de los manuscritos (BMP 70) termina diciendo que el poema fue presentado al rey en Tordesillas el 22 de febrero, año de 1444. En aquel día, en realidad, hacía siete meses que el rey estaba detenido en Tordesillas, preso y vigilado por Juan de Navarra. Al mismo tiempo, Álvaro de Luna estaba desterrado. Aunque Lope de Barrientos estaba obrando por la liberación del rey, aquélla todavía distaba varios meses. Es decir, en tal día fue entregado un poema que ensalzaba la majestad del rey, a la vez que celebraba el poder que el condestable ejercitaba sobre la diosa Fortuna. Está claro que falta algo aquí para concordar hechos aparentemente dispares. Sólo comprendiendo mejor lo que pretendía el poeta con tal manifestación poética —al parecer tan fuera de sazón como artísticamente ambiciosa— sería posible salir de este contrasentido.

[Para realizar su obra maestra Mena necesitaba un modelo.] Bien podría ser que la inspiración vital y decisiva del *Laberinto* viniera de la correspondencia que el poeta percibió entre las calamidades de Roma descritas por Lucano en la *Farsalia* y la desolación de España por los años cuarenta. La guerra civil, en efecto, es el tema declarado de la epopeya de Lucano, como lo es en el *Laberinto*. Los males de Roma, como los de España, estaban encarnados en unos pocos protagonistas grandes, poderosos, orgullosos y voluntariosos. No es difícil divisar posibles correspondencias entre las dos obras, además de numerosísimos ecos por todo el *Laberinto*. Hay que recordar que para Lucano, en cuanto al gobierno, Pompeyo era la salvación del Estado. El enemigo de Roma era César, opinión también de Mena (217c). Esta oposición es el eje de la acción de la *Farsalia*. No cuesta mucho reconocer en Pompeyo al rey Juan, en quien reside el futuro de Castilla, una vez resueltas las desesperadas rivalidades del momento. La majestad del rey al recibir a las embajadas «de bárbaros reyes e grandes señores» (221-222) puede recordar el retrato metafórico de Pompeyo como roble majestuoso, de nombre ilustre y venerado en todas las naciones (I: 136-137; IX: 202-203). Si Juan corresponde a Pompeyo, ¿quién será el mortal enemigo de España? [...]Para muchos, el gran enemigo era Luna. ¿Es posible que entre ellos se encòntrara Mena? La figura del condestable que «cavalga sobre la Fortuna» (235a) y es vencedor de ella (236h) puede recordar las repetidas veces que Lucano se refiere a César como favorito de la Fortuna, incluso el juramento de César, al cruzar el Rubicón, de seguir a la diosa de allí en adelante, dejando atrás paz y leyes (I: 225-226).

[En todo lo que escribió Juan de Mena con respecto a Álvaro de Luna, el tono fue siempre cortés y servicial. Sin embargo, a base de aquel acatamiento, por lo visto, se ha presumido que Mena era partidario de Luna.] Esto se dice teniendo en cuenta el séptimo círculo del *Laberinto* —todo él dedicado a Luna— donde es fácil inferir de la parcialidad de la Providencia amplia justificación de aquella opinión. Pero la bondad de la Providencia en sí no es nada calificativa. ¿Quién descifra los designios de Dios? En efecto, el poeta declara sólo lo que era ya notorio a todos: que Luna se señoreaba de la Fortuna desde hacía muchísimos años. Lo que Mena dice era verdad, pero el hecho de decirlo allí y la manera de decirlo, junto con curiosos detalles esparcidos por todo el poema, suscita reservas.

[¿Pero dónde se puede encontrar, en el amable trato de Mena para con el condestable, razón para sospechar disimulo por parte del poeta?] En realidad, casi al principio de la obra, en lo alto de la casa de Fortuna, el autor pone una advertencia: «Si coplas, o partes, o largas diçiones / non bien sonaren de aquello que fablo, / miremos al seso man non al vocablo» (33a-f). Tratándose obviamente de una alegoría, esto podría ser una tautología que ni añade ni explica nada. [Pero apenas comenzada la siguiente inspección del mundo el poeta ve Europa, llamada así por la hija de Agenor, «robada en la taurina fusta» (42b); es decir, por Júpiter en forma de toro. Esta muchacha recuerda la figura de Roma en Lucano (I: 185-190), llorando, con brazos desnudos y cabellos mesados bajo corona «torreada», semejante, sin duda, al muro almenado de un castillo —emblema de Castilla, la Castilla que era cautiva en la persona de su rey—. [Luego] el poeta dice que «desde los Alpes... fasta las lindes del grand Oçéano» (46e-f) percibe a Italia. Este ángulo es algo oblicuo, pero sabiendo que —para ver a Italia— debía decir no «oçeano» sino «Mediterráneo», ¿se puede juzgar que quería extender la perspectiva hasta incluir a España, es decir, «Esperia» (48c)? En efecto, se sabe que Italia y España alguna vez eran comprendidas bajo el nombre de «Hesperia». De todos modos, continúa Mena diciendo que «en la era dorada» este país fue llamado por el pueblo romano «Saturnia» (46g-h), por Saturno, desterrado del cielo por Júpiter. [...] La referencia a Saturnis señala el círculo de Saturno —el círculo de Álvaro de Luna—, quizá el círculo clave del poema, donde «las grandes personas en sus monarchías / e los que rigen las sus señorías / con moderada justiçia temidos» (232b-d) tienen sólo al condestable como representante. De la palabra «monarchías» es imposible saber con qué intención se emplea aquí. Dos veces, en efecto, Lucano se había referido a la ambición secreta de

César de ser rey (V: 668; VII: 240). Mena, entre líneas sobre la riqueza y la tiranía, se refiere a «la mano del Çésar que el mundo regía» (227g). ¿Quién mejor que él sabría que el condestable de hecho gobernaba Castilla en nombre del rey, aunque nunca lo dijo llanamente? «Todo le vino según lo pedía», diría Gómez Manrique, entre otros: «A toda Castilla mandaua e regía, / sin otro mayor tener nin ygual»; y añadió que «... non le faltar saluo el título para ser rey».

En cuanto al símbolo fundamental del poema, donde se dice «laberinto» se dice «minotauro». La bestia, hijo de Pásife y el toro de Minos —este mismo hijo de Júpiter en forma de toro y Europa—, en el conocido laberinto original andaba dentro devorando a todos los que se acercaran. Es muy fácil reconocer que el tema de la codicia, como apetito insaciable, es un motivo esencial de la obra. [Todos los enemigos de Luna estaban de acuerdo en que, si bien practicaba todos los pecados, tenía singular afinidad por la codicia.]

Importa que se recuerde además que el poeta había recibido al principio un mandado de su guía, al inspeccionar el mismo círculo de «la Luna»: «que por amigo nin por enemigo, / nin por amor de tierra nin gloria, / nin finjas lo falso nin furtes estoria, /mas di lo que oviere cada qual consigo» (6le-h). Con insistencia ella declara también que «la Luna» —como los otros planetas en los otros círculos— gobierna este círculo. Los presentes que sufren la influencia de «la Luna» son el rey, la reina y la hermana del rey. ¿Se permite sospechar cierta ambigüedad aquí al hablar de la «influencia» de «la Luna»? [...]

¿Se ha entendido todo el sentido de las palabras del poeta al final, cuando exhorta al rey a no desatender las profecías de la Providencia y dice, después de parafrasear todavía a Lucano: «fazed verdaderas, señor rey, por Dios, / las profecías que non son perfetas» (269g-h)? Es decir, llevad a cabo las profecías que no están cumplidas. ¿Se permite incluir entre ellas la profecía ambigua de la caída de Luna —relatada con desmedida extensión (240-265)—, profecía que salió irónicamente con la destrucción de una estatua del condestable? En otras palabras, ¿se puede conjeturar que Mena estuviera pidiendo al rey que cumpliera inequívocamente con la profecía de la maga? Si se protesta que la profetisa dijo luego de Luna que era «más duro que robre», hay que recordar que las profetisas siempre hablan torcidamente —aparte la ineficacia de ninguna robustez contra la Fortuna—. Además de lo cual, el símbolo más a mano del poeta era la figura del roble usada por Lucano: la de un árbol grande, lleno de trofeos, pero hueco y sin raíces vivas, a punto de desplomarse. Y la ironía suprema, que con dificultad podría pasar inadvertida, era ésta: el mero hecho de que este laberinto se representaba como bajo el dominio de la Fortuna implicaba que inevitablemente llegaría la caída de cualquier favorito de la diosa inconstante.

En fin, se sugiere que Juan de Mena quizá no fuera tan servil adulador del poderoso condestable como se ha creído. Las relaciones entre los principales —el rey, el condestable y el poeta— dejan ver la posibilidad de una situación compleja, llena de incertidumbre y aun riesgos para el inferior, en el pequeño mundo de la corte. Una obra de tantas pretensiones, de tan alta concepción, no podía ser ideada solamente como ejercicio retórico ni anticuario; ni aun sólo para ser panegírico recordando proezas y personajes ejemplares. Hay demasiadas alusiones, entre llanas y recónditas, al problema de España que quedaba sin resolver en las manos rapaces de los «grandes». Y el poeta suena casi ingenuamente personal al hablar del «siervo» que por el miedo «dize por boca lo que él non aprueva», llegando hasta la «mendaçia del adulaçión» (94a-f).

ALAN DEYERMOND

LAS ALEGORÍAS DE AMOR DEL MARQUÉS DE SANTILLANA

[Los *dezires* alegóricos del Marqués de Santillana, *Triunphete de amor, El sueño* e *Infierno de los enamorados*, forman una trilogía unitaria escrita entre 1430 y 1437. La evolución estilística del Marqués y la tradición manuscrita parecen demostrar que el orden en que se escribieron fue *Triunphete-Infierno-Sueño*; pero que ese fuera su orden de composición no nos asegura que ese fuera también su orden dentro de la secuencia narrativa que forman los tres poemas.]

El *Triunphete de amor* tiene cinco elementos narrativos principales: 1. El narrador-protagonista está libre de amor («Siguiendo el plaziente estilo / a la deesa Diana») y empieza una aventura (estrofas 1-5).

Alan Deyermond, «Santillana's love-allegories: Structure, relation and message», en *Studies in honor of Bruce W. Wardropper*, Juan de la Cuesta, Newark (Delaware), 1989, pp. 75-90 (80-87).

2. Busca y recibe (de los pajes del amor) un comentario sobre lo que ve (estrofas 6-8). 3. Presencia la procesión de los esclavos del amor (estrofas 9-18), primero los hombres famosos sometidos a Cupido (11-13) y luego las mujeres famosas sometidas a Venus (13-18). Esto sirve de advertencia, una prefiguración de lo que le va a ocurrir, una serie de *exempla*. 4. Recibe una herida mortal de una flecha disparada por orden de Venus por uno de los esclavos de ésta (19-20). En este punto la acción alegórica termina y es sustituida por una afirmación sencilla de su significado: 5. El poeta está dolorosamente enamorado (*finida*). [...].

El sueño tiene un prólogo de dos estrofas y un elemento narrativo complementario (un debate interno); el comentario viene más tarde, pero la semejanza es inconfundible: 1. El narrador-protagonista está libre de amor («Como yo ledo biviesse / e sin fatiga mundana»), pero la fortuna decreta que «me siguiesse, / esta enemiga malvada, / Amor con tan grand mesnada» (estrofa 3). 2. Un sueño: el narrador-protagonista se encuentra en un *locus amenus* que se transforma en un paisaje de horror y su arpa se convierte en una serpiente que le muerde en el costado izquierdo (estrofas 4-15). Esto sirve de advertencia, una prefiguración de lo que le sucederá. 3. Su corazón y su cerebro debaten en torno al significado del sueño (16-23). Esto no tiene equivalente en *Triunphete*. 4. Sin que el debate se resuelva, parte en busca de seguridad y se encuentra con Tiresias, que le explica el significado del sueño y le aconseja que busque la protección de Diana (24-34). 5. Tras otros viajes, encuentra a Diana y su ejército, que entablan batalla con el ejército de Venus y Cupido; en el momento culminante de la batalla, el narrador-protagonista es herido en el pecho (35-67). En este punto la acción alegórica termina y es sustituida por una afirmación sencilla de su significado: 6. El poeta está dolorosamente enamorado (*finida*). [...].

Debido en parte a que su longitud es mucho mayor (540 frente a 164 versos), *El sueño* tiene una estructura más rica y más compleja que el *Triunphete*. El comentario de Tiresias está mejor integrado en la acción que el comentario del paje en *Triunphete*, porque explica el sueño misterioso y resuelve el debate entre Coraçón y Seso. El sueño no sólo prefigura lo que ocurrirá al narrador-protagonista como hace la procesión en el *Triunphete* (simbólicamente en *El sueño*, por medio de *exempla* en el *Triunphete*), sino que corre parejo con un elemento posterior, la batalla alegórica, y los dos elementos narrativos tienen una culminación idéntica. [...] La complejidad aumenta debido al hecho de que, si bien el poema se titula *El sueño*, la crónica del sueño del narrador-protagonista ocupa menos de una quinta parte del mismo. En la estrofa 15 se nos dice que despierta, pero lo que viene a continuación tiene todas las trazas de una visión onírica hasta el final de la acción alegórica en la estrofa 57. Otro aspecto de la mayor complejidad de *El sueño* —la lista podría ampliarse con facilidad— estriba en que, mientras que en el *Triunphete* el enamorarse se presenta como una causalidad externa y súbita, sin lugar para el libre albedrío, en *El sueño* se hace mucho hincapié en el conflicto interno, tanto de signo intelectual (el debate entre Corazón y Seso) como emocional (la batalla alegórica). Pero, pese a estas diferencias importantes, *El sueño* viene a contar la misma historia que el *Triunphete* siguiendo más o menos la misma sucesión de elementos narrativos. [...]

[*El Infierno de los enamorados*] empieza en el punto en que terminan tanto el *Triunphete* como *El sueño*: 1. El narrador-protagonista está dolorosamente enamorado (1-12). En contra de su voluntad, la fortuna le ha transportado a un bosque tenebroso habitado por animales salvajes. Tiene cierta semejanza con el paisaje horrible de *El sueño*, elemento 2. Vaga por el bosque hasta que: 2. Es atacado por un jabalí (12-18). 3. Un hermoso joven que está cazando da muerte al jabalí (19-25). La caza recuerda el principio del *Triunphete*, y más adelante resulta claro (33) que la asociación caza-Diana-castidad también es aplicable aquí. Los elementos 2 y 3, considerados conjuntamente, muestran a las fuerzas de la castidad derrotando a las del amor sexual (el jabalí, tal como han señalado varios estudiosos, es un conocido símbolo de lujuria). Esto invierte el resultado de la batalla alegórica de *El sueño*, elemento 5, y alegoriza un conflicto interno cuyo resultado se revelará explícitamente al finalizar el poema. 4. El salvador cuenta su historia: es Hipólito, mártir de la castidad. El narrador-protagonista cuenta la suya: es un sufrido esclavo de Venus; Hipólito hace comentarios (26-41). 5. Hipólito guía al narrador-protagonista por un infierno de los amantes, comentando dos veces lo que ven (42-68). Los hombres y las mujeres son amantes famosos, *exempla* que corren parejos con los del *Triunphete*, elemento 3. Sufren tormentos: «E por el siniestro lado / cada cual era ferido / en el pecho e foradado / de grand golpe dolorido» (II, 449-452), igual que el narrador-protagonista en las estrofas 19-20 del *Triunphete* y 3, 13-14 y 67 de *El sueño*. Uno de los que sufren es Macías, que comenta (61-64) su suerte. Con su despedida, el narrador-protagonista se libra súbita y misteriosamente del infierno de los enamorados («me vi, de preso, librado») y la acción alegórica termina, y es sustituida por una sencilla afirmación de su significado: 6. El poeta está libre de amor (*finida*).

He comentado varios paralelos y contrastes entre el *Infierno* y tanto el *Triunphete* como *El sueño*. El *Triunphete* y el *Infierno* forman una secuencia narrativa completa en la cual el narrador-protagonista, que está libre de amor y es feliz, se enamora, sufre, se cura y termina igual que al principio: libre de amor: [La medida en que] el *Triunphete* y *El sueño* vienen a contar la misma historia significa que *El sueño* y el *Infierno* también forman una secuencia narrativa, idéntica en sus líneas generales a la secuencia *Triunphete-El infierno* y muy parecida en la distribución y la relación de los elementos narrativos:

[La línea argumental de estos poemas, tomando por separado las unidades *Sueño-Infierno* y *Triunphete-Infierno*, sigue una pauta conocida tanto en la vida como en la literatura. Es la pauta que puede observarse en las *Confesiones* de Agustín y en la *Historia calamitatum* de Abelardo. El *Libro de Buen Amor* debe algo a esta pauta, aunque debido a la ambigüedad y la parodia que lo impregnan, a los estudiosos les resulta notablemente difícil ponerse de acuerdo sobre el alcance de la deuda. También el *Siervo libre de amor* de Juan Rodríguez del Padrón, si bien omite la primera parte (el estar libre de amor), sigue el resto de la pauta. El mensaje de la secuencia *Triunphete + Infierno* y del *Sueño + Infierno* es claro: cuidado con el amor. El tenor de ese mensaje es menos claro y depende de la naturaleza del infierno que se presenta en el *Infierno*, pues puede tratarse tanto de un infierno «artístico», visto con cierta piedad, como del infierno «real», donde se pagan los mayores pecados. Sin embargo, es perfectamente posible que Santillana escribiera el *Infierno* antes que ninguno de los otros *dezires*.] Me veo obligado a aceptar la opinión de que Santillana pensaba escribir una secuencia de dos poemas y me parece probable que esta intención anidara en su mente desde el momento en que empezó a redactar el *Infierno de los enamorados*, y quizá antes. El *Infierno* es convincente como continuación del *Triunphete*, pero la desproporción de longitud y complejidad nos da un par de poemas imperfecto. Por otra parte, el elemento unificador, que depende abiertamente de modelos italianos —muchas cosas tomadas en préstamo de Petrarca en un poema y de Dante en el otro, con títulos que consisten en alusión al modelo italiano, más *amor* o su compuesto—, sólo está presente en las versiones finales. [...] Me parece probable que a Santillana no le gustara la secuencia *Triunphete + Infierno* y sustituyese el *Triunphete* por *El sueño*: o, por decirlo de otra forma, que el *Triunphete* sea un primer bosquejo de *El sueño*. Esto no le llevó a desechar el *Triunphete*, que, después de todo, se incluye, en su versión definitiva, en el cancionero regalado a Gómez Manrique; pero, en mi opinión, nos dejó con un par cuidadosamente vinculado, *Sueño + Infierno*, y un poema suelto, el *Triunphete*, sobre el mismo tema. Esto es una opinión y no un hecho probado, pero los indicios de que sea así son muy convincentes y no alcanzo a ver ninguna prueba significativa que contradiga esa opinión.

Al igual que la mayoría de las soluciones de los problemas literarios, ésta plantea interrogantes nuevos. Termino con uno de ellos, que me es imposible tratar de contestar aquí. Dado que *Sueño + Infierno* constituyen, para algunos efectos, una sola obra con un argumento y un tema únicos (los dolores y peligros del amor cortesano), ¿a qué genéro hubieran asignado este par los estudiosos si Santillana hubiese escrito un decenio después y parcialmente en prosa? el *Infierno* y *El sueño* fueron redactados probablemente en 1437 o poco antes, muy pocos años (quizá sólo tres) antes que el *Siervo libre de amor*. Y cuando Santillana estaba preparando su obsequio para Gómez Manrique e incluyendo en él las versiones definitivas de estos dos poemas, su amigo Dom Pedro de Portugal había redactado el original portugués de *Sátira de infelice e felice vida* y es probable que la versión castellana existente también. ¿Hasta qué punto es descabellado sugerir que *El sueño* e *Infierno*, tomados conjuntamente, son un precursor de la novela sentimental?

Antonio Serrano de Haro y Nicholas G. Round

SOBRE LAS «COPLAS» DE JORGE MANRIQUE

1. La arquitectura de la obra, dividida en partes bien diferentes, y sus dimensiones de poema largo —480 versos—, hacen natural suponer que no se escribió de corrido y verosímil que pudieran mediar periodos de tiempo entre la redacción de algunas de las partes.

1. Antonio Serrano de Haro, ed., Jorge Manrique, *Obras*, Alhambra, Madrid, 1985, pp. 73-77.

2. Nicholas G. Round, «Formal integration in Jorge Manrique's *Coplas por la muerte de su padre*», en *Readings in Spanish and Portuguese poetry for Geoffrey Connell*, Department of Hispanic Studies, University of Glasgow, 1985, pp. 205-221 (206-208, 209-211, 213, 214, 215-216, 217).

Francisco Caravaca ha llamado la atención sobre la anomalía de que el Maestre, protagonista de la obra, no aparezca hasta pasada la mitad. Y con esto, y un curioso aserto de que Jorge Manrique escribió las *Coplas* dieciseis años antes de la muerte de su padre, ha avanzado la conjetura de que el discurso moral y el histórico hubieran sido escritos antes de la muerte de don Rodrigo y completados por el autor, después de este suceso, con el epicedio y auto de la muerte. [...].

Examinemos más de cerca el asunto.

Entre las partes de las *Coplas*, la tercera y cuarta no ofrecen duda de haber sido escritas a raíz de la muerte del Maestre: en la copla 31 Jorge Manrique dice que su padre ha renovado «agora», en su vejez, las hazañas de su juventud. La copla 40 transmite una impresión casi visual de la escena del fallecimiento, como si hubiera sido recientemente vivida por el autor.

En cuanto al discurso histórico, está totalmente adaptado a la biografía del Maestre, es su contrapunto. Sólo se evocan personajes con los que ha convivido. Parece claro que estas estrofas forman parte, en cierto modo, del epicedio. No se las concibe, tan precisa y sabiamente dispuestas, fuera de este contexto.

El discurso moral es más discutible. Sin embargo, la primera copla, diapasón mágico de todo el poema, ha sido reiteradamente interpretada como de inspiración directa en la muerte del padre. [...]

También es significativa la insistencia del tema del rostro en este primer ciclo (coplas 8 y 13), si recordamos que don Rodrigo murió de un cáncer en la cara. Y por más que las reflexiones del discurso se muevan con holgura de constelación a constelación de temas, nunca se alejan de su estrella polar, que es la muerte. Únase a todo ello la relación que enlaza el primer ciclo con los restantes: por ejemplo, las coplas 5 y 6, destinadas al mundo, y las que componen el parlamento de la Muerte en el último ciclo.

Junto a estos datos que postulan una vinculación de las cuatro partes a la muerte de don Rodrigo, hay otros que cabe interpretar con más latitud temporal. Las coplas 27 y 28, de celebridades, han requerido del autor un estudio detenido de textos, para seleccionar a los quince ilustres «antiguos», titulares de una serie de virtudes aplicables a don Rodrigo. Se tiene la sospecha de que la copla 13, con su aire cultista, ha sido añadida por don Jorge a un poema ya escrito, lo que explicaría su difícil asiento dentro del mismo. Hay varios pasajes en que se advierte cómo una onda de inspiración ha concluido y otra comienza; son los enlaces entre la parte primera y segunda, entre la segunda y tercera. No sólo la estrofa inicial de cada nuevo ciclo, la 14 y la 25, sino las inmediatas, la 15 y la 26, están afectadas por la vacilación de iniciar un vuelo todavía incierto. Y esta misma impresión de parón y brusco despegue se produce otras veces en el interior de un ciclo, como con la estrofa 4, de invocación, y la 5. Estos estudios preparatorios, suspensiones, hiatos, ajustes, adiciones que el texto revela han exigido intervalos de tiempo.

Si consideramos, como yo pienso, que todo el poema ha sido inspirado por la muerte de don Rodrigo —11 de noviembre de 1476—, hay dos periodos en la vida de don Jorge que convienen bastante a una alta concentración espiritual y ofrecen, de otra parte, tiempo para el trabajo de elaboración a que nos hemos referido: uno es el de la postrera enfermedad de su padre; cuando otorga su testamento —21 de octubre—, don Rodrigo estaba ya desahuciado, por eso, según indica este acto de última voluntad, ha escrito a los Reyes pidiéndoles ciertas mercedes económicas, que le permitan tomar las disposiciones necesarias para poner en paz su alma.

Antes de adoptar estas decisiones, es de suponer que llevaba algún tiempo enfermo de cuidado y que la familia, avisada, se había ido congregando en su torno. Cabe contar, así, cuatro o cinco semanas en que don Jorge sigue muy de cerca el fatal progreso de la enfermedad, sumergido en el ambiente de médicos y religiosos que se interesan por la salud de cuerpo y alma del enfermo; de familiares, deudos y amigos, que comentan y emiten esperanzas, consuelos, recuerdos. Al propio Maestre lo vemos bien, conforme a los retratos literarios que de él tenemos, evocando su pasado y adoctrinando sobre los bienes terrenos y el final inminente. Para mí, el discurso moral y el auto de la muerte de las *Coplas* cristalizan en este periodo de la agonía de don Rodrigo.

Inmediatamente después de la muerte de su padre, don Jorge es arrebatado en el torbellino de las ambiciones y luchas que ocasiona la sucesión en el maestrazgo. El puñado de candidatos de siempre, pertenecientes a la primera nobleza de Castilla, se moviliza amenazadoramente. Isabel la Católica hace una cabalgada ininterrumpida de Valladolid a Uclés, para presentarse en el capítulo de la Orden, rápidamente reunido, y solicitar su aplazamiento. El 15 de diciembre se reanuda el capítulo en Ocaña, e Isabel la Católica obtiene que se confíe la administración temporal al Rey don Fernando.

Don Jorge y sus hermanos debieron de quedar chasqueados. El mayor, don Pedro, aspiraba a suceder a su padre; contó, en seguida, con el apoyo, armado incluso, de su primo, el poderoso conde de Treviño. El tío Gómez Manrique, por su parte, actuó, en nombre de los Reyes, como conciliador cerca de la familia. La intervención regia era, vista con ojos nobiliarios, una intromisión dirigida a apoderarse de la Orden de Santiago, como hicieron, en efecto, años más tarde. Tenía, además, una significación inmediata para la familia Manrique; trataba de favorecer al que fue rival de don Rodrigo, don Alonso de Cárdenas, a quien los Reyes continuaron apoyando, de forma que el próximo capítulo, un año después, lo eligió pacíficamente Maestre. Don Alonso no había nunca reconocido el maestrazgo de don Rodrigo y actuaría, en lo sucesivo, como si sólo él lo hubiera ocupado.

El descontento de don Jorge hacia los Reyes se manifiesta muy pocos meses después, con su entrada militar en Baeza (28 de abril de 1477), para arrebatársela al gobernador puesto por ellos en la ciudad, el Mariscal de Baena, y entregarla a los Benavides, familiares de los Manrique. Pero se advierte también en las *Coplas* en las que, con ahogado despecho, se invoca el testimonio de los enemigos de los Reyes Católicos, para alabar los servicios que a estos monarcas había prestado don Rodrigo (vv. 379-384). También es significativo cómo la mención de la Reina es cuidadosamente evitada: «Pues nuestro Rey natural» (v. 379), «su rey / verdadero» (vv. 389, 390). Esta resistencia a emplear el género correcto, el femenino de la verdadera reina natural de Castilla, doña Isabel, o el plural de los dos cónyuges, no es una resistencia gramatical sino política. Bien explicable, además, en un partidario tradicional de los Infantes de Aragón, que prefería a don Fernando antes que a doña Isabel.

La entrada en Baeza terminó desastrosamente para don Jorge, que fue derrotado y hecho prisionero. Y es esta prisión, en Baena, la que brindó al poeta un nuevo período de penosa inmovilidad y forzosa, larga reflexión. El documento por el que los soberanos exoneraban a Jorge Manrique de su desacato está fechado el 22 de octubre de 1477, en Jerez, y, desde un mes antes, por lo menos, ha permanecido don Jorge en esta ciudad, por exigencias del procedimiento que se le aplicó. Hay que pensar que los meses de mayo, junio y julio los pasó en su cautiverio, hasta que se pusiera en marcha su proceso de rehabilitación. Es este período en el que se concibe bien la redacción de la biografía paterna, o epicedio, y la del discurso histórico. La circunstancia en que el poeta se encontraba le conducía a un examen político, que es lo que estos capítulos de las *Coplas* constituyen: la apología de su padre era también su propia defensa y la de su familia. El tino empleado, tan imparcial en apariencia y tan profundamente dirigido, revela una bien meditada actitud, la misma que le hizo superar esta crisis política aceptando de los Reyes una capitanía de la Hermandad y plegándose a la elección de don Alonso de Cárdenas como Maestre de Santiago, en diciembre de 1477. Pero, más que en estas transacciones de su biografía, el precio de esta experiencia vital se advierte en la tormenta interna de las *Coplas* dominada con tanta sabiduría.

Período relativamente largo como el de esta prisión, le permitiría, además, los estudios necesarios para la preparación de algunas coplas y los retoques de una redacción total del poema. Digo total y no final, porque, por tratarse de un poema abierto, como antes expusimos, es posible que el autor sintiera la tentación de volver sobre él todavía. También pudo este período constituir el de la primera difusión del poema, a través de copias que el autor enviara a familiares y amigos.

Pienso que esta hipótesis de la elaboración de las *Coplas* concilia en un marco temporal los distintos problemas a que en este estudio nos hemos ido refiriendo. En especial, da una explicación razonable a la conjunción de los dos poderosos motivos que constituyen su estructura esencial: la consideración de la vanidad de los bienes terrenos frente a la muerte, y la reivindicación de la memoria del padre y jefe, al mismo tiempo, fallecido.

2. La unidad de las *Coplas* parece ser de un tipo capaz de abarcar la dualidad e incluso la franca diversidad. Sería en verdad raro que las «tres vidas» de la estrofa 35 no fueran en algún sentido importantes para la estructura del poema. Evidentemente, esa estructura fue el fruto de una retórica especializada que Manrique comprendía en términos que no son demasiado conocidos para la mayoría de sus lectores actuales. Sin embargo, cabe argüir que debemos buscar en otra parte nuestro punto de partida para llegar a una intuición nueva de la forma de la obra: en el hecho de que algunas de sus secciones se imponen como unidades de experiencia reconocibles. Son el lamento por una época desaparecida (estrofas 16-24), la vida de Rodrigo (25-32) y la narración de la visita de la muerte (33-40). Tomadas en conjunto, sugieren decididamente que tendría mucho sentido dividir las cuarenta estrofas del poema en cinco partes aproximadamente iguales. [...]

La fase inicial del poema establece su tema, la transitoriedad de las cosas de este mundo, empleando para ello los términos más abiertamente generales; la mejor definición del efecto que causa es decir que se trata de una especie de intensidad abstracta. El famoso símil de los ríos y el mar no evoca virtualmente ninguna imagen, es más bien una señal cuantitativa del carácter universal de la muerte: «allí los ríos caudales, / allí los otros medianos / e más chicos». [...] Pero la pauta se rompe bruscamente al pasar el poema de este plano general a una serie de interrogantes dirigidos a valores mundanos muy específicos. El primero de estos interrogantes señala la división introduciendo un elemento que hasta ahora faltaba en el poema: un tono fuertemente sensorial: «Dezidme: la hermosura, / la gentil frescura y tez / de la cara, / la color e la blancura, / quando viene la vejez, / ¿cúal se pára?». En las estrofas que vienen seguidamente, tanto a la metáfora como a la afirmación literal se les da un carácter concreto y una particularidad nuevos. El linaje se hace específico con «la sangre de los godos»; la muerte se hace siniestramente presente con «la fuessa».

[Los troyanos y romanos de la estrofa de transición 15 no son conocidos en ningún repertorio ejemplar y abstracto, sino en la misma experiencia concreta —«oýmos e leýmos / sus estorias»— que ha presenciado, pero también es muy probable que olvide «lo d'ayer». Con este punto de partida, podríamos establecer una estructuración del poema como la que sigue:]

1-7 : Se plantean las preocupaciones y valores que rigen el poema.

8-15: Se presentan los argumentos contra la vida en este mundo en términos de la fugacidad de todos los «bienes de Fortuna».

16-24: Se replantea y profundiza en una aplicación del motivo del *ubi sunt* a imágenes de la vida de Rodrigo Manrique.

25-32: Sobre este fondo, la vida de honor de Rodrigo refleja, presumiblemente un buen uso de este mundo.

33-40: Visitado por la muerte, Rodrigo continúa con su conducta virtuosa hasta el final, colocando así un signo positivo (la fortaleza cristiana) sobre lo que antes había parecido negativo. Para él, el resultado es la vida eterna; para sus deudos, un recuerdo duradero que tiene la facultad auténtica de consolar.

El movimiento de lo general a lo particular es obvio e importante. Las *Coplas* no empiezan con la constatación de una única e inexplicable pérdida y seguidamente la dotan de significado universal, un significado hasta ahora oculto. El esquema de universales está en su sitio desde el comienzo; lo que se explora con una particularidad que aumenta constantemente es el ajuste del mundo a dichos universales. Lo que se dice de Rodrigo Manrique es que en su vida, y más concretamente en su muerte, ha hecho bien el citado ajuste.

[El argumento y las imágenes se destinan a este mismo fin. Igualmente, como ha demostrado Navarro Tomás, se emplean el metro y el ritmo, la rima y las pautas de sonido. Dos elementos de la textura formal del poema que tal vez sea provechoso estudiar con mayor atención son la distribución de las rimas llanas y agudas, y la serie de pautas sintácticas que se ofrecen dentro de cada estrofa.]

En el tipo de copla más común, que representa exactamente la mitad del poema, media estrofa de rima llana se combina con otra (normalmente la segunda) cuyas rimas son mixtas. Otras trece estrofas consisten en dos sextillas mixtas. En cuatro de estos casos las dos mitades tienen esquemas de rimas paralelos (por ejemplo, agudo-llano-llano / agudo-llano-llano). En las siete estrofas restantes las seis rimas son llanas. Estos dos últimos esquemas de rimas cabe verlos como especialmente bien integrados. Su distribución por las cinco secciones del poema tiene cierto interés. [...]

Tres de las cinco secciones del poema terminan con estrofas de esta clase (7, 24, 40). De los dos grupos principales en que aparecen, uno (23, 24, 25) señala una división que desde hace tiempo se reconoce dentro de las *Coplas*. Es aquí donde el poema abandona su movimiento reflexivo más amplio y entra en su tema más particular, la vida y muerte de Rodrigo Manrique. El otro agrupamiento (33, 36, 38, 40) imprime un carácter más deliberado y regular en la fase final de las *Coplas*. La distribución de tales estrofas en el conjunto del poema —que al principio es rara pero poco a poco se hace más frecuente— contribuye de modo perceptible a su movimiento general: la reconciliación con la muerte se empareja, a medida que va desarrollándose, con una mejor integración de la forma.

[A pesar de todo esto], no hay nada automático ni mecanicista en la progresión de las *Coplas*. Lo atestigua la incidencia del tipo serial de estructura. Aunque la pauta serial raramente aparece sin mezclar, es bastante obvia donde principalmente se hace sentir: en las secciones tercera y cuarta del poema. No es difícil encontrar la razón de ello: tanto el tópico del *ubi sunt* como el llamado *Kaisergedanke* (el uso de una serie de héroes clásicos para ponderar las diversas virtudes de una figura contemporánea) tenían una forma tradicionalmente serial. Este hecho en sí mismo basta para explicar la consciente decisión de Jorge Manrique de construir de esta manera las estrofas de esta parte de su poema. Pero la estructura serial era, en todo caso, el modo natural de describir las excelencias de este mundo, unas excelencias forzosamente atractivas, pero pasajeras y fragmentarias. Es en la sección del *ubi sunt* donde se siente con la mayor intensidad el carácter temporal de las *Coplas*, que tanto impresionó a Antonio Machado. Cuando el mismo movimiento serial se repite en la vida de Rodrigo, sin embargo, se vuelve más problemático. A pesar de su justificación tradicional, genera un contraste con la ejemplaridad monumental de las figuras —Octavio, César, Escipión, etcétera (27-28)— con las que se compara. [...]

La descripción del encuentro de Rodrigo con la muerte, que constituye la sección final (33-40), es de nuevo fuertemente unitaria en su carácter, pero puede verse como binaria, al menos en principio; al fin y al cabo, se trata de un diálogo. La simetría de las *Coplas* se ve reforzada cuando la invocación del principio es acompañada de una plegaria final (39). Su estructura, pues, es simultáneamente de las tres clases: unitaria y consecuente; binaria y equilibrada; serial y en desarrollo. [...]

No es ninguna casualidad que esta elaboración de la forma alcance su apogeo en las estrofas que celebran al padre del poeta en vida. La retórica —incluso la retórica que rechazaba el título de tal— era un tributo apropiado a la grandeza en los asuntos de este mundo, incluso a una variedad de grandeza tan ejemplar como se proclama que es ésta. La vindicación de Rodrigo en la muerte, no obstante, pedía un enfoque diferente. En la última sección de las *Coplas*, la unidad y la integración son los tributos formales que importan, los elementos binarios y seriales, aunque se hallan presentes de una manera discreta, están sometidos a un firme control. Sólo el marco formal de la escena (33) y la expresión ritual de la plegaria de Rodrigo (39) presentan una estructura serial, cada uno de ellos por razones del todo suficientes. Hubiera sido fácil, por no decir obvio, idear una presentación serial de las «tres vidas» de la estrofa 35; de hecho, esto se evita con cierto cuidado. En cuanto al principio estructural binario, lo que podría representar un estorbo es un toque incidental, como el tratamiento paralelo de los estamentos clerical y caballeresco en 36. La forma de la alocución que la propia muerte dirige a Rodrigo no está determinada retóricamente; es la propia de un argumento natural, ni más ni menos. Además, Manrique evita cualquier equilibrio formal manifiesto entre los elementos teóricamente binarios del parlamento de la muerte y la respuesta de Rodrigo. Mejor dicho, es la brevedad misma de la segunda lo que corrobora —en términos dramáticos en vez de retóricos— la resignación de las palabras «consiento en morir» (38).

Esta transformación de la base retórica del poema señala el necesario paso final por medio del cual se trascienden las realizaciones morales, e incluso las virtudes, de Rodrigo. Y esto ocurre únicamente en su encuentro con la muerte. No sucede en la vida que la ha precedido. Esa vida obtiene su recompensa, renombre, elogios, retórica, fama; incluso es importante para su salvación. Pero no salva su alma viva. [Las batallas del guerrero contra los moros le dan la gloria] sólo cuando Rodrigo da su respuesta en términos de conformidad perfecta con la voluntad de Dios. En la plegaria que sella esa respuesta se hace hincapié en que el propio Jesucristo sufrió «tan grandes tormentos /... sin resistencia / en tu persona» (39). Esto da una significación añadida a los sufrimientos de Rodrigo, pero ni estos ni cualquier otra empresa suya pueden otorgarle la salvación. Con perfecta ortodoxia, ruega que se le perdone «non por mis merescimientos / mas por tu sola clemencia». Eso es lo esencial del episodio y no es exagerado decir que del poema.

9. LIBROS DE CABALLERÍAS Y FICCIÓN SENTIMENTAL

Se apreciará un cambio —a simple vista pequeño—, aunque no por decisión mía, en el título de este capítulo, pues en *HCLE*, I, se hablaba de «'novela' sentimental». Ninguna de las obras mencionadas es una novela; al contrario, todas pertenecen al género que en inglés se llama *romance*, para el que aún no hay en castellano un término equivalente mayoritariamente aceptado. Por lo tanto, el título actual se refiere a los dos subgéneros más importantes del *romance* (o libro de aventuras) como «libros de caballerías» y «ficción sentimental». Se trata de hacer justicia a los jóvenes investigadores españoles que han aceptado mi argumentación sobre el género y su denominación (Deyermond (1975)).

Aunque los libros de caballerías en su mayor parte son obras del siglo XVI (véase *HCLE*, I, cap. 5), la investigación que gira en torno a ellos puede resultar valiosísima para las obras medievales. Por ejemplo, el libro de Eisenberg [1982], que, además de tratar muchos aspectos del *Amadís de Gaula*, incluye algunos ensayos importantes sobre la historia, influencia y público de los libros de caballerías, una muy interesante reseña de la historia de la crítica del género y algunas sugerencias para la futura investigación. También es una guía imprescindible su bibliografía analítica (Eisenberg [1979]). Algunos factores extraliterarios pueden influir hondamente en la evolución de los géneros: Riquer [1978] demuestra la conexión que se da en Francia entre el auge de los libros en prosa y la difusión del papel; su conclusión se puede aplicar también a la historia del género en España. Los capítulos 1 y 2 del libro de Williamson [1984], que versan sobre los libros de caballerías medievales en tanto contexto del que surgió el *Quijote*, sirven de complemento al ya citado de Eisenberg. Una dificultad para el lector moderno de la ficción del siglo XV, tanto caballeresca como medieval, es la de encontrarse con un término como «tractado» que parece conservar el sentido de su étimo latino. Varios investigadores lo habían interpretado como 'tratado didáctico'; Whinnom [1982*b*], sin embargo, demuestra que se equivocaban, pues «tractado» no significa nada más que 'libro', ya sea didáctico, ya sea de ficción. Dos importantes aspectos de la historia de la ficción en el siglo XV y principios del XVI han sido investigados por Sharrer: la simbiosis de los libros de la caballería y la ficción sentimental a fines del XV [1984] y el papel que desempeñó algún impresor en la refundición de libros de caballerías [1988].

Marín [1988] analiza la función de las cartas de amor insertas en el texto del libro de caballerías (principalmente de fines del siglo XV y del XVI); Amezcua [1984], basándose más en textos medievales (*Cavallero Zifar, Amadís, Tirant lo Blanc*), estudia los cambios operados en la concepción del caballero; Roubaud [1985] trata del tema, fundamental, del caballero mismo; o sea, de la relación entre el amor y el matrimonio como móviles de la acción caballeresca. Otro aspecto muy importante de muchos libros de caballerías es la religión, tanto por los elementos y reminiscencias hagiográficos que contienen (por ejemplo, el *Zifar*, el *Amadís*, la *Estoria del rey Guillelme*, el *Oliveros de Castilla:* Walsh [1977]) como por los episodios que tratan de la conversión de musulmanes o paganos (por ejemplo, el *Amadís*, las *Sergas de Esplandián*, el *Tirant*, el *Oliveros, El conde Partinuplés:* Whitenack [1988-1989]). El comentario de Burke [1982-1983 en cap. 1] sobre la posible aplicación de las teorías de Judson B. Allen a la literatura medieval española se refiere especialmente a los libros de caballerías. La recepción de estas obras en la corte de los Reyes Católicos y su influjo en el pensamiento de la reina Isabel han sido estudiados, con la ayuda de datos iconográficos, por Michael [1989].

El *Libro del cavallero Zifar*, tanto por su importancia histórica (es el primer *romance* castellano en prosa que no se integra en un marco más amplio, y no como los varios incluidos en la *General estoria* de Alfonso el Sabio) cuanto por su valor literario, ha sido intensamente estudiado desde hace algunos años. Olsen [1984] publica una esmerada edición del ms. *P*[arís]: se trata de una transcripción ligeramente regularizada, complementada con una concordancia y con índices de palabras en microfichas. Esta misma investigadora [1981-1982] explica su metodología y analiza los problemas de la transmisión textual. La estructura de la obra y su relación con el sentido se estudian en Hernández [1977-1978] y Keightley [1979]: ambos aprecian una estructura tripartita en una obra que es esencialmente didáctica; sin embargo, en tanto que Hernández sostiene que el tema central, expuesto en el prólogo y desarrollado a lo largo del libro en forma de alegoría moral, es la *magnificentia*, Keightley cree que la liturgia y las narraciones evangélicas constituyen el modelo básico de la acción; ambas interpretaciones son, desde luego, compatibles. Igualmente compatible con dichas interpretaciones es la de Olsen [1986], según la cual la oposición, también expuesta en el prólogo, entre *mesura* y *cobdicia* es recurrente en las confrontaciones personales y políticas (para la influencia del pensamiento político, véase Blüher [1971]): Zifar ejemplifica la *mesura*, en tanto que los hombres dominados por la *cobdicia* son castigados. Un ejemplo de estos castigos se puede apreciar en el episodio de las Islas Dotadas, según la acertada lectura de Ayerbe-Chaux [1986], basada en un análisis iconográfico y en la comparación con Chrétien de Troyes. Otros investigadores, desde diversas perspectivas, coinciden en interpretar el *Cavallero Zifar* como obra esencialmente didáctica. Gómez Redondo [1981] analiza el prólogo como programa de la obra; C. González [1984] también se basa en el prólogo para su interpretación de la obra como un proceso de medro económico y moral, comparándola con el *Tirant,* el *Curial e Güelfa* y algunos libros de caballerías del siglo XVI; Diz [1979*a*] contrapone a Zifar y Roboán «como modelos imitables para el hombre común» (conviene matizar lo que afirma de Roboán a la luz de Ayerbe-Chaux [1986]) con los héroes de otros libros de caballerías, que ofrecen «entretenimiento y evasión, pero nunca ejemplo»; en [1979*b*] llega a una conclusión parecida a partir de un análisis de los «Castigos del rey de Mentón», que ve ejemplificados en el comportamiento de Zifar y Roboán. La cuestión de las fuentes ha sido menos estudiada en los últimos años; con todo, conviene destacar los trabajos de Harney [1982-1983, 1988], que revela que la descripción geográfica es fruto de una síntesis de las tradiciones europea y árabe. En cuanto a la autoría, Hernández [1978, 1979-1980] enriquece notablemente las noticias de la vida de Ferrán Martínez, a quien atribuye (de acuerdo con la mayoría de investigadores) el *Cavallero Zifar;* nótese, sin embargo, que la atribución no ha sido comprobada (véase Olsen [1984], pp. x-xi); sobre todo, si resulta que la obra es algo posterior a los primeros años del siglo XIV.

La gran conquista de Ultramar, entretejida con crónicas de Cruzada y con relatos de ficción (sobre todo, la historia del Caballero del Cisne), fue redactada algunos —o quizá muchos— años antes que el *Cavallero Zifar.* C. González [1986] sostiene que fue empezada por el equipo de Alfonso X, continuada bajo Sancho IV y terminada a principios del siglo XIV. Desarrolla su tesis y estudia otros aspectos de la obra en un libro de próxima aparición en la Colección *Tamesis.* Ahora disponemos de dos ediciones al cuidado de Cooper [1979, 1989], la segunda en colaboración con Franklin M. Waltman (ya habían publicado en microfichas una transcripción paleográfica, con concordancia, del ms. 1.187 de la Biblioteca Nacional). En [1979], Cooper hace la edición crítica a partir del texto completo de la *editio princeps* (Salamanca, 1503), enmendada a la vista de los manuscritos parciales (aunque sin un aparato completo de variantes) e incluyendo un valioso estudio de las fuentes. No obstante, Cooper y Waltman en [1989] ofrecen una transcripción levemente regularizada del ms. 1.187, el más importante.

Los libros de aventuras de tema troyano han sido mucho menos estudiados recientemente, pero Brownlee aporta tres interesantes artículos. El primero [1978-1979], más breve, aunque probablemente más importante, demuestra que no es satisfactoria ninguna explicación anterior de la relación entre prosa y verso en la *Historia troyana polimétrica* y sugiere que la *Historia* no adapta el *Roman de Troie* de Benoît de Sainte-Maure, sino el *Roman de Troie en prose;* es de esperar que esta línea de investigación tenga continuidad. En otro

artículo, Brownlee [1985b] subraya la originalidad de la *Historia* y, en forma
más discutible, examina su relación con otros géneros. Las *Sumas de historia
troyana*, que firma Leomarte, son un texto problemático bajo varios aspectos; Brownlee [1985a] trata uno de ellos: su posición frente a la tradición historiográfica.

Los textos artúricos, como es lógico, suelen llamar más la atención. Hay
una obra que combina de forma curiosa las dos tradiciones: en la sección del
Libro de las bienandanzas e fortunas que trata de la temprana y legendaria
historia de la Gran Bretaña, Lope García de Salazar (1399-1476) empieza con
una narración neotroyana (la fundación del reino por Bruto); a continuación
ya se refiere a la materia del ciclo artúrico más conocida. Sharrer [1979] presenta una transcripción ligeramente regularizada, con introducción y un excelente comentario. Los autores de los libros artúricos españoles solían modificar sus fuentes francesas para atenuar en lo posible la inmoralidad; así, por
ejemplo, la *Demanda del Sancto Grial* lima bastante la inmoralidad sexual
y la crueldad del *Queste*; tal modificación, sin embargo, no es necesaria en
el *Baladro del sabio Merlín* (Hall [1982]); una adaptación equiparable se aprecia
en las versiones del *Tristán* (Hall [1983]): este autor concluye que dichos cambios se deben al deseo de mantener, en la Castilla de fines del siglo XV, el rigor de la vida caballeresca. Morros [1988] compara las ediciones impresas del
Baladro del sabio Merlín, de 1498 a 1535, con el fragmento manuscrito y con
los textos franceses para reconstruir la historia de la evolución castellana de
este ramo del ciclo artúrico. Concluye que hubo cuatro redacciones distintas
del *Merlín* castellano, al tiempo que confirma y amplía las afirmaciones de
Sharrer [1988] —trabajo que no conocía al escribir el suyo— sobre el activo
papel del impresor Juan de Burgos. Los textos castellanos del *Tristán* también
aportan innovaciones muy interesantes, sobre todo en la edición de Sevilla de
1534, que agrega una segunda parte que narra las aventuras de un hijo y de
una hija de Tristán e Iseo. Eisele compara las versiones impresas [1981] y analiza la segunda parte [1980]; apunta la posibilidad de que ésta sea obra de una
mujer. Seidenspinner-Núñez [1981-1982] sopesa los valores literarios de todos
los textos hispánicos del *Tristán*. Es de esperar que se publique pronto la edición, preparada por ella misma y por María Cristina Gates, del *Tristán* de 1534.
Otra novedad ha sido exhumada recientemente: dos cartas de Tristán e Iseo
que no dependen de los textos extensos (Sharrer [1981-1982]).

Además de los grupos que acabamos de considerar, del *Amadís de Gaula*
y de la ficción sentimental (véase *infra*), hay varios libros de aventuras, la mayoría redactados en el siglo XIV, que ofrecen aspectos de gran interés. La edición de dos obras contenidas en el ms. Escorial h.I.13 (para esta importante
colección, véase la p. 140, *supra*), el *Noble cuento del enperador Carlos Maynes* y el *Fermoso cuento de una enperatriz que ovo en Roma* (Lasry [1982]),
aunque contiene bastantes errores, sigue siendo útil; incluye además un interesante estudio sobre la relación de las obras con sus respectivas fuentes fran-

cesas y un análisis de temas y estructuras narrativas basado en el método de Propp. El conocimiento de estos dos textos ha experimentado un gran avance: la introducción de Lasry le sirve a Maier [1983-1984] para concluir, partiendo de un análisis de motivos folklóricos (especialmente el del hombre salvaje), que en el *Carlos Maynes* se contraponen el mundo artificial de la corte con el orden natural; Spaccarelli [1987] ofrece una interpretación jungiana de la estructura y las acciones de los personajes de esta misma obra; Romero Tobar [1986], por fin, comenta en la *Enperatriz* «el desplazamiento del relato hagiográfico hacia el caballeresco». Otra obra del mismo manuscrito es *La estoria del rey Guillelme*. La edición de Maier [1984] tiene tantos errores que no se puede utilizar confiadamente; sin embargo, incluye una excelente introducción que trata de las fuentes de la obra, de la distinción genérica entre el *Guillelme* y el *Plácidas*, y de la interacción de la religión y la ficción caballeresca en las imágenes de animales. Walker [1980] analiza la evolución que lleva desde un poema francés al *Cuento muy fermoso del enperador Otas de Roma* (también en el ms. Esc. h.I.13). Aunque *Enrique fi de Oliva* suele considerarse una obra del siglo XV, Fradejas [1981] demuestra que debe fecharse en la primera mitad del XIV, y a continuación ofrece un amplio análisis de sus relaciones con obras análogas, de sus temas, personajes y estructura. El artículo de Fradejas supone una introducción imprescindible a la lectura del texto; es de esperar que alguien nos ofrezca una edición de acuerdo con los criterios modernos. Tres libros de aventuras que sí son del siglo XV, *El conde Partinuplés*, la *Historia de la linda Melosina* y *Roberto el Diablo*, han despertado recientemente el interés de algunos investigadores. Seidenspinner-Núñez [1983] subraya los cambios que han experimentado el argumento y los personajes del *Partinuplés* respecto de su fuente francesa del siglo XII; los interpreta como parte de un proceso de desmitificación que trata de «convertir el *romance* en una metáfora más entrañable de la experiencia humana». *La historia de la linda Melosina* cuenta con dos versiones, ambas basadas en la *Mélusine* de Jean d'Arras, del siglo XIV. Gracias a Corfis [1986], podemos compararlas directamente, pues en su edición, que está complementada con una breve pero interesante introducción (y que contiene transcripciones ligeramente regularizadas de los textos impresos de 1489 y 1526), las dispone frente a frente. Cacho Blecua [1986], además de su fortuna en la literatura de cordel, estudia la estructura y los elementos folklóricos de *Roberto el Diablo*. No son, desde luego, las únicas obras que merecen ser investigadas. Esperamos la monografía (casi terminada) de Patricia Grieve sobre *Flores y Blancaflor*. A pesar de que todavía carecemos de una buena edición moderna del *París y Viana*, la del texto catalán (Cátedra [1986]) incluye una introducción que no sólo estudia la trayectoria literaria de esta historia de origen francés, sino que además examina detenidamente su difusión hispánica en el siglo XV, concluyendo que el texto castellano deriva de una versión catalana perdida.

En absoluto sorprende que el *Amadís de Gaula* siga suscitando un nota-

ble interés. La novedad más importante es la excelente edición de Cacho Blecua [1987-1988], basada en la *editio princeps* de 1508 (con transcripción regularizada y algunas enmiendas). La introducción, de 200 páginas, dista mucho
de ser una repetición de Cacho Blecua (1979): describe las tradiciones literarias de las que deriva la obra, problemas de fecha, autor y evolución textual,
el género, el narrador, los recursos narrativos y los personajes, con una breve
sección sobre lengua y estilo; hay también un útil índice de personajes y lugares. Desde hace algunos años, Avalle-Arce va publicando artículos sobre algunos aspectos del *Amadís*, sobre todo de la relación entre el *Amadís* primitivo
de principios del siglo xiv y la versión de Rodríguez de Montalvo; ahora los
ha reunido en un libro [1988]. Piccus [1984] utiliza la traducción hebrea del
libro I (que, según él, no se basa en la versión de Rodríguez de Montalvo, sino
en la primitiva) para localizar los cambios introducidos por Montalvo. Guardiola [1988] resuelve algunos problemas originados por una famosa alusión,
de mediados del siglo xiv, al *Amadís* primitivo. El libro de Fogelquist [1982]
parte de un enfoque más amplio de lo que indica el título: además de los antecedentes genéricos, trata del papel del amor en la obra, de su estructura y origen, y de la postura moral de Montalvo. Riquer [1987] reúne dos largos artículos: en el primero, examina de nuevo veinte alusiones a la obra previas a
la refundición de Montalvo, en el segundo, demuestra que no hay tentativa
alguna de modernizar las armas o la heráldica, pues son las de la ficción caballeresca francesa de los siglos xii y xiii. Gier [1986] comenta los aspectos
religiosos y sexuales de la obra. Cuatro artículos se ocupan de la estructura,
aunque de muy distinta manera: Cacho Blecua [1986] clasifica los distintos
tipos de entrelazamiento según su función, tema, personajes, ambiente, etc.;
Sieber [1985] apunta un diseño reiterado de elementos estructurales (separación, confrontación, reconocimiento, conciliación); E. R. González [1982] estudia las profecías como elemento de enlace estructural y temático; López Alonso *et al.* [en prensa], por fin, analizan la estructura de un capítulo. Van
Beysterveldt compara la concepción del amor en el *Amadís* con la del *Tirant*
[1981*b*] y la contrasta con la del *Esplandián* y la *Celestina* [1982], en tanto
que Martins [1983] recalca la frecuencia en el texto de lenguaje y conceptos
cristianos (sería un grave error despistarse por el tono de amena divulgación
de los ensayos de Martins, pues siempre aportan interesantes datos sacados
de sus amplias lecturas).

La investigación y la crítica de la ficción sentimental han crecido extraordinariamente en los últimos años. El fenómeno en parte se explica por el interés intrínseco de este subgénero, pues en él se pueden apreciar muchas de las
innovaciones de la técnica narrativa que se suponen nacidas en el siglo xx;
en parte, sin embargo, merced a la bibliografía crítica de Whinnom [1983],
que no sólo registra y sopesa lo que se ha hecho, sino que indica además lo
que hay que hacer. Constituye la base imprescindible para cualquier investigación en este campo. (En breve se publicará un suplemento.) Un recurso bi-

bliográfico de muy distinto tipo, aunque asimismo importante, es la reseña que redacta Gargano [1979, 1980] del estado actual de los estudios. Hay también gran variedad de trabajos sobre aspectos generales de la ficción sentimental, tanto desde la vertiente crítica (estructura, tema, léxico, recursos narrativos) como desde la histórica (evolución y clasificación del subgénero). Grieve [1987] divide la ficción sentimental en dos grupos: obras que presentan un amor frustrado y obras que lo describen como violento, y se ocupa de las segundas. Sirviéndose de varios conceptos teóricos, en especial los de René Girard, interpreta el deseo —a menudo, mimético— como fuerza destructiva; centra su análisis, sin dejar de referirse más brevemente a otros autores, en Juan Rodríguez del Padrón, Juan de Flores y Diego de San Pedro. En cuatro artículos, Rohland de Langbehn se replantea otras tantas cuestiones de manera a veces discutible, pero siempre iluminadora. Divide la ficción sentimental en tres etapas [1986]: el grupo inicial (*Siervo libre de amor*, *Sátira de infelice e felice vida*), originado en el contexto de la poesía alegórica y del debate en torno al valor moral del amor; el auge del subgénero (*Triste deleytación*, San Pedro, Flores), contemporáneo de los poetas del *Cancionero general* y de la ficción catalana (*Tirant*, *Curial*) y más variado que el primero, cuyo núcleo narrativo lo constituye un amor imposible; el grupo posterior a la *Celestina* y por esta obra influido, que se limita al análisis de las emociones. Sostiene [en prensa] que el estilo elevado, que el primer grupo hereda de la poesía alegórica y transmite al segundo, define la forma narrativa y se aviene perfectamente con la acción trágica. No cree [1989*b*] que la poesía sea un elemento esencial (apunta con razón que falta en el *Grisel y Mirabella* y en la *Cárcel de Amor*), pero sí el debate: en el primer grupo hay debates sobre el amor y las mujeres; debates que en el segundo pueden extenderse hasta dar cabida a temas como la guerra u otros, o, por el contrario, ceñirse a la casuística del amor. Más discutible es la hipótesis [1989*a*] de que la *Triste deleytación* y las obras de San Pedro y Flores dan especial importancia a los conceptos de sinceridad e igualdad, y de que esto se debe relacionar con las preocupaciones de los conversos. Deyermond [1986] amplía la lista de influencias genéricas que formaron la ficción sentimental y estudia algunas deudas específicas, sobre todo la derivación artúrica de gran parte de la acción de la *Cárcel de Amor*. Cátedra [1983*b* en cap. 8, *supra*] investiga al poeta Alonso de Córdoba, colaborador de Flores, y comenta el papel de Dom Pedro de Portugal como transmisor de la ficción sentimental desde el oeste al este de la península. El punto de vista narrativo es de importancia fundamental en este subgénero, habida cuenta de la existencia de tantos narradores en primera persona y de tantas narraciones desde dos puntos de vista diferentes: Deyermond [1988] indica un posible método para juzgar los parlamentos de los personajes. Según Lacarra [1988], en cambio, el narrador en primera persona, cuyo análisis psicológico es predecible, y la insistencia en la veracidad constituyen un recurso estilístico bastante superficial. Interpreta la ficción sentimental como un género conservador, comparable con la lírica cancioneril (conclusión que le lleva a minus-valorar sus innovaciones técnicas en la narrativa). Algunas de dichas innova-ciones son el tema de Gerli [1989], quien demuestra que en las obras de Flores y San Pedro, así como en la *Qüestión de amor*, existe una preocupación por los mecanismos con los que se crea la ficción, a caballo entre la realidad y la fantasía. En un par de trabajos (Rodríguez-Puértolas [1982], y Martínez Jiménez y Muñoz Marquina [1982]) se trata de relacionar la ficción sentimen-tal con ciertos cambios socioeconómicos (cf. Lacarra [1988] y Rohland de Lang-behn [1989*a*], ya comentados). En ambos trabajos, se sostiene que la escala de valores de la burguesía se va imponiendo progresivamente en la ficción sen-timental, de forma que pasamos de unas obras en que el conflicto entre senti-mientos e instituciones refleja la crisis del feudalismo a otras en que se afirma el valor del amor sensual. Aunque ciertos aspectos de su análisis convencen, la hipótesis completa plantea problemas de cronología y de interpretación de algunos textos. Dicho sea de paso: no sólo las ideas, sino a veces coinciden las palabras mismas de ambos artículos: compárense, por ejemplo, Rodríguez Puértolas, p. 133, con Martínez Jiménez y Muñoz Marquina, p. 32; o bien pp. 138-139 con p. 43, donde hay frases idénticas. Harto conocida es la im-portancia de las cartas en la ficción sentimental; con todo, Vigier [1984], ade-más de estudiar su función, apunta el número de obras que intrínsecamente parecen cartas. Esta misma investigadora [1986*b*] analiza el contraste que se da entre la aspiración al matrimonio en algunas obras con la exaltación de la sexualidad extramatrimonial en otras y constata lo mucho que influyó la historia de Guiscardo y Guismonda, del *Decamerón* [1986*a*], en la ficción sen-timental y en otras obras. Entre los trabajos generales, hay que citar todavía dos en que se señalan los nexos entre la ficción sentimental y la vida caballe-resca de la corte: Spinelli [1983-1984] documenta la frecuencia del léxico caba-lleresco en el subgénero y Garcia [1987] estudia la función de las fiestas de corte en la acción de las obras. Guillermo Serés, en fin, anuncia una mono-grafía sobre las confluencias de los relatos sentimentales y la recepción en la península del humanismo italiano: significativas orientaciones a ese propósi-to, aunque referidas a un bellísimo texto valenciano, la *Tragèdia de Caldesa*, de Joan Roís de Corella, ha dado ya Francisco Rico [1984].

La gran importancia de un par de obras italianas en la ficción sentimental castellana no sólo radica en su influencia, que, en efecto, es muy amplia, sino también en que algunas de sus versiones castellanas del siglo XV son por sí mismas ficción sentimental: me refiero a la *Elegia di madonna Fiammetta*, de Giovanni Boccaccio, y a la *Historia de duobus amantibus*, de Enea Silvio Piccolomini. Mendia Vozzo [1983] ha publicado una esmerada edición crítica del *Libro de Fiameta*, escogiendo el incunable (Salamanca, 1497) como texto de partida, y enmendándolo a la vista de los dos manuscritos; incluye tam-bién un extenso estudio de la tradición textual, un análisis de la labor del tra-ductor y, como apéndice, las glosas marginales del ms. Escorial P.I.22. A Lecertua [1975] se debe una edición de la *Estoria de dos amantes*, que por desgracia ha circulado poquísimo: ¡ojalá la publique, puesta al día, en una serie asequible! De momento, Whinnom [1982*a*] comenta la obra y su influjo.

Aún estamos a la espera de una edición crítica de la primera obra castellana de ficción sentimental, el *Siervo libre de amor*; no obstante, ya disponemos de una transcripción, bastante regularizada, del manuscrito único, la de Hernández Alonso, en el marco de su edición de las *Obras completas* de Rodríguez del Padrón [1982]; la complementa con un estudio del título, la fecha, la estructura y el estilo. Es una lástima que no se trate de unas obras realmente completas, ya que Hernández Alonso omite el *Bursario*, o sea, la versión de las *Heroidas* ovidianas, muy importante para la evolución de la ficción sentimental. Por fortuna, lo publican, en transcripción regularizada del ms. BN 6.052, Saquero Suárez-Somonte y González Rolán [1984], con una introducción, pero sin notas explicativas ni glosario. Estos mismos investigadores editan las tres cartas que Rodríguez del Padrón añadió al *Bursario* (González Rolán y Saquero Suárez [1984]); asimismo añaden una introducción textual y literaria. Las tres cartas aludidas parecen constituir la etapa decisiva en la evolución desde la traducción de Ovidio hasta el *Siervo libre de amor*, como demuestra el excelente análisis de Impey [1980*a*]; véanse también la relación que establece la misma autora entre el *Bursario* y la versión alfonsí de las *Heroidas* [1980 en cap. 5, *supra*]. En otro artículo, Impey [1980*b*] estudia la relación entre la narrativa en prosa del *Siervo libre* y los poemas en ella intercalados, y concluye que Rodríguez del Padrón adapta, muy a su manera, la tradición de la *chantefable*. Brownlee [1984] ofrece una visión bastante distinta del género en que debe encuadrarse el *Siervo libre*: sostiene con razón que la herencia dantesca no se limita a la *Divina commedia* (como ya Andrachuk [1981-1982] había constatado), sino que hay también indicios de una deuda con la *Vita nuova*; no se ve demasiado claro, en cambio, que el *Siervo* sea, como quiere Brownlee, en lugar de la primera obra de ficción sentimental, la última seudoautobiografía erótica. Otra influencia italiana es la de la *Fiammetta*, según demuestra Weissberger [1979-1980] en un artículo en que subraya la capacidad innovadora de Rodríguez del Padrón. Esta misma investigadora [1984] sostiene convincentemente que a Macías se le representa como una autoridad en la narrativa en primera persona y, en especial, en la «Estoria de dos amadores», lo que, además, facilita el funcionamiento de la «Estoria» en el marco de la obra completa. Herrero [1980], además de señalar algunas deudas dantescas, concluye, basándose en un estudio de la alegoría y a diferencia de Andrachuk (1977) y [1981-1982], que la obra está entera y es una defensa de los valores del amor cortés. El estudio más reciente, de fundamental importancia, es el de Cátedra [1989 en cap. 10, *infra*], en cuyas pp. 143-159 relaciona las ideas sobre el amor en el *Siervo* con las del ambiente universitario contemporáneo.

La segunda obra importante del subgénero, la *Sátira de infelice e felice vida* de Dom Pedro de Portugal, ha sido estudiada por Gascón Vera desde varios puntos de vista, en un libro [1979*a*] básico para el conocimiento de Dom Pedro y sus obras; también subraya su ambivalente posición ante el amor y la mujer [1979*b*]. Gerli [1986] inaugura una nueva época en la crítica de la *Sátira*, pues explica que «sátira» vale por 'reproche', sin que necesariamente tenga que mediar la burla; demuestra que, con el fin de describir el amor angustiado y las emociones ambivalentes del narrador, reelabora, además de la herencia de Rodríguez del Padrón, las tradiciones de la alegoría francesa y de la lírica cancioneril; ve, por otro lado, a Dom Pedro como un eslabón importante en la evolución de la ficción sentimental, tanto por la influencia de la *Sátira* como por su mecenazgo como rey de los catalanes.

Sigue siendo incierta la fecha de la casi anónima *Triste deleytación*, pero es probable que ocupe una posición intermedia entre Dom Pedro y Juan de Flores. Contamos con dos ediciones: la de Gerli [1982], aunque con una interesante introducción, contiene, según las reseñas, bastantes errores; de la de Rohland de Langbehn [1983] habrá de partir la investigación futura: es una lástima que haya tenido tan poca difusión. Se trata del texto crítico del manuscrito único (Biblioteca de Catalunya, ms. 770), con un estudio literario, un «estudio descriptivo», que, de hecho, es un análisis estructural, y un glosario. El artículo de Impey [1986] va mucho más allá de lo que indica su título: comenta acertadamente el tema, la estructura, la función de los discursos y la relación con las tradiciones amatorias y con la sociedad catalana contemporánea. Vigier [1985] rastrea el influjo de Andrés el Capellán en dos secciones de la obra.

Juan de Flores figura casi siempre como sucesor de Diego de San Pedro; no obstante, Waley (1972) puso en entredicho la cronología tradicional. La intuición de Waley se ha visto ahora confirmada con las investigaciones biográficas de Gwara [1986-1987] y Parrilla (cap. 1 de [1988] y [1989, en cap. 10, *infra*]). Los principales hallazgos de ambos investigadores (simultáneos e independientes, a pesar de las fechas de publicación) son que Flores fue cronista real, autor de la *Crónica incompleta de los Reyes Católicos*, que estaba ligado a la corte del duque de Alba y posiblemente, según sugiere Gwara, a la Universidad de Salamanca. Gwara concluye que sus obras fueron compuestas entre 1470 y 1485. Parrilla [1988], tras resumir sus conclusiones biográficas, analiza detenidamente la tradición textual del *Grimalte* y *Gradissa* y establece un *stemma* provisional de tres redacciones: la versión original, representada por el ms. 5-3-20 de la Colombina, una refundición de autor representada por el ms. 22.018 de la Biblioteca Nacional y una redacción interpolada, en la que probablemente no intervino Flores y que se imprimió en Lérida. Elige el ms. *M*[adrid] como texto base para su edición crítica, enmendándolo a menudo a la vista de los otros testimonios. Constituye una aportación valiosísima a la crítica textual de la ficción sentimental. Otra obra de Flores recientemente descubierta es el *Triunfo de Amor*; esta vez debemos a Gargano [1981] otra edición importante: aunque basada en el ms. 22.019 de la Nacional, también tiene en cuenta el de la Colombina 5-3-20. (Adviértase que el reciente descubrimiento de un gran códice, ahora dividido en cuatro mss., de la Nacional, y el redescubrimiento del de la Colombina cambiaron radicalmente nuestra visión de la tradición textual de este subgénero.) La introducción de Gargano también incluye importantes secciones sobre la estructura y el estilo de la obra. Lacarra [1989] coincide en parte con Gerli [1989], ya comentado, y con Weissberger [1983] en su análisis de la relación entre narrador y lectores externos (o sea, Flores y su público) y narrador y lectores internos (por ejemplo, Grimalte; o bien, el hecho de que se lea, en el contexto narrativo, la *Elegia di madonna Fiammetta*). Weissberger, además de intuir [1983] la preocupación de los críticos posteriores por la interacción de realidad y ficción en las obras de Flores, sostiene [1984] que Torrellas y Braçayda son representantes poco apropiados de su sexo y que el desenlace desacredita su autoridad. Van Beysterveldt [1981a] apunta que Torrellas y Braçayda, al igual que Pámphilo y Grimalte, comparten varios conceptos sobre la mujer.

Las obras en prosa de Diego de San Pedro cuentan con excelentes ediciones de Whinnom (1972, 1973) (para las obras en verso, véase Severin y Whinnom [1979 en cap. 8, *supra*]). Su edición de *Arnalte y Lucenda*, sin embargo, fue preparada antes del descubrimiento del ms. 22.021 de la Biblioteca Nacional, cuyo texto es mucho mejor que el de las ediciones impresas (y de hecho ratifica a menudo las enmiendas conjeturales de Whinnom (1973)). Corfis [1985b] tiene muy en cuenta este manuscrito, y aunque no conoció, por desgracia, el de la Trivulziana de Milán, este tiene tantos italianismos que apenas habría influido en la confección de la edición crítica. Describe los testimonios y establece un *stemma* tripartito (aunque tal vez valga la pena reducirlo a bipartito, como sugiere Rohland de Langbehn en su reseña, *JHP*, XI (1986-1987), pp. 81-84). Por más que la edición crítica se basa en la *editio princeps* de Burgos, 1491, se recurre mucho al manuscrito en las frecuentes enmiendas. Iguales características presenta, aunque en este caso no haya manuscrito, la edición de la *Cárcel de Amor* (Corfis [1987]); su principal diferencia con la de Whinnom (1972) es que Corfis incluye, a la vista de muchas ediciones y traducciones, un aparato de variantes completo. Una vez más, propone un *stemma* trífido, a partir del texto de la *princeps* (Sevilla, 1492). Se trata, pues, de las primeras ediciones realmente críticas y, aunque las reseñas han observado algunos defectos, suponen un notable adelanto en el estudio textual de ambas obras. Van Beysterveldt [1979] aprecia en las dos obras un conflicto entre el amor y las normas sociales; otros investigadores tan sólo se ocupan de la *Cárcel de Amor*, sobre todo, del papel de El Auctor y de los problemas de la narración en primera persona (Rey [1981], Tórrego [1983] y Mandrell [1983-1984]). Corfis [1985a] sostiene que los ejercicios retóricos clásicos, además de las *artes dictaminis*, influyeron en la estructura de algunas secciones de la *Cárcel* y en ciertos aspectos del estilo. Brownlee [1987] trata de leer la obra, así como la continuación de Nicolás Núñez, a la luz de la teoría de los actos de habla; a partir de una argumentación algo hermética, concluye que los parlamentos de los personajes corresponden a diversos géneros, motivo por el que no logran establecer una comunicación. El enfoque de Round [1989] es bien distinto: insiste en la ya comprobada deuda con el *Tratado en defensa de virtuosas mugeres*, de Diego de Valera, para analizar la forma en que lo utiliza San Pedro y su significado ideológico.

La continuación de Núñez ha sido editada por Whinnom [1979], junto con *La coronación de la señora Gracisla*, obra desconocida hasta la exhumación del manuscrito (el actual ms. 22.020 de la Nacional). La *Gracisla* está en el límite de la ficción sentimental; según Whinnom, alude a ciertos acontecimientos históricos (adviértase que Joseph Gwara, en un trabajo todavía inédito, la atribuye a Juan de Flores, hipótesis que ha de ser debidamente discutida). Otra obra desconocida hasta hace muy poco y que merece ser plenamente incluida en este subgénero es el fragmentario *Tratado de amores* (ms. Colombina 5-3-20). Parrilla García publica la edición [1985], y más tarde [1988], con el fin de identificar sus rasgos particulares, la complementa con una comparación con otras obras de ficción sentimental y con la *Celestina*, estudiando principalmente el papel de la medianera y de las tres cartas del enamorado.

Los avances en el estudio de la ficción sentimental —en parte debidos al descubrimiento de manuscritos y en parte a las nuevas interpretaciones de textos ya conocidos— nos muestran qué se podría hacer con los libros de aventuras menos estudiados. Muchos hay que aguardan todavía una edición que satisfaga los criterios modernos; mucho también queda por hacer en el terreno de la interpretación.

BIBLIOGRAFÍA

Amezcua, José, *Metamorfosis del caballero: sus transformaciones en los libros de caballerías españoles*, Univ. Autónoma Metropolitana, Iztapalapa (Cuadernos Universitarios, XIV), México, 1984.

Andrachuk, Gregory Peter, «A Further Look at Italian Influence in the *Siervo libre de amor*», *JHP*, VI (1981-1982), pp. 45-46.

Avalle-Arce, Juan Bautista, «*Amadís de Gaula*»: *el primitivo y el de Montalvo*, Fondo de Cultura Económica, México, 1988.

Ayerbe-Chaux, Reinaldo, «Las *Islas dotadas*: texto y miniaturas del manuscrito de París, clave para su interpretación», en *Hispanic Studies Deyermond* (1986), pp. 31-50.

Blüher, Karl Alfred, «Zur Tradition der politischer Ethik im *Libro del caballero Zifar*», *ZRP*, LXXXVII (1971), pp. 249-257.

Brownlee, Marina Scordilis, «Towards a Reappraisal of the *Historia troyana polimétrica*», *C*, VII (1978-1979), pp. 13-17.

—, «The Generic Status of the *Siervo libre de amor*: Juan Rodríguez del Padrón's Reworking of Dante», *Poetics Today,* V (1984), pp. 629-643.

—, «The Trojan Palimpsest and Leomarte's Metacritical Forgery», *MLN*, C (1985), pp. 397-405.

—, «Narrative Structure and the Rhetoric of Negation in the *Historia troyana*», *R*, CVI (1985), pp. 439-455.

—, «Impresioned Discourse in the *Cárcel de Amor*», *Romanic Review*, LXXVIII (1987), pp. 188-201.

Cacho Blecua, Juan Manuel, «El entrelazamiento en el *Amadís* y en las *Sargas de Esplandián*», en *Studia Riquer* (1986), I, pp. 235-271.

—, «Estructura y difusión de *Roberto el Diablo*», en *Formas breves del relato* (1986), pp. 35-55.

—, ed. *Amadís de Gaula*, Cátedra (LH, CCLV-CCLVI), Madrid, 1987-1988, 2 vols.

Cátedra, Pedro M., ed., «*Història de París e Viana*»: *edició facsímil de la primera impressió catalana (Girona, 1495)*, Diputación de Gerona, 1986.

Cooper, Louis, ed., *La gran conquista de Ultramar*, Instituto Caro y Cuervo (Publ. del Instituto, LI-LV), Bogotá, 1979, 4 vols.

—, y Franklin M. Waltman, eds., «*La gran conquista de Ultramar*», *Biblioteca Nacional MS 1187*, HSMS (SS, XLI), Madison, 1989.

Corfis, Ivy A., «The *Dispositio* of Diego de San Pedro's *Cárcel de Amor*», *IR*, n.s., XXI (1985), pp. 323-347.

—, ed., *Diego de San Pedro's «Tractado de amores de Arnalte y Lucenda»: A Critical Edition*, Tamesis, Londres, 1985.

—, ed., *Historia de la linda Melosina,* HSMS (SS, XXXII), Madison, 1986.

—, ed., *Diego de San Pedro's «Cárcel de Amor»: A Critical Edition*, Tamesis, Londres, 1987.

Deyermond, Alan, «Las relaciones genéricas de la ficción sentimental española», en *Symposium Riquer* (1986), pp. 75-92.

—, «El punto de vista narrativo en la ficción sentimental del siglo xv», en *Actas I AHLM* (1988), pp. 45-60.

Diz, Marta Ana, «El mundo de las armas en el *Libro del Caballero Cifar*», *BHS*, LVI (1979), pp. 189-199.

—, «La construcción del *Cifar*», *NRFH*, XXVIII (1979), pp. 105-117.

Eisele, Gillian, «A Reappraisal of the 1534 Sequel to *Don Tristán de Leonís*», *Tristania*, V, 2 (primavera de 1980), pp. 28-44.

—, «A Comparison of Early Printed Tristan Texts in Sixteenth-Century Spain», *ZRP*, XCVII (1981), pp. 370-382.

Eisenberg, Daniel, *Castilian Romances of Chivalry in the Sixteenth Century: A Bibliography*, Grant & Cutler (RBC, XXIII), Londres, 1979.

—, *Romances of Chivalry in the Spanish Golden Age*, Juan de la Cuesta, Newark, Delaware, 1982.

Fogelquist, James D., *El «Amadís» y el género de la historia fingida*, Porrúa Turanzas, Madrid, 1982.

Fradejas, José, «Algunas notas sobre *Enrique fi de Oliva*, novela del siglo xiv», en *Actas del I Simposio de Literatura Española, Salamanca, del 7 al 11 de mayo de 1979*, ed. Alberto Navarro González, Universidad (AS, Filosofía y Letras, CXXV), Salamanca, 1981, pp. 309-360.

Garcia, Michel, «Les fêtes de cour dans le roman sentimental castillan», en *La Fête* (1987), pp. 33-49.

Gargano, Antonio, «Stato attuale degli studi sulla *novela sentimental*, I: La questione del genere», *SI* (1979), pp. 59-80; «II: Juan Rodríguez del Padrón, Diego de San Pedro, Juan de Flores», *SI* (1980), pp. 39-69.

—, ed., Juan de Flores, *Triunfo de Amor*, Giardini (CTSI, Testi Critici, II), Pisa, 1981.

Gascón Vera, Elena, *Don Pedro, Condestable de Portugal*, Fundación Universitaria Española (Publicaciones de la FUE, Tesis, IV), Madrid, 1979.

—, «La ambigüedad en el concepto del amor y de la mujer en la prosa castellana del siglo xv», *BRAE*, LXVI (1979), pp. 119-155.

Gerli, E. Michael, ed., *«Triste deleytación»: An Anonymous Fifteenth Century Romance*, Georgetown University Press, Washington, 1982.

—, «Toward a Revaluation of the Constable of Portugal's *Sátira de infelice e felice vida*», en *Hispanic Studies Deyermond* (1986), pp. 107-118.

—, «Metafiction in Spanish Sentimental Romance», en *Whinnom Studies* (1989), pp. 57-63.

Gier, Albert, «Garci Rodríguez de Montalvo, *Los quatro libros del virtuoso cavallero Amadís de Gaula*», en *Der spanische Roman vom Mittelalter bis zur Gegenwart*, ed. Volker Roloff y Harald Wentzlaff-Eggebert, Bagel, Düsseldorf, 1986, pp. 16-32.

Gómez Redondo, Fernando, «El prólogo del *Cifar*; realidad, ficción y poética», *RFE*, LXI (1981), pp. 85-112.

González, Cristina, *El «Cavallero Zifar» y el reino lejano*, Gredos, Madrid, 1984.

—, «Alfonso X el Sabio y la *Gran conquista de Ultramar*», *HR*, LIV (1986), pp. 67-82.

González, Eloy R., «Función de las profecías en el *Amadís de Gaula*», *NRFH*, XXXI (1982), pp. 282-291.

González Rolán, Tomás, y Pilar Saquero Suárez, «Las cartas originales de Juan Rodríguez del Padrón: edición, notas literarias y filológicas», *D*, III (1984), pp. 39-72.

Grieve, Patricia E., *Desire and Death in the Spanish Sentimental Romance*, Juan de la Cuesta, Newark, Delaware, 1987.

Guardiola, Conrado, «La mención del Amadís en el *Regimiento de príncipes*, aclarada», en *Actas I AHLM* (1988), pp. 337-345.

Gwara, Joseph J., «The Identity of Juan de Flores: The Evidence of the *Crónica incompleta de los Reyes Católicos*», *JHP*, XI (1986-1987), pp. 103-130 y 205-222.

Hall, J.B., «The Ethos of the French Post-Vulgate *Roman du Graal* and the Castilian *Baladro del sabio Merlín* and *Demanda del Sancto Grial*», *RLC*, LVI (1982), pp. 423-436.

—, «A Process of Adaptation: The Spanish Versions of the Romance of Tristan», en *The Legend of Arthur in the Middle Ages: Studies Presented to A.M. Diverres by Colleagues, Pupils and Friends*, D.S. Brewer (Arthurian Studies, VII), Cambridge, 1983, pp. 76-85 y 235-237.

Harney, Michael, «The Geography of the *Caballero Zifar*», *C*, XI, (1982-1983), pp. 208-219.

—, «More on the Geography of the *Libro del cavallero Zifar*», *C*, XVI, 2 (primavera de 1988), pp. 76-85.

Hernández, Francisco Javier, «*El libro del cavallero Zifar*: Meaning and Structure», *RCEH*, II (1977-1978), pp. 89-121.

—, «Ferrán Martínez, 'escrivano del rey', canónigo de Toledo y autor del *Libro del cavallero Zifar*», *RABM*, LXXXI (1978), pp. 289-325.

—, «Noticias sobre Jofré de Loaisa y Ferrán Martínez», *RCEH*, IV (1979-1980), pp. 281-309.

Hernández Alonso, César, ed., Juan Rodríguez del Padrón, *Obras completas*, Editora Nacional (BLPH, XLVIII), Madrid, 1982.

Herrero, Javier, «The Allegorical Structure of the *Siervo libre de amor*», *Speculum*, LV (1980), pp. 751-764.

Impey, Olga Tudorica, «The Literary Emancipation of Juan Rodríguez del Padrón: From the Fictional *Cartas* to the *Siervo libre de amor*», *Speculum*, LV (1980), pp. 305-316.

—, «La poesía y la prosa del *Siervo libre de amor*: ¿'aferramiento' a la tradición del *prosimetrum* y de la convención lírica?», en *Keller Studies* (1980), pp. 171-187.

—, «Un doctrinal para las doncellas enamoradas en la *Triste deleytación*», *BRAE*, LXVI (1986), pp. 191-234.

Keightley, R.G., «Models & Meanings for the *Libro del cavallero Zifar*», *Mosaic*, XII, 2 (invierno de 1979), pp. 55-73 [estropeado por la intervención editorial; la separata incluye muchas rectificaciones].

Lacarra, M.ª Eugenia, «Sobre la cuestión de la autobiografía en la ficción sentimental», en *Actas I AHLM* (1988), pp. 359-368.

—, «Juan de Flores y la ficción sentimental», en *Actas IX AIH* (1989), I, pp. 223-233.

Lasry, Anita Benaim de, ed., *«Carlos Maynes» and «La emperatriz de Roma»: Critical Edition and Study of Two Medieval Spanish Romances*, Juan de la Cuesta, Newark, Delaware, 1982.

Lecertua, Jean-Paul, ed., *«Estoria de dos amantes, Eurialo y Lucrecia*, traduction espagnole de la *Historia de duobus amantibus* (1444), d'Aeneas Sylvius Piccolomini (Pie II)», *Trames, Collection Études Ibériques*, I (1975), pp. 1-78.

López Alonso, Covadonga, Alicia Redondo Goicoechea, y Carlos Sáinz de la Maza, «Aproximación a la arquitectura espacial del *Amadís de Gaula*: análisis del capítulo XVIII», en *Actes du VIᵉ Colloque du SEL: Espaces,* Université de Toulouse-le-Mirail, Toulouse, en prensa.

Maier, John R., «Of Accused Queens and Wild Men: Folkloric Elements in *Carlos Maynes*», *C*, XII (1983-1984), pp. 21-31.

—, ed., *El rrey Guillelme*, Univ. of Exeter (EHT, XXXIX), Exeter, 1984.

Mandrell, James, «Author and Authority in *Cárcel de Amor*: The Role of El Auctor», *JHP*, VIII (1983-1984), pp. 99-122.

Marín, María del Carmen, «Las cartas de amor caballerescas como modelos epistolares», en *La recepción del texto literario: Coloquio Casa de Velázquez-Departamento de Filología Española de la Universidad de Zaragoza, Jaca, abril de 1986*, ed. Jean-Pierre Étienvre y Leonardo Romero, Universidad de Zaragoza y Casa de Velázquez, Madrid, 1988, pp. 11-24.

Martínez Jiménez, José Antonio, y Francisco Muñoz Marquina, «Hacia una caracterización del género 'novela sentimental'», *Nuevo Hispanismo*, II (1982), pp. 11-43.

Martins, Mário, «O elemento religioso em *Amadís de Gaula*», en sus *Estudos de cultura medieval*, III, Edições Brotéria, Lisboa, 1983, pp. 341-355.

Mendia Vozzo, Lia, ed., Juan Bocacio, *Libro de Fiameta*, Giardini (CTSI, Testi Critici, IV), Pisa, 1983.

Michael, Ian, «'From her shall read the perfect ways of honour': Isabel of Castile and Chivalric Romance», en *Whinnom Studies* (1989), pp. 103-112.

Morros, Bienvenido, «Los problemas ecdóticos del *Baladro del sabio Merlín*», en *Actas I AHLM* (1988), pp. 457-471.

Olsen, Marilyn A., «A Reappraisal of Methodology in Medieval Editons: The Extant Material of the *Libro del cavallero Zifar*», *RPh*, XXXV (1981-1982), pp. 508-515.

—, ed., *Libro del Cauallero Çifar*, HSMS (SS, XVI), Madison, 1984.

—, «*Mesura* and *Cobdiçia:* The Ideological Core of the *Cauallero Çifar*», en *Hispanic Studies Deyermond* (1986), pp. 223-233.

Parrilla García, Carmen, ed., «El *Tratado de amores*: nuevo relato sentimental del siglo XV», *AFE*, II (1985), pp. 473-486.

—, «*El tratado de amores* en la narrativa sentimental», *BBMP*, LXIV (1988), pp. 109-128.

—, ed., Juan de Flores, *Grimalte y Gradisa*, Universidad de Santiago de Compostela (Monografías da Universidade, CXL), Santiago, 1988.

Piccus, Jules, «Corrections, Suppressions and Changes in Montalvo's *Amadís*, Book 1», *Sefarad*, XLIV (1984), pp. 33-74.

Rey, Alfonso, «La primera persona narrativa en Diego de San Pedro», *BHS*, LVIII (1981), pp. 95-102.

Rico, Francisco, «Imágenes del Prerrenacimiento español: Joan Roís de Corella y la *Tragèdia de Caldesa*», en *Estudios de literatura española y francesa. Siglos XVI y XVII. Homenaje a Horst Baader*, Klaus Dieter Vervuert - Hogar del Libro, Frankfurt - Barcelona, 1984, pp. 15-27.

Riquer, Martín de, «La novela en prosa y la difusión del papel», en *Orbis medievalis: mélanges de langue et de littérature médiévale offerts à Reto Raduolf Bezzola à l'occasion de son quatre-vingtième anniversaire*, Francke, Berna, 1978, pp. 343-351.

—, *Estudios sobre el «Amadís de Gaula»*, Sirmio (Biblioteca General, III), Barcelona, 1987.

Rodríguez-Puértolas, Julio, «Sentimentalismo 'burgués' y amor cortés: la novela del siglo XV», en *Essays Pierce* (1982), pp. 121-139.

Rohland de Langbehn, Régula, ed., *Triste deleytaçión: novela de F.A. d. C., autor anónimo del siglo XV*, Universidad, Morón, 1983.

—, «Desarrollo de géneros literarios: la novela sentimental española de los siglos XV y XVI», *F*, XXI (1986), pp. 57-76.

—, «El problema de los conversos y la novela sentimental», en *Whinnom Studies* (1989), pp. 134-143.

—, «Argumentación y poesía: función de las partes integradas en el relato de la novela sentimental española en los siglos XV y XVI», en *Actas IX AIH*, 1989, pp. 575-582.

—, «Fábula trágica y nivel de estilo elevado en la novela sentimental española de los siglos XV y XVI», en *Reyes Católicos*, en prensa.

Romero Tobar, Leonardo, «*Fermoso cuento de una enperatriz que ovo en Roma*: entre hagiografía y relato caballeresco», en *Formas breves del relato* (1986), pp. 7-18.

Roubaud, Sylvia, «La fôret de longue attente: amour et mariage dans les romans de chevalerie», en *Amours légitimes, amours illégitimes en Espagne (XVIe - XVIIe siècles,)*, ed. Augustin Redondo, La Sorbonne (Travaux du Centre de Recherche sur l'Espagne des XVIe et XVIIe siècles, II), París, 1985, pp. 251-267.

Round, Nicholas G., «The Presence of Mosén Diego de Valera in *Cárcel de Amor*», en *Whinnom Studies* (1989), pp. 144-154.

Saquero Suárez-Somonte, Pilar, y Tomás González Rolán, eds., Juan Rodríguez del Padrón, *Bursario*, Universidad Complutense, Madrid, 1984.

Seidenspinner-Núñez, Dayle, «The Sense of an Ending: The *Tristán* Romance in Spain», *Tristania*, VII (1981-1982), pp. 27-46.

—, «Symmetry of Form and Emblematic Design in *El conde Partinuplés*», *KRQ*, XXX (1983), pp. 61-76.

Sharrer, Harvey L., *The Legendary History of Britain in Lope García de Salazar's «Libro de las bienandanzas e fortunas»*, University of Pennsylvania Press (Haney Foundation Series, XXIII), Filadelfia, 1979.

—, «Letters in the Hispanic Prose Tristan Texts: Iseut's Complaint and Tristan's Replay», *Tristania*, VII (1981-1982), pp. 3-20.

—, «La fusión de las novelas artúrica y sentimental a fines de la Edad Media», *AFE*, I (1984), pp. 147-157.

—, «Juan de Burgos, impresor y refundidor de libros caballerescos», en *El libro antiguo español: Actas del primer Coloquio Internacional (Madrid, 18 al 20 de diciembre de 1986)*, ed. María Luisa López-Vidriero y Pedro M. Cátedra, Universidad de Salamanca y Sociedad Española de Historia del Libro, Salamanca; Biblioteca Nacional, Madrid, 1988, pp. 361-369.

Sieber, Harry, «The Romance of Chivalry in Spain from Rodríguez de Montalvo to Cervantes», en *Romance: Generic Transformation from Chrétien de Troyes to Cervantes*, ed. Kevin Brownlee y Marina Scordilis Brownlee, University Press of New England para Dartmouth College, Hanover, 1985, pp. 203-219.

Spaccarelli, Thomas D., «The Symbolic Substructure of the *Noble cuento del enperador Carlos Maynes*», *Hisp.*, 89 (enero de 1987), pp. 1-19.

Spinelli, Emily, «Chivalry and its Terminology in the Spanish Sentimental Romance», *C*, XII (1983-1984), pp. 241-253.

Tórrego, Esther, «Convención retórica y ficción narrativa en la *Cárcel de Amor*», *NRFH*, XXXII (1983), pp. 330-339.

Van Beysterveldt, Antony, «La nueva teoría del amor en las novelas de Diego de San Pedro», *Cuadernos Hispanoamericanos*, 349 (1979), pp. 1-14.

—, «Revisión de los debates feministas del siglo XV y las novelas de Juan de Flores», *H*, LXIV (1981), pp. 1-13

—, «El amor caballeresco del *Amadís* y el *Tirante*», *HR*, XLIX (1981), pp. 407-425.

—, *Amadís-Esplandián-Calisto: historia de un linaje adulterado*, Porrúa Turanzas, Madrid, 1982.

Vigier, Françoise, «Fiction épistolaire et *novela sentimental* en Espagne aux XVe et XVIe siècles», *MCV*, XX (1984), pp. 229-259.

—, «Le *De arte amandi* d'André le Chapelain et la *Triste deleytaçión*, roman sentimental anonyme de la seconde moitié du XVe siècle», *MCV*, XXI (1985), pp. 119-174.

—, «Difusion y proyección literaria de la novela IV.1 del *Decamerón* de Bocacio en la España bajomedieval y renacentista», en *Formas breves del relato* (1986), pp. 87-103.

—, «Aspiration au mariage et amours illégitimes dans la *novela sentimental* (XVe-XVIe)», en *Amours légitimes* (1986: véase Roubaud, *supra*), pp. 269-283.

Walker, Roger M., «From French Verse to Spanish Prose: *La Chanson de Florence de Rome* and *El cuento del enperador Otas de Roma*», *MAe*, XLIX (1980), pp. 230-243.

Walsh, John K., «The Chivalric Dragon: Hagiographic Parallels in Early Spanish Romances», *BHS*, LIV (1977), pp. 189-198.

Weissberger, Barbara F., «'Habla el auctor': *L'elegia di madonna Fiammetta* as a Source for the *Siervo libre de amor*», *JHP*, IV (1979-1980), pp. 203-236.

—, «Authors, Characters and Readers in *Grimalte y Gradissa*», en *Creation and Re-Creation* (1983), pp. 61-76.

—, «Authority Figures in *Siervo libre de amor* and *Grisel y Mirabella*», en *Homenaje Gilman* (1982 [1984]), pp. 255-262.

Whinnom, Keith, ed., *Dos opúsculos isabelinos: «La coronación de la señora Gracisla» (BN MS. 22020)* y *Nicolás Núñez, «Cárcel de Amor»*, University of Exeter (EHT, XXII), Exeter, 1979.

—, «The *Historia de duobus amantibus* of Anneas Sylvius Piccolomini (Pope Pius II) and the Development of Spanish Golden-Age Fiction», en *Essays Pierce* (1982), pp. 243-255.

—, «*Autor* and *Tratado* in the Fifteenth Century: Semantic Latinism or Etymological Trap?», *BHS*, LIX (1982), pp. 211-218.

—, *The Spanish Sentimental Romance 1440-1550: A Critical Bibliography,* Grant & Cutler (RBC, XLI), Londres, 1983.

Whitenack, Judith A., «Conversion to Chistianity in the Spanish Romance of Chivalry, 1490-1524», *JHP*, XIII (1988-1989), pp. 13-39.

Williamson, Edwin, *The Half-Way House of Fiction: «Don Quixote» and Arthurian Romance*, Clarendon Press, Oxford, 1984.

JUAN BAUTISTA AVALLE-ARCE

AMADÍS, EL HÉROE

Los logros actuales de la crítica, en lo que se refiere a la posible forma del *Amadís* anterior a la intervención de Montalvo, pueden ahondarse, y hasta cierto punto superarse, en mi opinión, a base de un prudente uso de los métodos utilizados en el estudio del folklore occidental. [Tomemos como base el libro de Lord Raglan titulado *El héroe. Un estudio en tradición, mito y drama*, de 1936.] Veintidós son los incidentes biográficos capitales que Lord Raglan discernió en la vida paradigmática del héroe de la tradición. Esto, desde luego, no implica que la vida de cada héroe estudiado cumpla con cada uno de los veintidós incidentes. Al contrario, ninguna vida heroico-tradicional llega al máximo del cupo esquemático asignado por Lord Raglan; ni por ningún otro estudioso, dicho sea de paso. Muy cerca del máximo llegan vidas como la de Edipo, que cumple con veinte de los veintidós incidentes fundamentales, o bien como la de Teseo, quien también se apunta veinte puntos. [...]

Si mis cálculos andan bien, la vida de Amadís tiene exactamente los mismos puntos que la del rey Arturo, o sea, dieciséis, lo que es una forma más de aunarla con la tradición arturiana, directamente, sin ingredientes portugueses. Repasaré, con la brevedad impuesta por las circunstancias, la lista de incidentes del esquema de Lord Raglan aplicables a la vida de Amadís. El número de orden es de Lord Raglan; no menciono los incidentes inaplicables a nuestro héroe. Por delante irán, en todo momento, los membretes identificatorios y definitorios de Lord Raglan, traducidos por mí.

Juan Bautista Avalle-Arce, Prólogo a *Amadís de Gaula*, Círculo de Lectores, Barcelona, 1984, pp. 14-19, donde se recogen varias conclusiones de su libro «*Amadís de Gaula*»: *el primitivo y el de Montalvo*, Fondo de Cultura Económica, México, 1988.

Uno: su madre es una virgen de sangre real; efectivamente, la madre de nuestro héreo es la princesa Elisena, hija del rey de la pequeña Bretaña. Dos: su padre es un rey; nada menos que el rey Perión de Gaula, en nuestro caso. Cuatro: las circunstancias de su concepción son insólitas; en la novela, y cito, «acaeció una hermosa maravilla» (libro I, cap. 1). Seis: al momento de nacer se efectúa un atentado contra su vida; Darioleta, la doncella de la princesa Elisena, dice del recién nacido: «Que padezca; porque vos seáis libre» (I, 1). Siete: alguien se lleva al niño misteriosamente: claro está que Amadís es puesto en una caja que se bota al río. Ocho: es criado por padres adoptivos en un país lejano; Amadís es criado por el escudero Gandales en el reino de Escocia. Nueve: nada se nos dice de su niñez; sólo a los doce años se planta Amadís en la escena, que ya no abandonará, para enamorarse de Oriana. Diez: al llegar a la mayor edad, el héroe viaja a su futuro reino: en el capítulo décimo del libro primero se anuncia la intención de Amadís de viajar a la Gran Bretaña. Once: hay una sonada victoria sobre una gran bestia; el equivalente novelístico es la victoria sobre el Endriago. Doce: casamiento con una princesa; son las bodas de Amadís con Oriana, hija del rey Lisuarte de la Gran Bretaña. Trece: llega a ser rey; Amadís llega a ser rey de la Gran Bretaña, pero en las *Sergas de Esplandián*, aunque el *Amadís* de Montalvo termina con profecía al respecto, y vislumbro aquí un nuevo uso del bisturí de nuestro cirujano, regidor y novelista. Quince: tiene brillante carrera de legislador; en el *Amadís*, Urganda la Desconocida aconseja al héroe que tenga «más cuidado de gobernar que de batallar» (IV, 52). Dieciséis: como rey, más tarde pierde el favor de sus súbditos; en las *Sergas de Esplandián,* y ya rey Amadís, se alude a la posibilidad de que Amadís se torne cruel y soberbio, en lo que sospecho yo una nueva intervención quirúrgica de Montalvo, ya que en IV, 52, Urganda alude a «los jaropes amargos» que sentirá Amadís. Dieciocho: la muerte del héroe es misteriosa; como en esta ocasión es patente la intervención de Montalvo, sólo diré que el hijo Esplandián mata al padre Amadís en desconocimiento mutuo. Veinte: sus hijos no le suceden en el trono; en las *Sergas de Esplandián* su protagonista no es rey de la Gran Bretaña, sino emperador de Constantinopla. Veintidós: tiene una santa sepultura; en el *Amadís* el emperador de Constantinopla hace construir una estatua de Amadís después de la batalla con el Endriago, y en las *Sergas de Esplandián* el hijo se arrodilla ante dicha estatua en la Isla del Endriago.

Las ingeniosas manipulaciones del texto primitivo del *Amadís* practicadas por Montalvo no han podido, o querido, quitar a la vida del protagonista un alto porcentaje de incidentes arquetípicos de la vida del héroe folklórico. Ahora bien, hoy en día tenemos la certeza de que el texto primitivo terminaba con la muerte de Amadís por su hijo, lo que provoca la desesperación de Oriana, esposa de uno y madre del otro; y la heroína se suicidaba al arrojarse de una torre. [Véase Lida de Malkiel (1954) y Rodríguez-Moñino (1956).] Pero Garci Rodríguez de Montalvo no quiere ni pensar en tan criminoso y anticatólico final, y desde luego que no queda casi ni sospecha de tal en su texto, el que hoy leemos. Montalvo quería apartar toda su novelística (*Amadís de Gaula* y *Sergas de Esplandián*), en la medida ideológica y literaria posible, de los erotismos tan poco cristianos de toda la novelística arturiana, con ejemplos tan poco edificantes como el adulterio de la reina Ginebra. Y, además, la España en que escribe Montalvo, su momento histórico, es la coyuntura del reinado de los Reyes Católicos, la guerra de Granada, la expulsión del moro (después de setecientos años de fragmentada lucha), y la rededicación del destino nacional a una cruzada puramente española contra lo que no fuese católico. En este tipo de ambiente histórico las caballerías arturianas no eran más que pamplinas, veleidades sin sentido, ton ni son. Todo esto lo hará Garci Rodríguez de Montalvo de explícita claridad en sus *Sergas de Esplandián*.

Esplandián, el del Montalvo, será el perfecto y ejemplar caballero cristiano, no como el vetusto modelo arturiano (folklórico) de su padre Amadís. Con fino arte Montalvo prolongará todo esto en el *Amadís*, su *Amadís*, entendamos bien. Todo se hace de evidencia meridiana en el desenlace de la aventura de la Doncella Encantadora, en el último libro de nuestro novela. Dicha aventura viene a representar, al mismo tiempo, la categorización final del hijo sobre el padre, de Esplandián (el caballero cristiano, según el nuevo molde de Montalvo) sobre Amadís (el avejentado cuño arturiano, inoperable en la España de los Reyes Católicos). En dicha aventura, y ya en la Peña (IV, 49), en la ermita, Amadís lee un letrero en griego, con el siguiente mensaje: «En el tiempo que la gran ínsula florecerá y será señoreada del poderoso rey, y ella señora de otros muchos reinos y caballeros por el mundo famosos, serán juntos en uno la alteza de las armas y la flor de la hermosura, que en su tiempo par no tendrán, y de ellos saldrá aquel que sacará la espada con que la orden de su caballería cumplida será, y las fuertes puertas de piedra serán abiertas, que en sí encierran el gran tesoro.» No hay que ser muy lince ni experto en las profecías merlinianas, de ese Merlín, ínsito en la caballeresca arturiana, ni en ningún otro tipo de profecías, para comprender que esta aventura está vedada a Amadís, que está reservada para Esplandián. Amadís de Gaula, sin embargo procede como si no se enterase de nada y sube con Grasandor, su amigo y acompañante circunstancial, a la cámara encantada que contiene el tesoro y la prueba de la espada incrustada en piedra, de evidentes reminiscencias arturianas. Ahora ya no pueden caber dudas a nadie, ni al propio Amadís: hay allí un letrero que anuncia que el que tenga en el pecho unas letras que correspondan a lo allí escrito acabará la aventura: «En vano se trabajará el caballero que esta espada de aquí quisiese sacar por valentía ni fuerza que en sí haya, si no es aquel que las letras de la imagen figuradas en la tabla, que ante sus pechos tiene señala, y que las siete letras de su pecho encendidas como fuego con éstas juntará. Para éste se ha guardado por aquella que con su gran sabiduría alcanzó a saber que en su tiempo ni después muchos años vendría otro que igual le fuese.» (IV, 49).

Este cartel apunta en dos direcciones. Una nos lleva a las circunstancias del nacimiento de Esplandián: «Tenía debajo de la teta derecha unas letras tan blancas como la nieve, y so la teta izquierda siete letras tan coloradas como brasas vivas.» (III, 2). La otra dirección nos debe llevar a la majestuosa autoridad de Urganda la Desconocida en toda nuestra novela, vale decir, el tema de la magia, lo sobrenatural, los encantamientos, demasiado complejo como para desarrollar en breves líneas, pero que debe quedar apuntado como ingrediente de máxima eficacia en cualquier composición caballeresca, como todavía nos recordará con amplio guiño de ojos Cervantes en tantos incidentes de su *Don Quijote de la Mancha.* Pero en el texto de nuestra novela, del *Amadís de Gaula,* al leer dicho cartel nuestro protagonista piensa de inmediato en su hijo Esplandián, y casi de inmediato lo mismo hace Grasandor, con el añadido aclaratorio: «Estas [letras] son las mismas que vuestro hijo tiene, y a él es otorgada esta aventura. Ahora os digo que iréis de aquí sin la acabar, y quejaos de vos mismo que hicisteis otro que más que nos vale.» (IV, 49). Con estas palabras el taumaturgo regidor de Medina del Campo Garci Rodríguez de Montalvo ha obrado la maravilla literaria de convertir a Amadís de Gaula en Amadís de Lilliput.

La caballeresca arturiana, con todos sus módulos y directrices, ha muerto, de allí el afrentoso rechazo de Amadís en esta aventura. Ha nacido la caballeresca cristiana, encarnada en Esplandián, que no era, ni más ni menos, que el grandioso sesgo que Montalvo daría al multisecular *Amadís de Gaula* que llegó a sus manos. Después del cartel ya citado faltan tres capítulos hasta el final de nuestra novela, y ellos sólo pueden representar la postergación última de Amadís, el otrora magnífico y heroico protagonista, que ahora sólo se empina a hacer un número de la comparsa.

RÉGULA ROHLAND DE LANGBEHN

EL DESARROLLO DE LA NOVELA SENTIMENTAL

El siglo largo, 1440-1550, en que se desarrollaron las obras que bajo el nombre de «novela sentimental» fueron agrupadas por M. Menéndez y Pelayo, no es un período uniforme desde el punto de vista de su historia ni de su literatura. En literatura se produjeron varios cambios menores y dos hechos decisivos, los que se presentan después del reinado de los Reyes Católicos con la aceptación del metro italiano en la lírica y la introducción de la comedia en idioma vulgar en el teatro. La literatura narrativa y dialogada tiene brotes nuevos desde el reinado de Juan II, con los textos más antiguos del género de que nos ocupamos y con diálogos versificados, y conduce a obras de importancia como la *Celestina, Cárcel de Amor* y el *Amadís* refundido antes de la muerte de Isabel y Fernando, y a nuevas cumbres renacentistas, como el *Lazarillo*, dentro del lapso nombrado.

El propósito de delimitar el sistema global del que formaría parte la novela sentimental se ve, según esto, obstaculizado por el hecho de que en el campo amplio observado hay un cambio importante, que no parece repercutir demasiado en el tipo de novela escogido, porque éste se desarrolla en ambos períodos. Pero cabe pensar esta continuidad desde el enfoque de la teoría de sistemas, elaborado por Niklas Luhmann en 1971. [...] Según esta teoría los cambios de sistema nunca pueden ser totales, sino que una parte del sistema en transformación siempre se ha de conservar. Igual que Castillejo perpetúa la lírica en metro castellano en pleno siglo XVI, la novela sentimental tardía es susceptible de ser considerada uno de estos eslabones por medio de los que se constituye una continuidad entre lo nuevo y lo perimido.

La pregunta es: ¿qué forma sistema en la literatura del momento en cuestión? Al considerar las últimas obras «sentimentales», de Juan de Cardona, Luis Escrivá y Juan de Segura, habrá que compararlas con otras novelas renacentistas, la *Lozana andaluza,* la *Diana,* el *Lazarillo.* Entonces la «novela sentimental» quedaría integrada entre las primeras novelas del siglo de oro. [...] En el otro extremo, al componerse el *Siervo libre de amor* y la *Sátira de felice e infelice vida,* no consta que existiera otro género de ficción narrativa en castellano. La lectura de entretenimiento estaba limitada a obras en verso, y a

Régula Rohland de Langbehn, «Desarrollo de géneros literarios: la novela sentimental española de los siglos XV y XVI», *Filología,* XXI (1986), pp. 57-76 (63-67, 70-76).

las crónicas contemporáneas. Éstas, es cierto, adquieren en esa época un aire novelesco, como se puede apreciar en *El Victorial* pero también en pasajes de otras crónicas personales, como las de Don Álvaro de Luna y Miguel Lucas de Iranzo. Al lado de ellos y de la literatura didáctica y doctrinal se debía recurrir a textos extranjeros o a otros antiguos. [Uno de los manuscritos del *Caballero Cífar* y un fragmento del *Amadís* primitivo se copiaron en el siglo XV, y se conocía no sólo al *Amadís* sino también las más famosas novelas del ciclo de Bretaña.]

La dos *primeras novelas* sentimentales parecen nacer de una discusión entre un sistema moral, por el que se inclina Juan Rodríguez del Padrón, y otro amatorio, intramundano, que lleva la delantera en el texto del Condestable de Portugal. Discuten la legitimidad del sistema mundano aun cuando el sistema se rige por los valores legítimamente religiosos. El mundo secundario introducido por medio de la «hipérbole religiosa» o la «religión de amor» se asemeja a la alegoría primaria, que da expresión al mundo de abstracciones religiosas, porque todavía busca expresar la ley general en el análisis de los sentimientos, y no la vivencia particular del amante. [...] El *segundo grupo* de «novelas sentimentales» está conformado por los textos de Diego de San Pedro y de Juan de Flores, y quizá *Triste deleytación*. [...] El panorama amplio en que se insertan estas obras es muy diferente del que se presentó a Juan Rodríguez y el Condestable de Portugal: al lado de la producción lírica con tema amatorio que se ha afianzado en los diversos géneros cantados y las coplas, en los años del siglo XV surgen las novelas catalanas *Curial e Güelfa* y *Tirant lo Blanc*, tan diferentes de la novela caballeresca tradicional, y probablemente conocidas por autores conectados con el ámbito catalán y aragonés como lo son el autor de *Triste deleytación* y Alonso de Córdoba. Existen también los antecesores inmediatos, en los que los sucesores se pueden basar. [...]

A la par del didacticismo, presente en el marco y la narración alegórica del *Siervo libre* y también en la *Sátira* y que aflora con nuevos temarios en los textos del segundo período, incursionando siempre en campos mucho más allá del interés psicológico suscitado por la fábula, se da un elemento estructural de gran importancia en cuanto a la trama de las obras. Me refiero a que el núcleo único de interés narracional, al que se subordinan todos los otros momentos de acción, es la vivencia clave de un amor imposible. La unicidad de la acción, el problema único en que se centra, sin que se desgajen episodios o acciones secundarias, es lo que distingue a todo este grupo del de la novela de caballería, y se concreta en acciones pobres y esquemáticas. Conviene recalcar que a pesar de ello los textos hacen uso de una gran cantidad de elementos, como los debates sobre diversos temas en *Triste deleytación,* pero todos están subordinados a la misma intención amatoria que forma el núcleo de la acción.

La búsqueda de una formalización de la unidad constructiva responde a un entorno poético considerablemente ampliado desde la época de Juan II, no sólo por la poesía cancioneril y la novela caballeresca en catalán, sino también por los textos a varias voces como el *Bías contra Fortuna*, los diálogos de Rodrigo de Cota y otras muestras del incipiente teatro cuatrocentista, cuya amenidad de dicción tanto contrasta con las muestras de retórica elaborada en las novelas en especial de Diego de San Pedro.

La extensión de la temática novelesca a ámbitos que sobrepasan el estricto mundo de la historia de amores se pierde en las obras que se producen más tarde dentro del grupo de la novela sentimental. Habría que determinar si el marco histórico de *Questión de amor* y *Notable de amor* es consecuencia de esta tendencia a ampliar la temática, o si la forma del *roman a clé* que en ellos se realiza responde a la necesidad de llenar con nueva vida un género que se extingue.

El estilo retóricamente elaborado, propio de toda la novela sentimental, tiene la consecuencia de que en ella se haga uso de muy pocos elementos populares. *Triste deleytación*, menos cuidada en su estilo que las otras obras, integra algunos refranes, y varía también entre los discursos y cartas, de rigor en todo el género para cualquier intercambio de opiniones, y un diálogo vivaz. Con ello, este texto está un poco al margen de la tradición más definida en su estilo. Contiene, al contrario de todas las otras novelas sentimentales, una pequeña dosis de aquellos elementos que ingresan triunfalmente en la literatura española cuando los utilizan los autores de la *Celestina*: los refranes populares, las frases hechas. [...]

Curiosamente, en la *tercera fase* de desarrollo de la novela sentimental, que comprende todo el desarrollo después de la *Celestina* porque la *Celestina* absorbe y transforma con nueva vitalidad el temario sentimental, se confirma la incomunicación con otros sistemas que en la tragicomedia está superada.

Como ejemplo se puede observar un pasaje de la égloga de Flamiano en *Questión de amor.* En ella se representa cómo dos de los pastores han asimilado el mundo de valores corteses, mientras que el tercero es un simple, incapaz de entenderlo. A éste le dicen: «O dot' a mal año a ti e a tu hablar, / vete al demoño tú e tus consejas, / ¿piensas qu'es esto andar tras ovejas? / pues tú no lo'ntiendes déjalo estar; / también tú, Torino, te quieres matar / con este qu'es bobo e con tu querella, / habla conmigo pues yo ya sé della, / que ambos podremos mejor razonar». Se excluye de la comprensión de las vivencias amatorias a aquel pastor que de por sí no entiende el vocabulario cortés. [...]

Las obras de esta tercera producción se levantan ante un panorama notablemente enriquecido en las letras castellanas. Se origina a fines del siglo XV un auténtico humanismo; se amplía el caudal poético; después del auge de la novela sentimental y de la *Celestina*, el *Amadís* da origen a toda una literatura caballeresca; desde Encina hasta Torres Naharro y después con Lope de Rueda, etc., se enriquece cada vez más el teatro; la poesía tradicional, o sea el romancero, es aceptaba en los medios cultos... En esta perspectiva, las últimas novelas sentimentales representan un ángulo de vista mucho más reducido respecto de la totalidad del espectro reflejado en la literatura de su tiempo, comparando su lugar con el que tuvo en las etapas anteriores.

Los temarios de casi todas las últimas novelas sentimentales se restringen estrictamente a un análisis reflexivo de sentimientos, y estos sentimientos analizados no inciden en el desarrollo de la trama narrada o la que está en el origen del texto presentado, que es una situación de amor. De esta forma, Luis de Lucena sólo introduce con una acción trunca un tratado misógino; Luis Escrivá no desarrolla su bosquejo de fábula; Juan de Segura en *Lucíndaro y Medusina* contradice por la fábula, con su primer desarrollo positivo, las lamentaciones que anteceden a ese desarrollo.

Esta creciente tendencia a deshacerse de la narración de alguna fábula en favor de análisis cada vez más minuciosos, que además se vuelven más largos y repetitivos, y de la reproducción de juegos cortesanos como lo es la enumeración de colores y motes utilizados por los personajes de la acción en ocasión de sus fiestas de corte, o incluso por figuras secundarias que no tienen otra función en el texto que mostrar esos colores y motes, les confieren un carácter de revista social (en tanto los personajes representan a personas de la vida real, como en los dos anteriormente mencionados *romans a clé*) o de revista de modas, más que de obras literarias propiamente dichas.

No tengo asidero por el momento para hablar de los grupos receptores de la novela sentimental. Hasta su divulgación en la imprenta seguramente pertenecen a la aristocracia, reacia a los estudios humanísticos serios, pero cuya cultura cortés no debe ser subestimada. Que los destinatarios mencionados en las introducciones sean aristócratas, no demuestra que fueran su público exclusivo, tanto menos cuanto que la cultura cortés adoptada en el cancionero castellano no es en su esencia aristocrática. Sus autores provienen de los diversos sectores sociales. [Concluyamos.] En todo el siglo XV la novela sentimental es la única forma de prosa de ficción desarrollada en la literatura en castellano. Los primeros dos textos pertenecen a la escuela alegórica y constituyen un instrumento de evaluar el amor cortés. En la segunda mitad del siglo XV, hasta la publicación de la *Celestina*, hay un grupo importante de obras sentimentales, en el cual se trata de ampliar los temarios y se van complicando las historias narradas; se podría considerar este grupo como «dominante» de esta época. En el tercer período del género, que incluye los últimos años de los Reyes Católicos, el temario de los debates llevados a cabo en los textos se restringe a un análisis de sentimientos de amor, y la fábula pierde importancia porque no se introducen innovaciones en su desarrollo. El tiempo en que se producen estos textos es rico en nuevos modelos narrativos que desplazan la novela sentimental en el espectro de la literatura del siglo XVI.

HARVEY L. SHARRER

LA FUSIÓN DE LA NOVELA ARTÚRICA Y LA NOVELA SENTIMENTAL

Varios críticos modernos han señalado posibles antecedentes e influencias de la materia de Bretaña en novelas sentimentales del siglo XV. Por ejemplo, Adolfo Bonilla y San Martín y, más tarde, María Rosa Lida de Malkiel advirtieron que el argumento central de la *Estoria de dos amadores* de Juan Rodríguez del Padrón, intercalada en su *Siervo libre de amor,* era una refundición de un cuento de origen folklórico conservado en las *Mil y una noches* y en varias novelas artúricas, el cual trata de dos jóvenes enamorados que viven en un palacio

Harvey L. Sharrer, «La fusión de las novelas artúrica y sentimental a fines de la Edad Media», *Anuario de Filología Española*, I (1984), pp. 147-157 (147-155, 157).

subterráneo, a consecuencia de la oposición a sus amores por parte de sus padres.

El breve resumen de la señora de Malkiel de la *Estoria de dos amadores* nos lleva a la discusión de la influencia artúrica: «Ardanlier, hijo del rey de Mondoya, huye de su padre que se opone a sus amores con Liessa y vive con ella en un palacio construido en la roca. Siete años más tarde, cuando han salido de caza, el padre reconoce a sus sabuesos, se precipita hacia el palacio y mata a Liessa. A su regreso, Ardanlier se suicida y un amigo construye un suntuoso monumento a los amantes. El palacio permanece encantado hasta que llega el trovador gallego Macías».

Respecto al origen del argumento de la *Estoria*, la opinión de la señora de Malkiel se asemeja a la de Bonilla, aunque, curiosamente, la erudita argentina no cita la nota principal de Bonilla sobre el tema, en la que llama nuestra atención sobre el episodio famoso de la gruta o cueva de amor en el *Tristan* de Gottfried von Strassburg y en otras versiones del episodio en los *romans* primitivos del *Tristan*, así como el cuento de la «Casa de la Sabia Doncella» es el *Tristán* en prosa español, impreso en 1501. La señora de Malkiel sí cita el análisis publicado por E. Löseth del *Tristan* en prosa francés del siglo XIII y la edición de G. T. Northup del *Cuento de Tristán de Leonís*, versión española y aragonesa de fines del siglo XIV o comienzos del siglo XV, pero al igual que Bonilla, ella encuentra más semejanza entre el cuento de la cueva subterránea en la *Estoria de dos amadores* y la narración de un cuento parecido en otra obra artúrica española, el *Baladro del Sabio Merlín,* refundición de la *Suite du Merlin* francesa del siglo XIII que forma la segunda parte de lo que hoy se llama el *Roman du Graal* del ciclo de la post-Vulgata. La versión del cuento en el *Baladro* difiere bastante de la de la *Suite*, o, en su forma más esquemática, de la del *Tristan* en prosa. Si volvemos al cuento de las *Mil y una noches,* los enamorados, ahora hermanos, se encuentran condenados a la hoguera por su pecado mediante un castigo sobrenatural. Pero en la *Suite du Merlin* la historia tiene un desenlace feliz. En este texto los amantes son de un estado desigual —hijo de un rey e hija de un caballero pobre— y esta diferencia les permite tener una feliz y larga vida en el palacio subterráneo. El cuento que se conserva en los textos del *Baladro* [...] presenta una narración más pormenorizada y un cambio radical en el desenlace, más parecido al fin violento que se encuentra en las *Mil y una noches* o en la *Estoria de dos amadores:* mientras que el Infante está cazando, el Rey, por casualidad, da con la cueva y allí decapita a la amada de su hijo. El Infante vuelve a la cueva donde encuentra la espada de su padre al lado del cadáver de la amada. Luego el Infante se mata con la espada después de pedir a su escudero que el Rey le entierre con la amada en un monumento de mármol. Al día siguiente el Rey regresa, observa lo que ha ocurrido y, ya arrepentido de su acción, decide llevar a cabo el último deseo de su hijo.

La señora de Malkiel estudia este episodio más a fondo que Bonilla y conjetura que probablemente Juan Rodríguez se inspiró en la *Suite du Merlin*, o en una versión española hoy no conservada, e, influido por la leyenda popular de Doña Inês de Castro, cambió el fin para que fuera trágico, y también agregó unos adornos cortesanos y caballerescos junto con alusiones a sucesos y a individuos contemporáneos. La señora de Malkiel especula también que un copista del *Baladro*, tal vez hacia 1467 (fecha mencionada en una colección de profecías atribuidas a Merlín e intercaladas en el texto de 1535), o posteriormente un impresor, hiciera cambios en la versión primitiva del *Baladro*, texto que sería fiel al original francés, siguiendo como modelo la historia de Ardanlier y Liessa de Juan Rodríguez. [...] Aunque para algunos escépticos todavía pueden faltar pruebas definitivas del uso de la historia de Ardanlier y Liessa por parte del refundidor del *Baladro*, entre los años 1467 y 1498, los cambios que observamos en la refundición ofrecen por lo menos otro ejemplo de cómo algunos textos artúricos hispánicos llegaron a modificarse a manos de copistas o impresores tardíos, reflejando así los intereses y preocupaciones del público hispánico contemporáneo.

[Por su parte] Martín S. Gilderman, en su libro *Juan Rodríguez de la Cámara*, señala varias posibles influencias artúricas en la *Estoria de dos amadores*, algunas más probables que otras. [Gilderman, por ejemplo, parece tener razón] cuando señala una influencia artúrica sobre aspectos específicos de la última escena de la novela de Juan Rodríguez. Al confiar a la princesa Yrena el papel de preparar el sepulcro de los enamorados y también encantarlo, Gilderman cree que Juan Rodríguez fue influido por la historia de la búsqueda del Santo Grial; y al permitir únicamente a Macías, el «purest and worthiest of knights», llevar a cabo esta nueva búsqueda y romper el encantamiento, Gilderman sugiere que Juan Rodríguez quería imitar el modelo de varios héroes artúricos, en especial Galahad. [...] La muerte del rey Artur en la Isla de Avalón parecía ser otro tema más de las novelas artúricas que llegó a inspirar a Juan Rodríguez. Gilderman, encuentra esta leyenda reflejada al fin del *Siervo libre de amor*, con la llegada de un barco milagroso, tripulado por Sindéresis y siete vírgenes todas vestidas de negro. Tras la figura de Sindéresis, Gilderman destaca a la Doncella del Lago como la persona que llevó al rey Artur a Avalón para que se curara de sus heridas después del combate fatal que tuvo con Mordred, su hijo incestuoso. [...]

Algunas analogías, paralelos y reminiscencias artúricos se encuentran también en las novelas sentimentales de Juan de Flores, en *Grimalte y Gradissa* y *Grisel y Mirabella*. Para el episodio de Pámphilo el salvaje de *Grimalte y Gradissa*, Barbara Matulka observó paralelos con Merlín el salvaje y con Beltenebros en el *Amadís*. Pámphilo, inconstante y cruel hacia Fiometa, se arrepiente de su conducta, retirándose a un área desierta de las montañas de Asia, donde pasa veintisiete años como salvaje. Otras manifestaciones literarias de esta clase de penitencia abundan en la Edad Media, sobre todo en textos hagiográficos y novelescos. Los paralelos entre la vida de Pámphilo como salvaje y la de Merlín son, según Matulka, la desnudez, la piel ennegrecida por el sol, el vivir más como bestia que como hombre, la subsistencia a base de hierbas y las visiones de lo sobrenatural. Elementos en común con la historia de Beltenebros en el *Amadís*, inspirada, opina Matulka, en un episodio del *Tristán* en prosa, son una vez más la piel ennegrecida, los lloros y otras expresiones violentas de aflicción, las noches pasadas en un bosque espeso, etcétera. Como dice Matulka, es casi imposible determinar una fuente precisa para la historia de Pámphilo el salvaje. Sin duda, Flores conocería varias novelas en que el héroe pasa algún tiempo como salvaje, no sólo Merlín y Beltenebros sino también Tristán y Lanzarote.

Otra aparente influencia artúrica observada por Matulka en Juan de Flores es la llamada «ley de Escocia», en *Grisel y Mirabella*. La condena a la hoguera de reinas, princesas u otras mujeres de la corte acusadas de adulterio o de amor ilícito, es, según Flores, una ley antigua escocesa. Matulka, en su estudio de posibles antecedentes o fuentes de la «ley de Escocia», examina las *Siete partidas* de Alfonso el Sabio y allí descubre la hoguera y también el exilio como penas por el adulterio. La hoguera y el rescate de la acusada por el héroe son motivos tan comunes en la novela de aventuras medieval —entre los textos artúricos podemos citar episodios en el *Merlín* en prosa, el *Tristán* en prosa y en la historia de Lanzarote y Ginebra del *Roman du Graal* del ciclo de la post-Vulgata— que Matulka cree que Juan de Flores se valió de tales episodios, posiblemente a través del *Amadís*, como base de la «ley de Escocia». En cuanto al uso del lugar Escocia, Matulka explica que es posible que Flores lo empleara para referirse a una costumbre que él derivó de sus lecturas de la materia de Bretaña en general.

Igual que Juan de Flores, Diego de San Pedro, en su novela sentimental *Cárcel de amor,* también utiliza la «ley de Escocia», aunque no emplea la expresión. El rey condena a muerte a su hija Laureola, pero el héroe Leriano la defiende de la acusación de amor ilícito, ganando un duelo judicial, y luego la rescata. El propio rescate recuerda mucho los de la novela artúrica. Como señala Alan Deyermond, es posible que la inspiración directa fuera el rescate de Ginebra por Lanzarote en el ciclo del Grial. En un importante trabajo inédito, Deyermond demuestra plenamente que para la serie central de sucesos —la acusación, el duelo, el rescate, el cerco y el levantamiento del cerco— San Pedro se inspiró en una versión de la *Mort Artu*, posiblemente la del *Roman du Graal*. En el mismo trabajo, Deyermond hace una lista de otros elementos narrativos y onomásticos que tomados en conjunto también parecen indicar un conocimiento de la novela artúrica. [...]

En general, el estudio de las relaciones entre las novelas artúrica y sentimental se ha llevado a cabo sin conveniente ilación con los historiadores y críticos literarios y los editores de los varios textos dedicándose a obras individuales y no a la cuestión más global de influencias recíprocas. [Porque, como hemos visto,] parece que había una interacción apreciable entre los escritores y refundidores de novelas de aventuras artúrica y sentimental durante el siglo XV. Aunque la fusión o interdependencia de los géneros no fue de ninguna manera completa o exclusiva, la fecundación cruzada es sumamente significativa, porque revela, por un lado la importancia de la literatura artúrica para los escritores novelísticos españoles del siglo XV, y por otro el hecho de que la novela artúrica sí se desarrolló en la península, y no representaba, como muchos dirían, un caso de meras traducciones del francés, o una forma estática de ficción que atendía sólo al gusto por la acción y por la aventura caballeresca.

10. PROSA Y ACTIVIDAD INTELECTUAL EN EL OTOÑO DE LA EDAD MEDIA

Empezaré citando las palabras con que terminaba el capítulo correspondiente hace poco más de diez años: «Determinados autores que se arrinconaban como menores y aburridos han empezado a sobresalir, no sólo como importantes en el marco intelectual de la época, sino incluso como interesantes por sí mismos (Palencia, por ejemplo). Otros, a quienes se prestaba tan escasa atención, que hasta sus nombres eran apenas familiares para la mayoría de los estudiosos, han salido de la sombra: Leonor López de Córdoba, Pedro Fernández Pecha, Pedro de Escavias. La tendencia, evidentemente, se acentuará, y es posible que dentro de veinte años el mapa literario de la España del siglo XV sea muy distinto del que ahora estamos acostumbrados a contemplar». El mapa sigue, en efecto, transformándose. El canon de la prosa literaria del siglo XV —los textos comentados en congresos y seminarios pasan con frecuencia a las aulas universitarias— se amplía cada vez más, y aún no hemos terminado.

Dos investigadores, representantes de generaciones bastante alejadas entre sí, aportan sendos libros que sirven como muestra de lo mejor de la investigación española sobre el siglo XV. Maravall [1984] recoge una serie de ensayos que iluminan algunos aspectos de la cultura de la época, en tanto que Cátedra [1989] replantea toda una serie de cuestiones. El centro de la investigación de Cátedra es Alfonso Fernández de Madrigal, «el Tostado», autor —entre otras muchas obras vernáculas y latinas— del *Breviloquio de amor y amicicia*; el estudio de sus ideas sobre el amor nos remite a una gran variedad de obras españolas (desde el *Libro de Buen Amor* en adelante) y extranjeras. El *Tratado de cómo al ome es necesario amar,* comúnmente atribuido al Tostado, aunque de hecho anónimo, se nos revela como una parodia universitaria del mismo tipo que la *Repetición de amores* de Luis de Lucena. El nacimiento de la ficción sentimental hay que situarlo en ese contexto. A pesar de que en algunas obras comentadas por Cátedra figura el término «tratado» en el título, no son necesariamente tratados en el sentido actual: con frecuencia la palabra significa sólo 'libro' (Whinnom [1982*b* en cap. 9, *supra*]). La conclusión de

Whinnom ha sido confirmada por Dagenais [1985-1986] a partir de su hallazgo, en un comentario latino a Ovidio (principios del siglo XIII), del origen del título y del prólogo del *Bursario* de Juan Rodríguez del Padrón.

Investigaciones recientes nos fuerzan a replantear la cuestión de la difusión de la lectura en la Castilla del siglo XV. Lawrance [1985] aduce pruebas de diversa índole (el número creciente de libros en las bibliotecas aristocráticas, la disposición del texto, dirigido a un público laico, las anotaciones marginales, la clase de libros que se imprimen) para concluir que la nobleza castellana, conforme avanzaba el siglo, tenía más gusto y más afición por la lectura de lo que se ha venido suponiendo. Ladero Quesada y Quintanilla Paso [1981] describen cinco bibliotecas aristocráticas de la segunda mitad del siglo XV y principios del XVI y publican el inventario de una de ellas (la del duque de Medina Sidonia, 1507). Otros cinco inventarios, que abarcan desde fines del siglo XIV hasta mediados del XVI, han sido publicados, con comentarios, por Beceiro Pita y Franco Silva [1986]; Beceiro Pita [1983], además, estudia detenidamente la biblioteca de los condes de Benavente desde 1434. Estudio más detenido, en este caso de la biblioteca del conde de Haro, es el de Lawrance [1984], que incluye una edición del inventario. Pero no hubo sólo bibliotecas aristocráticas, como nos recuerda el libro de Hernández Montes [1984] sobre la del cardenal Juan de Segovia; su edición del inventario de 1457 se complementa con una larga introducción y notas muy pormenorizadas sobre los manuscritos. Los libros con que contaba el cabildo de Cuenca en el tercer cuarto del siglo han sido estudiados por Trenchs Odena [1981], que además incorpora la edición de un inventario de 1450. En cuanto a la burguesía, los estudios de Batlle [1981] sobre Barcelona y de Berger [1981, 1987] sobre Valencia ofrecen un modelo a seguir para las ciudades castellanas (no se puede suponer, obviamente, que las condiciones fueran idénticas).

Continúa la controversia en torno al humanismo en la Castilla del siglo XV: actualmente ya no resulta tan obvio como antes que se mantuviera una actitud hostil ante las tendencias humanísticas. Aunque siguen siendo válidas las observaciones de Round (1962, 1969a) y Russell (1978) que se refieren a dicha hostilidad, sobre todo entre la nobleza, los estudios recientes subrayan otros aspectos, que, así, matizan las conclusiones anteriores; la argumentación de Di Camillo (1976), por tanto, ya no parece tan aislada. (Dicho sea de paso: la muy adversa alusión al libro de Di Camillo que figura en *HCLE*, I, p. 395, es de F. Rico.) Maravall [1983] reseña, desde Burckhardt en adelante, las opiniones sobre la esencia del Renacimiento; a continuación, se extiende sobre una amplia gama de autores castellanos del siglo XV y concluye que muchos de ellos, al menos en sus actitudes intelectuales y morales, son precursores del Renacimiento (es una lástima que todavía utilice el término «preRenacimiento», pues carece de precisión). Para Maravall, el gusto por la novedad es característico del Renacimiento; en este sentido, comenta el uso que hace Enrique de Villena de la palabra «moderno». Kohut [1982] evalúa las teorías hasta 1980, recordando la diferencia existente entre un grupo y otro frente al humanismo, incluso entre una época y otra de la vida de un autor (por ejemplo, Alfonso de Cartagena). Una importante renovación de los conceptos se debe a Lawrance [1982, 1986, en prensa]. Su estudio de la vida y obras de Nuño de Guzmán [1982] revela que fue mucho más que el agente del Marqués de Santillana para la compra de libros en Italia (como sugirió Mario Schiff en 1905): se trata de un hombre con una rica biblioteca propia, con intereses humanísticos (se siente especialmente atraído por Séneca y Cicerón) y con bastante erudición, que mantuvo relaciones cordiales con el humanista italiano Gianozzo Manetti. Subraya [1986] el elevado número de traducciones de autores clásicos en la Castilla del siglo XV y lo relaciona con el gran interés de la aristocracia castellana por la caballería, por los criterios de la verdadera nobleza y por los asuntos del gobierno. Su humanismo vernáculo (término útil) difiere del humanismo latino de Nebrija, afirma Lawrance, pero no por ello es menos auténtico. En otro artículo [en prensa], destinado a lectores ajenos al hispanismo, da un informe de las bibliotecas, la erudición y los gustos literarios de la época en Castilla, Portugal y la Corona de Aragón.

No hay que suponer, claro está, que la vida intelectual en la Corona de Aragón siguiera las mismas directrices que en Castilla; sin embargo, la investigación del temprano humanismo catalán, además de aportar datos sobre las relaciones de autores y lectores en ambos reinos, es de gran interés metodológico para quienes estudian el fenómeno en Castilla; muy valiosos, por lo tanto, resultan los trabajos de Rico [1983c] y Badia [1988]. En cuanto a la difusión e influencia de los autores clásicos, cabe destacar los trabajos sobre la *Ética* de Aristóteles (Robles [1979]), Virgilio (Closa [1985]) y Boecio, *De consolatione Philosophiae* (Riera i Sans [1984], Keightley [1989]).

Aunque el ambiente intelectual y las actitudes dominantes de los judíos españoles del siglo XV tuvieron un inmenso influjo en la producción literaria de los conversos de primera (y probablemente de segunda y hasta de tercera) generación, no habían sido suficientemente estudiados. Sin embargo, ahora ya contamos con una serie de notables aportaciones de Gutwirth: estudia la actitud hacia las capas inferiores de la sociedad [1981] y hacia los cristianos [1985], la evolución de algunas técnicas modernas de análisis historiográfico [1984] y las características del humor judío [1990]. Edwards [1984a] analiza otro aspecto de la herencia judía entre los conversos: la profecía mesiánica (no es un fenómeno que se diera exclusivamente entre los conversos, desde luego, pero sí que adquiere entre ellos matices especiales). Estudia este mismo investigador los debates teológicos entre cristianos y judíos, la relación entre las dos religiones en la creencia popular y en la religiosidad de las familias conversas [1985a] y, por fin, la ideología en el contexto urbano (Córdoba) ([1984a]). Aunque trabajos como los citados no versen específicamente sobre literatura, nos informan de algunos factores decisivos en la formación de la literatura de la época.

La figura de Pero López de Ayala domina la prosa castellana de los primeros años del siglo XV. Ya se comentó en el cap. 8 el libro de Garcia [1983] sobre su vida y obra. La tarea más importante, no obstante, con que se enfrenta
la investigación ayaliana es la edición crítica de las crónicas, dificilísima a causa
del número de manuscritos y de la complejidad de la transmisión textual. Por
ahora, la edición (Wilkins [1985]) de un manuscrito de la *Crónica del rey don
Pedro*, el ms. 9-4765 de la RAH, representa un considerable avance. Posee algunas de las características de una edición crítica (a la vista de las variantes
de cinco manuscritos enmienda de vez en cuando las lecciones de 9-4765), pero
no describe los testimonios ni establece un *stemma*, de modo que es más bien
de tipo híbrido. Aunque la citada sea la mejor de que disponemos, esperamos
con impaciencia la edición crítica de todas las crónicas que preparan en Buenos Aires Germán Orduna y su equipo. Ya se han publicado varios trabajos
preparatorios: Orduna [1980-1981] ofrece una descripción pormenorizada de
los manuscritos; Orduna y Moure [1980] describen los orígenes de la primera
edición moderna, la de Eugenio de Llaguno (1779-1780), a partir de su correspondencia; Moure [1980] se ocupa de la historia del predecesor de Llaguno,
o sea, de la edición que Jerónimo Zurita dejó incompleta a su muerte en 1580.
Los dos artículos mencionados no sólo tienen interés porque nos muestran
cómo se han utilizado los documentos contemporáneos a lo largo de la historia de la investigación, sino que además aclaran algunos de los problemas con
los que debe enfrentarse el equipo de Orduna. El mismo Orduna analiza algunos problemas metodológicos para la edición: la «*collatio externa*» a que alude el título de dos artículos [1982, 1984] consiste en la comparación del contenido de ciertos códices (por ejemplo, presencia o ausencia de prólogo, o de
lista de capítulos; interpolación de capítulos; orden de las partes), que puede
contribuir a la fijación de un *stemma*. En [1982] tiene en cuenta 23 códices
y un incunable, y demuestra que la *collatio* externa puede revelarnos algo de
la historia del texto antes de los primeros manuscritos conservados. Las conclusiones del artículo son de gran importancia para los estudios ayalianos y
encierran un elevado valor metodológico. En [1984] aplica el método a algunos manuscritos de la *Crónica de Alfonso XI,* que se sirven de capítulos de
la *Crónica del rey don Pedro* para llenar un hueco al final. Estudia el modo
de utilizarlos y ratifica su opinión de que los arquetipos de todas las familias
de manuscritos de las crónicas de Ayala se perdieron; también subraya la necesidad de tener en cuenta algunas etapas tardías de la transmisión textual.
Ya en el siglo XVI, se dio cuenta Zurita de que hubo dos redacciones de las
crónicas, ambas representadas en los manuscritos con los que contaba. Orduna [1988] demuestra que la versión *primitiva* (llamada a veces *abreviada*) puede ayudar a la crítica textual, cuya meta no es reconstruir el original de Ayala
(ideal imposible), sino el subarquetipo del que deriva la versión *vulgata*. El
rasgo más notable de ambas redacciones (a diferencia de la tradición de las

ediciones modernas a partir de Llaguno) es que agruparon los reinados del rey Pedro y de Enrique II en una sola crónica, enlazándola con la incompleta *Crónica de Alfonso XI*, de Fernán Sánchez de Valladolid, según concluye Orduna [1988]. Los artículos reseñados se verán superados, hasta cierto punto, cuando salga la edición crítica, pero conservarán su valor metodológico, de acuerdo con los propósitos del SECRIT (Seminario de Ediciones y Crítica Textual) que dirige Orduna. Otros dos trabajos, ya comentados en capítulos anteriores, revisten también importancia para las crónicas de López de Ayala: el de Garcia [1984 en cap. 5, *supra*], que trata del papel de la historiografía en la construcción y difusión de una ideología dominante, y el de Mirrer-Singer [1986 en cap. 7, *supra*], porque compara la forma en que nos es presentada la guerra trastámara en los romances y en la crónica.

Las restantes obras de López de Ayala han sido menos estudiadas que el *Rimado de palacio* (cap. 6, *supra*) y las crónicas; con todo, contamos con importantes trabajos. Cavallero [1986] pone en duda la muy arraigada hipótesis de la gran influencia de la Orden de los Jerónimos en varias obras de Ayala. MacLean [1987] aduce pruebas de que el pensamiento de san Gregorio, representado por las *Flores de los «Morales de Job»*, traducidas por Ayala, influyó profundamente en la ideología ayaliana. Garcia [1986] revisa la lista de sus traducciones y comenta los motivos que le impulsaron a llevar a término alguna de ellas. Otros dos investigadores se ocupan de la traducción de *De casibus virorum illustrium*, de Boccaccio: Fernández Murga [1985] analiza las ampliaciones y cambios introducidos por Ayala; Naylor [1986], tras examinar los manuscritos y las ediciones, concluye que, aunque Ayala acabó su traducción, lo que llegó a las manos de Juan Alfonso de Zamora y de Alfonso de Cartagena fue un manuscrito defectuoso, de modo que tradujeron la parte que, según creían, Ayala había abandonado. La traducción de las *Décadas* de Tito Livio es obra muy larga, por lo que la edición crítica de Wittlin [1982], basada en el ms. Escorial g.I.1, abarca sólo los tres primeros de los 39 libros. Wittlin, además de describir los manuscritos y establecer un *stemma*, incluye una larga introducción en la que trata varias cuestiones relacionadas con la traducción. Cummins [1986] elige como texto base para su edición crítica del *Libro de la caça de las aves* el ms. 16.392 de la British Library, enmendándolo a la vista de otros manuscritos y, cuando hay dos lecciones igualmente plausibles, recurriendo a la fuente portuguesa. La introducción, además de la descripción de manuscritos y otras cuestiones textuales, incluye pocas, aunque útiles, páginas sobre los aspectos literario y social.

López de Ayala, a pesar de su condición de canciller y de redactar la versión oficial de la historia de cuatro reinados, nunca fue nombrado cronista real, pues dicho cargo no existió hasta bien avanzado el reinado de Juan II. Bermejo Cabrero [1980] publica algunos documentos sobre el nombramiento, el salario, etc., de cinco cronistas (Juan de Mena, Alfonso de Palencia, Martín de Ávila, Diego Enríquez del Castillo y Juan de Flores) y comenta las distintas opiniones que los cronistas (normalmente, autores conocidos en otros géneros) tuvieron de su responsabilidad. Tate [1986*b*] estudia la evolución del cargo en el contexto de la historiografía europea de fines de la Edad Media, con observaciones sobre las características de varios cronistas (por ejemplo, la independencia de Palencia). La nobleza también tenía sus cronistas (aunque sin nombramiento oficial). Pardo [1979] estudia cinco crónicas-biografías (*El Victorial*, la *Crónica de don Álvaro de Luna*, los *Hechos del Condestable Miguel Lucas de Iranzo*, la *Historia de los hechos de don Rodrigo Ponce de León* y los *Hechos del Maestre de Alcántara don Alonso de Monrroy*), al mismo tiempo que define el subgénero y subraya las diversas formas de presentar la relación del biografiado con el rey y con Dios. La cambiante actitud hacia los moros y su repercusión en el concepto de caballería son estudiados por García-Valdecasas y Beltrán Llavador en siete obras, empezando por la *Gran crónica de Alfonso XI* y terminando con la *Crónica de los Reyes Católicos* de Diego de Valera. Beltrán aporta comentarios muy sugerentes sobre el empleo de técnicas y actitudes de los libros de aventuras en la historiografía (especialmente en las crónicas-biografías) [1983-1984] y sobre el modo en que *El Victorial* transforma algunos episodios incluidos también en otras tantas crónicas oficiales de un reinado [1988]. En el otro extremo de la gama de influencias genéricas en la historiografía del siglo XV, se encuentra la geografía humanística italiana, que influyó sobre todo en algunas obras hispanolatinas (Ruy Sánchez de Arévalo y Alfonso de Palencia: Tate [1979*b*]) y debe situarse en el contexto intelectual de Colón (Rico [1983*b*]). Conviene recordar que las obras que nos han llegado no constituyen la totalidad de la historiografía de la época: desde el reinado de Enrique II hasta finales del siglo XV se redactaron unas cuantas decenas de obras que fueron pronto suprimidas por razones ideológicas, o que se perdieron más tarde de varias maneras (Deyermond [1986]), y cuyo número exacto es imposible saber ya que varias alusiones son, al parecer, fantasmas bibliográficos.

El Victorial, como otras tantas crónicas, sólo puede leerse por el momento en la *Colección de Crónicas Españolas*, de Carriazo (1940-1946). Aunque en su día representó un enorme avance en la edición de crónicas y sigue siendo muy útil, necesitamos ediciones que satisfagan los criterios actuales. Al cuidado de algunos jóvenes y dotados investigadores españoles se están preparando otras tantas ediciones de *El Victorial*. Uno de ellos (Beltrán [1989]) sugiere que el autor es Gutierre Díaz, escribano y diplomático de origen bastante humilde, cuyas circunstancias personales, unidas a una evidente devoción por los ideales caballerescos representados por su héroe, explican algunos aspectos de su obra. Riquer [1983] estudia un importante aspecto del texto: las armas y su empleo. Una crónica-biografía de características muy distintas y de acusado enfoque político es la *Crónica de don Álvaro de Luna*: en su magnífico estudio de la caída y muerte del condestable, Round [1986] analiza la *Crónica* desde varias perspectivas; tal vez la más interesante sea la que demuestra que los capítulos sobre la caída de don Álvaro tienen una estructura tipológica modelada de acuerdo con la narración de la Pasión de Jesucristo. El trabajo de Round incrementa la complejidad genérica de la obra (cf. Giménez [1975]). Clare [1987] se ocupa de un aspecto central de los *Hechos de Miguel Lucas de Iranzo*: los juegos y las fiestas de su corte; revela así algo de la ideología del autor (cf. Stern [1989 en cap. 11, *infra*]).

El autor de la *Crónica incompleta de los Reyes Católicos* ha dejado de ser anónimo: merced a una esmerada investigación, Parrilla [1989] lo identifica con Juan de Flores, que, así, resulta que no es sólo autor de ficción sentimental, sino también cronista real (para el hallazgo simultáneo de Gwara [1986-1987, en cap. 9, *supra*). Gutwirth [1983-1984] demuestra que las afirmaciones sobre los judíos en varias crónicas se deben más a tradiciones literarias que a hechos comprobados; se ocupa especialmente de las *Memorias del reinado de los Reyes Católicos*, de Andrés Bernáldez; sus conclusiones son plenamente confirmadas por Hook [1989]: constata que un episodio de la expulsión de los judíos deriva de la tradición de la destrucción de Jerusalén (muy posiblemente mediante un préstamo directo de la *Estoria del noble Vaspasiano*). No sólo, obviamente, se escribieron crónicas en Castilla: hace poco se han publicado sendas ediciones de una crónica recién descubierta de Fernando I de Aragón (Vela Gormendino [1985]) y del *Recuento de las casas antiguas del reino de Galicia* (García Oro [1986]); también es de interés para la literatura gallega el artículo de Lomax [1986], que se centra especialmente en la *Compilación de los milagros de Santiago*, de Diego Rodríguez de Almela. La *Corónica de Aragón*, de Gauberte Fabricio Vagad, refleja un nacionalismo aragonés radical, tanto anticastellano como anticatalán. Sendos trabajos analizan, respectivamente, su ideología y los recursos literarios que la canalizan: Ayerbe-Chaux [1979] y Lisón Tolosana [1986]. Metzeltin [1985] ofrece una muestra de análisis semiótico de la *Crónica de los reyes de Navarra*, de Carlos, Príncipe de Viana. Si pasamos de la historiografía a la autobiografía (una frontera obviamente permeable), nos encontramos con las *Memorias* de Leonor López de Córdoba. Firpo [1981] compara los linajes, divididos por la guerra civil, con la solidaridad del núcleo familiar según lo representa la narración de López de Córdoba. Coincide hasta cierto punto con Ghassemi [1989], cuyo trabajo, además de defender a la autora de las *Memorias* de algunos juicios que estima demasiado severos, concluye que el tema de la lealtad dota de unidad estructural a las dos partes principales de la obra.

Hay más colecciones de *exempla* en el siglo xv castellano de las que generalmente se cree, aunque hasta ahora han sido poco estudiadas, a excepción del *Libro de los exenplos por a.b.c.*, de Clemente Sánchez de Vercial. Goldberg [1985] estudia los numerosos cuentos del *Libro* en que predomina el motivo del engaño; utiliza el concepto proppiano de la función (más complejo que el motivo). Su artículo —como la mayoría de sus trabajos— tiene un gran interés metodológico: esboza una clasificación según la estrategia utilizada (engaño, paciencia, oración), el talante ético de los protagonistas, el tipo de engaño, etc. García y García [1974] amplía el canon de las obras de Sánchez de Vercial. Bizzarri [1986] describe con esmero los manuscritos de otra obra didáctica, el *Vergel de consolación* o *Viridario*, atribuida a fray Jacobo de Benavente, y concluye que tuvo una gran difusión, aunque se han perdido muchos manuscritos. El *Tratado de la comunidad* es un *speculum principis* y tratado sobre la sociedad, donde los conceptos se expresan en una serie de metáforas y en muchos *exempla* y *sententiae*. Ramírez [1988] trata de reconstruir un texto crítico, pero no se da cuenta de que el *Tratado* es una traducción parcial del *Communloguium* de Juan de Gales (véase *C*, XVIII, n.º 2 [primavera de 1990], pp. 128-129). Gracias a Vega [1987], contamos con la edición de una obra hagiográfica hoy casi olvidada, pero tan presente aún en el siglo XVI, que su fortuna tipográfica ilumina incluso la aparición del *Lazarillo de Tormes* (Rico [1988]). Habida cuenta de que la tradición de los impresos es distinta de la del manuscrito fragmentario (Universidad de Salamanca, ms. 1.958), Vega, tras un minucioso análisis textual, opta por transcribir el incunable (Burgos, 1497) con variantes del resto de ediciones tempranas; también transcribe el manuscrito. Además del de los aspectos literarios y hagiográficos de la obra, incluye un estudio de la relación del texto castellano con el portugués. Walsh [1986] publica una edición crítica, con facsímil, de un coloquio alegórico entre las tres potencias del alma compuesto a finales del siglo XIV o a principios del XV que se encuentra en un ms. de Salamanca; en la introducción redacta una historia del tema en la literatura española antes y después del coloquio. Esta es la parte final de un tratado técnico, un *Arte memorativa* influida por Ramón Llull, que es descrita por García de la Concha [1983*b*].

La vida de Alfonso Martínez de Toledo, Arcipreste de Talavera, se nos va desvelando progresivamente; Lomax [1979] aporta datos tan nuevos como importantes. En cuanto a la edición de su obra más famosa, el *Arcipreste de Talavera*, la controversia en torno al texto de Penna (s.a.), comentado en *HCLE*, I, p. 397, aún no se ha resuelto, ni siquiera se menciona en la edición de Gerli [1979]. Edición que, como declara el propio Gerli, no se basa ni en un manuscrito ni en un incunable, sino en la que publicó Pérez Pastor en 1901, corrigiéndola de vez en cuando a la vista de una fotocopia del manuscrito único. Así, pues, el valor de la edición estriba en las notas explicativas, en el seleccionado glosario y en algunas partes de la introducción que completan su propio libro (Gerli (1976)); elementos que son de utilidad para los especialistas y que hacen que esta edición sea más apta para los estudiantes que la de González Muela y Penna (1970). La concordancia de los De Gorog [1978*a*] se basa en la edición publicada por Riquer en 1949; sin embargo, es de mayor utilidad, ya que incluye una lista de correspondencias con otras tres. Hauf [1983], con gran erudición, confirma una fuente del *Arcipreste de Talavera*: el pequeño tratado *De la predestinación de Jesucristo* de Francesc Eiximenis; incluye una edición de la versión castellana que hizo fray Hernando de Talavera de la obra catalana. Otro texto de Eiximenis, el *Llibre de les dones*, no es, según concluye Viera [1980], una fuente del *Arcipreste*, a pesar de que con frecuencia había sido considerado como tal: las semejanzas se explican por la utilización de fuentes comunes. La resolución de algunos problemas de crítica textual puede derivar, como demuestran Hook y Taylor [1985], de aclarar la relación del autor con sus fuentes (en este caso, san Pablo) o con tradiciones intelectuales (la astrología). Ya en el terreno de la crítica literaria del *Arcipreste de Talavera*, Ciceri comenta la forma de utilizar los *exempla* [1974] y la representación semántica de la fisiología y el carácter. Brownlee [1987] sostiene que las ambigüedades y oscuridades del texto (que, en efecto, las hay), así como la poca fiabilidad del narrador (más discutible), son recursos utilizados conscientemente para socavar el didactismo de la obra: resulta algo sorprendente dicha conclusión sobre el propósito del autor. Para esta obra, véase también Gascón Vera [1979 *b* en cap. 9, *supra*]. El trabajo más importante, con mucha diferencia, sobre las obras de Martínez de Toledo, es la edición de la *Atalaya de las corónicas*, al cuidado de Larkin [1983]. El texto del que parte es el ms. Egerton 287 de la British Library, enmendado de vez en cuando; para establecer el *stemma* se apoya en Del Piero (1970), aunque con la mediación del trabajo inédito de Inocencia Bombín. Cuenta con una breve introducción, como breve es también el glosario de palabras difíciles; la concordancia y los índices de palabras en microfichas realzan el valor de la edición. Contar con una edición completa de la *Atalaya* representa un notable avance, tanto para el conocimiento de las obras de Martínez de Toledo como para el estudio de la historiografía del siglo XV. Aunque ya hace más de veinte años que Raúl A. Del Piero afirmó, de paso, que la *Vida de San Ildefonso*, la *Vida de San Isidoro* y la traducción del tratado *De virginitate Mariae* no son obras de Martínez de Toledo, sus palabras no tuvieron eco (Gerli (1976), por ejemplo, no dice nada al respecto) hasta que los De Gorog [1978*b*] compararon el léxico y el estilo de las dos *Vidas* con los del *Arcipreste de Talavera*. Concluyen que las diferencias son tantas que las *Vidas* no se deben atribuir a Martínez de Toledo. Es una lástima que las comparasen con sólo una pequeña parte de la *Atalaya*; habida cuenta de que ahora ya tenemos una edición y concordancia de la *Atalaya*, es necesario —y relativamente fácil— hacer una comparación a tres bandas para resolver la cuestión.

La caballería es uno de los temas predilectos de la literatura castellana (y de la de otras lenguas) del siglo XV. Gómez Moreno [1986] relaciona los tres ramos principales (libros de caballerías; algunos documentos, como las cartas de batallas; tratados teóricos) y pasa a enumerar y comentar brevemente el tercer grupo dentro de su contexto europeo, tanto las traducciones como las obras originales. Uno de los más extensos documentos es el famoso *Passo honroso de Suero de Quiñones*, narración por un testigo presencial, aunque denota la influencia (como el suceso mismo) de la lectura de libros de caballerías; se ha conservado en dos redacciones: una completa y otra abreviada. Labandeira Fernández [1977] hace una edición crítica de la completa basándose en el ms. Escorial f.II.19, que enmienda a la vista de tres manuscritos más (no incluye variantes). La introducción trata de sucesos análogos en Castilla, Aragón y Borgoña; del trasfondo histórico; y de la información que ha reunido sobre el protagonista y sobre Pero Rodríguez de Lena, al que considera el autor. Espadas [1981-1982] demuestra que no fue el único escribano presente en el suceso ni el único autor de la obra, según se desprende de un estudio de la tradición textual de ambas redacciones. Espadas, que cita pasajes de su propia edición, terminada en 1978, me comunica que ya no tiene la intención de publicarla.

Aunque los libros de viajes no abundan tanto como los relacionados con la caballería, constituyen, con todo, un género importante en la Castilla del siglo XV (hacia finales de siglo, empiezan a fundirse con algunos libros de caballerías). Una excelente iniciación al género es la antología de Rubio Tovar [1986], pues contiene fragmentos de once textos, con notas y glosario. De cara al especialista, la introducción es la parte más importante: 90 páginas originales e inteligentes sobre el género y sobre las obras en particular, con una bibliografía copiosa y puesta al día. Debe complementarse con la lectura de Pérez Priego [1984], donde define los rasgos del género; incluye un apartado sobre la ideología caballeresca en los libros de viajes. El más famoso es la *Embajada a Tamorlán*, atribuida a Ruy González de Clavijo. Un análisis de sus técnicas narrativas y del punto de vista del autor convence, sin embargo, a López Estrada [1984] de que se trata de una obra colectiva de la que el dominico Alfonso Páez de Santa María fue tal vez el colaborador principal, con contribuciones tan importantes como las del propio González Clavijo, del enviado de Tamorlán, Mahomad Alcagí. Ochoa Anadón [1987] utiliza su dominio de la literatura e historia bizantinas para aclarar ciertos aspectos de las *Andanzas e viajes* de Pero Tafur (forma parte de una serie de artículos sobre Pero Tafur y la *Embajada a Tamorlán*). Otro estudio con distinto enfoque sobre Pero Tafur, pues se centra en los aspectos literarios y genéricos, es el de Beltrán Llavador [1985].

De todos los prosistas de la primera mitad de siglo, Enrique de Villena es el que más problemas ha planteado (biografía, atribución de obras, fuentes, bibliografía). Gracias a Pedro Cátedra, muchos ya se han resuelto y otros están en vías de resolverse. Cátedra [1981] aclara algunas cuestiones biográficas y [1983] analiza su lectura de algunos humanistas italianos, concluyendo que, a pesar de que no es un humanista (Cátedra comparte la definición de Rico (1978), no la más amplia de Lawrance [1986]), sí se pueden apreciar en su obra algunos rasgos del humanismo. Nos recuerda [1988] que Villena pasó sus años de formación en Valencia, por lo que la cultura catalana debió de influirle profundamente. Publica una carta en catalán, dirigida a Alfonso el

Magnánimo, y estudia la composición de *Los dotze treballs de Hèrcules* (obra que desde mucho tiempo atrás se había considerado perdida) y su traducción al castellano. Es seguro que algunas obras de Villena se perdieron, pero la ambigüedad con que el autor se refiere a sus propias obras dificulta saber cuántas. Cátedra [1985] aclara varias alusiones (por ejemplo, la de las «arengas e propusiciones»), considera qué sería el perdido *Libro de los fuegos inextinguibles* y se ocupa de otras obras perdidas o apócrifas; da fin a su trabajo con una sección sobre la biblioteca de Villena. Gascón Vera [1979] resume y comenta las informaciones sobre la quema de la biblioteca. También se han publicado ediciones de varias obras (en breve saldrán otras tantas) y/o estudios sobre ellas. Por fin, se ha publicado la esperada edición de la *Eneyda* al cuidado de Pedro Cátedra en la *Biblioteca Española del Siglo XV;* incluye una extensa y esmerada introducción. No obstante, sigue siendo muy útil el trabajo de Santiago Lacuesta [1979]. Uno de los muchos aspectos interesantes del prólogo de Villena a su traducción es el párrafo dedicado a la puntuación y a la manera apropiada de leer el texto en voz alta; párrafo algo difícil que nos ha allanado De Nigris [1984]. Carr [1986] apunta la semejanza entre el autorretrato en la dedicatoria de dicha traducción y las palabras de Fernán Pérez de Guzmán: descubre en el proemio a las *Generaciones y semblanzas* dilatados préstamos de las afirmaciones de Villena, en la *Eneyda*, sobre el concepto de la historia; sin embargo, ambos autores sostienen opiniones netamente diferenciadas sobre la función de la historiografía. Pascual y Santiago Lacuesta [1983] concluyen que es probable que la traducción de la *Divina commedia* no se deba únicamente a Villena, sino además a algún colaborador; Carr [1980-1981], en cambio, amplía el canon de las obras de Villena al atribuirle, con bastante probabilidad, la traducción y el comentario de un soneto de Petrarca que figura en el mismo manuscrito. *Los doze trabajos de Hércules* han sido estudiados por Keightley desde dos perspectivas: los interpreta como si Villena condenase alegóricamente a una sociedad en que los ricos y poderosos corrompen a las otras clases con su ejemplo de codicia y soberbia [1978-1979]; demuestra, por otra parte, que Villena utiliza, para explicar las alusiones a animales en Boecio, un comentario de Nicolás Trevet o el de otro autor relacionado con el suyo [1978]. Una obra más corta, la *Exposición del salmo «Quoniam videbo»*, ha sido publicada por Ciceri [1978-1979] en el marco de un artículo que contiene muchos datos interesantes sobre otros tantos aspectos de Villena. También incluye una edición crítica de esta obra Cátedra [1985]: describe los manuscritos y elige como texto base un ms. de la biblioteca de Rodríguez-Moñino, aunque enmendado a la vista de otros manuscritos y, cuando es necesario, conjeturalmente (Ciceri se basa en un ms. de la Nacional, aunque también recurre a la copia de otro). La introducción trata de algunas cuestiones biográficas y bibliográficas; de la actitud de Villena frente a los distintos niveles de la exégesis bíblica; así como de las fuentes, técnica y léxico de la *Exposición*; redacta además tres series de notas, textuales y literarias, y un pormenorizado glosario. El volumen es un monumento a la erudición moderna. Si las comparamos con la de la *Exposición*, las otras ediciones palidecen inevitablemente; sin embargo, no se deben pasar por alto las del *Tratado de aojamiento* (Gallina [1978]) y el *Arte cisoria* (Brown [1986]). Ambas son ediciones críticas enmendadas a la vista de uno o dos manuscritos más; ambas incluyen una descripción de los testimonios (en Gallina, abreviada), variantes, glosario e introducción sobre el trasfondo cultural de la obra; en Gallina encontramos bastantes notas explicativas, pocas, en cambio, en Brown. Algunas alusiones contemporáneas podrían hacernos creer que Villena fue un poeta de producción bastante extensa; sin embargo, tan sólo nos han llegado versos de atribución dudosa: es probable que la imagen de Villena como poeta fecundo sea un mito (Walsh y Deyermond [1979]). Hay que recordar, finalmente, la edición del *Tratado de astrología* atribuido a Villena (Cátedra y Samsó [1983]), con una valiosa introducción sobre los tratados de la época y un glosario. Resulta que la obra es, probablemente, de un autor anónimo, tal vez relacionado con el Marqués de Santillana.

Otro gran autor de la primera mitad de siglo, Alfonso de Cartagena, sigue ocupando una posición importante en ciertos trabajos sobre las tendencias humanísticas; a pesar de todo, sorprende la escasez de estudios que se le han dedicado específicamente en los últimos años. Contamos, sin embargo, con una edición de una obra poco conocida, el *Oracional* (González-Quevedo Alonso [1983]); edición en que las enmiendas al texto de partida no se explican en las notas, aunque sí se registran las variantes del incunable. La parte más interesante, además del texto y del glosario, es el catálogo pormenorizado de las obras de Cartagena, en el que también se incluyen las obras perdidas y los fantasmas bibliográficos; una obra de dudosa atribución, «el *Duodenario* que enderezó a Fernán Peres de Guzmán», es auténticamente suya; el *Duodenarium* latino (Breslin [1989]) desvela el misterio: se trata de una de las obras latinas de Cartagena, el *Duodenarium*. La relación de Cartagena con un autor clásico por el que sentía predilección, Séneca, es ilustrada en su traducción y comentario del *De clementia* (por encargo de Juan II), que analiza Round [en prensa].

El papel fundamental de las traducciones en la cultura del siglo XV ha sido subrayado en algunos de los trabajos ya comentados (por ejemplo, Lawrance [1986]); también se habrá notado la importancia que les concedieron Pero López de Ayala y Enrique de Villena (por ejemplo, con versiones de Virgilio, Tito Livio, san Gregorio, Dante y Boccaccio). La monografía de Russell [1985], breve pero imprescindible, trata varias cuestiones teóricas que ejemplifica remitiéndose a una amplia gama de traductores castellanos, portugueses, catalanes y aragoneses, y estudia más detenidamente a Alfonso Fernández de Madrigal (pp. 30-33) y a Villena (pp. 45-49). Se han puesto en marcha dos importantes trabajos sobre traducciones de autores clásicos. Serés [1989a] demuestra lo poco fiable que es la atribución a Pedro González de Mendoza, hijo de Santillana, de la «grande *Ilíada* de Homero», aunque sí se debe a él la carta prologal (publicada en apéndice), escrita en respuesta a otra del Marqués en que F. Rico [1982] ha visto en síntesis todo «el drama del prehumanismo español»; Serés trata también de desenredar la historia de la traducción y del interés que despertó en la corte de Juan II la versión latina de Pier Candido Decembrio; revela dicha traducción ciertas sugestivas semejanzas con la traducción que hizo Juan de Mena de la *Ilias latina*. Semejanzas que le llevan a plantearse (Serés [1989*b*]) la posible intervención del poeta cordobés en la versión de la *Ilíada*, o, al menos, a suponer la existencia de un círculo intelectual, en la Salamanca de mediados del siglo XV, al que, entre otros, concurriría Mena (y, posiblemente, el Tostado) en calidad de asesor. Lee [1988] resume la fortuna de Salustio en la Europa medieval y analiza cinco manuscritos de la traducción de las dos obras, *Catilina* y *Iugurtha*, que Vasco de Guzmán dedicó a Fernán Pérez de Guzmán, resolviendo los problemas de su relación y ofreciendo las bases para una futura edición crítica. Fray Gonzalo de Ocaña, prior de la Sisla (Toledo), tradujo dos obras de san Gregorio (una de ellas para Fernán Pérez de Guzmán) y una parte del *Llibre dels àngels* de Francesc Eiximenis, además de componer *La vida y Pasión de Nuestro Señor Jesucristo*. Millares Carlo [1979] resuelve algunos problemas biográficos, describe los manuscritos y transcribe varios fragmentos. Es de esperar que de los tres trabajos reseñados deriven sendas ediciones de las obras. En otros casos, ya contamos con ediciones: por ejemplo, de dos traducciones de Boccaccio, la de la *Elegia di madonna Fiammetta* (Mendia Vozzo [1983 en cap. 9, *supra*]), y la de su obra latina *De claris mulieribus* (Boscaini [1985]). Boscaini identifica el manuscrito utilizado por el traductor y estudia su técnica, así como las rúbricas y glosas agregadas al texto. Ofrece una transcripción regularizada de la *editio princeps*, cuyos errores enmienda, unas veces a partir de la edición de 1528, y otras, conjeturalmente. Un caso de especial interés es el del *Arbre des batailles*, de Honoré Bouvet; Antón Zorita lo tradujo para Santillana en 1441 y Diego de Valera, en la misma década, para Álvaro de Luna. C. Alvar [1989] compara las dos traducciones y explica su coexistencia por la enemistad de Santillana y Luna. Una traducción de un poema inglés, que según el *incipit* se hizo mediante una versión portuguesa (perdida), revela otro aspecto de las relaciones culturales que comportaba la actividad de los traductores castellanos del siglo XV; se trata de la *Confisyón del amante*, de Juan de Cuenca, traducción del poema de John Gower. La comenta Martins [1983] y subraya el interés de la versión portuguesa. Granillo [1985], sin embargo, duda, con una argumentación que impresiona por su solidez, de la existencia de tal versión, el menos en forma escrita (sugiere que Juan de Cuenca tal vez elaborara su versión castellana con la ayuda de un intérprete inglés que hubiese vivido muchos años en Portugal). Granillo, al igual que M. Alvar [1988], anuncia que tiene en preparación una edición de la *Confisyón*. Alvar, que sí cree en la versión portuguesa, se ocupa de las distintas formas con que Cuenca traduce la palabra inglesa *clerc*, revelando así las actitudes culturales de la época.

Las traducciones de la Biblia, en tanto que son la continuación de una serie iniciada en el reinado de Alfonso el Sabio, constituyen un grupo aparte. Requena Marco [1988] y Sánchez-Prieto Borja [1988] analizan algunos aspectos técnicos de la traducción (de principios del XV, o tal vez de finales del XIV) contenida en los mss. Escorial I.I.4 y Biblioteca Nacional 10.288. Requena revela que los latinismos del libro de la *Sabiduría* son necesarios, salvo en los casos en que el traductor no entendió el original, y concluye que, aunque la traducción es a menudo oscura o errónea, logra ajustarse a los ritmos del original; Sánchez-Prieto explica los criterios que adoptó para su edición (en su tesis doctoral, inédita) del *Eclesiástico*. Ambos artículos, aunque de limitado enfoque, tienen importancia metodológica. En un brillante anticipo de lo que se convertirá en un trabajo más extenso, Sicroff [1988] pondera la trascendencia de la traducción de la Biblia hebrea que Luis de Guzmán, Maestre de Calatrava, encargó a Mosé Arragel, rabino de Guadalajara entre 1422 y 1433: consta de interpretaciones judías y cristianas yuxtapuestas, muchas glosas que parecen aludir indirectamente a las conversiones forzadas y otros problemas de los judíos españoles; también se subraya el hecho mismo del encargo, pues refleja cómo convivían ambas religiones. Benabu [1985] ofrece un panorama muy útil de las Biblias judeo-españolas.

Ya tenemos acceso a las obras en prosa de Juan Rodríguez del Padrón, salvo el *Bursario*, gracias a la edición de Hernández Alonso [1982 en cap. 9, *supra*]. Una de ellas, el *Triunfo de las donas*, ha sido estudiada por Impey [1986]: desvela que debe mucho, tanto en el contenido como en el léxico, al *Filocolo* de Boccaccio y sostiene convincentemente que dicha dependencia refleja la ambivalencia del autor, con su censura, por una parte, de la misoginia de Boccaccio en el *Corbaccio*, y, por otra, en la emulación literaria del artista. Un estudio fundamental sobre Alfonso Fernández de Madrigal, el Tostado, constituye el centro del libro de Cátedra [1989] ya comentado. Este mismo investigador [1987] edita una parte del *Breviloquio de amor y amicicia* (que, a resultas de su análisis, tuvo un origen independiente del resto: se extrajo de un ejercicio universitario de hacia 1436-1437), basado en un ms. de Salamanca 2178 con enmiendas a la vista de otro de El Escorial; el volumen también incluye una edición del seudo-Tostado, *Tratado de cómo al ome es necesario amar*, que, aun no siendo crítica, mejora con mucho la edición publicada por Paz y Melia en 1892; se sirve, entre otras fuentes textuales, de un manuscrito muy temprano de su propia biblioteca. Gracias a Gómez Moreno contamos con dos trabajos sobre la prosa de Santillana: una edición crítica de la *Qüestión* sobre la caballería que dirigió, en 1444, a Alfonso de Cartagena, con la respuesta de éste [1985], y un estudio de la tradición textual del *Proemio*, dirigido cinco años después a Dom Pedro de Portugal [1983], con una minuciosa reseña de las ediciones modernas. Ambos trabajos revelan un excepcional talento para la crítica textual.

Aunque el *Proemio* es la obra de crítica literaria (no en el sentido moderno, claro) mejor conocida del siglo XV castellano, no es la única. Weiss [en prensa] analiza, en un libro que marcará época, varias formas literarias (prólogo, glosa, comentario, etc.) para hacerse una idea de cómo veían los poetas de la primera mitad del siglo las bases de su creación poética y la obra de otros poetas. López Estrada [1985] publica el prólogo al *Cancionero de Baena*, el *Proemio* de Santillana, en edición de Gómez Moreno, y el *Arte de poesía castellana* de Juan del Encina (donde F. Rico [1982a] señala algún sorprendente eco de Lorenzo Valla) editado por él mismo; las respectivas introducciones son interesantes, las notas explicativas aún más.

El *Diálogo de vita beata*, de Juan de Lucena, se centra, según demuestra Conde López [1985], en las cuestiones intelectuales y sociales más discutidas de aquel tiempo; y en algún caso, según revela F. Rico [1982a], su *Exhortatoria a las letras* espiga en Eneas Silvio motivos particularmente definitorios de los *studia humanitatis*. Kohut [1980] relaciona la hostilidad contra los humanistas italianos en las obras que Ruy Sánchez de Arévalo compuso en 1467-1469 (a pesar de haberlas escrito en Roma) con una reacción general, en el tercer cuarto de siglo, contra el clima intelectual, más tolerante, de los decenios anteriores. Se han editado dos obras de Diego de Valera: el *Doctrinal de príncipes* (Monti [1982]) y el *Tratado en defensa de las virtuosas mugeres* (Suz Ruiz [1983]); trabajos muy diferentes entre sí. Monti ofrece una descripción pormenorizada de los testimonios y establece el *stemma* antes de elegir su texto de partida; la edición crítica tiene aparato de variantes, las glosas marginales se transcriben en forma de apéndice; poco habla, en cambio, de los aspectos literarios e históricos. Suz Ruiz sí se ocupa de dichos aspectos en su introducción, pero su edición carece de la rigurosa crítica textual de Monti; con todo, sus razones para la elección del texto base son convincentes. Edwards [1985b] estudia a Valera como historiador de la guerra de Granada. Otra edición, de las muchas y utilísimas que proceden de Italia, es la de las *Letras* de Hernando del Pulgar (Elia [1982]). Se basa en el incunable de Toledo de 1496, o sea, en la *editio princeps* de la segunda redacción, que contiene 32 cartas, a las que agrega dos más de otras fuentes (la primera redacción, representada por un manuscrito y un incunable, incluye tan sólo 15 cartas). El aparato crítico, aunque menor, por ejemplo, que el de Monti, es suficiente para su propósito.

Gracias a la investigación, a lo largo de muchos años, de Brian Tate, conocemos mucho mejor a Alfonso de Palencia y sus obras que a la gran mayoría de prosistas de la segunda mitad del siglo. Es más: este autor, que solía considerarse aburrido, se lee ahora con interés. Su admiración por Florencia (ciudad en la que residió en torno a la década de 1440), en concreto por la alianza que en ella se dio entre el orgullo cívico y la erudición humanística, se convirtió más tarde en nostalgia (Tate [1979a]). Tate sostiene que trataba de imaginarse a Sevilla desde esta perspectiva; sin embargo, el desengaño causado por la erosión de la autonomía cívica le llenó de amargura [1979b] (cf. [1986a]). Palencia no es un historiador neutral y objetivo: se aleja de las tradiciones de las crónicas reales castellanas para adoptar las técnicas y perspectivas de los humanistas italianos. De hecho, nuestra visión de la España del siglo XV está conformada en gran parte por la de Palencia, que, a su vez, la modela desde la perspectiva de Tito Livio y de Jorge de Trebisonda (Tate [1983]). A diferencia de Pulgar, por ejemplo, Palencia a menudo habla con voz inconfundible, sobre todo en los prólogos a sus *Décadas* (Tate [1984], donde se relaciona la historiografía de Palencia con las teorías historiográficas actuales). Contamos desde hace mucho tiempo con una traducción de las *Décadas*; sin embargo, a excepción de la cuarta década, el original latino ha carecido de edición moderna. Finalmente, está a punto de salir en la *Biblioteca Española del Siglo XV*; véanse, por ahora, los estudios preliminares en *Homenaje Vilanova* (1989), I, pp. 689-698, y en *C*, XVIII, 1 (otoño de 1989), pp. 5-18. En ocasión de estudiar el *Tratado de la perfección del triunfo militar*, cuyo original latino fue una de las primeras obras de Palencia, Tate [1982] no sólo descubre un interés por uno de los temas predilectos de la Edad Media, el del viaje alegórico, sino también la que tal vez sea la primera descripción española de una villa en tanto que objeto de contemplación, tópico humanístico que nos obliga a replantear la cuestión de la supuesta falta de cultura humanística antes de Nebrija. También aprendemos mucho del epistolario de Palencia, del que se han publicado las diez cartas conservadas en latín (Tate y Alemany [1984]), con una introducción en la que se comentan dichas cartas y sus destinatarios. Además de las ediciones de varias obras más, sería preciso ahora que Tate redactara una monografía en la que ampliara su magnífica serie de artículos y los transformara de forma que tuviéramos una visión global de este autor tan diverso y tan influyente. El libro de Paz y Melia, publicado en 1914, fue en su día excelente y aún hoy sigue siendo muy útil; sin embargo, está desfasado en muchos aspectos, por lo que es de esperar que Tate publique pronto el suyo.

Si nos ocupamos de otros autores de la segunda mitad de siglo, hay que apuntar que Surtz [1984] sostiene que, en su *Tractado de lo que significan las cerimonias de la Misa*, fray Hernando de Talavera trata de demostrar la igualdad de conversos y cristianos viejos al hacer que los fieles desempeñen ya el papel de judíos, ya el de cristianos; para fray Hernando, véase también Hauf [1983], ya comentado. Un autor misterioso, interesante e injustamente desatendido, es el llamado Evangelista, autor de un *Libro de la cetrería* y de una *Profecía* paródica interpolada en el marco de un sueño. Gómez Moreno [1985] transcribe la *Profecía* y una epístola de un tal Godoy (posiblemente, el autor), que precede a las obras de Evangelista, a partir del ms. 21549 de la Biblioteca Nacional (uno de sus hallazgos entre los manuscritos no catalogados de Madrid). La *Profecía*, primera obra en que aparece el personaje de Pero Grullo, es una parodia del milenarismo para la que se sirve del *topos* del mundo al revés, con el fin de hacer una sátira de la Orden de Calatrava y de los descendientes de judíos. Hook [1983] examina detenidamente los testimonios manuscritos e impresos de la *Estoria del noble Vespasiano* en castellano y en portugués y establece un *stemma*; relaciona [1988] el episodio central, la destrucción de Jerusalén, con varias obras de la segunda mitad del siglo XV y con la situación de los conversos. Los tratados médicos de esta época son numerosos y tienen mayor interés literario de lo que cabría suponer. Ya se han publicado bastantes, en microfichas, en una serie especial del Hispanic Seminary of Medieval Studies de Madison; otros, en forma de libros: por ejemplo, el de Diego el Covo (Herrera [1983]). Otro tipo de tratado técnico es el representado por el *Arte memorativa*, que describe García de la Concha [1983b] (véase p. 319, *supra*).

El más importante adelanto en el estudio de los sermones del siglo XV se debe —¿cómo no?— a Pedro Cátedra (véase también el comentario de sus trabajos en el cap. 1, *supra*): prueba [1983-1984] que la colección de sermones castellanos en el ms. 4933 de la Biblioteca Nacional, atribuidos a Pedro Marín, son, de hecho, de san Vicente Ferrer (desde hacía mucho tiempo se creía que la predicación castellana del santo se había perdido). Anuncia una edición del texto (un sermón ya se publicó en Rico (1977), pp. 26-38). Una pieza curiosa, por su mezcla de latín y castellano y de las técnicas de predicación popular y erudita, ha sido publicada con una breve introdución por Ronald E. Surtz (en Cátedra [1983b], pp. 73-101; *supra* cap. 8).

Otro género que hasta hace poco ha desatendido la investigación de la literatura castellana del siglo XV es el epistolar. Ya se han comentado las ediciones de las cartas vernáculas de Pulgar y las latinas de Palencia. Lawrance [1988] ofrece un autorizado panorama de los epistolarios y de algunas importantes cartas sueltas de la segunda mitad de siglo, comentando sus implicaciones para la cultura literaria de la época (por un malentendido, el texto impreso es la primera versión del trabajo de Lawrance; la versión revisada y ampliada sigue inédita, aunque, gracias al ordenador, parcialmente asequible). En una serie de artículos, Copenhagen [1983-1986] analiza el empleo de las divisiones formales prescritas por las *artes dictaminis* en las cartas castellanas del siglo XV. Esta misma investigadora [1984] publica y comenta los aspectos técnicos de dos cartas que Alfonso Ortiz escribió por encargo de la ciudad de Toledo. Sin embargo, el hallazgo textual más importante es el de Round [1981]: 55 cartas de Fernando Díaz de Toledo, el converso Arcediano de Niebla, muchas de ellas dirigidas al prior de Guadalupe o a otros destinatarios del monasterio. Interesan sobre todo porque, en la mezcla de preocupaciones espirituales y mundanas, se nos revela la personalidad humana del autor. Muchas otras cartas y sermones, así como discursos y panfletos, se han perdido —se trata de géneros sumamente efímeros—; no obstante, a veces nos es dado descubrir algo de dichas obras a través de alusiones o réplicas en las obras conservadas. (Deyermond [1981]). Igualmente efímeros son los refranes, a no ser que tengan la fortuna de entrar en colecciones; ahora, con los trabajos de Iglesias [1986a, 1986b], se inaugura una nueva etapa en su estudio.

En el último decenio del siglo es Antonio de Nebrija quien domina la prosa (excluida la ficción). Rico [1983*a*] reflexiona sobre la importancia de su obra; García de la Concha [1983*a*] estudia genéricamente sus obras e influencias, al igual que Fontán [1986]. Un aspecto muy importante es su innovación en el terreno de la lingüística, subrayado de muy diversas maneras por Bustos Tovar [1983], Gil [1983] y Sacks [1984]: éste es el trabajo más extenso y con más pormenores técnicos. No es seguro, sin embargo, que Nebrija redactara la primera gramática española (impresa en 1492), pues Gómez Moreno [1989] ha descubierto, en el ms. Biblioteca de Palacio 1344, y publicado una fragmentaria *Gramática castellana*: el fragmento se ocupa principalmente de la ortografía. Gómez Moreno concluye que proviene de la Universidad de Salamanca y que no es imposible que preceda a la de Nebrija. Las *Introductiones Latinae* también constituyen un libro innovador; Codoñer [1983] lo estudia dentro de la tradición del *ars grammatica* y apunta la originalidad e influencia de la obra de Nebrija. Rico, a cuyo libro (1978) tanto debe la nueva etapa de estudios sobre Nebrija, valora la recepción de la geografía humanística en la España del siglo XV (cf. Tate [1979*b*], ya comentado), analiza su función en las obras de Nebrija y recuerda su papel en el descubrimiento de América [1983*b*].

Terminemos el capítulo con una producción literaria atendida por pocos estudiosos, pero que recuerda insistentemente la interacción de las culturas hispanorromana e hispanoárabe: la literatura aljamiada; o sea, los textos en español escritos con letras árabes. Montaner Frutos [1988], cuyo trabajo tiene además un valor metodológico para estudios aljamiados de otras partes de la península, describe y clasifica la literatura aljamiada de Aragón.

Ha sido éste un capítulo bastante largo y muy diverso, pues la prosa del siglo XV tiene menos unidad como campo de estudio que, por ejemplo, la poesía cancioneril o los libros de aventuras; además, el número de autores que se empiezan a investigar crece cada año. Ya se han comentado varias de las tareas que nos aguardan: esperan, sobre todo, a los jóvenes medievalistas de España, que tienen a mano tantos manuscritos e incunables.

BIBLIOGRAFÍA

Alvar, Carlos, «Traducciones francesas en el siglo XV: el caso del *Árbol de batallas*, de Honoré Bouvet», en *Miscellanea di studi in onore di Aurelio Roncaglia a cinquant'anni dalla sua laurea*, Mucchi, Módena, 1989, pp. 25-34.

Alvar, Manuel, «*El Clerc* de John Gower y su polivalencia en Juan de Cuenca», en *Hispanic Studies Silverman* (1988), pp. 1-13.

Ayerbe-Chaux, Reinaldo, «La apología de Aragón en la *Crónica* de Vagad», *Symposium*, XXXIII (1979), pp. 197-214.

Badia, Lola, *De Bernat Metge a Joan Roís de Corella: estudis sobre la cultura literària de la tardor medieval catalana*, Quaderns Crema (Assaig, VI), Barcelona, 1988, pp. 13-49.

Batlle, Carmen, «Las bibliotecas de los ciudadanos de Barcelona en el siglo xv», en *Livre et lecture* (1981), pp. 15-31.

Beceiro Pita, Isabel, «Los libros que pertenecieron a los Condes de Benavente, entre 1434 y 1530», *Hispania*, XLIII (Madrid, 1983), pp. 237-280.

—, y Alfonso Franco Silva, «Cultura nobiliar y bibliotecas: cinco ejemplos, de las postrimerías del siglo xiv a mediados del xvi», *HID*, XII (1986), pp. 277-350.

Beltrán Llavador, Rafael, «Novelar la historia: apuntes sobre la prosa castellana del xv», *Monteolivete*, I (1983-1984), pp. 67-77.

—, «Tres itinerarios sobre el *Tratado de las andanças e viajes de Pero Tafur*», *Monteolivete*, II (1985), pp. 17-34.

— , «De la crónica oficial a la biografía heroica: algunos episodios de López de Ayala y Alvar García de Santa María y su versión en *El Victorial*», en *Actas I AHLM* (1988), pp. 177-185.

—, «Gutierre Díaz, escribano de cámara del rey, ¿autor de *El Victorial*?», *C*, XVIII, 1 (otoño de 1989), pp. 62-84.

Benabu, I., «On the Transmission of the Judeo-Spanish Translation of the Bible: The Eastern and Western Traditions Compared», en *Judeo-Romance Languages*, ed. Isaac Benabu y Joseph Sermoneta, Hebrew University, Jerusalén, 1985, pp. 1-26.

Berger, Philippe, «La lecture à Valence de 1474 à 1560: évolution des comportements en fonction des milieux sociaux», en *Livre et lecture* (1981), pp. 97-107.

—, *Libro y lectura en la Valencia del Renacimiento*, Edicions Alfons el Magnànim (Estudios Universitarios, XIX-XX), Valencia, 1987, 2 vols.

Bermejo Cabrero, José Luis, «Orígenes del oficio de cronista real», *Hispania,* XL (Madrid, 1980), pp. 395-409.

Bizzarri, Hugo Óscar, «Las fuentes manuscritas del *Vergel de consolación* o *Viridario* de fray Jacobo de Benavente», *Inc*, VI (1986), pp. 27-47.

Boscaini, Gloria, ed., *La traduzione spagnola del «De mulieribus claris»*, Istituto di Lingua e Letteratura dell'Università, Verona, 1985.

Breslin, Gerard, «The *Duodenarium* of Alonso de Cartagena: a Brief Report on the Manuscripts and Contents», *C*, XVIII, 1 (otoño de 1989), pp. 90-102.

Brown, Russell V., ed., Enrique de Villena, *Arte cisoria*, Humanitas (Biblioteca Humanitas de Textos Inéditos, III), Barcelona, 1984 [1986].

Brownlee, Marina Scordilis, «Hermeneutics of Reading in the *Corbacho*», en *Medieval Texts & Contemporary Readers*, ed. Laurie A. Finke y Martin B. Schichtman, Cornell University Press, Ithaca, 1987, pp. 216-233.

Bustos Tovar, Eugenio de, «Nebrija, primer lingüista español», en *Nebrija* (1983), pp. 205-222.

Carr, Derek C., «A Fifteenth-Century Translation and Commentary of a Petrarchan Sonnet: Biblioteca Nacional, MS. 10186, folios 196r-199r», *RCEH*, V (1980-1981), pp. 123-143.

—, «Pérez de Guzmán and Villena: A Polemic on Historiography», en *Hispanic Studies Deyermond* (1986), pp. 57-70.

Cátedra, Pedro M., «Para la biografía de Enrique de Villena», *Estudi General*, I, 2, (1981), pp. 29-33.

—, «Enrique de Villena y algunos humanistas», en *Nebrija* (1983), pp. 187-203

—, «La predicación castellana de san Vicente Ferrer», *BRABLB*, XXXIX (1983-1984), pp. 235-309.

—, «Algunas obras perdidas de Enrique de Villena con consideraciones sobre su obra y su biblioteca», *AFE*, II (1985), pp. 53-75.

—, *Exégesis, ciencia, literatura: la «Exposición del salmo 'Quoniam videbo'» de Enrique de Villena*, El Crotalón (Anejos de *AFE*, Textos, I), Madrid, 1986.

—, *Del Tostado sobre el amor*, Stelle dell'Orsa (Stelle dell'Orsa, VIII), Barcelona, 1987.

—, «Sobre la obra catalana de Enrique de Villena», en *Homenaje Asensio* (1988), pp. 127-140.

—, *Amor y pedagogía en la Edad Media: estudios de doctrina amorosa y práctica literaria*, Univ. de Salamanca (AS, Estudios Filológicos, CCXII), Salamanca, 1989.

—, y Julio Samsó, eds., *Tratado de astrología atribuido a Enrique de Villena*, Humanitas, Barcelona, 1983.

Cavallero, Pablo A., «De nuevo sobre Ayala y los jerónimos», en *Estudios Sánchez Albornoz* (1986), IV, pp. 505-519.

Ciceri, Marcella, «Gli *exempla* dell'*Arcipreste de Talavera*», *Ateneo Veneto*, n.s., XII (1974), pp. 99-108.

—, «Per Villena», *Quaderni di Lingue e Letterature*, III-IV (Verona, 1978-1979), pp. 295-335.

—, «*Arcipreste de Talavera*: il linguaggio del corpo», *Quaderni di Lingue e Letterature*, VIII (1983), pp. 121-136.

Clare, Lucien, «Fêtes, jeux et divertissements à la cour du connétable de Castille, Miguel Lucas de Iranzo (1460-1470): les exercises physiques», en *La Fête* (1987), pp. 5-32.

Closa, Josep, «Virgilius, poeta latinus: Virgili en els humanistes hispànics», en *Studia virgiliana: Actes del VIᵉ Simposi d'Estudis Clàssics, 11-13 de febrer de 1981*, ed. Jaume Juan i Castelló *et al.*, Secció Catalana de la Societat Espanyola d'Estudis Clàssics i Universitat Autònoma, Bellaterra, 1985, pp. 153-161.

Codoñer, Carmen, «Las *Introductiones latinae* de Nebrija: tradición e innovación», en *Nebrija* (1983), pp. 105-122.

Conde López, Juan Carlos, «El siglo XV castellano a la luz del *Diálogo de vita beata* de Juan de Lucena», *D*, IV (1985), pp. 11-34.

Copenhagen, Carol A., ed. «Las *Cartas mensajeras* de Alfonso Ortiz: ejemplo epistolar de la Edad Media», *AFE*, I (1984), pp. 467-483.

—, «Salutations in Fifteenth-Century Spanish Letters», *C*, XII (1983-1984), pp. 254-264; «The *Exordium* or *Captatio benevolentiae* in Fifteenth-Century Spanish Letters», *C*, XIII (1984-1985), pp. 196-205; «*Narratio* and *Petitio*...», *C*, XIV (1985-1986), pp. 6-14; «The *Conclusio*...», *ibid.*, pp. 213-219.

Cummins, John G., ed., Pero López de Ayala, *Libro de la caça de las aves: el MS 16.392 (British Library, Londres)*, Tamesis, Londres, 1986.

Dagenais, John, «Juan Rodríguez del Padrón's Translation of the Latin *Bursarii*: New Light on the Meaning of tra(c)tado», *JHP*, X (1985-1986), pp. 117-139.

De Gorog, Ralph, y Lisa S. de Gorog, eds., *Concordancias del «Arcipreste de Talavera»*, Gredos, Madrid, 1978.

—, «La atribución de las *Vidas de San Ildefonso y San Isidoro* al Arcipreste de Talavera», *BRAE*, LVIII (1978), pp. 169-193.

De Nigris, Carla, «*Puntuaçión y pausas* in Enrique de Villena», *MR*, IX (1984), pp. 421-442.

Deyermond, Alan, «'Palabras y hojas secas, el viento se las lleva': Some Literary Ephemera of the Reign of Juan II», en *Russell Studies* (1981), pp. 1-14.

—, «La historiografía trastámara: ¿una cuarentena de obras perdidas?», en *Estudios Sánchez Albornoz* (1986), IV, pp. 161-193.

Edwards, John, «Elijah and the Inquisition: Messianic Prophecy among *Conversos* in Spain, c. 1500», *Nottingham Medieval Studies*, XXVIII (1984), pp. 79-94.

—, «Polítics and Ideology in Late Medieval Córdoba», en *Estudios dedicados al profesor D. Ángel Ferrari Núñez*, Univ. Complutense (En la España Medieval, IV), Madrid, 1984, pp. 277-303.

—, «The Conversos: A Theological Approach», *BHS*, LXII (1985), pp. 39-49.

—, «War and Peace in Fifteenth-Century Castile: Diego de Valera and the Granada War», en *Studies in Medieval History Presented to R.H.C. Davis*, Hambledon, Londres, 1985, pp. 283-295.

Elia, Paola, ed., Fernando del Pulgar, *Letras,* Giardini (CTSI, Testi Critici, III), Pisa, 1982.

Espadas, Juan, «Pedro Rodríguez de Lena y su papel en el *Libro del Passo Honroso*», *C*, X (1981-1982), pp. 179-185.

Fernández Murga, Félix, «El Canciller Ayala, traductor de Boccaccio», en *Estudios Soria* (1985), I, pp. 313-324.

Firpo, Arturo A., «L'idéologie du lignage et les images de la famille dans les *Memorias* de Leonor López de Córdoba (1400)», *MA*, LXXXVII (1981), pp. 243-262.

Fontán, Antonio, «El humanismo español de Antonio de Nebrija», en *Homenaje Sainz Rodríguez* (1986), II, pp. 209-228.

Gallina, Anna Maria, ed., Enrique de Villena, *Tratado de aojamiento*, Adriatica (Biblioteca di Filologia Romanza, XXXI), Bari, 1978.

Garcia, Michel, «Las traducciones del Canciller Ayala», en *Medieval Studies Tate* (1986), pp. 13-25.

García de la Concha, Víctor, «La impostación religiosa de la reforma humanística en España: Nebrija y los poetas cristianos», en *Nebrija* (1983), pp. 123-143.

—, «Un *Arte memorativa* castellana», en *Serta Lázaro Carreter* (1983), II, pp. 187-197.

García y García, Antonio, «Nuevas obras de Clemente Sánchez, arcediano de Valderas», *Revista Española de Teología,* XXXIV (1974), pp. 69-89.

García Oro, José, ed., Vasco de Aponte, *Recuento de las casas antiguas del reino de Galicia*, Junta de Galicia, Santiago, 1986.

Gascón Vera, Elena, «La quema de libros de don Enrique de Villena: una maniobra política y antisemítica», *BHS*, (1979), pp. 317-324.

Gerli, E. Michael, ed., Alfonso Martínez de Toledo, *Arcipreste de Talavera o Corbacho*, Cátedra (LH, XCII), Madrid, 1979.

Ghassemi, Ruth Lubenow, «La 'crueldad de los vencidos': un estudio interpretativo de *Las memorias de doña Leonor López de Córdoba*, *C*, XVIII, 1 (otoño de 1989), pp. 19-32.

Gil, Luis, «Nebrija y el menester del gramático», en *Nebrija* (1983), pp. 53-64.

Giménez, Antonio, «El problema del género en la Crónica de don Álvaro de Luna», *BRAE*, LV (1975), pp. 531-550.

Goldberg, Harriet, «Deception as a Narrative Function in the *Libro de los exemplos por abc*», *BHS*, LXII (1985), pp. 31-38.

Gómez Moreno, Ángel, «Tradición manuscrita y ediciones del *Proemio* de Santillana», *D*, II (1983), pp. 77-110.

—, «*Profecía* de Evangelista: el rescate de un autor medieval», *Pluteus*, III (1985), pp. 111-129.

—, ed., «La Qüestión del Marqués de Santillana a don Alfonso de Cartagena», *AFE*, II (1985), pp. 335-363.

—, «La caballería como tema en la literatura medieval española: tratados teóricos», en *Homenaje Sainz Rodríguez* (1986), II, pp. 311-323.

—, «Gramática castellana de Palacio: un nuncio de Nebrija», *RLM*, I (1989), pp. 41-51.

González-Quevedo Alonso, Silvia, ed., *El «Oracional» de Alonso de Cartagena: edición crítica (comparación del Manuscrito 160 de Santander y el incunable de Murcia)*, Albatros, Valencia (Albatros-Hispanófila, XXVIII), Chapel Hill, 1983.

Granillo, Lilia, «Las traducciones de *Confessio amantis*: historiografía de una ficción medieval», *Investigación Humanística: Filosofía, Historia, Literatura y Lingüística*, I (Univ. Ant. Metropolitana, México, 1985), pp. 175-193.

Gutwirth, Eleazar, «Contempt for the Lower Orders in XVth Century Hispano-Jewish Thought», *Miscelánea de Estudios Árabes y Hebraicos*, XXX (1981), pp. 83-95.

—, «The Jews in 15th Century Castilian Chronicles», *Jewish Quarterly Review,* LXXIV (1983-1984), pp. 379-396.

—, «History and Apologetics in XVth Century Hispano-Jewish Thought», *Helmantica*, XXXV (1984), pp. 231-242.

—, «Actitudes judías hacia los cristianos en la España del siglo XV: ideario de los traductores del latín», en *Actas del II Congreso Internacional: Encuentro de las Tres Culturas, 3-6 octubre 1983*, Ayuntamiento de Toledo, Toledo, 1985, pp. 189-196.

—, «From Jewish to *Converso* Humour in Fifteenth-Century Spain», *BHS*, LXVII (1990), pp. 233-333.

Hauf, Albert, «Fr. Francesc Eiximenis, OFM, *De la predestinaçió de Jesucristo*, y el consejo del Arcipreste de Talavera 'a los que deólogos mucho fundados non son'», *Archivum Franciscanum Historicum,* LXXVI (1983), pp. 239-295.

Hernández Montes, Benigno, ed., *Biblioteca de Juan de Segovia: edición y comentario de su escritura de donación*, CSIC (Biblioteca Theologica Hispana, serie 2.ª, III), Madrid, 1984.

Herrera, María Teresa, ed., *Tratado de las apostemas de Diego el Covo*, Universidad (AS, Varia, XLIV), Salamanca, 1983.

Hook, David, «La transmisión textual de la *Estoria del noble Vespasiano*», *Inc*, III (1983), pp. 129-172.

—, «The Legend of the Flaian Destruction of Jersusalem in Late Fifteenth-Century Spain and Portugal», *BHS*, LXV (1988), pp. 113-128.

—, «Some problems in Andrés Bernáldez's Account of the Spanish Jews», en *Michael*, IX, Diaspora Research Institute, Tel Aviv University, 1989, pp. 231-235.

—, y Barry Taylor, «La astrología y la *Epístola a los romanos en el Arcipreste de Talavera*: observaciones sobre dos problemas textuales», *Inc*, V (1985), pp. 25-52.

Iglesias, Ángel, «Figuración proverbial y nivelación en los nombres propios del refranero antiguo: figurillas populares», *Criticón*, XXXV (1986), pp. 5-98.

—, «El estatuto del nombre proverbial en el refranero antiguo», *Revista de Filología Románica*, IV (1986), pp. 41-95.

Impey, Olga Tudorica, «Boccaccio y Rodríguez del Padrón: la espuela de la emulación en el *Triunfo de las donas*», en *Hispanic Studies Deyermond* (1986), pp. 135-150.

Keightley, Ronald G., «Boethius, Villena and Juan de Mena», *BHS*, LV (1978), pp. 189-202.

—, «Enrique de Villena's *Los doze trabajos de Hércules*: A Reappraisal», *JHP*, III (1978-1979), pp. 49-68.

—, «Boethius in Spain: A Classified Checklist of Early Translations», en *The Medieval Boethius: Studies in the Vernacular Translations of «De consolatione Philosophiae»*, ed. A.J. Minnis y D.S. Brewer, Cambridge, 1989, pp. 169-187.

Kohut, Karl, «Sánchez de Arévalo (1404-1470) frente al humanismo italiano», en *Actas VI AIH* (1980), pp. 431-434.

—, «El humanismo castellano del siglo XV: replanteamiento de la problemática», en *Actas VII AIH* (1982), pp. 639-647.

Labandeira Fernández, Amancio, ed., *El passo honroso de Suero de Quiñones*, Fundación Univ. Española, Madrid, 1977.

Ladero Quesada, Miguel Ángel, y María Concepción Quintanilla Paso, «Biblioteca de la alta nobleza castellana en el siglo XV», en *Livre et lecture* (1981), pp. 47-59.

Larkin, James B., ed., Alfonso Martínez de Toledo, *Archpriest of Talavera, Atalaya de las corónicas*, HSMS (SS, X), Madison, 1983.

Lawrance, J.N.H., «Nuño de Guzmán and Early Spanish Humanism: Some Reconsiderations», *MAe*, LI (1982), pp. 55-85.

—, «Nueva luz sobre la biblioteca del conde de Haro: inventario de 1455», *AFE*, I (1984), pp. 1.073-1.111.

—, «The Spread of Lay Literacy in Late Medieval Castile», *BHS*, LXII (1985), pp. 79-94.

—, «Oh Fifteenth-Century Spanish Vernacular Humanism», en *Medieval Studies Tate* (1986), pp. 63-79.

—, «Nuevos lectores y nuevos géneros: apuntes y observaciones sobre la epistolografía en el primer Renacimiento español», en *Literatura en la época del Emperador*, ed. Víctor García de la Concha, Universidad (AS, ALR, V), Salamanca, 1988, pp. 81-99.

—, «The Impact of Humanism in the Iberian Peninsula», cap. 10 de *The Impact of Humanism in Western Europe during the Renaissance*, ed. A.E. Goodman y A.I.K. Mackay, Longman, Londres, en prensa.

Lee, Charmaine, «'Un ffamoso libro et muy noble llamado Salustio': per un'edizione del primo volgarizzamento castigliano di Sallustio», *MR*, XIII (1988), pp. 253-293.

Lisón Tolosana, Carmelo, «Vagad o la identidad aragonesa en el siglo XV: antropología social e historia», en *Culturas populares* [1986 en cap. 1], pp. 287-328.

Lomax, Derek W., «Datos biográficos sobre el Arcipreste de Talavera», *F*, XVII-XVIII (1976-1977 [1979]), pp. 442-447.

—, «The Medieval Predecessors of Rades y Andrada», *IR*, n.s., XXIII (1986), pp. 81-90.

López Estrada, Francisco, «Procedimientos narrativos en la *Embajada a Tamorlán*», *AFE*, I (1984), pp. 129-146.

—, ed., *Las poéticas castellanas de la Edad Media*, Taurus (Temas de España, CLVIII), Madrid, 1985.

MacLean, Alberto M., «*Las flores de 'Los morales de Job'*: un esquema ideológico de Pero López de Ayala», *RQ*, XXXIV (1987), pp. 51-61.

Maravall, José Antonio, «El pre-Renacimiento del siglo XV», en *Nebrija* (1983), pp. 17-36.

—, *Estudios de historia del pensamiento español*, II: *La época del Renacimiento*, Instituto de Cooperación Iberoamericana, Madrid, 1984.

Martins, Mário, *Estudos de cultura medieval*, III, Edições Brotéria, Lisboa, 1983, pp. 95-118 y 133-144.

Metzeltin, Michael, «Acerca de la estructura de la *Crónica de los Reyes de Navarra* del Príncipe de Viana», en *Homenaje Galmés de Fuentes* (1985), II, pp. 383-393.

Millares Carlo, Agustín, «Notas biobibliográficas sobre fray Gonzalo de Ocaña, escritor del siglo XV», en *Homenaje Martínez* (1979), pp. 510-532.

Montaner Frutos, Alberto, «Aproximación a una tipología de la literatura aljamiadomorisca aragonesa», en *Destierros aragoneses*, I: *Judíos y moriscos*, CSIC y Diputación Provincial, Zaragoza, 1988, pp. 313-326.

Monti, Silvia, ed., Diego de Valera, *Doctrinal de príncipes*, Univ. degli Studi, Verona, 1982.

Moure, José Luis, «A cuatrocientos años de un frustrado proyecto de Jerónimo Zurita: la edición de las *Crónicas* del Canciller Ayala», *CHE*, LXIII-LXIV (1980), pp. 256-292.

Naylor, Eric W., «Pero López de Ayala's Translation of Boccaccio's *De casibus*», en *Hispanic Studies Deyermond* (1986), pp. 205-215.

Ochoa Anadón, José A., «El viaje de Tafur por las costas griegas», *Erytheia*, VIII (1987), pp. 33-62.

Orduna, Germán, «Nuevo registro de códices de las *Crónicas* del Canciller Ayala», *CHE*, LXIII-LXIV (1980), pp. 218-255; LXV-LXVI (1981), pp. 155-197.

—, «La *collatio* externa de los códices como procedimiento auxiliar para fijar el *stemma codicum: Crónicas* del Canciller Ayala», *Inc*, II (1982), pp. 3-53.

—, «La *collatio* externa de los códices como procedimiento auxiliar para completar la *recensio:* las adiciones a la *Crónica de Alfonso XI* y los capítulos iniciales de la *Crónica de Pedro I*», *Inc*, IV (1984), pp. 71-74.

—, «El cotejo de las versiones *vulgata* y *primitiva* como recurso para la fijación del texto cronístico del Canciller Ayala: ensayo del método», *Inc*, VIII (1988), pp. 1-24.

—, y José Luis Moure, «Prolegómenos de la edición de las *Crónicas* del Canciller Ayala según la correspondencia de Eugenio de Llaguno», *CHE*, LXIII-LXIV (1980), pp. 352-367.

Pardo, Madeleine, «Les Rapports noblesse-monarchie dans les chroniques particulières castillanes du XVe siècle», en *Les cultures ibériques en devenir: essais publiés en hommage à la mémoire de Marcel Bataillon (1895-1977)*, Fondation Singer-Polignac, París, 1979, pp. 155-170.

Parrilla, Carmen, «Un cronista olvidado: Juan de Flores, autor de la *Crónica incompleta de los Reyes Católicos*», en *Whinnom Studies* (1989), pp. 123-133.

Pascual, José Antonio, y Ramón Santiago Lacuesta, «La primera traducción castellana de la *Divina commedia*: argumentos para la identificación de su autor», en *Serta Lázaro Carreter* (1983), II, pp. 391-402.

Pérez Priego, Miguel Ángel, «Estudio literario de los libros de viajes medievales», *Epos*, I (1984), pp. 217-239.

Ramírez, Frank Anthony, ed., *Tratado de la comunidad (Biblioteca de El Escorial MS. &.II.8)*, Tamesis, Londres, 1988.

Requena Marco, Miguel, «Servilismo e irracionalidad: dos fechas de una traducción bíblica del siglo XV», en *Actas I AHLM* (1988), pp. 515-522.

Rico, Francisco, «Poeta y trovador», en *Primera cuarentena*, El Festín de Esopo, Barcelona, 1982, pp. 101-102.

—, «Asellus bipes», *ibidem*, pp. 97-98.

—, «El quiero y no puedo de Santillana», *ibidem*, pp. 33-34.

—, «Lección y herencia de Elio Antonio de Nebrija 1481-1981», en *Nebrija* (1983), pp. 8-14.

—, «El nuevo mundo de Nebrija y Colón: notas sobre la geografía humanística en España y el contexto intelectual del descubrimiento de América», *ibid.*, pp. 157-185.

—, «Petrarca y el 'humanismo catalán'», en *Actes del Sisè Col·loqui Internacional de Llengua i Literatura Catalanes, Roma, 28 setembre-2 octubre 1982*, ed. Giuseppe Tavani y Jordi Pinell, Abadia de Montserrat, 1983, pp. 257-291.

—, «La *princeps* del *Lazarillo*», en *Problemas del «Lazarillo»*, Cátedra, Madrid, 1988, pp. 113-151.

Riera i Sans, Jaume, «Sobre la difusió hispànica de la *Consolació* de Boeci», *AFE*, I (1984), pp. 297-327.

Riquer, Martín de, «Las armas en el *Victorial*», en *Serta Lázaro Carreter* (1983), I, pp. 159-177.

✗ Robles, Laureano, «El estudio de la *Ética* en España del siglo XIII al XX», en *Repertorio de la historia de las ciencias eclesiásticas en España*, VII, Universidad Pontificia, Salamanca, 1979, pp. 235-353. (También publicado como folleto, de paginación independiente; lugar, editorial y fecha idénticos.)

Round, Nicholas G., ed., «La correspondencia del Arcediano de Niebla en el Archivo del Real Monasterio de Santa María de Guadalupe», *HID*, VII (1981), pp. 215-268.

—, *The Greatest Man Uncrowned: A Study of the Fall of don Álvaro de Luna*, Tamesis, Londres, 1986.

—, «Alonso de Cartagena and John Calvin as Interpreters of Seneca's *De clementia*», en *Stoicism and Epicureanism: Calgary Institute for the Humanities Conference Proceedings 1988*, eds. Margaret Osler, Wilfred Laurier, Univ. Press, Waterloo, Ontario, en prensa.

Rubio Tovar, Joaquín, ed., *Libros españoles de viajes medievales (selección)*, Taurus (Temas de España, CLXVII), Madrid, 1986.

Russell, Peter, *Traducciones y traductores en la península ibérica (1400-1550)*, Escuela Universitaria de Traductores e Intérpretes y SLMH, Univ. Autónoma de Barcelona (Monografías de *Cuadernos de Traducción e Interpretación*, II), Bellaterra, 1985.

Sacks, Norman P., «Antonio de Nebrija: Founder of Spanish Linguistics», *Hispanic Linguistics*, I (1984), pp. 1-33.

Sánchez-Prieto Borja, Pedro, «Reflexiones de metodología ecdótica sobre el romanceamiento del Libro del Eclesiástico (Esc. I.1.4 y BN Madrid 10.228)», *Inc*, VIII (1988), pp. 25-46.

Santiago Lacuesta, Ramón, ed., *La primera versión castellana de la «Eneida» de Virgilio*, RAE (*BRAE*, XXXVIII), Madrid, 1979.

Serés, Guillermo, «Pedro González de Mendoza y la *Grande 'Ilíada' de Homero*», *BBMP*, LXV (1989), pp. 5-54.

—, «La *Ilíada* y Juan de Mena: de la 'breve suma' a la 'plenaria interpretación'», *NRFH*, XXXVII (1989), pp. 119-141.

Sicroff, A. A., «The Arragel Bible: A Fifteenth Century Rabbi Translates and Glosses the Bible for his Christian Master», en *Américo Castro* [1988 en cap. 1], pp. 173-182.

Surtz, Ronald E., «Church Ritual as Role-Playing in Hernando de Talavera's Treatise on the Mass», en *Homenaje Gilman* (1982 [1984]), pp. 227-232.

Suz Ruiz, María Ángeles, ed., Diego de Valera, *Tratado en defensa de las virtuosas mujeres*, El Archipiélago (El Archipiélago, III), Madrid, 1983.

Tate, Robert B., «The Civic Humanism of Alfonso de Palencia», *Renaissance and Modern Studies*, XXIII (1979), pp. 42-44.

—, «La geografía humanística y los historiadores españoles del siglo quince», en *Belfast Papers* (1979), pp. 237-242.

—, «El *Tratado de la perfección del triunfo militar* de Alfonso de Palencia (1459): la villa de discreción y la arquitectura humanística», en *Essays Pierce* (1982), pp. 163-176.

—, «Alfonso de Palencia y los preceptos de la historiografía», en *Nebrija* (1983), pp. 37-51.

—, «Las *Décadas* de Alfonso de Palencia: un análisis historiográfico», en *Estudios Brooks* (1984), pp. 223-241.

—, «La sociedad castellana en la obra de Alfonso de Palencia», en *Actas del III Coloquio de Historia Medieval Andaluza: La Sociedad Medieval Andaluza: grupos no privilegiados*, Diputación Provincial, Jaén, 1986, pp. 5-23.

—, «El cronista real castellano durante el siglo quince», en *Homenaje Sainz Rodríguez* (1986), III, pp. 659-668.

—, y Rafael Alemany Ferrer, eds., Alfonso de Palencia, *Epístolas latinas*, SLMH, Univ. Autónoma de Barcelona, Bellaterra, 1984.

Trenchs Odena, Josep, «La cultura jurídico-piadosa del cabildo conquense (1450-1476)», en *Livre et lecture* (1981), pp. 35-45.

Vega, Carlos Alberto, *Hagiografía y literatura: La «Vida de San Amaro»*, El Crotalón, Madrid, 1987.

Vela Gormendino, Luis, ed., *Crónica incompleta del reinado de Fernando I de Aragón* (Textos Medievales, LXIX), Zaragoza, 1985.

Viera, David J., «El *Llibre de les dones* de Francesc Eiximenis y el *Corbacho* del Arcipreste de Talavera: ¿influencia directa, indirecta o fuentes comunes?», *Estudios Franciscanos*, LXXXI (1980), pp. 1-31.

Walsh, J. K., *El coloquio de la Memoria, la Voluntad y el Entendimiento (Biblioteca Universitaria de Salamanca MS. 1.763) y otras manifestaciones del tema en la literatura española*, Lorenzo Clemente (Pliegos Hispánicos, III), Nueva York, 1986.

—, y Alan Deyermond, «Enrique de Villena como poeta y dramaturgo: bosquejo de una polémica frustrada», *NRFH*, XXVIII (1979), pp. 57-85.

Weiss, Julian, *The Poet's Art: Literary Theory in Castile, c. 1400-1460*, Society for the Study of Mediaeval Language and Literature (*MAe* Monographs), Oxford, en prensa.

Whinnom, Keith, «*Autor* and *Tratado* in the Fifteenth Century: Semantic Latinism or Etymological Trap?», *BHS*, LIX (1982), pp. 211-218.

Wilkins, Constance L., y Heanon M. Wilkins, eds., Pero López de Ayala, *Corónica del rey don Pedro*, HSMS (SS, XIX), Madison, 1985.

Wittlin, Curt J., ed., Pero López de Ayala, *Las décadas de Tito Livio*, Puvill, Barcelona, 1982, 2 vols.

RAFAEL BELTRÁN LLAVADOR

CRÓNICAS Y BIOGRAFÍAS: EL CANCILLER AYALA, *EL VICTORIAL* Y LA *CRÓNICA DE JUAN II*

Las primeras armas de Pero Niño se libran en septiembre de 1394, cuando apenas cuenta con quince años, contra los muros del castillo de Gijón, que defendía el rebelde don Alonso Enríquez, conde de Noreña. El contexto de la precipitada huida del conde hacia Asturias, la persecución y el cerco del rey están igualmente presentados en ambos relatos históricos. «El rey [...] sacó hueste, e fue sobre él, e çercóle», dice *El Victorial* (ed. J. de M. Carriazo (1940), 74/1). «E entró en Asturias, e cercó la villa de Gijón do estava el Conde...», explica la *Crónica de Enrique III*. Pero también en las escaramuzas bélicas que se dan dentro de ese contexto general hay fundamental coincidencia. Ayala se detiene en el incendio de unas barcas: «el rey *luego* que llegó fizo *quemar* dos *barcas* del Conde, que estaban cerca de la villa». Gutierre Díaz (mejor que *Díez*) de Games, en *El Victorial*, aprovecha esa misma acción para presentar la iniciación militar de Pero Niño. Su versión de la quema de las barcas nada más llegar («*luego*») coincide totalmente con la de Ayala: «E tenía el conde allí vnas barcas, de la parte del castillo, pegadas a la barrera, e quando menguava la mar quedavan las barcas en seco. [...] Cuando el rey ovo asentado su real, fué el aquerdo de yr a *quemar* las *barcas luego*» (74/8-16).

Rafael Beltrán Llavador, «De la crónica oficial a la biografía heroica: algunos episodios de López de Ayala y Alvar García de Santa María y su versión en *El Victorial*», *Actas I AHLM*, 1988, pp. 177-185 (178-182); «Convergencias y divergencias en la narrativa cronística de la Guerra de Granada: la campaña de Setenil (1407)», *BBMP*, XLVI (1990), pp. 5-45 (14-16, 18-19, 45).

La diferencia principal estriba en que para Ayala la acción de la quema tiene interés en sí misma. Para Games lo tiene en cuanto que contexto —legitimado por el prestigio y autoridad del relato oficial— introductorio de la actuación personal de Pero Niño: «... armáronse vna parte de la gente del rey para yr quemarlas. El donzel Pero Niño supo este ardid, e fué al rey, e pidióle merçed que le mandase dar armas [...] que aún él no las avía ningunas suyas» (74/17-21). Ahorramos la cita textual de lo que sigue. Podemos perfectamente imaginarlo: el rey le ofrece sus propias armas, se organiza una gran pelea, Pero Niño lucha esforzadamente, hiere, es herido y acaba siendo elogiado por todos (74/22-75/4). Pues bien, ese mismo mecanismo tan simple, el de la crónica oficial como contexto general en el que es presentado el primer plano del héroe biográfico, será repetido por Games hasta la saciedad, en principio en las dos siguientes acciones de Pero Niño, ambas de 1395, donde todavía encontramos el paralelo cronístico de Ayala, pero después en muchas más, de 1407 en adelante. [...]

El problema se presenta a continuación. Las siguientes acciones de Pero Niño transcurren en la guerra de Portugal, entre 1396 y 1399. La *Crónica de Enrique III* se detiene hacia finales de 1395. No existe, por tanto, posibilidad de seguir confrontando las dos versiones. De hecho, el texto de *El Victorial* pasa a ser, junto con las crónicas portuguesas de Fernão Lopes y del Condestable Nuño Alvares Pereira, prácticamente la única fuente cronística para la historia de Castilla durante esos años. Comprobamos que, aunque pasados casi cuarenta años desde la guerra de Portugal, esta información se muestra no sólo única conservada en castellano, sino riquísima en datos y —en lo que podemos confrontar con la documentación no cronística o con las crónicas portuguesas— totalmente veraz. Solamente en cuanto a la toma de Viseo, primer hito importante de la campaña, Games sabe dar información sobre que «El rey de Castilla ayuntó su hueste en Salamanca, e envióla con don Rui López de Aualos (...) E don Rui López llevó la hueste del rey, e fué a Civdad Rodrigo, e entró en Portugal por el Alseda (...) llegó a la çibdad de Viseo, e entróla por fuerza (...) e los que yban fuyendo metiéronse en la Seo, e allí se defendieron, que es una fuerte casa. Entonze estaua el rey de Portugal en Coynbra, treze leguas de Viseo. E tardó la hueste de aquella entrada diez e siete días...» (79, 13, 19). Después, en la toma de Tuy por los portugueses, Games ofrece nueva información sobre los motivos por los que no pudo defender la ciudad (fundamentalmente por la oposición del arzobispo de Santiago, Juan García Manrique), información que no conoceríamos de no ser por el *El Victorial* (81/7-16). Igual ocurre en los cercos de Alcántara y Peñamoncor: número de hombres, lugares geográficos, estrategia militar, detalles como los nombres de un muerto castellano o la herida del propio hijo homónimo de López de Ayala... (96-98). Todo ello niega la posibilidad de la memoria o el relato oral, y ratifica la hipótesis de una fuente documental, muy posiblemente cronística, desconocida o perdida.

[Con respecto a la *Crónica de Juan II*], gracias a la reciente edición de Carriazo tenemos la oportunidad de volver a enfrentar la crónica real con la biografía heroica, como dos espejos que reflejan distintamente una misma realidad histórica. En efecto, el primer año de la *Crónica* de Alvar García se centra en la primera etapa de la guerra de Granada, y *El Victorial* cuenta a su vez cómo, tras regresar de su campaña en el Atlántico, Pero Niño se dirigió a combatir en la misma guerra (287-290). Debemos resumir las conclusiones a que nos conduce la confrontación entre ambos relatos. De nuevo, los episodios de *El Victorial* que se refieren a los hechos de campaña, se dan, prácticamente todos —menos aquéllos en que se ensalza de manera hiperbólica la figura de Pero Niño— en la *Crónica* de Alvar García. Este, además, cita ya directamente a Pero Niño, y en concreto en una escaramuza ante Ronda, donde también, claro está, lo recordará con mayor lujo de detalles su propia biografía. [...]

La narración del reconocimiento de la plaza de Ronda ocupa un capítulo de solamente dos páginas en la *Crónica* de Alvar García. Pero es un capítulo para nosotros importantísimo, puesto que buena parte del mismo está dedicada a dar constancia de la valiente escaramuza que ante las puertas de la villa realizaron Pero Niño y otro personaje, un tal Alvaro. Por supuesto, esa misma escaramuza está presente también en el relato de *El Victorial*. [...]

El Victorial intercala una breve descripción de Ronda, con sus peñas cerca de la mezquita, su puente («*la alcantarilla*») y la famosa «plaza del Mercadillo», que no nos ofrece Alvar García. Justamente en esta plaza, delante de la villa, «*volvióse allí vna reçia escaramuza*» (*Vict.*, 291). Del mismo modo, en la *Crónica* se nos dice que «*salieron a escaramuçar con ellos, e començaron a pelear muy de rezio con los cristianos, e los* [*sic*: ¿éstos?] *con ellos, en manera que murieron ay vnos diez y seis moros*». Y es a continuación de esta escaramuza cuando Alvar García menciona la actuación de Pero Niño: («E ay mataron los caballos a Pero Niño e Aluaro, camarero del Infante, e fueron feridos muchos cristianos, e murieron algunos dellos. E ay murieran muchos más, si no fuera por los debates que tomó Pero Niño con Auaro [*sic*], camarero del Infante, que cada vno tenía çelo del otro, que querían aventajarse a dar en los moros. E tanto se apresuraua el vno e el otro por yr a ellos, que entendía cada vno que el otro quería llevar la mejoría dél, e el otro no le daua ese lugar. En tal manera, que por la su escaramuçar dellos con los moros se arre-drauan a la villa, e ellos recebían daño dellos. E los moros escusábanse de salir a lo largo; e si salieran, forçado fuera de morir dellos muchos (Alvar García, ed. J. de M. Carriazo [1982], 61; 150/14-26).») Alvar García, muy objetivo, no tiene la menor duda en adjudicarles el mérito de la victoria sobre los moros, que habían salido en tropel a detener la expedición enemiga. Pocas veces encontramos plasmada con igual trasparencia la certeza de una rivalidad, que el cronista considera, con toda razón, impulso motor de ese comportamiento heroico: «*que cada vno tenía çelo del otro, que querían aventajarse a dar en los moros*». *El Victorial* nos va a ofrecer su versión de esa escaramuza, pero lo curioso, y también sintomático, es que va a prescindir totalmente de la actuación de Alvaro, el camarero del Infante, con quien Pero Niño se había medido. Silenciado Alvaro, desaparece el motivo de la rivalidad y el pasaje queda como una tópica hazaña particular más del protagonista. [...]

[Lo mismo puede decirse de la jornada de Setenil.] El capítulo dedicado en *El Victorial* al ataque a la plaza de Setenil es ciertamente confuso. Una lectura sosegada permite advertir palpables incoherencias y graves errores de sentido. Es como si alguien hubiera barajado como naipes las hojas que después un copista se ha limitado a yuxtaponer arbitrariamente. Y la comparación, creemos, no anda muy lejos de lo que verdaderamente pudo ocurrir con estos fragmentos. De hecho, la *Crónica* de Alvar García nos va a dar no sólo la prueba de la incoherencia del texto paralelo, sino, mucho mejor, una explicación muy plausible del capítulo entero. Sin su ayuda, esas páginas de *El Victorial* resultan en determinados momentos francamente ininteligibles. [...]

Ocurre lo mismo que con los cercos de Gijón y viaje a Sevilla respecto a la *Crónica* de Ayala. Pero aquí avanzamos algo más. Al igual que la versión de Ayala ordenaba cronológicamente el patente desorden de Games presentando el viaje a Sevilla antes que el segundo cerco de Gijón, ahora la *Crónica* de Alvar García explica al menos en dos ocasiones la lógica narrativa de sendos episodios de *El Victorial*. Sin la ayuda del texto de Alvar García, el episodio en concreto de la hazaña del condestable Dávalos en Setenil, reflejado por ambas versiones, carece de sentido en la de *El Victorial*.

Con la ayuda de Alvar García, entendemos el sentido y comprendemos que Games ha malinterpretado la lectura de dos episodios originalmente distintos y, al intentar hacer uno solo de los dos, se ha producido ese pasaje carente de lógica. [...] Si el relato de Alvar García explica el desorden de Games en ocasiones, quiere decir que aquél seleccionaba y redactaba con mayor orden y exhaustividad que el autor de *El Victorial*, pero partiendo de una materia documental poco menos que idéntica, como se demuestra en el estudio de los fragmentos que componen las dos versiones de la hazaña de Dávalos en Setenil, o de la participación de Pero Niño en Ronda.

Esa llamémosle «materia prima», idéntica para crónicas y biografías, debía estar constituida fundamentalmente por relaciones de campaña, cartas o copias de documentos, que complementaban o suplían la comprensible ausencia del autor de todas las zonas y momentos candentes. No tenemos más que consultar otra *Crónica de Juan II*, la escrita por su Halconero, Pero Carrillo de Huete, para encontrarnos con más de doscientos de estos documentos, cuyos textos, muchos de ellos literales, van formando el cuerpo documental de la crónica.

[La utilización de fuentes comunes a las de la cronística ayuda a plantear desde una nueva perspectiva la creación literaria de la biografía.] Biógrafos y cronistas trabajaban con un mismo material documental, intercambiando y prestando, con los recién escritos pergaminos, un precioso, por irrepetible, contenido de noticias históricas. Al cabo, todos eran escribanos, incluido probablemente nuestro «alférez» Gutierre Díez. La biografía medieval castellana (y *El Victorial* es el primer gran representante del género) nace hija de la crónica, se va nutriendo de ella, desarrollando y convirtiéndose, durante el siglo XV, a pasos agigantados, en una hermana menor, cada vez más despabilada e independiente. A *El Victorial*, que ha bebido de la misma savia que alimentará la gran obra histórica de Alvar García de Santa María, le cabe el mérito, entre otros muchos, de ser la primogénita de esas hermanas, nacidas menores, que la crónica oficial habría de reconocer a la postre como legítimas e iguales.

PEDRO M. CÁTEDRA

DICTATORES Y HUMANISTAS EN ENRIQUE DE VILLENA

Cuando Santillana lamenta la muerte de Villena, inicia un nuevo modo de elegía funeral. Al recordar al maestro, asciende hasta la cumbre de las musas y se va asombrando —«más admirativo que non pa-

Pedro M. Cátedra, «Enrique de Villena y algunos humanistas», *Nebrija* (1983), pp. 187-203 (189-195, 197-200, 203).

voroso»— de extraños acaecimientos y visiones. Precisamente durante este ascenso dantesco Santillana revisa o cataloga temas que pusieran en circulación el interés intelectual y las obras de don Enrique: nos recuerda el Marqués alegorías de *Los doce trabajos de Hércules*, y otras procedentes de las integumentaciones de la *Eneida* puestas al descubierto por don Enrique. Por ejemplo, en la *Defunsión* se cita la «selva Ida» (v. 55), o a «Ulixes» y la isla de los Cíclopes (v. 72) o el pasaje de la huida de Eneas de las Estrófadas, islas y suceso al que dedicó atención cosmográfica y alegórica por primera vez en España Enrique de Villena; en fin, saberes del maestro que ya se habían inmortalizado pasando al mundo de las visiones o de ultratumba. Al cabo, alcanzada la cumbre del Helicón, ve plañir Santillana a las «nueve donzellas», quienes van lamentando sobre las *auctoritates* que las han reparado, en una suerte de representación sincrónica de la *translatio studii*. En larga lista se incluyen a Homero, Ovidio, Horacio, Tito Livio, Virgilio, Macrobio, Valerio Máximo, Salustio, Lucano, Cicerón, Casiano, Alain de Lille, Boecio, Petrarca, Fulgencio, Dante, Geauffroi de Vinsauf, Terencio, Juvenal, Estacio y Quintiliano. Si exceptuamos los nombres culturalmente obligatorios —Homero en especial—, éstas son las autoridades principales del acervo cultural de Enrique de Villena; Santillana enumeraría las que usaba aquél en sus obras, algunas de las cuales debía el Marqués el propio don Enrique y sobre las que construye la imaginería erudita de la *Defunsión*. El nuevo modo de la elegía triunfal consiste, así, en la construcción del poema a base de los saberes no tanto propios del poeta como de los del llorado maestro. Y en esa lista figura, claro es, Petrarca.[1]

---

1. [Francisco Rico [1984, en cap. 9] pp. 15-16, escribe: «Desde finales del siglo XIV, habían ido llegando a la península no pocas obras clásicas puestas en circulación por los humanistas italianos y un número menor de textos de los propios humanistas. Unas y otros venían sobre todo de la mano de príncipes o grandes señores, miembros del alto clero y curiales o burócratas que, en el deseo de ampliar su cultura estrictamente medieval, no podían por menos de tropezar con las aportaciones del Humanismo: estaban en el mercado, y un hombre con gusto por los libros tenía que acabar descubriéndolas.

Entre esos lectores, muchos no advirtieron (o no les interesó asumir) que las novedades bibliográficas que entonces se difundían formaban sólo una parte de un vasto continente intelectual: y se limitaron a usarlas con impasible neutralidad, revolviéndolas indiferenciadamente con las autoridades medievales que seguían constituyendo la base y el horizonte de su mundo. Otros, en cambio, vieron muy bien que en las páginas de clásicos y humanistas afloraba un ideal apuntado de frente contra el paradigma del saber generalmente aceptado: el paradigma escolástico (vale decir, especializado, técni-

Las menciones de éste en la obra de Villena se hallan en escritos de entre 1417 y 1425. Ni una sola mención explícita se encuentra en las *Glosas* a la *Eneida*, que se empezaron a componer en 1428. Ya en la primera obra que conservamos, *Los doze trabajos de Hércules* (1417), se cita de Petrarca un fragmento de los *Rerum memorandarum libri*. El contexto de la cita, creo, es bastante significativo: después de explicar la alegoría y la *verdad* del cuarto trabajo, el de la sustitución de Atlas, se embarca don Enrique en la siguiente invectiva: «Esto fue escripto a perpetual memoria del dicho Ércules por los estoriales, a fin que los cavalleros non menospreçiasen darse a aprender a las çiençias, segunt aquéste fizo. Ca por eso non perderán el uso de las armas, contra la opinión de muchos bivientes en aqueste tienpo o modernos, que afirman abaste al cavallero saber leer e escrivir. Por çierto, aquéstos atales non an leído e menos entendido lo que Lucano escrive en el décimo libro del valiente cavallero e enperador Julio Çésar, afirmando que jamás por ocupaçión de armas, sin fallesçer al uso de aquéllas, non çesava o dexava entender o trabajar en las sçiençias. Ca él ordenó e falló el áureo número e los días egipçíacos, que los non sabientes, corronpido el vocablo, llaman azíagos. Él falló la cuenta del movimiento del sol e de la luna por número, sin tablas, e la orden e variedat de las fiestas que en el año los gentiles celebravan por çiertas e breves reglas. Déste mesmo dize Agelio en el *Libro de las noches de Atenas* que fizo el *Tratado del nasçimiento de los vocablos* en lengua latina e el *Libro de las cabtelas de las batallas*, con otros muchos de grant saber e provecho.

---

co); y porque lo vieron muy bien, desdeñaron o atacaron tales páginas, aun si en algún caso no supieron evitar ciertos minúsculos contagios. Unos terceros, todavía —pero la enumeración habría de prolongarse—, reconocieron en los *studia humanitatis* un fermento creador e intentaron incorporárselo: por desgracia, cuando ya era tarde, porque llevaban irremediables vicios de formación y no eran capaces de entender plenamente la nueva cultura, ni de asimilarla sino en unos cuantos rasgos superficiales, copiados, además, con métodos e instrumentos caducos, empezando por el imposible empeño de acercarse al estilo clásico mediante las recetas de la preceptiva medieval y dar muestras de erudición acumulando nombres antiguos o referencias mitológicas (pongamos por caso) espigados en los pobres repertorios de la edad obscura.

Los esfuerzos de estos *amateurs* definen el marco en que se mueve una porción importante de la literatura romance en la España del siglo xv. En efecto, gracias a ellos, en una buena medida, se fue incubando un clima favorable al Humanismo, un clima a menudo alimentado en las mismas razones en apariencia frívolas que a veces habían atraído antes a los aficionados en cuestión: el deslumbramiento ante la novedad, la tentación de la moda. (Y el Humanismo insistía en presentarse como novedad, como ruptura juvenil con actitudes decrépitas, y era particularmente susceptible de ponerse de moda, pues no en balde, deliberada alternativa al esoterismo de la escolástica tardía, se proponía en tanto camino abierto a todos y vía de acceso a cualquier conocimiento o quehacer valiosos.)»]

Tanpoco an visto lo que dixo Suetonio en el *Libro de los doze çésares* fablando del grant Octaviano enperador e non menos virtuoso cavallero, que se dio a la arte del versificar e escrivió métricamente muchas e memorables cosas. Non an catado lo que dize Francisco Petrarca en el libro que fizo *De las recordables cosas*, onde en loor del rey Ruberto de Nápol, asaz çercano que fue a este nuestro tienpo, dize por enxenplo suyo, veyéndolo tanto inclinado al saber, se dio a la poesía. Tanbién ignoran lo que Juvenal pone en la su *Sátira* del fuerte cavallero Archiles, cómo aprendió de Quirón el çentauro la arte de la geometría. E non es menester alongar aquí más alegaçiones, ca, si bien buscaren las pasadas e morales, siquiera aprovadas istorias e ficçiones poéticas, fallaron muchos otros averlo así seguido de los grandes señores e cavalleros e otros muchos e casi la mayor parte» (ed. M. Morreale, 1958, pp. 43-44).

Singulariza a esas líneas el carácter cercano al de polémica, en donde la ignorancia de los contrincantes queda suficientemente contrastada a base de una reiteración correlativa: «aquéstos atales non an leído e menos entendido», «tanpoco an visto», «non an catado», «también ignoran». En otras palabras, el peso de la acusación se proyectaba sobre dos facetas de la cultura de sus coterráneos: una, la ignorancia de los *auctores* y el desconocimiento de sus ejemplos; otra, la incapacidad de estos individuos para extraer la enseñanza y aplicársela.

Pero —nótese bien— todos los ejemplos son romanos, excepto el del rey Roberto de Nápoles. Petrarca —que había advertido: «posthabita ratione temporum, in exemplorum relatione primum semper romana locum teneant»— corona su relación de ilustres ociosos y estudiosos clásicos con el rey de Nápoles, el cual, efectivamente, por ejemplo de Petrarca, lamentó no haberse dado a la poesía.

Ahora bien, en *Los doze trabajos de Hércules* no se halla otro pasaje comparable a éste en, por una parte, su arquitectura de invectiva, y, por otra, en la casuística exclusivamente clásica. Así, Petrarca y su recuerdo cohesiona desde la anécdota del rey de Nápoles el resto de autoridades que trae don Enrique, como siguiendo al pie de la letra el diseño de los *Rerum memorandarum libri*. Pero mientras que en éstos obran dos modos mayores humanistas («la narración objetiva, el entusiasmo estético por la grandeza de Roma, la *acerba intransigenza* en la imitación de los modos clásicos», por una parte, y, por otra, la seguridad «nello scegliere e nel citare le fonti», según acuñaciones de F. Rico y G. Martelloti), en su imitación Villena baja el tono y reconocemos modos de apreciación de lo clásico muy menores, muy de segunda mano. Bien es verdad que don Enrique deja deslizarse el cultismo *memorables cosas* al hablar de Augusto, pero al efectuar las citas abandona a Petrarca y, tomándolo sólo como marco o guión, rellena a base de otras de segunda mano, como la relación medievalizante de las obras de César, con cita falsamente de primera mano de Aulo Gelio. Villena, que no conoce las *Noctes Atticae*, cita texto que acaso ha aprendido novedoso en sus lecturas de Petrarca, pero sin acertar más que a reproducir las bien aprendidas noticias de los *espejos* o léxicos al uso escolar. Ni alcanza la *acerba intransigenza* de Petrarca, ni, consecuentemente, puede ser fiel a autor sólo conocido de segunda mano. Pero, por lo menos, don Enrique ya sabe del uso en polémica de la antigüedad clásica, por lo menos de la polémica sobre la defensa de la poesía, que, vamos viendo, le ocupa ya aquí. [...]

[Ese mismo uso de autoridades encontramos en el *Tratado de Consolación*, en cuyo inicio topamos con una veintena de ellas: aquéllas que sustentan el hilo de la argumentación consolatoria, cuyo entramado permite la elaboración de una doctrina; en modo alguno estamos ante un ramillete de *variae sententiae*.]

Una serie de capitulillos reúne la doctrina *de solitudine*. Realzando aún más la novedad, incluye otros modernos o recién recobrados: cita el *De genealogia deorum gentilium*, de Boccaccio, que presta una determinada tópica del exordio —y acaso algo más—, para coronar la introducción con una cita del *Culex virgiliano*. Por una parte, con la alegoría bocachesca de Demogorgón, Villena introduce en términos alegórico-paganizantes esta parte casi final del *Tratado de consolación*; por otra, desencaja a la consolatoria de su ambiente cristiano y senequista típico, agrupando en estos capitulillos doctrinas modernas y autoridades clásicas. Parece como si hasta la arquitectura interior del tratado la suscitase Boccaccio. Así, cuando Villena inicia su obra, utiliza una imagen fácilmente reconocible («Esforçéme comular sus razones por de aquéllos [los *auctores*] mendicar sufragio, syn cuya conducçión la pequeña de mi ingenio çinda non esperava viniese a puerto, ya antes invocada la deyfica lustraçión»). Pese a lo tópico del tema de la *cimba ingenii* de Propercio, Villena recordaría un pasaje de la obra de Boccaccio que citará al final de un contexto tan peculiar como el que vamos viendo («Quibus sic peractis..., suadebat quietis desiderium ut in litus ex nauigio prosilerem, et, sacro graciarum deo exhibitori ricte peracto, laborum uictrici cimbe lauros apponere, et inde in exoptatum ocium ire»). En un caso, el de Villena, el principio del viaje; en otro, el fin. Parece que, sin necesidad de recordarlo, don Enrique transpone el *in exoptatum ocium ire*, contiguo al texto de Demogorgón, del que toma doctrina y ornamento, como si de un fin lógico de su renovada consolatoria se tratara. [...]

La técnica de don Enrique parece bastante obvia: una doctrina só-lida —Petrarca, esencialmente— se va salpicando con citas de autori-dades paralelas a las probatorias de su fuente doctrinal —muchas ve-ces más recordada que copiada—, suscitadas por asociación de ideas o de palabras. Desde luego, algo más que un «extenso y deliberado uso de *sententiae*». [...] Más que una composición literaria, escribe una —diríamos— cartilla básica del consolador; vertebra didáctica-mente, sobre los tópicos de la consolatoria, multitud de autoridades concordantes, las cuales, o la mayor parte de ellas, constituyen, más que «una lista tópica de fuentes», una personal selección de materia-les literarios, muchos de los cuales procedentes de una lectura directa de los originales: por una parte, Villena rebusca textos que no son los representados en el parecido contexto por sus fuentes; por otra, mima los ejemplos y disfruta recordando algunos novísimos. Se esmera mu-cho más todavía cuando interpola en el panorama de la consolatoria nuevas doctrinas —como cuando se usa el *De vita solitaria*—; y en esta parte todas las citas representan otras tantas *auctoritates ex anti-quis*. Y ahora, la elevación del estilo y los remilgos de *dictator* coinci-den rigurosamente con el uso de Petrarca, Boccaccio, el Virgilio reen-contrado y único en la península, y, en fin, la acumulación exclusiva de textos clásicos. No creo que sea desdeñable la reunión de tantas cir-cunstancias.

[Ese uso de nuevos autores, algunos humanistas, la artificiosidad de la construcción, la despersonalización de los materiales se hallan corroborados en la *Esposiçión del salmo Quoniam videbo* (1424) donde don Enrique muestra al mismo Juan Fernández de Valera cómo] «non pocos tomarán dello enxemplo, por inmitaçión de lo qual varias aña-derán oraçiones e pornán en sus testamentos, directivas a la ordina-çión dellos e testificativas de propósito bueno. E non solamente el di-cho enjerto oratorio me plogo, mas toda la ordinación del nombrado testamento me paresçió bien». Se notará aquí cuál es el baremo estéti-co del maestro, el de un refinado y experimentado *dictator*, renovador por lo que se refiere a los documentos públicos, en un país en que el secretario del rey no sabía latín. [...] [De esta forma], el prehumanis-mo de Villena queda perfectamente definido en su clave cancilleresca. De la estética de los *dictatores* nacía una nueva prosa artística caste-llana y en ella estribaba buena parte de las convicciones culturales de Villena y sus seguidores. Por eso, y como consecuencia del aconteci-miento lingüístico del vulgar que acompañaba al verdadero Humanismo, Villena se hizo acreedor de la censura estilística de Nebrija: «Cacosyntheton es cuando hazemos dura composición de palabras, como Juan de Mena... En esto erro mucho don Enrique de Villena, no solo en la interpretación de Virgilio, donde mucho uso desta figura, mas aun en otros lugares donde no tuvo tal necessidad, como en algunas cartas mensajeras, diziendo: "Una vuestra recebi letra"; por que, aunque el griego e latin sufra tal composición, el castellano no la puede sofrir; no mas que lo que dixo en el segundo de la Eneida: "Pues levantate, caro padre, e sobre mios cavalga ombros"». De sobra sabía Nebrija por qué y con qué intención rítmica malversaba el castellano, anacrónicamente concebido, Villena; al afirmar que «no tuvo tal necessidad», negaba la necesidad de esta estética, con palabras que sepultan una época.

Marcella Ciceri

EL LENGUAJE DEL CUERPO EN EL *ARCIPRESTE DE TALAVERA*

La atención hacia el cuerpo y la descripción de sus características y actitudes tienen en el *Arcipreste de Talavera* una función didáctica y ejemplar similar a la de tantos otros monólogos y diálogos. El tipo ejemplar no se nos muestra nunca en su aspecto somático: su físico, desmenuzado en infinitos detalles (signos y señales de todo tipo), acumulados caóticamente según el *usus scribendi* del arcipreste (que procede tanto con el lenguaje gestual como con el oral), constituirá la ejemplaridad. Vicios y virtudes (sobre todo vicios y pecados), datos caracteriológicos y particularidades físicas, costumbres, comportamientos, gestos y palabras; los signos de todo tipo, sirven para connotar al hombre (y a la mujer), para identificarlo, para desenmascarar el tipo y sus lados negativos, para, en fin, señalarlo públicamente como modelo (que debe evitarse). Cada anotación relacionada con el cuerpo

Marcella Ciceri, «*Arcipreste de Talavera:* il linguaggio del corpo», *Quaderni di lingue e letterature*, 8 (1983), pp. 121-136 (122, 128-130, 132-133, 135-136).

tendrá una función bien precisa en el a veces embrollado discurso de Alfonso Martínez, en el cual, naturalmente, *tout se tient*, y, como ha enseñado Aristóteles (o alguien por él), el cuerpo —o su lenguaje—, en la misma proporción que la palabra, revela al alma. [...]

El hombre sobre el que «señorea» una de las cuatro «complisiones» demuestra en el cuerpo su propio carácter. Pues bien, su cuerpo se expresa, además de a través de las líneas del rostro y de la conformación física, también mediante señales y características siempre y únicamente corporales (inintencionales) y gestos, que pueden ser espontáneos o mediatizados por la voluntad —y el arcipreste parece conocer muy bien sus códigos—; pasemos a reseñarlos.

El «sanguino», el hombre sanguíneo, «alegre e franco e riente e plazentero», al que le gusta tañer, cantar y bailar, que se enamora a primera vista e igual de rápido se desenamora, «que el amor juega con la brida como muleta nueva» (ed. M. Ciceri (1974), 217) —del que Martínez con cierta satisfacción pone en guardia a las mujeres— es «visualizado» entre una cosa y otra con frases dichas desgranadamente: «de una paxarilla que vaya bolando se reyrán fasta saltarles las lágrimas de los ojos» (216-217); observación precisa de una «señal» emitida por el cuerpo que, muy connotativo, dice más que cualquier lista de rasgos caracteriológicos.

Los coléricos, más peligrosos («tyenen las manos prestas a las armas e a ferir» (219); lo veremos, al colérico, resumido en una única actitud ejemplar: provocado, «syn delyberación alguna arrebata armas e bota por la puerta afuera» (220), presto a inferir «cuchilladas, palos e coces» (221), a herir y a matar (o a ser herido o muerto). El carácter del colérico, sin necesidad de otras informaciones somáticas, está contenido y descrito en un gesto, en el gran salto con el que coge las armas y se lanza contra el otro; su índole y todo su comportamiento se resumen en este repentino salto ferino, todo cólera arrebatada y exclusiva; no hay espacio para las palabras, los pensamientos o las reflexiones prudentes. Su cuerpo es peligroso como el del animal que se lanza sobre la presa, todo concentrado en su aspecto físico, reducido sólo a un gesto, un gesto que significa cólera.

El «melancólico», cuyo retrato fue ya trazado a propósito del pecado de la ira («Otros acuchillan perros e otros animales..., otros pican los cantones con las espadas fasta quebrantarlas..., otros se van mordiendo los rostros e los bezos, apretando las muelas e quixadas, echando fuego de los ojos...», 111), es el peor de los hombres. Para él, la pluma del arcipreste no encuentra límite para sus irónicas punzadas; todo en el «melancólico» es negativo: basta una enumeración de sus iniquidades para poner en guardia a la mujer, ya que «la que tal marido o amigo tiene, posesión tiene de muerte o certidumbre de poca vida» (233).

Bien diferente es el trato reservado al «flemático», quien parece suscitar, además de la reprobación, una muy mordaz ironía —y una alegre perfidia— en Alfonso Martínez, que afila sus armas y, guiñando el ojo al destinatario, desencadena su sarcasmo sobre el comportamiento y el lenguaje —de signos, síntomas, gestos y palabras— del desdichado flemático, «perezoso», «cobarde», «flaco e lygero de seso, sospechoso, grosero» (225). Pero dejémonos de palabras, son suficientes para describirlo las más que connotativas señales emitidas involuntariamente por el cuerpo del pobrecillo, sus gestos y características: «se le torna el coraçon tamaño como de formiga» y «cae amortecido», «sudando como corrido», «la color perdida, los ojos embelesados, el coraçon saltando», «tenblando como azogado» (226-227). Estos son los mensajes que lanza su cuerpo, el lenguaje físico de su cobardía; otros denuncian al mismo «cobarde»: «... me vienen trasudores de muerte... los cabellos se me rrepeluznan...» (227). Su gesticular, esto es, los gestos espontáneos, traiciona igual de bien sus defectos: la pereza, «que luego se espereze primero, e que boceze segundo, e lo tercero que saque la cabeza fuera de la puerta a ver si nieva o llueve, la quarto que se esté concomiendo...» (225); y la vileza, «e da la foyr e tronpieça e cae, e levántase atordido, e fuye e mira fazia tras...», «todo entra encogido» (226). El miedo —todo físico— hace que se prevenga de todo cuanto pueda hacerle daño: «sy me muerde algún perro en la pierna, o sy me dan por ventura alguna cuchillada, o sy me dan en la cabeça alguna pedrada; o sy me toman en casa, cortarme han lo mío e lo mejor que yo he» (226).

Si el gesticular del flemático es más que significativo, para colmo de irrisión Martínez se alarga en la descripción de lo que por vileza no hace: «non entrará por ventana... nin por escalera de cuerda, nin por tejado nin por açotea, nin desquiciará la puerta, nin saltaría...». Me he detenido a sabiendas en el comportamiento que connota el flemático, en cuanto revelador de un código determinado y significativo de su índole; a todo ello se suma y se enlaza la palabra, completando así la ejemplaridad.

[El gesto es también revelador de la personalidad, cuya espontaneidad descubre el alma humana con una elocuencia superior a las palabras. Ejemplos palmarios lo son el soberbio: «faziendo gestos e contynencias de sý quando fabla, alçándose en punta de pies, estendiendo el cuello, alçando las cejas en aquella ora de aquella eloqüencia e arrogancia, abaxándolas... para amenazar..., muy estirado sobre su silla, estrechamente ceñido, tiesto, yerto como palo, las piernas muy estendidas, trocando los pies en el estribo, mirándoselos de cada rrato sy van de alta gala, la bota e el çapato muy engrasado, la mano en el costado, con gran byrrete ytaliano o sombrero como diadema, albarcando toda la calle... e con sus piernas e pies a quantos falla encontrando e derrocando, con su grityllo... (99-100)»; y la mujer que «se mete en vino», la «grande enbriaga»: «alça los ojos al cielo, e comiença de sospirar, e abaxa la cabeça luego e pone la barva sobre los pechos, e comiénçase de sonrreýr, e fabla más que picaça... anda muy presurosa e fazendosa dacá e dallá, los ojos ynflamados... la luenga trastavada; fabla por las narices; faziendo va la çancadilla... (179); fiédele la boca, tiénblanle las manos, pierden los sentidos, dormir muy poco e menos comer, mucho bever... (182)». Los gestos de la moza malmaridada dan idea, por su parte, de una doble significación que el autor desgrana en una continuada dicotomía preñada de ejemplaridad: «la tal moça quando entra en cama del viejo... dale dos pujeses e échase sospirando cabe él, mas non sospira por él... apaga la candela, échase cabe dél, buélvele el rostro e dale las espaldas... buélvese fazia él e faze como que le rrasca la cabeça, e con los dedos fázele señal de cuernos; pásale la mano por la cara como que le falaga, e pónele el pujés al ojo; abráçale e está torciéndole el rostro, faziendo garavato del dedo... (230-231)». El gesto no enseña entonces sino un comportamiento duplicado que resumen bajo un doble aspecto la personalidad de las criaturas del arcipreste. Quizá en ningún sitio como en la estampa del «bygardo» nos ha mostrado el arcipreste el carácter mistificante del gesto: «Miránse las manos con tantas sortijas e vanse los beços mordiendo por los tornar bermejos, faziendo de los ojos desgayres, mirando de través, colleando como locas... sonriendo e burlando... a las vezes fazen como por yerro que alçan la falda por mostrar el chapín, o algund poco de pierna... faze que se abaxa a tomar de tierra alguna cosa por mostrar los çancajos e grand forma de nalgas... (169); sus brazos e alas como clueca que quiere volar, levantándose en la silla...» (173).]

La escritura ejemplar de Alfonso Martínez se sirve, como hemos visto, de un intermediario, portador del mensaje, personaje o «actor», representante de un carácter, personificación de un vicio o pecado, o implicado en una situación ejemplar. Se trata, de cualquier modo, recordémoslo, de un «tipo ejemplar», cuyo comportamiento debe constituir para el destinatario un mensaje muy coherente y culturalmente reconocible y codificado. El «efecto ejemplaridad» se obtiene gracias a la constitución de un «corpus» de micromensajes (comportamientos, características, gestos, señales y síntomas), incluso de apariencia contradictoria —aunque siempre finalizados—, «emitidos» por el «actor» «intencionadamente» o no, pero siempre fuertemente connotativos. Entre estos, naturalmente, la palabra: la escritura ejemplar se articula de hecho en la aparente anotación de dos lenguajes, verbal y no verbal; aquí he querido aislar uno solo de estos y leer la ejemplaridad en el signo «corpóreo», muy elocuente y bastante más complejo que el mensaje confiado al logos. Gestos caracterizantes y signos —lenguaje verbal o no— vienen entresacados y son minuciosamente «registrados» en un hipotiposis —en el cual la ironía garantiza el impacto del mensaje— que se ha definido a menudo como realista: se trata, sin embargo, de un realismo sólo aparente, y si en su base está quizás la observación atenta de signos reales y «cotidianos», los resultados son resueltamente distorsionados por la selección de los signos más altamente connotativos, acumulados enfáticamente para constituir el código semiótico de una ejemplaridad.

J.N.H. LAWRANCE

CLÁSICOS PARA LA ARISTOCRACIA

Como es bien sabido, las traducciones vernáculas de autores clásicos fueron una de las formas de literatura secular que más gozaba del favor del público lector laico del siglo XV. La relación de versiones de que disponemos en una o más lenguas vernáculas —castellano, aragonés, catalán, valenciano y portugués— incluye obras o fragmentos de obras de Tito Livio (también el *Epítome* de Floro), César, Quinto Curcio, Josefo, «Trogo Pompeyo» (es decir, el epítome de Justino), Valerio Máximo, Orosio, los dos Plinios, Plutarco, Procopio, Salustio, Vegecio, Frontino, Polibio, Eutropio, Tucídides, Homero (y la *Ilias Latina*), Lucano, Virgilio, Ovidio, Cicerón, Luciano, Eusebio, Paladio, Boecio, Séneca, Platón y Aristóteles. Las dedicatorias, la procedencia de los manuscritos conservados y los inventarios de las bibliotecas muestran que los mecenas, los patrocinadores y los lectores de estos

J. N. H. Lawrance, «On Fifteenth-Century Spanish Vernacular Humanism», *Medieval Studies Tate* (1986), pp. 63-79 (65-74, 78).

libros (e incluso, en ocasiones, sus traductores) eran príncipes y nobles. [Un pasaje de *Curial e Güelfa* sugiere que, para un *chevalier* de ficción, adentrarse en el mundo de la erudición clásica era un ideal deseable, y las traducciones muestran que para algunos poderosos y acaudalados caballeros, y en particular en Castilla, iba más allá del simple ideal.]

Esto nos lleva a hacer conjeturas de por qué este interés por las traducciones clásicas caló tan hondo en los lectores españoles en esta época concreta. ¿Qué buscaban en sus tomos de historia antigua y de filosofía moral?[1] Sin

1. [Estudiando la fortuna de Petrarca y de las traducciones de Livio en la Corona de Aragón, Francisco Rico [1983], pp. 261-262, 287, observa que las razones que movían a Juan I a buscar las *Décadas*, entre 1383 y 1396, «no respondían a estímulos sustancialmente dispares de los que en 1315 habían movido a Jaume II a intentar la compra de un códice napolitano del historiador clásico: ambos partían de la curiosidad histórica propia de un magnate medieval y aspiraban a satisfacerla de acuerdo con las posibilidades y ofertas que hallaran en el mercado librario. La diferencia entre uno y otro está justamente en que el mercado había variado» merced a las obras, antiguas o modernas, puestas en circulación por los humanistas italianos. «Con entidad, cronología y desenlace no siempre coincidentes, aunque sí convergentes, en todos los reinos de España se documenta un período en que hombres de formación y aficiones inequívocamente medievales, cuando desean consolidar la una y dar curso a las otras, se tropiezan en las librerías y en las bibliotecas de prestigio con los autores redescubiertos por Petrarca y sus secuaces. Son autores marcados con la etiqueta de la novedad: sin perder el halo que los grecolatinos habían conservado hasta en los siglos más oscuros, ahora se aureolan también con el atractivo de la moda todavía accesible a pocos. Si Jaime II se apresuraba a encargar la *rara avis* aparecida en Nápoles, qué no haría Juan I por obtener el Livio, menos insólito, pero aún lejos de ser corriente, que sabía o sospechaba en manos de Carlos V, el Duque de Berry, Giangaleazzo Visconti, Antonio della Scala, Juan Fernández de Heredia... Ni al Maestre de Rodas ni al «amador de la gentilesa» —por no salir de la Corona de Aragón— es posible tratarlos de 'humanistas'; pero sí es lícito llamar «prehumanismo» o «prerrenacimiento» a coyunturas como las que ellos ejemplifican, al encuentro —inevitable— de los bibliófilos y *lletraferits* medievales con los primeros frutos del humanismo italiano: es lícito, porque en tales coyunturas se gesta un clima y se preparan algunos materiales (verbigracia, las traducciones de hacia 1400 impresas hacia 1500) que allanan el camino a los auténticos humanistas peninsulares ... Que la aristocracia disfrutara con los selectos juguetes recién comprados, que los héroes paganos se pusieran de moda, no era cosa demasiado alarmante: un espíritu equilibrado podía incluso sacarle partido moral, político y «de cavalaria». El análisis detenido de los textos de clásicos y clasicistas con que se alimentaba la vieja afición de los poderosos por la historia y por la novela histórica, confirma que cuando, al manejar a un autor antiguo o un humanista, «se le conserva o se le repinta el colorido clásico, es porque va a acercársele al terreno de la "cavalaria" y "lo regiment de la cosa pública": el terreno de los reyes y los nobles. Por el contrario, cuando se le roba o atenúa tal colorido, es porque corre entre moralistas y *dictatores*». Véase también *supra*, p. 343, n. 1, y Lola Badia [1988], *passim*.]

duda, el principal objetivo era aquello que cualquier hombre sano busca en la literatura: un remedio contra el aburrimiento y la desesperanza; este «singular reposo a las vexaciones e trabajos que el mundo continuamente trahe, mayormente en estos nuestros reinos» de que Santillana habló tan elocuentemente en una carta a su hijo sobre una nueva traducción de la *Ilíada* de Homero (h. 1446-1452). Los lectores del siglo XV añadían a menudo *exempla* moralmente estimulantes como un desiderátum; en ocasiones, parece como si esperaran encontrar este doble «exemplo e consolación», como ellos lo llamaban, no ya en una experiencia estética, sino en la «información» más pragmática contenida en los libros. Así, Santillana, en la misma carta, destaca que «si carescemos de las formas, seamos contentos de las materias».

Este enfoque heurístico enlaza con la omisión, en la relación de traducciones, de gran parte de lo que consideramos el legado más característico y valioso de la literatura clásica: la lírica, la sátira y el drama. Así, se ha argumentado en ocasiones que las preferencias de los lectores españoles en cuanto a textos clásicos suponen no sólo una apreciación estética deficiente de la literatura clásica, sino también una falta de curiosidad sobre la *esencia*, la fundamental alteridad de la civilización clásica, y ello convierte su interés en el mundo clásico en algo muy distinto del renacimiento del saber clásico en Italia. Pero, al parecer, los humanistas florentinos de principios del Quattrocento no estaban menos interesados en la lectura de textos clásicos morales y didácticos, y no manifestaban mayor predilección por la poesía lírica, satírica o dramática que los españoles. El propósito de ejemplaridad que subyacía al estudio de la historia antigua y de la ética, y que impulsó a una figura clave como Leonardo Bruni (1369-1444), merecía la más completa aprobación de sus ávidos lectores españoles, y a menudo se le citaba como autoridad y eminencia: así, en la dedicatoria al príncipe Enrique de sus popularísimos *Proverbios*, Santillana justificaba el uso de «buenos exemplos» de Platón, Aristóteles, Sócrates, Virgilio, Ovidio, Terencio y otros, haciendo referencia a «Leonardo de Arecio, en una epístola suya al muy magnífico ya dicho señor rey [Juan II], en la qual le recuenta los muy altos e grandes fechos de los emperadores de Roma naturales de la vuestra España, diciéndole que los traía a la memoria porque ... por enxemplo de ellos a alteça de virtudes e a desseo de muy grandes cosas lo amonestassen». Y esta visión de los clásicos perduró entre los lectores legos de toda Europa al menos hasta el siglo XVIII; por ello, R. R. Bolgar definió el humanismo como «los elementos más nobles de la moralidad romana organizados al servicio del espíritu del Renacimiento». En este punto al menos, los humanistas italianos del Quattrocento y los mecenas españoles de traducciones romances coincidían.

Sin embargo, aparte de los «exemplo e consolación» morales, los prólogos que los traductores peninsulares añadían a sus obras pregonaban a menudo una idea más utilitaria: la de que los moralistas clásicos, los historiadores y los poetas épicos ofrecían importantes enseñanzas prácticas a los lectores nobles sobre cómo ejercer su profesión y cómo llevar los asuntos de la «república». Esto parece indicar en parte que, para los nuevos lectores laicos del siglo XV, la literatura clásica proporcionaba prácticamente los únicos textos disponibles para el estudio del arte de gobernar, de la guerra y una ética laica basada en ejemplos empíricos. [...] Pero esta idea está también relacionada con el nuevo florecimiento de la caballería. En todas las cortes de Europa del siglo XV (e Italia no era una excepción) se creía que la *militia* romana era la «fuente» histórica directa y, por tanto, el «espejo» de la caballería contemporánea. La hipótesis de que la *militia* romana poseía esta relación histórica directa para la definición de los deberes y de la conducta del caballero era una nota que sonaba una y otra vez en los prólogos.

Tanto el propósito práctico que subyacía a la recuperación de la historia clásica como su reflejo histórico en la caballería de la época aparecen ilustrados por una de las más antiguas e influyentes aseveraciones al respecto hechas por autores españoles: la de Pero López de Ayala en el prólogo a su traducción de tres *Décadas* de Tito Livio realizada a partir de la francesa de Pierre de Bressuire por orden de Juan I en 1386. Ayala recomendaba la historia de Tito Livio a sus compañeros de la nobleza no como una muestra de historia antigua, sino como un documento vivo sobre las reglas de la caballería y de la guerra. Sin embargo, el rey podría haber pretendido con la traducción del difundido himno patriótico de Tito Livio sobre el autosacrificio echar una reprimenda y presentar un *exemplum* muy concretos a sus caballeros castellanos, cuya egoísta e insolidaria sed de gloria personal y cuya falta de disciplina habían llevado hacía poco tiempo al desastre y a la ignominia en la batalla de Aljubarrota. Escribe Ayala: «Plogo a la vuestra real magestat que este libro de Titus Livius, dó se ponen e cuentan las ordenanças que los príncipes e cavalleros [antiguos] guardaron en sus batallas, ... sea traído agora en público por que los príncipes e los cavalleros que lo oyeren tomen buen exenplo e buena esperiencia e esfuerço en si, catando quánto provecho e quánta onra nace de la buena ordenança e de la buena obediencia en las batallas, e quánto estorvo e daño e peligro viene al contrario». Según Ayala, las enseñanzas que debían aprenderse de la historia clásica eran las reglas de la guerra y de la estrategia, si bien también sugería, significativamente, que la grandeza del legado de Roma podía inspirar «esfuerço». [...]

Juan Alfonso de Baena, en el *Prologus Baenensis* a su famoso *Cancionero* compilado por Juan II, lo consideraba no sólo instructivo, sino de lectura obligatoria para los nobles, para el estudio de las «batallas, guerras e conquistas que en fecho de armas e cavallerías los muy esclarecidos *sus antecessores* antigos, enperadores e senadores e cónsules e dictadores de la muy famosa e redubtable cibdat de Roma fizieron e ordenaron e conpusieron e escrivieron». [...]

El punto de vista de Ayala y Baena sobre las lecciones prácticas de estrategia contenidas en la historia clásica adquirió una nueva dimensión cuando los escritores empezaron a afirmar que el conocimiento de la literatura no era únicamente una preparación esencial para el adiestramiento militar, sino que también ofrecía enseñanzas más generales, especialmente sobre la preparación de los nobles para desempeñar sus cometidos en el gobierno de la república. Esta opinión aparece claramente expuesta, por ejemplo, en el interesante prólogo con que Alonso de Cartagena (1395-1456), obispo de Burgos, encabezaba su compilación de las leyes de caballería, el *Doctrinal de cavalleros*, que dedicó al poeta y conde de Castro, Diego Gómez de Sandoval, en 1446: «Los famosos cavalleros, muy noble señor, que en los tiempos antiguos por diversas regiones del mundo florescieron, entre los grandes cuidados e ocupaciones arduas que tenían para governar la república e la defender e anparar de los sus adversarios, acostumbravan interponer algund trabajo de sciencia, *por que onestamente supiesen regir así aquellos cuyo regimiento les pertenescia, así en fechos de paz como de guerras*, entendiendo que las fuerças del cuerpo non pueden exercer auto loable de fortaleza si non son guiadas por coraçon sabidor». Una formulación clásica del mismo tema aparece en el prólogo de los *Proverbios* de Santillana. Éste empieza su exordio con el habitual tópico de las «armas contra las letras», arremetiendo contra los (posiblemente imaginarios) necios que afirman que un príncipe sólo necesita saber cómo administrar sus reinos o conquistar otros nuevos; a continuación introduce la argumentación de Cartagena: «¿Cómo puede regir a otro aquel que a sí mismo no rige? ¿Nin cómo se rigirá nin se governará aquel que non sabe nin ha visto las governaciones e regimientos de los bien regidos e governados?» [...]

Esta ampliación del centro de interés más allá de lo puramente militar reflejaba el hecho de que se disponía de un mayor surtido de obras clásicas para la educación de la nobleza. Enrique de Villena, en el monumental comentario inacabado a su traducción de la *Eneida* (c. 1427), interpretó esta obra como un «espejo doctrinal» del tipo concebido por Cartagena y Santillana; según el *Prohemio* de Villena, los lectores nobles encontrarían en la épica de Virgilio, entre otras raras y esotéricas enseñanzas científicas y morales de su peculiar ideario propio y el inevitable «esfuerço siquiere de osar cometer grandes fechos», lecciones de política: «las prácticas como libran... en las cortes de los reyes, e saber regirse en las mobilidades dellas» (BN MS 17975, f. 10v.). Estas enseñanzas estaban claramente contenidas en otra popular alegoría clásica de Villena, *Los doze trabajos de Hércules* (1417): en el prólogo, donde una vez más lleva a cabo el ritual de atacar a los patanes que afirman que el saber es incompatible con las armas citando el recurrido contraejemplo de Julio César e indicando que los romanos, según Valerio Máximo, «leían los buenos fechos de los pasados e virtuosos cavalleros por animar a tales e mayores cosas a los entonces vivientes... afirmando que tal exercicio era pungitivo de virtud»; y así, en el cuerpo de la obra, Hércules, «espejo actual a los gloriosos cavalleros en armada cavallería», es trazado no sólo como un caballero de inigualada destreza, sino también, al igual que Curial, como importante filósofo natural y erudito. [...]

Otro aspecto de la moda en el siglo XV de los clásicos en romance fue el debate sobre la «verdadera nobleza». Los escritores españoles, borgoñones y franceses del siglo XV que escribieron sobre este tema, así como los italianos, intentaron consolidar, entre otras cosas, el clásico tema de que la verdadera virtud de un noble no reside en su «prez» hereditaria, sino en su valor público intrínseco para la «república» o «cosa pública», una *virtù* que consistiría más en la prudencia y los conocimientos del caballero que en su pericia física. Diego de Valera realizó una importante contribución a la tradición del *De vera nobilitate* con su *Espejo de verdadera nobleza* —una de las tres obras originales en castellano que se encontraban en la biblioteca del conde de Benavente en 1440, entre las cuales figuraba también los *Doze trabajos de Hércules* de Villena—, que fue vertida al francés por un miembro borgoñón de la corte, Hugues de Salve. Valera fue un paladín infatigable de la aristocracia culta y educada clásicamente; en una de sus famosas «cartas abiertas» a un amigo innominado, datada en 1447, afirmaba: «sé esforçarme servir mi príncipe no solamente con las fuerzas corporales, mas aun con las mentales e intelectuales». En otro tratado, el *Tratado de armas*, Valera apoyaba sus opiniones aludiendo al concepto platónico de los «reyes filósofos» («Es verdadera aquella sentencia de Sócrates que dize "Entonces la tierra es bien aventurada, quando los príncipes della son sabios".» [...]

El propósito eminentemente práctico de prepararse a sí mismos para el desempeño de su papel en el gobierno de la república, que Hexter y otros estudiosos han documentado también en las preferencias literarias de la nueva nobleza culta del siglo XV al norte de los Pirineos, fue, así, la idea que impulsó la gran cantidad de traducciones clásicas encargadas por lectores nobles españoles en este período. Pero contemplar sus aspiraciones bajo esta luz, animadas y guiadas por nuevas actitudes y aspiraciones «cívicas», es casi acercarlas estrechamente a algunas —no todas— de las actitudes y aspiraciones del humanismo italiano del Quattrocento. Podemos aplicar al caso español la memorable afirmación de Huizinga: «entre el espíritu ponderado de los borgoñones y el instinto clásico de los italianos... existe sólo una diferencia de matiz». Desde luego, este deseo de recobrar, a partir de los textos antiguos, un retrato más auténtico de los héroes del pasado no era incompatible con el gusto por los textos medievales, en particular por la *Crónica troyana*, en la versión castellana atribuida a Pero López de Ayala, que fue, a juzgar por los inventarios de libros y manuscritos existentes, popularísima en el siglo XV y siguió imprimiéndose hasta 1587, realizándose al menos quince ediciones. Sin embargo, la popularidad *concurrente* de los textos clásicos implica simplemente, en mi opinión, la evolución de una facultad crítica que, en otros ámbitos, se les niega en ocasiones a los mecenas y traductores de la corte de Juan II.

11. EL TEATRO MEDIEVAL

La aportación más influyente de los últimos años es la de Surtz [1983], cuya antología, además de textos regularizados de seis obras (adaptadas de las ediciones más autorizadas), incluye un glosario y una introducción que ofrece los resultados de la investigación reciente y las reflexiones específicas del propio Surtz. Persiste la polémica, avivada con la relectura de algunos documentos y el descubrimiento de otros, en torno a la existencia de teatro en Castilla entre el *Auto de los Reyes Magos* y mediados del siglo XV. Para García Montero [1984], el problema es en parte semántico: la actividad dramática hay que buscarla en ciertos aspectos de la liturgia (es, esencialmente, una parte de la opinión de Hardison (1965)). También sostiene que el retraso en el nacimiento del drama independiente se debe al lento desarrollo de las ciudades castellanas, hipótesis para la que carece de pruebas históricas. López Morales [1986] presenta de nuevo, con argumentación rigurosa y teniendo en cuenta la investigación reciente, la hipótesis de su libro (1968). La bibliografía está al día, incluso incluye entradas poco conocidas (sobre todo, del siglo XIX). Aunque Kirby [1988] se muestra mucho más escéptica que López Morales en lo relativo al teatro religioso (según ella el *Auto de los Reyes Magos* es poesía más narrativa que dramática), está mucho más abierta a la posibilidad de que existiera un teatro laico, popular e improvisado. Ferrari de Orduna [1988] estudia las acotaciones explícitas e implícitas desde el *Auto de los Reyes Magos* en adelante (sus ideas sobre el manuscrito del *Auto* son totalmente opuestas a las de Kirby). Los documentos traducidos en Meredith y Tailby [1983] nos ofrecen un contexto europeo para los del teatro medieval hispánico (traducidos al inglés y prologados por Margaret Sleeman). Otro tipo de contexto nos proporcionan los ensayos recogidos en *The Drama in the Middle Ages* [1982], pues ilustran puntos de vista muy varios. Un enfoque polémico es el de Warning [1978-1979]: según este autor, la verdadera tradición dramática se desarrolla en contraposición con el culto religioso (cf. Kirby [1988]).

El *Auto de los Reyes Magos* ha sido más estudiado —por razones obvias— que cualquier otra obra dramática. La polémica sobre su lengua, iniciada por Lapesa (1954), aún no se ha resuelto: Kerkhof [1979], que acepta la hipótesis de la presencia de rasgos lingüísticos no castellanos, prefiere el catalán al gascón. El desacuerdo de Hilty [1981, 1986] con la opinión de Lapesa [1984] es más amplio, aunque está de acuerdo con él en rechazar la hipótesis de Solà-Solé (1976-1977) según la cual se da un influjo fonológico árabe, a través de un autor mozárabe: según Hilty, la lengua del autor es el riojano; el lugar de origen probable, San Millán de la Cogolla, aunque el manuscrito conservado fuera copiado en Toledo. Lapesa [1984] replica a los trabajos publicados hasta 1980; aunque sigue creyendo que el gascón es más probable, acepta la posibilidad de que el autor fuera catalán. El debate continúa; de momento, lo único que se puede afirmar es que la hipótesis de Solà-Solé ahora parece insostenible. En cuanto a la crítica literaria, Sito Alba [1981] no aprecia en el *Auto* una estructura lineal, basada en la causalidad dramática, sino una estructura radial, cuyo centro son los dos focos: la estrella y la Sagrada Escritura. Indica un posible influjo del sermón pseudoagustiniano *Contra Judaeos* y, de paso, sostiene que la obra no es de mediados, sino de finales del siglo XIII. Hermenegildo [1988], apoyándose en algunos trabajos estructuralistas sobre el teatro moderno, trata de describir la «estructura narrativa subyacente» en el *Auto*. Weiss [1980-1981], en cambio, parte de algunas palabras del texto, en concreto, la alusión a las profecías de Jeremías, y busca en dicho libro el fundamento de varios aspectos del argumento y del tema del *Auto*. No sería demasiado exagerado afirmar que el *Auto* es un comentario dramatizado de dichas profecías, hipótesis muy compatible con la interpretación de la última escena como equivalente dramático del conflicto iconográfico entre Ecclesia y Synagoga, conflicto resuelto por la nueva tradición de Concordia (Hook y Deyermond [1985], Deyermond [1989]). Por esta y por otras razones no hay que ver el *Auto* como un texto incompleto, sino como una obra que culmina a propósito en la última escena del manuscrito conservado (Hook y Deyermond [1985]). El concepto de Concordia, innovación de mediados del siglo XII, así como el énfasis en palabras como «verdad» y «saber», nos demuestran que el *Auto* está estrechamente relacionado con las ideas más avanzadas de la época (Deyermond [1989]).

La ausencia de textos dramáticos vernáculos en los siglos XIII y XIV está compensada, según Kinkade [1986], por las características dramáticas del sermón, que, a su vez, constituyen una parte importante de la técnica de varias obras del mester de clerecía. Si nos remitimos a la primera mitad del siglo XV, una glosa a la *Eneida* de Enrique de Villena revela conocimientos teóricos del teatro, lo que no significa que hubiera un teatro activo en la Castilla de la época (Cátedra [1983]). Delgado [1987] no está convencido de que el texto descubierto por López Yepes (1977) en un manuscrito de la catedral de Córdoba sea auténticamente dramático, ni siquiera de que se pueda interpretar como un diálogo parateatral. En la segunda mitad de siglo, en cambio, una vez establecidas las representaciones del Corpus en Toledo (véanse Torroja Menéndez y Rivas Palá (1977)), algunas de las ceremonias y espectáculos de la corte del condestable Miguel Lucas de Iranzo, en Jaén, descritas en los *Hechos del Condestable*, sí pueden considerarse teatro (Stern [1989]; cf. Clare [1987] en cap. 10, *supra*). Es una lástima que Stern desconociera el artículo de Oleza, pues, entre otras cosas, compara las actividades dramáticas de Jaén con las de la catedral de Valencia. Gómez Moreno [1984] analiza un pasaje del *Sinodal de Ávila*, de 1481, para concluir que, a pesar de las dudas que presenta este tipo de documento, el *Sinodal* revela que hubo bastante actividad teatral y parateatral (por ejemplo, la fiesta del obispillo) en la Ávila de aquella época.

Álvarez Pellitero [1985] plantea algunas dudas sobre ciertos aspectos del trabajo clásico de Donovan (1958): no está convencida de que la antigua liturgia hispánica careciera totalmente de dramatizaciones, ni de que la escasez de documentos castellanos se deba explicar porque nunca existieran archivos, sino más bien hay que pensar que fueron destruidos. Pasa a examinar algunos documentos sinodales de las diócesis que apuntan a una temprana dramatización de la *Depositio* y a otros tipos de drama litúrgico en latín. García de la Concha [1982] también examina documentos eclesiásticos —en su caso, consuetas y misales— y halla indicios de ceremonias pascuales del siglo XV potencialmente dramáticas. Pérez Priego [1989] estudia, centrándose en los dos últimos decenios del siglo, ciertas actividades paradramáticas laicas en las cortes reales y nobiliarias.

Datos muy útiles se encuentran en las primeras secciones de sendos estudios regionales: Menéndez Peláez [1981] para Asturias y Egido [1987] para Aragón; aquél, por ejemplo, incluye algunos documentos que Donovan había pasado por alto. También resultan muy útiles, por lo que nos revelan de actividades dramáticas análogas (aunque no hay que suponer que la historia del teatro en Castilla fuera igual), las investigaciones del teatro medieval catalán: Massip [1984] ofrece un panorama del teatro religioso en Barcelona, Valencia y otras regiones de lengua catalana durante la Edad Media; Sirera [1984], sin embargo, se limita a Valencia, aunque con un enfoque más amplio, pues no sólo incluye el teatro laico, sino también el religioso. Ambos parten de la investigación de textos y documentos; Sirera, en concreto, llega a la conclusión de que, aunque ya no deben de quedar muchos textos por descubrir, los archivos esconden bastantes documentos todavía desconocidos.

López Estrada estudia magistralmente la combinación de tradiciones populares y cultas en la *Representación del Nacimiento de Nuestro Señor*, de Gómez Manrique: analiza el estilo [1984*a*] y da un nuevo enfoque al conocimiento del texto [1984*b*] con su edición paleográfica seguida de una edición crítica y de un comentario sobre la forma en que se nos presenta el texto en el manuscrito. El artículo de Zimic [1977] es más general, pero contiene asimismo observaciones interesantes. Surtz [1982-1983] distingue entre las obras relacionadas con los conventos franciscanos (*Representación* de Manrique, *Auto de la huida a Egipto*) y las de la tradición universitaria salmantina (Encina, Fernández): en el primer grupo, los acontecimientos se representan directamente, mientras que en el segundo se narran. (Quizá haya que matizar la conclusión a la luz de un trabajo inédito de Jane Whetnall que pone en duda la vinculación del *Auto de la huida* con el convento de Santa María de la Bretonera.)

Se aprecia cierto desequilibrio en la investigación y crítica del teatro salmantino del siglo XV y principios del XVI: mientras Lucas Fernández ha sido desatendido, el interés por Juan del Encina se va intensificando. A pesar de que en su excelente libro Surtz [1979] estudie a los dramaturgos de finales del siglo XV como precedentes en varios aspectos del teatro del XVI, Fernández ocupa unas pocas páginas y Encina, por su papel innovador, muchas más. Surtz sitúa a Encina en el marco de la actividad dramática del siglo XV (hay un capítulo, por ejemplo, sobre los entretenimientos cortesanos), de modo que su libro no sólo es útil como punto de partida para el estudio del teatro del Siglo de Oro, sino también como recapitulación de la historia del teatro medieval español. Ya contamos con dos muy buenas ediciones del teatro de Encina: a la de Gimeno (1975, 1977) le hace la competencia la de Rambaldo [1983], que ya había publicado (1978) la poesía. Conocidísima es la importancia de la música en su teatro; Becker [1987] nos ofrece un nuevo análisis. Otros aspectos fundamentales recientemente tratados son la utilización de la lírica cancioneril (Battesti-Pelegrin [1987]), la relación de las primeras ocho obras, escritas para la corte del duque de Alba, con la tradición de las fiestas cortesanas (De Lope [1987b]), la relación entre la forma estrófica y el diálogo (Garcia [1987]), la estructura (Roux [1987], análisis formal) y el influjo del teatro italiano en las últimas obras (Ulysse [1987]). En cuanto a las piezas individuales, Débax [1987] plantea la cuestión del género de la primera (¿es teatro, o meramente una égloga?); Yarbro-Bejarano [1984] interpreta la *Representación a la Pasión* como un llamamiento implícito a la unidad entre cristianos viejos y nuevos, asociándola con la visión mesiánica de la armonía social, que se encuentra a menudo en el reinado de los Reyes Católicos. El resto de estudios importantes de obras específicas se ocupan de las del segundo cancionero: Yarbro-Bejarano [1983] analiza, en la *Égloga de las grandes lluvias*, la imagen de la lluvia como correlato de los conflictos sociales y explica los defectos estructurales de la obra por la dificultad cada vez más severa de adaptar el arte a las necesidades de la corte ducal; Planes Maurizi [1987] valora el papel de las tradiciones populares en el *Auto del Repelón*; De Lope [1987a], por fin, aprecia que la tensión dramática de la *Representación ante el esclarecido príncipe don Juan* (o *Triunfo de Amor*) se halla en el discurso —fruto de la tensión entre el discurso ovidiano y el cortesano—, no en la acción. ¡Ojalá que estudios tan diversos y tan interesantes tengan dignos sucesores y susciten estudios comparables sobre el teatro de Lucas Fernández!

BIBLIOGRAFÍA

Álvarez Pellitero, Ana María, «Aportaciones al estudio del teatro medieval en España», *AFE*, II (1985), pp. 13-35.

Battesti-Pelegrin, Jeanne, «La Drammatisation de la lyrique 'cancioneril' dans le théâtre d'Encina», en *Juan del Encina* [1987], pp. 57-78.

Becker, Danièle, «De l'usage de la musique et des formes musicales dans le théâtre de Juan del Encina», en *Juan del Encina* [1987], pp. 27-55.

Cátedra, Pedro M., «Escolios teatrales de Enrique de Villena», en *Serta Lázaro Carreter* (1983), II, pp. 127-136.

Débax, Michelle, «Sommes-nous au théâtre? (Sur la 1ère Églogue)», en *Juan del Encina* [1987], pp. 127-142.

Delgado, Feliciano, «Las profecías de sibilas en el ms. 80 de la catedral de Córdoba y los orígenes del teatro nacional», *RFE*, LXVII (1987), pp. 77-87.

De Lope, Monique, «De l'amour: *Representación* de Juan del Encina», en *Juan del Encina* [1987], pp. 79-92.

—, «L'Églogue et la cour: essai d'analyse des rapports de l'écriture théâtrale et de la fête chez Juan del Encina», en *La Fête* (1987), pp. 133-149.

Deyermond, Alan, «El *Auto de los Reyes Magos* y el renacimiento del siglo XII», en *Actas IX AIH* (1989), I, pp. 187-194.

The Drama in the Middle Ages: Comparative and Critical Essays, ed. Clifford Davidson *et al.* (AMS Studies in the Middle Ages, IV), Nueva York, 1982.

Egido, Aurora, *Bosquejo para una historia del teatro en Aragón hasta finales del siglo XVIII*, Institución Fernando el Católico (Nueva Colección Monográfica, LIX M), Zaragoza, 1987.

Ferrari de Orduna, Lilia E., «Texto dramático y espectador en el teatro castellano primitivo», en *Studia hisp. med.* (1988), pp. 31-44.

Garcia, Michel, «Le Dialogue dramatique et son cadre formel, la strophe», en *Juan del Encina* [1987], pp. 143-157.

García de la Concha, Víctor, «Dramatizaciones litúrgicas pascuales de Aragón y Castilla en la Edad Media», en *Homenaje a don José María Lacarra de Miguel en su jubilación del profesorado*, V, Anubar, Zaragoza, 1977 [1982], pp. 153-175.

García Montero, Luis, *El teatro medieval: polémica de una existencia*, Don Quijote, Granada, 1984.

Gómez Moreno, Ángel, «Teatro religioso medieval en Ávila», *AFE*, I (1984), pp. 769-775.

Hermenegildo, Alfredo, «Conflicto dramático *vs* liturgia en el teatro medieval castellano: el *Auto de los Reyes Magos*», en *Studia hisp. med.* (1988), pp. 51-59.

Hilty, Gerold, «La lengua del *Auto de los Reyes Magos*», en *Logos semantikós: studia linguistica in honorem Eugenio Coseriu 1921-1981*, V, De Gruyter, Berlín, 1981, pp. 289-302.

—, «El Auto de los Reyes Magos: prolegómenos para una edición crítica», en *Philologica Alvar* (1986), III, pp. 221-232.

Hook, David, y Alan Deyermond, «El problema de la terminación del *Auto de los Reyes Magos*», *AEM*, XIII (1983 [1985]), pp. 269-278.

Juan del Encina et le théâtre au XVᵐᵉ siècle: Actes de la Table Ronde Internationale (France-Italie-Espange) les 17 et 18 octobre 1986, ed. Jeanne Battesti-Pelegrin, Univ. de Provence (Études Hispano-Italiennes, II), Aix-en-Provence, 1987.

Kerkhof, Maxim P.A.M., «Algunos datos en pro del origen catalán del autor del *Auto de los Reyes Magos*», *BH*, LXXXI (1979), pp. 281-288.

Kinkade, Richard P., «Sermon in the Round: The *Mester de clerecía* as Dramatic Art», en *Studies in Honor of Gustavo Correa*, Scripta Humanistica, Potomac, Maryland, 1986, pp. 127-136.

Kirby, Carol B., «Consideraciones sobre la problemática del teatro medieval castellano», en *Studia hisp. med.* (1988), pp. 61-70.

Lapesa, Rafael, «Mozárabe y catalán o gascón en el *Auto de los Reyes Magos*», en *Estudios de la historia lingüística española*, Paraninfo, Madrid, 1984, pp. 138-146.

López Estrada, Francisco, «Nueva lectura de la *Representación del Nacimiento de Nuestro Señor*, de Gómez Manrique», en *Atti del IV Colloquio della Société Internationale pour l'Étude du Théâtre Médiéval, Viterbo 10-15 Iuglio 1983*, ed. M. Chiabò *et al.*, Centro Studi sul Teatro Medioevale e Rinascimentale, Viterbo, 1984, pp. 425-446.

—, «*La representación del Nacimiento de Nuestro Señor*, de Gómez Manrique: estudio textual», *Segismundo*, XXXIX-XL (1984), pp. 9-30.

López Morales, Humberto, «Sobre el teatro medieval castellano: *status quaestionis*», *BAPLE*, XIV, 1 (1986), pp. 99-122.

Massip, Jesús-Francesc, *Teatre religiós medieval als Països Catalans*, Edicions 62, para el Institut del Teatre de la Diputació (Monografies de Teatre, XVII), Barcelona, 1984.

Menéndez Peláez, Jesús, *El teatro en Asturias (de la Edad Media al siglo XVIII)*, Noega, Gijón, 1981.

Meredith, Peter, y John E. Tailby, eds., *The Staging of Religious Drama in Europe in the Later Middle Ages: Texts and Documents in English Translation*, Medieval Institute Publications, Western Michigan Univ. (Early Drama, Art and Music Monograph Series, IV), Kalamazoo, 1983.

Oleza, Juan, «Teatralidad cortesana y teatralidad religiosa: vinculaciones medievales», en *Ceti sociali ed ambienti urbani del teatro religioso europeo del '300 e del '400*, Centro Studi sul Teatro Medioevale e Rinascimentale, Viterbo, 1985, pp. 265-294.

Pérez Priego, Miguel Ángel, «Espectáculo y textos teatrales en Castilla a fines de la Edad Media», *Epos*, V (1989), pp. 141-163.

Planes Maurizi, F., «Recherches sur théâtre et traditions populaires: Juan del Encina et l'*Auto del Repelón*», en *Juan del Encina* [1987], pp. 93-125.

Rambaldo, Ana María, ed., Juan del Encina, *Obras completas*, Espasa-Calpe (Clásicos Castellanos, CCXVIII-CCXX, CCXXVII), Madrid, 1978-1983.

Roux, Lucette, «Du cercle à la spirale: la structure spatiotemporelle des églogues», en *Juan del Encina* [1987], pp. 159-195.

Sirera, Josep Lluís, «El teatro medieval valenciano», en *Teatros y prácticas escénicas*, I: *El quinientos valenciano*, eds. Joan Oleza Simó y Manuel V. Diago Moncholí, Institució Alfons el Magnànim (Col·lecció Politècnica, XVI), Valencia, 1984, pp. 87-107.

Sito Alba, Manuel, «La teatralità seconda e la struttura radiale nel teatro religioso spagnolo del medioevo: la *Representación de los Reyes Magos*», en *Atti del V Convegno Internazionale del Centro di Studi sul Teatro Medioevale e Rinascimentale sul tema «Le laudi drammatiche umbre delle origini»*, Amministrazione Provinciale, Viterbo, 1981, pp. 253-277.

Stern, Charlotte, «Christmas Performances in Jaén in the 1460s», en *Studies Wardropper* (1989), pp. 323-334.

Surtz, Ronald E., *The Birth of a Theater: Dramatic Convention in the Spanish Theater from Juan del Encina to Lope de Vega*, Department of Romance Languages, University, Princeton; Castalia, Madrid, 1979.

—, «The 'Franciscan Connection' in the Early Castilian Theater», *Bulletin of the Comediantes*, XXXV (1982-1983), pp. 141-152.

—, ed., *Teatro medieval castellano*, Taurus (Temas de España, CXXV), Madrid, 1983.

Ulysse, Georges, «Juan del Encina et le théâtre italien de son époque», en *Juan del Encina* [1987], pp. 1-26.

Warning, Rainer, «On the Alterity of Medieval Religious Drama», en *Medieval Literature and Contemporary Theory* [1978-1979], pp. 265-292.

Weiss, Julian, «The *Auto de los Reyes Magos* and the Book of Jeremiah», *C*, IX (1980-1981), pp. 128-131.

Yarbro-Bejarano, Yvonne, «Juan del Encina's *Égloga de las grandes lluvias*: the Historical Appropriation of Dramatic Ritual», en *Creation and Re-Creation* (1983), pp. 7-27.

—, «Juan del Encina's *Representación a la Pasión*: Secular Harmony through Christ's Redemption», en *Homenaje Gilman* (1982 [1984]), pp. 271-278.

Zimic, Stanislav, «El teatro religioso de Gómez Manrique (1412-1491)», *BRAE*, LVII (1977), pp. 353-400.

Alberto Blecua

TEATRO EN TOLEDO:
DEL *AUTO DE LOS REYES MAGOS*
AL *AUTO DE LA PASIÓN*

[En 1977, Carmen Torroja y María Rivas publicaron una riquísima documentación sobre las representaciones del Corpus en Toledo en el último tercio del siglo XV y también sobre la participación del Arcipreste de Talavera en la organización de las fiestas. Entre los legajos que estudiaron constaba un librillo que perteneció a Alonso del Campo y en el que se han conservado un guión del *Auto de San Silvestre*, una copla que seguramente pertenece al *Auto de los Santos Padres* y una pieza dramática de 599 versos que Torroja y Rivas titularon *Auto de la Pasión*. La obrita está compuesta de diferentes cuadros en que se representan la oración de Cristo en el huerto (Escena I), el prendimiento (II), la negación de Pedro (III), los plantos de San Pedro (IV) y San Juan (V), la sentencia de Pilatos (VI), el diálogo entre la Virgen y San Juan (VII) y el planto final de la Virgen (y VIII).]

Las editoras ya indicaron que los vv. 9-73, 94-103, 114-123 y 532-591 pertenecen a la *Pasión Trovada* y *Las Siete Angustias* de Diego de San Pedro. El resto de la obra sería, pues, creación de Alonso del Campo [y en en el *Auto de la Pasión* habría que ver], por consiguiente, una muestra relativamente tardía de las representaciones que se llevaron a cabo en Toledo a partir de mediados del siglo XV. La crítica así parece considerarlo, puesto que se ha limitado a repetir la hipótesis de las editoras que, presuponiendo el carácter de borrador del texto co-

Alberto Blecua, «Sobre la autoría del *Auto de la Pasión*», en *Homenaje a Eugenio Asensio*, Gredos, Madrid, 1988, pp. 79-112 (82, 85, 89-93, 95, 102, 108-112).

piado en el libro de cuentas, era la única verosímil. Creo, sin embargo, por razones filológicas que Alonso del Campo, salvo en media docena de versos, se limitó a la labor de taracea acudiendo no sólo a Diego de San Pedro sino a otro modelo: una Pasión toledana que podría remontarse en su estadio primitivo a finales del siglo XIII o principios de siglo XIV.

[Desde luego, difícilmente puede ser su autor quien comete tantos errores que demuestran no captar el sentido de lo que se copia.]

En los vv. 2709-273, no ha entendido el original: «después que Juan me vido / vna muger fuy rrogar / que me dexase entrar». El v. 271 debe decir *vna muger* fue *rrogar* y no *fuy*, de acuerdo con la fuente evangélica que sigue el autor original en este planto: «Petrus autem stabat ad ostium foris. Exivit ergo discipulus alius, qui erat notus pontifici, et dixit ostiariae: et introduxit Petrum» (Joan, 18, 16). El copista, o su fuente, confundió el *fue* de tercera persona con la variante *fue* de primera, que se mantuvo hasta el siglo XVII. [...]

En los vv. 424-425 existe un error por desconocimiento de un arcaísmo: «este se llamava rey / con título de reynado». Al parecer, el copista no ha entendido el sintagma *rey nado*, confundiéndolas con el sustantivo de uso más frecuente. La fuente es Joan, 18, 37 («Tu dicis quia rex sum ego. Ego in hoc natus sum»). En los versos 455 y 463 se utilizan las fórmulas jurídicas *yo fallo* que el copista transcribe con *h-*, confundiéndolas al parecer con el verbo *hallar*, 'encontrar' («yo hallo segund derecho» y «E hallo contra mi voluntad».

[Además, los cambios] que se llevaron a cabo sobre la *Pasión Trovada* y que parecen obra de Alonso del Campo nos muestran al clérigo toledano como un poeta muy inhábil que no distingue bien un octosílabo de un heptasílabo y un eneasílabo y que a lo máximo que llega su estro lírico es a componer cuatro pedestres versos (45-50), lejanamente inspirados, como ya señalaron Torroja y Rivas, en las *Coplas* de Manrique. Infectos versos a pesar del modelo. [...]

Tanto la copla del *Auto de los Santos Padres* como las insertas entre los versos de la *Pasión Trovada* se mueven en la órbita literaria de Diego de San Pedro o, lo que es lo mismo, en la lengua poética de la segunda mitad del siglo XV. El resto del *Auto de la Pasión*, en cambio, una poética o unas poéticas anteriores.

[Las dos primeras escenas, sin duda compuestas en fecha muy temprana y con claros retoques debidos a la incomprensión (por ejemplo, de *trae* en el sentido de 'traiciona'), sorprenden sobre todo por la métrica]: pareados anisosilábicos y cuartetas de rimas cruzadas y alternantes. Parecería lógico que Alonso del Campo o su modelo coetáneo acudieran a la tradición métrica de su tiempo. Sin embargo, el pareado —cuanto más el anisosilábico— para otros usos que no fueran los refranes había desaparecido de la tradición castellana a finales del siglo XIII, sin dejar más rastro conocido que el humilde cantar de ciegos que cierra el *Libro de Buen Amor*. Como es sabido, las denominadas *rimes plattes* o *novas rimadas* fueron metro habitual de los poetas latinos, provenzales, franceses y catalanes tanto para los poemas narrativos como para las representaciones dramáticas, sacras y profanas. En Castilla, en su andadura inicial, el pareado llevaba la misma especialización genérica y es frecuente en la escasa literatura conservada de los albores de la Edad Media romance. La *Razón de amor, Elena y María, Santa María Egipcíaca, La infancia de Jesús...* y el ejemplo que más nos interesa: el *Auto de los Reyes Magos*. La desaparición del metro en Castilla, salvo el singular ejemplo del *Libro de Buen Amor*, a partir del siglo XIII cuando su uso siguió siendo normal en otras literaturas románicas requiere una explicación que hasta ahora no nos es conocida. [En todo caso, sea cual fuere la causa, la desaparición del pareado en el siglo XV es un hecho.] Parece literariamente inverosímil que en las lindes del siglo XVI un capellán toledano, simple encargado de organizar con decoro las fiestas del Corpus, pueda acudir a ese metro y, además, para componer unas escenas dramáticas cuyo antecedente más inmediato en la tradición era el *Auto de los Reyes Magos*, compuesto hacía más de tres siglos.

Por lo que se refiere a las cuartetas, su uso, abundante en el siglo XIV, decreció de manera vertiginosa en el siglo siguiente y sólo aparece de forma esporádica en algún poema sapiencial como las *Setecientas* de Pérez de Guzmán o, casualidad extraña, en la *Representación del Nacimiento* de Gómez Manrique. Con el pareado, es la estrofa habitual del antiguo teatro catalán y forman parte de algún drama litúrgico latino.

[La copla de arte menor de la tercera escena] que reaparece en el planto de San Pedro, tiene su primera manifestación en las cantigas de loores (coplas 1668-1672), del *Libro de Buen Amor*, adquiere su esplendor en la época de Villasandino, su uso mengua al mediar el siglo XV y casi desaparece al final del siglo sustituida por la copla castellana de cuatro rimas.

[En el planto de San Juan encontramos algunas voces y expresiones de claro sabor arcaico.]

De estos casos son notables *según mi dicho razona* (v. 377), donde *dicho* está con la acepción de 'modelo, fuente' y *razona* con la de 'escribe, dice'; *pulgaradas* (v. 400), 'pescozadas'; *temencia* (v. 402), sin documentar; y *quita-*

da de rruydos (v. 415) que muy probablemente es una modernización de *quita de rüidos*. La única voz no documentada hasta el Arcipreste de Talavera es el latinismo jurídico *presunciones* (v. 391), pero al igual que en el caso de *perturbar*, se trata de voces de amplia difusión entre la clerecía. La métrica es claramente arcaizante. La estrofa, que en este caso quizá se remonta en última estancia al *Pange, lingua*, sólo se documenta en el siglo XIV en el otro cantar de ciegos del *Libro de Buen Amor*. En el siglo XV es prácticamente inexistente.

[Por último, cabe añadir que la base métrica de la séptima escena son las cuartetas cruzadas eneasílabas, y es sabido que, salvo en algún villancico de Álvarez Gato y en la poesía popular, el eneasílabo había desaparecido en fechas muy tempranas.]

La criba llevada a cabo sobre el texto del llamado *Auto de la Pasión* permite llegar a dos premisas seguras: [...] 1. Alonso del Campo no es el autor del modelo; 2. Alonso del Campo utiliza un modelo fragmentado o, lo que es lo mismo, varios modelos, entre ellos la *Pasión Trovada* de Diego de San Pedro.

Hasta aquí, la argumentación, considerando las pruebas que se han aducido, me parece irrefutable: Alonso del Campo no es el autor del *Auto de la Pasión* y se limita a utilizar un material anterior, sin duda una Pasión representable que con toda probabilidad encontró en distintos fragmentos —los que corresponderían a los diferentes actores— cuando se hizo cargo de las representaciones del Corpus. De esto sólo se deduce lo que ya se sabía: que existió un texto sobre la Pasión, el copiado por Alonso del Campo. Sin embargo, el que sea una simple copia permite plantear el problema de la fecha de composición y el de la unicidad o no de la autoría.

Para la fecha o fechas de composición he utilizado dos criterios: lingüísticos y métricos. [Del estudio de la lengua se desprende que] el tono general pertenece a la poética del siglo XIV e incluso del siglo XIII y los arcaísmos *traer* 'traicionar', *nado* 'nacido', *estorçer* 'salvar', *dicho* 'dictado', apuntan hacia fechas anteriores al siglo XV [...] El criterio métrico aporta argumentos que corroboran o complementan los lingüísticos. El uso del pareado nos lleva no ya al siglo XIV sino a fechas anteriores; la sextilla es estrofa prácticamente inexistente en el siglo XV; las cuartetas de base eneasílaba, *abab*, de la última escena y las extrañas e irregulares de la *Sentencia de Pilatos* son excepcionales en la tradición castellana; las cuartetas octosílabicas son también muy poco frecuentes en el siglo XV, aunque existen y precisamente en la *Representación* de Gómez Manrique; las coplas castellanas del *Planto de San Pedro* tienen su auge en la época del *Cancionero de Baena*, su uso va disminuyendo conforme avanza el siglo y al finalizar es ya escaso. [...]

Si el texto que nos ha transmitido Alonso del Campo es obra de varios autores y de diferentes épocas, ¿no será ésa la *Representación de la Pasión* a la que quería asistir la lenguaraz fémina del *Corbacho*? Parece lo más verosímil: una Pasión toledana que, como sucede con la mayor parte de las pasiones medievales, sería obra comunal, *in fieri*, que desde su nacimiento —¿finales del siglo XIII o inicios del siglo XIV?— llevaría una vida proteica, inestable. Alonso del Campo, al incorporar al principio y al fin de ella pasajes de la *Pasión Trovada* y de las *Siete Angustias*, no haría más que continuar el proceso natural del género. Si, como parece, los plantos en los que se relata la Pasión son de época posterior a las escenas del prendimiento, sentencia y San Juan y la Virgen, ¿no sería la Pasión primitiva similar a las italianas, francesas y catalanas, esto es, con la presencia de Jesús y de los restantes personajes del Evangelio —apócrifos incluidos— que representaban paso a paso las escenas que se relatan en los plantos? ¿Una Pasión que al suprimir estas escenas, por razones técnicas o por prohibiciones, acabó reduciéndose e inventando la técnica perspectivista que utilizará más tarde Lucas Fernández?

Una obra literaria cambia de sentido en çuanto cambia su lugar en sus coordenadas espacio-temporales. El *Auto de la pasión* apenas ha llamado la atención de la crítica porque estaba situado en otro lugar de la serie literaria. Su pasado era bien conocido —el *Auto de los Reyes Magos*, Gómez Manrique, Diego de San Pedro, los autos del Corpus toledano—; su proyección futura, incierta, porque había permanecido inédito y desconocido hasta 1977; su estructura, como obra cerrada y autónoma, mal interpretada, porque no hay estructura que no sea histórica. Si, como aquí he intentado demostrar, el *Auto de la Pasión* es en realidad una pasión tradicional sin fecha única de composición —salvo el último estadio de mano de Alonso del Campo— su significado como obra autónoma y como eslabón de la gran cadena del ser literario cambia de raíz. Se podría dar la paradoja, por ejemplo, de que una obra, la Pasión toledana, estimulara la génesis de otra, la *Pasión Trovada*, y que ésta, a su vez, se reincorporara al modelo. Las *Coplas fechas para Semana Santa* de Gómez Manrique alteran también su sentido. Como corregidor de Toledo (1477-1491) pudo ver esta pasión y los plantos de San Juan y de San Pedro. ¿No estarán compuestas esas coplas para integrarse en esa misma pasión? Esas *Coplas* venían a llenar o sustituir el exiguo desenlace de la Pasión tal como se ha conservado. Por eso Alonso del Campo acudió a la *Pasión Tro-*

vada y a las *Siete Angustias* para dilatar la breve escena primitiva entre San Juan y la Virgen. Esto explicaría, además, el propio género de las *Coplas* que no se justifica sólo por la *Compasio Mariae Virginis* ni el *Planctus Mariae*. Y explicaría el mismo título con la preposición *para* (esto es, para ser representadas en Semana Santa). ¿Y qué relación existió entre los plantos de San Juan y San Pedro y la *Pasión* del *Libro de Buen Amor*? ¿No conocerían también Juan del Encina y Lucas Fernández esa tradición toledana?

La historia literaria, que trabaja con objetos individuales, únicos, no es, no puede ser una ciencia exacta. Sin embargo, ante la duda, debe escoger la hipótesis más verosímil. Dado que existió una *Representación* o *Representaciones de la Pasión* en Toledo con seguridad antes de 1474 y muy plausiblemente antes de 1438; dado que las 'poéticas' del *Auto de la Pasión* sitúan el texto más cerca del *usus scribendi* del siglo XIV que del siglo XV; dado que no se puede considerar la obra en su totalidad como una traducción tardía de una Pasión catalana o francesa —aunque sí temprana—, yo me inclinaría por considerar como hipótesis más verosímil la que se desprende del método filológico: que el texto de Alonso del Campo es una prueba más del estado latente en que vive la literatura medieval. Esta *Representación de la Pasión* vendría a completar las manifestaciones toledanas de los grandes ciclos del drama litúrgico. En Toledo. El problema de la existencia del teatro en el resto de Castilla, mientras no se descubran nuevos documentos, sigue sin solución.

RONALD E. SURTZ

JUAN DEL ENCINA: TRADICIÓN Y CONTEXTO

La convención de ver en Juan del Encina al «padre» del teatro castellano es útil porque son sus obras las que fundan una escuela cuya influencia todavía se nota en las postrimerías del siglo XVI. Pero no

Ronald E. Surtz, *The birth of a theater. Dramatic convention in the Spanish theater from Juan del Encina to Lope de Vega*, Department of Romance Languages and Literatures, Princeton University; Castalia, Madrid, 1979 (pp. 19, 28, 31, 66, 84, 126, 135, 149, 161, 165-166, 173-174).

debemos olvidar que en el siglo XV encontramos muestras de otros teatros que hubiesen podido dar origen a una tradición dramática independiente de la que inició Encina o que hubiera podido influir en éste
y en su escuela. [Sin embargo, entre estos modelos no se contaba el
teatro clásico ni la comedia humanística. Plauto y Terencio, por ejemplo, fueron muy conocidos en la España del siglo XV, pero sobre todo
considerados autores de sentencias y máximas filosóficas, no como
dramaturgos.] Podemos comprender, pues, por qué no encontramos
ninguna influencia de teatro clásico tal como solemos concebir el género en las primeras obras de Encina, toda vez que la égloga clásica
era un modelo mucho más atractivo que la comedia antigua. Repitamos: la autosuficiencia de las obras clásicas hacía que la alocución
extradramáticas fuese un recurso que era conveniente evitar excepto
en el prólogo o para un efecto cómico. Así, pues, tales obras no brindaban al poeta ninguna oportunidad para hablar de sí mismo. No obstante, la égloga clásica era algo totalmente distinto. [...] Para Encina
y sus contemporáneos había casos en que la palabra «égloga» podía
denotar una composición dramática. La idea de la representación incluso podía ir asociada con el término, pues en la *Vita Vergilii* de Donato, que Encina cita parcialmente en el primer prólogo de sus *Bucólicas*, se dice que las *Bucólicas* de Virgilio se representaban en la
antigüedad: «bucolica eo successu edidit, ut in scaena quoque per cantores crebro pronuntiarentur».

[Más importante, como se sabe, es la influencia del drama litúrgico. En la producción religiosa de este período], las obras dramáticas
de los primeros dramaturgos peninsulares pueden dividirse de forma
muy general en dos clases, partiendo de su concepción del espacio y
el tiempo. Ciertas obras están relacionadas de forma más estrecha con
el tiempo y el espacio sagrados porque hay una coexistencia de diversos tiempos y espacios dentro de un presente intemporal global que
es análogo al de la liturgia. Los acontecimientos de la obra no se representan, sino que se considera que suceden realmente en el momento y el espacio presentes de los espectadores. Esta ambigüedad temporal y espacial fundamental la explotan consciente o inconscientemente
los dramaturgos. Encina (Églogas II, III, IV) se vale del teatro para
dar a conocer su talento poético. Además, las reacciones de sus
pastores-evangelistas, que representan una ampliación de la historia
sagrada, cumplen el objetivo didáctico de proponer reacciones modélicas para sus espectadores al traerles nuevamente las buenas noticias.

El fraile de Sánchez de Badajoz [en la *Farsa de Salomón*] explica al pastor y, por ende, al público la significación figurativa de la historia de Salomón [y las dos mujeres]; Gil Vicente [(*Auto de Sibila, Auto pastoril*)] yuxtapone personajes de diferentes períodos históricos para demostrar los efectos de la Redención.

Otros dramaturgos ven lo que escriben como obras teatrales, como representaciones simuladas de la historia sagrada o como recursos para enseñar la significación teológica de tales acontecimientos por medio de alguna clase de representación. [Es el caso de Lucas Fernández o Pedro Altamirano.] Pero esta última serie de modificaciones del modelo litúrgico del tiempo y el espacio, modificaciones que parecen conducir a la posibilidad del teatro levantado alrededor de la idea de la ilusión dramática, no debe interpretarse como una sugerencia en el sentido de que el modelo original fuera abandonado pronto. Las consecuencias del modelo litúrgico todavía se notan en los *autos sacramentales* de Calderón. En vez de ello, el modelo litúrgico y el concepto de la ilusión dramática, lo metéctico y lo mimético, comprenden dos pautas que están simultáneamente a disposición de los dramaturgos peninsulares de los siglos XVI y XVII, pautas que, por separado o de forma simultánea, podían influir en las convenciones temporales y espaciales en que se basan sus obras.

[Sin embargo, en el nacimiento del teatro también hay que tener en cuenta otra tradición importante que floreció en el siglo XV]: la de la pompa y el espectáculo. El torneo deja de ser una simple batalla de mentirijillas para convertirse en un espectáculo complejo en el que intervienen disfraces alegóricos, escenarios artificiales y tal vez alguna clase de marco narrativo o dramático que explique la aparición de los caballeros. Los festejos de las fiestas religiosas, bodas y bautizos se embellecen con *momos* (bailarines enmascarados) y *entremeses* (carros espectaculares que contenían figuras alegóricas), y la aparición de estos cómicos se explica con frecuencia por medio de parlamentos o actos alegóricos.

[Solían empezar siempre de la misma manera:] Un grupo de cómicos entra inesperadamente (al menos en teoría) en la corte por una puerta o con un carro espectacular y explica de dónde vienen y la razón de sus extraños disfraces. Se sobreentiende que la acción de la obrita, sea la que sea, tiene lugar en el espacio de la corte y en el momento presente de los espectadores participantes. Los «actores» pueden hablar directamente con miembros de la corte, o los espectadores pueden mezclarse con los actores. Estos «actores», al mismo tiempo que fingen ser otras personas, también son reconocibles como ellos mismos, y sus papeles teatrales pueden coincidir con los que interpretan en la vida real. Hay una especie de mezcla natural de lo sagrado y lo profano, tanto en lo que respecta a los temas de las diversiones como al tipo de diversión que es apropiado para una ocasión determinada. [Con esta premisa, parece claro que] un precedente relativamente olvidado del prólogo peninsular es el parlamento de introducción por parte del «presentador» en las diversiones del siglo XV. Meredith considera que las églogas primera y quinta de Encina son obras-prólogo que introducen el auto de Navidad y el auto de Carnaval respectivamente. En el *momo* de Gómez Manrique, el parlamento con que la princesa Isabel introduce los *fados* explicaba cómo las Musas habían llegado allí. Estos ejemplos pueden compararse con los prólogos en los cuales el que habla no presenta el *argumento* de la acción que va a desarrollarse seguidamente, sino la «prehistoria» de esa intriga. En la *Comedia Tinellaria* de Torres Naharro, por ejemplo, el hablante-*introito* no recita un resumen de la acción que va a representarse, sino una breve historia de la venida del cardenal a Roma y de sus rapaces sirvientes. [...] Una vez establecida la comunicación con el público en los primeros versos del *introito* y una vez que los espectadores han sido «preparados» o puestos en vena por medio de rasgos de ingenio, el prologuista debe introducir al público en la realidad de la obra. Por este motivo, el final del prólogo reviste interés especial, porque presenta la obra propiamente dicha o se une a ella. A veces el hablante-*introito* tiende un puente sobre el abismo que hay entre la realidad de la obra y la realidad del público reconociendo la discontinuidad como tal. Puede que sencillamente anuncie que va a representarse una obra y pida silencio.

[Pero este hecho, el inicio de la acción, nos plantea otro problema.] Hablando en general, las obras aquí estudiadas o bien se representaban realmente o, como mínimo, estaban pensadas para que las representaran. Esto se sabe porque el autor nos habla de determinada representación (como en las rúbricas de las églogas I, II, V, VI, VII, VIII y X de Encina), o porque éste, o el impresor, nos hace saber que la obra es al menos apropiada para representarla (el anónimo *Auto de Clarindo* de *c.* 1535). Dejando aparte las indicaciones de esta clase, sin embargo, hay una falta general de pruebas documentales que hablen de la representación de las anteriores obras peninsulares. [...] Dado el hecho de que la lectura de obras como la *Celestina* había enseñado al lector del siglo XVI a imaginar los escenarios, las salidas, el paso del tiempo, etcétera, según eran evocados por el diálogo mismo de la obra, parece lícito preguntar hasta qué punto la representación o la no representación era significativa para determinado dramaturgo y su público. La pregunta debe considerarse también teniendo en cuenta el hecho de que en el período que nos ocupa leer aún podía significar esencialmente leer en voz alta.

Pruebas de que las obras se leían así cabe encontrarlas en *La Lozana andaluza* (1528) de Francisco Delicado, en un pasaje en el cual la Lozana pide a Silvano, amigo del autor, que le lea en voz alta: «... porque quiero que me leáis, vos que tenéis gracia, las coplas de Fajardo y la comedia Tinalaria y a Celestina, que huelgo de oír leer estas cosas mucho». La «comedia Tinalaria» es, por supuesto, la *Comedia Tinellaria* de Torres Naharro. Uno de los primeros ejemplos de la recitación en público de un auto a cargo de una sola persona nos lo da Martín de Herrera en su *Égloga* (c. 1511) sobre la conquista de Orán. [En su prólogo] Herrera afirma explícitamente que su égloga debe leerse en voz alta y en público en lugar de representarse. [Y], como sugiere su título, la *Muestra de la lengua castellana en el nascimiento de Hercules* (antes de 1525), de Hernán Pérez de Oliva, fue escrita para demostrar las posibilidades de la lengua castellana y no para representarla.

[Sin duda no es casualidad] que el grupo de obras cuya representación es incierta generalmente son seculares, y no festivas, es decir, sin relación con determinado acontecimiento histórico o época del año. Tienen como modelo obras escritas para ser leídas (*La Celestina*) u obras que en aquel tiempo se leían más a menudo que se representaban (la comedia romana). Aunque no tuviéramos la certeza de que un grupo de obras se había representado en el escenario, podríamos sospechar que lo fueron porque sus elementos festivos las vinculan a un momento concreto del año (por ejemplo, un auto de Navidad) o a una circunstancia específica de índole histórica (la *Comedia Trophea* de Torres Naharro) o personal (la primera égloga de Encina). Aunque en muchos casos se imprimían y, por ende, estaban al alcance de los lectores, la mayoría de estas obras carecen relativamente de sentido fuera del contexto de la ocasión concreta para la que fueron escritas.

Encina escribió muchas de sus primeras obras pensando en un propósito específico, por lo que, para surtir efecto, tenían que representarse en un momento determinado. De hecho, parte de la originalidad de Encina radica en su decisión de representar lo que hasta entonces había sido un género destinado a la lectura o meramente representable. Sus primeras creaciones dramáticas, que en muchos aspectos procedían de las diversiones cortesanas del siglo XV, dieron origen a un ciclo de obras pensadas para que se representaran ante un público selecto con motivo de la celebración de algún acontecimiento que tuviera un interés específico para el momento de la representación. El grupo de obras cuya representación es incierta carece de este elemento de especificidad; tales obras podían ser leídas o vistas y comprendidas por casi todo el mundo en cualquier momento. Las obras de Torres Naharro, basadas en piezas para ser leídas (*La Celestina*) o conocidas por medio de la lectura (la comedia romana), proporcionaron un modelo tan fértil como el de Encina y fueron el origen de una serie de obras que podían apreciarse con representación o sin ella.

Para terminar, si las convenciones de flexibilidad del tiempo y el espacio permitían a los dramaturgos peninsulares mover sus personajes libremente de una época y un espacio a otros, ello era así prescindiendo de que la obra estuviera destinada a ser representada (con «decorado hablado» o, posiblemente, con algún tipo de montaje simultáneo) o leída (con la imaginación del lector encargándose de crear los escenarios y momentos necesarios). Así pues, *La Celestina*, con su manipulación libre y variada del tiempo y el espacio, puede añadirse a la liturgia y a la diversión cortesana como tercer modelo de ambigüedad temporal y espacial que los antiguos dramaturgos peninsulares tenían a su disposición.

12. LA «CELESTINA»

Una guía bibliográfica completa es hoy más necesaria que diez años atrás, por lo que la renovada de Snow [1985], con suplementos en *Celestinesca*, constituye un recurso imprescindible. Incluye ahora todos los trabajos publicados a partir de 1930, de modo que sólo falta un porcentaje muy reducido de la investigación dedicada a la obra. A diferencia de la primera versión (1976), las entradas se ordenan alfabéticamente, con un índice que facilita la búsqueda de trabajos sobre un tema determinado.

La historia del texto de la *Celestina** sigue siendo muy discutida, sobre todo después de la publicación póstuma de la edición de Marciales [1985], fruto de doce años de intensa investigación (empezada en 1965). Las ideas de Marciales (desarrolladas en otra forma en [1983]), basadas en el minucioso análisis de todas las ediciones y traducciones tempranas, son tan complejas como apasionantes; el debate se prolongará durante muchos años (véanse, por ahora, las largas reseñas de R. Rohland de Langbehn, *F*, XXI (1986), pp. 231-240, y D. S. Severin, *BHS*, LXIV (1987), pp. 237-243). Según Marciales, Rojas nació hacia 1465, por lo que compuso su obra maestra no cuando era estudiante en Salamanca, sino diez años más tarde; conoció bien, además, a Rodrigo Cota, autor del auto I y principios del II: son hipótesis muy posibles, aunque hay que relacionar la primera con los documentos utilizados por Gilman (1972); la tercera es difícilmente compatible con los indicios de formación eclesiástica reflejados en el auto I (véase, por ejemplo, Vermeylen [1983]). Otras hipótesis de Marciales, mucho más discutibles por las débiles pruebas que aduce, suponen, por una parte, la identificación de retratos de Rojas, aún joven y ya de bastante mayor, en sendas ediciones impresas en Valencia; por otra, la atribución de gran parte del «Tratado de Centurio» a Sanabria, autor del «Auto de Traso», que figura como el auto XIX en unas pocas ediciones. El texto establecido por Marciales (un arquetipo reconstruido a partir de un *stemma* muy

---

* Whinnom [1980] demuestra que el título adoptado por los impresores de la primera mitad del siglo XVI es *Celestina*, por más que en español de hoy no puede enunciarse sin artículo: «la *Celestina*».

complejo) ha sido regularizado según normas ortográficas del siglo XVI. Las copiosas notas serán utilísimas para el especialista, sobre todo, y para quien prepare una edición crítica, pero no parece probable que su texto llegue a ser el estándar. Hay otras dos ediciones de gran importancia, aunque sin el largo y complejo aparato de la de Marciales. La de Severin y Cabello [1987] adopta como texto de partida la edición de Zaragoza, 1507, la primera conservada de la *Tragicomedia* en castellano (la traducción italiana nos ha llegado en una edición de 1506), texto que ha sido enmendado según otras ediciones tempranas; las notas, fruto de la colaboración de Severin y Cabello, en tanto que el texto ha sido preparado únicamente por Severin, son de gran ayuda para el lector. Rank [1978] presenta de forma esmerada el texto de la *Comedia*, según la edición de Sevilla, 1501, con variantes de otras ediciones; la introducción se ocupa principalmente de la historia textual y se atiene en sus líneas generales a las conclusiones de Herriott (1964). El especial valor de la edición de Rank radica en que facilita una comparación entre las dos redacciones (*Comedia/Tragicomedia*). Orduna [1988] resume inteligentemente la historia del texto y las fases de su recepción y subraya el marco polémico creado por Rojas en los prólogos y versos, avivado por Alonso de Proaza. Gallo y Scoles [1983] ofrecen un anticipo de la bibliografía pormenorizada de las ediciones anteriores al siglo XIX que preparan con Erna Berndt Kelly, Patrizia Botta y Angela Pagano; en este artículo amplían tanto la lista de ediciones conocidas como la de ejemplares localizados. Kelly [1985] analiza los comentarios que sobre el proteico título figuran en las ediciones hasta el siglo XIX, las traducciones y las alusiones tempranas. El «Auto de Traso» ha sido estudiado por Hook [1978-1979]; incluye un análisis de sus cualidades literarias (confirma la opinión de Lida de Malkiel (1962) de que es una imitación de la obra de Rojas) y una reconstrucción convincente de su historia textual. Vermeylen [1983] identifica en el acto I una frase de la liturgia mozárabe, lo que indica que el autor era un clérigo (hay otras razones para aceptar la formación eclesiástica del primer autor). Miguel, en cambio, sostiene que el auto I es obra de Rojas; ofrece un anticipo [1988] del libro que está preparando sobre dicha cuestión. Stamm [1988] comenta algunos elementos estructurales, estilísticos y temáticos de las sucesivas etapas del texto, concluyendo que hay al menos tres autores (uno del auto I; otro del resto de autos de la *Comedia* más el actual XVI; el tercero del «Tratado de Centurio», menos el auto XVI), posiblemente, cuatro (el poeta del auto XIX puede ser distinto del autor de la prosa). Mucho más revolucionaria —comparable, en este aspecto, con el trabajo de Marciales— es la hipótesis de Cantalapiedra Erostarbe [1986], según la cual el primer autor no sólo compuso el auto I, sino también los once primeros y gran parte del XII, dejando para Rojas tan sólo del XIII al XVI de la *Comedia* y los nuevos autos de la *Tragicomedia*. Algunas de las pruebas que aduce son poco serias; otras, en cambio, merecen consideración. Vale la pena resumir en un cuadro sinóptico las opiniones de los investigadores mencionados (omitiendo, inevitablemente, algún que otro matiz):

auto	Marciales	Vermeylen	Cantalapiedra	Miguel Mz.	Stamm
I	Cota	anón. (clérigo)	anón.	R	anón. 1.º
II	R		anón.	R	R
III	R		anón.	R	R
IV	R		anón.	R	R
V	R		anón.	R	R
VI	R		anón.	R	R
VII	R		anón.	R	R
VIII	R		anón.	R	R
IX	R		anón.	R	R
X	R		anón.	R	R
XI	R		anón.	R	R
XII	R		anón. + R	R	R
XIII	R		R	R	R
XIVa	R		R	R	R
XIVb	R		R		anón. 2.º
XV	Sanabria		R		anón. 2.º
XVI	R		R		R
XVII	Sanabria		R		anón. 2.º
XVIII	Sanabria		R		anón. 2.º
XIXa	Sanabria + R		R		anón. 2.º (¿y 3.º?)
XIXb	R		R	R	R
XX	R		R	R	R
XXI	R		R	R	R

(R: Rojas. Una casilla vacía indica que el trabajo no trata la autoría.)

De gran interés metodológico, por otra parte, es el artículo de Wyatt [1987], donde describe un programa de ordenador para averiguar, a base de datos léxicos y sintácticos, el número (aunque no la identidad) de los autores de la *Celestina*.

Un problema bastante discutido en los primeros decenios del siglo XX, aunque no llegó a resolverse, es el de las alusiones en el texto, durante el siglo XVI, a la casa de Celestina, «cerca de las tenerías». Russell [1989] vuelve a planteárselo: sostiene de manera convincente que tal casa era muy conocida en Salamanca antes de la composición del auto I y que las repetidas alusiones en el texto a una casa ya abandonada por Celestina se deben al deseo de los autores de relacionar su creación literaria con lo que se sabía (o se creía) en Salamanca de una Celestina histórica.* El artículo de Mancini [1985], a pe-

* La hipótesis de Russell se ve reforzada por el descubrimiento (por M. E. Lacarra, D. S. Severin, J. Snow y un servidor), en marzo de 1988, de la que parece fue casa, con su jardín, ███████ (véase *Cel.*, XII, 1 [mayo de 1988], pp. 55-58).

sar de su título, no trata cuestiones relacionadas con el origen histórico de la obra, sino que se ocupa de las tradiciones literarias que la conforman (sobre todo, la comedia humanística y la ficción sentimental) y la manera en que las adaptan los autores. Como era de esperar, una serie de trabajos aclara nuestra visión de las fuentes de la *Celestina*. Severin [1981-1982] señala sugerentes paralelos entre los personajes de la obra y las categorías de carácter establecidas en dos tratados sobre la *Ética* de Aristóteles. Otra fuente clásica, Séneca, ha sido estudiada por Fothergill-Payne [1988]: su influjo, desmentido por otros investigadores, que lo limitaban al auto I y a los inicios del II, ha sido plenamente comprobado. La investigadora se replantea el papel de las obras de Séneca y del Pseudo-Séneca en el auto I; a continuación, demuestra que varios aspectos de los otros autos de la *Comedia* dependen de la lectura de Séneca, de las obras apócrifas y de los comentarios: ya sean préstamos textuales directos o a través de Petrarca, ya conceptos morales, ya algunos rasgos de los personajes. La utilización de Séneca es a veces paródica, sobre todo en los nuevos autos de la *Tragicomedia*, donde las tragedias del autor latino llegan a ser tan importantes como los tratados morales. Aunque la relación de algunos personajes con la tradición de la comedia latina clásica es muy conocida, se debe a Cavallero [1988] una necesaria aclaración. Un importante aspecto complementario es la impresión que de los personajes se formaría un público familiarizado con la teoría fisiológica y psicológica de la Edad Media basada en los humores; Cárdenas [1988] clasifica a los personajes según dichos humores, comparando las categorías implícitas de la *Celestina* con las explícitas del *Arcipreste de Talavera*. Cada vez se hace más patente la influencia fundamental de la ficción sentimental en la *Celestina*, tanto en la parodia del amor cortés que apreciamos en Calisto como en el desenlace; Lacarra [1989] (cf. Taravacci [1983]) profundiza en el aspecto paródico. Otro tipo de ficción sentimental del siglo XV ha sido relacionado con la *Celestina* en el artículo de Beltrán [1988], que señala coincidencias, sin que aprecie un préstamo directo, entre la representación del enamoramiento en *Tirant lo Blanc* y en la *Celestina*. Tanto el proceso de enamoramiento como el tema de la magia han sido situados en su contexto intelectual y universiario (Cátedra [1989 en cap. 10, *supra*], pp. 67-69, 85-88 y 105-109). Corfis [1984] prueba que Rojas utilizó un *florilegium* famoso, la *Margarita poetica*, con fuente de *sententiae*; además, amplía [1989] nuestro conocimiento de los estudios jurídicos de Rojas en tanto que influjo cultural (Russell (1978) fue el primero en indicarlo). Una tradición muy distinta y hasta la fecha ignorada, la hermética, ha sido señalada por Burke [1987a]: según ella, se deduce que la serpiente (Celestina) equipara las cualidades opuestas (en este caso, Calisto y Melibea), de lo que se derivan desastrosas consecuencias. Armistead y Silverman [1989] apuntan la posibilidad de que se haya olvidado otra tradición: sugieren que se pueden establecer varias analogías con algunos cuentos de *Las mil y una noches* y con otros textos islámicos para la alcahueta, el enamoramiento y otros elementos de la *Ce-*

lestina. Aunque no llegan a afirmar que haya pruebas suficientes de una influencia árabe en el texto castellano, los datos que presentan han de tomarse muy en serio (nótese que comentan, p. 5, algunas semejanzas entre las obras árabes y el *Tirant lo Blanc*, lo cual es importante para el trabajo de Beltrán ya comentado).

La gran mayoría de los importantes estudios de Dean W. McPheeters, el llorado investigador de la *Celestina*, han sido recopilados [1985] y a veces ampliados: se ocupa de algunos aspectos de Melibea y de Calisto, de ciertas tradiciones intelectuales, del papel de Alonso de Proaza en la historia del texto y de la difusión de la obra. Pese a su brevedad, el libro de Severin [1989] contiene importantes estudios: además de las cuestiones genéricas a las que alude el título, se ocupa de la parodia del amor cortés, del humor, de las relaciones de la *Celestina* con la ficción sentimental y con el *Arcipreste de Talavera* y de la intención de Rojas. La conclusión de Severin —la *Celestina* es una novela— está bien fundada, a pesar de la argumentación de Michael [1985-1986 en cap. 1, *supra*], pp. 519-523; y aun a pesar de la más sólida argumentación de Fraker [en prensa], donde, además de la retórica, estudia el influjo de la tradición dramática de Terencio. En cuanto a la retórica, Fraker analiza las técnicas de persuasión utilizadas por los personajes: algunas de ellas, heredadas de la comedia humanística; otras, posiblemente, de las *suasorias* y *controversias* de Séneca el Viejo. Un episodio en que se aprecia dicha persuasión retórica (el auto IV) ha sido bien analizado por Morgan [1979].

Las imágenes de la *Celestina*, un aspecto muy importante tanto estilística como temáticamente, han sido consideradas desde distintos puntos de vista. El investigador que mejor las conoce, y de quien aún esperamos la monografía definitiva, es Shipley (cf. 1973-1974, 1975); en [1984] demuestra cómo los personajes distorsionan y corrompen los valores morales encerrados en el bestiario. Gerli [1983] relaciona el halcón de Calisto, mencionado por Pármeno en el auto II, con la tradición medieval de la caza de amor. Diversos trabajos rastrean (y algunos quizá exageran de vez en cuando) las connotaciones sexuales de ciertos objetos y escenas del texto: el jardín de Melibea (Lecertua [1978]), el dolor de muelas de Calisto (West [1979] y Herrero [1986]), el cordón de Melibea (Herrero [1986]), el hilado y otras imágenes afines (Herrero [1984] y Fontes [1984, 1985]) y el hogar (Ellis [1981]). A pesar del título de su artículo, Alonso [1980] se ocupa menos de imágenes simbólicas que del sentido general de la obra y de su estructura mítica. Cantalapiedra [1986], en cambio, se extiende sobre el simbolismo de algunos objetos; su método de interpretación es bastante tradicional, aunque no su presentación, pues se apoya en el léxico de la semiótica y en un sinfín de diagramas. Su lectura de las imágenes implícitas es interesante, aun cuando alguna interpretación parece discutible (por ejemplo, la referida a los dientes; cf. West [1979] y Herrero [1986]).

Paralelos y contrastes de personajes y escenas contribuyen notablemente a la estructura de la obra y se ven reflejados en el estilo (Ciplijauskaité [1983]).

Read [1978] subraya la manera en que los personajes abusan del lenguaje, que en principio debiera ser un medio de comunicación y una forma de reforzar los nexos sociales; hasta tal punto lo fuerzan, que la insolvencia lingüística al final de la obra refleja un vacío social (cf. Fraker [en prensa] y Rodríguez Puértolas (1976)). Sus conclusiones guardan en cierto modo una relación con las de Gifford [1981], que versan sobre el elemento verbal y acústico en la magia de Celestina (especialmente, en los autos IV y X); las de Gifford, a su vez, anticipan una parte del trabajo de Gurza [1986]. Este último parte de una base teórica bastante distinta, que debe mucho a las recientes teorías de la oralidad, pues las aplica a diversos aspectos de la *Celestina* (la retórica, los poemas, los refranes, la lectura de la obra ante un público). La lectura en voz alta posibilita la ejecución de los apartes (estudiados por Cassan Moudoud [1987]), que resulta imposible en la página impresa. Un elemento estilístico de muy distinto tipo, que tiene relevantes consecuencias temáticas, es la ironía. Ayllón [1984] estudia la ironía en cada sección de la obra, a cuyo fin cita extensamente (¿demasiado?) las opiniones de otros críticos, aunque también aporta su propia e interesante interpretación. La ambigüedad, característica a menudo comentada por la crítica reciente, ha sido examinada por González Boixo [1982] en varias cuestiones concretas: ¿cuál es el espacio de la primera escena?, ¿cuánto tiempo pasa entre los diversos episodios?, ¿cómo se explica el cambio en Melibea?, etc.

La narratología se aplica de manera utilísima (Rank [1986]) a los elementos narrativos de los parlamentos en que Pármeno se refiere a Celestina y a aquéllos en que la vieja habla de sí misma: la narración es resultado de la interacción entre la conciencia de un personaje preocupado por el pasado y el lector. Una de las opiniones de Rank, la importancia central de Claudina en cualquier estudio de los parlamentos narrativos de estos personajes, entronca con el análisis de Snow [1986] de la evocación por parte de Celestina de su antigua maestra, evocación que logra corromper a Pármeno y, así, destruir a la propia Celestina. En otro artículo, Snow [1989] estudia detenidamente dicha corrupción, interpretándola como un regreso a la escala de valores de su madre, cuyo carácter, que permanecía en estado latente en Pármeno, hizo aflorar Celestina. Miguel [1979] contrasta los apelativos dirigidos a Celestina en su presencia con lo que dicen de ella Sempronio, Pármeno, Calisto y Melibea cuando está ausente. De Menaca [1985] se replantea los problemas en torno al suicidio de Melibea; Swietlicki [1985] ofrece una visión global de los personajes femeninos, subrayando la novedad de su presentación (a pesar de ciertas influencias señaladas en el artículo): tienen por lo general caracteres fuertes y suelen insistir en su autonomía. El libro de Cantalapiedra [1986], ya comentado, dedica muchas páginas al estudio de los personajes.

Se sigue discutiendo sobre el sentido de la *Celestina*. Round [1981] apunta una serie de contrastes: entre los valores cortesanos y los estoico-cristianos, ambos representados por varios personajes; entre los dos sistemas de valores y la conducta de los que los representan; entre «bienes propios» (cualidades innatas) y «bienes ajenos» (los que concede la Fortuna). Termina subrayando la contigüidad que se da entre la lujuria y la codicia económica en el nuevo mundo urbano de la Celestina, un mundo dominado por el dinero. Para Whinnom [1981], el contraste entre lo que dicen y lo que hacen los personajes refleja la hostilidad de Rojas hacia el amor sexual y el resentimiento que le inspiraba la aristocracia; de este modo, la moralidad tradicional se combina con la sátira social. Whinnom subraya las dificultades interpretativas originadas por la creencia de que la Celestina es una obra perfecta; si aceptamos que es la obra imperfecta y a veces incoherente de un hombre joven, aunque genial, su lectura resulta menos problemática. Shipley [1985] y Russell [1988] comentan el elevado número de sententiae; sin embargo, mientras que Shipley considera que son utilizadas de manera irónica y subversiva, de modo que tanto los personajes como los lectores carecen de una base firme para interpretar lo que pasa, Russell nos recuerda que Rojas las apreciaba (nótese lo que dice en el prólogo) y analiza su función en la representación de personajes, en el humor y en la presentación del tema.

De todas las controversias en torno a la Celestina, la que con más pasión se ha discutido es la que relaciona el origen converso de Fernando Rojas con el sentido de la obra. Gilman, que ya se ocupó del problema en su libro (1972), lo vuelve a tratar, aunque más brevemente, al relacionar la obra con el trasfondo de una generación de conversos cuyos rasgos trata de bosquejar [1979-1980]. Márquez Villanueva [1987] cree que el origen de Celestina como alcahueta no depende tanto de la tradición literaria clásica (cf. Armistead y Silverman [1989]) cuanto de una tradición social fruto de la convivencia de cristianos, moros y judíos. Fontes [1988], más concretamente, apunta que en la mayoría de ocasiones en que aparecen las palabras «limpio» y «limpieza» se emplean irónica o hipócritamente; concluye que tal empleo refleja la hostilidad de un autor converso ante el concepto de limpieza de sangre. Smith [1989] se sirve de una lectura de Derrida aplicada al llanto de Pleberio para señalar semejanzas entre la crítica deconstruccionista y la tradición hebrea del comentario, y para sugerir que Rojas tal vez se inspirara en la filosofía hebrea; no llega a concluir su argumentación por falta de datos. Rohland de Langbhen [1988], en cambio, disiente de los críticos que aprecian en los reproches de Calisto al juez (auto XIV) la actitud propia de un converso, demostrando que dicha actitud es la que cabría esperar de un cristiano viejo aristocrático; Salvador Miguel [1989], por su parte, analiza polémicamente los trabajos de quienes interpretan la obra de Rojas a partir de su origen converso, revelando lo mal fundados que están muchos de ellos: no descarta, sin embargo, la hipótesis de que un converso joven, dotado y pobre tuviese resentimiento contra la clase ociosa de cristianos viejos.

Mientras que la presencia de un ingrediente judío en la Celestina sigue siendo —por razones tan obvias como inevitables— objeto de especulación, así como tampoco se puede comprobar definitivamente la conexión entre la condición conversa de Fernando de Rojas y la severa crítica de que son objeto Calisto y la clase que representa (a pesar de ser una hipótesis sumamente razonable), sí resulta explícito y enfático, en cambio, el ingrediente cristiano. Aunque no se incluya una declaración expresa del autor en el seno de la acción, a causa de la naturaleza dialogada de la obra, las explícitas declaraciones doctrinalmente cristianas se pueden constatar, desde luego, en los prólogos y en los versos. El contraste entre el silencio del autor en los 21 autos y las declaraciones al principio y al final ponen en entredicho, para algunos investigadores, la sinceridad de estas últimas. Resulta imprescindible, por lo tanto, averiguar hasta qué punto el texto de los 21 autos confirma o contradice al de los prólogos y los versos. Un importante indicio no ha sido considerado (me di cuenta de él muy tarde): en la *Tragicomedia*, Rojas nos llama la atención, en dos ocasiones, sobre la cuestión del arrepentimiento a última hora (Deyermond [1984 *a*]), lo que apenas le habría interesado de no ser un cristiano sincero. La ortodoxia cristiana se alía con la crítica social de una sociedad dominada por el dinero en la manera en que Rojas presenta el llanto de Pleberio (Deyermond [en prensa]). No debe sorprendernos lo más mínimo la coexistencia de una fervorosa devoción cristiana y una crítica radical de los ricos y poderosos: coexisten en la predicación de la baja Edad Media (sobre todo en la de los franciscanos, orden en la que Rojas profesó como terciario) y en la Biblia. Es muy natural, pues, que tanto la tradición de la crítica social cristiana como sus circunstancias personales (origen converso y pobreza relativa) impulsaran a Rojas a condenar el poder del dinero en la sociedad y a Calisto, fingido amante cortés y auténtico egoísta de la clase ociosa (Deyermond [1984 *b*, 1985]). Van Beysterveldt [1982 en cap. 9, *supra*], en cambio, concluye que el didactismo es meramente convencional, que el móvil de la obra de Rojas (a quien atribuye incluso el acto I) es la crítica social; en tanto que Taravacci [1983], aunque acepta la presencia de un ingrediente paródico en la representación de Calisto, interpreta la obra, principalmente, como la trasposición de una historia de amor cortés a una contienda del mundo real. La contienda se comenta desde otra perspectiva en el artículo de Burke [1987*b*]: la armonía depende de las distinciones genéricas y jerárquicas: una vez eliminadas por Calisto y Melibea, sobreviene el desastre. El artículo es complejo, por lo que no se puede resumir fácilmente; es preciso leerlo juntamente con Burke [1987*a*], ya comentado. Una explicación más tradicional del desastre es la de Sánchez [1978]: la magia, tan dañina para Celestina como para otros personajes.

La descendencia de la *Celestina* escapa a los límites del presente capítulo (véase el Primer suplemento al volumen II de *HCLE*, cap. 5); hay que destacar, sin embargo, el artículo de Whinnom [1988], que, además de comentar de manera original varias obras del siglo XVI inspiradas en la *Celestina*, se cierra con algunas reflexiones sobre otros tantos problemas relacionados con el género, muy pertinentes para la lectura de la propia *Celestina*.

A pesar de la intensa investigación y crítica de los últimos años, queda aún mucho por hacer. Tal vez lo más urgente (seguramente lo más arduo) sea la valoración de las hipótesis de Marciales sobre la autoría y sobre la fijación del texto crítico; y, por si fuera poco, también tenemos que resolver los debates sobre género, sentido, influencias e importancia del origen converso de Rojas.

BIBLIOGRAFÍA

Alonso Hernández, José Luis, «Algunas claves para el reconocimiento y la función del símbolo en los textos literarios y folklóricos», en *Teorías semiológicas aplicadas a textos españoles: Actas del I Simposio Internacional del Departamento de Español de la Universidad de Groningen,* Univ. de Groninga, 1980, pp. 163-189.

Armistead, Samuel G., y Josep H. Silverman, «Celestina's Muslim Sisters», *Cel.,* XIII 2 (noviembre de 1989), pp. 3-27.

Ayllón, Cándido, *La perspectiva irónica de Fernando de Rojas,* Porrúa Turanzas, Madrid, 1984.

Beltrán, Rafael, «Paralelismos en los enamoramientos de Calisto y Tirant lo Blanc: los primeros síntomas del *mal de amor»*, *Cel.,* XII, 2 (noviembre de 1988), pp. 3-53.

Burke, James F., «The 'Go-Between' as Hermetic Agent in *Celestina*», *Cauda Pavonis: The Hermetic Text Society Newsletter,* n.s., VI, 2 (otoño de 1987), pp. 1-4.

—, «Sympathy and Antipathy in *La Celestina*», *Comparative Literature,* XXXIX (1987), pp. 19-27.

Cantalapiedra Erostarbe, Fernando, *Lectura semiótico-formal de «La Celestina»*, Reichenberger (Problemata Semiotica, VIII), Kassel, 1986.

Cárdenas, Anthony J., «The 'conplisiones de los onbres' of the *Arcipreste de Talavera* and the Male Lovers of the *Celestina*», *H,* LXXI (1988), pp. 479-491.

Cassan Moudoud, Chantal, «El uso de los apartes en *Celestina*», *Cel.,* XI, 1 (mayo de 1987), pp. 13-20.

Cavallero, Pablo A., «Algo más sobre el motivo grecolatino de la vieja bebedora en *Celestina*: Rojas y la tradición de comediografía», *Cel.,* XII, 2 (noviembre de 1988), pp. 5-16.

Ciplijauskaité, Biruté, «Juegos de duplicación e inversión en *La Celestina*», en *Homenaje Blecua* (1983), pp. 165-173.

Corfis, Ivy A., «Fernando de Rojas and Albrecht von Eyb's *Margarita poetica*», *Neophilologus,* LXVIII (1984), pp. 206-213.

—, «La *Celestina comentada* y el código jurídico de Fernando de Rojas», en *Whinnom Studies* (1989), pp. 19-24.

De Menaca, Marie, «À propos du suicide de Mélibée», en *Littérature, médecine et société,* VI, Univ., Nantes, 1985, pp. 51-76.

Deyermond, Alan, «'¡Muerto soy! ¡Confesión!': Celestina y el arrepentimiento a última hora», en *Ensayos Siebenmann* (1984), pp. 129-140.

—, «Divisiones socio-económicas, nexos sociales: la sociedad de *Celestina*», *Cel.,* VIII, 2 (otoño de 1984: *In Honor of Stephen Gilman*), pp. 3-10.

—, «'El que quiere comer el ave': Melibea como artículo de consumo», en *Estudios Soria* (1985), I, pp. 291-300.

—, «Pleberio's Lost Investment: The Worldly Perspective of *Celestina*, Act 21», *MLN*, en prensa.

Ellis, Deborah, «'¡Adiós paredes!': The Image of the Home in *Celestina*», *Cel.*, V, 2 (otoño de 1981), pp. 1-17.

Fontes, Manuel de Costa, «Celestina's *Hilado* and Related Symbole», *Cel.*, VIII, 1 (mayo de 1984), pp. 3-13. «...: A Suplement», *Cel.*, IX, 1 (mayo de 1985), pp. 33-38.

—, «The Idea of 'Limpieza' in *La Celestina*», en *Hispanic Studies Silverman* (1988), pp. 23-35.

Fothergill-Payne, Louise, *Seneca and «Celestina»*, Univ. Press, Cambridge, 1988.

Fraker, Charles F., *«Celestina»: Genre and Rhetoric*, Tamesis, Londres, en prensa.

Gallo, Ivana, y Emma Scoles, «Edizioni antiche della *Celestina* sconosciute o non localizzate dalla tradizione bibliografica», *CN*, XLIII (1983), pp. 1-17.

Gerli, E. Michael, «Calisto's Hawk and the Images of a Medieval Tradition», *R*, CIV (1983), pp. 83-101.

Gifford, D. J., «Magical Patter: The Place of Verbal Fascination in *La Celestina*», en *Russell Studies* (1981), pp. 30-37.

Gilman, Stephen, «A Generation of *Conversos*», *RPh*, XXXIII (1979-1980), pp. 87-101.

González Boixo, José Carlos, «La ambigüedad de *La Celestina*» *Archivum*, XXIX-XXX (1979-1980 [1982]), pp. 5-26.

Gurza, Esperanza, «La oralidad y *La Celestina*», en *Renaissance and Golden Age Essays in Honor of D.W. McPheeters*, Scripta Humanistica, Potomac, Maryland, 1986, pp. 94-105.

Herrero, Javier, «Celestina's Craft: The Devil in the Skein», *BHS*, LXI (1984), pp. 343-351.

—, «The Stubborn Text: Calisto's Toothache and Melibea's Girdle», en *Literature among Discourses: The Spanish Golden Age*, ed. Wlad Godzich y Nicholas Spadaccini, Univ. of Minnesota Press, Minneapolis, 1986, pp. 132-147 y 166-168.

Hook, David, «The Genesis of the *Auto de Traso*», *JHP*, III (1978-1979), pp. 107-120.

Kelly, Erna Berndt, «Peripecias de un título: en torno al nombre de la obra de Fernando de Rojas», *Cel.*, IX, 2 (otoño de 1985), pp. 3-45.

Lacarra, María Eugenia, «La parodia de la ficción sentimental en la *Celestina*», *Cel.*, XIII, 1 (mayo de 1989), pp. 11-29.

Lecertua, Jean-Paul, «Le jardin de Mélibée: métaphores sexuelles et connotations symboliques dans quelques épisodes de *La Célestine*», *Trames*, *Collection Études Ibériques*, II (1978), pp. 105-138.

Mancini, Guido, «Cultura e attualità nella *Celestina*», *ALE*, IV (1985), pp. 217-243.

Marciales, Miguel, *Sobre problemas rojanos y celestinescos: Carta al Dr. Stephen Gilman a propósito del libro «The Spain of Fernando de Rojas»*, Univ. de los Andes, Mérida, 1983.

—, ed., *Celestina: Tragicomedia de Calisto y Melibea: Fernando de Rojas*, ed. a cargo de Brian Dutton y Joseph T. Snow, Univ. of Illinois Press (Illinois Medieval Monographs, I), Urbana, 1985, 2 vols.

Márquez Villanueva, Francisco, «La *Celestina* as Hispano-Semitic Anthropology», *RLC*, LXI (1987), pp. 425-453.

McPheeters, D. W., *Estudios humanísticos sobre «La Celestina»*, Scripta Humanistica, Potomac, Maryland, 1985.

Miguel Martínez, Emilio de, «A propósito de los apelativos dirigidos a Celestina», *Studia Philologica Salmanticensis*, III (1979), pp. 193-209.

—, «Rojas y el acto I de *La Celestina*», *Ínsula*, 497 (abril de 1988), pp. 19-20.

Morgan, Erica C., «Rhetorical Technique in the Persuasion of Melibea», *Cel.*, III, 2 (noviembre de 1979), pp. 7-18.

Orduna, Germán, «*Auto-Comedia-Tragicomedia-Celestina*: perspectivas críticas de un proceso de creación y recepción literaria», *Cel.*, XII, 1 (mayo de 1988), pp. 3-8.

Rank, Jerry R., ed., *Comedia de Calisto y Melibea*, Estudios de Hispanófila (XLIX), Chapel Hill, 1978.

—, «Narrativity and *La Celestina*», en *Hispanic Studies Deyermond* (1986), pp. 235-246.

Read, M.K., «Fernando de Roja's Vision of the Birth and Death of Language», *MLN*, CXIII (1978), pp. 163-175; rev. en Read [1983 en cap. 1], cap. 4.

Rohland de Langbehn, Régula, «Calisto, el juez y la cuestión de los conversos», en *Studia hisp. med.* (1988), pp. 89-98.

Round, Nicholas G., «Conduct and Values in *La Celestina*», en *Russell Studies* (1981), pp. 38-52.

Russell, Peter, «Discordia universal: *La Celestina* como 'Floresta de philosophos'», *Ínsula*, 497 (abril de 1988), pp. 1 y 3.

—, «Why Did Celestina Move House?», en *Whinnom Studies* (1989), pp. 155-161.

Salvador Miguel, Nicasio, «El presunto judaísmo de la *Celestina*», en *Whinnom Studies* (1989), pp. 162-177.

Sánchez, Elizabeth, «Magic in *La Celestina*», *HR*, XLVI (1978), pp. 481-494.

Severin, Dorothy Sherman, «Aristotle's Ethics and *La Celestina*», *C*, X (1981-1982), pp. 54-58.

—, *Tragicomedy and Novelistic Discours in «Celestina»*, Univ. Press, Cambridge, 1989.

—, y Maite Cabello, ed., *La Celestina*, Cátedra (LH, IV), Madrid, 1987.

Shipley, George A., «Bestiary Imagery in *La Celestina*», en *Homenaje Gilman* (1982 [1984]), pp. 211-218.

—, «Authority and Experience in *La Celestina*», *BHS* (1985), pp. 95-111.

Smith, Paul Julian, «Violence and Metaphysics: *La Celestina* and the Question of Jewish Philosophy», en *Michael*, IX, Diaspora Research Institute, Tel Aviv University, 1989, pp. 267-285.

Snow, Joseph T., *«Celestina» by Fernando de Rojas: An Annotated Bibliography of World Interest 1930-1985*, HSMS (BS, VI), Madison, 1985.

—, «Celestina's Claudina», en *Hispanic Studies Deyermond* (1986), pp. 257-277.

—, «'¿Con qué pagaré esto?': The Life and Death of Pármeno», en *Whinnom Studies* (1989), pp. 185-192.

Stamm, James R., *La estructura de «La Celestina»: una lectura analítica*, Univ. de Salamanca (AS, Estudios Filológicos, CCIV), Salamanca, 1988.

Swietlicki, Catherin, «Rojas' View of Women: A Reanalysis of *La Celestina*», *Hisp.*, 85 (septiembre de 1985), pp. 1-13.

Taravacci, Pietro, «*La Celestina* come 'contienda cortés'», *SI* (1983), pp. 9-33.

Vermeylen, Alphonse, «Una huella de la liturgia 'mozárabe' en el auto I de *La Celestina*», *NRFH*, XXXII (1983), pp. 325-329.

West, Geoffrey, «The Unseemliness of Calisto's Toothache», *Cel.*, III, 1 (mayo de 1979), pp. 3-10.

Whinnom, Keith, «'*La Celestina*', 'the *Celestina*', and L2 Interference in L1», *Cel.*, IV, 2 (otoño de 1980), pp. 19-21.

—, «Interpreting *La Celestina*: The Motives and the Personality of Fernando de Rojas», en *Russell Studies* (1981), pp. 53-68.

—, «El género celestinesco: origen y desarrollo», en *Literatura en la época del Emperador*, ed. Víctor García de la Concha, Universidad de Salamanca (AS, ALR, V), Salamanca, 1988, pp. 119-130.

Wyatt, James L., «*Celestina*, Autorship, and the Computer», *Cel.*, XI, 2 (otoño de 1987), pp. 29-35.

KEITH WHINNOM

LOS MOTIVOS DE FERNANDO DE ROJAS

Que la *Celestina* es en apariencia un ataque contra el amor no puede
discutirse: se dice que contiene «defensivas armas para resistir sus fuegos» (ed. D. S. Severin [1974], p. 36), Rojas ve «la más gente / vuelta
y mezclada en vicios de amor» (39), y la moraleja del cuento es que
como «aquí vemos cuán mal fenecieron / aquestos amantes, huiga-
mos su dança» (236), etcétera; que el «amor» significaba para Rojas
el código a la sazón vigente del «amor cortesano» ha quedado demostrado ampliamente y las bases del ataque de Rojas son perfectamente
claras, y están tan cerca de ser explícitas como la naturaleza de su diálogo dramático lo permite. El «amor», a pesar de todas las protestas
del poeta, no es más que lujuria; el amante, a pesar de lo que digan
los amantes, no es elevado y ennoblecido por su experiencia, sino que
se convierte en un pecador blasfemo y objeto de burlas merecidas; y
el amor, sin ningún género de dudas, a pesar de todos los teóricos,
no es una enfermedad que afecta solamente a las mentes nobles, pues
los sirvientes pueden ser víctimas de él y, como señala Celestina, no
hay ninguna diferencia entre la muchacha campesina y la dama ex-
ceptuando que ésta niega hipócritamente su lujuria y tarda más en en-
tregarse (Aucto VI: 109). Estos son los tópicos de la literatura misógina, pues los enemigos del amor son invariablemente los enemigos de
las mujeres, del mismo modo que los defensores del amor, como el
Leriano de San Pedro, son también los defensores de las mujeres. No
le resultó difícil al autor de la *Celestina comentada*, que también odiaba

Keith Whinnom, «Interpreting *La Celestina*: The motives and the personality of Fernando de Rojas», en *Russell Studies* (1981), pp. 53-68 (61-68).

a las mujeres, encontrar pruebas que sustentasen su punto de vista de que la *Tragicomedia* es un folleto misógino de ortodoxia impecable.

Rojas, sin embargo, va más lejos, sin discrepar por ello de los teóricos del amor cortesano, y arguye que la Danza del Amor es una Danza de la Muerte, y al hacer esa afirmación, deja entrever una faceta importante de su personalidad. La muerte, como sabemos, no constituye una tragedia [lo dice Alonso López Pinciano en su *Philosophia antigua poética*]: «Las muertes trágicas son lastimosas, mas las de la comedia, si alguna ay, son de gusto y passatiempo, porque en ellas mueren personas que sobran en el mundo, como es una vieja zizañadora, un rufián o una alcahueta». Y Rojas, después de matar a su *alcahueta* y a un par de sirvientes, procede a despachar a sus dos amantes aristocráticos y a llamar comedia a su obra. En el muy debatido pasaje del prólogo de la *Tragicomedia* en el cual Rojas se refiere a los que le habían criticado por usar el término comedia en el título de la primera versión, se excusa diciendo que «el primer autor quiso darle denominación del principio, que fue plazer, y llamóla comedia», y su solución consiste en «dividir la diferencia» («entre estos extremos partí agora por medio la porfía») y llamarla *tragicomedia* (43). Que Rojas conociera o no el *Anfitrión* de Plauto o *Fernandus salvatus* (o *servatus*) de Verardi no viene al caso; su postura no se puede defender. No necesitamos dudar de que el primer autor la llamara *comedia*, no sólo porque la obra tuviera un principio cómico (si eso es lo que significa «denominación del principio»), sino porque no había tenido la intención de convertirla en una tragedia. Rojas no quiere reconocer que ha traicionado las intenciones del primer autor, se niega a admitir que la anomalía es por su culpa, rechaza la etiqueta de *tragedia*, y se zafa del asunto con un chiste, inventando el término espurio *tragicomedia* para un género que no existe. Que esto pudiera resultar un accidente feliz y fructífero no tiene nada que ver con el asunto. Aparte de un grado de seguridad en sí mismo que bordea la arrogancia, el pasaje revela que Rojas no consideraba la muerte de Calisto y Melibea como una tragedia; y el texto demuestra que no aceptaba el aforismo de que es «la clase baxa... la que engendra la risa» (Francisco Cascales, *Tablas poéticas*). Sería fácil, pero requeriría tiempo, demostrar que el ataque de Rojas contra el amor cortesano es tremendamente injusto; pero es más importante percatarse de que la *Celestina* es un ataque que no va dirigido sencillamente contra el código del amor cortesano, sino también contra quienes lo subscribían, a saber: la aristocracia.

En el reinado de Enrique IV es posible encontrar escritores que atacan a la nobleza de la época y dicen de ella que es despreciable, corrupta y no merece respeto. (Aunque es verdad que no le permitieron publicar sus feroces estrofas, fray Íñigo de Mendoza no titubeaba en nombrar a los blancos de las mismas.) Pero en tiempos de Isabel es difícil encontrar algo más que reafirmaciones de la trillada proposición de Boecio (la idea es más antigua, pero no es necesario que busquemos su fuente más lejos) en el sentido de que la nobleza verdadera no depende del linaje, sino exclusivamente de la virtud y la sabiduría. Y esta idea pueden pasarla por alto, sin decir nada, incluso los autores que dependen mucho de Boecio en lo que se refiere a otras ideas. Si bien el primer autor hace afirmar a Sempronio que la nobleza depende de la virtud (II: 74), el propio Rojas no repite esta afirmación de manera explícita, pero la *Celestina* tiene sentido si creemos que Rojas abrigaba ese argumento de los estoicos, y este convencimiento secreto incluso contribuye en cierta medida a explicar su entusiasmo por Petrarca, y en particular por el *De remediis*, donde es el tema de dos diálogos. La auténtica indignación moral de un moralista auténtico, como fray Íñigo, poca explicación necesita: cualquier predicador mendicante estaba «en contra del pecado» en cualquiera de sus manifestaciones y en cualquier contexto. Pero la hostilidad que en Rojas despierta la nobleza aparece tan disimulada y justificada de modo tan especioso, que se nos puede permitir que nos hagamos preguntas acerca de sus motivos reales.

Fernando de Rojas era un joven dotado de una inteligencia superior, que procedía de una familia de poca cultura (que nosotros sepamos, no había, por ejemplo, médicos ni abogados entre sus parientes próximos) y, probablemente, de relativa pobreza, pues un protector cuyo nombre se desconoce le prestaba ayuda económica («las muchas mercedes de vuestra libre liberalidad recebidas», 35), posiblemente para que pudiese estudiar en Salamanca. Aun en el supuesto de que no fuera un clásico *resentido*, a ningún novelista histórico le resultaría difícil imaginar que el joven Rojas abrigaba la conciencia de su propia capacidad intelectual y de su propia valía moral y, al mismo tiempo, experimentaba un resentimiento profundamente arraigado por los mimados vástagos de las clases altas, que no pagaban impuestos, no necesitaban trabajar y daban por sentado que serían objeto de deferencia y respeto por el solo hecho de ser de noble linaje. Pero desde su humilde posición el joven Rojas no podía lanzar un ataque abierto contra ellos. En su lugar, nos ofrece un retrato de lo que él querría que fuese un ejemplar típico de aquella clase social: rico, ocioso, ostentoso, estúpido, egoísta, débil e innoble; y lo envía a una muerte ignominiosa. Rojas afirma, por supuesto, que ha demostrado los peligros del amor y de los «falsos y lisongeros sirvientes» y las «malas mugeres hechizeras» (36). Pero Rojas había leído la *Cárcel de amor* (pues copia frases del libro), por lo que sabía muy bien cómo debería comportarse el amante perfecto: Calisto se comporta mal, no porque sea víctima de la pasión, sino porque no es ningún Leriano; y la lógica de su muerte accidental, a diferencia de la de Leriano, es oscura, a menos que podamos interpretarla como un simple castigo por obra de Dios. Además, aunque la medida en que Rojas expresa sus puntos de vista personales, al mismo tiempo que se esconde detrás de sus creaciones, puede ser discutible, las tesis igualitarias de Celestina (83, 109, etc.) aparecen ilustradas por Rojas al mostrar a los sirvientes de Calisto entregados al mismo juego que su señor. Pármeno está tan hechizado por Areúsa y Sempronio tan loco por Elisa como Calisto lo está por Melibea. El retrato de Melibea es posiblemente más equívoco, por cuanto su pasión es fruto de la brujería, pero Rojas nos la muestra testaruda, falta de honradez e indiferente a su honor y al honor de su familia, y finalmente comete el «grave y detestable delicto» de quitarse la vida. Si bien Rojas podía disfrutar leyendo que la verdadera nobleza no radicaba en el hecho fortuito del nacimiento, su igualitarismo consiste en tirar hacia abajo, en vez de hacia arriba, es decir, en demostrar la vileza de la aristocracia en vez de la dignidad del pueblo llano.

No se nos obliga a suponer que Rojas era un hipócrita. Si utiliza la moralidad como si fuera un palo para asestar golpes a la nobleza, cabe suponer que su indignación moral todavía sea auténtica. Pero también es bastante rara. Al alcanzar la madurez («el seso lleno de canas», igual que Diego de San Pedro), muchos poetas amorosos y autores de romances del siglo XV repudiarían sus obras anteriores y se arrepentirían de sus pecados de juventud; pero ser misógino durante la juventud es indicio de cierta gazmoñería, y es poco frecuente encontrar a un joven tan ferozmente hostil al amor sexual, que considere que la muerte es el único castigo apropiado tanto para la alcahueta como para los sirvientes, el amo y el ama.

Ver al autor de la *Celestina* como un joven bastante insoportable, un presumido arrogante, resentido, hipócrita y gazmoño, quizá nos ayude poco más para aclamarle, como se ha hecho a menudo, como a un genio, un Colón de la literatura, «un extraordinario estudioso de la naturaleza humana», «una de las mentes más racionales que jamás haya producido la raza humana», etcétera; y no voy a afirmar que sea necesariamente un retrato más fiel. Pero puede que nos ayude a recuperar un poco el sentido de la perspectiva. Uno de los mayores obstáculos para una interpretación apropiada de la *Celestina* es sin duda la presuposición de que se trata de una obra maestra sin defectos, una obra totalmente consecuente que, a pesar de sus múltiples ambigüedades, refleja una visión unificada de la vida y un propósito inmutable. Esto no puede ser cierto. Si hay una clave mágica para interpretar la *Celestina*, esa clave debe ser la comprobación de que no hay ninguna clave mágica y única. Y nos costará mucho comprender el libro si no podemos concebir la idea de un autor con defectos, de un autor cuya lógica es inconsecuente; que fue cegado por la euforia de su venganza contra la juventud dorada a la que odiaba y no cayó en la cuenta de que su *Comedia* podía ser considerada como una tragedia; que, habiendo sido avisado de ello, por orgullo no quiso reconocer su error y por prudencia no pudo decir que, para él, Calisto y Melibea eran «personas que sobraban en el mundo»; cuyo sentido del humor, a menudo cruel y «negro», perjudica su propósito declarado; cuyas intemperantes ostentaciones de erudición tomada en préstamo (el peor ejemplo es el prólogo de la *Tragicomedia*) le llevan a repetir aforismos e ideas con los que no está sinceramente de acuerdo; cuyo ambiguo «pesimismo» es una postura intelectual que no hace juego con su intuitiva reacción positiva ante la vida; a quien se puede desviar fácilmente de lo que pretende decir, de modo que los momentos imaginativos de percepción (Celestina hablando de la vejez, Areúsa hablando de la dura suerte de las prostitutas, la responsabilidad de los amos en los casos de deslealtad de los sirvientes, etcétera) producen una simpatía inoportuna para con el reparto de personajes nada simpáticos; que con la diatriba final de Pleberio se dejó llevar por el entusiasmo y elaboró retóricamente un complejo de *topoi* que es inapropiado como resumen de su obra; que en una versión más suave, como autor de la *Tragicomedia*, accede, sin que venga a cuento, a prolongar «el proceso de su deleite destos amantes» (44); cuyo Centurio es una excrecencia débilmente concebida, sin originalidad, carente de gracia y de todo punto fuera de lugar que sólo puede ser fruto de la satisfacción de sí mismo que siente su creador; y así sucesivamente.

Reconocer que la *Celestina* y su segundo autor podrían ser menos que perfectos en modo alguno menoscaba la importancia histórica de la obra en la literatura europea; pero bien puede ser que su fortuita fecundidad radique precisamente en sus imperfecciones, en su ambigüedad y en su ambivalencia, así como en la complejidad de la personalidad de Rojas.

JEAN-PAUL LECERTUA

EL «HUERTO» DE MELIBEA

La imprecisión de las primeras referencias al lugar del encuentro de los amantes en la *Celestina*, aun remitiendo a la tradición literaria y sagrada, a la estructura imaginaria y simbólica del jardín literario, permite la distorsión de la localización convencional. Concebido en un principio como condición necesaria del encuentro, más tarde como jardín prohibido, aunque luego prometido, el jardín de Melibea conoce un proceso evolutivo: de *lugar* a *huerta*, después a *huerto*; de la referencia imprecisa y rápida del acto primitivo a la evocación lírica del acto XIX.

El examen léxico de las menciones de lugar (*huerta - huerto*) y de las escenas en el jardín permite evidenciar los mútiples dobles sentidos eróticos u obscenos en los discuros de amos y criados: las palabras *puertas, huerto, palo, pan* se convierten en metáforas sexuales, lexicalizadas en el uso escrito u oral, que vienen a reforzar los giros semánticos del propósito sacrílego de Calisto (*bienaventurado - merced - placer - gozo- deleyte*). La palabra se reinviste de sentido sexual debido a la sobrecarga erótica del contexto. El conjunto de estos deslizamientos de sentido, situados en el texto en torno a las escenas en el jardín (actos XII, XIV, XIX), sostiene la metáfora sexual de *huerto*, ya de por sí muy atestiguada en la tradición antigua y medieval.

El *huerto* de Melibea funciona a un mismo tiempo como metáfora (*el huerto = el sexo*), por su relación de similitud; como metonimia, por su relación de contigüidad, el continente por el contenido (*el huerto de Melibea - Melibea*); como una doble sinécdoque (la parte por el

Jean-Paul Lecertua, «Le Jardin de Mélibée: métaphores sexuelles et connotations symboliques dans quelques épisodes de *La Célestine*», *Trames*, 2 (1978 [1979]), pp. 105-138 (135-138).

todo): *el sexo de Melibea = Melibea* y, paralelamente, *Melibea = el huerto (parayso - vergel)*. La complejidad de este entramado de figuras, intensificada por el soporte imaginario y la representación del símbolo paradisíaco, funciona silépticamente.

Esta práctica de la escritura responde a las modalidades de lectura humanística. Para el letrado, el placer del texto residía en descifrar los sentidos múltiples, en la localización de los innumerables antecedentes escritos u orales, cultos o populares. El público universitario de lectores-oyentes de la *Celestina* debía obtener un especial deleite con estos dobles sentidos, al igual que con todas las llamadas a su memoria culta o folklórica, cuya participación era indispensable para una completa comprensión del texto: la *Tragicomedia*, cuya cronología está en ocasiones alterada (sería necesario, para restituirla, practicar una lectura «en zigzag»), apela a la memoria de un público que conoce el esquema del relato. Es fácil imaginar el éxito que podía tener para el público de estudiantes de Salamanca, familiarizado con la materia celestinesca, con los dobles sentidos eróticos, con las metáforas obscenas y las desviaciones del código cortés que hacían de la *Celestina* una obra subversiva.

La representación del *huerto* (imagen, metáfora sexual, símbolo sagrado) constituye una distorsión de la tradición de los jardines de signo positivo. El *huerto* de Melibea pertenece al mundo nocturno, imaginario y simbólico. El símbolo cristiano de la ascensión hacia la luz aparece aquí invertido en una representación nocturna de la caída de Calisto hacia la noche de la muerte y del infierno. El jardín del pecado es el lugar de un castigo ejemplar y simbólico. Como ya señaló M. Bataillon, Melibea, en la confesión a su padre, invita a «establecer una relación simbólica entre la violación de la clausura del jardín y la violencia hecha... a su virginidad» [1961, véase *HCLE*, I, p. 494]: «Quebrantó con escalas las paredes de tu huerto, quebrantó mi propósito». La heroína atestigua así, *a posteriori*, el sentido metafórico de *huerto*.

Al contrario que el paraíso perdido, el jardín descubre la naturaleza pecaminosa de la dama: de manera que los comentarios degradantes de los criados, los dobles sentidos del discurso de los personajes nobles, particularmente los de Melibea, desacreditan a la heroína cortés. Desde una perspectiva misógina, fundada sobre efectos cómicos, el universo de la dama bascula a cada momento hacia el registro paródico y satírico: la risa sirve, sin ninguna duda, al propósito moral afirmado en los preliminares de la obra. Bajo este enfoque, ninguno de los personajes de la *Tragicomedia* es totalmente trágico ni cómico: degradados por su amor ilícito, por su compromiso con el mundo de los bajos fondos y por los comentarios irónicos de sus criados, los protagonistas nobles son desacreditados por la degradación interna de su propio discurso; los criados, llevados, como sus amos, hacia un destino trágico, son promovidos a una nueva dignidad literaria y acceden a los registros del lenguaje culto.

El juego de metáforas obscenas y de símbolos inversos no impide el alcance moralizante de la obra, ni disgusta a ciertos clérigos, cuyas críticas cita M. Chevalier [1976: véase *HCLE*, I, p. 494], poco inclinados a gustar de la literatura de diversión. Sería tan poco conforme a la naturaleza de la *Celestina* hacer de ella un poema trágico a la gloria del amor triunfante como reducirla a una árida demostración de moral cristiana de inspiración clerical. Ciertamente, ya se ha dicho en otra parte, la lección moral hacía necesaria la descripción de las fechorías del amor. Sin embargo, creemos que los imperativos didácticos no son suficientes para explicar la complejidad y las audacias del libro.

En efecto, la *Celestina* no es en absoluto literatura de sacristía. Paralelamente a la ideología moral anunciada desde la obertura de la obra, la práctica de la escritura revela una moral interiorizada que aparece a través de un sistema de censuras cuyas metáforas son uno de sus mecanismos. Más o menos lexicalizada, la metáfora que surge en el texto no denuncia menos, mediante una operación de sustitución, su rechazo fantasmagórico de un objeto a un mismo tiempo designado y escondido. La irrupción de las *puertas*, en la primera entrevista amorosa, exhibe el fantasma de la castración, en el cual, bajo este tipo de metáforas, es posible encontrar un eco de una representación de la *psyché* colectiva.

Las metáforas del sexo femenino, y especialmente la del *huerto*, especie de hilo conductor de la obra, esconden y revelan la imagen del objeto deseado: subrayan su carácter obsesivo en el plan subyacente de la obra. Asociada a esta metáfora, la metonimia (*el vergel = Melibea*) surge para denunciar en el sueño solitario de Calisto (eco del episodio del cordón) la represión del deseo, incluso del deseo de la ausencia, del alejamiento, en contradicción con la lógica superficial del enunciado: la metonimia, reveladora de la pulsión de muerte, abre entonces una perspectiva sobre el desenlace.

Este proceso de emergencia del deseo reprimido, del fantasma disfrazado y designado al mismo tiempo, es posible gracias a una práctica de la escritura que privilegia la metáfora y el símbolo, asideros del fantasma vehiculado por la imaginería del texto. Tópico de la literatura amorosa, el jardín de Melibea no obedece a una función puramente decorativa: permite la irrupción, en la cadena manifiesta del discurso, de aquello que rechaza la conciencia. ¿Este posible conflicto manifiesta la presencia en la *Tragicomedia* de un soplo de sensualidad a imagen del *Cantar de los cantares*, del que la ortodoxia judía aceptó muy pronto la autenticidad divina, al contrario de las tardías dudas del catolicismo? ¿Se trata de una manifestación de los conflictos existenciales y latentes vividos por el converso Rojas y su familia, en la línea de las reflexiones del prólogo: «Todas las cosas ser criadas a manera de contienda y batalla, dize aquel gran sabio Eráclito... Sentencia a mi ver digna de perpetua y recordable memoria»?

El estudio de un fragmento de la obra no basta para un intento de respuesta. El examen de la función de las metáforas y de los mecanismos de escritura en el conjunto de la *Celestina* nos permitirá posteriormente sacar conclusiones más seguras. Sean cuales sean las conclusiones, queda claro que no es posible reducir el jardín de la *Tragicomedia* a un simple motivo ornamental que habría sido amplificado por la mano de un genio a partir de los antecedentes casi nulos del *primitivo aucto* y de la *Comedia*, en beneficio de la verosimilitud, del realismo y de la «poesía». Las últimas manifestaciones del jardín se dan virtualmente desde el acto primitivo y, en germen, desde el acto XII. La amplificación se efectúa en el plano de los juegos, jamás gratuitos, de lengua y de escritura: aquí reside lo esencial de la *Celestina*.

CHARLES F. FRAKER

LA RETÓRICA DE LA *CELESTINA*

1. La retórica en la *Celestina* corresponde principalmente a los personajes ficticios y sólo de un modo impreciso y global a la voz del autor.

[Examinemos brevemente una de las grandes escenas de la *Celestina*], el pasaje en que la heroína trae a Calisto la noticia de su primera entrevista con Melibea. Se trata, como recordamos, de una escena caótica que se compone de dos conversaciones, una entre la vieja y su clienta y otra entre los dos sirvientes. Es una escena repleta de figuras. En

Charles F. Fraker, (1) «Argument in the *Celestina*», en *Homenaje Gilman*, pp. 81-86 (81-83); y (2) «Rhetoric in the *Celestina*: another look», *Aureum Saeculum Hispanum...*, *Festschrift für Hans Flasche...*, Wiesbaden, 1982, pp. 81-90 (84-85).

el primer parlamento de Celestina, donde se hace hincapié en los riesgos de su misión, culmina una sarta de preguntas retóricas con una
comparatio, «Mi vida diera por menos precio que agora daria por este
manto raydo y viejo» (ed. M. Criado de Val y G. D. Trotter [1958],
p. 112): la figura dramatiza el peligro. La alusión al manto es también
un ejemplo de *emphasis* o *syllogismos* indirecto: llama la atención sobre su pobre aspecto para que Calisto le dé un manto nuevo. Al «o
abreuia tu razon, o toma esta espada y matame» de Calisto responde
ella: «¡Espada mala mate a tus enemigos y a quien mal te quiere!»
(112) y seguidamente da la buena noticia. La línea que hemos citado
expresa un concepto universal, «las espadas son para matar enemigos»,
y, por ende, forma la mayor de un silogismo virtual; la menor, por
supuesto, es «eres afortunado y no tu propio enemigo», y la conclusión, «yo no te mataría con tu espada». Se observará que el *emphasis*
es claramente el medio favorito de Celestina —según demuestra su notable y extenso uso de figuras en sus entrevistas con Melibea— y en
la presente escena lo combina una vez más con la *comparatio* al aludir
por segunda vez a su indumentaria: «antes me recebira ami con esta
saya rota que a otra con seda y brocado» (113). A la agria reacción
de Pármeno, Sempronio responde que ella tiene derecho a mendigar:
su proverbio-*exemplum*, «el abad de donde canta de allí se ianta» (113),
expresa una generalidad: «todo el mundo tiene derecho a ganarse la
vida a su modo». La respuesta de Pármeno es una *comparatio* más:
por un sencillo encargo quiere que se le pague más de lo que ha gana-
do en cincuenta años. Hasta la advertencia de Sempronio, «Calla, hombre desesperado, que te matara Calisto» (112), podría pasar por una
figura, la *catalepsis*, un esquema extraído de los tópicos *consecuentes*.

Todas estas figuras aparecen en un fragmento de alrededor de treinta
y cinco líneas. Podríamos continuar cuanto quisiéramos. Esta densi-
dad de recursos retóricos en este mismo pasaje es, sobre todo, una paradoja. La escena no es oratoria en ningún sentido obvio: diríase que
por su propia naturaleza el rápido intercambio de palabras excluye la
posibilidad de elocuencia y de argumento formal. El lector ingenuo,
y quizá muchos que lo son menos, sin duda la identificaría como una
de las menos retóricas de la obra, una escena en la cual el diálogo presenta el máximo parecido con una conversación normal y corriente.
Yo sugeriría con prudencia que esta invasión de la retórica y el argumento en un diálogo corriente es precisamente uno de los triunfos distintivos de la *Tragicomedia*. La mezcla, en todo caso, no es privativa

de este pasaje: cabe encontrarla en muchos más. Tal vez nada sea más sintomático de esta invasión que la presencia de complicados fragmentos de argumento en algunos de los giros más triviales y periféricos del discurso. En su primera entrevista Melibea está a punto de despedir a Celestina cuando ésta indica claramente que tiene más cosas que decir. Melibea la insta a hablar: «Di, madre, todas tus necessidades, que si yo las pudiere remediar, de muy buen grado lo hare, por el passado conoscimiento y vezindad, que pone obligacion a los buenos» (p. 89). También esto es un silogismo oculto: la vecindad y el conocimiento obligan a los buenos, yo soy una vecina y conocida, y soy buena, por ende, estoy obligada a (a escuchar todo lo que digas).

2. Sería imposible en un breve estudio catalogar por géneros y especies todas las figuras, tópicos de invención o formas de argumento que aparecen en la *Celestina*; más que imposible, innecesario: todo estudiante que sea lo bastante rico como para poseer un Quintiliano o un Lausberg puede señalar figuras tan bien como yo. El argumento retórico en la *Celestina* es, en todo caso, omnipresente: la proporción del texto que disputa, arguye, convence de acuerdo con las viejas pautas es muy grande. Podemos generalizar en dos campos.

Primero, los *parlamentos largos* en la *Celestina*, tan típicos de la obra, son el ejemplo obvio. Por supuesto, hay en la obra pasajes que son oratorios de forma clara y patente, y es necesario recalcar que lo son en todo el sentido de la palabra: son tan convincentes como copiosos. El grueso de los mismos se compone en parte de figuras y otros recursos que arguyen y proponen razones. La acumulación de pruebas en apoyo de una sola proposición; la prueba inductiva, en la cual cierto número de casos especiales fundamenta una verdad más amplia; la expresión del todo y sus partes, el género y sus especies, el tema y sus aditamentos; la larga procesión de generalidades y *sententiae*, que a veces pasan repetidamente por el mismo terreno, a veces vinculadas en alguna forma de pauta lógica; la generalidad seguida de ejemplos particulares; y, sobre todo, la forma mixta, la *expolitio*, en la cual un tema único es confirmado de muchas maneras, mediante el ejemplo, la comparación, el contraste y otras generalidades. Estos son los recursos que vemos utilizar una y otra vez en los largos parlamentos del gran drama, tanto en el primer acto como en el resto. Los parlamentos así estructurados aparecen en varias situaciones. A menudo se nos presentan solos, enmarcados en un diálogo más corriente, pero otras veces aparecen amontonados como un emparedado, cuando parejas de personajes los intercambian en *controversiae* virtuales. Como bien sabemos, algunas de las grandes escenas de la *Celestina* están dispuestas precisamente de esta manera.

En segundo lugar, está la *sententia*. La *Celestina* es sentenciosa, igual que Shakespeare y los isabelinos, mucho más que sus supuestos modelos, más que Terencio, más que las comedias elegíacas, más que la mayoría de las obras humanísticas. En la medida en que es sentenciosa, es también *argumentativa*. Puede que nuestros prejuicios estéticos o esteticistas se interpongan entre nosotros y la *tragicomedia*. Las miríadas de *fontecicas de filosofia* de nuestra obra hacen algo más que darle gravedad o plenitud de dicción. Como recordaremos, la proposición, así como el tema universal, se trata en la retórica bajo dos epígrafes: como *locus comunis*, parte de la *inventio*, o sea, una afirmación general con la que se quiere dar peso al argumento relativo a los particulares; y la *sententia* propiamente dicha, una figura que corresponde a la *elocutio*, el aforismo, la frase bien formada, una gracia más en el texto del parlamento terminado. Las *sententiae* de la *Celestina*, que sólo pueden identificarse como tales, también conservan su personalidad de *locus comunis*, como demuestran de forma muy clara los ejemplos que hemos citado. Si queremos más pruebas, nos bastará con dar una ojeada a un ejemplo entre muchos, el gran parlamento de Sempronio al principio del segundo acto, una larga serie de *sententiae* relativas a la liberalidad y al honor, con las que se pretende (cínicamente) convencer a Calisto de que su regalo a Celestina estuvo bien hecho. Y tantos otros. Detrás de cada *sententia* acecha un silogismo.

PETER G. RUSSELL

LA *CELESTINA* COMO «FLORESTA DE PHILOSOPHOS»

[A la hora de examinar el papel que desempeñan las sentencias en la *Celestina* es preciso recordar] la existencia de un tipo de instrumento de trabajo intelectual y artístico —el florilegio de sentencias—

Peter G. Russell, «Discordia universal: *La Celestina* como 'Floresta de philosophos'», *Ínsula*, 497 (abril de 1988), pp. 1 y 3.

al que, en latín o en lengua vernácula, acudía constantemente en el siglo XV (y después) todo estudiante universitario, todo erudito profesional y todo escritor serio. En este caso, el primer autor manejaba un florilegio manuscrito que evidentemente tenía, entre otras, abundantes citas de diversas obras de Aristóteles y de Séneca. Al continuar la obra, Rojas, en cambio, según estableció hace años el conocido estudio de Alan Deyermond [1961], acudía constantemente al nuevo tipo de índice impreso. Se trata de la *Principalium sententiarum... annotatio* colocada al final de la edición incunable de los *Opera* de Petrarca. Es probable, sin embargo, que Rojas también poseyera su propio florilegio personal de sentencias y de apuntes proveniente de sus estudios salmantinos y de sus lecturas extraprofesionales. [...]

Una simple ojeada basta para confirmar la impresión de que la *Celestina* (*LC*) ofrece al lector, entre otras cosas, una antología de sentencias dispersas. Pero, ya en los preliminares de la obra, el mismo Fernando de Rojas insiste repetidas veces en ese aspecto de su libro. Sus palabras merecen detenida atención no sólo por lo que dicen, sino también por lo que callan.

Alude por vez primera al asunto en la *Carta* que introduce la *Comedia* de dieciséis actos. Allí, al hablar del trabajo del primer autor, llama la atención sobre «la gran copia de sentencias entrexeridas [injeridas], que so color de donayres tiene», lo que le lleva a concluir que este anónimo personaje debía ser «gran filósofo». Nótese primero la relación entre sentencia y donaire que se establece aquí, relación que los manuales de retórica consideraban fundamental. Es un factor que hay que tener en cuenta al enjuiciar los elementos cómicos de *LC* tal como éstos impresionaban a los primeros lectores de la obra.

No debemos dejarnos despistar, tampoco, por la declaración hiperbólica de Rojas de que el primer autor era «gran filósofo». Sería muy difícil hallar, tanto en los actos escritos por el primer autor como por el mismo Rojas, cualquier pensamiento o juicio de aplicación universal que no sea préstamo del pensamiento de alguna reconocida *auctoritas*. La originalidad de *LC*, desde luego, no se debe a su contenido intelectual como tal, sino a cómo ambos autores manejan de modo sumamente nuevo, dentro de un contexto literario fabricado por ellos, ideas que en sí eran muy divulgadas. Al declarar que su predecesor era «gran filósofo» sin duda suponía Rojas que sus lectores entenderían por ello que el texto preparado por el primer autor ofrecía una variada y oportuna selección de dichos del tipo que discutimos. No les engañaba. Efectivamente, la obra del primer autor incorpora más de cien sentencias atribuibles a diversos autores. Al contrario de Rojas, acude con mucho menos frecuencia a los refranes, diferencia que confirma, si todavía el hecho precisa de confirmación, que *LC* es obra de dos autores.

En las octavas acrósticas rojanas no se olvidan tampoco las sentencias. Esta vez Rojas se contenta con referirse a ellas en términos hiperbólicos. Pretende que el llamado primer acto «portava sentencias dos mil». En el *Prólogo* de la *Tragicomedia*, discute el asunto una vez más. Pero nada dice allí acerca de la función doctrinal o artística de las sentencias en la obra misma. En cambio, insiste en llamar la atención sobre el valor y utilidad que ellas puedan tener si se las separa de su contexto literario. El lector, explica, podrá entonces conservarlas en la memoria para su propio uso, aprovechándose de ellas cuando tiene que afrontar, en su vida particular, problemas del tipo que ellas comentan. En palabras del mismo Rojas, es cuestión de trasponer «en lugares convenibles a sus autores y propósitos» las sentencias leídas en *LC*. Vista desde esta perspectiva, la obra literaria se transforma en una especie de instrumento mnemónico cuya función sería servir las operaciones de la *memoria artificiosa* según la complicada teoría clásica entonces todavía muy en boga.

¿Por qué insiste Rojas en esta función extraliteraria de las sentencias celestinescas? Sólo podemos conjeturar, pero puede sospecharse que el hecho fuese motivado por su conciencia de los peligros que traían consigo la manera ambigua en que se presenta estas máximas, por regla general de intención moralizadora, en la obra misma. Como es consabido, en el mundo al revés de *LC*, la función de la sentencia se pervierte. Los aforismos sobre cómo conducirse bien están con más frecuencia puestos en boca de Celestina misma o en la de otros personajes malintencionados. Allí, además de servir de motivo irónico o de afirmaciones hipócritas, se vale de ellas como contribución eficaz a la dialéctica con que los personajes celestinescos defienden el mal. Puede ser que al declarar que fuera de la obra las sentencias guardan toda su función ético-social tradicional, Rojas, temeroso de ser juzgado pervertidor de la sabiduría moral de las *auctoritates*, quiso así tranquilizar a sus críticos. Stephen Gilman, en su estudio *La Celestina: arte y estructura* (Madrid, 1982), sugiere que, mediante el uso de sentencias y refranes, lograban los dos autores colocar dentro de *LC* un portavoz del autor, personaje, claro está, que las tradiciones y la estructura de su modelo, la comedia latina, sólo permitían aparecer en los prólogos o las cartas introductorias.

Hay sin duda cierto apoyo para esa teoría en la conocida réplica de Sempronio a Calisto en la escena 4.ª del Acto I. Al comentar Calisto la contradicción entre los consejos que el criado le da y la propia conducta de éste, recibe la contestación: «Haz tú lo que bien digo y no lo que mal hago». No creo, sin embargo, que podamos interpretar el contenido didáctico de las sentencias y refranes referidos en *LC* como formando un conjunto de ideas morales o ético-sociales que represente el punto de vista de ninguno de los dos autores. A mi juicio esta materia, considerada como una totalidad, carece de ninguna perspectiva individual consistente. Los dos autores parecen más bien emplear la sentencia según las necesidades textuales del momento, sin preocuparse por cuestiones de consistencia. Posturas ambiguas o contradictorias caracterizan *LC* y no sorprende descubrir que cualquier intento de hallar un sistema ético-moral coherente en su uso de sentencias da también resultados ambiguos. El comentario de Sempronio indudablemente revela una conciencia de la contradicción que hay en la obra entre conducta y consejos sobre cómo conducirse. Pero no creo que sea la voz de los autores la que oímos en las sentencias y refranes, sino la voz colectiva de la sabiduría de las *auctoritates* y del pueblo iletrado puesta en tela de juicio. [...]

Será difícil sobreestimar la importancia artística del nuevo papel que el primer autor de *LC* asignaba a la sentencia cuando decidía desatender los consejos de los retóricos de que se la empléase de modo restringido. Tal modo de proceder tenía un precedente en las comedias terencianas y, a veces, en la comedia humanística, donde los *servi* y los criados personales suelen ser más inteligentes que sus amos y capaces de expresarse en forma no menos culta que ellos. Pero hacer a alcahuetas, putas, rameras y mozos de espuela salpicar su lengua con los dichos de los filósofos, del mismo modo que acostumbraban sembrar su discurso de refranes, era algo nuevo que traía consigo consecuencias subversivas trascendentales, tanto literarias como sociales.

Una de ellas se debía a la naturaleza de la sentencia como figura libresca y culta. Al conceder la facilidad de emplearla a los personajes celestinescos pertenecientes a las capas bajas, resultaba necesario, por razones de decoro, atribuirles también la erudición y el poder de razonar y de expresarse, sin los cuales el manejo de sentencias resultaría inexplicable y, además, ridículo. El entrecruzamiento de sentencias y refranes tenía varios efectos interesantes y fructíferos para ambas clases de dicho. Uno es el anonimato riguroso con que se suele presentar las sentencias celestinescas. Antes de que el llamado Comentador Anónimo del siglo XVI las identificara [en la *Celestina comentada* (véase Russell, 1978)], no había manera de que la mayoría de los lectores se diesen cuenta de que, en los actos de *LC* escritos por Fernando de Rojas, abundaban las sentencias tomadas de los *Opera* petrarquescos.

En la mayoría de los casos, tampoco se da al lector ningún indicio de que se introduzcan en el texto dichos que no expresen juicios o pensamientos de los autores de la obra. Sin embargo, se emplea con cierta frecuencia una palabra o una frase hecha para alertar al lector. El contraste con el modo de expresarse los autores de obras doctrinales cuatrocentistas en castellano es notable: La *Celestina* es un libro de entretenimiento y no un tratado doctrinal.

Pero, en el fondo, el problema que presentan las sentencias celestinescas no se debe a que callen su fuente. Se debe a la frecuencia misma con que aparecen y a las ambigüedades que provocan. Ya hemos observado que el propio Rojas, a propósito de las sentencias, explica que su presencia en la obra no se debe únicamente a su función contextual; hay, también, el motivo antológico, extraliterario, en que insiste. Y ¿cuál es, a fin de cuentas, la razón por la que las sentencias tienen un papel tan importante en el desarrollo del diálogo? ¿Debe el lector suponer, como sugiere Gilman [1974], que al poner una serie de sentencias moralizadoras en boca, por ejemplo, de Celestina, este hecho debe interpretarse como un intento sumamente irónico de hacer a la alcahueta-hechicera ser, sin quererlo, portavoz de la moralidad ortodoxa? Si aquélla es la intención, ¿se ha de considerar a la vieja como también portavoz de los dos autores? ¿O es que, en cambio, ella acude con tanta frecuencia y con tanta eficacia a las sentencias para apoyar sus malos propósitos, porque los dos autores querían poner en tela de juicio la validez de la entera teoría de la sentencia como instrumento para promover la buena conducta y la moralidad ortodoxa? Me parece imposible decidir entre estas posibilidades.

LC, con respecto a las sentencias, es, con una sola excepción, un texto sin autor cierto.

Aquella excepción puede ser significativa. Que yo sepa, la única ocasión en que Fernando de Rojas se permite expresar por su propia boca un juicio personal acerca de una cuestión de envergadura fundamental es a principios del *Prólogo*. Me refiero a la conocida sentencia atribuida a Heráclito que, en el texto rojano, lee: *Omnia secundum litem fiunt* («En todas las cosas hauer discordia», según la traducción de Francisco de Madrid). Observa Rojas: «Sentencia a mi ver digna de perpetua y recordable memoria». Ahora bien, el papel de la sentencia tal como lo hemos ido comentando es el de ofrecer soluciones y consejos sencillos, ciertos y autoritarios frente a las dudas que afligen a los humanos. No me parece exento de ironía que se introduzca, con esta cita de Heráclito, un libro que integra la sentencia por primera vez como valor literario auténtico. Las palabras de Heráclito, con aprobación explícita de Rojas, contienen un juicio que implícitamente niega el valor ético-social de la sentencia. Si todo es lucha, contradicción, provisionalidad y cambio, ¿qué valor puede tener la certeza que es característica esencial de una sentencia? Es una ambigüedad más de las muchas que envuelven la *Celestina*.

ADICIONES

Ad. 1. *Temas y problemas de la literatura medieval*

Baños Vallejo, Fernando, *La hagiografía como género literario en la Edad Media: Tipología de doce «vidas» individuales castellanas*, Dpto. de Filología Española, Univ. de Oviedo (Publicaciones, Series Maior, 2), Oviedo, 1989.

Brioschi, Franco, y Costanzo Di Girolamo, con Alberto Blecua, Antonio Gargano y Carlos Vaíllo, *Introducción al estudio de la literatura*, Ariel, Barcelona, 1988.

Brundage, James A., *Law, Sex, and Christian Society in Medieval Europe,* Chicago University Press, Chicago, 1987.

Cacho Blecua, Juan Manuel, «'Nunca quiso amar lech de mugier rafez': notas sobre la lactancia, del *Libro de Alexandre* a don Juan Manuel», en *Actas I AHLM* (1988), pp. 209-224.

Carruthers, Mary, *The Book of Memory: A Study of Memory in Medieval Culture,* Cambridge University Press (Cambridge Studies in Medieval Literature, X), Cambridge, 1990.

Deyermond, Alan, «La ideología del Estado moderno en la literatura española del siglo XV», en *Realidad e imágenes del poder: España a fines de la Edad Media*, ed. Adeline Rucquoi, Ámbito, Valladolid, 1988, pp. 171-193.

Fedou, René, *et al.*, *Léxico histórico de la Edad Media*, trad. Demetrio Castro Alfín, Taurus (Textos Auxiliares, II), Madrid, 1982.

García y García, Antonio, «Derecho canónico e historiografía medieval española», *Boletín Burriel*, I (1989), pp. 11-19.

Griffin, Clive, *The Crombergers of Seville: The History of a Printing and Merchant Dynasty*, Clarendon Press, Oxford, 1988.

Harney, Michael, «Estates Theory and Status Anxiety in the *Libro de los estados* and other Medieval Spanish Texts», *Revista de Estudios Hispánicos* (EE.UU.), en prensa.

Kaske, R.E., con Arthur Groos y Michael W. Twomey, *Medieval Christian Literary Imagery: A Guide to Interpretation*, Toronto University Press (Toronto Medieval Bibliographies, XI), Toronto, 1988.

López-Morillas, Consuelo, «Hispano-Semitic Calques and the Context of Translation», *BHS,* LXVII (1990), pp. 111-128.

Il Medioevo: specchio ed alibi: Atti del Convegno di studii avoltosi in occasione della seconda edizione del Premio Internazionale Ascoli Piceno (Ascoli Piceno, 13-14 maggio 1988), ed. Enrico Menesto, Amministrazione Comunale, Ascoli Piceno, 1989.

Moralejo, José Luis, «Latín y cultura en la España medieval», *Studium Ovetense*, XII (1984), pp. 7-26.

Paredes Núñez, Juan, «El término 'cuento' en la literatura románica medieval», *BH*, LXXXVI (1984), pp. 435-451.

—, *Formas narrativas breves en la literatura románica medieval: problemas de terminología*, Universidad de Granada (Propuesta, XI), Granada, 1986.

—, ed., *Literatura y fantasía en la Edad Media*, Universidad de Granada, 1989.

Riera i Sans, Jaume, «Catàleg d'obres en català traduïdes en castellà durant els segles XIV i XV», en *Segon Congrés Internacional de la Llengua Catalana*, VIII, València, 1989, pp. 699-709.

Rucquoi, Adeline, «La France dans l'historiographie médiévale castillane», *Annales: Économies, Sociétés, Civilisations*, 44 (1989), pp. 677-689.

Sánchez Mariana, Manuel, «La ejecución de los códices en Castilla en la segunda mitad del siglo XV», en *El libro antiguo español: Actas del primer Coloquio Internacional (Madrid, 18 al 20 de diciembre de 1986)*, eds. María Luisa López-Vidriero y Pedro M. Cátedra, Universidad de Salamanca y Sociedad Española de Historia del Libro, Salamanca; Biblioteca Nacional, Madrid, 1988, pp. 316-344.

Simón Díaz, José, «La literatura medieval castellana y sus ediciones españolas de 1501 a 1560», *ibid.*, pp. 371-396.

Thompson, Billy Bussell, «*Plumbei cordis, oris ferrei*: la recepción de la teología de Jacobus à Voragine y su *Legenda aurea* en la península», en *Saints and their Authors: Studies in Medieval Hispanic Hagiography in Honor of John K. Walsh*, HSMS, Madison, 1990, pp. 97-106.

Ad. 2. *Las jarchas y la lírica tradicional*

Álvarez Pellitero, Ana María, «La configuración del doble sentido en la lírica tradicional», en *Actas I AHLM* (1988), pp. 145-155.

Cabo Aseguinolaza, Fernando, «Sobre la perspectiva masculina en la lírica tradicional castellana», en *Actas I AHLM* (1988), pp. 225-233.

Earnshaw, Doris, *The Female Voice in Medieval Romance Lyric*, Peter Lang (American Univ. Studies, Series II, LXVII), Nueva York, 1988.

Frenk, Margit, «Lírica tradicional y cultura popular en la Edad Media española», en *Actas III AHLM* (en prensa).

—, «Amores tristes y amores gozosos en la antigua lírica popular» (en prensa).

Lorenzo Gradín, Pilar, *La canción de mujer en la lírica medieval*, Universidad de Santiago (Monografías da Universidade, CLIV), Santiago de Compostela, 1990.

Rubiera Mata, María Jesús, «La lengua romance de las jarchas: una jarcha en lengua occitana», *Al-Qantara*, VIII (1987), pp. 319-329.

—, «Nueva aproximación al estudio literario de las jarchas andalusíes», *Sharq al-Andalus*, V (1988), pp. 89-100.

—, trad., *Poesía femenina hispanoárabe*, Castalia e Instituto de la Mujer (Biblioteca de Escritoras, XII), Madrid, 1990.

Ad. 3. *El «Cantar de Mio Cid» y la épica*

Armistead, Samuel G., «Modern Ballads and Medieval Epics: Some Recent Hispanic Discoveries», *Ol* (en prensa).

Busquets, Loreto, «Emoción y tiempo en *Poema de Mio Cid*», *MR*, XIII (1988), pp. 361-408.

Cacho Blecua, Juan Manuel, «El espacio en el *Cantar de Mio Cid*», *Revista de Historia de Jerónimo Zurita*, LV (1987), pp. 23-42.

Dyer, Nancy Joe, «Variantes, refundiciones y el *Mio Cid* de las crónicas alfonsíes», en *Actas IX AIH* (1989), I, pp. 195-203.

Fradejas Lebrero, José, «Significación e intención del *Poema de Fernán González*», en Hernández Alonso [1989], pp. 13-36.

García de la Fuente, Olegario, «Estudio del léxico bíblico del *Poema de Fernán González*», *Analecta Malacitana*, I (1978), pp. 5-68.

Garrido Moraga, Antonio M., *Concordancias del «Poema de Fernán González»*, Univ. de Málaga; Univ. Autónoma de Barcelona; Bellaterra, 1987.

Girón Alconchel, José Luis, *Las formas del discurso referido en el «Cantar de Mio Cid»*, RAE (Anejos del *BRAE*, XLIV), Madrid, 1989.

Harney, Michael, «Movilidad social, rebelión primitiva y la emergencia del Estado en el *Poema de Mio Cid*», en *Mitopoesis*, ed. Joan Ramón Resina, Anthropos, Barcelona, en prensa.

Hernández Alonso, César, ed., *Poema de Fernán González: edición facsímil del manuscrito depositado en el Monasterio de El Escorial*, Ayuntamiento de Burgos, 1989.

Martin, Georges, «Le Mot pour le dire: sondaje de l'amour comme valeur politique médiévale à travers son emploi dans le *Poema de Mio Cid*», en *Le Discours amoureux: Espagne, Amérique latine*, Université de la Sorbonne Nouvelle-Paris III, París, 1986, pp. 17-59.

Miletich, John S., «Muslim Oral Epic and Medieval Epic», *MLR*, LXXXIII (1989), pp. 911-924.

Montaner Frutos, Alberto, «La *Gesta de las mocedades de Rodrigo* y la *Crónica particular del Cid*», en *Actas I AHLM* (1988), pp. 431-444.

Nagore de Zand, Josefina, «La alabanza de España en el *Poema de Fernán González* y en las *Crónica latino-medievales*», *Inc*, VII (1987), pp. 35-67.

Pérez Priego, Miguel Ángel, «Actualizaciones literarias de la leyenda de Fernán González», en *La leyenda: antrolopogía, historia, literatura: Actas del coloquio celebrado en la Casa de Velázquez, 10/11-XI-1986*, ed. Jean-Pierre Étienvre, Casa de Velázquez y Universidad Complutense, Madrid, 1989, pp. 237-251.

Ruiz Asensio, José Manuel, «El manuscrito del *Poema de Fernán González* (Escorial b-IV-21): estudio codicológico y paleográfico», en Hernández Alonso [1989], pp. 91-104.

Schaffer, Martha E., «*Poema* or *Cantar de Mio Cid*: More on the Explicit», *RPh*, XLIII (1989-1990), pp. 113-153.

Walsh, John K., «Performance in the *Poema de Mio Cid*», *RPh*, XLIV (1990-1991), pp. 1-25.

Wright, Roger, «Several Ballads, One Epic and Two Chronicles», *C*, XVIII, núm. 2 (primavera 1990), pp. 21-37.

Ad. 4. *Berceo y la poesía del siglo XIII*

Barra Jover, Mario, «*Razón de amor*: texto crítico y composición», *RLM*, I (1989), pp. 123-153.

Beltrán, Vicente, «Técnicas de enlace de la *laisse* en la cuaderna vía de Gonzalo de Berceo», en *Au carrefour des routes d'Europe: la chanson de geste: Xe Congrès International de la Société Rencesvals pour l'Étude des Epopées Romanes, Strasbourg 1985*, Université de Provence (Sénéfiance, XX-XXI), Aix-en-Provence, 1987, pp. 239-258.

Cacho Blecua, Juan Manuel, ed., Gonzalo de Berceo, *Milagros de Nuestra Señora,* Espasa-Calpe (Colección Austral, A, CIII), Madrid, 1990.

Caraffi, Patrizia, «Alessandro a Babilonia (*Libro de Alexandre*, 1460-1533)», *L'Immagine Riflessa*, VIII (1985), pp. 323-344.

Deyermond, Alan, «Emoción y ética en el *Libro de Apolonio*», *Vox Romanica* (en prensa).

Garcia, Michel, «La Médiation du clerc dans le *mester de clerecía*», en *Les Médiations culturelles*, Université de la Sorbonne Nouvelle (Cahiers de l'UFR d'Études Ibériques et Latino-Américaines, VII), París, 1989, pp. 47-54.

García de la Fuente, Olegario, «Léxico bíblico del *Libro de la infancia y muerte de Jesús*», *Analecta Malacitana*, II (1979), pp. 301-314.

—, «Sobre el léxico bíblico y cristiano del *Libro de Apolonio*», *Cuadernos para la Investigación de la Literatura Hispánica*, V (1983), pp. 83-131.

Nodar Manso, Francisco, *Teatro menor galaico-portugés (siglo XIII): reconstrucción y teoría del discurso,* Reichenberger (Ediciones Críticas, XXV), Kassel, y Universidad de La Coruña, 1990.

Sáenz Badillos, Ángel, y Judit Targarona Borrás, trads., *Poetas hebreos de Al-Andalus (siglos X-XIII): antología*, El Almendro (Estudios de Cultura Hebrea, IV), Córdoba, 1988.

Snow, Joseph T., «The Satirical Poetry of Alonso X: A Look at its Relationship to the *Cantigas de Santa María*», en *Alfonso X of Castile, the Learned King (1221-1284): An International Symposium, Harvard University, 17 November 1984*, eds. Francisco Márquez Villanueva y Carlos Alberto Vega, Harvard University (Harvard Studies in Romance Languages, XLIII), Cambridge, Massachusetts, 1990, pp. 110-131.

Uría, Isabel, «El árbol y su significación en las visiones medievales del otro mundo», *RLM*, I (1989), pp. 103-119.

Vega, Carlos Alberto, «The *Refrán* in the *Cantigas de Santa María*», en *Alfonso X of Castile, the Learned King (1221-1284): An International Symposium, Harvard University, 17 November 1984*, ed. Francisco Márquez Villanueva y Carlos Alberto Vega, Harvard University (Harvard Studies in Romance Languages, XLIII), Cambridge, Mass., 1990, pp. 132-158.

Víñez, Antonia, «Rimario del *Cancionero da Ajuda*», en *Estudios gallegos*, ed. Vicente Beltrán, PPU (Cuadernos de Filología Románica, I), Barcelona, 1989, pp. 55-143.

Ad. 5. *La prosa en los siglos XIII y XIV*

Capuano, Thomas M., ed., Palladius Rutilius Taurus Aemilianus, «*Obra de agricultura*», *traducida y comentada en 1385 por Ferrer Sayol,* HSMS (DS, X), Madison, 1990.

Colla, Frédérique, «La Castille en quête d'un pouvoir idéal: une image du roi dans la littérature gnomique et sapientiale dels XIIIe et XIVe siècles», en *Pouvoirs et contrôle socio-politiques*, Université de Nice (Razó, IX), Niza, 1989, pp. 39-51.

Domínguez Rodríguez, Ana, «El *Libro de los juegos* y la miniatura alfonsí», en *Libros de ajedrez, dados y tablas,* edición facsímil, tomo complementario, Madrid, 1987, pp. 30-123.

Kantor, Sofía, *El libro de Sindibad: variaciones en torno al eje temático «engaño-error»,* RAE (anejo XLII del *BRAE*), Madrid, 1988.

Lacarra, María Jesús, ed., *Sendebar,* Cátedra (LH, CCCIV), Madrid, 1989.

MacDonald, Robert A., ed., *Espéculo: texto jurídico atribuido al Rey de Castilla Don Alfonso X, el Sabio,* HSMS (SS, LIV), Madison, 1990.

Serés, Guillermo, «La *scala* de don Juan Manuel», *Lucanor,* IV (1989), p. 115-133.

Ad. 6. *El «Libro de Buen Amor» y la poesía del siglo XIV*

Biglieri, Aníbal A., «Inserción del *exemplum* medieval en el *Libro de buen amor», RFE,* LXX (1990), pp. 119-132.

Zahareas, Anthony N., Óscar Pereira y Thomas McCallum, *Itinerario del «Libro del Arcipreste»; glosas críticas al «Libro de buen amor»,* HSMS (SS, LVI), Madison, 1990.

Ad. 7. *El romancero*

Armistead, Samuel G., y Joseph H. Silverman, *«Gaiferos y Waltharius*: paralelismos adicionales», en *Homenaje Vilanova* (1989), I, pp. 31-43.

Catarella, Teresa, «Feminine Historicizing in the *Romancero novelesco», BHS,* LXVII (1990), pp. 331-343.

Etzion, Judith, y Susana Weich-Shahak, «The Spanish and the Sephardic Romances: Musical Links», *Ethnomusicology,* XXXII, 2 (primavera-verano de 1988), pp. 1-37.

Ad. 8. *La poesía del siglo XV*

Beltrán, Vicente, *El estilo de la lírica cortés: para una metodología del análisis literario,* PPU (Estudios Literarios, II), Barcelona, 1990.

Cano Ballesta, Juan, «La veta folklórica en *Dotrina que dieron a Sarra* de Fernán Pérez de Guzmán», *HR,* LVIII (1990), pp. 159-177.

Dutton, Brian, con Jineen Krogstad, ed., *El cancionero del siglo XV, c. 1360-1520,* I y II, Universidad de Salamanca (Biblioteca Española del siglo XV, Maior, I-II), 1990.

Mai, Renate, *Die Dichtung Antón de Montoros, eines «Cancionero»-Dichters des 15 Jahrhunderte,* Peter Lang (Heidelberger Beiträge zur Romanistik, XV), Frankfurt. 1983.

Pérez Priego, Miguel Ángel, ed., *Poesía femenina en los cancioneros,* Castalia e Instituto de la Mujer (Biblioteca de Escritoras, XIII), Madrid, 1990.

Rovira, J. Carlos, *Humanistas y poetas en la corte napolitana de Alfonso el Magnánimo,* Instituto de Cultura Juan Gil-Albert (Ensayo e Investigación, XXXI), Alicante, 1990.

Severin, Dorothy Sherman, Michel Garcia y Fiona Maguire, eds., *El cancionero de Oñate Castañeda,* HSMS (SS, XXXVI), Madison, 1990.

Weiss, Julian, «Fernán Pérez de Guzmán: Poet in Exile», *Sp,* LXVI (1991, en prensa).

Ad. 9. *Libros de caballerías y ficción sentimental*

Goldberg, Harriet, «A Reappraisal of Colour Symbolism in the Courtly Prose Fiction of Late-Medieval Castile», *BHS* (en prensa).

Grieve, Patricia E., «Mothers and Daughters in Fifteenth-Century Spanish Sentimental Romances: Implications for *Celestina*», *BHS,* LXVII (1990), pp. 345-355.

Weissberger, Barbara F., «Role-Reversal and Festivity in the Romances of Juan de Flores», *JHP,* XIII (1988-1989), pp. 197-213.

Ad. 10. *Prosa y actividad intelectual en el otoño de la Edad Media*

Alvar, Elena, y Manuel Alvar, eds., John Gower, *Confesión del amante: traducción de Juan de Cuenca (s. XV),* RAE (*BRAE,* anejo XLV), Madrid, 1990.

Burrus, Victoria A., y Harriet Goldberg, eds., *Esopete ystoriado (Toulouse 1488),* HSMS (SS, LXVI), Madison, 1990.

Cátedra, Pedro M., ed., Enrique de Villena, *Traducción y glosas a la «Eneida»,* Diputación de Salamanca, Biblioteca Española del Siglo xv (Serie básica, 2 y 3), Salamanca, 1989, 2 vols.

Deyermond, Alan, «Letters as Autobiography in Late Medieval Spain», en *Biographie et Autobiography,* Centre d'Études Médiévales, Université de Nice, Niza, 1990, pp. 33-42.

González Rolán, Tomás, y Pilar Saquero Suárez-Somonte, «El *Epitoma rei militaris* de Flavio Vegecio traducido al castellano en el siglo xv: edición de los *Dichos de Séneca en el acto de la caballería* de Alfonso de Cartagena», *Miscelánea Medieval Murciana,* XIV (1987-1988), pp. 103-150.

—, y María Felisa del Barrio Vega, eds., «Juan de Mena, *Sumas de la Yliada de Omero:* edición crítica», *Filología Románica,* VI (1989), pp. 147-228.

Marimón Llorca, Carmen, *Prosistas castellanas medievales,* Caja de Ahorros Provincial (Publicaciones, CLIII), Alicante, 1990.

Pardo, Madeleine, «Place et fonction du portrait du roi dans les chroniques royales castillanes du XVᵉ siècle», en *Biographie et autobiographie* (1990), pp. 71-96.

Rucquoi, Adeline, «De Jeanne d'Arc à Isabelle la Catholique: l'image de la France en Castille au XVᵉ siècle», *Journal des Savants* (enero-junio 1990), pp. 155-174.

Saquero Suárez-Somonte, Pilar, y Tomás González Rolán, «Sobre la presencia en España de la versión latina de la *Ilíada* de Pier Candido Decembrio: edición de la *Vita Homeri* y de su traducción castellana», *Cuadernos de Filología Clásica,* XXI (1988), pp. 319-344.

Vaquero, Mercedes, *Tradiciones orales en la historiografía de fines de la Edad Media,* HSMS (SS, LV), Madison, 1990.

Ad. 11. *El teatro medieval*

Álvarez Pellitero, Ana María, ed., *Teatro medieval,* Espasa-Calpe (Colección Austral, A, CLVII), Madrid, 1990.

Blecua, Alberto, «Sobre la autoría del *Auto de la Pasión*», en *Homenaje Asensio* (1988), pp. 79-112.

Ad. 12. La «Celestina»

Beltrán, Rafael, «Las 'bodas sordas' en *Tirant lo Blanc* y la *Celestina*», *RFE*, LXX (1990), pp. 91-117.

Lacarra, María Eugenia, *Cómo leer «La Celestina»*, Júcar (Guías de Lectura Júcar, V), Madrid, 1990.

—, ed., Fernando de Rojas, *La Celestina*, Ediciones B (Libro Clásico, XX), Barcelona, 1990.

Salvador Miguel, Nicasio, «Animales fantásticos en *La Celestina*», en *Diavoli e mostri in scena dal Medio Evo al Rinascimento, Roma 30 giugno/3 luglio 1988*, Centro Studi sul Teatro Medievale e Rinascimentale, Viterbo, 1989, pp. 283-302.

ABREVIATURAS

ACCP	*Arquivos do Centro Cultural Português*
Actas I AHLM	*Actas del I Congreso de la Asociación Hispánica de Literatura Medieval, Santiago de Compostela, 2 al 6 de diciembre de 1985*, ed. Vicente Beltrán, PPU, Barcelona, 1988
• *Actas VI AIH*	*Actas del Sexto Congreso Internacional de Hispanistas*, eds. Alan M. Gordon y Evelyn M. Rugg, Univ. of Toronto para la AIH, Toronto, 1980, 2 vols.
Actas VII AIH	*Actas del Séptimo Congreso de la Asociación Internacional de Hispanistas*, ed. Giuseppe Bellini, Bulzoni para la AIH, Roma, 1982, 2 vols.
Actas VIII AIH	*Actas del VIII Congreso de la Asociación Internacional de Hispanistas*, ed. A. David Kossoff *et al.*, Istmo para la AIH, Madrid, 1986, 2 vols.
Actas IX AIH	*Actas del IX Congreso de la Asociación Internacional de Hispanistas*, ed. Sebastian Neumeister, Vervuert para la AIH, Frankfurt, 1989, 2 vols.
Actas Alfonso X	*Actas del Congreso Internacional sobre la Lengua y la Literatura en Tiempos de Alfonso X (Murcia, 1984)*, Universidad, Murcia, 1985
AEM	*Anuario de Estudios Medievales*
AFA	*Archivo de Filología Aragonesa*
AFE	*El Crotalón: Anuario de Filología Española*
AFH	*Anales de Filología Hispánica* (Murcia)

AHDE	*Anuario de Historia del Derecho Español*
AIER	Archivo Internacional Electrónico del Romancero
AIONSR	*Annali dell'Istituto Universitario Orientale di Napoli, Sezione Romanza*
ALE	*Anales de Literatura Española* (Alicante)
Alfonsine Prose and Poetry	*Alfonsine Prose and Poetry: Papers from a Colloquium*, ed. Alan Deyermond, Westfield College, Londres, 1989
Alfonso X the Learned	*Alfonso X the Learned: Emperor of Culture 1284-1984*, ed. Robert I. Burns = *Thought*, LX, 239 (diciembre de 1985)
ALR	Academia Literaria Renacentista
AS	Acta Salmanticensia
BAPLE	*Boletín de la Academia Puertorriqueña de la Lengua Española*
BBMP	*Boletín de la Biblioteca Menéndez Pelayo*
Belfast Papers	*Belfast Spanish and Portuguese Papers*, ed. P.S.N. Russell-Gebbett *et al.*, Queen's Univ., Belfast, 1979
BH	*Bulletin Hispanique*
BHS	*Bulletin of Hispanic Studies*
BLPH	Biblioteca de Literatura y Pensamiento Hispánicos
BRABLB	*Boletín de la Real Academia de Buenas Letras de Barcelona*
BRAE	*Boletín de la Real Academia Española*
BRAH	*Boletín de la Real Academia de la Historia*
BS	Bibliographic Series
C	*La Corónica*
CA	Clásicos Alhambra
Cant	*Cantigueiros: Bulletin of the Cantigueiros de Santa Maria*
CCa	Clásicos Castalia
CCEGB	Colección del Centro de Estudios Gonzalo de Berceo

CCs	Clásicos Castellanos
CD	Castalia Didáctica
Centenario	*Don Juan Manuel: VII centenario*, Univ. y Academia Alfonso X el Sabio, Murcia, 1982.
CHE	*Cuadernos de Historia de España*
CLHM	*Cahiers de Linguistique Hispanique Médiévale*
CM	Clásicos Modernizados
CN	*Cultura Neolatina*
Creation and Re-Creation	*Creation and Re-Creation: Experiments in Literary Form in Early Modern Spain: Studies in Honor of Stephen Gilman*, Juan de la Cuesta, Newark, Delaware, 1983.
Crítica semiológica	*Crítica semiológica de textos literarios hispánicos = Actas del Congreso Internacional sobre Semiótica e Hispanismo... Madrid... junio de 1983*, ed. Miguel Ángel Garrido Gallardo, I, CSIC, Madrid, 1986
CSIC	Consejo Superior de Investigaciones Científicas
CSMP	Cátedra Seminario Menéndez Pidal
CT	*Comentario de textos*, Castalia, Madrid
CTSI	Collana di Testi e Studi Ispanici
D	*Dicenda*
DS	Dialect Series
EHT	Exeter Hispanic Texts
Ensayos Siebenmann	*De los romances-villancico a la poesía de Claudio Rodríguez: 22 ensayos sobre las literaturas española e hispanoamericana en homenaje a Gustav Siebenmann*, José Esteban, Madrid, 1984
EO	*Edad de Oro*
Essays Pierce	*Essays on Narrative Fiction in the Iberian Peninsula in Honour of Frank Pierce*, Dolphin, Oxford, 1982
Essays Ross	*The Medieval Alexander Legend and Romance Epic: Essays in Honour of David J.A. Ross*, Kraus International, Millwood, Nueva York, 1982

Estudios Alarcos Llorach   *Estudios ofrecidos a Emilio Alarcos Llorach con motivo de sus XXV años de docencia en la Universidad de Oviedo*, Universidad, Oviedo, 1977-1983, 5 vols.

Estudios alfonsíes   *Estudios alfonsíes: lexicografía, lírica, estética y política de Alfonso el Sabio: Jornadas de Estudios Alfonsíes: VII centenario de la muerte de Alfonso X (1284-1984)*, eds. José Mondéjar y Jesús Montoya, Facultad de Filosofía y Letras e Instituto de Ciencias de la Educación, Universidad, Granada, 1985

Estudios Brooks   *Estudios dedicados a James Leslie Brooks, presentados por sus colegas, amigos y discípulos*, Puvill, para Univ. of Durham, Barcelona, 1984

Estudios Orozco Díaz   *Estudios sobre literatura y arte dedicados al Profesor Emilio Orozco Díaz*, Universidad, Granada, 1979, 3 vols.

Estudios Sánchez Albornoz   *Estudios en homenaje a don Claudio Sánchez Albornoz en sus 90 años*, Facultad de Filosofía y Letras, Universidad de Buenos Aires, 1983-1986, 4 vols.

Estudios Soria   *Estudios románicos dedicados al prof. Andrés Soria Ortega en el XXV aniversario de la Cátedra de Literaturas Románicas*, Universidad, Granada, 1985, 2 vols.

Études Horrent   *Études de philologie romane et d'histoire littéraire offerts à Jules Horrent à l'occasion de son soixantième anniversaire*, Comité d'Honneur, Lieja, 1980

F   *Filología*

FER   Fuentes para el Estudio del Romancero

La Fête   *La Fête et l'écriture: théâtre de cour, courthéâtre en Espagne et en Italie, 1450-1530: Colloque International France-Espagne-Italie, Aix-en-Provence, 6-7-8 décembre de 1985*, Université de Provence (Études Hispano-Italiennes, I), Aix-en-Provence, 1987

Florilegium Clarke   *Florilegium Hispanicum: Medieval and Golden Age Studies Presented to Dorothy Clotelle Clarke*, HSMS, Madison, 1983

FMLS	*Forum for Modern Language Studies*
Formas breves del relato	*Formas breves del relato: Coloquio Casa de Velázquez-Departamento de Literatura Española de la Universidad de Zaragoza, Madrid, febrero de 1985*, eds. Yves-René Fonquerne y Aurora Egido, Univ., Zaragoza; Casa de Velázquez, Madrid, 1986
GRLMA	*Grundriss der romanischen Literaturen des Mittelalters*, ed. Hans Robert Jauss *et al.*, Carl Winter, Heidelberg
H	*Hispania* (EE.UU.)
HCLH	Historia Crítica de la Literatura Hispánica
HID	*Historia, Instituciones, Documentos*
Hisp	*Hispanófila*
Hispanic Studies Deyermond	*Hispanic Studies in Honor of Alan D. Deyermond: A North American Tribute*, HSMS, Madison, 1986
Hispanic Studies Silverman	*Hispanic Studies in Honor of Joseph H. Silverman*, Juan de la Cuesta, Newark, Delaware, 1988
Homage Solà-Solé	*Josep Maria Solà-Solé: homage, homenage, homenatge: miscelánea de estudios de amigos y discípulos*, Puvill, Barcelona, 1984, 2 vols.
Homenaje a Alfonso X	*Homenaje a Alfonso X, el Sabio (1284-1984)* = *RCEH*, IX, 3 (primavera de 1985 [1986])
Homenaje Asensio	*Homenaje a Eugenio Asensio*, Gredos, Madrid, 1988
Homenaje Blecua	*Homenaje a José Manuel Blecua ofrecido por sus discípulos, colegas y amigos*, Gredos, Madrid, 1983
Homenaje Galmés de Fuentes	*Homenaje a Álvaro Galmés de Fuentes*, Universidad, Oviedo; Gredos, Madrid, 1985-1987, 3 vols.
Homenaje Gilman	*Homenaje a Stephen Gilman* = *Revista de Estudios Hispánicos* (Puerto Rico), IX (1982 [1984])

Homenaje Martínez	*Homenaje a Fernando Antonio Martínez: estudios de lingüística, filología, literatura e historia cultural*, Instituto Caro y Cuervo (Publicaciones del Instituto, XLVIII), Bogotá, 1979
Homenaje Rey	*Homenaje a don Agapito Rey: trabajos publicados en su honor*, Department of Spanish and Portuguese, Indiana University, Bloomington, 1980
Homenaje Sainz Rodríguez	*Homenaje a Pedro Sainz Rodríguez*, Fundación Universitaria Española, Madrid, 1986, 4 vols.
Homenaje Vilanova	*Homenaje al profesor Antonio Vilanova*, Dpto. de Filología Española, Universidad de Barcelona, 1989, 2 vols.
HSMS	Hispanic Seminary of Medieval Studies
Imago Hispaniae	*Imago Hispaniae: homenaje a Manuel Criado de Val: Actas del Simposio-Homenaje a Manuel Criado de Val en Pastrana (Guadalajara) del 7 al 10 julio 1987*, Reichenberger, Kassel, 1989
Inc	*Incipit*
ILSIA	Istituto di Letteratura Spagnola e Ispano-Americana
IR	*Iberoromania*
JAOS	*Journal of the American Oriental Society*
JHP	*Journal of Hispanic Philology*
JMRS	*Journal of Medieval and Renaissance Studies*
III Jornadas de Estudios Berceanos	*Actas de las III Jornadas de Estudios Berceanos*, ed. Claudio García Turza, Instituto de Estudios Riojanos (CCEGB, VI), Logroño, 1981
La juglaresca	*La juglaresca: Actas del I Congreso Internacional sobre la Juglaresca*, ed. Manuel Criado de Val, Edi-6, Madrid, 1985
Keller Studies	*Medieval, Renaissance and Folklore Studies in Honor of John Esten Keller*, Juan de la Cuesta, Newark, Del., 1980
KRQ	*Kentucky Romance Quarterly*

LH	Letras Hispánicas
Livre et lecture	*Livre et lecture en Espagne et en France sous l'ancien régime: Colloque de la Casa de Velázquez*, Éditions ADPF, París, 1981
LL	*Linguistica e Letteratura*
MA	*Le Moyen Âge*
MAe	*Medium Aevum*
MCV	*Mélanges de la Casa de Velázquez*
Medieval Studies Tate	*Medieval and Renaissance Studies in Honour of Robert Brian Tate*, Dolphin, Oxford, 1986
Mélanges Joucla-Ruau	*Mélanges à la mémoire d'André Joucla-Ruau*, Université de Provence, Aix-en-Provence, 1978, 2 vols.
MH	Medievalia et Humanistica (Madrid)
MHRA	Modern Humanities Research Association
MLN	*Modern Language Notes*
MLR	*Modern Language Review*
MP	*Modern Philology*
MR	*Medioevo Romanzo*
MSI	*Miscellanea di Studi Ispanici*
Nebrija	*Nebrija y la introducción del Renacimiento en España: Actas de la III ALR*, ed. Víctor García de la Concha, ALR y Univ., Salamanca, 1983
NRFH	*Nueva Revista de Filología Hispánica*
n.s.	nueva serie
Ol	*Olifant*
OT	*Oral Tradition*
Philologica Alvar	*Philologica hispaniensia in honorem Manuel Alvar*, Gredos, Madrid, 1983-1986, 3 vols.
PPU	Promociones y Publicaciones Universitarias
PS	*Portuguese Studies*
R	*Romania*
RABM	*Revista de Archivos, Bibliotecas y Museos*

RAE   Real Academia Española

RBC   Research Bibliographies and Checklists

RCEH   *Revista Canadiense de Estudios Hispánicos*

Reyes Católicos   *Actas del I Congreso Internacional sobre la Literatura en Tiempos de los Reyes Católicos*, 1989

RF   *Romanische Forschungen*

RFE   *Revista de Filología Española*

RLC   *Revue de Littérature Comparée*

RLit   *Revista de Literatura*

RLM   *Revista de Literatura Medieval*

RPh   *Romance Philology*

RQ   *Romance Quarterly*

Russell Studies   *Mediaeval and Renaissance Studies on Spain and Portugal in Honour of P.E. Russell*, Society for the Study of Mediaeval Languages and Literature, Oxford, 1981

Serta Lázaro Carreter   *Serta philologica F. Lázaro Carreter natalem diem sexagesimum celebrante dicata*, Cátedra, Madrid, 1983, 2 vols.

SI   *Studi Ispanici*

SLMH   Seminario de Literatura Medieval y Humanística

SMP   Seminario Menéndez Pidal

SMV   *Studi Mediolatini e Volgari*

SS   Spanish Series

Studia hisp. med.   *Studia hispanica medievalia*, eds. L. Teresa Valdivieso y Jorge Valdivieso, Universidad Católica, Buenos Aires, 1988

Studia Riquer   *Studia in honorem prof. M. de Riquer*, Quaderns Crema, Barcelona, 1986, 4 vols.

Studies Correa   *Studies in Honor of Gustavo Correa,* Scripta Humanistica, Potomac, Maryland, 1986

Studies CSM   *Studies on the «Cantigas de Santa María»: Art, Music and Poetry: Proceedings of the International Symposium on the «Cantigas de*

Santa María» of Alfonso X, el Sabio (1221-1284) in Commemoration of its 700th Anniversary Year 1981 (New York, November 19-21), eds. Israel J. Katz y John E. Keller, HSMS, Madison, 1987

Symposium Riquer   *Symposium in honorem prof. M. de Riquer*, Univ. de Barcelona y Quaderns Crema, Barcelona, 1986

UCPMP   University of California Publications in Modern Philology

UNED   Universidad Nacional de Educación a Distancia

Varia Simón Díaz   *Varia bibliographica: homenaje a José Simón Díaz*, Reichenberger, Kassel, 1987

Whinnom Studies   *The Age of the Catholic Monarchs 1474-1516: Literary Studies in Memory of Keith Whinnom*, Liverpool Univ. Press, Liverpool, 1989

Worlds   *The Worlds of Alfonso the Learned and James the Conqueror: Intellect and Force in the Middle Ages*, ed. Robert I. Burns, Princeton Univ. Press, para Center for Medieval and Renaissance Studies, Univ. of California, Los Ángeles, Princeton, 1985

ZRP   *Zeitschrift für romanische Philologie*

ÍNDICE ALFABÉTICO

ÍNDICE

4. Berceo y la poesía del siglo XIII

5. La prosa en los siglos XIII y XIV